E-MARKETING

6ª Edição

CB141222

Judy Strauss | Raymond Frost

E-MARKETING

6ª Edição

Judy Strauss
Professora Adjunta de Marketing
Universidade de Nevada, Reno

Raymond Frost
Professor de Sistemas de Gestão da Informação
Universidade de Ohio

Tradução:
Regina Claudia Loverri

Revisão técnica:
Miguel Noronha Feyo
Mestrando e doutorando em marketing pela Universidade Nove de Julho
Professor de pós-graduação e MBA da ESPM (Escola Superior de Propaganda e Marketing) e da FIPE (Fundação Instituto de Pesquisa Econômica)

PEARSON

EDITORA AFILIADA

São Paulo

Brasil Argentina Colômbia Costa Rica Chile Espanha Guatemala México Peru Porto Rico Venezuela

©2012 by Pearson Education do Brasil.
Copyright © 2012, 2009, 2006, 2003, 2001 Pearson Education, Inc., publishing as Prentice Hall

Todos os direitos reservados. Nenhuma parte desta publicação poderá ser reproduzida ou transmitida de qualquer modo ou por qualquer outro meio, eletrônico ou mecânico, incluindo fotocópia, gravação ou qualquer outro tipo de sistema de armazenamento e transmissão de informação, sem prévia autorização, por escrito, da Pearson Education do Brasil.

Diretor editorial: Roger Trimer
Gerente editorial: Sabrina Cairo
Editor de aquisição: Vinicius Souza
Coordenadora de produção editorial: Thelma Babaoka
Editor de texto: Sabrina Levensteinas
Preparação: Mônica Santos
Revisão: Maria Alice da Costa e Carmen Costa
Capa: Agência Trupe
Diagramação: Figurativa Editorial MM Ltda

Dados Internacionais de Catalogação na Publicação (CIP)
(Câmara Brasileira do Livro, SP, Brasil)

Strauss, Judy
E-marketing / Judy Strauss, Raymond Frost ; tradução Regina Claudia Loverri. -- São Paulo : Pearson Prentice Hall, 2012.

Título original: E-marketing.
6. ed. norte-americana.

ISBN 978-85-7605-956-1

1. Internet (Rede de computador) 2. Marketing
3. Marketing na Internet I. Frost, Raymond.
II. Título.

11-08899 CDD-658.872

Índices para catálogo sistemático:
1. Marketing on-line : Mídia social : Administração 658.872

2011
Direitos exclusivos para a língua portuguesa cedidos a Pearson Education do Brasil, uma empresa do grupo Pearson Education
Rua Nelson Francisco, 26, Limão
CEP: 02712–100 — São Paulo — SP
Tel: (11) 2178–8686 — Fax: (11) 2178–8688
e-mail: vendas@pearson.com

Judy: Para minhas filhas, Cyndi e Malia

Raymond: Para meus filhos, David, Raymond e Luke

Sumário

Prefácio

O que há de novo nesta edição

Este livro desenvolve o processo de planejamento de e-marketing e tópicos do mix de marketing sob uma perspectiva estratégica. A Parte 1 inicia com a definição do contexto para o planejamento de marketing. A Parte 2 discute ambientes globais. A Parte 3 inicia a discussão de estratégia de e-marketing em profundidade, e a Parte 4 continua com mix de marketing e estratégia da gestão do relacionamento com cliente e questões de implantação.

Esta edição foca principalmente a estratégia de e-marketing e a prática, e menos nos princípios de marketing. Mudanças importantes nesta edição incluem:

- Um novo capítulo sobre o engajamento dos clientes na mídia social e muitas perspectivas inéditas sobre essas mídias on-line ao longo dos outros capítulos.
- Foco no engajamento do cliente com websites e mídia social. Adicionamos material sobre comportamento do cliente, discutimos métricas de engajamento em vários capítulos e propusemos uma nova perspectiva sobre o CRM que inclui a gestão de colaboração com o cliente (CCM), também chamada de 'CRM social'.
- Uma nova discussão abrangente sobre a compra de anúncios na mídia social: utilização da seleção individual com widgets e engajamento dos usuários da rede social por meio de anúncios.
- Com base nas sugestões do revisor do livro, a exclusão de um capítulo da quinta edição que continha material sobre diferenciação e posicionamento e incorporou uma breve descrição deste capítulo no recém entitulado Capítulo 7: Segmentação, seleção de públicos-alvo, diferenciação e estratégias de posicionamento.
- Estatísticas sobre o uso da internet e a eficácia da estratégia foram extensivamente atualizadas ao longo de todo o livro.
- Três novas vinhetas de abertura de capítulo, muitas imagens novas de tela e quadros atualizados de 'Informações técnicas'.
- Muitos tópicos novos, ditados por mudanças na prática do e-marketing nos dois últimos anos. O quadro a seguir ressalta as inserções e revisões significativas nesta sexta edição:

Conteúdo do capítulo (áreas temáticas que foram inseridas ou expandidas)

Capítulo 1.
- Nova vinheta de abertura: A história da campanha de Barack Obama.
- Enfatiza/expande a mudança de poder dos vendedores para os compradores.
- Discute o engajamento do cliente (e a voz do cliente), as métricas de mídia social e o novo conceito de marketing de atração (encontrado on-line).
- Insere novas previsões para o cenário da Web 3.0.

Capítulo 2.
- Atualiza o Balanced Scorecard e modelos de e-business para inserir mais sobre a mídia social.
- Novos dados sobre as métricas de e-marketing mais utilizadas.

Capítulo 3.
- Nova vinheta de abertura: A história do Twitter.

Capítulo 4.
- Novo nome do capítulo para refletir oportunidades nos mercados 'base da pirâmide'.
- Seção inédita ampliada sobre o uso de telefone celular e outras táticas de mercado para clientes 'base da pirâmide'.

Capítulo 5.
- Seção aperfeiçoada sobre monitoramento da mídia social utilizando alertas do Google, feeds RSS e muito mais.
- Inserção de exemplos novos e atuais.

Capítulo 6.
- Novas descobertas sobre a confiança dos clientes entre si.
- Nova seção sobre como engajar os clientes on-line com conteúdo e mídia.

- Mudanças importantes no comportamento on-line com relação aos cinco resultados — conectar, criar, apreciar, aprender e negociar.

Capítulo 7.

- Geração de breve discussão sobre diferenciação e posicionamento do antigo capítulo 9, tornando esta uma discussão mais concisa de estratégia.

Capítulo 8.

- Estatísticas atualizadas e fornecimento de alguns novos exemplos.

Capítulo 9.

- Inserção de comparação de preços para um livro no BuscaPé.

Capítulo 10.

- Nova vinheta de abertura: A história da Zappos.
- Novas informações sobre os motivos para o abandono do carrinho de compras.
- Novos dados sobre quais produtos são comprados on-line.

Capítulo 11.

- Inserção de muitas tendências importantes e remoção das tendências com pouca influência.
- Mudança do material de mídia social para um novo capítulo (Capítulo 12).
- Remoção de conteúdo da teoria geral de marketing.

Capítulo 12.

- (Novo capítulo) Inclusão de material da edição anterior, contendo novas informações e exemplos.
- Criação de um sistema de classificação para a mídia social com seis categorias.
- Discussão do uso comercial da mídia social.
- Desenvolvimento de muitas estratégias de mídia social, incluindo a gestão da reputação.
- Métricas de mídia social amplamente discutidas para mídia ganha, paga e de propriedade da empresa.
- Novo quadro 'Informações técnicas' sobre o Facebook.

Capítulo 13.

- Inserção de discussão ampla sobre a compra de anúncios de mídia social — utilizando focalização individual com widgets e engajando usuários de rede social com anúncios.
- Inserção de uma seção sobre métricas de mídia social para publicidade.
- Inserção de uma seção sobre a compra de publicidade em telefones celulares.
- Ênfase na conexão entre as métricas e os objetivos da comunicação.

Capítulo 14.

- Inserção de um novo modelo — Os três pilares do marketing de relacionamento.
- Inserção da gestão de experiência com cliente e uma nova seção sobre a gestão da' colaboração com cliente (também chamada 'CRM social').
- Reorganização deste capítulo para melhor ajuste com os nove blocos de construção do CRM.

Enfoque deste livro

A internet, combinada com outras tecnologias de informação, criou muitas maneiras interessantes e inovadoras para fornecer valor ao cliente desde a sua criação em 1969. Websites para a comunicação de marketing e suporte ao cliente; comunicação unilateral para diversos dispositivos de recepção; insights do comportamento do cliente baseados na combinação de dados on-line e off-line; otimização de estoques por meio da integração CRM-SCM; um foco único no ROI e a métrica de desempenho associada, e a explosão das mídias sociais na vanguarda do e-marketing, conforme descritas na sexta edição deste livro, e elas continuam a se desenvolver como estratégias importantes.

Como a adoção da internet amadureceu cerca de 75 por cento nos Estados Unidos nos últimos anos, imaginávamos que as coisas seriam bastante tranquilas na fronteira da internet. Então, surgiu a mídia social, lembrando os profissionais de marketing que as necessidades e desejos do cliente são fundamentais. Blogs com alto número de leitores, redes sociais (como Facebook e LinkedIn), microblog ou redes (como Twitter) e comunidades on-line (como YouTube e ePinions.com) propiciam aos clientes a oportunidade de serem ouvidos em grandes números e começar a controlar as conversas sobre a marca. Da mesma forma, descobrimos que os clientes confiam uns nos outros mais do que confiam nas empresas, incentivando o crescimento das mídias sociais e enviando mais tráfego para alguns websites do que o Google. Presumimos o seguinte: As mídias sociais estão se tornando o novo campo de pesquisa? Além disso, os mecanismos de busca tornaram-se mecanismos de reputação, classificando parcialmente os websites de acordo com a popularidade e relevância. Um simples passo em falso com a marca pode se manifestar como um vídeo on-line mostrando um mau funcionamento do produto ou com palavras postadas por milhares de clientes insatisfeitos. Por outro lado, os profissionais de marketing podem utilizar a web, o e-mail e a mídia social para construir imagens estelares on-line da marca e aumentar as vendas on-line e off-line. Para fazer isso, os profissionais de marketing devem agora aprender a se envolver e ouvir os compradores, e utilizar o que eles aprendem para melhorar suas ofertas. Este livro ensina como fazer isso.

O livro que você tem em suas mãos é a sexta edição do *E-marketing* (a primeira edição foi nomeada *Marketing na Internet*). Este livro é diferente dos outros nos seguintes importantes aspectos:

- Escrevemos a primeira edição deste livro em 1996, proporcionando uma perspectiva de longo prazo sobre e-marketing não disponível em qualquer outro livro.
- Explicamos marketing eletrônico não simplesmente como uma lista de ideias, estratégias e técnicas, mas como parte de um conjunto maior de conceitos e teorias da disciplina de marketing. Ao escrever este livro, descobrimos que a terminologia mais recente pode ser colocada em estruturas tradicionais de marketing para uma compreensão mais abrangente.
- O texto foca **estratégias de vanguarda** que geram receitas ao promover valor ao cliente. Portanto, reflete a prática atual, dedicando muitas páginas às **métricas de desempenho** que monitoram o sucesso dessas estratégias.
- É altamente recomendável que os **profissionais de marketing aprendam um pouco sobre a tecnologia** por trás da internet, algo que normalmente não atrai. Embora não seja necessário ser capaz de configurar servidores de comércio eletrônico, o conhecimento das possibilidades de seu uso dará a esses profissionais uma vantagem no mercado. Este livro tenta orientar de forma sutil os futuros profissionais de marketing com relação à questões importantes de tecnologia, mostrando a relevância de cada conceito.
- Este livro descreve as práticas de e-marketing nos Estados Unidos, mas também adota uma **perspectiva global** ao descrever a evolução do mercado nas nações emergentes e países desenvolvidos. Muito pode ser aprendido com outros países industrializados que lideram em determinadas tecnologias, como acesso à internet sem fio e conectividade de banda larga mais rápida.

Expectativas do aluno

Este livro é utilizado em nível de graduação e pós-graduação em cursos de E-marketing. Os alunos devem ter uma compreensão básica dos princípios de marketing antes de realizar o curso com uso deste texto. Eles não precisam ter um histórico extenso de tecnologia; no entanto, eles vão compreender melhor os conceitos se tiverem um curso de sistemas de informações básico ou forem adeptos ao uso pessoal de computadores, smartphones e internet.

Conexão AACSB

A Association to Advance Collegiate Schools of Business (AACSB International) salienta a importância da tecnologia da informação nos seus *Procedimentos de Elegibilidade e Normas de Acreditação para Negócios*.

Acreditação. Como as normas AACSB se relacionam com o conhecimento nesta área (*versus* habilidades), elas especificam a importância do aprendizado sobre a gestão da tecnologia da informação:

> *'Normalmente, o processo de gestão curricular resultará em programas de graduação de gestão geral de nível de graduação e mestrado que incluirão experiências de aprendizagem em conhecimento específico e áreas de habilidades como:*
> *As tecnologias da informação, como elas influenciam a estrutura e os processos das organizações e economias, e como elas influenciam funções e técnicas de gestão (páginas 72-73 do documento revisado em 31 de janeiro de 2010: disponível em <http://www.aacsb.edu/accreditation/aaacsb-standards-2010.pdf>).'*

Este livro vai ajudar os alunos a compreenderem essa função na gestão de marketing — uma das principais aplicações das tecnologias da internet.

Recursos pedagógicos

Incluímos muitos recursos em *E-marketing* para aperfeiçoar a aprendizagem. Com base em nossos anos cumulativos de experiência de ensino, identificamos as melhores práticas de ensino universitário e itens integrados que funcionam bem para nós e das quais tivemos respostas positivas dos nossos alunos.

- **Fundamento do conceito de marketing:** em cada capítulo, estruturamos o material em torno de um princípio teórico de marketing e, em seguida, descrevemos como a internet mudou a estrutura ou as práticas. Essa técnica fornece uma conexão do material previamente aprendido e apresenta este material em um quadro para facilitar a aprendizagem. Além disso, como as coisas mudam na internet, os alunos vão entender as novas ideias com base em conceitos fundamentais.

- **Objetivos da aprendizagem:** cada capítulo inicia com uma lista de objetivos e, após estudá-lo, os alunos deverão ser capazes de alcançar. Levando em conta nossa preferência pela aprendizagem ativa, os objetivos são de natureza comportamental.
- **Melhores práticas de empresas reais:** uma história de sucesso de determinada empresa é descrita no início de cada capítulo. Estas introduções ao material despertam o interesse dos alunos. Várias histórias novas de casos e exemplos atuais para esta edição retratam as empresas que fazem isso de forma eficaz.
- **Estruturas gráficas em cada capítulo:** criamos modelos visuais exclusivos de e-marketing para mostrar como cada capítulo se ajusta entre outros em toda a parte. Além disso, vários apresentam modelos de recursos para sua compreensão.
- **Resumos do capítulo:** cada capítulo termina com um resumo de seu conteúdo. Embora esses resu-

mos contenham a essência do capítulo, eles não foram criados para que os alunos possam lê-los no lugar do conteúdo anterior.

- **Palavras-chave:** esses termos são definidos no texto em negrito dentro do capítulo para assinalar a sua importância.
- **Questões para revisão e para discussão:** as perguntas no final do capítulo são destinadas aos níveis de conhecimento e aprendizado e níveis mais elevados de aplicação, síntese e avaliação.
- **Apêndices:** a maioria das pessoas não lê o apêndice; no entanto, incluímos três apêndices importantes: estatísticas de adoção da internet, um glossário completo e referências do livro.

Agradecimentos

A tarefa mais agradável neste projeto é expressar o nosso apreço às muitas pessoas que nos ajudaram a criar esta obra. Estamos sempre surpresos que o escopo do trabalho obriga-nos a solicitar, pleitear, persuadir e encantar uma série de pessoas para nos ajudar. Nossa gratidão é enorme.

Em primeiro lugar, gostaríamos de agradecer aos nossos alunos ao longo dos anos. Ensinamos principalmente porque amamos trabalhar com nossos alunos. Eles nos inspiram, nos ensinam e nos mantêm com os pés no chão. A seguir, queremos agradecer a Prentice Hall por nos dar espaço para mostrar nossas ideias. Kierra Bloom, Gerente de Projeto, foi especialmente sensível com a permissão de direitos autorais e outras questões. Agradecemos também aos muitos críticos que nos deram excelentes sugestões para aperfeiçoar a quinta edição — aplicamos quase todas as sugestões para escrever a sexta edição. Não poderíamos ter escrito este livro sem o apoio de nossas instituições, a Universidade de Nevada, Reno, e a Universidade de Ohio.

Outras pessoas contribuíram significativamente para o conteúdo deste livro. Brian O'Connell contribuiu de forma interessante e oportuna no capítulo 'Questões Éticas e Legais' para a quarta edição, e Brett J. Trout, esq., revisou esta e a quinta edição. Al Rosenbloom escreveu o capítulo fascinante sobre 'E-markets: inclusão digital'. Um agradecimento especial a Adel I. El-Ansary da Universidade de North Florida por sua assistência especializada na terceira e quarta edições deste livro. Cyndi Jakus obteve permissão para reimprimir todas as imagens de tela neste livro. Anton Shevchenko providenciou uma imensa ajuda na pesquisa. Agradecemos o Dr. Adarcir Seidl Jr., que escreveu o Apêndice Questões éticas e legais da edição brasileira. Gostaríamos também de agradecer a contribuição de Jacqueline Pike nos quadros 'Informações técnicas'.

Finalmente, o apoio e o incentivo para realizar uma parte importante do trabalho, proveniente de amigos e familiares. Com eles, nosso débito vai além do que as palavras podem descrever.

Como utilizar este livro

Leia, pense, explore e aprenda. Este não é um livro típico, porque a internet é um cenário ágil e em constante mudança.

Toda vez que escrevemos uma nova edição, sabemos que no momento em que ela é publicada, algumas coisas já estarão desatualizadas. Para ser bem-sucedido neste curso, leia e estude o material e depois fique on-line para aprofundar seu conhecimento sobre os temas que lhe interessam. Reflita sobre o seu uso da internet, o iPhone e outras tecnologias, e como os profissionais de marketing digital as utilizam para ganhar sua atenção, seu interesse e dinheiro. Na próxima vez que você visitar o Facebook.com, veja que tipos de anúncios estão lá e pense sobre a razão pela qual eles foram mostrados a você, e não a alguns de seus amigos. Se você utiliza um DVR e pula os comerciais de televisão, pense em como os produtores podem promover uma programação gratuita se os consumidores não veem os anúncios que sustentam os custos da produção.

Este tipo de pensamento crítico e atenção ao seu próprio comportamento on-line vão ajudá-lo a compreender melhor a perspectiva do profissional de marketing, as estratégias e as táticas. Você provavelmente sabe muito mais sobre internet do que o que está neste livro; por isso, atue no sentido de comparar e contrastar as ideias que apresentamos, e você terá realmente uma perspectiva ampla e profunda sobre o e-marketing. E o mais importante: pense como um profissional de marketing ao ler este livro.

Didática do livro

Aqui estão algumas dicas que podem ajudar a sua aprendizagem de conceitos de e-marketing:

- Fundamentos do conceito de marketing. Em cada capítulo, estruturamos o material em torno de um princípio de marketing e, em seguida, abordamos como a internet mudou a estrutura ou as práticas. Esta técnica fornece uma ligação do material previamente aprendido e o apresenta em um quadro para facilitar a aprendizagem. Além disso, como as coisas mudam na internet, você entenderá as novas ideias com base em conceitos subjacentes.
- Objetivos da aprendizagem. Cada capítulo começa com uma lista de objetivos que, após estudar o capítulo, você deve estar apto a realizar.
- Melhores práticas de empresas reais. Uma história de sucesso da empresa começa a cada capítulo. Você encontrará introduções motivadoras ao material; portanto, não as ignore. Inúmeros relatos de casos inéditos para esta edição oferecem exemplos atuais de empresas que aplicam estes conceitos.
- Estruturas gráficas em cada capítulo. Criamos modelos visuais únicos de e-marketing para mostrar como cada capítulo se encaixa com outros capítu-

los em toda a parte. Além disso, vários deles descrevem modelos para compreensão do capítulo. Esperamos que este material o ajude a associar os conceitos.

- Resumos. Cada capítulo termina com um resumo de seu conteúdo. Embora estes resumos abordem o contexto geral do capítulo, eles não foram criados para que você os leia no lugar do conteúdo do capítulo. Utilize estes resumos como reciclagem do material.
- Termos-chave. Estes termos são definidos no texto em negrito dentro do capítulo para assinalar a sua importância e o Apêndice C é um glossário completo.
- Questões para revisão e discussão. Perguntas no final capítulo irão ajudá-lo a atualizar e pensar mais profundamente sobre o material. Verifique tal material, mesmo que seu instrutor não solicite, pois isso provavelmente vai ajudá-lo a estudar para um exame.
- Apêndices. A maioria das pessoas não dá a devida importância aos apêndices, mas incluímos quatro apêndices importantes: questões éticas e legais, penetração da internet em âmbito mundial, um glossário completo e as referências bibliográficas do livro.

Esperamos que você goste de ler este livro tanto quanto nós gostamos de escrevê-lo!

Companion Website

No CompanionWebsite deste livro (www.pearson.com.br/strauss), professores podem acessar os seguintes materiais adicionais 24 horas por dia: apresentações em PowerPoint, manual do professor (em inglês) e banco de exercícios (em português).

Esse material é de uso exclusivo para professores e está protegido por senha. Para ter acesso a ele, os professores que adotam o livro devem entrar em contato com seu representante Pearson ou enviar e-mail para universitarios@pearson.com.

Sobre os autores

Judy Strauss e Raymond Frost colaboraram no desenvolvimento de seminários sobre desenvolvimento da web, trabalhos acadêmicos e três livros em 12 edições desde 1995. Eles também desenvolveram um novo curso em 1996, 'Marketing no Ciberespaço'. Este livro surgiu a partir desse curso e tem evoluído de forma significativa, juntamente com as mudanças no e-marketing.

Judy Strauss é professora associada de marketing da Universidade de Nevada, Reno. Autora premiada de quatro livros e inúmeros trabalhos acadêmicos sobre marketing na internet, publicidade e educação em marketing, é também coautora do livro sobre comércio *Radically Transparent: Monitoring and Managing Reputations Online*, e dos livros didáticos *Building Effective Web Sites* e *E-Marketing Guide*. Ela tem muitos anos de experiência profissional em marketing, atuando como empreendedora, bem como Diretora de Marketing em duas empresas. Leciona em cursos de graduação em comunicação de marketing, marketing internacional e princípios de marketing, e ganhou dois prêmios universitários, o Lifetime Achievement in Marketing, da Reno-Tahoe American Marketing Association, e o prêmio de 2008 Helen Williams Award for Excellence in Collegiate Independent Study. Strauss obteve doutorado em marketing na Southern Illinois University e MBA em finanças e BBA em marketing na University of North Texas. Contato: jstrauss@unr.edu.

Raymond Frost é professor de Sistemas de Gerenciamento de Informação na Universidade de Ohio. Publicou trabalhos acadêmicos nas áreas de sistemas de informação e marketing. Frost é coautor de *Building Effective Websites*, E-Marketing Guide e *Database Design and Development*. Dr. Frost ministra cursos de design de banco de dados e informações. Ele recebeu os prêmios de Presidencial da Ohio University, Professor Universitário, College of Business e ensino Senior Class. Ele também foi nomeado Educador do Ano em Computação em 2010 pela Associação Internacional de Sistemas de Informação de Computação (IACIS). Dr. Frost atua em publicações sobre o ensino de projeto de informações; obteve doutorado em administração de empresas, MS em ciência da computação da Universidade de Miami (Florida) e recebeu seu BA em filosofia na Swarthmore College.

PARTE

1 2 3 4

E-marketing: contexto

CAPÍTULO

1 2 3 4 5 6 7 8 9 10 11 12 13 14

Passado, presente e futuro

A velha mensagem, mercado e mídia foram substituídos por conversação, comunidade e conectividade.
— Sonia Simone, CEO, Remarkable Communication

Hoje, o cliente determina, de forma inquestionável, as regras do cenário dos negócios.
— Chris Schraft, presidente, Time Inc.

O objetivo fundamental deste capítulo é desenvolver uma compreensão acerca do histórico, da situação atual e do potencial do e-marketing no futuro. Você vai aprender sobre a importância do e-marketing na estratégia de marketing integrado de uma empresa.

Após a leitura deste capítulo, você estará apto a:

- Explicar como os avanços na internet e na tecnologia da informação criam benefícios e desafios para clientes, empresas, profissionais de marketing e para a sociedade.
- Distinguir e-business de e-marketing.
- Explicar como o aumento do controle e o poder do comprador estão modificando o cenário de marketing.
- Entender o impacto da digitalização de todas as formas de conteúdo e as tecnologias utilizadas para assistir, ler ou ouvir o seu conteúdo.
- Identificar as diversas tendências que podem definir o futuro do e-marketing.

A história da campanha de Barack Obama

O presidente norte-americano Barack Obama fez história pelo uso do e-marketing para vencer a eleição em 2008. Sua campanha utilizou uma combinação de mídia: programa de rádio e TV ($ 244,6 milhões), impressos ($ 20,5 milhões), internet ($ 26,6 milhões) e recursos diversificados ($ 133,2 milhões), de acordo com a OpenSecrets.com. Obama também utilizou a venda pessoal porta a porta estimulando o boca a boca, relações públicas quando entrevistado pela mídia e em seus discursos em eventos, publicidade em rádio, e-mail, pôsteres, camisetas, tema musical da campanha e um slogan com o famoso lema 'Yes We Can' (Sim, Nós Podemos).

A estratégia de Obama na internet focou eleitores na faixa etária de 18 a 29 anos, pois 93 por cento desse segmento está on-line e utiliza a internet para obter informações e se conectar com amigos. Eles são usuários permanentes de aparelhos celulares e da mídia social. A campanha de Obama mobilizou esse mercado de forma brilhante, por meio de fóruns e redes sociais, como Facebook e MySpace. Foi desenvolvida uma comunidade especial, na qual os usuários podiam criar um perfil e se conectar com outros usuários. O título atual dessa página é 'It is about you' (Tem a ver com você) e continua como um espaço para que seus partidários promovam mudanças nos Estados Unidos.

Tendo consciência do uso expressivo dos celulares nesse mercado, a equipe de Obama utilizou-os para enviar mensagens de texto, resposta de voz interativa e anúncios em formatos de banners. Obama alcançou estes eleitores por meio de mensagens de texto opt-in, tais como banners convidando os usuários a se inscrever para receber uma mensagem de texto assim que a equipe selecionasse seu candidato a vice-presidente. 'Be the first to know' (Seja o primeiro a saber), dizia o banner. Essa linha revelou a astúcia de Obama, porque ele focou um valor importante para este público-alvo. Obama foi honesto, direto, elegante e sincero em sua campanha, e esse contexto gerou confiança nos eleitores jovens. Essa linha de atuação funcionou, conforme evidenciado pelas seguintes métricas de desempenho:

- O banner de texto opt-in do vice-presidente resultou na construção de um banco de dados com 2,9 milhões de números de celulares de partidários, de acordo com o mobilemarketer.com.
- Durante a campanha, o website my.BarackObama.com hospedou quase 10 mil grupos locais, 20 mil páginas de blog de voluntários e 4 mil grupos com interesse especializado, de acordo com o WiderFunnel.com.
- Facebook.com exibiu mais de 8 milhões de amigos de Obama.
- O canal de vídeos YouTube Obama possui mais de 190 mil assinantes e 150 milhões de visualizações.
- Dois terços do total de fundos da campanha levantados foram gerados pelo canal on-line ($ 500 milhões de um total de $ 750 milhões), de acordo com a DesktopWealth.com.

Secundariamente, a campanha atingiu outro público — 55 por cento de todos os adultos dos Estados Unidos (75 por cento de todos os usuários de internet) acessaram a internet para buscar notícias e compartilhá-las com seus amigos, de acordo com o Pew Internet & American Life Project.

Qual é a razão para iniciarmos este livro descrevendo um histórico de uma campanha presidencial? A razão é que um político é um produto, promovendo seus benefícios aos consumidores na expectativa de que eles o 'comprem' com um voto. O uso do e-marketing por Obama é um exemplo precioso para os negócios e revela a mudança de cenário da internet. A campanha de Obama selecionou um importante público-alvo, focou totalmente nos seus 'clientes', alcançando-os por intermédio de sua mídia preferida (mídia social e telefone celular) e criou um diálogo com os clientes — sempre iniciado por eles — em contraposição ao típico monólogo de via única desenvolvido na maioria dos websites. A campanha mobilizou com êxito os eleitores a estabelecer conversas entre si, tanto on-line quanto off-line, em um exemplo perfeito de criação de advogados da marca. Por fim, foram utilizadas métricas para avaliar o sucesso de suas estratégias e táticas. E a estratégia funcionou, pois ele vendeu a ideia: Obama, o Candidato Nomeado, tornou-se o Presidente Obama.

1.1 Cenário do e-marketing

O exemplo de Obama também mostra que alguns princípios de marketing nunca mudam. As empresas devem atender às necessidades de seus clientes. Além disso, os mercados sempre acolhem favoravelmente bons produtos e exigem boa comunicação com o cliente. Os clientes confiam em marcas respeitadas e falam delas para os outros. O que é novo é que esses conceitos clássicos são potencializados e mais desafiadores quando aplicados à mídia social, a um imenso banco de dados, a aparelhos móveis e outras tecnologias relacionadas à internet.

O que funciona?

O rápido crescimento da **World Wide Web**, a subsequente bolha das empresas ponto.com, e a integração da internet e tecnologias relacionadas criaram o cenário atual: a integração abrangente do e-marketing e do marketing tradicional para criar estratégias e táticas apropriadas. Esse contexto propicia uma série de estratégias lucrativas, conforme discutido a seguir. Isso é simplesmente um exemplo do que você vai encontrar nos próximos capítulos.

- **e-commerce.** Os consumidores norte-americanos gastaram um valor estimado em $ 131 bilhões on-line durante 2010 (excluindo as compras on-line de viagem, estimadas em $ 92,6 bilhões). Mais de 50 por cento dos consumidores conectados utilizam a internet para comprar produtos, realizar operações bancárias, fazer reservas de viagem ou pesquisar produtos antes de efetuar a compra.
- **Publicidade on-line.** A publicidade on-line representa uma parte significativa dos orçamentos de mídia dos anunciantes em relação a qualquer outra mídia, exceto a televisão e o jornal. Os profissionais de marketing gastaram 22,7 bilhões em publicidade on-line nos Estados Unidos em 2009.
- **Motores de busca.** Essa tática de marketing é extremamente importante. Atualmente, a publicidade nos motores de busca representa 47 por cento dos orçamentos da publicidade on-line (ou seja, compra de palavras-chave que exibam anúncios nas páginas de resultados dos mecanismos de busca). O Google possui a maior participação nesse mercado, 67 por cento, e a maioria dos profissionais de marketing digital utiliza a otimização do mecanismo de busca para assegurar que seus websites apareçam próximo ao topo da primeira página quando da pesquisa feita pelo usuário.
- **Conteúdo gerado pelo usuário.** Atualmente, representa uma parte significativa do conteúdo on-line; isso inclui tudo, desde a criação de comerciais no YouTube, fotos no Flickr, podcasts no iTunes, assim como todo o texto contido em blogs, redes sociais e websites de opinião dos usuários (como as opiniões de livros no website da Amazon.com).
- **Comunidades on-line.** Essas comunidades reúnem usuários com interesses comuns para conversação e redes de relacionamento. Isso inclui websites de redes sociais como LinkedIn, Twitter e Facebook, e websites de mídia social, como Wikipedia, Yahoo! Answers e

muitos outros. Os profissionais de marketing utilizam esses websites para promover suas marcas e fazer os usuários repassarem essa mensagem para a sua rede de contatos (buzz marketing).

- **Personalização e customização.** Os websites de personalização e customização ajudam 55 por cento dos profissionais de marketing a focar indivíduos com uma comunicação baseada em seus comportamentos on-line, de acordo com o estudo da Única (<http://www.unica.com>). Os usuários querem receber apenas ofertas e mensagens relevantes por e-mail ou nos websites que eles visitam.
- **Comunicações pela internet.** Mensagem instantânea, mensagem de texto (SMS), e-mail marketing e VoIP (voice over internet telephony) são formas atuais permanentes de comunicação pela internet. Por exemplo, o Skype (serviço gratuito de telefonia pela internet) atualmente é responsável por 12 por cento de todos os minutos de chamadas internacionais.
- **Acesso à internet móvel.** Oitenta e sete por cento dos adultos norte-americanos atualmente possuem celulares, promovendo muitas oportunidades lucrativas para venda de aplicativos e publicidade. Quando associada à computação móvel, a internet sem fio oferece acesso aos usuários, a qualquer momento e em qualquer lugar — e onde os consumidores vão, os profissionais de marketing vão segui-los.
- **Marketing local.** Esses esforços atuam positivamente on-line, graças à busca do local no Google, nos classificados do eBay e o popular Craigslist. Os usuários de smartphones conseguem identificar facilmente uma empresa com o sistema de posicionamento global (GPS) e os aplicativos do Google.
- **Agregadores on-line.** Esses websites reúnem usuários e informações, como Squidoo.com (entretenimento), Monster.com (empregos), Wikipedia.com e Meebo.com (portal de mensagem instantânea).
- **Transparência.** Isso significa que os profissionais de marketing são recompensados por serem honestos, objetivos e transparentes na comunicação com os usuários da internet. Que não sejam dominados pelos holofotes da blogosfera e de qualquer outro lugar na mídia social.
- **Infraestrutura de processamento.** Isso possibilita que a cadeia de suprimentos diminua seus custos por meio de redução da movimentação de produtos, e tenha as informações e dados financeiros de forma ágil, precisa e automatizada.
- **Métricas.** O modo pelo qual os profissionais de marketing planejam e executam suas estratégias e táticas. Análises do que acontece na web e muitas outras técnicas possibilitam aos profissionais de marketing rastrear cada clique e utilizá-las para aperfeiçoar a eficiência e a eficácia de suas estratégias.

Internet 101

Tecnicamente falando, a **internet** é uma rede global de redes interconectadas. Isso inclui milhões de redes corporativas, organizacionais e privadas. Muitos computadores nessas redes mantêm arquivos, como webpages e vídeos, que podem ser acessados por todos os outros computadores ligados em rede. Todo computador, celular ou dispositivo ligado em rede pode enviar e receber dados na forma de e-mail ou arquivos digitais na internet. Esses dados passam pelas linhas telefônicas, cabos e satélites do emissor para o receptor. Um meio para compreender esse processo é considerar três funções técnicas na internet: (1) provedores de conteúdo que geram informações, entretenimento e assim por diante, presentes em computadores com acesso à rede, (2) usuários (também conhecido como computadores *cliente*) que acessam conteúdo e enviam e-mail e outros dados pela rede, e (3) uma infraestrutura de tecnologia para movimentar, criar, visualizar ou ouvir o conteúdo (software e hardware). Observe que os indivíduos podem ser tanto usuários como provedores de conteúdo. Neste livro, deixamos de escrever a palavra *internet* com letra maiúscula. Seguindo a sugestão da Wired Magazine, concordamos que a internet não é um local (que requer uma letra maiúscula), mas um veículo, similar ao rádio e à televisão.

Existem três tipos de acesso à internet:

1. **Rede pública** — Rede global acessível para todos, em qualquer lugar a qualquer momento.
2. **Intranet** — Rede que atua internamente em uma corporação, embora utilize padrões da internet, como HTML e navegadores. Portanto, uma intranet é como uma mini-internet, porém com proteção de senha para uso interno corporativo.
3. **Extranet** — Duas ou mais redes privadas unidas com o propósito de compartilhar informações. Se duas empresas, ou uma empresa e seus fornecedores ou clientes, ligarem suas intranets, eles teriam uma extranet. O acesso normalmente é apenas parcial.

E-business, e-marketing e comércio eletrônico são aplicativos da internet. **E-business** é uma otimização contínua das atividades de negócios da empresa por meio da tecnologia digital (segundo o Gartner, Inc.). Tecnologias digitais são, por exemplo, computadores e internet, que possibilitam o armazenamento e a transmissão de dados em formatos digitais (1s e 0s). Neste livro, utilizamos os termos *tecnologia digital* e *tecnologia de informações* de forma similar. E-business implica em atrair e manter os clientes e parceiros comerciais corretos, permeia os processos comerciais, como a compra e venda de produtos, inclui a comunicação digital, o comércio eletrônico e a pesquisa on-line, e é utilizado em todas as atividades e processos da empresa. **Comércio eletrônico** é um subconjunto do e-business focado em transações que incluem a compra/venda on-line, a criação de valor digital, mercados virtuais e vitrines digitais, e novos canais de distribuição. Esse termo e *e-business* normalmente são empregados de forma semelhante.

E-marketing é apenas uma parte das atividades do e-business de uma organização. **E-marketing** consiste no *uso da tecnologia de informação* para as atividades de marketing, e os processos para criar, comunicar, desenvolver e compartilhar ofertas que agregam valor para clientes, parceiros e a sociedade em geral. Definido com mais simplicidade, o e-marketing é o resultado da tecnologia de informação aplicado ao marketing tradicional. O e-marketing afeta o marketing tradicional de duas formas. Primeiro, intensifica a eficiência e a eficácia nas funções tradicionais do marketing. Segundo, a tecnologia do e-marketing transforma muitas estratégias de marketing, conforme mostrado no exemplo de Obama. Essa transformação também resulta em novos modelos de negócios que agregam valor ao cliente e/ou intensificam a lucratividade da empresa, como os modelos publicitários extraordinariamente bem-sucedidos do Craigslist, Facebook, Twitter e Google AdSense.

Entretanto, o e-marketing envolve muito mais que essas tecnologias e aplicativos básicos.

E-marketing é maior que a web

A web é a parte da internet que suporta a interface gráfica para navegação em hipertexto, com navegadores como Internet Explorer e Firefox. A web é o que a maioria das pessoas pensa quando imagina o que seja internet. O marketing eletrônico vai muito além desse ambiente. Primeiro, muitas tecnologias de e-marketing se iniciaram antes do surgimento da web e que podem ser utilizadas fora desse ambiente, o que inclui software e hardware utilizados na gestão do relacionamento com o cliente, gestão da cadeia de suprimentos e transferência eletrônica de dados (EDI). Segundo, as comunicações realizadas via protocolo internet não são realizadas necessariamente por meio da web, como e-mail, telefonia via internet e mensagem de texto que são recursos eficientes para o marketing. Alguns desses serviços também podem utilizar a web, como e-mail na web; entretanto, a maioria dos profissionais não utiliza a web para e-mail (preferindo softwares como Microsoft Outlook). Terceiro, a internet leva texto, vídeo, áudio e gráficos para muitos outros aparelhos receptores do que simplesmente para os computadores pessoais (PCs). Conforme mostrado na Figura 1.1, essas formas de conteúdo digital também utilizam a infraestrutura da internet para televisão, assistentes digitais pessoais (PDA), celulares e até mesmo o refrigerador ou automóvel. Por fim, aparelhos eletrônicos de coleta de dados, como scanners de código de barra e banco de dados, recebem e enviam dados sobre clientes e produtos além da intranet.

É útil pensar desta forma: os provedores de conteúdo criam texto digital, vídeo, áudio e gráficos enviando, via plataforma da internet, para seus usuários que recebem esse conteúdo como informações, entretenimento ou comunicação em qualquer tipo de aplicativo. Como os profissionais de marketing analisam fora do ambiente web, eles encontram novas possibilidades para criar produtos que agregam valor e se comunicar de tal forma que promovam relacionamentos com os clientes.

E-marketing é maior que a tecnologia

A internet é como uma fonte de água para os seres humanos. Buscamos acesso fácil, barato e rápido às informações digitais e entretenimento, e ela, por sua vez, transforma indivíduos, empresas, economias e sociedades. Este livro foca a união da tecnologia e do marketing; entretanto, uma breve visão geral do contexto é útil para compreender o impacto do e-marketing.

Indivíduos A internet fornece aos usuários individuais acesso conveniente e contínuo às informações, entretenimento, rede de relacionamentos e comunicação. Se 'informação é poder', os indivíduos possuem mais poder do que nunca, conforme a experiência vivida por Obama.

Figura 1.1 A web é apenas um aspecto do e-marketing.

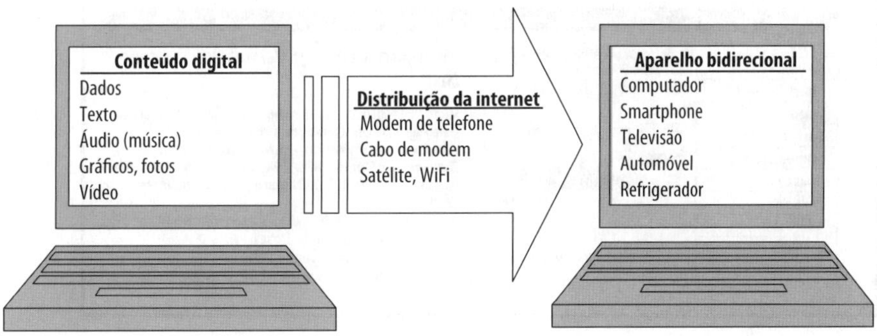

Os clientes comparam características e preços do produto utilizando mecanismos de busca, e leem as opiniões sobre o produto descritas por outros clientes em <http://www.epinions.com>, Facebook e outros websites. Além disso, os clientes utilizam a internet para baixar músicas, filmes e outros tipos de entretenimento diretamente para seus PCs e televisores — conforme sua programação e seu aparelho receptor, não aqueles definidos pelo distribuidor da mídia. Por último, a internet possibilita a comunicação multimídia personalizada por e-mail, serviços de telefonia pela internet, software colaborativo, como NetMeeting, e outros. A internet continua a influenciar o modo pelo qual muitos indivíduos trabalham, se comunicam e consomem, e os profissionais de marketing se associam para agregar valor e obter participação nos lucros.

Comunidades. Estrangeiros em países pelo mundo todo formam comunidades on-line para discutir uma variedade de assuntos devido à internet. Os clientes pagam taxas mensais para competir em jogos de multimídia extremamente atraentes e mundos virtuais on-line, como Second Life. As comunidades são formadas para compartilhar fotos (Flickr), vídeos (YouTube) e perfis individuais ou corporativos (Facebook). Uma das maiores tendências em criação de comunidades são os web logs (blogs). Os **blogs** são diários on-line, ou boletins informativos, frequentemente atualizados nas webpages. O mecanismo de busca Technorati.com pesquisa a blogosfera e a sua estimativa é de que existam 126,86 milhões de blogs individuais ou corporativos (segundo o BlogPulse da Nielsen em meados de 2010) (Figura 1.2). Microssites e microblogs, como tumblr.com e twitter.com, possibilitam que os indivíduos sigam cada postagem da sua rede e atualizem as suas próprias. As comunidades de negócios também estão presentes em abundância de forma on-line, especialmente quanto ao compartilhamento de informações entre indústrias e profissionais. Outro exemplo de comunidades on-line são os leilões, tanto nos mercados organizacionais como nos dos consumidores. Por fim, comunidades privadas independentes são formadas para compartilhamento de arquivos (peer-to-peer). Os indivíduos colocam seus arquivos (upload), compartilham e colaboram com documentos e arquivos no Google Docs e Dropbox a partir de localizações geográficas distintas.

Negócios. O ambiente digital maximiza processos e atividades por toda a organização. Funcionários em todas as áreas atuam conjuntamente em equipes multifuncionais em escala global utilizando redes de computadores para compartilhar e aplicar o conhecimento para aumentar a eficiência e a lucratividade. Especialistas financeiros comunicam informações aos acionistas e fazem as declarações de forma on-line para os órgãos governamentais. A área de recursos humanos utiliza a internet para recrutamento e treinamento — atualmente, 89 por cento dos recrutadores utilizam mecanismos de busca para obter mais informações sobre candidatos e 70 por cento eliminaram candidatos com base nas informações obtidas (de acordo com a CareerThoughtLeaders.com). Os gestores de produção e operações adequam a fabricação com base na capacidade da internet de providenciar feedback imediato de vendas — resultando em entregas imediatas (just-in-time) e em uma fabricação por pedido.

Estrategistas nos altos níveis corporativos utilizam as redes de computador para aplicar o conhecimento na construção e manutenção de vantagens competitivas. As ferramentas digitais possibilitam aos executivos fácil acesso aos dados e mostram resultados das estratégias da empresa com o clique de um mouse.

Figura 1.2 Technorati.com segue a blogosfera.

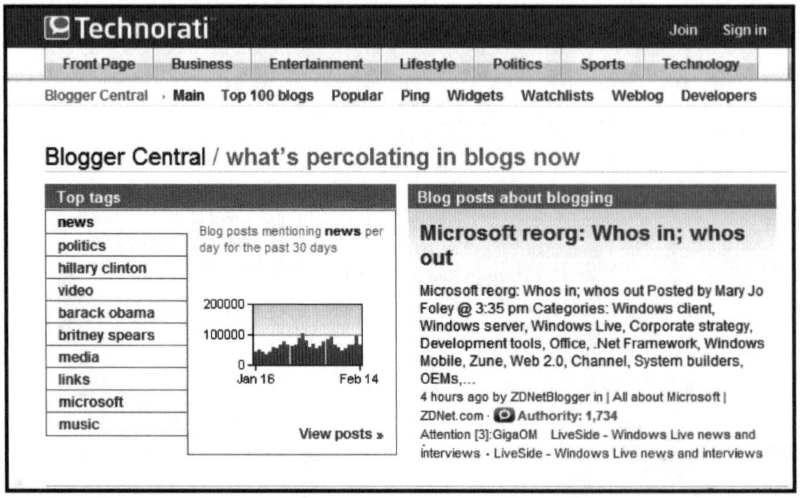

Fonte: cortesia da Technorati (<http://www.technorati.com>).

Sociedades. Informações digitais fortalecem as economias por meio de mercados mais eficientes, mais empregos, acesso a informações, globalização da comunicação, redução de barreiras ao comércio exterior e investimento e outros fatores. O impacto da internet não acontece de forma equilibrada pelo mundo, conforme mostrado na Figura 1.3. O número aproximado de 1,8 bilhão de pessoas conectadas à internet em âmbito mundial representa somente 27 por cento da população mundial (consulte <http://www.internetworldstats.com>). As dez nações principais representam 61 por cento de todo o uso (veja o Apêndice B). Havia aproximadamente 234,4 milhões de usuários na internet nos Estados Unidos em 2010, representando 76 por cento da população norte-americana — quando comparado com a China, o maior mercado, com 384 milhões de usuários (o dobro do número em 2008) e à Islândia, com a porcentagem mais elevada de penetração na internet (93,2 por cento). Ao mesmo tempo, há muitas histórias sobre populações indígenas em locais distantes obtendo serviços de saúde, atendimento jurídico, aconselhamento e outros, ou vendendo os seus produtos, por meio do uso da internet. De forma clara, a internet está tendo imenso, embora desigual, impacto mundial.

Um mundo conectado cria efeitos por vezes considerados indesejáveis. As sociedades passam a ser comunidades globais, com base na formação de interesses, e o acesso às informações em âmbito mundial reduz lentamente as diferenças culturais e de linguagem. Alguns afirmam que a existência de uma população verdadeiramente global promoverá o efeito de remover diferenças culturais, o que é visto como um fator negativo. Da mesma maneira, muitos indivíduos nos Estados Unidos estão preocupados com o alto grau de terceirização da tecnologia. Esse resultado inevitável de uma economia global, intensificada pela internet, significa que ocorrerão grandes mudanças em muitos países.

A facilidade das redes de computador em dispositivos móveis em qualquer lugar significa que os limites entre trabalho e casa estão se confundindo. Embora essa opção torne o trabalho mais conveniente, ela pode encorajar a dedicação excessiva ao trabalho, resultando em menos tempo com a família. Outra questão é a divisão digital — a ideia de que a adoção da internet ocorre quando as pessoas têm dinheiro suficiente para comprar um computador, a formação dos indivíduos para ler o conteúdo das webpages e o grau de educação necessário para usá-la. Os críticos da internet estão prevendo o crescimento das divisões de classe, o que acabaria evitando a mobilidade das pessoas de níveis socioeconômicos inferiores ascender e até mesmo dos países em desenvolvimento. Por outro lado, os governos estão atuando para resolver alguns desses problemas, embora eles tenham outras questões importantes, como cobrar taxas e tarifas quando ocorrem transações no ciberespaço em um mundo sem fronteiras. Por fim, os problemas de **spam** (e-mail não solicitado), fraude on-line e vírus de computador reduzem o impacto positivo da internet e das práticas de e-marketing. Esses tipos de problemas são resultados inevitáveis de todas as novas tecnologias.

1.2 Passado do e-marketing: Web 1.0

A internet tem mais de quarenta anos. Começou em 1969 como a Arpanet, foi incumbida pela Agência de Projetos de Pesquisas Avançadas do Departamento de Defesa dos Estados Unidos (Arpa) para ser uma rede para uso acadêmico e militar. A primeira comunidade on-line, a **Usenet**, começou dez anos atrás. Mais de 800 milhões de mensagens da comunidade inicial atualmente estão arquivadas no Google

Figura 1.3 Proporção de usuários da internet global em várias regiões.

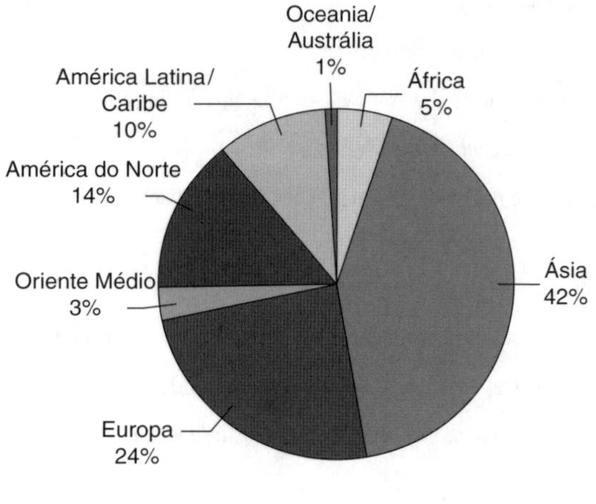

Fonte: <http://www.internetworldstats.com>.

Groups. As primeiras webpages e navegadores da internet apareceram em 1993 e foram o ponto decisivo da rede. Era a Web 1.0. Empresas, mídia e usuários reuniram-se nessa nova web, crescendo mais rapidamente que o rádio, a televisão ou qualquer outra mídia já existente (Figura 1.4).

A primeira geração de e-business foi como a corrida do ouro. Empresas novas e bem estabelecidas promoveram sua presença na web. Muitas empresas rapidamente atraíram um volume imenso de vendas e fatias de mercado, embora somente algumas tenham obtido lucro. No início de 2000, muitas empresas conseguiram crescimento anual entre 100 e 500 por cento embora com altos prejuízos. Entre o início de 2000 e 2002, mais de 500 empresas relacionadas à internet fecharam nos Estados Unidos, o que se denominou 'bolha da internet'. Após esse período de fracasso, quase 60 por cento das empresas ponto.com que passaram por essas dificuldades obtiveram lucro no quarto trimestre de 2003.

Lojas físicas, como a livraria Barnes & Noble e as empresas de investimento de Wall Street, provavelmente se sentiram aliviadas com a queda de seus concorrentes on-line; no entanto, rapidamente observaram que as tecnologias da internet modificaram fundamentalmente a estrutura de suas indústrias e de diversos outros setores. No que foi chamado pela *BusinessWeek* de 'primeira onda de prejuízo da internet', empresas como Amazon, Expedia, E*Trade e a antiga CDNow (adquirida pela Amazon) transformaram o modo pelo qual os livros, viagens, investimentos e músicas eram vendidos ('e-Biz Strikes Again!' 2004). As indústrias que sofreram efeitos negativos na primeira onda em geral ofereciam produtos tangíveis que eram facilmente comparados on-line e adquiridos pelo menor preço.

Com o boom e a queda das empresas ponto.com nos países desenvolvidos (a internet ainda está se expandindo em muitas economias emergentes), as empresas passaram pelo processo que o Gartner, Inc. denominou *platô da produtividade* (Figura 1.5). Foi o momento em que os profissionais de marketing voltaram às suas raízes tradicionais, fundamentados em uma estratégia bem estruturada e sólidas práticas de marketing, utilizando a tecnologia da informação para aumentar o lucro da empresa — não mais investindo dinheiro em ideias que não produzem o retorno do investimento desejado. Durante a crise das empresas ponto.com de 2000 a 2002, as indústrias experimentaram uma consolidação significativa ('Pico de expectativas elevadas' do Gartner e subsequente 'Fim da desilusão' na Figura 1.5). Algumas empresas, como a Levi Strauss, pararam de vender on-line, pois não foram eficientes e criaram *conflito de canal* com a Sears Roebuck and Company e outros varejistas de longo tempo. Outras empresas realizaram fusão, com as mais fortes normalmente adquirindo as de menor porte.

O e-marketing perde o E

O Gartner prognosticou que o *e* sofreria uma queda, tornando o negócio eletrônico simplesmente uma parte

Figura 1.4 História da internet: fatos interessantes e divertidos.

1969 Arapnet incumbida pelo U.S. Department of Defense (Departamento de Defesa dos EUA) para uso militar e acadêmico.

1975 Primeira lista de e-mails criada para utilizar a nova rede de computador.

1979 Usenet estabelecido para desenvolver discussões. Inicialmente, postado em 1981. Posteriormente, gerenciado pelo Google Groups (800 milhões de mensagens arquivadas).

1984 Número de provedores conectados atinge mil.

1987 Número de provedores conectados atinge 10 mil. Primeira conexão de e-mail com a China.

1988 Primeiro vírus, afeta 10 por cento dos 60 mil provedores.

1993 Surgem os primeiros websites, e as empresas e a mídia reconhecem o fato.

1994 Primeiros anúncios em banner, 'Jerry and David´s Guide to the World Wide', aparecem em <http://hotwired.com> (posteriormente, denominado Yahoo!).

1995 eBay abre suas portas e descontinua o negócio dos anúncios classificados.

2000 Napster.com mostra ao mundo que a rede peer-to-peer pode funcionar. As empresas mostram que o comércio eletrônico nem sempre funciona (a queda das empresas ponto.com).

2002 Criar seu próprio blog é considerado moderno.

2003 A Associação da Indústria Fonográfica Norte-americana (Recording Industry Association of America — RIAA) processa 261 pessoas por download ilegal de música.

2004 16 por cento da população mundial utiliza a internet. As empresas avaliam como gerar lucro com modelos e-business.

2010 27 por cento da população mundial está on-line. O uso da internet em países industrializados atinge a maturidade. O uso da mídia social altera o equilíbrio do poder, das organizações para os usuários da internet.

Fonte: algumas destas informações foram obtidas da história da internet de Hobbes (disponível em <http://www.zakon.org>).
Avaliações de adesão da internet disponíveis em: <http://www.worldinternetstats.com>.

Figura 1.5 E-business (negócios eletrônicos) simplesmente business (negócios)?

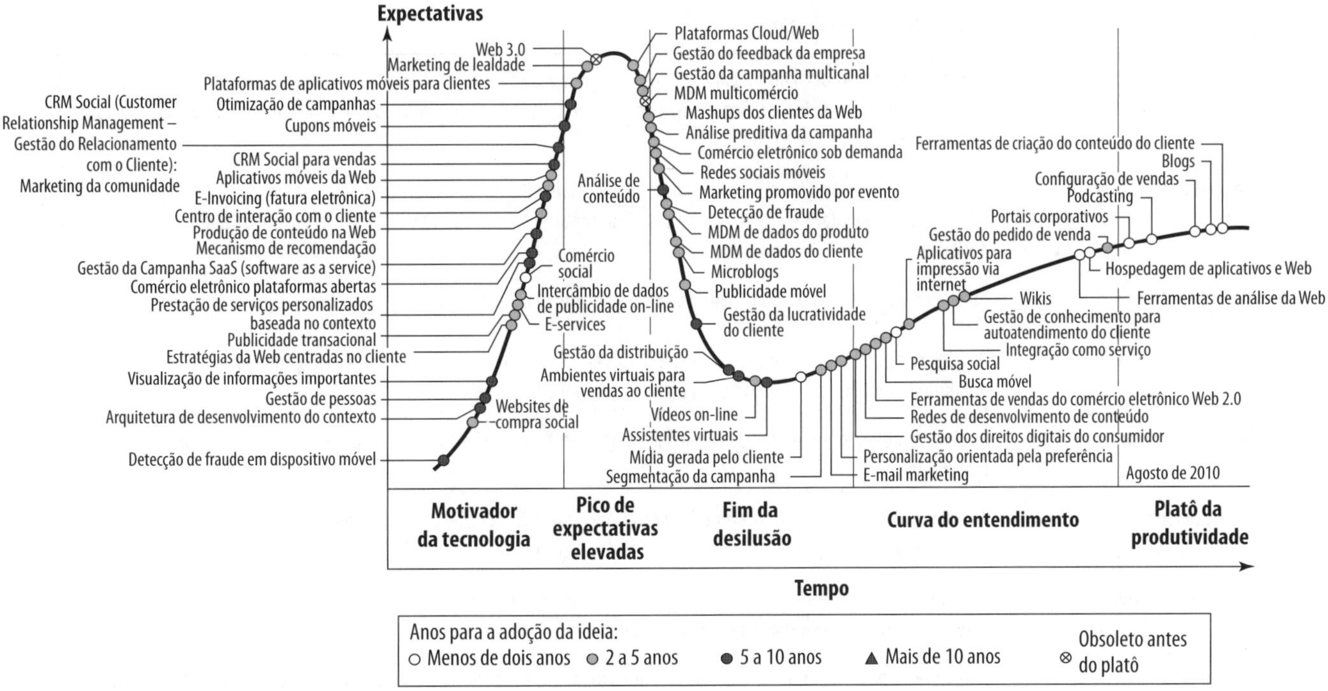

Fonte: Gartner, Inc. Hype Cycle for e-commerce, 2010, Gene Alvarez, 3 de agosto de 2010.

de como as coisas são realizadas (veja a Figura 1.5). Isso significa que o e-business é apenas business (negócios), e e-marketing é apenas marketing. Atualmente, isso é particularmente verdadeiro, conforme evidenciado por 60 por cento dos gestores e executivos de marketing que afirmam que o marketing on-line é parte integrante do plano geral de marketing da empresa ('From Survival to Success', 2010). Entretanto, o e-business sempre terá modelos, conceitos e práticas exclusivas. Os mercados e as práticas tradicionais de marketing continuam apresentando modificações, por vezes em conceitos fundamentais, em razão da tecnologia da informação. Por exemplo, o conceito de busca on-line é intrínseco ao e-marketing, continua evoluindo e possui implicações importantes que os profissionais de marketing devem compreender. No entanto, a maioria dos processos de marketing passa pelo teste do tempo — a tecnologia atribui uma nova configuração a estes processos. A pesquisa de marketing é extremamente melhorada com a coleta de dados on-line, embora o processo de identificação do problema de pesquisa, coleta de dados e utilização dos resultados para tomar decisões no marketing nunca mude. Em resumo, os profissionais de marketing devem estar bem preparados quanto aos conceitos e, ao mesmo tempo, devem estar atualizados com relação a tecnologias inéditas de informação e mudança nos conceitos de e-marketing para manter a competitividade. Isso é necessário, pois no momento em que os profissionais de marketing sentirem-se confortáveis quanto à queda do *e*, novas tecnologias vão desafiar as práticas tradicionais. Por exemplo, atualmente o cenário de e-marketing muda rapidamente devido ao conteúdo gerado pelo cliente e pela mídia social.

Um exemplo de uma empresa que já incorporou todo o 'ciclo Gartner' é a Charles Schwab, que permitiu que a e.Schwab.com canibalizasse a maior empresa física de seguros em 1998. Definido como 'coma seu próprio DNA' pelo ex-presidente, Jack Welch, da General Electric, a Schwab astutamente confrontou modelos comerciais on-line e off-line, e possibilitou que os métodos mais lucrativos vencessem. O modelo e.Schwab resultou em preços reduzidos, incorporação de estratégias de marketing bem-sucedidas e crescimento mais rápido de contas e ativos. Nessa empresa de corretagem, e-business é simplesmente business.

Implicações das tecnologias da internet no marketing

Os profissionais de marketing que rapidamente compreenderam o que as tecnologias da internet eram capazes de realizar estavam mais bem posicionados para integrar a tecnologia da informação na prática do marketing (Figura 1.6). Compare essas propriedades em relação às propriedades do telefone. O telefone é uma tecnologia mediadora, possui alcance global e externalidade de rede. Por outro lado, a internet possui propriedades que criam oportunidades além dos recursos disponibilizados pelo telefone, televisão, correios ou outro meio de comunicação. Essas diferenças motivaram os profissionais de marketing e fizeram

Figura 1.6 Propriedades da internet e as implicações no marketing.

Propriedade	Implicações no marketing
Bits, não átomos	Informações, produtos e comunicação na forma digital podem ser armazenados, enviados e recebidos quase instantaneamente. Texto, áudio, vídeo, gráficos e fotos podem ser digitalizados, embora os produtos digitais não possam ser tocados, experimentados ou saboreados.
Mediação tecnológica	Relacionamentos homólogos, como leilões, redes sociais e parcerias comerciais podem ser formados, independentemente da localização geográfica. A tecnologia possibilita comunicação eficiente e compartilhamento de dados, em relação aos negócios na cadeia de suprimentos.
Alcance global	Abre novos mercados e possibilita parcerias em âmbito mundial, colaboração entre funcionários e integração das áreas de vendas.
Externalidade de rede	Os negócios podem produzir melhores resultados em seus mercados com a comunicação automatizada, e os clientes podem disseminar opiniões sobre a marca em âmbito mundial em um instante.
Moderador temporal	Os clientes possuem expectativas elevadas com relação à comunicação com as empresas e exigem processos de trabalho mais rápidos.
Equalizador de informações	As empresas empregam a customização da comunicação em massa, e os clientes têm mais acesso às informações sobre o produto e preço.
Capacidade escalável	As empresas pagam somente o necessário pelo armazenamento de dados ou espaço do servidor para operações lucrativas, e podem armazenar volumes significativos de dados.
Padrão aberto	As empresas podem permutar o acesso ao banco de dados para aperfeiçoar a cadeia de suprimentos e a gestão do relacionamento com o cliente, que promove a conexão entre empresas de grande e pequeno porte.
Desconstrução do marketing	Muitas funções do canal de distribuição são desenvolvidas por empresas não tradicionais (por exemplo, Edmunds.com e agentes de viagem on-line) e surgiram novas indústrias (por exemplo, ISPs).
Automação da tarefa	O autosserviço on-line reduz custos e viabiliza transações automatizadas, pagamento e possível processamento do pedido.

Fonte: propriedades adaptadas de Allan Afuah e Christopher Tucci, *Internet business models and strategies*. Nova York: McGraw-Hill/Irwin, 2001.

com que eles avaliassem como capitalizá-las da melhor forma.

Essas propriedades da internet não apenas possibilitam uma implantação da estratégia e tática de marketing mais efetiva e eficiente, como também modificaram, de fato, o modo pelo qual o marketing é conduzido. Por exemplo, a ideia fundamental de digitalizar dados (bits, não átomos) transformou os métodos de desenvolvimento de mídia e software, assim como criou um novo canal de transação. Da mesma forma, a internet, como um equalizador de informações, alterou o equilíbrio de poder do profissional de marketing para o cliente.

Os profissionais de marketing devem compreender a tecnologia da internet para aproveitar seu poder. Eles não precisam desenvolver pessoalmente as tecnologias; no entanto, devem saber como selecionar os fornecedores apropriados e orientar os profissionais da tecnologia.

O BusinessLink, um website governamental no Reino Unido, ajuda os profissionais de marketing listando as oportunidades de e-business e e-marketing devido às propriedades exclusivas da internet:

- **Redução de custos.** Atinge os clientes certos com custo bem inferior em relação aos métodos tradicionais de marketing.
- **Resultados rastreáveis e mensuráveis.** Obter dados detalhados sobre as reações do cliente às campanhas de marketing.
- **Alcance global.** Acessa novos mercados pelo mundo.
- **Personalização.** Conectar um banco de dados a um website possibilita ofertas focadas individualmente. Quanto mais eles compram, melhores são os dados, e mais eficiente é o marketing.
- **Marketing um a um.** Acesso instantâneo aos clientes individuais em computadores e celulares.
- **Campanhas mais interessantes.** Utiliza multimídia criativa para engajar os clientes.
- **Melhores taxas de conversão (aumento das compras).** Os clientes on-line estão apenas a alguns cliques da compra, ao passo que, quando eles estão off-line, precisam dar um telefonema ou visitar uma loja.

- **Marketing vinte e quatro horas.** Possibilita acesso 24 horas/7 dias por semana aos produtos e serviços da empresa, mesmo quando a empresa está fechada.

1.3 E-marketing atual: Web 2.0

As propriedades exclusivas e os pontos fortes das tecnologias da internet promoveram um avanço da primeira para a segunda geração (Web 2.0), conforme descrito pela NetLingo:

> *Os componentes dos websites da web 2.0 (e a popularidade dos blogs e redes sociais) existem em virtude da capacidade de oferecerem mini-homepages, um giga de armazenamento, seu próprio e-mail, leitor de música, foto, vídeo e compartilhamento de favoritos (...) que inicialmente representam tecnologias de 'primeira geração'. (<http://www.netlingo.com>)*

Entretanto, a tecnologia apenas abre novas janelas de oportunidades. Os profissionais de marketing criam produtos inéditos e populares que são potencializados pelas tecnologias da web 2.0. Embora a web 1.0 conectasse pessoas às redes de computador, as tecnologias da web 2.0 também conectam pessoas entre si. Coletivamente chamadas **mídia social**, essas webpages possibilitam a construção de relacionamentos e são primordialmente criadas por usuários da internet (também denominadas mídia gerada pelo usuário [UGM, user-generated media] ou mídia gerada pelo consumidor [CGM, consumer-generated media]. Os websites de mídia social estão aumentando e atraindo usuários mais rapidamente que os websites tradicionais de mídia (como o CNN.com). E com uma nova tecnologia, esse contexto promove oportunidades e desafios para profissionais de marketing, alguns dos quais são descritos a seguir.

Transferência do poder dos vendedores para os compradores

'Profissionais de marketing de todas as naturezas estão sendo impulsionados a deixar o comando para os clientes que querem mais controle sobre o modo pelo qual os produtos são oferecidos a eles', segundo Stuart Elliott, colunista do *New York Times* (Elliott, 2009). Os compradores individuais e corporativos estão cada vez mais exigentes, pois estão a apenas um clique de inúmeros competidores globais, todos disputando os seus negócios. Da mesma forma, a mídia social na internet fornece uma plataforma de comunicação na qual os comentários sobre determinado produto podem se espalhar como um fogo incontrolável em curto espaço de tempo, e rapidamente fortalecer ou prejudicar a imagem de uma marca. A divulgação boca a boca do cliente tem representado uma poderosa força de marketing, mas agora os indivíduos não estão limitados a seus amigos, colegas e familiares. A internet possibilita que um cliente exasperado se comunique com milhares de amigos com um clique de mouse: boca a boca de forma exponencial ('word of mouth on steroids'). Esse fenômeno representa apenas uma parte de uma tendência que aumenta ao longo dos anos por causa da internet — acreditamos que o poder finalmente foi transferido das empresas para os indivíduos, conforme mostrado na Figura 1.7. Como isso aconteceu?

Isso começou com o cliente no poder do controle remoto da televisão e do mouse de seu computador. Significa que os profissionais de marketing não conseguem mais manter um indivíduo por trinta segundos na frente da tela da TV ou

Figura 1.7 Transferência do poder das empresas para os indivíduos.

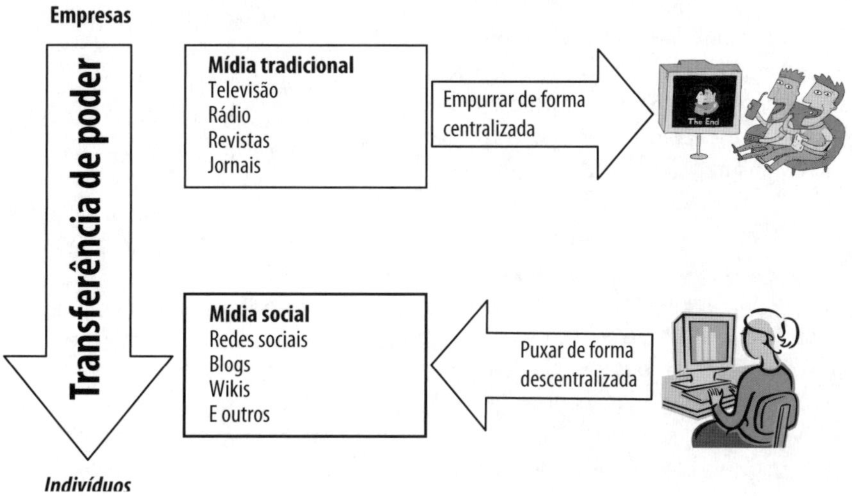

Fonte: adaptado de Dion Hinchcliffe (<http://web2.socialcomputingmagazine.com>).

até mesmo por dez segundos na frente da tela de um computador. Com os **gravadores de vídeo digital** (**DVR**, digital video recorders), os clientes podem facilmente pausar, voltar ou gravar centenas de horas de programação ao vivo de televisão para visualização posterior, pulando os comerciais. Os DVRs têm apenas 30 por cento de penetração, embora seu uso esteja crescendo rapidamente, segundo a Nielsen Company. Da mesma forma, os clientes têm acesso a entretenimento e informações a qualquer momento e qualquer lugar pelo iTunes, Hulu.com e websites de redes de televisão. Leia o quadro 'Informações técnicas' para obter detalhes sobre TiVo DVR. Outras tendências influenciam a atenção do cliente, conforme segue:

- **Os consumidores acreditam mais em outro consumidor que nas empresas.** Em 2009, Edelman, relações públicas da Trust Barometer, perguntou aos participantes de uma pesquisa realizada em países desenvolvidos em quem eles acreditavam que possuíam as informações mais confiáveis. Quarenta e quatro por cento afirmaram que eles consideravam uma 'pessoa como eles' mais fidedigna, muito mais do que qualquer presidente de empresa ou membro de um governo. Uma 'pessoa como você' é alguém que compartilha valores e interesses. Por exemplo, o website <http://tripadvisor.com> possibilita que os turistas avaliem hotéis em todo o mundo, e outros turistas confiem na indicação do website para arranjar hotéis para futuras viagens — eles confiam mais nas opiniões do website que no conteúdo que visualizam nos websites dos hotéis.
- **Fragmentação do mercado e da mídia.** O mercado de massa está desaparecendo lentamente desde 1992, conforme evidenciado pelo declínio nos índices de audiência no horário nobre da televisão, o crescimento da televisão a cabo e aumen-

Informações técnicas

DVR *versus* internet TV

Sábado à noite, 19h50. Seus amigos querem que você vá com eles à sessão das 20h30 do filme mais recente, e você sabe que seu ator favorito é o protagonista. Entretanto, também não quer perder a última temporada de seu reality show preferido, que vai ao ar às 20 horas. Com pouquíssimo tempo para se arrumar, programar seu VCR não é uma boa opção. A hipótese de perder sua série realmente o incomoda, pois você assistiu os 13 episódios anteriores. Se tivesse pedido um gravador de vídeo digital em seu aniversário no mês passado...

DVR

Lançado em 1997, a TiVo propicia ao atual espectador de televisão o que ele desejava: controle supremo. A TiVo é um provedor de serviços de televisão para o gravador de vídeo digital (DVR) que representa uma categoria crescente de produtos eletrônicos do cliente. Em sua forma mais básica, o DVR possibilita aos espectadores de TV gravar programas e visualizá-los posteriormente. De acordo com o website da empresa, a filosofia TiVo é 'Assista o que você quiser e quando quiser'.

A TiVo, atualmente uma empresa de capital aberto, foi pioneira em serviços de televisão para DVRs. A empresa rapidamente superou a concorrência nos Estados Unidos e registrou um dos índices mais rápidos de adesão na história dos produtos eletrônicos. Segundo pesquisas realizadas pela TiVo em 2003, 98 por cento dos seus assinantes afirmaram que não poderiam viver sem o serviço da TiVo, e mais de 40 por cento declararam que preferiam desconectar seu celular em vez de 'desligar' o TiVo.

O mercado-alvo da TiVo consiste em pessoas na faixa etária de 25 a 45 anos que se sentem confortáveis com a tecnologia, casados e que possuem uma renda média anual de $ 70 mil a $ 100 mil.

Para disponibilizar o TiVo, cinco elementos são necessários: uma televisão, o TiVo DVR, uma linha telefônica ou conexão com a internet, um plano de assinatura TiVo e uma fonte de programação de televisão. TiVo é compatível com quase qualquer televisão, VCR ou DVD player, e todo equipamento necessário acompanha o TiVo DVR. A fonte de programação pode ser uma antena, uma antena parabólica ou uma TV a cabo.

Tecnologia e serviços similares são oferecidos pelas empresas a cabo, como a Time Warner, e empresas de satélite, como a DirectTV. A maioria oferece os seguintes benefícios:

- *Season Pass*: registra automaticamente todos os episódios de uma exibição em toda a temporada.
- *WishList*: registra qualquer programa que contenha uma palavra-chave especificada, como o nome de um ator.
- *Smart Recording*: detecta mudanças nos horários da programação e adapta o horário da gravação.
- *Internet Programming*: permite programar sua TV a partir do computador do seu local de trabalho.
- *Controles parentais*: possibilita que os pais limitem os programas disponíveis para os filhos.

Com o controle da programação nas mãos do espectador, os profissionais de marketing das redes de televisão estão se confrontando com desafios adicionais. Por exemplo, ao reprisar um episódio de um seriado cômico que foi ao ar uma hora atrás, o aparelho possui a opção de pular os comerciais. Entretanto, são os comerciais que geram as receitas necessárias para financiar o seriado. Os produtores e compradores dos comerciais estão pagando para ter o contato com os clientes potenciais, os quais estão neutralizando esse contato. Esse contexto gerou um aumento significativo nas ações de 'product placement' (inclusão de marcas ou produtos dentro de filmes, séries etc.).

A invenção do TiVo tem provocado muita atenção. A palavra *tivo* tornou-se um verbo na mídia popular: 'Você tivo aquele jogo de futebol no domingo?' No talk show popular *Live with Regis and Kelly*, a apresentadora Kelly Ripa discute frequentemente como ela utiliza e ama seu TiVo.

TV pela internet — Assista qualquer coisa, a qualquer hora, em qualquer lugar ou com qualquer aparelho

Embora o TiVo tenha revolucionado o modo pelo qual a televisão é assistida, a TV pela internet representa o futuro. A internet, que no passado era utilizada exclusivamente no PC, pode propiciar aos espectadores a oportunidade de se esquivarem dos tradicionais serviços da TV a cabo e por satélite.

Uma vantagem significativa para os anunciantes é que os comerciais não podem ser pulados on-line. Na verdade, os anúncios podem, inclusive, circular na janela onde o conteúdo está sendo visualizado. Não é de surpreender então que as redes promovam a visualização on-line durante a transmissão de seus episódios.

A grande vantagem da TV pela internet para os clientes é a possibilidade de assistir qualquer coisa, em qualquer hora, em qualquer lugar ou de qualquer aparelho. Diferentemente do DVR, o cliente não precisa se lembrar de programar a exibição com antecedência. Basta simplesmente localizar o conteúdo on-line e assisti-lo na plataforma de opção do seu aparelho, quer seja um iPod, iPhone, iPad, laptop ou até mesmo em uma TV normal antiga.

NetFlix — Um modelo híbrido

Para agregar interesse na discussão, a NetFlix lançou um modelo híbrido. A NetFlix é um serviço que possibilita aos usuários alugar filmes pela internet. Inicialmente, a NetFlix contava exclusivamente com um modelo híbrido: o usuário seleciona o filme utilizando um website, e o filme é enviado pelo correio tradicional. No entanto, a NetFlix possibilita, atualmente, que os usuários aluguem filmes de **streaming de vídeo** na internet. As ofertas de streaming hoje são limitadas, embora certamente passarão a ser o modo dominante de distribuição nos próximos anos. O mais impressionante é que funcionários da NetFlix descobriram um meio de exibir um filme pelo console de jogo Wii, já conectado nas TVs de muitos usuários. Isso remove a imensa barreira de adesão, visto que muitas pessoas não querem comprar um dispositivo separado para assistir filmes extraídos da internet.

---

to do número de revistas segmentadas. A internet ampliou essa tendência ao máximo — mercado de um cliente — e obrigou os profissionais de marketing a criar produtos e comunicação para públicos-alvo muito pequenos.

- **As conexões são críticas.** Atualmente, a rede social é o nome do jogo. Os recrutadores de empregos pesquisam redes sociais em busca de candidatos para as vagas, e os negócios são feitos entre membros do LinkedIn que nunca se encontraram pessoalmente. Isto é sobre alguém que você conhece on-line e também o que eles dizem sobre você.

Muitos anos de exposição às estratégias de marketing tornaram os clientes mais exigentes e mais sofisticados, e os profissionais de marketing precisam se aperfeiçoar para oferecer valor a seus clientes.

Marketing de atração (inbound marketing)

Os atuais clientes corporativos e de bens de consumo se moveram, e as empresas estão tentando encontrá-los. Os clientes raramente estão acessíveis em quantidades expressivas na mídia tradicional, como na televisão, e eles estão por toda a internet na mídia social. Da mesma forma, os clientes não apreciam as mensagens de marketing que os interrompam naquilo que estão fazendo. Esta é a razão pela qual a lista 'Do Not Call' do governo dos Estados Unidos extinguiu efetivamente a indústria do telemarketing, e a adoção do DVR e pular os comerciais de televisão continuam a crescer. Atualmente, os profissionais de marketing precisam solicitar autorização para enviar uma comunicação se eles quiserem obter atenção, e geralmente fornecer aos clientes o que eles querem no momento que eles querem.

Essa mudança no comportamento do cliente gerou o conceito de **marketing de atração** — ser encontrado no mundo on-line, em vez de interromper os clientes com as ações tradicionais para obter deles a atenção para seus anúncios, websites, produtos e assim por diante. Em uma pesquisa realizada pela Yankelovich e associados, 54 por cento dos clientes afirmaram que 'evitariam produtos e serviços que os esmagam com tanta publicidade'. As táticas tradicionais incluem propaganda na mídia tradicional, telemarketing ativo, feiras e disparos de e-mails. Os componentes do marketing de atração são a contextualização dos conteúdos (por exemplo, blogs, vídeos, eBooks, arquivos pdf de informes técnicos), redes sociais (por exemplo, Twitter, Facebook, blogs) e técnicas de otimização do mecanismo de busca para ajudar a mídia social ou website a surgir na primeira página de resultados de uma busca de palavra-chave.

Figura 1.8 Proporção de empresas que conquistam um cliente na mídia social.

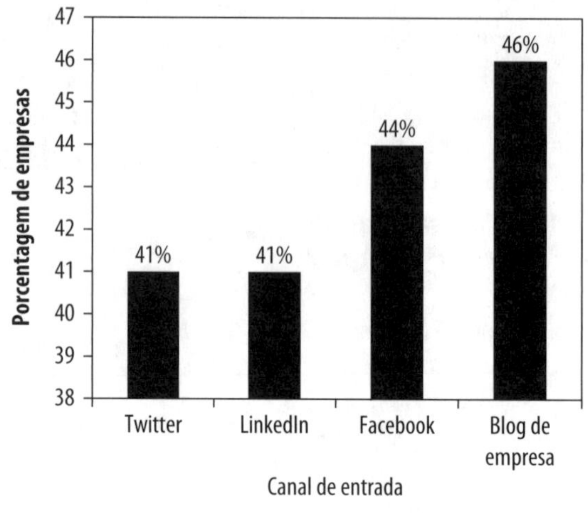

Fonte: dados do 'The state of inbound marketing 2010'. Disponível em: <http://www.hubspot.com>.

O marketing de atração funciona. A Figura 1.8 mostra a porcentagem notável de empresas que conquistaram um cliente pela mídia social. Da mesma forma, em novembro de 2009, os profissionais de marketing registraram sucesso ainda maior no tráfego de recomendação das redes sociais, em relação ao resultado obtido nas buscas do Google (segundo a Compete Data):

- *USA Today* recebeu 35 por cento de seu tráfego da mídia social *versus* 6 por cento da busca no Google.
- O varejista on-line Etsy recebeu 24 por cento da mídia social e 12 por cento do Google.
- A revista *People* recebeu 23 por cento da mídia social e 11 por cento do Google.

A mídia social está se tornando a nova busca? O tempo vai dizer.

Engajamento do cliente

O que os profissionais de marketing fazem com a pessoa que encontra suas ações na web? Os profissionais de marketing estão em uma 'nova era de engajamento, participação e cocriação', segundo a Nielsen Media ('Super Buzz ou Super Blues?', 2008). **Engajamento** implica envolver o possível cliente dentro da perspectiva da ideia da marca reforçada pelo contexto em questão, de acordo com Advertising Research Foundation. *Envolver o possível cliente* significa se conectar com essa pessoa emocional e cognitivamente. O engajamento on-line é análogo à experiência off-line de marketing, como os famosos varejistas Build-A-Bear ou parques temáticos da Disney. Os profissionais de marketing digital envolvem os usuários seduzindo-os a participar em seu conteúdo ou mídia — fazer upload de vídeos ou fotos, postar comentários em um blog, tornar-se fã da página da marca no Facebook e assim por diante (conforme exibido na Figura 1.9). A cocriação ocorre quando os usuários ajudam os profissionais de marketing a criar produtos ou propagandas. Por exemplo, a Doritos mantém um concurso anual, no qual os usuários criam comerciais de televisão de trinta segundos. Os visitantes do website votam nos finalistas e o anúncio vencedor é exibido durante o jogo do SuperBowl. Os desenvolvedores de software utilizam a cocriação quando solicitam aos usuários para testar as versões beta de websites ou a próxima versão do software, e sugerem melhorias. Quando os compradores estão engajados com o conteúdo de uma empresa, eles se tornam mais atentos e, em geral, mais favoráveis à marca.

Métricas da mídia social

Um desafio para os profissionais de marketing envolve o desenvolvimento de um novo conjunto de métricas para monitorar o sucesso das táticas do marketing de atração na mídia social. A internet possibilita o rastreamento de cada clique do mouse, e os profissionais de marketing agora têm ao seu alcance um conjunto de medidas para mensurar os resultados de suas táticas on-line (conforme descrito no Capítulo 2 e ao longo deste livro). Entretanto, os indicadores-padrão como o número de visitantes ou cliques no website em um anúncio não avaliam corretamente o conceito de engajamento. A Nielsen Media e outras empresas estão agora avaliando o tempo dedicado a um website, número de comentários postados, tempo dedicado assistindo a um vídeo e outras métricas para determinar a força de engajamento de cada website. Outra métrica de desempenho utilizada pelos profissionais de marketing inclui o volume de conversação sobre um tópico para um período específico, o número e o crescimento de fãs, amigos ou seguidores em uma página de rede

Figura 1.9 O engajamento do cliente conecta o conteúdo da empresa com as características do consumidor.

social, índice de repasse para vídeos e outros conteúdos, números de downloads ou uploads de um conteúdo, número de avaliações, revisões, assinaturas ou marcadores sociais, volume de interação com uma webpage, e muito mais.

Voz do cliente é uma 'abordagem sistemática para incorporar as necessidades dos clientes no desenho da experiência do consumidor', segundo Brude Temkin da Forrester Research. A Forrester descreve cinco componentes: rastreamento do relacionamento, monitoramento da interação, escuta contínua, infusão do projeto (incluindo insights do cliente em estratégias e táticas) e imersão periódica (dos funcionários com as interações do cliente). As empresas estão propagando essa nova técnica para captar uma visão 360º das preferências e comportamento do cliente em cada canal on-line e off-line. A Mindshare é uma empresa que ajuda a 'captar a voz do cliente em tempo real e imediatamente a transformar em ações inteligentes por meio de um poderoso e incisivo relatório.' (<http://www.mshare.net>) A Mindshare capta o feedback e o engajamento do cliente pelos recibos de vendas, pesquisas solicitadas, métricas do website, comentários de voz deixados pelos clientes e por intermédio de outros canais (Figura 1.10). Mesmo com o surgimento de tecnologias inéditas, como as da Mindshare, os profissionais de marketing afirmam que obter uma visão integrada dos clientes pelos pontos de contato do marketing on-line ainda continua a ser o maior desafio ('From Survival to Success', 2010).

Outras oportunidades e desafios na web 2.0

Examinemos alguns dos outros elementos-chave do cenário atual da web 2.0.

- **A adesão à internet amadurece.** Atualmente, a internet amadureceu nas nações industrializadas. Os elevados índices de adesão ficaram nivelados, e o uso intenso da web e do e-mail tornou-se uma atividade comum.
- **As vendas a varejo on-line amadurecem.** Embora as vendas a varejo on-line continuem a crescer, elas seguem representando em torno de 4 por cento do total de vendas a varejo dos Estados Unidos. Com a adesão do usuário estabilizada nas nações industrializadas, os varejistas on-line devem competir entre si pelas vendas, pois eles não podem contar com muitos novos usuários na internet para encontrá-los.
- **Mecanismos de busca atualmente são mecanismos de reputação.** A relevância é uma das variáveis do algoritmo de busca do Google. Quanto mais as webpages de um tópico similar, com tráfego elevado, apontam para um website, mais ela aparece nas páginas dos resultados do mecanismo de busca (SERP — search engine results pages) para palavras-chave específicas, indicando o que é mais relevante para o usuário. A popularidade, avaliada pelos links acessados, melhora a exposição da marca, a conscientização, a imagem, o tráfego do website e, por fim, as vendas. O marketing de busca é, atualmente, uma parte importante nos orçamentos do profissional de marketing on-line.
- **O conteúdo ainda é o fator soberano.** Atualmente, os profissionais de marketing devem ser ágeis e flexíveis na postagem de blogs e na interação com a mídia gerada pelo consumidor. Nesse ambiente, o movimento unilateral corporativo está se transformando em uma conversação corporativa e com os participantes interessados. O conteúdo muda rapidamente e circula pelos blogs e páginas das redes sociais em segundos. Conteúdos inéditos, relevantes e interessantes são o que atrai e engaja os compradores potenciais.
- **Melhorar a integração das estratégias on-line e off-line.** Essa integração é especialmente evidente no **marketing multicanal**, oferecendo aos clientes mais de um meio de comprar algo, como

Figura 1.10 Voz do programa do consumidor da Mindshare.

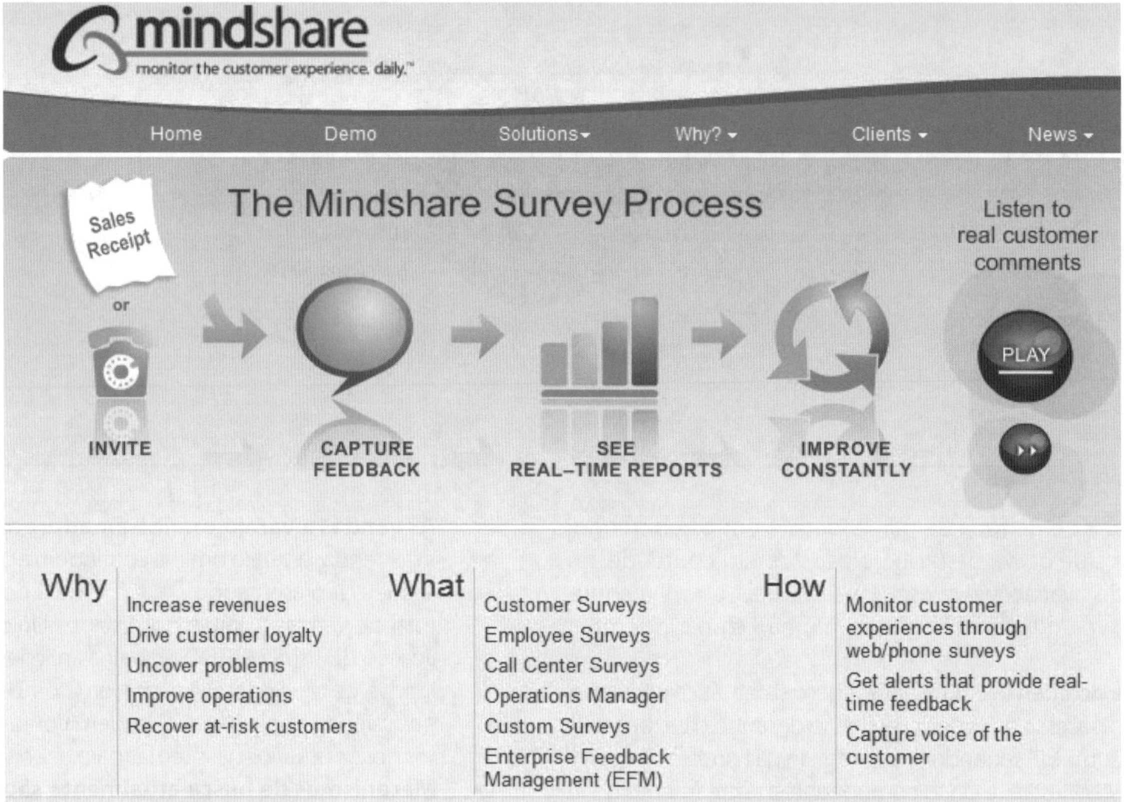

Fonte: utilizada com permissão da mshare.net.

um website, loja de varejo e catálogo. Os varejistas gerenciam os clientes por meio de um banco de dados acessível por todos os funcionários. Para citar um exemplo de mídia, a NBC permite que seus 13,5 milhões de usuários on-line assinem o conteúdo do website, façam download de widgets, adicionem conteúdo aos wikis, mural de mensagens e o blog corporativo, visualizem videoclipes pelo website, assim como por iTunes e YouTube.

- **Elevada adesão da banda larga em âmbito doméstico (60 por cento).** A velocidade rápida da internet possibilita aos clientes o acesso ao entretenimento. Eles podem gravar programas de televisão em gravadores de vídeo digital e enviar para seus PCs ou iPods para assistir no avião, por exemplo. Da mesma forma, essa alta velocidade possibilita aos clientes realizar upload de seus vídeos e outro conteúdo para websites da mídia social da web.
- **O papel do capital intelectual.** Imaginação, criatividade e empreendedorismo são recursos mais importantes do que o capital financeiro. Esse conceito era verdadeiro na primeira geração da internet e continua até hoje. A diferença hoje é que agora os profissionais de marketing conhecem o know-how para utilizar princípios sólidos corporativos e de marketing para transformar as ideias criativas em dinheiro.
- **Cauda longa.** Esse termo, famoso no livro de Chris Anderson, refere-se à economia da abundância e explica como a computação e o armazenamento de baixo custo viabilizam o aumento das receitas pela venda de pequenas quantidades de um grande número de produtos on-line. Por exemplo, em 2004, a Amazon.com possuía 2,3 milhões de livros em estoque, em relação aos 130 mil em uma típica loja física Barnes & Noble. A Amazon consegue vender uma grande variedade de livros difíceis de serem encontrados em pequenas quantidades, e a venda de produtos não disponíveis em livrarias off-line representa 57 por cento do total de vendas da Amazon. Essa ideia revolucionou os modelos econômicos.

Grande parte dessas mudanças tornou o marketing tradicional mais eficiente e eficaz para alcançar e realizar vendas nos mercados. Entretanto, algo verdadeiramente mudou no marketing tradicional de forma crucial e fundamental.

1.4 O futuro: Web 3.0

Muitas oportunidades inéditas e interessantes surgem, mas as empresas agem com cautela, observando os resultados de cada meta, estratégia e tática com relação aos sinais de eficácia. Nas seções a seguir, descrevemos algumas tendências importantes que vão se solidificar em um futuro próximo, e algumas que possivelmente levarão de dez a quinze anos para obter o mesmo resultado.

Convergência dos aparelhos

A mídia digital consiste simplesmente em dados que podem ser enviados aos usuários em uma diversidade de formas, conforme observado na Figura 1.1. Programas de televisão, apresentações em rádio, notícias, filmes, livros e fotos são enviados por seus criadores de forma eletrônica via satélite, fios telefônicos ou cabos, e visualizados pela audiência em aparelhos receptores, como televisões, computadores, rádios, celulares (incluindo smartphones) e outros. Diferentemente do uso da terminologia popular, o aparelho receptor é isolado do tipo de mídia. Em outras palavras, assistir à televisão não significa que o espectador está visualizando uma programação de televisão. Os computadores podem receber transmissões digitais de rádio e televisão, e os aparelhos de televisão podem receber o conteúdo do rádio disponível na web ou no satélite. Alguns aparelhos, como rádio e fax, possuem capacidades limitadas de recepção, embora outros sejam mais flexíveis.

A ideia de separar a mídia do aparelho é, ao mesmo tempo, incompreensível e interessante, em razão das oportunidades comerciais. Essa ideia abre as portas para novos tipos de aparelhos de recepção que também são 'inteligentes', possibilitando salvar, editar e enviar transmissões. Por exemplo, a LG Electronics atualmente vende um refrigerador com conexão à internet (<http://www.lginternetfamily.co.uk>). Os clientes podem visualizar programas de televisão, filmes, álbuns de família e webpages em uma tela sensível ao toque de 15,1 polegadas do refrigerador; ler e-mail e mensagens redigidas à mão ou digitadas e inseridas pela família; ouvir músicas baixadas; monitorar o estoque de alimentos no refrigerador; e também mantê-los congelados.

O refrigerador internet LG é um bom exemplo de convergência de aparelhos: muitos aparelhos digitais em apenas um. Outro exemplo é a convergência do celular e da câmera digital. Por fim, considere o automóvel. O proprietário do Lincoln LS pode assistir um filme, usar o telefone, ouvir música no CD ou rádio, visualizar a hora e se comunicar utilizando um GPS. Se o carro for envolvido em um acidente ou precisar de reparo, uma mensagem será automaticamente enviada à concessionária mais próxima pela internet. Portanto, na próxima vez que pensar em uma programação de televisão, lembre-se de que, pela legislação dos Estados Unidos, ela é simplesmente um vídeo digitalizado que pode ser enviado em diversas formas para uma série de aparelhos de recepção, como TV, computador e até mesmo um refrigerador. Essa tendência de convergência está muito longe de acabar — existem ainda muitas oportunidades para o desenvolvimento de tecnologias inéditas e de aparelhos.

As mídias tradicional e social perderam sua distinção

Atualmente, os profissionais de marketing alocam seus orçamentos publicitários conforme o tipo de mídia, como jornais, televisão ou internet. Por outro lado, a audiência não faz discriminação entre a mesma publicidade em vídeo que ela vê no noticiário da NBC, as notícias a cabo no MSNBC, as notícias no website da MSNBC.msn.com e no YouTube. Da mesma forma, os classificados de jornais são equivalentes aos do Craigslist.org, e anúncios de revista podem ser encontrados como anúncios em websites de revistas ou outros websites. Os indivíduos gravam comerciais de televisão, manipulam os comerciais, utilizando software de vídeo, e fazem upload em websites de postagem de vídeo ou em seus próprios websites. A mídia editorial já aparece tanto on-line como off-line, paralelamente à indefinição da mídia publicitária. A convergência do aparelho significa que tanto o conteúdo editorial quanto o conteúdo da publicidade já são visualizados em uma miríade de aparelhos móveis e fixos. O que isso significa para os profissionais de marketing? No futuro, os profissionais de marketing vão começar a perceber que o meio e o aparelho não mais definem o modo para atingir os clientes (ou seja, as palavras *comercial de televisão* vão perder o sentido). Por outro lado, os profissionais de marketing vão criar a comunicação multimídia para distribuição aos membros da audiência em qualquer momento, em qualquer lugar, para qualquer aparelho, conforme a solicitação do usuário. Nesse prisma, a mídia social e a mídia tradicional tornam-se simplesmente mídia.

A rede sem fio cresce

A **GPRS** (**general packet radio service**) é uma plataforma de terceira geração da web. Conhecida também como tecnologia do celular 3G (terceira geração), suporta ampla gama de larguras de banda para receber e enviar e-mail e volumes expressivos de dados, e para navegação na web em muitos países diferentes. A GPRS pode ser a primeira indicação da web 3.0. Utilizando celulares, smartphones e PCs, os clientes verificam e-mail em uma Starbucks em Xangai, recebem informações de voo no menor dos aeroportos e obtêm os últimos resultados dos jogos esportivos enquanto estão na estação de trem Gare du Nord na França. Os nódulos sem fio estão se multiplicando como coelhos. Considere o seguinte:

- Diversas companhias aéreas importantes oferecem conexões para internet nos aviões.
- A Autonet Móvel oferece um roteador no carro e um serviço que transforma o carro em um Hotspot WiFi.
- A Sprint e outras operadoras de telefonia móvel oferecem modems USB, possibilitando que os usuários criem uma bolha da internet em torno deles a qualquer momento, em qualquer lugar.
- Pessoas tomando café e ouvindo música na Starbucks podem instantaneamente encontrar o artista, localizar e inserir o álbum em seus iPods ou iPhones pelo iTunes Music Store.
- Existem mais de 300 mil pontos de acesso WiFi em 140 países (<http://www.jiwire.com>).

O rápido crescimento dos pontos de acesso sem fio, quando acoplados a um vasto número de indivíduos, em âmbito mundial, que possuem celulares, e um número expressivo de indivíduos que possuem smartphones ou notebooks indica um crescimento contínuo na rede sem fio. À medida que essa tendência se manifesta, os clientes passam a buscar informações, entretenimento e comunicação, onde e como eles desejarem, e em pequenos arquivos para download rápido.

Web semântica

Conceitualizar a mídia como dados que estão separados do aparelho de recepção é um meio para os profissionais de marketing fornecerem aos clientes exatamente o que eles querem, quando e onde eles querem. Os viajantes querem informações de voo atualizadas em seus smartphones, e as companhias aéreas atualmente fornecem essas informações em poucas linhas de texto, embora os clientes ainda precisem solicitá-las em cada voo. Os clientes de casas noturnas na Alemanha querem saber quais músicos vão tocar na sexta à noite, e a casa envia as informações em seus celulares com poucas linhas (junto com um trecho de música).

Sir Tim Berners-Lee, o coinventor da web, tem trabalhado com muitos outros nos últimos anos na tecnologia, para organizar os dados da web para dar maior conveniência ao usuário. A ideia de Berners-Lee, a **web semântica**, é uma extensão da web atual, na qual as informações fornecem um sentido bem-definido, por meio de tags como HTML. A web atual carrega documentos de texto, fotos, gráficos e arquivos de áudio e vídeo inseridos nas webpages que os mecanismos de busca procuram catalogar para que os usuários possam encontrá-los. A web semântica vai facilitar esse processo, fornecendo um protocolo de definição padrão, de modo que os usuários possam facilmente encontrar informações com base nesse modelo, como nome de uma pessoa (por exemplo, <pessoa> no código HTML), a próxima consulta disponível para um médico específico (encontrado pela busca em um banco de dados do médico), detalhes sobre um concerto, o horário de funcionamento da biblioteca, o cardápio no restaurante local, e assim por diante (para obter mais informações, consulte Berners-Lee, Hendler e Lassila, 2001 e <http://www.w3.org>).

O valor da web semântica implica, de fato, informações solicitadas. Utilizando uma analogia, reflita por um minuto sobre o desenvolvimento dos aparelhos que informam a hora. Todos os relógios antes de 1929 exigiam um esforço por parte do usuário para identificar a hora. O relógio de sol exigia um grande esforço do usuário para observar a hora e reposicionar o instrumento conforme a mudança de posição do sol. Posteriormente, os relógios mecânicos de corda ou pêndulo exibiam a hora somente se o usuário os mantivessem funcionando (Figura 1.11). Em 1929, o cristal de quartzo trouxe mudanças drásticas. A partir daí, os dados denominados *hora* eram obtidos sem esforço algum por parte dos usuários, uma mudança fundamental para o usuário, que passou a receber o envio automatizado de dados sobre a hora. Logo em seguida, a hora apareceu em uma série de aparelhos, controlando borrifadores de gramados, fornos de micro-ondas, processos industriais e assim por diante. Os

Figura 1.11 Analogia tempo-internet : aguardando o próximo avanço tecnológico.

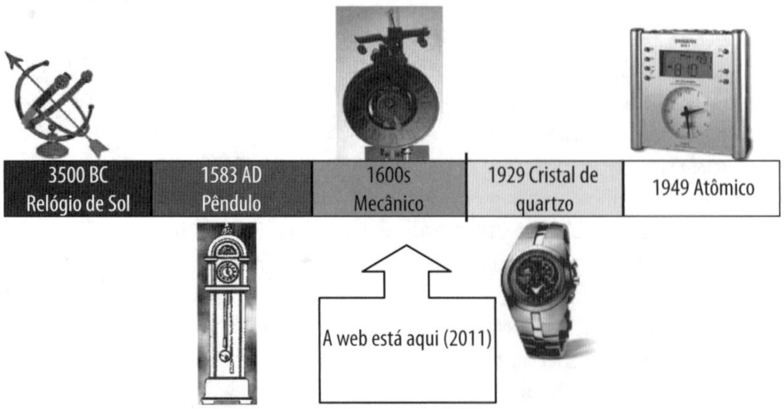

indivíduos passaram a depender de dados que chegavam com confiabilidade, quando e onde eles quisessem.

Agora, pense no texto, vídeo e áudio disponíveis via internet. Os usuários devem buscar o que eles querem, e isso não é fácil: eles se esforçam na busca, assim como ocorria com os relógios antigos. Acreditamos que a internet esteja aguardando o próximo avanço tecnológico, similar ao cristal de quartzo. Imagine as informações da web chegando tão confiáveis quanto a hora. Os clientes vão definir tarefas para seus PDAs (agentes digitais pessoais), os quais vão em busca de dados e retornam como filmes no aparelho de televisão, compromissos no calendário do smartphone, informações de contato no catálogo de endereços e assim por diante. A web semântica tem o compromisso de ser esse próximo avanço importante: acesso mundial aos dados sem esforço. Esteja preparado para o 'cristal de quartzo' da internet e para a próxima onda de revolução.

O que vai caracterizar a Web 3.0?

A web semântica é apenas uma visão do futuro, e 41 por cento dos especialistas acreditam que ela será alcançada e promoverá uma diferença significativa para os usuários da internet em 2020, segundo o estudo da Pew Internet & American Life Project em 2010 (47 por cento duvidaram de que ela estaria disponível, conforme previsto) (disponível em <http://www.pewinternet.org>). Outros preveem que a web 3.0 incluirá banda larga maior, velocidades mais rápidas de conexão, inteligência artificial, rede social sem fio ou aplicativos modulares na web, eliminando a necessidade de software nos computadores pessoais. A Forrester Research acredita que a mídia interativa vai canibalizar a mídia tradicional. O que vemos a seguir são previsões realizadas por especialistas da indústria:

> *Em 2020, o aparelho móvel será a principal ferramenta de conexão à internet, e as interfaces de reconhecimento de voz e toque do usuário serão mais predominantes. A transparência das pessoas e das organizações vai ser intensificada, embora não necessariamente promova mais integridade pessoal, tolerância social ou indulgência. As divisões entre tempo pessoal e tempo profissional e entre realidades física e virtual serão posteriormente neutralizadas para o indivíduo que estiver conectado.*
>
> Pew Internet & American Life Project
> Survey Of Experts
> (Veja <http://www.pewinternet.org>)

> *As pessoas continuam perguntando o que é web 3.0. Acredito que talvez seja quando você tem uma sobreposição de gráficos vetorial escalável (ou seja, imagens contendo hiperlinks) — tudo ondulado, entrelaçado e com aparência indistinta — na web 2.0 e acesso à web semântica integrada em um imenso espaço de dados, você terá acesso a um recurso de dados inacreditável.*
>
> Sir Tim Berners-Lee

> *A web 1.0 era discada, banda larga média de 50 K, a web 2.0 é uma média de 1 megabite de banda larga, e a web 3.0 será 10 megabites de banda larga o tempo todo, o que representará a web em vídeo total, e que terá a característica da web 3.0.*
>
> Reed Hastings,
> Fundador e presidente da NETFLIX

> *Minha previsão é de que a web 3.0 será vista como aplicativos atuando em conjunto. Existe uma série de características: os aplicativos são relativamente pequenos, os dados estão em nuvem, os aplicativos podem ser executados em qualquer aparelho, PC ou telefone móvel, os aplicativos são extremamente rápidos e customizáveis. Além disso, os aplicativos são distribuídos de forma virtual: literalmente pelas redes sociais, por e-mail. Você não vai à loja para comprá-los... É um modelo de aplicativo bastante diferente do que já foi visto na computação.*
>
> Eric Schmidt,
> Presidente do GOOGLE

1.5 Conclusão

Este livro segue a estrutura dos processos tradicionais de marketing, mas discute os conceitos e as práticas efetivas e eficientes do e-marketing. A tecnologia é um aspecto importante do ambiente do e-marketing e, como é fundamental que os profissionais de marketing a compreendam, integramos os quadros 'Informações técnicas' por todo o texto para ajudar os profissionais de marketing a compreender alguns princípios básicos. Esta obra está organizada em quatro partes.

1. 'e-marketing': contexto (capítulos 1 a 3) introduz o e-marketing estratégico e o plano de e-marketing. As discussões incluem modelos de e-business, métricas de desempenho para avaliação do sucesso do e-marketing e as etapas envolvidas em um plano de e-marketing.
2. 'Ambiente de e-marketing' (capítulos 4 e 5) explica os ambientes legais e globais fundamentais ao sucesso de qualquer investimento de e-marketing. Atribuímos ênfase especial à próxima divisão: mercados emergentes, como a China, e suas barreiras à adesão da internet.
3. 'Estratégia de e-marketing' (capítulos 6 a 8) trata da formulação da e-estratégia, incluindo a base de conhecimento de marketing e os dados sobre comportamento do cliente, necessários para projetar o que designamos estratégias da camada 1: segmentação, determinação do alvo, diferenciação e posicionamento.
4. 'Gestão de e-marketing' (capítulos 9 a 15) abrange as estratégias da camada 2: o mix de marketing e as melhores práticas de gestão do relacionamento com o cliente, focando a mídia social.

Resumo do capítulo

O e-business é a otimização contínua das atividades de uma empresa por meio da tecnologia digital. O comércio eletrônico é um subconjunto do e-business focado nas transações. O e-marketing é atividade de marketing, conjunto de instituições e processos para criação, comunicação, desenvolvimento e intercâmbio de ofertas que possuem valor para os consumidores, clientes, parceiros e a sociedade em geral. Representa a aplicação da tecnologia da informação nas práticas tradicionais de marketing.

O dinâmico ambiente de e-marketing oferece oportunidades para desenvolver novos produtos, novos mercados, nova mídia e novos canais. Os compradores individuais possuem mais poder em razão do controle remoto da televisão, o DVR, o mouse do computador, a habilidade de comparar produtos e preços on-line, e a habilidade de realizar conteúdo de upload que pode afetar a imagem da marca. Comunidades de mídia social da Web 2.0 são formadas on-line para discutir produtos, conexão e outros assuntos, e essa atividade está fora do controle dos profissionais de marketing. Os atuais profissionais de marketing utilizam o marketing de atração para ficar on-line, e tentam engajar os clientes com conteúdo; entretanto, é um desafio avaliar o sucesso dessas estratégias. A adoção da internet e das vendas a varejo na maioria das nações industrializadas atingiu níveis de maturidade. A internet afeta profundamente os cidadãos de muitos países.

A internet consiste em computadores com dados, usuários que enviam e recebem os arquivos de dados em uma miríade de aplicativos receptores, e uma infraestrutura tecnológica para modificar, criar, visualizar ou ouvir o conteúdo. Uma intranet é uma rede que funciona internamente numa corporação utilizando padrões da internet. Uma **extranet** é uma intranet na qual as redes proprietárias se unem com o propósito de compartilhar informações. Se duas empresas conectarem suas intranets, elas vão produzir uma extranet. As extranets são propriedades das organizações envolvidas. A web é a parte da internet que suporta uma interface gráfica de usuário para navegação em hipertexto com um navegador. As propriedades específicas da internet permitem uma estratégia de marketing e a implantação de táticas mais eficientes e efetivas, e estão mudando o marketing na Web 2.0 ao constatar que os clientes confiam mais uns nos outros do que nas empresas, aumentando a fragmentação do mercado e da mídia, obrigando o uso do marketing de atração, engajamento do cliente, transferindo o poder dos vendedores para os compradores; redefinindo os mecanismos de busca como mecanismos de reputação; e aperfeiçoando a integração das estratégias on-line e off-line (especialmente o marketing multicanal). O conteúdo ainda é soberano no ambiente on-line, embora as velocidades das conexões sejam fundamentais nesse clima de alta conectividade de banda larga e novas regras quanto ao capital intelectual. Por fim, a teoria da cauda longa mostrou que a economia passou da escassez para a abundância.

No futuro, a Web 3.0 será uma época de convergência contínua de aparelhos de recepção, associando a mídia tradicional e a social, com o aumento da rede sem fio, e a web semântica modificará o cenário do marketing. É essencial que os profissionais de marketing compreendam que os programas de televisão, programas de rádio, notícias, filmes e fotos sejam simplesmente dados digitais enviados por seus criadores de forma eletrônica via satélite, fios telefônicos ou cabos, e depois visualizados pela audiência nos aparelhos de recepção, como televisões, computadores, rádios, celulares e assistentes digitais pessoais (PDAs) e outros. Essa compreensão abre a porta para muitas oportunidades inéditas de produtos que agregam valor aos clientes cada vez mais exigentes no futuro. A Web 3.0 será definida pelo aperfeiçoamento contínuo da tecnologia e pelos aplicativos da web, e possivelmente, a inteligência artificial.

Exercícios

Questões para revisão

1.1 Defina e-business e e-marketing.

1.2 O que são métricas e por que elas são importantes?

1.3 Como a tecnologia muda o marketing tradicional?

1.4 Tecnologicamente, como a internet é comparada em relação ao telefone?

1.5 Quais são algumas das consequências para o marketing em relação às tecnologias da internet?

1.6 No contexto do e-marketing, o que significa 'o meio não é o aparelho'?

1.7 Descreva as propriedades importantes da internet que influenciam o marketing.

1.8 Quais mudanças fundamentais a internet gerou para o marketing?

1.9 Qual é a diferença entre marketing de atração e o marketing tradicional?

1.10 Quais são os elementos-chave da Web 2.0?

1.11 Quais são os elementos-chave da Web 3.0?

Questões para discussão

1.12 Quais são as implicações do declínio da participação dos Estados Unidos na adesão da internet mundial?

1.13 Como consumidor, qual é a diferença se o e-business for 'simplesmente business'? Explique sua resposta.

1.14 Alguns economistas sugerem que o aumento no comércio eletrônico no mercado business-to-business (B2B) conduzirá a uma competitividade maior, e mais produtos e serviços vão se tornar commodities, significando que eles vão competir exclusivamente no preço. Como você acha que essa competitividade provavelmente vá afetar os compradores no mercado B2B? Como ela afetaria os vendedores?

1.15 Quais pontos estão sendo levantados com relação à privacidade do consumidor devido ao aumento do uso da computação sem fio e aparelhos portáteis fora de casa ou do local de trabalho?

1.16 Como cliente, como sua vida será afetada quando a web semântica se tornar uma realidade?

1.17 Como a mídia social e o conteúdo gerado pelo cliente muda o modo pelo qual os profissionais de marketing operam? Explique.

1.18 Como cliente que está no controle, o que você gostaria de ver no futuro — Web 3.0?

CAPÍTULO

1 **2** 3 4 5 6 7 8 9 10 11 12 13 14

E-marketing estratégico e indicadores de desempenho

Missão do Google: organizar as informações do mundo e torná-las universalmente acessíveis e úteis.
— Larry Page e Sergey Brin, Fundadores do Google

O que você mede é o que consegue: os indicadores de desempenho que utiliza influenciam o comportamento dos seus gestores e dos funcionários.
David Norton e Robert Kaplan, Harvard Business School

O principal objetivo deste capítulo é ajudá-lo a compreender o planejamento estratégico e o modo pelo qual as empresas buscam alcançar seus objetivos por meio de estratégias que envolvem e-business e e-marketing. Você vai se familiarizar com os modelos existentes de e-business implantados nos diferentes níveis da organização e com a aplicação dos indicadores de desempenho para monitorar o progresso dos objetivos estabelecidos.

Após a leitura deste capítulo, você estará apto a:

- Explicar a importância do planejamento estratégico, estratégia, estratégia de e-business e estratégia de e-marketing.
- Identificar os principais modelos de e-business nos níveis de atividades, de processos e da empresa.
- Discutir o uso dos indicadores de desempenho e o Balanced Scorecard para avaliar o desempenho do e-business e do e-marketing.

A história da Amazon

Após abrir as portas virtuais em 1995, a Amazon.com finalmente provou que o modelo de negócio no varejo on-line pode ser lucrativo, anunciando seu primeiro lucro no quarto trimestre de 2001, com vendas de $ 3,1 bilhões. Atualmente, listada na *Fortune 500*, a Amazon.com anunciou $ 24,5 bilhões em vendas (28 por cento de crescimento em 2008) e $ 902 milhões de lucro em 2009 — uma taxa expressiva de crescimento. 'A Amazon.com se empenha ao máximo para ser a empresa mais orientada para o cliente do planeta, na qual as pessoas podem encontrar e descobrir praticamente qualquer coisa que elas queiram comprar on-line', de acordo com a Amazon, e essa estratégia trouxe um grande retorno (consulte as páginas da sala de imprensa em: <http://www.amazon.com>).

A Amazon, como sobrevivente da bolha ponto.com, é especialista em maximizar suas competências por meio de variados modelos de e-business. A empresa começou como a maior livraria do mundo, mas logo se diversificou tornando-se uma empresa que vende de tudo. Em primeiro lugar está o seu negócio principal — varejo on-line. As vendas de livros impressos e eletrônicos (Kindle), músicas e DVDs representam a maior parte das vendas da Amazon, embora as vendas de outros produtos constituam, atualmente, 45 por cento do total de vendas (brinquedos, ferramentas, saúde e beleza, medicamentos, utensílios domésticos, eletrônicos, vestuário e muito mais). Uma organização verdadeiramente global; 47,6 por cento dessas vendas ocorrem fora da América do Norte. Por exemplo, a Amazon adicionou 21 novas categorias de produtos em escala mundial em 2009, incluindo produtos para bebês na França, peças e acessórios para automóveis no Japão, e calçados e vestuário na China.

Em segundo lugar, encontram-se as parcerias de comércio eletrônico da Amazon com a Target, Macy e outras. Essas parcerias geram receitas por meio de diferentes acordos, normalmente envolvendo o ganho de taxas fixas, comissões de vendas ou taxas por unidade pelos produtos ofertados no website Amazon.com. As vendas de produtos de seus parceiros nos websites da Amazon representaram um avanço de 30 por cento nas vendas unitárias em 2009. Os clientes podem comprar itens em várias categorias de produto e realizar a transação em um único pagamento. A Amazon também oferece serviços de marketing, atendimento ao cliente e o processo completo de entrega do produto (armazenamento e entrega) em nome de seus parceiros. Esse modelo de parceria pode ser mais rentável que o modelo de varejo puro, porque a Amazon ganha uma taxa, aproveitando seus serviços automatizados, experiência de comércio eletrônico e sua enorme base de clientes.

A Amazon evoluiu de varejista on-line para parceiro em comércio eletrônico, e atualmente como provedor de serviços. A empresa vende muitos serviços diversificados para web, como aluguel de espaço para servidores, armazenamento e recuperação de dados em qualquer lugar na web, pela sua unidade de negócios web Services (AWS). Esse novo negócio cresceu 20 por cento de 2008 a 2009 (2,6 por cento das vendas) e é bastante rentável.

A Amazon também utiliza outro modelo importante de e-business. A empresa criou o primeiro programa de afiliados (chamado Amazon Associates), que proporciona a centenas de milhares de proprietários de websites até 15 por cento de comissão pela indicação de clientes. Esses parceiros integram, sem problemas, seus produtos em seus websites por meio do Programa de Associados da Amazon. É como ter muitas equipes de vendas em todo o mundo; na verdade, a Amazon classifica essa comissão como despesa de marketing em seus relatórios anuais.

De acordo com o fundador e CEO Jeff Bezos, a Amazon não está interessada em expandir para o mundo físico, pois não poderia diferenciar as lojas físicas da Amazon das livrarias físicas já estabelecidas de forma significativa. O sucesso da Amazon é baseado em seleção, preços baixos, melhor disponibilidade, tecnologia sólida e inovadora e melhores informações sobre o produto. O uso da Amazon de avaliações e sugestões feitas pelo cliente com base no comportamento coletivo de compra também atribui um diferencial que situa a Amazon em posição superior à de outros varejistas. A empresa vence com o baixo capital e com o alto retorno dos seus modelos de negócios. O sucesso futuro da Amazon parece certo, porque a empresa sabe como capitalizar suas capacidades únicas por meio do planejamento estratégico e com uma gestão cuidadosa dos seus modelos de negócios existentes — e continua obcecada pelo cliente. 'Nossa abordagem continua a mesma [como em 1997], e ainda é Dia 1º', de acordo com Bezos.

2.1 Planejamento estratégico

A Amazon, como qualquer outro profissional de marketing, utiliza o planejamento estratégico para ter um negócio rentável e sustentável no futuro. **Planejamento estratégico** é definido como o 'processo gerencial de desenvolver e manter uma adequação razoável entre os objetivos, as habilidades e os recursos da empresa e as mudanças e oportunidades de mercado' (Kotler e Keller, 2008). Parte desse processo consiste em identificar os objetivos da empresa, como os descritos a seguir:

- **Crescimento.** Quanto a empresa pode sensatamente prever em termos de crescimento em receitas, e com qual ritmo? A resposta a essa pergunta envolve uma compreensão profunda da concorrência, dos ciclos de vida do produto e dos fatores de mercado.
- **Posição competitiva.** Como a empresa deve se posicionar contra as outras empresas do setor? As posições viáveis são ser líder no setor (Google), líder de preços (Priceline), líder de qualidade (Mercedes), empresa de nicho (eMarketer), melhor atendimento ao cliente (Amazon), entre outras.
- **Âmbito geográfico.** Onde a empresa deveria atender seus clientes: em âmbito local e/ou global? A empresa está preparada para entregar seus produtos adquiridos on-line para outros países?
- **Outros objetivos.** As empresas costumam definir objetivos com relação ao número de setores nas quais elas atuarão, a gama de produtos que serão oferecidos, os tipos de canais que serão utilizados e assim por diante.

Por exemplo, o Facebook mudou o foco estratégico em 2007, optando por abrir sua rede para desenvolvedores externos — expandindo os benefícios para o cliente no processo.

Ambiente, estratégia e desempenho

O plano de e-marketing normalmente constitui parte do plano de marketing global da organização, desenvolvido a partir dos seus objetivos e de suas estratégias. Para melhor entendimento, vamos discutir o plano de e-marketing de forma isolada neste livro. Conforme descrito na Figura 2.1, o plano inicia com o ambiente de negócios, no qual fatores legais, éticos, tecnológicos, competitivos, relacionados ao mercado e a outros fatores externos à empresa criam tanto oportunidades como ameaças. As organizações utilizam a análise SWOT (pontos fortes, pontos fracos, oportunidades, ameaças) para descobrir quais pontos fortes e fracos precisam ser implantados ante ameaças e oportunidades, direcionando as estratégias de e-business e e-marketing. As organizações selecionam modelos de e-business e, na sequência, os profissionais de marketing formulam uma estratégia e criam planos que ajudarão a empresa a atingir seus objetivos globais. A etapa final é determinar o sucesso das estratégias e planos por meio da avaliação dos resultados. **Indicadores de desempenho** são medidas específicas projetadas para avaliar a eficácia e a eficiência das operações de e-business e e-marketing.

O modelo ambiente-estratégia-desempenho (AED) pode facilmente descrever um processo de negócio físico. O modelo ressalta a ideia de que as empresas não são somente estruturadas com fundamento nas boas práticas e processos comprovados, mas também por meio de transformações tecnológicas e práticas de e-marketing importantes, conforme discutido neste livro.

Figura 2.1 Foco em estratégia e desempenho.

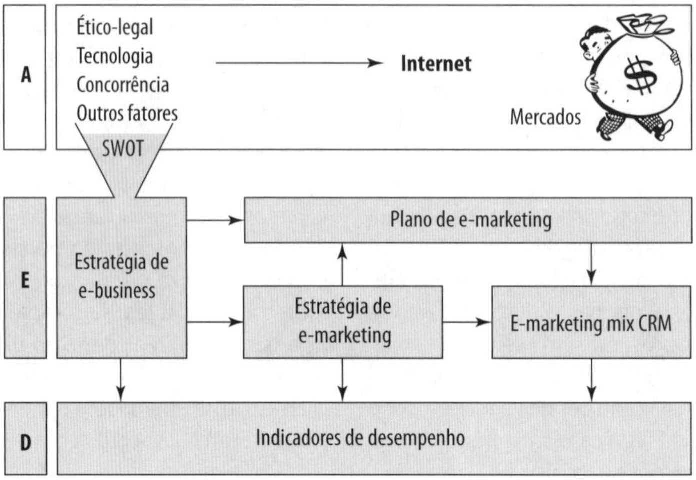

Este capítulo e o Capítulo 3 descrevem as estratégias de e-business e de e-marketing, plano de e-marketing e indicadores de desempenho. Os capítulos 4 e 5 exploram os fatores ambientais particularmente importantes para o e-marketing e para a análise SWOT.

Estratégia

O termo *estratégia* tem sido utilizado para descrever diversos itens, desde 'o curso que traçamos, a jornada que imaginamos e, ao mesmo tempo, o rumo que tomamos e a viagem que realmente fazemos' (Nickols, 2000, p. 6). Embora o termo seja utilizado em muitos contextos para significar muitas coisas diferentes, a maioria dos estrategistas concorda que a **estratégia** é o meio para alcançar um objetivo. A estratégia está focada no 'como' a empresa vai atingir seus *objetivos*, e não em definir suas metas. Curiosamente, a estratégia tem suas raízes na ação militar. Por exemplo, o objetivo de um país é vencer a guerra; sua estratégia é disponibilizar tropas para determinado país, e suas táticas são enviar um batalhão especial em um local específico em determinado dia e hora. Esse processo traduz bem a estratégia de negócios, pois a empresa define seu crescimento e outros objetivos e, a partir daí, decide quais as estratégias serão implantadas para realizar tais objetivos. As táticas são planos detalhados para implantar as estratégias.

É importante notar que os objetivos, as estratégias e as táticas podem existir em níveis diferentes em uma empresa. Até agora, discutimos planejamento estratégico no nível corporativo. Áreas funcionais dentro de uma empresa também desenvolvem objetivos, estratégias e táticas para apoiar os objetivos de nível corporativo. Se uma empresa quer crescer em 10 por cento no próximo ano, a função de marketing deve conter metas de introdução de novos produtos e aumentar a participação de mercado. Da mesma forma, o departamento financeiro, o departamento de recursos humanos e outras áreas funcionais definem metas que contribuem para o alcance dos objetivos da empresa.

2.2 Da estratégia para a estratégia eletrônica

Como a estratégia tradicional difere da estratégia de e-business? **Estratégia de e-business** é o desenvolvimento dos recursos da empresa para maximizar tecnologias a fim de atingir objetivos específicos que, em última análise, melhoram o desempenho e criam vantagens competitivas sustentáveis. Assim, quando as estratégias de negócios no nível corporativo (também chamadas de ***nível empresarial***) incluem componentes de tecnologia da informação (internet, dados digitais, banco de dados etc.), elas passam a ser estratégias de e-business. Como exemplo, Tchibo, varejista alemão, possui duas estratégias importantes para atingir suas metas de crescimento. A primeira consiste na estratégia de negócios em nível corporativo, relacionada à construção de novas lojas de varejo em cidades europeias selecionadas, e a segunda é a estratégia de e-business, relacionada à venda de produtos no website. Utilizando o plano estratégico, a Tchibo optou por utilizar a estratégia de e-business somente após análise criteriosa de suas capacidades internas e das necessidades de seus clientes, concorrentes de varejo e outras questões ambientais.

Da mesma forma, a estratégia de marketing passa a ser estratégia de e-marketing quando os profissionais de marketing utilizam tecnologia digital para implantar a estratégia. **Estratégia de e-marketing** é a concepção da estratégia de marketing que maximiza os recursos eletrônicos ou da tecnologia da informação para alcançar objetivos específicos.

Em essência, a estratégia de e-marketing representa a união da estratégia de tecnologia e da estratégia de mercado.

Por exemplo, o Grupo Posados, com mais de cem unidades hoteleiras na América do Sul, mantém um sofisticado e expressivo banco de dados de clientes. É capaz de enviar e-mails personalizados por segmentos de clientes, como clientes com perfil de alto valor, visitantes recentes, ou clientes que fizeram reservas por meio de um agente de viagens. Ofertas especiais para clientes relevantes proporcionaram aumento nas reservas de hotel e nos lucros. Esse tipo de segmentação mantém os clientes satisfeitos e suporta a estratégia de e-marketing referente à gestão do relacionamento com os clientes do Grupo Posados; em última análise, apoia a estratégia de crescimento corporativo.

A maioria dos planos estratégicos explica as premissas básicas utilizadas para a determinação dos objetivos e estratégias escolhidos. Essas premissas são especialmente importantes para a elaboração de um projeto único de e-business que tenta obter parte dos recursos corporativos e o apoio da alta gerência. Kalakota e Robinson (1999) sugerem quatro tipos de justificativas:

1. A justificativa estratégica mostra como a estratégia é aplicada na missão da empresa e nos objetivos de negócios, e onde ela vai conduzir a empresa, se for realizada com êxito.
2. A justificativa operacional identifica e quantifica o aperfeiçoamento específico do processo, que resultará da estratégia. Por exemplo, se o software CRM (gestão do relacionamento com o cliente) for proposto, o que isso implica em termos de retenção do cliente e aumento nas receitas?
3. A justificativa técnica mostra como a tecnologia vai se ajustar e propiciar sinergia com as capacitações atuais de tecnologia da informação. Por exemplo, há interoperabilidade ao longo da atual cadeia integrada de suprimentos?
4. A justificativa financeira analisa o custo-benefício e utiliza indicadores-padrão como retorno sobre o investimento (ROI) e lucro líquido.

2.3 Dos modelos de negócios aos modelos de e-business

Mais uma peça desse quebra-cabeça precisa ser encaixada antes de entrarmos no conteúdo realmente interessante das estratégias de e-business e e-marketing. O termo *modelo de negócios* é frequentemente citado na imprensa e por executivos. Com base no uso atual do termo, sugerimos que um **modelo de negócios** seja um método pelo qual a organização se autossustenta em longo prazo, incluindo sua proposta de valor para parceiros e clientes, assim como os fluxos de geração das receitas.

Um modelo de negócios não existe em um espaço vazio. Diz respeito à estratégia que uma empresa usará para selecionar um ou mais modelos de negócios como estratégias para alcançar suas metas. Por exemplo, se o objetivo for se posicionar como uma empresa de alta tecnologia, inovadora, deve decidir por utilizar a internet para se conectar e se comunicar com seus fornecedores e clientes, como fez a empresa de tecnologia Dell.

Com tantas oportunidades disponíveis, como uma empresa seleciona os melhores modelos de negócios? Os autores de *Internet Business Models and Strategies* sugerem os seguintes componentes já comprovados como fundamentais para desenvolver um modelo de negócios para a empresa e seu ambiente (Afuah e Tucci, 2001):

- **Valor para o cliente.** O modelo cria valor por meio de suas ofertas de produto, diferenciando-se, de alguma forma, de seus concorrentes?
- **Escopo.** Quais mercados a empresa atende? Eles estão crescendo? Atualmente, esses mercados são atendidos pela empresa ou são novos mercados de risco mais elevado?
- **Preço.** Os preços atribuídos aos produtos da empresa são atraentes aos mercados e também atingem os objetivos de participação de mercado e lucro da empresa?
- **Fontes de receita.** De onde vem o dinheiro? É suficiente para o crescimento sustentável e para os objetivos de lucro ao longo do tempo? Muitos fracassos ponto.com, por exemplo, ignoraram esse princípio.
- **Atividades conectadas.** Que atividades a empresa precisa executar para criar o valor descrito no modelo? A empresa possui essas aptidões? Por exemplo, se o atendimento ao cliente 24 horas/7 dias por semana faz parte do valor, a empresa deve estar preparada para desenvolvê-lo.
- **Implantação.** A empresa deve ter a habilidade de realmente fazer acontecer, o que envolve os sistemas da empresa, pessoas, cultura e assim por diante.
- **Capacidades.** A empresa possui os recursos (financeiros, principais aptidões etc.) para fazer funcionar os modelos selecionados?
- **Sustentabilidade**. O modelo de e-business é particularmente apropriado se ele gerar uma vantagem competitiva ao longo do tempo. Será que vai ser difícil de imitar, e o ambiente vai se manter atrativo para a manutenção do modelo ao longo do tempo?

2.4 Modelos de e-business

Modelos de negócios tradicionais, como varejo, venda de publicidade e leilões têm surgido desde que se abriu o primeiro negócio. O que torna um modelo de negócios um modelo de e-business é o uso da tecnologia da informação.

Portanto, um **modelo de e-business** é um método pelo qual a organização se autossustenta no longo prazo, utilizando a tecnologia da informação, incluindo sua proposta de valor para parceiros e clientes, assim como seus **fluxos de geração de receitas**. Por exemplo, a internet permite que empresas de educação, música e software disponibilizem seus produtos por meio da internet, criando um novo modelo de distribuição que reduz os custos e aumenta o valor. Os modelos de e-business aproveitam com êxito as propriedades da internet descritas no Capítulo 1 (ou seja, alcance global, moderador temporal etc.).

Os modelos de e-business podem maximizar a coleta de dados digitais e técnicas de distribuição sem utilizar a internet. Por exemplo, quando os varejistas examinam produtos e dados de clientes ou cartões de recompensa na loja, esses dados podem se tornar uma rica fonte de conhecimento para gestão de estoque e ofertas promocionais — e-marketing sem a internet. Da mesma forma, quando tais dados estão disponíveis pela rede de computadores da empresa proprietária (intranet), a empresa está aplicando e-marketing sem a internet pública. Para simplificar, utilizamos o termo *modelos de e-business* para incluir tanto a internet como os modelos digitais off-line ao longo de toda a nossa discussão.

Valor e receita

Como parte do modelo de e-business, uma organização descreve as maneiras pelas quais ela cria valor para clientes e parceiros. Essa descrição está em conformidade com o **conceito de marketing**, o que sugere que a justificação social e econômica para a existência de uma organização é a satisfação que o cliente quer e precisa, enquanto alcança seus objetivos organizacionais. Os parceiros de negócios podem incluir membros da cadeia de suprimentos, como fornecedores, atacadistas e varejistas, ou firmas com as quais a empresa une forças para criar novas marcas (como a aliança Microsoft e NBC para criar MSNBC). As organizações agregam valor às partes interessadas por meio de modelos de e-business utilizando produtos e processos digitais. Seja on-line ou off-line, a proposta de valor implica em saber o que é importante para o cliente ou parceiro e desenvolvê-la melhor que as outras organizações. **Valor** engloba as percepções do cliente acerca dos benefícios do produto, especificamente seus atributos, nome da marca e serviços de suporte. Os custos envolvidos na aquisição do produto, como custos monetários, de tempo, energia e psicológicos, são subtraídos dos benefícios. Assim como os clientes, os parceiros avaliam o valor determinando se a parceria propicia mais benefícios que custos. Esse conceito é mostrado a seguir:

Valor = Benefícios – Custos

Em geral, mas nem sempre, a tecnologia da informação aumenta os benefícios e reduz os custos para as partes interessadas. Por outro lado, pode se reduzir o valor quando os websites são complexos, as informações são difíceis de serem localizadas, e as dificuldades técnicas interrompem o acesso aos dados ou às transações de compras.

Conforme mostrado na Figura 2.2, as estratégias de e-business ajudam as empresas a reduzir os custos internos, muitas vezes melhorando a proposta de valor para clientes e parceiros. As estratégias também podem aumentar o fluxo de geração de receitas da empresa, uma parte importante do modelo de e-business.

Modelos estratégicos de e-business

Um elemento-chave na definição de objetivos estratégicos é fazer uma análise da situação atual da empresa e decidir o nível de compromisso com o e-business em geral e e-marketing em particular. Os níveis possíveis de comprometimento sofrem uma queda contínua, que é apropriadamente representada como uma pirâmide, pois um número menor de empresas ocupa as primeiras posições (Figura 2.3). Como regra, quanto mais elevada a posição da empresa na pirâmide, maior seu nível de comprometimento com o e-business, mais suas estratégias são integradas com a tecnologia da informação e maior é o impacto sobre a organização. Além disso, os movimentos mais estratégicos estão no topo, enquanto as atividades mais táticas estão em níveis mais baixos; como resultado, níveis mais altos apresentam mais risco que os níveis mais baixos para a maioria das empresas.

Tenha em mente que uma atividade de uma empresa pode ser a estratégia de nível corporativo de outra empresa. Por exemplo, o processamento eletrônico de pedidos (como a venda de produtos em um website) pode ser uma atividade pequena para uma loja de esqui com 1 por cento de seus negócios no canal on-line, mas é uma atividade de nível corporativo para a FedEx, o serviço de entrega de encomendas.

Da mesma forma, é importante notar que o menor nível de comprometimento não mostrado na pirâmide é a ausência absoluta de envolvimento do e-business. Muitos varejistas de pequeno porte e outros pequenos negócios estão nesse nível, e devem permanecer nessa posição em virtude de suas capacidades. Por exemplo, é improvável que uma lavanderia possa obter um benefício expressivo com as estratégias de e-business.

Cada nível da pirâmide na Figura 2.3 indica um número de oportunidades para que a empresa agregue valor aos interessados e gere fluxos de receita utilizando a tecnologia da informação. Em razão da indisponibilidade da taxonomia ideal, abrangente e exclusiva de modelos de e-business, classificamos os modelos mais comumente usados com base no nível de comprometimento da empresa (Figura 2.4). Esse esquema também não é perfeito, porque o nível de comprometimento de cada modelo varia de acordo com a empresa, conforme mencionado anteriormente.

Figura 2.2 O e-marketing contribui para o modelo de e-business.

e-marketing aumenta os benefícios

- Customização em massa on-line (produtos e mensagens diferentes para diferentes interessados)
- Personalização (fornecer informações relevantes aos interessados)
- Conveniência 24 horas/7 dias por semana
- Autoatendimento e acompanhamento de pedidos
- Um único lugar de compras
- Aprendizagem, envolvente e comunicativa com os clientes em websites de redes sociais

e-marketing reduz custos

- Distribuição de mensagens de comunicação de baixo custo (por exemplo, e-mail)
- Canal de distribuição de baixo custo para produtos digitais
- Reduz os custos de processamento da transação
- Reduz os custos de aquisição de conhecimento (por exemplo, pesquisa e retorno dos clientes)
- Cria eficiências na cadeia de suprimentos (pela comunicação e otimização dos estoques)
- Diminui o custo de atendimento ao cliente

e-marketing aumenta receitas

- Receitas de transação on-line, como produto, informações, publicidade e taxas de assinatura; ou comissão/taxa em uma transação ou referenciamento
- Agrega valor aos produtos/serviços e aumenta preços (por exemplo, FAQ on-line e suporte ao cliente)
- Aumenta a base de clientes, alcançando novos mercados
- Constrói relacionamentos com os clientes e, assim, aumenta as vendas nos clientes atuais (share of wallet)

Figura 2.3 Nível de comprometimento com o e-business.

Fonte: adaptado de <http://www.mohansawhney.com>.

Da mesma forma, os itens relacionados ao nível de atividade geralmente agregam valor reduzindo custos, embora não possam gerar um fluxo direto de receitas, apesar de a evidência mostrar que as atividades de blogs e do Twitter podem resultar em vendas. Mesmo assim, apresentamos esse esquema como um bom modelo de oportunidades estratégicas, organizadas por nível de comprometimento com e-business, focando principalmente modelos que envolvem e-marketing. Vamos descrever concisamente muitos modelos aqui, e expandi-los nos capítulos posteriores.

Embora estejamos discutindo modelos individuais de e-business, muitas empresas combinam dois ou mais modelos. Por exemplo, o Yahoo! é varejista on-line e editor de conteúdo. Da mesma forma, utiliza muitos processos e atividades relacionados na Figura 2.4, como e-mail e gestão do relacionamento com o cliente.

Modelos de e-business no nível de atividade. O nível mais baixo da pirâmide afeta as atividades de negócios que podem gerar economia para a empresa, se automatizadas utilizando a tecnologia da informação ou a internet.

Figura 2.4 Classificação dos modelos de e-business.

Nível de atividade		Nível do processo de negócios		Nível corporativo	
1	Processamento de pedidos	1	Gestão do relacionamento com clientes (CRM)	1	Comércio eletrônico, venda direta, patrocínio de conteúdos
2	Compra on-line	2	Gestão do Conhecimento (KM)	2	Portais
3	E-mail	3	Gestão da cadeia de suprimentos (SCM)	3	Redes sociais
4	Publicação de conteúdo	4	Construção de comunidades on-line	4	Modelos de corretores
5	Inteligência nos Negócios (BI)	5	Banco de dados para marketing		• Trocas on-line, concentrador • Leilão on-line
6	Publicidade on-line e relações públicas (RP)	6	Sistema de gestão empresarial (ERP)		
7	Promoções de vendas on-line	7	Customização em massa	5	Modelos de agente
8	Estratégias dinâmicas de precificação on-line				• Do fabricante/agentes de vendas • Agente de compras • Leilão reverso
9	Comunicação na mídia social				

Nessa área de baixo risco, a empresa constata reduções de custos por meio de eficiências do e-business (por exemplo, processamento de pedidos, **inteligência competitiva**, ou pesquisas on-line). A breve descrição a seguir refere-se a modelos no nível de atividade:

1. **Compra on-line.** As empresas podem utilizar a web para colocar seus pedidos de compra com fornecedores, automatizando a atividade. Normalmente, essa atividade não é uma função de marketing; no entanto, quando varejistas como o Wal-Mart criaram o processamento de pedidos automatizados em toda a cadeia de suprimentos, houve enorme impacto sobre o marketing.
2. **Processamento de pedidos.** Esse modelo ocorre quando varejistas on-line automatizam as transações na internet, criadas por clientes.
3. **E-mail.** Quando as organizações enviam comunicações por e-mails às partes interessadas, elas economizam custos de impressão e envio.
4. **Publicação de conteúdo.** Nesse modelo, as empresas criam conteúdos ou serviços valiosos em seus websites, atraem um tráfego intenso e vendem publicidade. Em outro tipo de publicação de conteúdo, as empresas postam informações sobre suas ofertas em um website, economizando, portanto, os custos de impressão. Consulte o quadro 'Informações técnicas' para streaming de áudio como conteúdo baseado em assinaturas (e varejo on-line).
5. **Inteligência nos Negócios (BI).** Essa atividade se refere à coleta de baixo custo on-line de informações secundárias e primárias sobre os concorrentes, mercados, clientes e muito mais.
6. **Publicidade on-line e relações públicas (RP).** Como uma atividade, a empresa compra propaganda em e-mails ou website de terceiros. Quando a empresa vende propaganda, ela está engajada no patrocínio de conteúdo, um processo de nível superior. RP on-line inclui o website da empresa, assim como os comunicados de imprensa on-line, e muito mais.
7. **Promoções de vendas on-line.** As empresas utilizam a internet para enviar amostras de produtos digitais (por exemplo, música ou software) ou para executar sorteios, entre outras táticas.
8. **Estratégias de precificação.** Com preços dinâmicos, uma empresa apresenta preços diferentes para vários grupos de clientes, inclusive em nível individual. A negociação on-line por meio de leilões é um tipo de precificação iniciada pelo comprador, em vez do vendedor. A tecnologia possibilita que essa atividade seja automatizada.
9. **Comunicação na mídia social.** As empresas utilizam páginas do Facebook, do Twitter, blogs e outros recursos, para envolver os clientes atuais e futuros.

Modelos de e-business no nível do processo de negócios. O próximo nível da pirâmide altera processos de negócios para aumentar a eficácia da empresa.

Gerenciamento do relacionamento com clientes (CRM) envolve a retenção e o crescimento dos negócios em clientes empresariais e/ou individuais por meio de estratégias que garantam a satisfação com a empresa e seus produtos. O sistema de CRM procura manter clientes no longo prazo, aumentar o número e a frequência de suas transações com a empresa. No contexto do e-business, o sistema de CRM utiliza processos digitais e integra as informações dos clientes em cada 'ponto de contato'. Os clientes interagem com as empresas pessoalmente em lojas de varejo ou escritórios da empresa, pelo correio, via telefone ou pela internet. Os resultados das interações em todos esses pontos de contato são integrados para construir um quadro completo das características do cliente, comportamento e preferências — tudo armazenado em banco de dados eletrônicos.

Gestão do conhecimento (KM) é uma combinação dos conteúdos dos bancos de dados da empresa, a tecnologia é utilizada para criar o sistema e transformar os dados em informações e conhecimentos úteis. Os sistemas de KM criam um armazenamento de relatórios, informações sobre a conta do cliente, vendas do produto e outras informações valiosas que os gestores podem utilizar para tomar decisões.

Gerenciamento da cadeia de suprimentos (SCM) envolve a coordenação do canal de distribuição para oferecer produtos de forma mais eficaz e eficiente aos clientes. Por exemplo, quando um cliente faz pedidos de determinados websites, os computadores da FedEx recebem a instrução para buscar o produto de um depósito e entregá-lo rapidamente para o cliente. Da mesma forma, quando os clientes compram um produto no supermercado, o scanner do código de barras no caixa informa ao computador da loja para reduzir a contagem do estoque em um e, então, automaticamente pede mais caixas do produto dos depósitos ou dos fornecedores se o estoque no depósito estiver baixo. Com o **construtor de comunidades**, as empresas criam websites para atrair grupos de usuários com interesses especiais. Nesse modelo, as empresas convidam usuários para bate-papo e postam comentários em seus websites, páginas de mídia social ou blogs com a finalidade de construir um marketing viral on-line e atrair clientes potenciais para o website (**blogs** são webpages em que as entradas são listadas em ordem cronológica inversa, com a postagem mais recente no topo). As empresas muitas vezes contribuem

Informações técnicas

Streaming de música Pandora

Você está no escritório e, bem, um pouco entediado. Um pouco de música realmente apimentaria seu dia. Um colega lhe disse sobre um novo grupo que está detonando. Neste exato momento, você gostaria de ter o CD para escutar no seu computador. De repente, você se lembra de que um colega lhe falou sobre Pandora, um serviço de música streaming on-line gratuito.

Streaming de música é um serviço que permite ouvir música enquanto ela ainda está sendo baixada. Em outras palavras, você não tem de esperar pelo download de toda a música para que ela comece a tocar. Serviços de streaming de música são ideais para usuários que estão quase sempre perto de um computador ou de um iPhone, e que gostam de conhecer diferentes tipos de música e preferem o modelo 'testar antes de comprar' (try before buy).

A beleza do Pandora é que ele aprende suas preferências musicais e envia a música de que você mais gosta. O Pandora utiliza músicos para classificar músicas em 400 dimensões. O ouvinte seleciona músicas à medida que elas são providenciadas pelo sistema. 'Thumbs up' quer dizer tocar mais do mesmo. 'Thumbs down' quer dizer não tocar de novo e evitar músicas parecidas com esta.

O serviço Pandora requer três tecnologias: um servidor de música, uma conexão de internet de alta velocidade (com ou sem fio) e software de segurança para impedir o acesso não autorizado e duplicação da música.

O servidor de música é o lugar onde a música é realmente armazenada. Quando o Pandora é ativado, a música começa a ser transmitida para o computador do usuário. Quando uma quantidade suficiente da trilha é transmitida (a música fica no buffer da memória), ela começa a tocar enquanto o restante continua a fluir. Se a conexão de internet fica mais lenta, a música pode realmente alcançar o fluxo e fazer uma breve pausa até que mais conteúdo esteja armazenado no buffer.

O modelo conceitual do Pandora é que o usuário cria estações de rádio personalizadas. Cada estação envia um gênero de música diferente dependendo do humor do ouvinte. Como estação de rádio, há repetições. No entanto, se você se cansar de uma música, pode bani-la por um mês, até que esteja pronto para ouvi-la novamente. Se você simplesmente não gosta de uma música, pode ignorá-la com um 'thumbs down'. Porém, para preservar as leis de direitos autorais, o Pandora permite apenas um número limitado de músicas por hora.

O Pandora ganha dinheiro sempre que o usuário decide comprar uma faixa. É o modelo de promoções de amostras do tipo 'teste antes de comprar'. A empresa também ganha dinheiro oferecendo um serviço Premium que possibilita um número maior de músicas por hora e um ótimo aplicativo para o seu computador.

O sistema fornece miniavaliações e sugestões de artistas com base nas preferências de audição. A usabilidade e fluidez da interface do Pandora são os diferenciadores fundamentais.

Em razão do buffering, o streaming de música só é aconselhável em uma conexão de internet de alta velocidade. No entanto, os usuários móveis podem acessar rapidamente em um iPhone ou telefone celular em uma rede 3G.

Outros serviços de streaming de música, como Rhapsody, utilizam uma biblioteca de música como modelo conceitual. Por uma taxa mensal, os usuários podem ouvir álbuns completos ou criar as próprias listas de reprodução.

A segurança em streaming de música é importante para as gravadoras, que não querem a duplicação não autorizada de suas músicas. A maioria desses serviços de streaming não permite que um usuário faça login a partir de dois computadores simultaneamente. Além disso, o software de segurança não permitirá que a música seja permanentemente gravada no computador do usuário sem que este compre a faixa.

Do ponto de vista do usuário, o principal fator limitante costumava ser a necessidade de estar próximo a um computador. Contudo, algumas tecnologias de vanguarda possibilitam que um computador sem fio envie as músicas para alto-falantes localizados em outra sala. Além disso, espera-se que o serviço de streaming de música cresça no mercado de dispositivos móveis como o iPhone.

com conteúdo sobre a comunidade e websites de redes que seus clientes frequentam. Por meio da construção de comunidades, os profissionais de marketing podem criar laços sociais que melhoram o relacionamento com o cliente, enquanto constroem suas imagens como especialistas em áreas específicas de conhecimento.

Programas de afiliados ocorrem quando as empresas atribuem um link ao website de varejo de alguém e ganham uma comissão sobre todas as compras feitas pelos clientes referenciados. A Amazon.com foi pioneira nesse modelo de e-business. Quando analisada da perspectiva de um afiliado da Amazon, o modelo está atuando como um agente de venda para os produtos da Amazon.

O **banco de dados para marketing** envolve a coleta, análise e disseminação de informações eletrônicas sobre clientes, futuros clientes e produtos para aumentar os lucros. É uma das estratégias mais antigas e importantes para profissionais de marketing digital. Sistemas de banco de dados para marketing podem constituir uma parte do sistema global de gestão de conhecimento da empresa.

O **sistema de gestão empresarial (ERP)** refere-se a um sistema de gestão para a entrada de pedidos, compras, faturamento, controle de estoque e demais processos internos. Sistemas de ERP possibilitam que as organizações aperfeiçoem seus processos de negócios e, portanto, promovam redução de custos. Muitos sistemas de ERP precedem a web. O ERP não é um sistema de marketing, mas é tão importante que deve ser incluído nessa lista.

Customização em massa é a capacidade exclusiva da internet de customizar o mix de marketing de forma eletrônica e automática no nível individual. As empresas utilizam essa prática quando possuem informações dos atuais e futuros clientes, e utilizam esse conhecimento para customizar produtos e comunicação de forma individual para um grande número de pessoas.

Modelos de e-business no nível corporativo. No nível corporativo, a empresa automatiza muitos processos de negócios em um sistema unificado — demonstrando um comprometimento significativo com o e-business. As empresas que dependem significativamente desses modelos (como Dell, Google e CNN) acreditam que seu futuro dependerá das atividades orientadas para o e-business.

O **comércio eletrônico** refere-se a transações on-line: venda de bens e serviços na internet, seja por meio de uma única transação ou de longo prazo pela venda de assinaturas (por exemplo, *Wall Street Journal Online)*. Seguindo a terminologia tradicional de marketing, os varejistas on-line são empresas que compram produtos e os revendem on-line. Entretanto, qualquer empresa que vende on-line, quer produza seus próprios produtos quer adquira produtos para revenda, também é designada como varejista on-line. Um tipo de varejista on-line vende produtos físicos e utiliza métodos tradicionais de transporte para entregá-los. O outro tipo vende produtos digitais, como informações, software, música, e os entrega pela internet (e geralmente também por transporte terrestre). Muitos varejistas on-line mantêm também lojas físicas. **Mundos virtuais** também geram receita por meio de assinaturas — estes são os locais onde os usuários podem assumir a forma de um avatar e socializar em um espaço on-line da sua própria criação. O Second Life é o mais conhecido desses mundos virtuais; no entanto, Webkinz e Club Penguin são muito populares entre as crianças.

Distribuição direta refere-se a um tipo de comércio eletrônico no qual os fabricantes vendem diretamente aos clientes, eliminando intermediários, como varejistas (o modelo Dell, embora a Dell também venda em lojas físicas). **Patrocínio de conteúdo** on-line é uma forma de comércio eletrônico na qual as empresas vendem publicidade, quer seja em seus websites ou em seus e-mails. Isso é denominado patrocínio de conteúdo porque esse modelo surgiu a partir da mídia, que depende da venda de publicidade para pagar seu conteúdo editorial. Atualmente, muitos websites utilizam conteúdo gerado pelo cliente para construir seus websites, por exemplo, Flickr do Yahoo! — o website de hospedagem de fotos digitais.

Um **portal** é um ponto de entrada para a internet, como os websites Yahoo! e AOL. Esses websites são portais, pois fornecem muitos serviços, além de recursos de pesquisa. Tais websites são destinos para notícias, jogos, mapas, lojas, correio, e assim por diante, além de serem pontos de conexão para conteúdo fornecido por outras fontes. A AOL utiliza seu portal para se comunicar com seus assinantes, ajudá-los a encontrar outros websites, oferecer conteúdo de entretenimento e realizar comércio eletrônico, gerando dezenas de bilhões de dólares em vendas por ano para seus parceiros. Alguns portais focam indústrias verticais, como Edmunds.com, para automóveis, e theKnot.com, para casais, que pretendem se casar. Os portais são um modelo de negócio viável, e os quatro principais (Google, Yahoo!, Microsoft e AOL) recebem aproximadamente 57 por cento de toda a receita de publicidade on-line dos EUA ('Portals Vital for Users', 2010).

Redes sociais são websites que reúnem usuários para compartilhar interesses e perfis pessoais ou profissionais. Esses websites utilizam o modelo de construção de comunidades descrito anteriormente; no entanto, os proprietários desses websites criam e hospedam comunidades com o objetivo de conectar indivíduos que partilham das mesmas ideias para amizade ou negócios, como o LinkedIn para profissionais e o Facebook para empresas, organizações filantrópicas ou simplesmente amigos e familiares. Os proprietários de website de redes sociais rentabilizam o modelo com a venda de publicidade, cobrando das empresas de recrutamento a busca de perfis ou por meio de parcerias com desenvolvedores que adicionam aplicativos valiosos com o objetivo de beneficiar os usuários.

Corretores on-line são intermediários que ajudam nas negociações de compra sem representar, de fato, compradores ou vendedores. O fluxo de receita nesses modelos consiste na cobrança de comissões ou taxas. Exemplos de empresas que utilizam o modelo de corretagem são E*TRADE (**câmbio on-line**), Guru.com (alocação de profissionais que buscam colocação em projetos) e eBay (**leilão on-line**). Os corretores costumam criar um espaço de mercado para realizar as trocas, assumindo uma parte da ação. Uma **troca entre empresas (B2B)** é um lugar especial, pois possibilita que compradores e vendedores de um setor específico estabeleçam rapidamente uma conexão. Leilões on-line ocorrem nos mercados B2B e B2C, e o corretor on-line fornece o website e a tecnologia em troca de uma comissão sobre todas as vendas.

Ao contrário dos corretores, os **agentes on-line** tendem a representar o comprador ou vendedor e ganham uma comissão pelo seu trabalho. Os **agentes de venda** ajudam um vendedor a movimentar o produto. Muitos agentes de venda trabalham no mercado B2B. No mercado B2C, os programas de afiliados, discutidos anteriormente, também são um exemplo do modelo de agente de venda.

Agentes do fabricante representam mais de um vendedor. No marketing tradicional, eles muitas vezes representam empresas industriais que vendem produtos complementares para evitar conflitos de interesse. No entanto, no mundo virtual, eles geralmente criam websites para ajudar um setor inteiro a vender produtos. Por exemplo, Travelocity.com, o agente de viagens on-line, é um agente das empresas do setor de viagens.

Agentes de compra representam os compradores. No marketing tradicional, eles frequentemente estabelecem relacionamentos de longo prazo com uma ou mais empresas; na internet, entretanto, eles representam qualquer número de compradores, muitas vezes anonimamente. Por exemplo, os **agentes de compras** ajudam os clientes individuais a encontrar produtos específicos e os melhores preços on-line (por exemplo, <http://www.bizrate.com> com seu slogan, 'Busque, Compare e Conquiste'). Outro modelo, o **leilão reverso**, possibilita que compradores individuais insiram o preço que querem pagar por itens específicos no website do agente de compras, e os vendedores podem optar por concordar ou não (por exemplo, Priceline.com). Os agentes de compras muitas vezes ajudam na formação de cooperativas on-line com a finalidade de comprar em quantidades maiores para reduzir preços.

Puro ponto.com. O nível final da pirâmide é composto por empresas que são totalmente internet. **Puro ponto.com** são empresas que começaram na internet, mesmo que posteriormente elas tenham agregado uma loja física. Não incluímos as empresas puro ponto.com na Figura 2.4 porque eles começam à direita no topo da pirâmide com um modelo de negócio extremamente distinto, em vez da progressão ascendente, como ocorre com as empresas físicas. Por exemplo, E*TRADE é uma empresa desse tipo, começando apenas com o comércio on-line.

Essas empresas enfrentam desafios significativos: devem competir como novas marcas e tirar os clientes de lojas físicas ou negócios on-line estabelecidos. As empresas bem-sucedidas têm sido capazes de fazer isso por meio da redefinição do setor (ou seja, mudando as regras do jogo) (Modahl, 2000). Uma maneira de mudar as regras é inventar um modelo de e-business, como Yahoo!, Twitter e eBay fizeram. A chave do sucesso é promover maior valor ao cliente. Por exemplo, o Buy.com aumenta o valor do cliente utilizando um modelo de patrocínio de conteúdo associado às vendas diretas. A venda de anúncios no website ajuda a subsidiar preços para o cliente.

2.5 Indicadores de desempenho traduzem a estratégia

A única maneira de saber se uma empresa tem alcançado seus objetivos é medir seus resultados. **Indicadores de desempenho**, também denominados indicadores-chave de desempenho (KPI), são medidas específicas destinadas a avaliar a eficácia e a eficiência das operações de uma organização, tanto on-line quanto off-line. Por exemplo, se a estratégia da empresa exige 30 por cento de suas vendas provenientes do canal on-line, é preciso avaliar continuamente a receita dos vários canais para determinar se a empresa está alcançando a meta. Com essas informações, a empresa pode fazer correções táticas para se certificar de que a meta está sendo cumprida. Por exemplo, o varejista de gêneros alimentícios Schwans.com teve 40,6 por cento de seus visitantes no website convertidos em compradores em março de 2010, segundo a Nielsen Company. Essa empresa é excelente na conversão de visitantes do website em compradores, e constantemente faz os refinamentos táticos para aperfeiçoar seu desempenho.

A Schwans também gostaria de integrar seus dados on-line com os dados off-line das suas operações físicas para obter o quadro completo da eficiência das suas estratégias e táticas. Na verdade, quase metade dos gestores e executivos consultados pela *Bloomberg BusinessWeek* afirmaram que a integração de dados on-line e off-line de todos os pontos de contato com o cliente é um dos três maiores desafios para profissionais de marketing digital em 2010 ('From Survival to Success', 2010).

Como a estratégia é o meio para atingir o fim — é o meio para alcançar seus objetivos — os indicadores de desempenho devem ser definidos juntamente com a formulação da estratégia, para que toda a organização saiba quais resultados constituem um desempenho bem-sucedido. (Consulte a Figura 2.1 para visualizar o papel do desempenho.)

Quando uma empresa define os indicadores de desempenho que serão utilizados para avaliar a eficácia da estratégia, ela:

1. Traduz sua visão, estratégia ou seu modelo de e-business em componentes de modo a medir seus resultados. Metas de e-marketing necessitam de métricas que, por exemplo, meçam a atração de visitantes para o website para vender mais publicidade ou convertê-los em vendas e promover a lealdade do visitante com o website.
2. O indicador de desempenho deve ser de fácil compreensão e aplicação. Eles devem ser acessíveis aos funcionários que os utilizam na tomada de decisão. É difícil escolher entre todos os dados disponíveis, de modo que as organizações muitas vezes definem indicadores-chave de desempenho (KPI) para monitorar o progresso das suas principais metas.
3. As métricas devem práticas. As empresas comparam seu desempenho com o das melhores empresas e também utilizam os indicadores do ano anterior para decidir onde elas estão; e, em seguida, definem as metas para o futuro (como aumentar o tempo de permanência dos visitantes no website, de cinco a dez minutos por sessão).
4. Por fim, quando as avaliações sobre os funcionários estão vinculadas com os indicadores, as pessoas serão motivadas a tomar decisões que conduzem aos resultados desejados. Mesmo que as métricas sejam normalmente definidas pela alta gerência, as empresas bem-sucedidas coletam as sugestões de seus funcionários ao longo do processo, para que as avaliações sejam relevantes e a organização obtenha consenso quanto à sua importância. Este é o sentido do slogan: 'O que você mede é o que você consegue'.

Web analytics é o termo de e-marketing para o estudo do comportamento do usuário nas webpages. As empresas coletam dados, como os cliques dos usuários pelas páginas, e utilizam tais dados para otimizar seus investimentos on-line. Métricas comumente usadas incluem quais as táticas que geraram o tráfego no website (por exemplo, clique na publicidade on-line), quais páginas são visualizadas com mais frequência, quantos comentários foram publicados em um blog e quantos seguidores estão na página do Facebook. Naturalmente, uma métrica fundamental envolve conversões de vendas ou outros comportamentos desejados, como registro no website. Por último, as organizações querem saber qual das suas novas táticas está funcionando bem — como o preço do frete ou uma promoção especial no website para aumentar as vendas. Esses dados para análise do que se passa na web são colhidos de várias maneiras:

- Os logs do servidor do website registram o endereço de IP do usuário (protocolo da internet), qual navegador o visitante está utilizando, sua localização antes de chegar ao website da empresa, a hora do dia e cada clique do usuário pelo website. O endereço IP ajuda as empresas a identificar onde os usuários moram (por exemplo, .jp para Japão).
- Cookies são pequenos arquivos de dados gravados no disco rígido do usuário ao visitar um website. Esses arquivos são necessários para a utilização de carrinhos de compras e outras operações em um website. Quando os clientes retornam, os dados do arquivo de cookies são recuperados e utilizados para identificar quantos visitantes estão voltando. A Amazon.com utiliza dados dos cookies para mostrar o nome do usuário em sua página inicial instantaneamente.
- **Page tags** são um pixel em uma página que é invisível para os usuários (um pixel é um ponto de luz na tela do computador). Page tags ativam um script especial quando os usuários estão na página, fornecendo informações, como quando os itens são removidos de um carrinho de compras. As tags também podem ser ativadas com base em cookies no disco rígido do usuário quando da visita anterior — criando dados sobre a visita de retorno e o que o usuário fez.

O software de Web analytics ajuda as empresas a interpretar os dados dos logs do servidor para identificar os padrões de uso. Os profissionais de marketing digital utilizam milhares de métricas de desempenho diferenciadas, muitas vezes fazendo com que elas sejam perdidas em uma imensidão de dados. Consulte a Figura 2.5 para visualizar as métricas on-line utilizadas com frequência, conforme um levantamento com 361 executivos de marketing dos Estados Unidos e do Reino Unido ('From Survival to Success', 2010).

Neste capítulo, você aprenderá os princípios básicos e visualizará exemplos, e, ao longo deste livro, você encontrará muitos indicadores específicos para cada tipo de tática; no entanto, vamos deixar esta seção com um exemplo interessante que você encontrará nos capítulos seguintes: empresas que personalizam seus e-mails com os dados sobre o que os clientes visualizaram em seus websites geram 3,8 vezes mais receitas que o e-mail enviado em massa para determinada lista de e-mails. Esses e-mails personalizados são abertos com uma frequência maior em 65 por cento ('taxa de abertura'), e também produzem 18 vezes mais lucros, de acordo com a Jupiter Research (Hally, 2010). Na próxima vez que você for procurar determinados produtos na Amazon ou outro varejista on-line, observe o e-mail personalizado que surge em seguida e se ele o motiva a uma próxima compra.

Figura 2.5 Uso da ferramenta de avaliação do marketing on-line (porcentagem de clientes que utilizam o serviço).

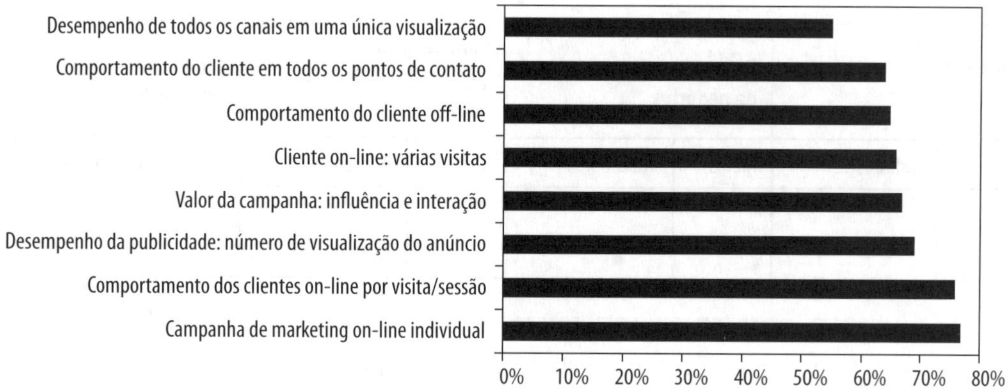

2.6 O Balanced Scorecard

Diversos sistemas conhecidos de indicadores de desempenho incluem os dados em painéis de controle individualizados orientados para as necessidades de uma organização. O Balanced Scorecard constitui uma boa base para a compreensão dos indicadores para as ações do e-marketing; portanto, apresentamos o Balanced Scorecard que reúne os principais indicadores de desempenho.

Durante anos, o desempenho financeiro ou a participação de mercado das organizações foram os indicadores mais importantes para medir o sucesso empresarial. As grandes empresas incentivaram a concorrência entre as suas marcas ou nos pontos de venda e avaliaram o sucesso pelos lucros obtidos. Muitas empresas ainda procedem dessa forma. No meio da década de 1990, as empresas ponto.com ignoraram as medidas financeiras e focaram o crescimento, provocando um grande desapontamento. Essas abordagens são focadas e aplicadas mais intensamente em resultados em curto prazo, em vez de avaliar a sustentabilidade da empresa no longo prazo.

Essas deficiências conduziram aos sistemas de gestão de desempenho da empresa, que avaliam os vários aspectos das conquistas de uma empresa. O **Balanced Scorecard** foi desenvolvido por dois professores da Harvard Business School em 1990, é um sistema com uma taxa de adoção significativa (57 a 64 por cento de todas as empresas globais, de acordo com várias estimativas, conforme relatado por esses professores em <http://www.balancedscorecard.org>). O painel de indicadores associa a estratégia à sua execução, fazendo com que as empresas levem em consideração sua visão, os fatores críticos de sucesso para alcançá-lo e subsequentemente criem indicadores em quatro dimensões: clientes, processos internos, aprendizado e crescimento e a dimensão financeira (Figura 2.6). Nas seções seguintes, descrevemos os objetivos típicos e indicadores de e-business em cada dimensão. Começamos com as definições básicas e depois adaptamos o sistema para os profissionais de marketing digital. No entanto, é importante lembrar que cada empresa define as medidas específicas para cada dimensão — o sistema é bastante flexível.

As quatro dimensões

A dimensão referente aos clientes utiliza indicadores para avaliar o valor entregue a seus clientes. Tais indicadores tendem a avaliar quatro áreas genéricas: tempo, qualidade, desempenho e serviço e custo. Elas também incluem medidas como o tempo decorrido desde o pedido do cliente até a entrega, níveis de satisfação do cliente com o desempenho do produto, quantidade de vendas de produtos novos e métricas específicas do setor, como o percentual de tempo do funcionamento de determinado equipamento ou o número de chamadas para um serviço.

A dimensão dos processos internos avalia o sucesso de uma empresa no atendimento das expectativas dos clientes por meio de seus processos internos. Os itens com maior impacto nessa área incluem o tempo de ciclo (quanto tempo leva para fabricar o produto), a qualidade da fabricação, as habilidades e a produtividade dos funcionários. Sistemas de informação constituem um componente importante dessa dimensão nas empresas de e-business.

A dimensão de aprendizado e crescimento, às vezes chamada de perspectiva de crescimento, é uma das contribuições exclusivas do Balanced Scorecard. Nesse caso, as empresas atribuem valor ao aperfeiçoamento contínuo dos produtos e serviços existentes, assim como na inovação em novos produtos. Tais atividades afastam os funcionários de seu trabalho diário de vender produtos, pedindo-lhes para prestar atenção nos fatores importantes para a sustentabilidade da empresa no longo prazo, o que é especialmente importante para as organizações de e-business. Medidas nessa área incluem uma série de produtos inéditos e a porcentagem de vendas atribuíveis a cada um, penetração de novos mercados e o aperfeiçoamento de processos, como

Figura 2.6 As quatro dimensões do Balanced Scorecard.

Dimensão do cliente		**Dimensão interna de negócios**		**Dimensão de aprendizado e crescimento**		**Dimensão financeira**	
Metas	Indicadores	Metas	Indicadores	Metas	Indicadores	Metas	Indicadores

gestão do relacionamento com clientes (CRM) ou iniciativas na gestão da cadeia de suprimentos (SCM).

Se os resultados projetados resultam das perspectivas anteriores e seus indicadores de desempenho, a dimensão financeira também é fundamental. Medidas financeiras incluem indicadores referentes a receitas e despesas, assim como o retorno sobre o investimento, vendas e crescimento da participação de mercado. As empresas devem ter o cuidado de relacionar as medidas das três primeiras perspectivas com a área financeira, sempre que possível.

Cada empresa selecionará os indicadores para as quatro dimensões com base em seus objetivos, modelo de negócio, estratégias, setor e assim por diante. O ponto é compreender o que a empresa quer e desenvolver indicadores de desempenho para monitorar o progresso e constatar que as metas são alcançadas.

A companhia aérea regional dos EUA desenvolveu um Balanced Scorecard para estabelecer e sustentar sua posição única como uma transportadora de alta frequência e de curta distância (ver <http://www.balancedscorecard.org> para exemplos). Considere os indicadores de desempenho associados a cada meta:

- **Dimensão do cliente.** Pontualidade dos voos, mais clientes e preços mais baixos. As métricas definidas incluem ser a empresa mais pontual do setor de acordo com as avaliações da FAA, obter índice de 98 por cento de satisfação dos clientes e uma variação porcentual pequena de perda de clientes.
- **Dimensão interna.** Melhorar o nível de utilização das aeronaves, avaliado pelo tempo em terra em menos de 25 minutos e 93 por cento das decolagens no horário correto de partida.
- **Dimensão de aprendizado e crescimento.** Alinhar melhor as equipes de terra com os objetivos da empresa, avaliadas pelo percentual das pessoas em terra treinadas e percentual da equipe de terra que tem ações da empresa. A companhia queria 70 por cento dos funcionários com menos de um ano, 90 por cento dos funcionários com até quatro anos e todos os funcionários com mais de seis anos com ações da empresa.
- **Dimensão financeira.** Aumento da lucratividade de 25 por cento ao ano, menores custos e aumento das receitas (com base em valor de mercado, receita por assento e o custo de locação de avião).

Aplicação do Balanced Scorecard ao e-business e e-marketing

Os profissionais de marketing digital estão nadando em dados. Eles possuem bancos de dados completos de informações de clientes, logs de websites que gravam automaticamente cada clique de cada visitante da página e quanto tempo o usuário permanece na página, os registros de atendimento ao cliente, os dados de vendas dos muitos canais diferentes, número de comentários e das postagens no blog e assim por diante. Um gerente de uma empresa de serviços relatou: 'Como eu tenho todas essas coisas para avaliar, estou paralisado com todas essas oportunidades'. Apesar dessas dificuldades, a avaliação é vital para o sucesso.

Indicadores para a dimensão do cliente. A mais importante dessas métricas avalia a lealdade/retenção e o valor do cliente no tempo. No entanto, muitas outras métricas podem ajudar uma empresa a aperfeiçoar o valor entregue ao cliente, por exemplo, as percepções do valor do produto, adequação aos alvos selecionados, e navegação e padrões de compra do cliente. A empresa também deve avaliar o valor criado para os seus parceiros e para os membros da cadeia de suprimentos, pois muitos podem estabelecer parcerias facilmente em outro lugar se não estiverem satisfeitos. O engajamento do cliente on-line é uma métrica importante que envolve o número de comentários, fotos, vídeos, ou outros conteúdos gerados pelos usuários postados em um website, entre outros itens. Como exemplo, a Figura 2.7 exibe vários indicadores possíveis para algumas metas relativas aos clientes de uma empresa que utiliza modelos de e-business.

Indicadores para a dimensão interna. A perspectiva interna é fundamental para um e-business bem-sucedido. Muitas metas nesta dimensão afetam os recursos humanos, a tecnologia da informação e outras áreas que impactam direta e indiretamente o marketing. Um aspecto importante é que toda a cadeia de suprimentos é considerada *interna*

Figura 2.7 Dimensão do cliente no Balanced Scorecard para empresa de e-business.

Dimensão do cliente	
Exemplos de metas	**Indicadores possíveis**
Construir a consciência de um novo serviço de website	Pesquisa — conscientização do serviço
	Número de visitantes no website
Engajar os clientes em um website	Número de comentários, fotos ou vídeos postados
Aumentar o número de downloads de software do website	Número de logs no website
Alta satisfação do cliente com o website	Pesquisa no website
	Número de visitas e atividades no website
Alta satisfação do cliente com o valor da compra on-line	Número de reclamações recebidas (via e-mail, telefone)
	Número de carrinhos de compras abandonados
	Vendas on-line *versus* off-line dos mesmos produtos
Aumentar a quantidade ou a frequência de vendas on-line dos clientes atuais	Número de novos dados para a mudança na frequência das compras
Construir relacionamentos com os clientes	Número de compras por cliente ao longo do tempo (usando dados dos cookies) Percentual de retenção de clientes
Mercados-alvo apropriados	Mineração de dados para encontrar padrões de compra
Tempo de compra até a entrega do produto mais rápido do que a concorrência	Número de dias para entrega do pedido Prazo de entrega dos concorrentes
	Prazo de entrega dos concorrentes
Aumento das visitas por meio de concursos	Números dos que concorreram
Construir comunidades no website	Número de registros/amigos na comunidade
	Quantidade de conteúdo carregado por perfil de usuários
Valor para parceiros de negócios	
Aumentar o número de afiliados nos programas	Número de afiliados ao longo do tempo
Venda cruzada para websites parceiros	Número de visitantes ao website parceiro a partir do nosso website

nessa análise. Obviamente, a empresa não pode controlar os funcionários de seus varejistas on-line. Ao mesmo tempo, nem os clientes empresariais e nem os consumidores diferenciam as organizações em uma cadeia de suprimentos — querem produtos de qualidade na data certa. Dessa forma, trabalhos recentes sobre Balanced Scorecard incluem medidas para toda a cadeia de suprimentos. Consulte a Figura 2.8 para obter exemplo das metas e indicadores na dimensão.

Indicadores para a dimensão de aprendizado e crescimento. A perspectiva de aprendizado e crescimento geralmente é desenvolvida pela área de recursos humanos. Duas exceções incluem inovação do produto e aperfeiçoamento contínuo dos processos de marketing, e ambos são importantes para as empresas de e-business, em virtude das rápidas mudanças na tecnologia. A Figura 2.9 inclui exemplos de algumas metas e indicadores que afetam os profissionais de marketing digital.

Indicadores para a dimensão financeira. As estratégias de marketing impulsionam nitidamente as receitas, on-line e off-line. Elas podem também afetar os lucros, embora outros fatores operacionais entrem na equação

Figura 2.8 Dimensão interna do Balanced Scorecard para empresa de e-business.

Dimensão interna	
Exemplos de metas	**Indicadores possíveis**
Melhorar a qualidade de serviço on-line	Pesquisa de mercado
	Número de clientes que usam o serviço
	Número de queixas nos meios de comunicação social
Qualidade do suporte técnico on-line	Tempo para responder aos e-mails do cliente
	Número de contatos para resolver um problema
	Número de situações abrangidas pelo website FAQ
	Pesquisa de acompanhamento do cliente
Produto de alta qualidade para o serviço on-line	Estatísticas do teste do produto
Tamanho adequado e operacional do servidor web 24/7	Número de solicitações de webpages simultâneas reais dividido pelo máximo possível de solicitações
	Percentual de disponibilidade do servidor
	Número de websites espelhados ou de backups
Número otimizado de funcionários para o atendimento ao cliente	Número de consultas do cliente em relação ao número de funcionários
	Número de chats com os visitantes do website
Gestão superior do conteúdo do website	Número de atualizações por dia
	Estatísticas de padrão de tráfego de log do website
Níveis otimizados de estoque	Número médio de itens no armazém
	Giro dos estoques
	Velocidade do fornecedor para entregar o produto
Valor da cadeia de suprimentos para a empresa	
Alta satisfação do fornecedor	Lucros do fornecedor a partir de pedidos de nossa empresa
Valor do parceiro	Número de visitantes a partir do website do parceiro para o nosso website e número de pessoas que compraram
	Contribuição do parceiro no desenvolvimento de novos produtos

em relação às despesas da empresa. No entanto, os profissionais de marketing que gerenciam as marcas têm responsabilidade quanto a seus lucros. Quando esses profissionais propõem novos produtos ou serviços on-line, eles devem prever o potencial de vendas ao longo do tempo, a estimativa das despesas para fornecer esse nível de vendas, e projetar o tempo necessário para chegar ao ponto de equilíbrio (criar receitas suficientes para cobrir os custos e os investimentos iniciais). Na maioria dos casos, o produto ou projeto interno com o período mais rápido de ponto de equilíbrio ou o que tem melhor potencial para alcançar o retorno sobre o investimento da empresa será financiado.

Dois dos indicadores mais utilizados são o lucro e retorno sobre o investimento. Esta seção descreverá ideias básicas, sem considerar impostos e outros detalhes. Lucro líquido são as receitas menos os gastos. As receitas são a quantidade real de dinheiro que os clientes fornecem à empresa em troca dos seus produtos. Gastos incluem muitos itens, mais comumente os custos variáveis para produzir o produto, as despesas

Figura 2.9 Dimensão de aprendizado e crescimento do Balanced Scorecard para empresa de e-business.

Dimensão de aprendizado e crescimento	
Exemplos de metas	**Indicadores possíveis**
Inovação do serviço on-line	Número de novos produtos e serviços no ano
	Número de novos recursos não oferecidos pelos concorrentes
	Porcentagem de vendas de novos serviços
Melhoria contínua no sistema de CRM	Número de reclamações de clientes e correções
	Número/tipo de melhorias ao longo do tempo
Internet de alta conversão de propostas para vendas	Receita de vendas por funcionário
	Número de conversões de propostas on-line
Melhoria continua no sistema de KM	Número de acessos por funcionários
	Número de contribuições por funcionário
Penetração bem-sucedida em novos mercados	Porcentagem das vendas da empresa em cada mercado novo

de venda (publicidade, brindes, amostras grátis de produtos e outras despesas necessárias para os clientes comprarem os produtos [customer acquisition costs, CAC]), entrega, suporte ao cliente e outras despesas administrativas.

Retorno sobre o investimento (ROI) é calculado dividindo o lucro líquido pelos ativos totais (fixo mais atual). Os profissionais de marketing muitas vezes avaliam o ROI para projetos específicos de e-business, dividindo os lucros do projeto pelos gastos com o investimento, como a pesquisa, o desenvolvimento e os investimentos em testes necessários para introduzir o novo serviço. Como exemplo, uma empresa pode investir $ 100 mil em software para analisar os padrões de tráfego da web, utilizar os resultados para mudar o website para melhor usabilidade e obter um adicional de $ 75 mil em receitas de comércio eletrônico: um ROI de 75 por cento. O ROI em marketing foi o indicador mais importante utilizado por executivos de marketing em 2010, seguido de perto pelo indicador de retenção de clientes, lealdade à marca e posicionamento/diferenciação ('Marketers Buzz about ROI,' 2010).

O Balanced Scorecard na dimensão financeira baseia-se fortemente em vendas, lucro e retorno. A Figura 2.10 apresenta alguns indicadores de desempenho da perspectiva financeira utilizados por profissionais de marketing digital.

Balanced Scorecard para e-business da Raytheon

Para ver o Balanced Scorecard em ação, considere como a Raytheon o aplicou à sua empresa de e-business. Apesar de antigo, esse exemplo é uma informação relevante para as empresas atualmente. 'Ele funciona para a Raytheon; e não vejo por que ele não pode funcionar para todos' (Melymuka, 2001, p. 1). Seguem-se muitos dos indicadores que a Raytheon estabeleceu para o seu negócio on-line.

- **Dimensão do cliente**
  - **Lealdade**. Porcentagem de visitantes que retornam dentro de um ano, intervalo entre visitas, duração da visita; taxa de conversão; porcentagem dos que fornecem informações pessoais; percentual de endereços de e-mail recolhidos de todo o tráfego.
  - **Transações**. Visitantes exclusivos por mês; vendas on-line abandonadas; percentual de pedidos corretos, tempo para responder a um cliente, percentual de pedidos atendidos na hora.
- **Dimensão interna**
  - **Website**. Tempo para carregar uma webpage; disponibilidade da rede e escalabilidade.
  - **Excelência na cadeia de suprimentos**. Níveis de estoque; giros do estoque; tempo de confirmação do pedido; porcentagem de produtos fabricados sob encomenda.
  - **Canais complementares**. Percentual da receita total gerada on-line.
- **Dimensão de aprendizado e crescimento**. Tempo médio desde o conceito até o lançamento; velocidade para alcançar um website concorrente; velocidade com que a concorrência alcançará o website; tempo entre relançamentos.
- **Dimensão financeira**. Retorno sobre o capital investido, capitalização de mercado (mudança de valor).

Embora os indicadores de desempenho afetem toda a organização, este livro foca as métricas do e-marketing. Muitas

Figura 2.10 Dimensão financeira do Balanced Scorecard para empresa de e-business.

Dimensão financeira	
Exemplos de metas	**Indicadores possíveis**
Aumentar a participação de mercado para produtos on-line	Percentuais de participação de mercado (vendas da empresa sobre as vendas totais do setor)
Crescimento de dois dígitos nas vendas	Volume de vendas de um período para o outro
Meta de 10 por cento de ROI dentro de um ano para cada novo produto	ROI
Menores custos de aquisição de clientes (CAC) no canal on-line	CAC (custos de publicidade, e assim por diante, divididos pelo número de clientes)
Aumentar as taxas de conversão no website	Número de pedidos dividido pelo número de visitantes para o website
Aumentar o lucro do cliente individual	Valor médio de pedidos
	Contribuição para os lucros ao longo do tempo menos CAC
Alcançar, pelo menos, um lucro líquido de 10 por cento no primeiro ano dos novos produtos	Lucro líquido como porcentagem das vendas

das medidas mencionadas anteriormente serão descritas em detalhes nos capítulos posteriores.

No Capítulo 3, passaremos para o plano de e-marketing e discutiremos como esse plano flui das estratégias corporativas de e-business, e como o mix de marketing e o CRM entram em cena. O plano de e-marketing é um guia de gestão e roteiro que abre o caminho para alcançar os objetivos.

Resumo do capítulo

Um negócio ou e-business precisa de um planejamento estratégico para desenvolver e manter o ajuste entre os objetivos da organização, habilidades e recursos e as oportunidades em mercados em constantes mudanças. Os objetivos-chave para o crescimento, a posição competitiva, o âmbito geográfico e outras análises importantes devem estar definidos.

Estratégia é definida como o meio para alcançar um objetivo. Estratégia de e-business consiste na implantação de recursos da empresa para maximizar as tecnologias para atingir objetivos específicos que, em última análise, aperfeiçoam o desempenho e criam vantagem competitiva sustentável. Estratégia de e-marketing é o desenvolvimento da estratégia de marketing que utiliza os recursos eletrônicos ou da tecnologia da informação da organização para alcançar objetivos específicos.

Portanto, um modelo de e-business é um método pelo qual a organização se autossustenta em longo prazo, utilizando tecnologia da informação, que inclui sua proposta de valor para parceiros e clientes, assim como seus fluxos de geração de receitas. Empresas agregam valor por oferecer mais benefícios em relação aos custos, conforme observado por clientes e parceiros. O e-marketing melhora a proposição de valor aumentando benefícios, diminuindo custos e aumentando receitas.

As empresas podem se envolver em e-business no nível de atividade, no nível de processos de negócios, no nível corporativo ou por meio de um negócio puramente eletrônico (on-line). Comprometimento e risco são mais baixos no nível de atividade e aumentam em cada nível. Os principais modelos de e-business no nível de atividades incluem compra on-line, processamento de pedidos, e-mail, publicação de conteúdo, inteligência de negócios, publicidade on-line, promoção de vendas on-line, estratégias de precificação dinâmica e comunicação em redes sociais. Os principais modelos de e-business no nível de processos de negócios são: a gestão do relacionamento com clientes (CRM), gestão do conhecimento (KM), gestão da cadeia de suprimentos (SCM), construção de comunidades on-line, banco de dados para marketing, sistema de gestão empresarial (ERP) e customização em massa. Os principais modelos de e-business no nível empresarial são comércio eletrônico, portais, redes sociais, corretores on-line (permuta e leilões on-line) e agentes on-line (agente do fabricante, de compras e leilão reverso).

Indicadores de desempenho são medidas específicas destinadas a avaliar a eficácia e a eficiência de operações de uma organização. Os softwares da Web Analytics ajudam a analisar o comportamento do usuário em um website usando logs do servidor, arquivos de cookies e tags de página.

A abordagem do Balanced Scorecard associa a estratégia à avaliação da sua execução fazendo com que as empresas levem em consideração sua visão, os fatores críticos de sucesso para alcançá-lo, e subsequentemente criem indicadores em quatro dimensões: clientes, processos internos, aprendizado e crescimento e financeira. A dimensão do cliente utiliza medidas do valor atribuído aos clientes. A dimensão interna avalia o sucesso de uma empresa no atendimento das expectativas dos clientes por meio de seus processos internos. A dimensão de aprendizado e crescimento observa o aperfeiçoamento contínuo de produtos e serviços existentes, assim como a inovação em novos produtos. A dimensão financeira observa métricas de receita e despesa, assim como as métricas de retorno sobre o investimento, vendas e crescimento da participação de mercado. Cada empresa selecionará métricas para as quatro perspectivas com base em seus objetivos, modelo de negócio, estratégias, setor de atuação e assim por diante. Dessa forma, a empresa pode medir o progresso para atingir seus objetivos.

Exercícios

Questões para revisão

2.1 O que é planejamento estratégico e por que as empresas preparam uma análise SWOT durante esse processo de planejamento?

2.2 Como a estratégia de e-business está relacionada à estratégia em nível corporativo?

2.3 Defina estratégia de e-marketing e explique como ela é usada.

2.4 Dê exemplos de modelos de e-business.

2.5 Qual é a fórmula para determinar valor?

2.6 Quais são os quatro níveis de comprometimento com o e-business? Dê alguns exemplos de cada um.

2.7 O que é a gestão do relacionamento com os clientes (CRM) e por que as empresas criam estratégias nessa área?

2.8 Como o e-business é definido?

2.9 O que é um negócio puro ponto.com? Cite alguns exemplos.

2.10 Quais são as três formas de coleta para Web Analytics?

2.11 O que é o Balanced Scorecard e como as empresas o utilizam no e-business?

Questões para discussão

2.12 Por que é importante para um modelo de e-business criar valor de uma forma que se diferencie dos seus concorrentes?

2.13 Com base na análise do website Amazon.com (ou sua experiência como cliente), quais os objetivos estratégicos você considera apropriados para esse e-business? Quais indicadores de desempenho você utilizaria para avaliar o progresso para atingir esses objetivos e por quê?

2.14 O Balanced Scorecard ajuda o e-business a avaliar os resultados a partir de quatro dimensões. Você recomendaria que as empresas de e-business também analisassem os resultados a partir de uma perspectiva social? Explique sua resposta.

2.15 As empresas de e-business devem se esforçar para construir uma comunidade de não clientes e clientes? Por quê?

2.16 Você concorda ou discorda que a métrica de exibição de página (page view) é praticamente inútil no ambiente de Web 2.0?

CAPÍTULO

1 2 **3** 4 5 6 7 8 9 10 11 12 13 14

O plano de e-marketing

Se eu tivesse uma hora para cortar uma árvore, eu passaria os primeiros 30 minutos afiando o machado.
— Abraham Lincoln (comumente atribuído)

Não é o mais forte que sobrevive, nem o mais inteligente, mas o que melhor se adapta às mudanças.
— Charles Darwin

O principal objetivo deste capítulo é explicar a importância da criação de um plano de e-marketing e apresentar as sete etapas no processo de planejamento do e-marketing. Você verá como os profissionais de marketing incorporam a tecnologia da informação nos planos de forma eficaz e eficiente para a realização dos objetivos do e-business, como aumento das receitas e redução dos custos.

Após a leitura deste capítulo, você estará apto a:

- Discutir a natureza e a importância de um plano de e-marketing e desenvolver as sete etapas.
- Definir os objetivos do e-marketing e entender o uso da matriz 'objetivo-estratégia'.
- Descrever as tarefas que os profissionais de marketing realizam nos níveis 1 e 2 ao criarem as estratégias de e-marketing.
- Listar as principais fontes de receitas e de redução de custos identificadas durante a etapa de elaboração do orçamento no processo de planejamento do e-marketing.

A história do Twitter

Como um novo conceito para a internet, a partir de uma ideia gerada em um brainstorming em 2006, torna-se o décimo primeiro gerador de tráfego na web nos EUA e a terceira rede social mais popular, apenas quatro anos depois? O Twitter é uma rede social e de serviço de microblog que utiliza mensagens instantâneas, uma interface web, ou SMS (serviços de mensagens curtas, comumente chamado de 'mensagem de texto'). Jack Dorsey recorda os momentos da sua criação:

> *Queríamos captar aquele sentimento: a sensação de meter o nariz onde você não é chamado. É como sussurrar por toda a parte do mundo. Então, fizemos uma análise intensa em torno do nome e surgiu a palavra 'twitch', semelhante ao movimento que o telefone celular faz quando ele vibra. No entanto, 'twitch' não era um nome apropriado para o produto, pois não promoveria a imagem adequada. Portanto, procuramos no dicionário as palavras em torno do termo, e nos deparamos com a palavra 'twitter', e era simplesmente perfeita. A definição era 'uma explosão rápida de informações inconsequentes' e 'gorjeios de pássaros'. E isso definia com precisão o produto.* (Sano, 2009)

O tráfego no Twitter decolou depois do festival South by Southwest (SXSW), em 2007, no qual os participantes enviavam mensagens de texto exibidas em televisores de tela de plasma de 60 polegadas na conferência. O número de tweets cresceu de 500 mil por trimestre em 2007 para 4 bilhões por trimestre em 2010, e existem 50 mil aplicativos registrados para a plataforma. Um crescimento espantoso e similar ao início da corrida às terras do mundo virtual ponto.com da internet.

O Twitter levantou mais de $ 57 bilhões em capital de risco (de acordo com a Wikipedia, conforme citado em <http://en.wikipedia.org/wiki/Twitter>). Isso gera questionamentos: qual é o modelo de negócios e qual é o fluxo de geração de receitas? Com um número crescente de tweets e usuários, o Twitter recentemente encontrou uma maneira de rentabilizar esse tráfego: venda de publicidade. Em abril de 2010, o Twitter anunciou a venda de publicidade para os que apreciam Starbucks, Sony Pictures, Red Bull e Best Buy. Estes e outros clientes vão comprar 'tweets promovidos', direcionados aos usuários com base em suas buscas no website do Twitter. Isso deve ser interessante, considerando a natureza dos tweets de 140 caracteres: mensagens inúteis (41 por cento), conversação (38 por cento), retransmissão (9 por cento), autopromoção (6 por cento), spam (4 por cento) e notícias (4 por cento) (de acordo com um estudo realizado pela Pear Analytics ao longo de um período de duas semanas em agosto de 2009).

O Twitter também tem um lado sério. Tem sido usado para a educação na China, no Reino Unido, na Áustria e nos Estados Unidos para relatos em situações de emergência, reunir opiniões em pesquisas, conseguir investidores para negócios, relações públicas e para anúncios de imprensa.

Com essa atividade intensa, valorização do cliente e reconhecimento da mídia, o Twitter certamente é um modelo de negócios viável. É um grande exemplo de como uma empresa iniciante na internet (start-up) descobre novas oportunidades. Que passeio emocionante para Dorsey e toda a equipe.

3.1 Visão geral do processo de planejamento de e-marketing

Como as tecnologias de informação ajudam os profissionais de marketing no aumento da geração de receitas e participação de mercado ou na redução de custos? Como as empresas podem identificar uma vantagem competitiva sustentável com a internet quando o cenário está em constante mudança? A resposta está na definição de como aplicar os dados digitais e as tecnologias de informação de forma eficaz e eficiente. As melhores empresas possuem visões claras que elas traduzem, por meio do processo de marketing, definindo as estratégias e os objetivos dos seus modelos de e-business e determinando suas metas de e-marketing que serão executadas por meio de táticas adequadas para atingir os resultados. Esse processo de marketing envolve três etapas: criação de um plano de marketing, implantação e avaliação/ação corretiva do plano (utilizando indicadores de desempenho, conforme discutido no Capítulo 2). Este capítulo examina a primeira dessas etapas: a criação do plano de e-marketing.

3.2 Criação de um plano de e-marketing

O plano de e-marketing é um modelo estruturado para formulação e implantação da estratégia de e-marketing. É o guia, um documento dinâmico que vincula a estratégia de e-business da empresa (modelos de e-business) com estratégias de marketing orientadas pela tecnologia, e descreve os detalhes para implantação do plano por meio da gestão de marketing. Em geral, é uma parte do plano de marketing global da empresa. O plano de marketing monitora os resultados obtidos, avaliados pelos indicadores de desempenho, de acordo com o especificado no modelo de e-business e com as estratégias da empresa. A Figura 3.1 mostra onde o plano de e-marketing se encaixa no processo.

O plano de e-marketing também atua como um mapa para orientar a empresa sobre a direção a ser tomada e

Figura 3.1 Plano de e-marketing: formulação e implantação da estratégia.

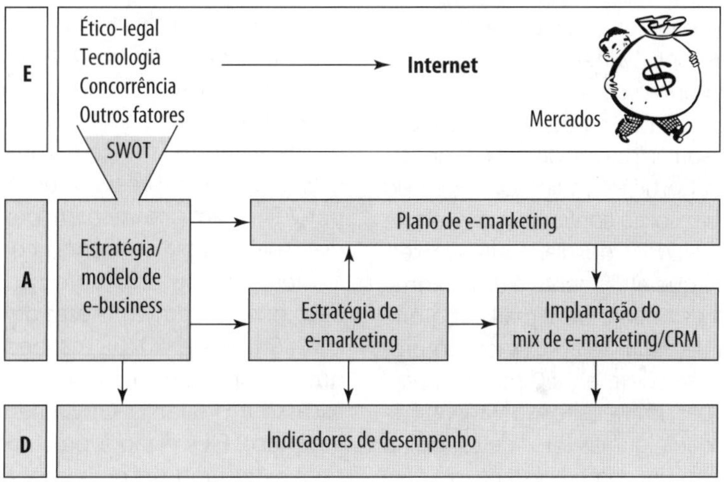

ajuda a empresa a alocar seus recursos e fazer os ajustes necessários. Muitas empresas encurtam esse processo e desenvolvem estratégias oportunísticas (ad hoc).

Alguns deles são bem-sucedidos, mas a maioria falha. O Grupo Gartner previu corretamente que até 75 por cento de todos os projetos de e-business antes de 2002 seriam um fracasso devido a falhas fundamentais no planejamento (Gartner, Inc., 2010). No entanto, algumas das melhores empresas descobrem casualmente táticas bem-sucedidas de comércio eletrônico e passam a utilizar estas experiências para desenvolver um plano que vem de baixo para cima (bottom-up). É o caso da eSchwab, uma empresa de corretagem on-line, que permitiu que o sucesso de seu canal on-line modificasse toda a empresa física. Seja qual for o resultado de um planejamento de cima para baixo (top-down) ou de baixo para cima (bottom-up), as empresas devem planejar sua sustentabilidade no longo prazo.

Este capítulo está estruturado em torno de um plano de marketing tradicional com sete etapas. O capítulo apresenta um plano genérico que inclui uma lista de tarefas por meio das quais os profissionais de marketing podem selecionar as atividades relevantes para a sua empresa, setor, marcas e processos internos. Presume-se que um plano corporativo já esteja implantado, definindo as metas da empresa, as estratégias de e-business e os modelos selecionados de e-business no nível corporativo. Se tal plano ainda não foi formulado, os profissionais de marketing devem passar pela **análise do ambiente** e desenvolver a análise SWOT (pontos fortes, pontos fracos, oportunidades e ameaças) antes de criar o plano. Dois tipos comuns de planos de e-marketing são o plano no guardanapo de papel e o plano de capital de risco, discutidos a seguir.

O plano no guardanapo de papel

É o que o profissional de marketing chama de *plano de guardanapo*, muitos empresários simplesmente anotam suas ideias em um guardanapo durante um almoço ou coquetel e depois correm para encontrar financiamento. Veja o esboço da rede social de 2006 criada pelo fundador do Twitter, Jack Dorsey na Wikipedia (procure por 'Twitter'). É simplesmente um esboço em um bloco timbrado que inspirou essa grande empresa. A versão desse processo na grande empresa é apenas fazer (just-do-it), baseada em atividades e o plano desenvolvido de baixo para cima. Como exemplo, Kevin Rose, do Digg.com, teve uma ideia sobre como configurar um website para hospedar as histórias preferidas do dia, e ele simplesmente construiu esse website que atualmente é um enorme sucesso. Outro exemplo, um estudante de e-marketing que trabalha para uma loja local de esqui se aproximou do proprietário, pedindo $ 500 para software e $ 50 por mês para hospedagem na web para iniciar um website experimental de comércio eletrônico. Ele colocou algumas fotos de esquis no website e incluiu informações sobre como acessar a loja para fazer o pedido. O website gerou vários pedidos em uma semana, pagando rapidamente o investimento. Esses planos ad hoc por vezes funcionam e às vezes são até necessários, levando-se em conta uma cultura corporativa convencional, embora eles não sejam recomendados quando recursos substanciais estão envolvidos. Um planejamento sólido e uma implantação criteriosa são necessários para levantar capital e alcançar sucesso no longo prazo nos negócios e em e-business, um princípio que se tornou cada vez mais evidente durante a reestruturação dos negócios ponto.com.

O plano de e-marketing baseado em capital de risco

Empresas de pequeno e médio portes e empreendedores com ideias originais muitas vezes começam com um *plano no guardanapo* de papel e inicialmente não implantam o processo inteiro de planejamento do marketing tradicional. Uma razão é que um ou dois líderes geralmente planejam todo o empreendimento, compreendendo intuitivamente o ambiente de marketing e como sua ideia inovadora e revolucionária está posicionada para o sucesso. Este foi o caso de Jerry Yang e Dave Filo que, em 1994, lançaram o *Guia de Jerry para a web* (*Jerry's Guide to the World Wide Web*), posteriormente denominado Yahoo! No entanto, como a empresa cresceu e precisava de capital, Jerry e Dave tiveram de elaborar um plano abrangente de e-marketing. Sem uma ênfase no planejamento estratégico, o Yahoo! não teria sobrevivido na internet.

Onde um empresário vai buscar capital? Uma parte do capital é financiada por empréstimos obtidos junto aos bancos, embora a maior parte dessa dívida esteja suportada pela venda de parte da empresa ou por venda de ações. Empresas novas buscam fundos privados (amigos e família), investidores anjo e capitalistas de risco (VCs — venture capitalists). Os investidores anjo fornecem fundos com menos exigências que os capitalistas de risco. Em geral, os amigos e a família são as menores fontes de capital; os investidores anjo investem centenas de milhares de dólares, e os capitalistas de risco investem milhões de dólares. Os bancos, as corporações e as empresas de consultoria estabeleceram áreas de capital de risco para financiar empresas iniciantes na internet. Alguns VCs financiam inclusive ideias geradas fora dos dormitórios das faculdades.

Muito dinheiro está disponível para os empreendedores de e-business — em 2007 constatou-se um número crescente de empreendimentos de e-business financiados por VCs — em grande parte devido ao crescimento das mídias sociais. Essa tendência continuou em 2010, com um aumento de 38 por cento no investimento de capital de risco nos EUA em empresas de internet, em relação a 2008 e 2009 (Delaye, 2010). A sabedoria convencional propaga que o dinheiro é o recurso escasso, mas o que é realmente escasso é o talento. Obviamente, os investidores não são ingênuos. Eles estão à procura de um plano de negócios bem estruturado, e, mais importante, uma boa equipe para implantá-lo. Esta citação de um VC famoso, Arthur Rock, que ajudou a financiar a Intel, a Apple e o Teledyne, diz ainda de forma mais apropriada:

> *Eu invisto em pessoas, e não em ideias... Se você encontra pessoas boas, se elas estiverem enganadas sobre o produto, elas vão fazer as mudanças, então qual a importância de compreender o produto que está sendo discutido?*

Esse tipo de pensamento alivia um pouco a pressão de planejamento sobre os empresários, mas não elimina a necessidade de ter um plano para maximizar os recursos organizacionais. O plano elaborado por empresários para os VCs deve ter cerca de 8 a 10 páginas e conter dados suficientes e lógicas para provar que (1) a ideia de e-business é sólida e (2) o empreendedor tem alguma ideia de como executar o negócio. Além dos benefícios do produto e os custos, devem incluir informações sobre os concorrentes, o mercado-alvo e seu potencial, e os custos para adquirir e reter clientes.

Os capitalistas de risco geralmente procuram um plano de saída, uma maneira de obter seu dinheiro e lucros do empreendimento dentro de alguns anos. O plano de ouro de saída é entrar na bolsa e fazer uma oferta pública inicial (IPO) de ações. Assim que o preço das ações sobe suficientemente, o VC vende e passa para outro investimento. Os VCs sabem que nem sempre seus investimentos serão bem-sucedidos. Se 1 em 20 dos investimentos se torna uma Amazon.com ou um eBay.com, o risco vale a pena. Os funcionários dessas empresas iniciantes normalmente trabalham por salários extremamente baixos, protelando sua compensação em opções de ações. Os projetos que exploram novos mercados com margens elevadas são de particular interesse aos investidores. Primeiro, surgiu um boom de investimentos B2C, e depois investimentos B2B, e, atualmente, investimentos em redes sociais. Assim que os observadores percebem que os mercados estão ficando saturados, outra oportunidade surge. Alguns apostam que a próxima onda são os dispositivos móveis (mobile marketing).

3.3 As sete etapas do plano de e-marketing

Os sete elementos-chave do planejamento são: **análise da situação**, planejamento estratégico de e-marketing, objetivos do plano, estratégia de e-marketing, plano de implantação, orçamento e plano para avaliação do sucesso (Figura 3.2). Enfatizamos a necessidade de incluir mecanismos de feedback para avaliar o sucesso do plano e a aplicação de correções ao longo do desenvolvimento, principalmente em um ambiente de e-business de ritmo acelerado. Na verdade, alguns profissionais de marketing recomendam planos de contingência e 'pontos de partida' que, quando alcançados, obrigam o refinamento da estratégia.

Uma boa maneira de pensar sobre o plano de marketing é por meio da analogia de preparação para um jogo de futebol. Ao rever o videoteipe do jogo, uma análise da situação revela pontos fortes e fracos de cada equipe (por exemplo, a equipe da casa tem um bom passe de bola, e os visitantes têm uma defesa excelente). Um objetivo provável seria, então, para ganhar o jogo, trabalhar melhor ainda os passes e ter a posse da bola. As estratégias são desenvolvidas para atingir esse objetivo (por exemplo, atrair o adversário e jogar em profundidade). As táticas servem para implantar as estratégias (por exemplo, usar os passes para atrair o adversário no primeiro tempo, fazer que o adversário deixe sua defesa e, por fim, lançar os atacantes nos espaços vazios). Na segunda-feira seguinte pela manhã o técnico faz a avaliação do jogo.

3.4 Etapa 1: análise da situação

Algumas pessoas acreditam que o planejamento para o e-marketing significa começar do zero. Nada poderia estar mais longe da verdade. Trabalhar com negócios já existentes, e-business e planos de marketing é um excelente lugar para começar.

O ambiente de marketing está em constante mudança, oferecendo muitas oportunidades para desenvolver novos produtos, novos mercados e novas mídias para comunicação com os clientes, além de novos canais para conquistar parceiros de negócios. Ao mesmo tempo, o ambiente apresenta ameaças competitivas, econômicas e de outras naturezas. Três **fatores ambientais** importantes que afetam o e-marketing e fazem parte de qualquer análise da situação são os fatores legais, tecnológicos e relacionados ao mercado. Eles são abordados em profundidade nos capítulos 4 e 6, assim como nos quadros sobre 'Informações técnicas' ao longo do texto.

A análise **SWOT** identifica as oportunidades e ameaças existentes no ambiente externo e confronta com os pontos fortes e fracos da empresa. As oportunidades podem ajudar a definir um mercado-alvo ou identificar oportunidades de novos produtos, enquanto as ameaças são áreas de exposição. Por exemplo, quando a Amazon.com aproveitou a oportunidade para vender on-line, não havia concorrência significativa. Sua maior ameaça era não obter o apoio das grandes cadeias de editoras para atuar no mercado on-line. O ponto fraco mais crítico da empresa era a falta de experiência na venda de livros ou até mesmo no processamento das transações com cartão de crédito. Além do mais, a empresa não tinha experiência em empacotar os livros para expedição, e originalmente os embalava no chão, até que um marceneiro sugeriu a construção de mesas para empacotamento (Spector, 2000). O ponto forte mais importante

Figura 3.2 Processo do plano de e-marketing.

Etapa	Tarefas
1 Análise da situação	Revisar a análise do ambiente e fazer a análise SWOT da empresa. Revisão do plano atual de marketing e qualquer outra informação que possa ser obtida sobre a empresa e suas marcas. Revisar os objetivos do modelo de e-business da empresa, das estratégias e dos indicadores de desempenho.
2 Planejamento estratégico de e-marketing	Determinar o ajuste entre a organização e seu planejamento estratégico de acordo com as oportunidades de mercado. Realizar a análise de oportunidade de marketing, análises de oferta e demanda, e análise do segmento. **Estratégias de nível 1** • Segmentação • Públicos-alvo • Diferenciação • Posicionamento
3 Objetivos	Identificar os objetivos resultantes da estratégia de e-business.
4 Estratégia de e-marketing	Identificar as fontes de geração de receitas. **Estratégias de nível 2** Projetar a oferta básica, valor, distribuição, comunicação e estratégias de gestão do relacionamento com o mercado/parceiro para criar uma vantagem competitiva. Modificar objetivos conforme eles vão sendo alcançados.
5 Plano de implantação	Desenvolver as táticas para o mix de e-marketing: • Oferta de produto/serviço • Precificação/avaliação • Cadeia de distribuição/suprimentos • Mix de comunicação integrada Desenvolver as táticas de gestão do relacionamento. Desenvolver as táticas de coleta de informações. Definir a estrutura organizacional para implantar o plano.
6 Orçamento	Previsão de receitas. Avaliar os custos para atingir as metas.
7 Plano de avaliação	Identificar os indicadores de desempenho.

da empresa era uma equipe inteligente e talentosa que permaneceu focada e aprendeu o que ainda não sabia. Felizmente para a Amazon, as grandes lojas estavam desprevenidas. O atraso das cadeias de livrarias propiciou à Amazon a oportunidade de estabelecer sua marca on-line. A Barnes & Noble (<http://www.bn.com>) não recuou até o momento que a Amazon esteve às vésperas de uma oferta de ações. Então, já era tarde demais. Provando posteriormente as habilidades estratégicas da Amazon, o presidente executivo Jeff Bezos afirma que a empresa não vai abrir lojas físicas, pois não tem como se diferenciar dos atuais concorrentes no canal físico.

Tenha em mente que os pontos fortes e fracos de uma empresa no mundo on-line podem ser um pouco diferentes de seus pontos fortes e fracos no mundo físico. A Figura 3.3 mostra algumas habilidades importantes necessárias para empresas de e-business. A Barnes & Noble possui pontos fortes significativos no mundo físico, fato que não necessariamente se traduz em pontos fortes no mundo on-line. A Barnes & Noble pode facilmente encontrar-se em uma posição de conflito de canais, tendo de explicar a seus parceiros a razão pela qual os clientes podem comprar por menos on-line do que na loja. No entanto, a Amazon não tem conflito de canal potencial, pois ela vende apenas on-line.

3.5 Etapa 2: planejamento estratégico de e-marketing

Após revisar a situação atual e os planos de marketing existentes, os profissionais de marketing se engajam no planejamento estratégico. Como você se lembra, vimos no Capítulo 2 que o processo de planejamento estratégico envolve a determinação dos objetivos da organização, habilidades e recursos e as oportunidades de mercado. Ao longo do livro, apresentamos essas tarefas como *estratégias do nível 1*, incluindo segmentação,

Figura 3.3 Habilidades internas importantes para o e-business.

Capacidade interna	Exemplos
Interações com o cliente	Comércio eletrônico, atendimento ao cliente, canais de distribuição
Produção e entrega	SCM, programação da produção, gestão de estoques
Pessoas	Cultura, habilidades, gestão do conhecimento, liderança e comprometimento com e-business
Gestão das mudanças	Cultura, inteligência dos negócios, capacidade de agir rapidamente conforme as mudanças
Tecnologia	Sistemas ERP, aplicativos existentes, redes, website, segurança, habilidades de TI
Indicadores de desempenho	Capacidade de avaliar as coisas certas, adotar as ações corretivas
Infraestrutura essencial	Sistemas financeiros, pesquisa e desenvolvimento (P&D), recursos humanos (RH)

Fonte: adaptado de Kalakota e Robinson (1999, 2008) em: <http://www.ebstrategy.com>.

públicos-alvo, diferenciação e posicionamento. Durante essa fase, os profissionais de marketing identificam as oportunidades que ajudam a formular os objetivos de e-marketing.

Os profissionais de marketing conduzem uma **análise de oportunidade de mercado** (**MOA**), incluindo a análise de demanda e a oferta, para definir as estratégias de *segmentação* e *públicos-alvo*. A parte de análise da demanda inclui a análise de segmentação de mercado para descrever e avaliar a rentabilidade potencial, sustentabilidade, acessibilidade e a dimensão de vários segmentos potenciais. A análise dos consumidores utiliza dimensões como características demográficas, localização geográfica, características psicográficas selecionadas (como atitude em relação a tecnologia e a aparelhos de comunicação sem fio), e comportamento anterior com relação ao produto (como padrões de compra on-line e off-line). Dimensões quanto aos compradores organizacionais incluem localização da empresa, dimensão, indústria, tipo de necessidade, conhecimento tecnológico e muito mais. Essas dimensões ajudam as empresas a identificar mercados potencialmente atraentes. As empresas devem também compreender as tendências do segmento — elas apontam para o crescimento ou diminuição?

As empresas utilizam análises de segmentação tradicional quando entram em novos mercados pelo canal on-line; no entanto, se a empresa pretende atender atuais mercados on-line, ela deve investigar com maior profundidade as necessidades dos clientes. Quais clientes da empresa vão querer usar a internet? Como as necessidades dos clientes que utilizam o website da empresa diferem dos outros clientes? Por exemplo, a maioria dos usuários de internet espera que seus e-mails sejam respondidos dentro de 48 horas, mas ficará satisfeita se sua correspondência for atendida dentro de semanas. Além disso, as empresas muitas vezes descobrem novos mercados, entendendo quem são os clientes que acessam o website. Os profissionais de marketing podem utilizar as análises web (Web Analytics) para descobrir a melhor forma de atender esses novos mercados.

O propósito da análise das ofertas é auxiliar na previsão da lucratividade do segmento, assim como na identificação de vantagens competitivas a serem exploradas no mercado on-line. Somente com uma análise criteriosa dos pontos fortes e fracos, uma empresa pode identificar suas vantagens de desempenho. Portanto, as empresas devem reavaliar a concorrência, suas iniciativas de e-marketing e seus pontos fortes e fracos antes de desenvolver iniciativas de e-marketing. Elas devem também tentar identificar futuras mudanças no setor — quais as novas empresas que podem aparecer on-line, e quais vão sair do cenário? Por exemplo, quem poderia imaginar o sucesso do Twitter?

Com uma MOA completa, a empresa pode selecionar seus públicos e compreender suas características, comportamento e desejos da categoria de produto. Além disso, as empresas precisam criar sua proposta de valor para cada público-alvo. Por exemplo, os profissionais de marketing podem decidir focar vários mercados hispânicos (Figura 3.4).

Outra tarefa da etapa 1 no planejamento estratégico de e-marketing é identificar as variáveis de *diferenciação* da marca e as estratégias de *posicionamento*. Com base no entendimento da concorrência e dos públicos-alvo, os profissionais de marketing devem decidir como diferenciar seus produtos dos produtos dos concorrentes de tal modo que promova benefícios importantes. No caso do Facebook, a empresa optou por adicionar aplicativos de terceiros para diferenciar seu website do seu principal concorrente, o MySpace (que atualmente é conhecido como a melhor rede para os músicos). A definição do posicionamento parte do processo de diferenciação: a imagem desejada para a marca em relação à concorrência. Se essa estratégia de posicionamento já foi decidida no plano de marketing tradicional, os profissionais de marketing digital devem decidir se ela também será eficiente on-line. Ao planejar uma nova

Figura 3.4 Análise SWOT orientando a definição dos objetivos do e-marketing.

Oportunidades	**Ameaças**
1. Mercados hispânicos crescentes e inexplorados em nosso setor.	1. Pendência quanto à Lei de Proteção de Software significa aumento dos custos das atualizações.
2. Economizar custos de postagem por e-mail marketing.	2. O concorrente X está utilizando comércio eletrônico de forma agressiva.
Pontos fortes	**Pontos fracos**
1. Sólido departamento de atendimento ao cliente.	1. Cultura corporativa de baixo uso de tecnologias.
2. Excelente website e sistema de banco de dados.	2. Negócio sazonal: o pico ocorre nos meses de verão.

Objetivo do e-marketing: $ 500 mil em receitas provenientes do comércio eletrônico em um ano.

marca ou mercado, os profissionais de marketing digital devem definir as estratégias de diferenciação e posicionamento da marca nessa fase do processo de planejamento.

3.6 Etapa 3: objetivos

Em geral, um objetivo em um plano de e-marketing assume um contexto que inclui os seguintes aspectos:

- Tarefa (o que deve ser feito).
- Quantidade mensurável (quanto).
- Prazo (até quando).

Suponha que a Pontiac queira aumentar o número de visitantes avatar à sua propriedade na Ilha Motari no mundo virtual Second Life de 5 mil a 6 mil em um ano. Esse tipo de objetivo é fácil de avaliar e constitui uma parte fundamental do plano de e-marketing. Normalmente, o plano inclui a justificativa para a criação de cada objetivo, porque cada um é desejável e viável devido às conclusões da análise de situação, e-marketing e estratégia de e-business.

Mesmo que as transações do comércio eletrônico representem uma produção de receitas e uma dimensão motivadora da presença de e-business, outros objetivos também são importantes, principalmente quando a empresa está utilizando a tecnologia apenas para criar eficiências internas, como comunicação com o mercado-alvo. Na verdade, a maioria dos planos de e-marketing visa realizar objetivos múltiplos, como os descritos a seguir:

- Aumentar a participação de mercado.
- Aumentar o número de comentários deixados em um blog.
- Aumentar a receita de vendas (mensurada em valor de vendas ou unidades).
- Reduzir os custos (como custos de distribuição ou de promoção).
- Atingir os objetivos da marca (como o aumento da notoriedade da marca).
- Aumentar o tamanho do banco de dados.
- Alcançar as metas de gestão do relacionamento com o cliente (CRM) (como aumento da satisfação do cliente, frequência de compras ou taxas de retenção de clientes).
- Melhorar a gestão da cadeia de suprimentos (como reforçar a coordenação, acrescentando parceiros ou otimizando os níveis de estoques).

Uma parte importante do processo de planejamento é definir os fluxos de geração de receita potencial, utilizando um modelo de negócios viável, como exposto no Capítulo 2. O plano organizacional de e-business pode conter uma análise SWOT similar ao exemplo descrito na Figura 3.4, conduzindo a empresa a adotar um modelo de e-business de comércio eletrônico. Os profissionais de marketing digital assumem a partir desse ponto, definindo um objetivo mensurável de gerar $ 500 mil de vendas no comércio eletrônico no primeiro ano.

3.7 Etapa 4: estratégias de e-marketing

A seguir, os profissionais de marketing criam estratégias relacionadas ao mix de marketing (4Ps) e para a gestão do relacionamento com os clientes para atingir os objetivos do plano com relação à oferta (produto), valor (atribuição de preço), distribuição (local) e comunicação (promoção). Além disso, os profissionais de marketing projetam o CRM e as estratégias de gestão do relacionamento com os parceiros (PRM). Para clarificar, denominamos essas *estratégias de nível 2* ao longo do livro. Na prática, as estratégias de níveis 1 e 2 são inter-relacionadas (Figura 3.5). Por exemplo, os profissionais de marketing selecionam o melhor mercado-alvo e identificam uma posição competitiva para o produto, o que determina o tipo ideal de publicidade, atribuição de preço e assim por diante. As etapas 2, 3 e 4 são um processo interativo, pois é difícil saber qual deve ser a posição da marca sem entender a proposta de valor que define a promessa da mar-

Figura 3.5 Etapas 2, 3 e 4 do plano de e-marketing.

ca (ou seja, os benefícios que a empresa promete aos clientes). A seguir, algumas estratégias da etapa 2 são abordadas em detalhes nos capítulos subsequentes.

A oferta: estratégias de produto

A organização pode vender produtos, conteúdo, serviços, ou publicidade em seu website. Ela pode adotar um dos modelos de e-business discutidos no Capítulo 2, como leilões on-line, para gerar um fluxo de receita. A empresa pode criar novas marcas para o mercado on-line ou simplesmente vender produtos selecionados já existentes ou melhorados nesse canal. Obviamente, as análises prévias vão revelar muitas oportunidades. Se a empresa oferece marcas atuais on-line, ela terá de resolver muitos problemas diferentes, como o modo das cores aparecerem de forma diferente em uma tela de computador e na impressão. As empresas mais atualizadas aproveitam os recursos da tecnologia da informação para alterar suas ofertas on-line. Por exemplo, a Blue Nile possibilita a customização do produto em um instante: os clientes podem selecionar um diamante, tipo de joia e configuração, e o banco de dados conduz à página que inclui informações atualizadas sobre o anel ou colar, e seu respectivo preço.

O valor: estratégias de precificação

Uma empresa deve decidir como os preços dos produtos on-line serão comparados aos equivalentes off-line. Para tomar essas decisões, as empresas consideram os diferentes custos de seleção e entrega de produtos aos indivíduos pelo canal on-line, assim como as questões relacionadas à concorrência e ao mercado. Duas tendências particularmente importantes na atribuição de preços on-line são descritas a seguir:

- **Precificação dinâmica**. Essa estratégia é aplicada em diferentes níveis de preço para diferentes clientes ou situações. Por exemplo, um comprador de primeira viagem ou alguém que não tenha comprado por muitos meses pode receber descontos para motivar a compra, ou os preços podem cair durante os períodos de baixa demanda. A internet possibilita que as empresas atribuam preços automaticamente enquanto os usuários visualizam as páginas.
- **Licitação on-line**. Essa abordagem apresenta uma forma de otimizar a gestão de estoques. Por exemplo, alguns hotéis em Seattle permitem que os hóspedes façam uma oferta para os quartos de hotel em baixa temporada, instruindo seus agentes de reserva a aceitar vários níveis mínimos de oferta conforme os índices de ocupação de determinado dia. Priceline.com, eBay.com e muitos integradores B2B operaram exclusivamente com essa estratégia.

Estratégias de distribuição

Muitas empresas usam a internet para distribuir os produtos ou criar eficiências entre os membros da cadeia de suprimentos no canal de distribuição. Considere os seguintes exemplos:

- **Marketing direto**. Muitas empresas vendem diretamente aos clientes, evitando intermediários no canal tradicional para algumas vendas. Nos mercados B2B, muitas empresas realizam reduções incríveis de custos usando a internet para facilitar as vendas.
- **Modelos de e-business de agente**. Empresas como eBay e E*TRADE reúnem compradores e vendedores e ganham uma taxa pela transação.

Estratégias de comunicação de marketing

A internet gerou uma infinidade de novas estratégias de comunicação de marketing, tanto para atrair clientes para um website como para interagir com clientes de lojas físicas. Empresas utilizam webpages, mídia social e e-mail para se comunicar com seus mercados-alvo e parceiros de negócios. As empresas criam imagens de marca, promovem consciência de novos produtos e posicionam produtos utilizando o conteúdo on-line. O banco de dados de marketing é fundamental para manter registros sobre as necessidades, preferências e comportamento de clientes individuais, para que as empresas possam enviar informações relevantes e personalizadas, e comunicação persuasiva em momentos estratégicos.

Estratégias de gestão do relacionamento

Muitas estratégias de comunicação de e-marketing também ajudam a desenvolver relacionamentos com parceiros de uma empresa, membros da cadeia de suprimentos ou com clientes. No entanto, diversas empresas aceleram o passo utilizando o sistema de CRM ou gestão do relacionamento com os parceiros (PRM) para integrar a comunicação do cliente e o comportamento de compra em um banco de dados abrangente. Elas, então, usam o sistema de CRM para reter clientes e aumentar os valores médios de pedidos e o valor do cliente no tempo. Outras empresas criam extranets (duas ou mais redes proprietárias ligadas para melhor comunicação e transações mais eficientes entre empresas parceiras).

Uma maneira simples de apresentar os objetivos da empresa e acompanhar as estratégias de e-marketing é por uma matriz objetivo-estratégia. Esse recurso gráfico ajuda os profissionais de marketing a compreender melhor suas necessidades de implantação (Figura 3.6). Cada célula contém um *sim* ou *não*, dependendo de como o profissional de marketing associará os objetivos e estratégias específicas.

3.8 Etapa 5: plano de implantação

Agora vem a parte que todos apreciam: decidir como atingir os objetivos por meio de táticas criativas e eficazes. Os profissionais de marketing selecionam o mix de marketing (4Ps), táticas de gestão do relacionamento e outras táticas para alcançar os objetivos do plano e, em seguida, elaboram planos para implantação (os planos de ação). Da

Figura 3.6 Matriz objetivo-estratégia para e-marketing.

	Estratégias on-line				
Metas on-line	**Publicidade on-line**	**Banco de dados de marketing**	**e-mail direto**	**Vendas on-line**	**Marketing viral**
Aumentar comentários no blog	Sim	Não	Sim	Não	Sim
Coletar informações dos clientes	Não	Sim	Sim	Sim	Sim
Melhorar o atendimento ao cliente	Não	Sim	Sim	Sim	Sim
Aumentar a consciência de marca	Sim	Sim	Sim	Sim	Sim
Vender bens ou serviços	Sim	Sim	Sim	Sim	Não
Melhorar a imagem da empresa	Possivelmente	Sim	Sim	Sim	Sim
Criar ações de sugestão de vendas	Possivelmente	Sim	Sim	Sim	Não
Gerar propostas de vendas	Não	Não	Sim	Sim	Sim

Fonte: adaptado de Embellix eMarketing Suite.

mesma forma, eles verificam se a organização possui a estrutura correta de marketing para a implantação (ou seja, equipe, estrutura do departamento, prestadores de serviços de aplicação e outras empresas externas). A combinação correta de táticas ajudará a empresa a atingir seus objetivos de forma eficaz e eficiente.

Os profissionais de marketing digital dedicam atenção especial às táticas de coleta de informações, pois as tecnologias de informação são especialmente habilitadas para automatizar esses processos. Formulários de website, cookies, e-mail de feedback e pesquisas on-line são apenas algumas das táticas que as empresas utilizam para coletar informações sobre clientes, futuros clientes e outros interessados. Outras táticas importantes incluem o seguinte:

- Software para a análise dos logs do website ajuda as empresas a rever o comportamento do usuário no website e a fazer alterações para melhor atender as necessidades dos usuários.
- Inteligência de negócios (BI) usa a internet para pesquisa secundária, auxiliando as empresas na compreensão dos concorrentes e de outras forças do mercado.

3.9 Etapa 6: orçamento

Uma parte essencial de qualquer plano estratégico é identificar os retornos previstos de um investimento. Esses retornos podem, então, ser comparados com os custos para desenvolver uma análise de custo/benefício, para o cálculo do retorno sobre o investimento (ROI), ou para o cálculo da taxa interna de retorno (TIR), que a empresa utiliza para determinar se o empreendimento vale a pena. Atualmente, os profissionais de marketing estão especialmente preocupados com o retorno do investimento em marketing (ROMI). Durante a implantação do plano, os profissionais de marketing acompanham de perto as receitas e os custos reais para analisar se os resultados estão favoráveis para atingir os objetivos. A internet é ótima para monitorar os resultados, pois a tecnologia registra o clique de cada visitante. As seções seguintes descrevem algumas receitas e custos associados às iniciativas de e-marketing.

Previsão de receitas

Nesta seção do orçamento, a empresa utiliza um método de previsão de vendas para estimar as receitas do website em curto, médio e longo prazos. Dados históricos da empresa, relatórios do setor e ações competitivas constituem entradas para esse processo. Uma parte importante da previsão é estimar o nível de tráfego do website ao longo do tempo, pois esse número influencia o volume de receita que uma empresa pode esperar gerar a partir do seu website. Fluxos de geração de receitas que produzem lucros na internet são originados principalmente das vendas diretas no website, vendas de publicidade, taxas de assinatura, referências de associados, vendas em websites de parceiros, comissões e outras taxas. As empresas normalmente resumem essa análise em uma planilha, mostrando as receitas esperadas ao longo do tempo e a respectiva lógica.

Benefícios intangíveis. Os benefícios intangíveis das estratégias de e-marketing são muito mais difíceis de medir, assim como os benefícios intangíveis no mundo físico. Como o valor adicional gerado pela marca é criado, por exemplo, por meio de um programa da American Airlines no qual os clientes recebem periodicamente mensagens de correio eletrônico sobre seus saldos de conta de passageiro frequente? Qual é o valor do aumento da consciência da marca de um website? Atribuir um valor financeiro sobre tais benefícios é desafiador, mas é essencial para os profissionais de marketing digital.

Economia de custos. O dinheiro economizado por meio de eficiências da internet é considerado outra forma de receitas para uma empresa. Por exemplo, se o canal de distribuição entre um produtor com seus clientes contém um atacadista, distribuidor e varejista, cada intermediário terá um lucro. Um típico esquema de marcação é de 10 por cento do fabricante para o atacadista, 100 por cento do atacadista para o varejista e 50 por cento para o consumidor. Dessa forma, se um produtor vende o produto a um atacadista por $ 50, o consumidor final paga $ 165. Se o produtor corta os intermediários (desintermediação) e vende seu produto on-line diretamente para o consumidor, ele pode atribuir o preço do produto em $ 85 e aumentar a receita em $ 30. Para que essa abordagem se traduza em lucros, ela vai depender do custo para entregar o produto para o consumidor. Outros exemplos incluem os $ 5 mil que um profissional de marketing pode economizar na impressão e envio de uma mala direta, com custo de $ 1,00 por peça para 5 mil consumidores, ou os $ 270 milhões que a Cisco economizou em um ano gerenciando seus custos por meio do seu sistema de vendas on-line.

Custos de e-marketing

O e-marketing implica muitos custos, incluindo os custos com funcionários, hardware, software, programação, e muito mais. Além disso, alguns custos tradicionais de marketing podem migrar para o orçamento de e-marketing; por exemplo, o custo da publicidade off-line para atrair o tráfego para o website (por exemplo, anúncios do GoDaddy.com no Super Bowl). Para simplificar, esta seção discutirá apenas os itens relacionados aos custos com a tecnologia. Consulte o quadro 'Informações técnicas' para entender as etapas necessárias para construir um website. Considere que o custo de um website (exceto o mais básico ou um blog) pode variar de $ 5 mil a $ 50 milhões. A seguir, são descritos apenas alguns custos incorridos pelos desenvolvedores de websites:

- **Custos de tecnologia**. Esses custos incluem software, hardware, acesso à internet ou serviços de hospedagem, materiais educativos e de treinamento e outros custos de operação e manutenção do website.

- **Design do website**. Os websites precisam de designers gráficos para criar layouts de páginas atraentes, gráficos e fotos.
- **Salários**. Todo o pessoal que trabalha no desenvolvimento e na manutenção de websites são itens do orçamento.
- **Outras despesas de desenvolvimento do website**. As despesas não incluídas nas categorias de tecnologia ou de salário vão incorrer aqui, como registro de múltiplos nomes de domínio e contratação de consultores para escrever o conteúdo ou executar outras atividades de desenvolvimento do projeto.
- **Comunicação de marketing**. Todas as atividades de publicidade, relações públicas e promoções, tanto on-line como off-line, que se relacionam diretamente à atratividade do tráfego do website e à sedução dos visitantes para retorno e compras são descritas aqui. Outros custos incluem otimização do mecanismo de busca (SEO), custos do diretório on-line, aluguel de lista de e-mail, prêmios para concursos e muito mais.
- **Miscelânia**. Outros custos típicos do projeto podem incorrer aqui, despesas como viagens, telefone, impressão de novos materiais para adicionar uma nova URL, e muito mais.

3.10 Etapa 7: plano de avaliação

Uma vez que o plano de e-marketing é implantado, seu sucesso depende da avaliação contínua. Esse tipo de avaliação significa que os profissionais de marketing digital devem ter sistemas de rastreamento adequados antes da abertura de suas portas eletrônicas. O que deve ser avaliado? A resposta depende dos objetivos do plano. Revise o Balanced Scorecard orientado para e-business (no Capítulo 2) para ver como os vários indicadores se relacionam com as metas específicas do plano.

Em geral, as empresas atuais são extremamente conduzidas pelo ROI. Como resultado, os profissionais de marketing digital devem mostrar como seus objetivos intangíveis, como a construção de uma marca ou CRM, levarão a um aumento nas receitas. Além disso, eles devem apresentar indicadores precisos e apropriados para justificar suas despesas iniciais e contínuas de e-marketing ao longo do período coberto pelo plano. Por exemplo, a enorme empresa química alemã BASF deve fornecer uma avaliação de ROI em sua publicidade global nos mecanismos de buscas. É muito difícil acompanhar a atividade de geração de propostas, pois elas são enviadas ao pessoal de vendas em âmbito mundial, e levam muitos meses para fechar as negociações.

Informações técnicas

Construção de um website

Você foi alocado à equipe encarregada de reprojetar o website da sua empresa. Você já ouviu falar que os colegas do design gráfico e dos sistemas de informações também vão fazer parte da equipe, mas não tem certeza de quem é responsável por qual função ou até mesmo quais são todas as questões. Você gostaria de parecer articulado e informado nas reuniões.

Como os websites são realmente construídos? O processo é similar, em alguns aspectos, à construção de uma casa. Na construção de uma casa, um arquiteto trabalha com os clientes para determinar suas necessidades, elabora um projeto para atender esses requisitos, e depois encaminha esse projeto a um desenvolvedor, a pessoa que vai construir a casa. A sequência passa dos requisitos para o projeto e depois para o desenvolvimento. Da mesma forma, o departamento de marketing elabora um resumo criativo que especifica em detalhes os requisitos para o website e os elementos específicos do projeto (por exemplo, fontes e cores que serão implantadas no website). A próxima etapa é criar uma maquete da página inicial e algumas páginas interiores em uma ferramenta de design como o Adobe Photoshop. O domínio do Photoshop e da teoria de design, em geral, requer treinamento e prática. Em uma grande loja, o departamento de marketing deve cuidar da comunicação visual ou da equipe de design gráfico para produzir o projeto desejado. O projeto é desenvolvido após a realização dos ajustes sugeridos pelo cliente. Uma vez que o projeto é finalizado, a equipe de desenvolvimento o assume e o torna funcional. A equipe de desenvolvimento tem cinco grandes objetivos para o website. O website deve ser:

1. **Fácil de atualizar**. Alterações de conteúdo devem ser de fácil implantação. Idealmente, uma tela de entrada deve permitir que um usuário autorizado digite ou cole o conteúdo diretamente no website sem suporte técnico. Quaisquer atualizações contínuas, como notícias ou atualizações sobre o clima, devem ser programadas para ocorrer automaticamente, sem intervenção humana.
2. **Otimizado para download rápido**. Cada página do website deve ser carregada no computador do usuário em até dez segundos, mesmo em uma conexão lenta de internet. A pesquisa mostra que os usuários não vão esperar mais que dez segundos. A otimização envolve a compressão de elementos gráficos na página como arquivos GIF, JPEG ou PNG. Os arquivos GIF são utiliza-

dos para áreas de cor plana (por exemplo, um logotipo corporativo) e em áreas de cor transparente, para que os fundos brancos desapareçam. JPEG é utilizado para imagens de tom contínuo, como fotografias. Os arquivos PNG são os melhores. A tecnologia cada vez mais popular do Adobe Flash possibilita animação e filmes, mas raramente cumpre o limite de dez segundos. Flash é orientado mais para usuários que visualizarão em uma conexão de alta velocidade. É uma razão pela qual muitos websites oferecem a opção de pular a introdução Flash. O texto não requer compressão porque ele carrega rapidamente.

3. **Fácil de encontrar**. O website deve ser fácil para os mecanismos de busca indexar e encontrar. Entre outras coisas, essa acessibilidade envolve a colocação cuidadosa de termos de palavra-chave em locais de elevada avaliação dos mecanismos de busca.
4. **Interativo**. Interatividade simples é gerada por meio da inclusão de hiperlinks para ligar as páginas. No entanto, uma interatividade mais complexa pode exigir uma programação sofisticada. Exemplos de interatividade complexa incluem o seguinte:
   - Uma caixa de pesquisa no website.
   - Validação de entrada do usuário (por exemplo, verificar se o endereço de e-mail contém um símbolo @ ou se o número de cartão de crédito é válido).
   - Processamento de transações, como conclusão de uma compra.
   - Login de usuário para websites que exigem segurança elevada, como contas bancárias ou de ações.
   - Conexão a bancos de dados backend, o que pode ser banco de dados públicos, como placares esportivos, notícias, cotações de ações e atualizações meteorológicas. Da mesma forma, podem ser bancos de dados privados contendo informações confidenciais da empresa ou conta pessoal.

   A interatividade é realizada utilizando-se ferramentas de desenvolvimento, como o Macromedia Dreamweaver ou Microsoft Visual Web Developer. Essas ferramentas desenvolvem código de computador em **HTML**, Javascript, Java, Flash e uma variedade de outras linguagens de computador. O domínio dessas ferramentas requer um grau considerável de treinamento e prática.
5. **Seguro**. Nesta era de hackers e vírus, o local precisa ser protegido contra ataques maliciosos. Muitas vezes, as organizações tentam quantificar o valor da sua exposição ao ataque para determinar se deve mesmo continuar com o desenvolvimento.

Quer tentar? Existem algumas ferramentas importantes de desenvolvimento de website on-line que são gratuitas. Uma das ferramentas mais impressionantes é o Google Sites. Se você tiver uma conta no Gmail, então já está autorizado a utilizar o Google Sites (encontre no menu 'Mais' na página inicial do Google). O Google Sites se integra bem com os outros produtos do Google, como YouTube, Google Docs e Google Gadgets. A integração perfeita do Google faz com que seja um exercício bastante fácil criar um website interativo, algo que apenas alguns anos atrás teria exigido muita experiência em codificação.

Resumo do capítulo

O plano de e-marketing é um documento dinâmico e orientador para formulação e implantação da estratégia de e-marketing. O objetivo é ajudar a empresa a atingir seus resultados desejados, avaliados pelos indicadores de desempenho, de acordo com as especificações do modelo de e-business e da estratégia de e-business. Apesar de alguns empresários usarem um plano de guardanapo para informalmente esboçar suas ideias, um plano de e-marketing de capital de risco vai ajudar a mostrar que a ideia de e-business é sólida e o empresário faz ideia de como executá-la.

Criar um plano de e-marketing requer sete etapas. A primeira etapa consiste em conduzir uma análise da situação, revisando as análises do ambiente e SWOT, planos de marketing existentes e informações sobre a empresa/marca, e objetivos, estratégias e indicadores de desempenho de e-business. Na segunda etapa, os profissionais de marketing digital desenvolvem o planejamento estratégico, que inclui uma análise das oportunidades de marketing para desenvolver segmentação, definir seus públicos-alvo, diferenciação e estratégias de posicionamento (estratégias da etapa 1). Na terceira etapa, os profissionais de marketing digital formulam objetivos, geralmente a definição de objetivos múltiplos, pois eles podem usar uma matriz objetivo-estratégia para orientar a implantação. Na quarta etapa, os profissionais de marketing digital projetam estratégias de e-marketing para os 4 Ps e gestão do relacionamento (estratégias da etapa 2).

Na quinta etapa, os profissionais de marketing digital desenvolvem um plano de implantação com um adequado mix de marketing (4Ps), selecionam táticas apropriadas de gestão do relacionamento, projetam táticas de coleta de informações e selecionam outras táticas para alcançar seus objetivos. Eles também devem elaborar planos de implantação detalhados durante essa etapa do processo. Na sexta etapa, os profissionais de marketing digital prepararam uma previsão de receitas para estimar o retorno esperado do investimento do plano e detalhar os custos de e-marketing para chegar a um cálculo que a empresa possa utilizar para determinar se o empreendimento vale a pena. Na sétima etapa, a etapa final do plano, os profissionais de marketing digital utilizam sistemas de monitoramento para analisar resultados e avaliar o sucesso do plano em uma base contínua.

Exercícios

Questões para revisão

3.1 Quais são as sete etapas em um plano de e-marketing?

3.2 Por que os empresários que procuram financiamento de capital de risco precisam de um plano de e-marketing, em vez de um plano de guardanapo?

3.3 Qual é o propósito da análise de oportunidades de marketing e a análise do segmento?

3.4 Quais são os quatro elementos na etapa 1 e os cinco elementos na etapa 2 que são concebidos para a estratégia de e-marketing?

3.5 Qual é o propósito de uma matriz objetivo-estratégia de marketing?

3.6 Como os gestores utilizam o orçamento dentro de um processo de planejamento de e-marketing?

3.7 Por que os planos de e-marketing precisam de um componente de avaliação?

Questões para discussão

3.8 Se tivesse dinheiro para investir, o que você procuraria em um plano de e-marketing de capital de risco?

3.9 Que tipos de pergunta uma empresa deve formular ao desenvolver um plano de e-marketing para atender clientes nos mercados atuais por meio de um canal on-line?

3.10 Por que é importante para o e-marketing especificar não apenas a tarefa, mas também a quantidade mensurável e o prazo para a realização de um objetivo?

3.11 Por que a gestão da American Airlines espera que seus profissionais de marketing digital estimem o impacto financeiro dos benefícios intangíveis, como a construção brand equity por meio de mensagens via e-mail para seus passageiros mais frequentes?

PARTE

1 **2** 3 4

Ambiente do e-marketing

CAPÍTULO

1 2 3 **4** 5 6 7 8 9 10 11 12 13 14

E-markets: inclusão digital*

A internet está se tornando a praça principal da aldeia global de amanhã.
— Bill Gates

Na internet, você pode ouvir um poema em Quechua traduzido... ou ficar atualizado sobre a luta do povo Ogiek para manter suas casas na floresta Mau do Quênia, onde vivem por séculos.
— Unesco, Aplicativos de Internet para Serviços Públicos em Países em Desenvolvimento

Se quer novas ideias, você tem de ir para a periferia.
— C. K. Prahalad

O principal objetivo deste capítulo é ajudá-lo a obter uma compreensão acerca das principais diferenças entre os países com relação ao acesso e uso da internet para a segmentação e definição dos públicos-alvo em mercados específicos. Você vai aprender sobre as barreiras existentes para a adoção da internet e comércio eletrônico em economias emergentes e analisar como essas barreiras estão sendo abordadas. Você vai aprender como o comportamento e as atitudes do consumidor, métodos de pagamento, questões tecnológicas e disparidades econômicas dentro das nações podem influenciar o e-marketing em países menos desenvolvidos.

Após a leitura deste capítulo, você estará apto a:

- Discutir as tendências globais no acesso à internet, uso e compra em âmbito mundial.
- Definir as economias emergentes e explicar o papel vital da tecnologia da informação no desenvolvimento econômico.
- Descrever como os profissionais de marketing digital aplicam a similaridade de mercado e analisar o comportamento de compra e de pagamento on-line no planejamento de novas oportunidades de mercado.
- Descrever como a estratégia de e-marketing é influenciada pelo acesso ao computador e telefone, disponibilidade de cartão de crédito, atitudes em relação ao uso da internet, velocidades de conexão lentas, desenvolvimento de websites e problemas relacionados à eletricidade.
- Analisar os desafios específicos do e-marketing na internet sem fio no contexto das economias emergentes.
- Discutir a controvérsia relacionada à exclusão digital.
- Explicar como o e-marketing está sendo usado nas classes de renda muito baixa ou na base da pirâmide de consumidores.

Programa *Ídolos* em âmbito global

Os nomes Randy Jackson e Paul Abdul, juntamente com os cantores Carry Underwood, Clay Aiken, Kelly Clarkson e Jennifer Hudson, são famosos nos Estados Unidos. Até mesmo o nome Sanjaya é conhecido. Esses indivíduos estão relacionados ao programa norte-americano de televisão *American Idol*. No entanto, o que dizer sobre Prashant Tamang, Jessica Mauboy, ou Žanamari Lalić? Esses nomes também são famosos,

* Este capítulo recebeu a contribuição de Al Rosenbloom, professor associado de Marketing da Dominican University, em Illinois (arosenbloom@dom.edu). Em 2001, Rosenbloom foi bolsista da Fulbright e ensinou marketing digital para alunos de MBA no Nepal. Este capítulo é baseado em suas experiências nas economias emergentes, com particular ênfase atribuída às nações do Extremo Oriente, incluindo Nepal, Índia e China.

mas para os telespectadores de TV, internautas e os devotos de mensagens de texto na Índia, Austrália e Croácia, respectivamente. Todos esses indivíduos são vencedores das versões locais da franquia do *American Idol* em países fora dos Estados Unidos ou, como é conhecido na Alemanha, *Deutschland sucht den Superstar*. *American Idol* é transmitido em mais de cem países, geralmente 48 horas após a exibição original ter ido ao ar nos Estados Unidos. O sucesso do programa gerou 39 versões nacionais em países como Etiópia, Filipinas, Rússia e até mesmo no Cazaquistão.

Os búlgaros podem acompanhar a ascensão (ou queda) dos participantes da temporada acessando <http://www.musicidol.btv.bg>. Embora o show seja chamado *Music Idol* na Bulgária, o logotipo azul com suas letras curvilíneas que acolhem cada espectador na webpage inicial conectam-no ao *American Idol*. Os etíopes que vivem em qualquer lugar do mundo podem manter-se atualizados acessando a TV Jump (<http://www2.jumptv.com/seo/Ethiopian_Idols/Ethiopian_Idols.htm>) para assistir à retransmissão de *Ethiopian Idol*, que também tem Feleke Hailu, um jurado nos moldes de Simon Cowell, objetivo e por vezes rude. Feleke alterna entre seu slogan 'totalmente falso', ou 'você não fez isto' em amárico, e julgamentos duros, como 'você canta como um idiota'. Os etíopes podem também acompanhar os altos e baixos, voltas e reviravoltas de *Ethiopian Idol* na versão etíope para o YouTube, Diretube (<http://www.diretube.com/browse-Ethiopian-Idol-videos-1-date.html>) ou tornando-se um fã no Facebook (<http://www.facebook.com/pages/Ethiopian-Idol/144820322030>).

No Brasil, os fãs do *Ídolos* podem acompanhar a exibição em <http://entretenimento.r7.com/idolos-2011>. O SMS é muito popular na Índia. Os espectadores indianos não apenas votam em cantores (30 milhões de mensagens SMS foram enviadas no período que antecedeu uma exibição final) como também podem se inscrever para participar do *Indian Idol* pelo SMS, digitando a palavra 'IDOL' em seus celulares ao acessar a Sony Entertainment TV da Ásia, o sistema a cabo que transmite o *Indian Idol* (<http://www.setindia.com/character_details.php?sid=35>). As tensões regionais são muito altas no Oriente Médio, onde a versão árabe do *Idol* é chamada *Super Star* ($$$) (<http://www.futuresuperstar.com>), e inclui competidores de todo o Oriente Médio. As lealdades nacionais podem ser ameaçadoras. Na semifinal, uma sorveteria em Amã, na Jordânia, ofereceu sorvete gratuito para qualquer um que votasse a favor da concorrente da Jordânia, Diana Karzon. Na Síria, uma operadora de telefonia móvel afixou cartazes nas ruas persuadindo as pessoas a votar no cantor sírio Rowaida Attiyeh, e 'Dê seu voto para a Síria'. Quando o cantor libanês foi eliminado nas semifinais, os libaneses presentes na audição jogaram cadeiras e tudo o mais que encontraram. Nesse caos, os dois cantores finalistas desmaiaram. No final, o sorvete gratuito pode ter feito a diferença: Diana Karzon venceu.

De Israel (<http://www.mako.co.il/tv-starisborn>) para a Islândia (<http://www.visir.is/section/LIFID14>) e do Quênia (<http://www.mnetafrica.com/idols/default.aspx>) para o Cazaquistão (<http://www.superstar.kz>), a franquia do *American Idol* é um negócio expressivo. Estima-se que a Freemantle Media, a empresa que comercializa o *American Idol* no exterior, gera mais de $1 bilhão por ano com publicidade, taxas de licenciamento, merchandising, co-branding e gravação. A convergência da TV, internet, telefones celulares e serviços de SMS, quando associada à imprevisibilidade do que vai acontecer em cada show, mantém semanalmente o nível de audiências globais e nacionais. Como disse um cínico, provavelmente o único lugar no mundo que o *Idol* não tem uma franquia é a Antártida, pelo menos não ainda.

4.1 Visão geral das questões mundiais do e-marketing

Imagine este anúncio da Accenture: a silhueta de um pescador chinês quando ele senta no topo de seu pequeno barco no crepúsculo. O canto direito do anúncio tem um título que parece ter sido arrancado de um jornal diário: 'O chinês será o idioma número um da internet em 2007'. Abaixo desta afirmação, encontram-se as palavras: 'Agora fica interessante'. Este anúncio e o exemplo global do Programa *Idol* são indicações de como o mercado on-line está mudando — usuários de outros países, falando idiomas diferentes do inglês vão, de modo crescente, dominar a internet.

Embora o chinês ainda não seja o idioma número um da internet, a lacuna entre o chinês e o inglês está sendo rapidamente preenchida. No final de 2009, havia aproximadamente 499 milhões de usuários da web que falam inglês. O número de usuários da web que fala chinês foi estimado em 407 milhões, dos quais 384 milhões de usuários da internet estavam na República Popular da China ('Chinese Speaking Internet Users Stats', 2010). Existem, atualmente, mais usuários da web que falam chinês do que a população total dos Estados Unidos.

Geoffrey Ramsey, estatístico do eMarketer, observou: 'O número crescente de usuários da internet fora dos EUA exercerá dois efeitos importantes sobre a internet. O conteúdo e a linguagem da web se tornarão mais diversificados, visto que as empresas da internet entregam conteúdo único e local em idiomas e gostos de acordo com cada país. Ao mesmo tempo, uma internet verdadeiramente mundial... é provável que acelere a convergência de estilos, gostos e produtos' para criar um mercado mais homogêneo e global ('New eGlobal Report', 2000). O ICANN, o organismo oficial que atribui nomes de domínio na internet, reconheceu a mudança nos padrões de linguagem e uso da internet. A partir do começo de 2010, os profissionais de marketing digital ficaram impossibilitados de criar endereços da web que não usam as 26 letras do alfabeto romano. Até agora, os usuários da web cuja língua materna foi escrita com caracteres não romanos (por exemplo, russo, hindu, japonês, grego, hebraico e árabe) tiveram de usar teclados que digitam caracteres romanos e locais. O endereço da web da KIA Motors no Egito, por exemplo, é <http://www.kia.com.eg>. As duas últimas letras, por exemplo, fazem parte do endereço de domínio do título e significam Egito (مصر). Com a mudança do ICANN, o endereço da web da KIA egípcia que utiliza os caracteres não romanos pode acabar brevemente. Os profissionais de marketing digital que vivem na Arábia Saudita (السعودية [AlSaudiah]) e nos Emirados Árabes Unidos (امارات [Emarat]) terão as mesmas oportunidades. Conforme afirmou Paul Hoffman, o programador norte-americano que criou esses padrões, esses novos nomes de domínio não são para os atuais usuários da web, mais de 1 bilhão de usuários, mas para os próximos vários bilhões de usuários que não estão agora na web (Rhoads, 2007).

Como os profissionais de marketing podem capitalizar essas mudanças dinâmicas no planejamento de estratégias de e-marketing? Além disso, os profissionais de marketing digital globais devem compreender que o padrão de utilização da internet de um país influencia significativamente a estratégia e as táticas de marketing. É importante diferenciar entre os países industrializados da América do Norte, Europa Ocidental e Japão, que respondem por 31 por cento de todos os usuários da internet em 2009, e as economias emergentes da Índia, China, Rússia e Brasil, que são uma grande promessa no futuro. Neste capítulo, introduzimos o contexto do mercado global, porém com foco principalmente nas economias emergentes. As estratégias de e-marketing e a utilização da internet nos países industrializados geralmente são semelhantes às dos Estados Unidos (e serão discutidas extensivamente no resto do texto), enquanto aquelas nos mercados emergentes são diferentes. Este capítulo aborda o que torna o e-marketing diferente nas economias emergentes.

Mercados globais

A globalização mudou a forma como os profissionais de marketing conduzem os negócios. Mercados de difícil acesso devido à distância física da sede da empresa ou devido a um perfil de compra do consumidor não atendido pela empresa são cada vez mais pretendidos. Avanços significativos em telecomunicações e tecnologias de computação estão conduzindo essa mudança, criando, portanto, um universo de oportunidades para os profissionais de marketing digital. Uma empresa como a Haier ilustra esse ponto. A Haier é uma empresa chinesa, com uma ambição primordial: ela quer ser a primeira empresa chinesa a ter uma verdadeira marca global de classe mundial e ser reconhecida como equivalente (e o presidente executivo da Haier diria 'melhor que') às melhores marcas mundiais do Japão, Estados Unidos, Alemanha e Coreia do Sul. A Haier está bem posicionada para alcançar seu objetivo. Na verdade, alguns leitores já devem conhecer o nome Haier: o Wal-Mart vende minirrefrigeradores populares da Haier, criando um culto entre os estudantes universitários que vivem nos dormitórios do campus. Em nível nacional, a Haier é a fabricante líder de geladeiras, máquinas de lavar e aparelhos de ar-condicionado na China. Mundialmente, a empresa tem escritórios ou fábricas em mais de cem países (incluindo sua sede de $15 milhões em Manhattan). Ela ocupa o quarto lugar no mundo na indústria de produtos de linha branca, seguida pela Whirlpool, Electrolux e Bosch-Siemens ('Haier's Purpose', 2004). A presença da Haier na internet suporta a sua ambição global. Acesse a homepage em inglês (<http://www.haier.com/index.htm>) para visualizar a lista de países em que a Haier está presente: China, Croácia, Paquistão, Coreia, Rússia, Austrália e Oriente Médio, incluindo Israel. Por outro lado, é possível acessar o website norte-americano da Haier diretamente em <http://www.haieramerica.com/en>, onde ela se apresenta como um varejista contemporâneo on-line. Os clientes podem fazer compras, registrar seus produtos, assinar um boletim da empresa, acessar informações sobre garantia, localizar suporte pós-venda, pesquisar sobre como se tornar um distribuidor Haier e encontrar dicas e sugestões para manter os produtos da marca. A Haier está preparada para se tornar uma concorrente global implacável no século XXI, e o desenvolvimento contínuo de sua presença na web vai ajudá-la a alcançar essa meta.

O e-marketing está florescendo em todo o mundo. No entanto, os profissionais de marketing digital globais devem estar alertas para as diferenças significativas que influenciam a estratégia de e-marketing onde quer que elas ocorram. Os melhores profissionais de marketing digitais globais reconhecem que, na maioria dos casos, as estratégias bem-sucedidas de marketing não estão relacionadas a decisões sobre desenvolver uma forte campanha de marketing para aparelhos móveis ou um projeto de websites com muitos gráficos, que aproveita o acesso de alta velocidade à internet. Mas sim, decidir se precisam de ambas. Quando visualizado a partir dessa perspectiva, o mundo é, literalmente, um universo de oportunidades.

A Figura 4.1 mostra que o uso da internet em todo o mundo aumentou mais de 45 por cento entre 2007 e 2009. Em 2009, o número de usuários da internet estava se aproximando da marca de 2 bilhões de usuários (1,8 bilhão de usuários). No entanto, números absolutos e taxas de crescimento variam consideravelmente conforme o continente. A África observou o maior crescimento de uso da internet, com um aumento de mais de 95 por cento em dois anos. A Ásia tem a maioria dos usuários, com pouco mais de 764 milhões de usuários. Essa estimativa parece razoável, já que a Ásia é o lar da China e da Índia. Ambos os países possuem populações superiores a 1 bilhão e estão experimentando um crescimento econômico significativo. No entanto, quando as taxas de penetração da internet (uso da internet dividido pela população)

Figura 4.1 Uso da internet no mundo e população.

Internet	Uso da internet 2007 (milhões)	Uso da internet 2009 (milhões)	Crescimento de usuários (2007–2009) (porcentagem)	Percentuais de usuários em todo o mundo (2009)	População estimada 2009 (milhões)	Uso da internet como porcentagem da população
América do Norte	234,8	259,6	5,6	14,4	340,8	76,2
Europa	337,9	425,8	26,0	23,6	803,9	53,0
Ásia	459,5	764,4	66,2	42,4	3.808,1	12,4
América Latina/ Caribe	115,8	186,9	61,4	10,4	586,7	20,1
África	44,0	86,2	95,9	4,8	991,0	8,7
Oriente Médio	33,5	58,3	74,0	3,2	202,7	28,8
Oceania	19,0	21,1	11,0	1,2	34,7	60,8
Total no mundo	1.244,4	1.802,3	44,8	100,0	6.767,9	26,6

Fonte: adaptado de 'Internet Usage Statistics — The Big Picture' em <http://www.internetworldstats.com/stats.htm>. Copyright © 2000–2008, Miniwatts Marketing Group. Todos os direitos reservados.

são determinadas, surge uma imagem global diferente. A América do Norte possui a maior taxa, com mais de três quartos de todos os indivíduos (76,2 por cento) com acesso à internet. Por outro lado, a Ásia possui uma taxa de penetração da internet de apenas 12,4 por cento, e na África, o segundo continente mais populoso do mundo, a penetração da internet ainda é inferior a 9 por cento, mesmo com o aumento de 95 por cento entre 2007 e 2009.

A maioria dos profissionais de marketing digital prefere avaliar países individuais com relação à lucratividade da estratégia on-line, mas o uso da internet varia muito de país para país e seu tamanho tem pouca influência sobre a penetração da internet. Essa distinção é importante, pois os países com o maior uso da internet podem não conter uma grande população. A Islândia, por exemplo, tem pouco mais de 305 mil habitantes, embora tenha uma taxa de penetração da internet de 93 por cento. Isso significa que quase todos os islandeses têm acesso e utilizam a internet. A Alemanha, o maior país da Europa Ocidental, tanto em termos de população e produto interno bruto (PIB), possui uma taxa de penetração da internet de 75 por cento, com 62 milhões de usuários. Existe um padrão similar na América Latina. O Chile possui a maior taxa de penetração da internet de todos os países latino-americanos, com metade da sua população de 16 milhões sendo usuários ativos da internet. Entretanto, o Brasil, o maior país da América Latina, possui uma taxa de penetração da internet de 36,2 por cento. (Consulte o Apêndice B para obter uma tabela de penetração da internet e as estimativas populacionais para todos os países em 2010.)

Com o tempo, à medida que aumenta o acesso à internet, os países com grandes populações terão o maior número de usuários de internet. No entanto, os profissionais de marketing digital inteligentes sabem que avaliar uma oportunidade de mercado apenas em termos de números absolutos de clientes é uma avaliação de mercado incompleta. Os profissionais de marketing digital devem pesquisar criteriosamente as atuais condições de mercado de cada país e os fatores ambientais antes de selecionar alvos específicos para a entrada.

Butão, um pequeno país nas montanhas do Himalaia, é um bom exemplo de como os mercados emergentes podem sobrepujar economias plenamente desenvolvidas e apresentar novas oportunidades de e-marketing nesse processo. O país foi literalmente excluído da revolução da internet até 1999. Em junho de 1999, o rei do Butão inaugurou Druk.net, o primeiro e único provedor de serviços da internet (ISP) do país (Long, 2000). Os butaneses agora podem enviar e-mail, navegar na web, jogar on-line e estabelecer negócios on-line. Com uma taxa de penetração da internet de 6,5 por cento, o acesso à internet no Butão ainda é limitado para as principais cidades. No entanto, o empreendedor moderno do Butão ou agricultor não precisam ir a um cibercafé ou ter um computador em casa ou espaço de trabalho para acesso à internet. Os telefones móveis são a forma preferida de acessar a internet no país. O número total de assinantes de telefonia móvel foi estimado em 460 mil em 2009 ('Butão-Telecoms, Mobile and Internet', 2008); o país tem aproximadamente 690 mil indivíduos. O Banco do Butão tem até uma divisão (<http://www.bob.bt/sms-banking>) para atender os correntistas que usam dispositivos móveis. Embora o e-marketing seja uma atividade desafiadora, acreditamos que os maiores desafios para o profissional de marketing digital global estejam nos países com economias emergentes — países como Rússia, Índia, Nepal, Egito e China —, que apresentam decisões de e-marketing diferentes e por vezes complicadas.

Economias emergentes

Os países variam em seu nível de desenvolvimento econômico. Estados Unidos, Canadá, Japão, Austrália, Grã-Bretanha e Alemanha, por exemplo, têm altos níveis de desenvolvimento econômico e são classificados pelos economistas como *desenvolvidos*. Os países desenvolvidos incluem toda a Europa Ocidental, América do Norte, Japão, Austrália e Nova Zelândia (Case e Fair, 2001). Esses países são altamente industrializados, utilizam a tecnologia para aumentar a eficiência de produção e, como resultado, têm elevado produto interno bruto (PIB) per capita. Um alto PIB significa que os cidadãos possuem renda disponível suficiente para comprar itens que tornarão sua vida mais fácil, mais rica e mais plena. Portanto, os países desenvolvidos são perfeitamente ajustados para a ampla gama de atividades de e-marketing discutidas ao longo do texto.

É difícil encontrar um único rótulo para descrever o restante das economias mundiais. O rápido crescimento econômico tem aproximado alguns países, como Coreia do Sul e Chile, das economias desenvolvidas. No entanto, a maioria dos países está lutando — e atuando nesse sentido — para melhorar os padrões de vida de seus cidadãos. Denominamos esse grupo abrangente e diversificado de economias emergentes. A característica mais importante das economias emergentes é que todas elas têm uma classe média em rápido desenvolvimento. A crescente classe média de qualquer país gera uma demanda substancial para ampla gama de produtos e serviços. Sendo assim, esses mercados são especialmente atraentes para os profissionais de marketing digital. Quatro países em específico representam o poder — e a oportunidade — em mercados emergentes; são eles: Brasil, Rússia, Índia e China, e coletivamente são chamados países do BRIC ou BEM, grandes mercados emergentes. Os países do BRIC têm mais de 40 por cento da população mundial e recebem grande atenção de muitas corporações multinacionais e empreendedores. A Ikea, varejista de móveis sueca, tem uma presença forte na web, tanto na Rússia (<http://www.ikea.com/ru>) como na China (<http://www.ikea.com/cn/zh>; <http://www.ikea.com.hk/chi/main.html>), uma prova da expansão da oportunidade de mercado nos países do BRIC.

Países com economias emergentes podem ser encontrados em todos os continentes. Na América do Norte, o México tem uma economia emergente. Todos os países das Américas Central e do Sul têm economias emergentes. Na Europa, todos os países dos antigos Estados Bálticos (Letônia, Estônia e Lituânia) e na Europa Oriental (Polônia, Hungria, República Checa, Eslováquia, Romênia, Bulgária e todos os estados que compõem a antiga Iugoslávia) têm economias emergentes. Bielorrússia e Ucrânia são países emergentes, assim como os países da Ásia Central do Tajiquistão, Cazaquistão e Uzbequistão. No sul da Ásia, Paquistão e Bangladesh são classificados como economias emergentes, assim como Tailândia, Vietnã, Camboja, Laos e Sudeste Asiático.

Importância da tecnologia da informação

Cada país pode melhorar seu nível de desenvolvimento econômico por meio de maior eficiência na produção, distribuição e venda de bens e serviços. Nos países com economias emergentes a tecnologia desempenha um papel especialmente importante. Embora a tecnologia possa, em geral, aumentar a capacidade e eficiência da produção global de uma nação, é pela aplicação da tecnologia da informação que os países com economias emergentes podem realmente abrir novos mercados globais interessantes. Conforme é frequentemente observado, 'a internet acelera o processo de crescimento econômico, acelerando a difusão de novas tecnologias para as economias emergentes' (Cateora e Graham, 2007, p. 251). No passado, décadas se passaram antes que muitos países em desenvolvimento pudessem se beneficiar de ferrovias, eletricidade e telefones. Hoje, a internet, juntamente com suas tecnologias de informação de apoio, pode dar o impulso inicial para muitas economias nacionais. A Índia é um exemplo de tais empreendimentos.

Até recentemente, Bangalore era uma cidade famosa na Índia, em especial pelos seus maravilhosos jardins e temperaturas amenas. Hoje, Bangalore é mundialmente famosa como o centro do crescimento explosivo da Índia em software e serviços de TI. O epicentro de toda essa atividade é um amplo parque industrial com 1,3 milhão de metros quadrados chamado Cidade Eletrônica. Nesta, encontramos as sedes corporativas da Wipro e Infosys, duas gigantes globais líderes nessa revolução indiana da informação. Além disso, a Cidade Eletrônica acolhe empresas norte-americanas famosas (Motorola e Hewlett-Packard) e as empresas europeias (Siemens), que estão terceirizando operações de call center, transcrição médica e até mesmo imposto de renda para a Índia. A internet possibilita que as empresas em economias emergentes sejam instantaneamente incorporadas nos mercados globais. O marketing de sucesso na internet pode conduzir uma empresa do nada para algum lugar da noite para o dia.

Profissionais de marketing digital de países com economias emergentes enfrentam um duplo desafio. Não apenas devem enfrentar todos os problemas e decisões relacionadas ao marketing, descritas ao longo deste livro, mas também devem abordar alguns desafios únicos relacionados às condições de operação dentro de uma nação ainda em desenvolvimento. Algumas das diferenças do marketing aplicado na internet entre países desenvolvidos e países ainda em desenvolvimento são os poucos usuários de computador, o uso limitado do cartão de crédito, a falta de métodos seguros de pagamento on-line e falhas inesperadas de energia. Vamos agora analisar mais detalhadamente esses desafios e essas barreiras.

4.2 Análise do país e da oportunidade de mercado

Conforme observado no Capítulo 3, um plano de e--marketing orienta o profissional de marketing por meio do processo de identificação e análise de mercados potenciais. Profissionais de marketing digital globais devem equilibrar criteriosamente duas abordagens analíticas diferentes. Diferenças de mercado são os contextos nos quais dois mercados apresentam características distintas, como línguas, comportamentos culturais e comportamentos de compra. A similaridade de mercado refere-se a formas em que dois mercados apresentam características semelhantes. Aplicando esse conceito, se uma empresa está baseada em uma economia emergente e quer comercializar em seu mercado-alvo (doméstico), então o profissional de marketing deve identificar as diferenças de mercado dentro da população. O mesmo é verdadeiro quando uma empresa opera em uma economia desenvolvida e quer focar grupos em uma economia emergente — é preciso identificar diferenças entre os mercados domésticos e os mercados do país-alvo. Por outro lado, os profissionais de marketing nas economias emergentes devem identificar similaridades entre mercados, a fim de alcançar êxito na venda de produtos nas economias desenvolvidas (consulte a Figura 4.2).

Similaridade de mercado

De acordo com o conceito de similaridade de mercado, os profissionais de marketing selecionam mercados externos que têm características similares ao seu mercado doméstico para a entrada inicial nesses mercados (Jeanette e Hennessy, 2002). Portanto, uma empresa norte-americana primeiro focaria países como o Canadá, o Reino Unido e a Austrália antes de focar a França, o Japão ou a Alemanha. A Amazon.com utilizou essa estratégia e obteve uma expansão global de seus negócios. A empresa possui websites internacionais no Reino Unido (<http://www.amazon.co.uk>), Canadá (<http://www.amazon.com.ca>), França (<http://www.amazon.fr>), Alemanha (<http://www.amazon.de>) e Japão (<http://www.amazon.com.jp>). Embora três mercados (Estados Unidos, Canadá e Reino Unido) compartilhem um idioma comum (Inglês), existem similaridades mais profundas em cada mercado externo: todos esses países têm alto índice de alfabetização, elevadas taxas de uso da internet e segmentos de mercado claramente definidos dispostos a comprar livros (e outros produtos) on-line; em cada país, os cartões de crédito são amplamente utilizados para compras; cada um possui mecanismos seguros e confiáveis de pagamento on-line; e cada país tem serviços de entrega eficientes. Para a Amazon.com, a similaridade do mercado não apenas reduz (sem eliminar) o risco de entrada em novos mercados como também ajuda a explicar a razão pela qual focaram esses países em primeiro plano. Em 2004, a Amazon entrou no mercado chinês, por meio da aquisição de uma livraria popular on-line, a joyo.com. Em 2007, a joyo.com com foi incorporada ao nome amazon.cn para aumentar o valor adicionado de sua marca global (<http://www.amazon.cn>).

A globalização ajuda a explicar o aumento da migração de indivíduos de um país para outro. Quando um grande número de pessoas deixa seu país de origem e vive junto em um bairro comum ou cidade no exterior, essas pessoas formam uma comunidade própria. Essas comunidades, muitas vezes, querem manter um relacionamento com sua terra natal. E-business em países com mercados emergentes utilizam a similaridade de mercado para focar nessas comunidades que vivem no exterior. Por exemplo, Tortas Peru (<http://

Figura 4.2 Abordagens de mercado entre economias emergentes e desenvolvidas.

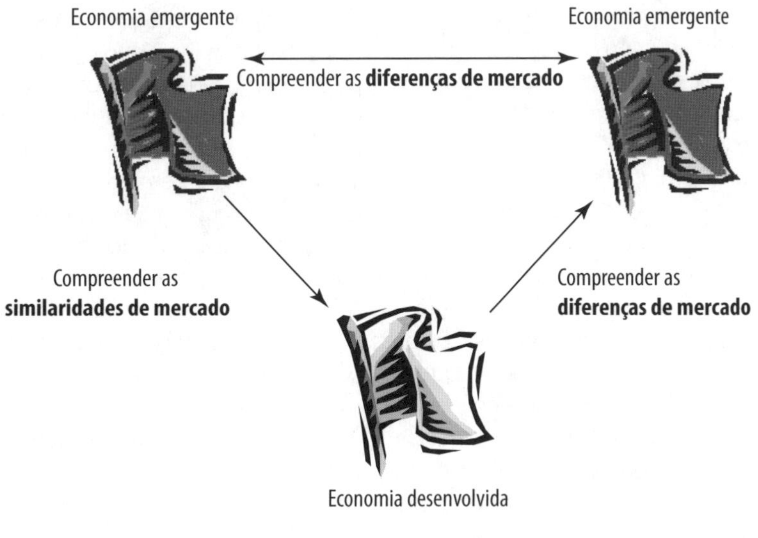

www.tortasperu.com.pe>) visa especificamente as comunidades peruanas que vivem no exterior e que gostariam de surpreender seus amigos e familiares que vivem no Peru com bolos peruanos caseiros e tradicionais. Todos os bolos são feitos no Peru para entrega a um mercado peruano. Donas de casa peruanas que precisam de uma segunda fonte de renda para ajudar no sustento de suas famílias realizam toda a produção.

Um website similar, <http://www.shop.muncha.com>, oferece uma vasta gama de produtos que os nepaleses que vivem no exterior podem enviar para pessoas que retornam ao país de origem. Esse website é apresentado on-line como um varejista tradicional, que é apropriado, pois Muncha House é uma famosa loja de departamentos no principal centro comercial de Kathmandu. O terremoto de janeiro de 2010, que destruiu a capital do Haiti, Porto Príncipe, também mostra as ligações entre as comunidades no exterior e a web. Como um esforço coletivo para reconstruir sua terra natal, a diáspora haitiana foi estimulada a enviar ajuda humanitária, incluindo dinheiro. A porta principal para essas doações foi o website de ação social de Wyclef Jean, yele (<http://www.yele.org>). Jean é haitiano e tocava na banda de rock The Fugees antes de começar sua carreira solo. *Yele* é uma palavra crioula correspondente a *ajuda*.

A similaridade do mercado pode ser observada no fenômeno chamado convergência de mercado, ou seja, 'o processo pelo qual os mercados se tornam cada vez mais semelhantes ao longo do tempo' (Pennings e Puranam, 2000, p.1). Em 2001, uma pesquisa constatou que 75 por cento dos consumidores checos afirmaram que era mais seguro comprar bens e serviços em uma loja física do que on-line. Sessenta e cinco por cento declararam que era mais fácil e mais divertido comprar bens e serviços em uma loja, e 61 por cento disseram que uma de suas principais preocupações sobre compras on-line era 'Você não sabe o que você obtém'. Por fim, 42 por cento disseram que não confiavam nas marcas on-line (Taylor Nelson Sofres, 2001). No entanto, em 2007, 97 por cento dos consumidores checos que utilizaram a internet disseram que já tinham conhecimento sobre compras on-line. Sessenta e dois por cento disseram que eles 'amaram' ou 'gostaram' da experiência de comprar on-line. Quando questionados sobre o que motivou suas compras on-line, os entrevistados disseram que as compras geraram uma economia de dinheiro (65 por cento) e tempo (24 por cento) (Gemius, 2009). Assim como os clientes em muitos países desenvolvidos, os clientes checos disseram que a internet era a sua maneira preferida de obter informações sobre produtos eletrônicos e eletrodomésticos, serviços de viagens, telefones e acessórios GSM, juntamente com o hardware e software de computador (Gemius, 2009). Com essa longa lista de produtos, não é surpreendente que a República Checa possua vários megavarejistas on-line, como <http://www.heureka.cz>, <http://www.obchodni-dum.cz> (especialista em eletrodomésticos, produtos eletrônicos e telefones celulares), <http://www.vltava.cz> (um website onde os usuários podem comprar música, livros, vídeos e software), <http://www.alza.cz> (website no qual é possível comprar produtos eletrônicos em inglês e alemão, assim como em checo) e, finalmente, <http://www.aukro.cz>, a versão checa do eBay. As convergências de mercado também são evidentes em websites que permitem aos consumidores checos a compra on-line de equipamentos esportivos, como 'pernas de pau' (<http://www.apo-vystoupeni.cz>), ou para sentir a adrenalina do bungee jumping (<http://www.bungee.cz>) e para experimentar uma sensação similar a ouvir música de bandas independentes de rock (<http://www.czechcore.cz>).

Uma área na qual os mercados eletrônicos de países emergentes diferem significativamente de e-markets de países desenvolvidos é a compra on-line. Voltaremos posteriormente a este tópico.

Questões relacionadas a pagamento e confiabilidade do comércio eletrônico

O comércio eletrônico nos mercados emergentes é muitas vezes dificultado pelo uso limitado de cartões de crédito e pela falta de confiança na segurança na realização de transações on-line. O Nepal, por exemplo, está no estágio inicial da adoção do cartão de crédito, é ainda predominantemente uma economia baseada em dinheiro. Os cartões de crédito são escassos e estão disponíveis apenas para os ricos e a elite. Isso fica evidente ao realizar uma compra no website Muncha (<http://www.shop.muncha.com>). Para os indivíduos que vivem fora do Nepal, todos os principais cartões de crédito são aceitos para pagamento. Entretanto, para os nepaleses locais, somente Visa, MasterCard e cartões de Banco do Himalaia estão disponíveis.

A situação é semelhante na Bolívia, uma das nações mais pobres da América do Sul. Menos de 200 mil cartões de crédito estão em circulação dentro de um país com uma população de 8,3 milhões de pessoas. Apenas 2,3 por cento de todos os bolivianos têm um cartão de crédito (ITU, 2000). Um exemplo extremo é a Etiópia. Nesse país de mais de 76 milhões de pessoas, o uso de cartão de crédito é praticamente inexistente; assim, dinheiro e cheque são os métodos de pagamento preferidos entre os indivíduos, e uma carta de crédito é o método preferido de pagamento para as empresas. Visitantes internacionais com cartões de crédito emitidos por bancos estrangeiros podem usá-los apenas em hotel cinco estrelas e algumas lojas selecionadas em Addis Abba, a capital. Em maio de 2007, havia apenas um caixa eletrônico ATM em todo o país, e ela estava no lobby do único hotel cinco estrelas do país. Obviamente, o uso limitado do cartão de crédito pode restringir severamente a capacidade de compra de um mercado-alvo.

Os profissionais de marketing também devem analisar o comportamento relevante do comprador dentro de um mercado. Além de saber quantos cartões de crédito estão em circulação, os profissionais de marketing digital que trabalham nas economias emergentes devem compreender as atitudes dos consumidores com relação à compra on-line. Na Lituânia, por exemplo, uma pesquisa realizada em janeiro de 2007 descobriu que 51 por cento dos atuais usuários da internet não tinham feito uma compra on-line porque consideravam o procedimento muito arriscado. Quando pesquisados, 40 por cento disseram que estavam com receio de enviar suas informações de cartão de crédito pela internet, enquanto 39 por cento estavam com receio de disponibilizar informações pessoais.

Os lituanos não são os únicos que têm receio de que as informações do cartão de crédito sejam roubadas na compra on-line. Quando questionados se eles eram extremamente preocupados com a segurança das informações do cartão de crédito ao fazer compras on-line, 89 por cento dos entrevistados no Chile disseram 'sim', 64 por cento dos entrevistados na Colômbia disseram 'sim', 51 por cento disseram 'sim' em Macau, e 53 por cento de todos os entrevistados mexicanos disseram que eles tiveram sérios problemas (World Internet Project, 2010). A Figura 4.3 resume o que clientes de outros países pensam sobre a segurança de suas informações de cartão de crédito. Consulte o quadro 'Informações técnicas' para obter mais detalhes sobre a segurança on-line.

Uma solução inovadora para o dilema do cartão de crédito e dos pagamentos on-line é eBanka (<http://www.ebanka.com>) na República Checa. Fundado em 1998, eBanka é o mais antigo banco totalmente on-line na Europa Central e Oriental. O banco emite os cartões de crédito (Eurocard, Visa e MasterCard) e controla as transferências de conta de forma segura e eficiente do dinheiro on-line para compras on-line. O cliente simplesmente abre uma conta eBanka, deposita dinheiro, usa esse dinheiro para fazer compras on-line e deposita mais dinheiro quando o saldo da conta estiver baixo. É a versão checa do dinheiro digital. Em virtude do sucesso do eBanka, em julho de 2006, o Raiffeisen International (RI), um banco austríaco, comprou a eBanka por € 30 milhões.

4.3 A adoção da tecnologia influencia o marketing

Resolver questões relacionadas a pagamento com cartão de crédito e confiabilidade são apenas dois dos diversos desafios de marketing nas economias emergentes. Os profissionais de marketing digital também devem lidar com questões assustadoras relacionadas à tecnologia básica: acesso e uso limitados de computadores e telefones, custos elevados de conexão à internet, velocidades baixas de conexão à internet e imprevisibilidade no suprimento de energia elétrica.

Computadores e telefones

Naturalmente, os clientes devem ter um mecanismo para se conectar à internet. Nos países industrializados, as conexões são feitas, de forma predominante e histórica, com computadores de mesa e um provedor de serviço de internet (ISP). Para negócios e-business que operam em países desenvolvidos, a conexão com a internet geralmente não representa um problema. Os indivíduos podem usar computadores de mesa e portáteis em casa, no trabalho, na escola ou em bibliotecas e outras instituições comunitárias. Para os consumidores em economias emergentes, no entanto, o acesso ao computador é um grande problema. Os países variam no número de computadores pessoais. Por exemplo, em uma pesquisa global feita pela Fundação Pew Charitable, em 2007, 84 por cento dos kuwaitianos e 81 por cento dos suecos disseram que possuíam computadores. Isso foi comparado aos 76 por cento dos norte-americanos que disseram que possuíam um computador pessoal. Contrastes na posse de computadores podem ser encontrados na maioria das regiões do mundo. A Ásia, por exemplo, é

Figura 4.3 Preocupação do cliente com relação ao uso do cartão de crédito em países selecionados.

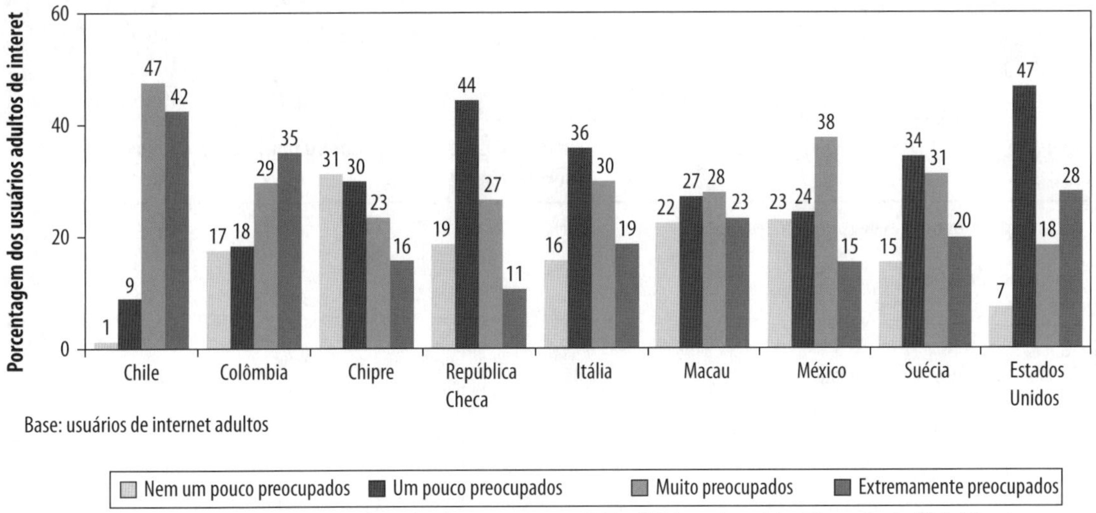

Fonte: World Internet Project: International Report 2010. Reproduzido com permissão de The USC Annenberg School Center for the Digital Future.

Informações técnicas

Segurança da transação

Você foi convidado a lançar um website no Brasil. Após uma pesquisa, constata que os brasileiros tendem a ser cautelosos com as transações com cartão de crédito na internet. Essa cautela é compreensível porque, até poucos anos atrás, os brasileiros conviviam com inúmeras transações feitas com cartões de crédito clonados. Como a sua empresa prefere realizar operações de crédito, você está preocupado. Você precisa educar os consumidores de que as operações de crédito em seu website são seguras. Mas como?

A preocupação com a segurança das transações é legítima? Os usuários estão com medo do desconhecido ou seus medos são resultado das notícias publicadas? Conforme mostrado na Figura 4.4, a resposta é sim. Ironicamente, as transações provavelmente são muito mais seguras na internet que no mundo físico. É fundamental entender as tecnologias de segurança que estarão por detrás da transação.

Roubo do número do cartão de crédito

Um número de cartão de crédito pode ser potencialmente roubado em três locais diferentes na internet. Ele pode ser roubado no computador de casa ou da empresa de um usuário, pode ser roubado no trajeto do computador do usuário para o website do comerciante; ou pode ser roubado ao chegar no website do comerciante. Qual é a probabilidade de cada um desses cenários?

1. **Roubado do computador do usuário:** improvável, a menos que os usuários armazenem números de cartão de crédito em seus computadores.
2. **Roubado no trajeto:** quase impossível. Na verdade, é pouco provável que isso ocorra, desde que os fornecedores utilizem uma conexão segura de internet (https). Os algoritmos de criptografia (descritos adiante) tornam esta possibilidade remota.
3. **Roubado no website do comerciante:** provavelmente, a preocupação mais legítima do usuário, considerando as seguintes possibilidades:
   - O website pode ser fraudulento.
   - O comerciante pode ser honesto, mas tem um funcionário desonesto.
   - O comerciante pode ser honesto, mas não consegue proteger seu banco de dados do ataque dos hackers.

Uma forma que os profissionais de marketing digital estão aplicando para providenciar a segurança na transação é pelo uso de algoritmos de criptografia.

Algoritmos de criptografia

Os algoritmos de criptografia não impedem a ação de comerciantes ou funcionários desonestos, mas são projetados para proteger as informações da transação em trânsito. Tente ler a seguinte frase criptografada:

JCRRA JQNKFCAU

Você pode ter presumido que a chave para decifrar essa mensagem seja 2. Todas as letras foram deslocadas dois caracteres para a direita no alfabeto.

A-B-C-D-E-F-G-H-I-J-K-L-M-N-O-P-Q-R-S-T-U-V-W-X-Y-Z

Para descriptografar, deslocamos duas letras para a esquerda.

J torna-se **H**
C torna-se **A**
R torna-se **P**
R torna-se **P**
A torna-se **Y**

Ao continuar a descriptografia, surge a mensagem 'HAPPY HOLIDAYS'. A criptografia na internet funciona de forma semelhante, exceto que a chave é um número grande, que

Figura 4.4 Questões de segurança (Lycos).

Questão	Extremamente preocupados ou muito preocupados (porcentagem)
Segurança das transações de cartão de crédito	86
Proteção da privacidade	75
Censura	72
Aversão a websites de comunidade	47
Apresentação de atos violentos	38
Pornografia	30

é quase impossível de adivinhar e, o esquema de criptografia é muito mais sofisticado que o deslocamento ao longo do alfabeto. Na verdade, o padrão industrial RSA de criptografia (nomeado pelos inventores Rivest, Shamir e Adleman) nunca foi quebrado fora de laboratórios de universidades, e somente com semanas de esforço por computadores de alta velocidade. Esse nível de sofisticação significa que as informações de um usuário estão bastante seguras no trânsito das informações.

Quando dois computadores na internet se comunicam em modo seguro, as mensagens são criptografadas em ambas as direções. O navegador do usuário criptografa o número do cartão de crédito e envia para o comerciante; o comerciante, por sua vez, codifica as informações confidenciais enviadas de volta para o usuário. Cada lado usa uma chave para decifrar a mensagem do outro.

Mas como é que o usuário obtém a chave do comerciante? Se o comerciante envia a chave não criptografada, ela pode ser roubada no trânsito da informação. Por mais surpreendente que isso possa parecer, não é um problema. Na verdade, os comerciantes de boa vontade expressam o que é conhecido como uma chave pública. No entanto, os algoritmos de criptografia são tão inteligentes que, embora a chave pública possa criptografar a mensagem, a mesma chave não pode decifrá-lo. Apenas uma chave privada complementar, que o comerciante não distribui, pode descriptografar a mensagem — um processo que envolve cálculos polinomiais complexos e números primos extremamente grandes.

A criptografia protege a transação enquanto ela estiver em trânsito entre o computador do usuário e do varejista. Às vezes, porém, o varejista não protege adequadamente os registros armazenados em seu computador. Há alguns anos, em uma violação de segurança, a lojas on-line da ESPN SportsZone e NBA.com foram 'arrombadas'. O hacker roubou os números de cartão de crédito e endereços de correio eletrônico de centenas de clientes. Como prova, ele enviou a cada pessoa uma mensagem de e-mail contendo o número de seu cartão.

Como é que esse tipo de roubo acontece? A maioria dos servidores web é segura se devidamente instalados e mantidos seguindo as melhores práticas. Entretanto, como estão com pressa, os profissionais de sistemas de informações por vezes ficam desatentos: senhas são definidas com nomes fáceis de serem adivinhados, senhas são livremente compartilhadas, ou algumas contas são ativadas sem senhas. Os hackers geralmente começam pela obtenção do acesso a uma conta com acesso limitado aos recursos do computador protegido. Usando essa conta, eles comprometem uma conta com um pouco mais de acesso. Eles continuam a atuar, indo de conta em conta até que tenham acesso suficiente para comprometer o sistema.

A exposição a hackers cria uma dor de cabeça incrível para o usuário final. Você pode querer usar a mesma senha em todos os websites que visita. Mas se apenas um dos websites não proteger sua senha, em seguida, um hacker pode obter o seu endereço de e-mail e senha.

Os comerciantes podem se proteger, tentando invadir seus próprios sistemas ou contratando profissionais para fazê-lo. Os profissionais são capazes de reconhecer falhas no sistema de segurança do computador do comerciante e propor soluções para torná-lo mais seguro. Programas de computador, como Nessus, Sara e Saint, estão disponíveis para que os comerciantes os utilizem para atacar seus próprios websites. E, claro, os sistemas de detecção de intrusão correspondentes, como Snort, Bro, Prelude e Ossec, podem notificar o comerciante de um ataque real, reconhecendo as assinaturas digitais desses programas de ataque. Esses sistemas de software possuem ciclos de vida curtos, embora encantadores: primeiro, surge um novo programa de ataque; a seguir, um programa de detecção é atualizado para combatê-lo, e depois um novo programa de ataque é projetado, e o ciclo continua com uma sofisticação crescente.

---

o país com a maior posse de computadores registrada (na Coreia do Sul, 93 por cento de seus cidadãos possuem um computador) e um país com uma das taxas mais baixas de propriedade (Bangladesh, com apenas 2 por cento da propriedade individual). Na América Latina, a Venezuela teve a maior taxa de propriedade de computador com 43 por cento, enquanto o México tinha 22 por cento. O Oriente Médio também apresentou contrastes: 77 por cento dos israelenses, enquanto, dos marroquinos apenas 11 por cento possuíam computadores. A África apresentou uma das taxas mais baixas de propriedade de computador: 27 por cento na África do Sul, 16 por cento na Nigéria, 6 por cento na Costa do Marfim, 5 por cento no Senegal e 2 por cento em Uganda.

Baixas taxas de posse de computadores criam oportunidades para empresas locais, empresários de pequenas empresas e profissionais de marketing digital. O fato de muitas pessoas no mundo não possuírem um computador não necessariamente limita o acesso e uso do conteúdo on-line.

Lan Houses — Pequenas lojas com três a dez computadores que oferecem conexões de internet para o público em geral em instalações simples — são o meio mais popular para acesso à web em muitos países. O Peru, onde as lan houses são chamadas de 'cabines públicas', possui uma das maiores taxas de uso de lan houses em todo o mundo. Um estudo de 2005 estimou que 6 mil cabines estavam disponíveis na capital, Lima, com outras 4 mil cabines espalhadas por todo o restante do Peru (citado em Curioso et al., 2007). O Instituto Peruano de Marketing constatou que 35 por cento dos usuários de cabines vão lá para verificar seu e-mail, 25 por cento para bate-papo on-line e 20 por cento para navegar na World Wide Web. Esse mesmo estudo constatou que 62 por cento de todos os usuários de cabines ficavam on-line por duas horas cada vez que se conectavam (Palacios, 2002).

Possuir ou ter acesso a um computador é apenas o primeiro obstáculo para o e-marketing em países com mercados emergentes. Indivíduos e empresas precisam estar conectados à internet de alguma forma. Historicamente, as conexões têm sido feitas por meio de linhas telefônicas, embora os padrões de conexão à internet estejam mudando rapidamente. Os telefones fixos são uma comodidade comum e prevalente em países desenvolvidos como Estados Unidos, Reino Unido, Alemanha e França. Em países com economias emergentes, entretanto, telefones fixos podem ser tanto escassos quanto caros. Dados da ITU, a União Internacional de Telecomunicações (<http://www.itu.int/ITU-D/ICTEYE/Indicators/Indicators.aspx#>) indicam que, em 2008, a Indonésia tinha 13,4 telefones fixos para cada cem indivíduos, que a Índia tinha 3,2 telefones fixos por cem pessoas, Bangladesh tinha 0,84 telefone fixo por cem pessoas, Tajiquistão 4,2, Nicarágua 5,5, Iraque 3,6, Cuba 9,6 e Madagascar 0,86. Tanto em Ruanda como em Chade, dois países devastados pela guerra na África, o número de telefones fixos diminuiu entre 2003 e 2008. Chad tinha dois por cento menos telefones fixos em 2008 do que em 2003, com pouco mais de um telefone de linha fixa para cada mil indivíduos. Ruanda experimentou uma diminuição de 10 por cento no número de telefones fixos durante o mesmo período.

Uma estatística surpreendente surgiu na Indonésia, o maior país muçulmano do mundo. Os muçulmanos rezam em mesquitas, cinco vezes por dia. Na Indonésia, 'Os indonésios estão mais perto de mesquitas do que de telefones públicos' (ITU, 2002, p. 13). Em outras palavras, 80 por cento de todos os indonésios estão a menos de 1 km de distância de uma mesquita; apenas pouco mais de 20 por cento estão perto de um único telefone. Quarenta por cento de todos os indonésios estão a mais de 5 km de um telefone (ITU, 2000). Em economias emergentes, o acesso das linhas fixas de telefone segue um padrão diferente dos países desenvolvidos. As empresas on-line não podem introduzir no mercado alguém que não tinha computador ou nenhum meio de conexão com a internet, o que leva ao tópico seguinte: custos de conexão à internet.

Custos de conexão à internet

Países com economias emergentes muitas vezes têm custos mais elevados relacionados à internet, pois o acesso à internet é essencial para todas as empresas e-business. No passado, uma conexão discada era a forma mais comum de os indivíduos se conectarem à internet em todo o mundo. As conexões discadas usam linhas telefônicas, assim como uma linha de assinante digital (DSL). Embora o aumento da concorrência e o aperfeiçoamento tecnológico tenham reduzido os custos do telefone fixo em todo o mundo, os custos de conexão discada ainda podem variar consideravelmente nas economias emergentes. A Figura 4.5 compara os custos de acesso total em vários países da América Central. O preço total para apenas vinte horas de serviço de internet era muito elevado em alguns países. Em Belize, por exemplo, o custo de vinte horas de serviço doméstico superava $ 75 por mês; na Guatemala e Nicarágua, o serviço custava mais de $ 50, e em Honduras, custa um pouco mais de $ 35 para vinte horas de serviço.

Essa situação ilustra uma das ironias inevitáveis das economias emergentes. Embora os custos com mão de

Figura 4.5 Custos de conexão à internet na América Central.

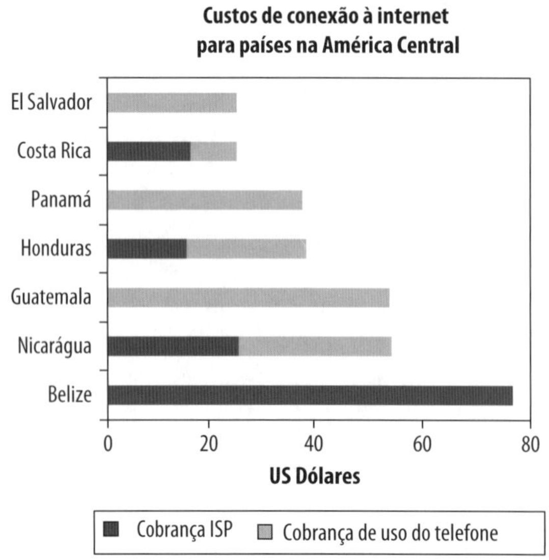

Fonte: adaptado de ITU (2006a): World Telecommunication/ICT Development Report, 2006.

obra possam ser extremamente baixos, os custos com tecnologia e outros custos corporativos podem ser bastante elevados. Por quê? As duas principais razões são os monopólios governamentais de telefonia e a concorrência limitada entre os ISPs, embora essa última esteja melhorando. Consumidores e profissionais de marketing digital serão beneficiados se a situação melhorar. Os consumidores terão formas mais baratas e melhores para acessar a internet, enquanto os profissionais de marketing digital terão acesso à expansão dos mercados interno e global.

O Egito é um exemplo interessante de como as estratégias inovadoras podem aumentar o acesso à internet em um país com uma economia em desenvolvimento. A abordagem do governo egípcio tem sido a de incentivar a concorrência do setor privado dentro de seus mercados nacionais de telecomunicações. De apenas dois ISPs, quando a internet foi introduzida no Egito, em 1993, havia mais de 220 ISPs concorrendo no mercado até o fim de 2008. O número de usuários de internet disparou, de cerca de 650 mil em 2000 para 12,6 milhões em dezembro de 2008. Dois programas governamentais ajudaram a intensificar esse aumento. O primeiro foi a decisão do governo em 2002 para acabar com sobretaxas para os ISP. Isso significou que os egípcios poderiam navegar com quantidade ilimitada de tempo pagando apenas o custo de uma chamada telefônica, ou cerca de 15 centavos por hora ('Egyptians Flock to New Net Plan', 2002). A segunda iniciativa foi um programa chamado 'Um PC em cada casa'. O objetivo desse programa era permitir que todas as famílias egípcias comprassem um computador pessoal. As famílias compravam seu computador por meio de um plano de parcelamento, usando sua conta de telefone (Esmat, s.d.). Até o fim de 2008, 55 por cento de todos os usuários no Egito tinham acesso à internet em casa. Empresas egípcias estavam cada vez mais realizando negócios pela internet. Dos 93 por cento das empresas privadas egípcias que utilizaram a internet para os negócios, 26 por cento disponibilizaram seus produtos on-line, 25 por cento se engajaram no serviço bancário on-line e 66 por cento forneceram informações on-line sobre seus produtos e serviços ('The Future of the Internet Economy in Egypt', 2009).

Velocidades de conexão: influência da banda larga

A banda larga também está mudando o cenário das telecomunicações globais, e o aumento global de banda larga pode ser conferido anualmente em: <http://www.news.bbc.co.uk/2/hi/technology/8255695.stm>. Point Topic, uma empresa de pesquisa sediada no Reino Unido, especializada em serviços de comunicação de banda larga, estima que até 2014 haverá mais de 740 milhões de linhas de banda larga em todo o mundo. Eles preveem que o maior crescimento percentual virá dos mercados emergentes. A Point Topic estima um crescimento anual de 14 por cento em linhas de banda larga nos países do BRIC e dos mercados emergentes do Sudeste Asiático, Europa Oriental e América do Sul ('Emerging Countries Lead Broadband', 2009). As figuras 4.6 e 4.7 ilustram os dez principais países em termos de crescimento trimestral e anual de assinantes de banda larga, respectivamente. A Figura 4.6 mostra que as Filipinas tiveram o maior crescimento percentual em 17,46 por cento em um único trimestre, no último trimestre de 2009. Isso representou 256.059 novos assinantes de banda larga, um aumento de 59 por cento em relação ao trimestre anterior. A Bolívia ficou em segundo lugar com 12,67 por cento de crescimento trimestral, com adições de banda larga de 11.500, um aumento de 57 por cento em relação ao trimestre anterior. O Vietnã adicionou a maioria dos novos assinantes durante o quarto trimestre de 2009, com 259 mil novos assinantes de banda larga. A Figura 4.7 ilustra uma história similar: os países com o maior aumento percentual de ano para ano em assinantes de banda larga foram todos nos mercados emergentes.

Entretanto, os custos para acesso à banda larga podem variar consideravelmente. A Coreia do Sul, um país que apresenta uma das taxas mais altas do mundo em penetração da banda larga, possui também uma das redes mais rápidas e baratas do mundo. Os sul-coreanos pagaram cerca de $ 0,34 por megabite de largura de banda, e sua conta de banda larga média mensal estava em torno de 28,50 dólares em 2009. Por outro lado, os Estados Unidos possuíam a 22ª velocidade de download mais rápida do mundo de banda larga. Uma conta de banda larga média nos Estados Unidos estava em torno de $ 45,50 por mês em 2009 (Sutter, 2010). Conexões em banda larga ainda são muito caras em muitos países do mundo — como o inacreditável preço acima de $2.400 por megabit de banda larga na Indonésia exemplifica ('Broadband Prices Per Megabit', 2007). Essa conclusão é inevitável: ainda é muito caro para consumidores e empresas em países emergentes acessar a internet.

Problemas com eletricidade

Países com economias emergentes representam outro desafio para os profissionais de marketing digital: a disponibilidade de energia elétrica. O Nepal é um bom exemplo. Um dos países mais pobres do mundo, com uma renda anual per capita inferior a $ 250, o Nepal é rico em muitos recursos naturais, inclusive a água. Por meio dos esforços da Organização das Nações Unidas e outras organizações de ajuda internacional, o Nepal construiu uma série de usinas hidrelétricas em todo o país. O país precisa dessas barragens, porque apenas 15 por cento de todas as casas possuem eletricidade. A maioria das pessoas do Nepal que vive nas principais cidades como Kathmandu, Pokhara e Nepalgunj tem eletricidade. Mesmo assim, as famílias e empresas nessas cidades importantes ficam, por vezes, sem energia elétrica durante os meses do verão, quando frequentes apagões ocorrem em todo o país. Em abril de 2010, os consumidores que vivem em Kathmandu experimentaram seis a 12 horas de apagão diariamente. A Nepal Electrical Authority (NEA) simplesmente não conseguia gerar eletricidade suficiente para o país todo. Uma

Figura 4.6 Os dez países com maior número de novos assinantes de banda larga no quarto trimestre, 2009.

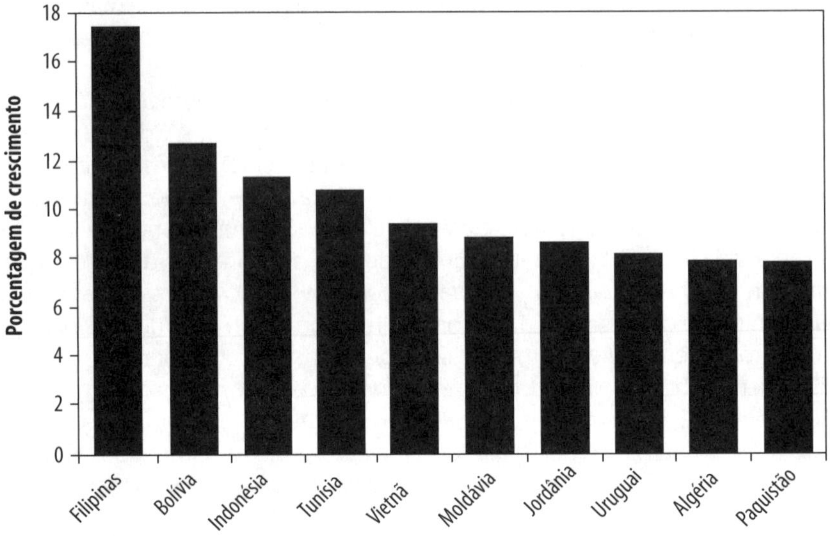

Fonte: World Broadband Statistics, Q4 2009. Reproduzido com permissão da PointTopic.

Figura 4.7 Dez países com a maior porcentagem de crescimento anual em assinantes de banda larga, Q4 2008 a Q4 2009.

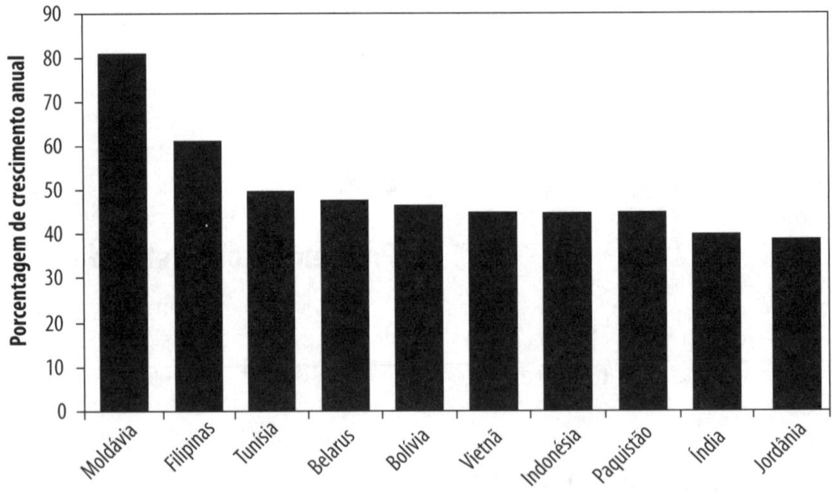

Fonte: World Broadband Statistcs, 04 2009. Reproduzido com permissão da Ponit Topic.

situação similar é comum no Brasil, no Vietnã, na África do Sul e em Zimbabwe. Em 2008, várias regiões da China experimentaram apagões. No entanto, com as melhorias em infraestrutura como preparação para as Olimpíadas de 2008, a China parece ter resolvido seu problema com eletricidade. Quando a falta de eletricidade força uma empresa e-business a ficar off-line, o negócio é efetivamente encerrado. Desenvolver planos de e-business em países com escassez de eletricidade pode ser desafiador, para dizer o mínimo.

4.4 Acesso à internet sem fio

Até pouco tempo atrás, os problemas tecnológicos observados anteriormente (ou seja, menos conexões de telefonia fixa, aumento das taxas de ISP e conexões discadas caras) limitaram a atividade de e-marketing em países com economias emergentes. Com o crescimento explosivo e a difusão de telefones celulares em todo o mundo, a face do e-marketing mundial mudou drasticamente. De fato, em uma inversão interessante das relações que acabamos de descrever, os países com economias emergentes, em vez das economias desenvolvidas, são *os* líderes do mercado global no uso de tecnologia celular. John Tysoe, cofundador da empresa de telefonia móvel britânica The Mobile World, fez esta declaração: '[A indústria de celulares] levou mais de vinte anos para conectar o primeiro bilhão de assinantes, mas apenas quarenta meses para conectar o segundo bilhão. O marco de três bilhões foi alcançado em julho de 2007' (Ridley, 2007). Tysoe foi no alvo. Estimou-se que no fim de 2010 haverá entre 4,25 e 5 bilhões de assinaturas de telefonia móvel em todo o mundo ('Number of Cell Phones Worldwide Hits 4.6B', 2010). Neste ponto, dois terços de todo o mundo serão conectados via telefones celulares. Também não é de estranhar que os maiores aumentos no uso do telefone celular ocorrerão nos países do BRIC. Estima-se que a China passe de 747,4 milhões de assinantes de telefonia móvel em 2009 para mais de 1,3 bilhão de usuários de telefone celular em 2014. A Índia vai experimentar um crescimento igualmente forte, com estimativa de 853 milhões de usuários de telefones celulares em 2014 (Elkin, 2010).

Em nenhum outro lugar essa mudança expressiva é mais evidente que na África, o continente mais carente e subdesenvolvido do mundo. O número de assinantes de telefonia móvel na África disparou de 11 milhões em 2000 para 246 milhões no final de 2008. Isso significava que, até o fim de 2008, 58 por cento de todos os africanos tinham telefones celulares. Quase todo mundo na pequena nação do Gabão tinha um telefone celular. (Havia 96 celulares para cada cem gaboneses.) Da mesma forma, a proporção de telefones celulares para cada cem habitantes na África do Sul foi 92:100, 89:100 em Botsuana, 66:100 na Gâmbia, 48:100 no Gana e 42:100 no Quênia. Surpreendentemente, na pequena nação da Ilha das Seychelles existem mais telefones celulares que habitantes, com uma relação de 101:100 (Maniewicz, 2009).

O Camboja é um país que não recebe muita atenção fora do Sudeste da Ásia. No entanto, em 1993, ele se tornou o primeiro país do mundo a ter mais assinantes de telefone celular do que assinantes de telefonia fixa. Por quê? O preço é parte da resposta. Mesmo em 1993, os telefones celulares e a tecnologia das redes móveis foram mais baratos que os telefones fixos. Entretanto, o histórico do país também fornece uma pista. A recente história política do Camboja inclui uma guerra civil longa e violenta (o filme *Os Gritos do Silêncio* aborda essa guerra). Durante o conflito, o Khmer Vermelho, um dos partidos políticos em conflito, plantou de 4 a 6 milhões de minas terrestres em todo o país (U. S. State Department, 1998). Cavar o chão para colocar um cabo de telefone é simplesmente arriscado demais no Camboja. Como resultado, os telefones celulares e as redes de telefonia móvel atenderam uma grande necessidade no Camboja. O mundo está em um ponto decisivo: cada vez mais, conforme indica a Figura 4.8, os clientes estarão mais conectados em seus ce-

Figura 4.8 Aumentos anuais dos assinantes de telefone celular em âmbito mundial, 1997–2007.

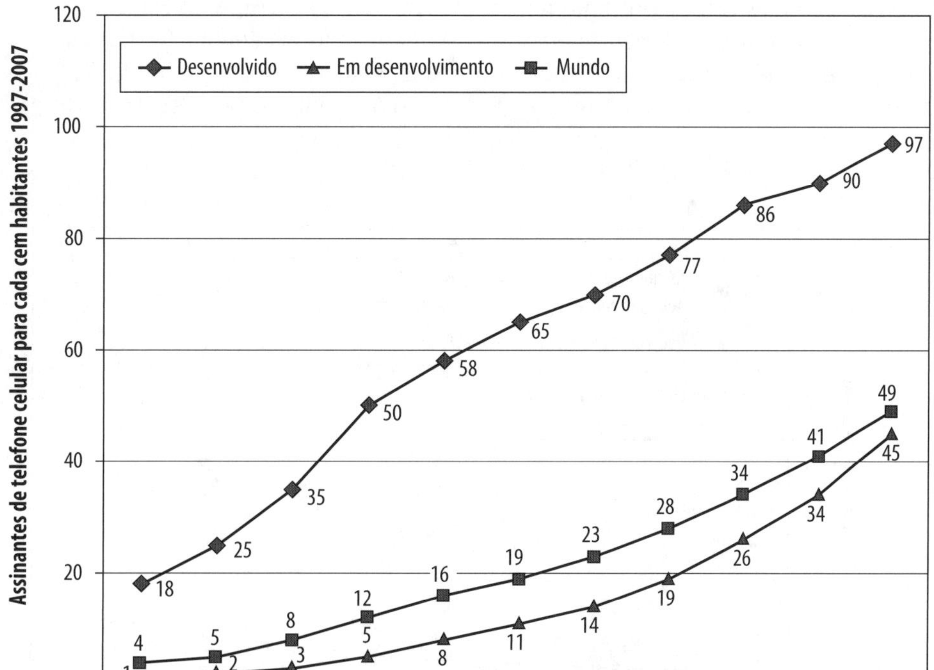

Fonte: ITU. Reproduzido com permissão da ITU.

lulares (ou outros dispositivos móveis recém-desenvolvidos) em vez das linhas de telefone fixo. O foco do e-marketing será o dos aparelhos móveis e sua diversidade. A Figura 4.9 apresenta este novo mundo do e-marketing.

Não basta ter um telefone celular para eliminar os desafios do e-marketing nas redes sem fio. Profissionais de marketing digital devem ainda determinar a forma de modificar o conteúdo existente no website para as telas menores dos telefones celulares; como resolver a entrada de texto potencialmente complicada usando minúsculos teclados; como desenvolver novos conteúdos que os consumidores vão querer; como precificar os serviços e como desenvolver formas de pagamento fáceis e seguras. Os profissionais de marketing digital também devem compreender que o comportamento do cliente com relação à internet móvel é diferente do comportamento do cliente com os computadores de mesa ou até mesmo os computadores portáteis.

A mensagem de texto é um bom exemplo. Em 2006, a China tornou-se o líder mundial em mensagens de texto (deslocando as Filipinas). Os usuários chineses de telefone celular enviaram 429 bilhões de mensagens naquele ano. Os melhores profissionais de marketing digital devem analisar não apenas a magnitude desses números, mas também o comportamento do cliente, que está implícito nesses números. A comparação entre o comportamento de telefone celular dos chineses do continente e dos chineses que vivem em Hong Kong SAR (Região Administrativa Especial) salienta esse fato. Os usuários de telefone celular em Hong Kong tendem a ser ricos, sofisticados e jovens. Seria fácil (e incorreto) pensar que eles estão constantemente trocando mensagens de texto. A média de mensagens enviadas por um usuário de telefone celular em Hong Kong é de apenas vinte mensagens SMS por mês. Por outro lado, o usuário chinês usual de telefone celular do continente envia mais de 85. A razão subjacente para essa diferença é que, em Hong Kong, muitos pacotes de telefone celular incluem cerca de 1.000 minutos de uso por mês, e embora seja mais barato enviar uma mensagem curta, é apenas de forma marginal. Os assinantes de telefonia móvel em Hong Kong preferem pegar o telefone e falar. No continente, um assinante de telefone móvel pode enviar até oito mensagens SMS pelo preço de um telefonema de um minuto de duração. Portanto, para os chineses do continente, o SMS substitui o e-mail e algumas chamadas de voz (ITU, 2006b).

4.5 A exclusão digital

Além dos desafios técnicos que devem superar, os profissionais de marketing digital devem considerar o ambiente social no qual seus modelos e-business operam. Nações com economias emergentes podem estar em diferentes estágios de desenvolvimento econômico, o que afeta o clima social. As Nações Unidas desenvolveram um sistema para classificar o desenvolvimento econômico dos países. **Países menos desenvolvidos (LDCs)** são os países com as economias mais pobres do mundo. Como o termo indica, LDCs são economicamente menos desenvolvidos. Eles também compartilham outra característica comum: a afligiva pobreza. Em vez de usar o produto nacional bruto ou o produto interno bruto como uma maneira de descrever a situação econômica, as Nações Unidas estabelecem um limite de ganho inferior a $ 2 por dia, como medida de pobreza. Os dados do Banco Mundial (2007) indicam que mais de 80 por cento da população de Bangladesh vivem abaixo

Figura 4.9 Crescimento nas telecomunicações.

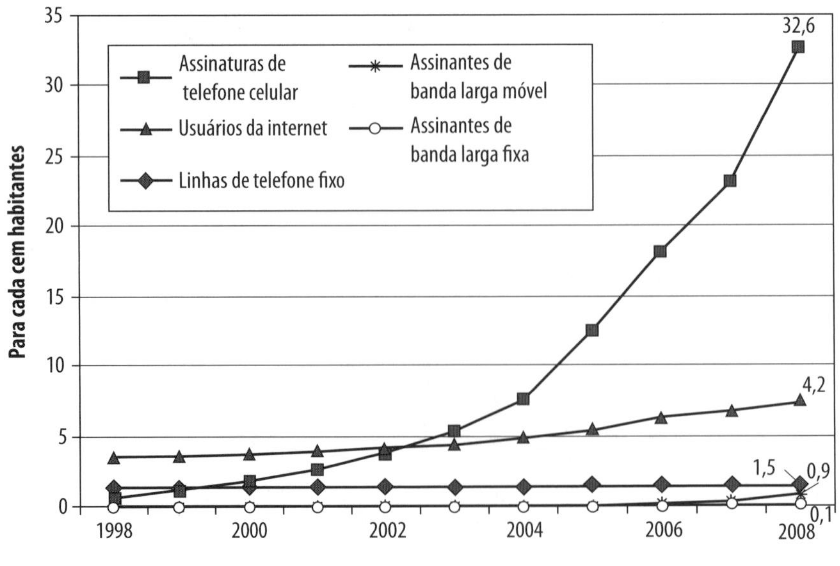

Fonte: ITU. Reproduzido com permissão da ITU.

da linha da pobreza de $ 2 por dia. Os dados indicam que 60 por cento dos cidadãos da Moldávia, 40 por cento em El Salvador, 80 por cento em Madagascar e 35 por cento no Equador ganham menos de $ 2 por dia. Nesses países, os mais pobres do mundo, a vida é literalmente uma guerra travada para a sobrevivência.

Case e Fair (2001) descrevem a realidade por trás dos números. Nos países menos desenvolvidos,

> *Parcos rendimentos fornecem apenas as necessidades básicas. A maioria das refeições é a mesma, que consiste no alimento básico da região — arroz, trigo ou milho. O abrigo é primitivo. Muitas pessoas compartilham um quarto pequeno, geralmente com chão de terra e sem instalações sanitárias. A maioria da população vive em áreas rurais onde o trabalho agrícola é difícil e extremamente demorado. A produtividade... é baixa porque os lotes familiares são pequenos e somente implementos agrícolas básicos estão disponíveis. Baixa produtividade significa que a produção agrícola é apenas suficiente para alimentar a própria família, com nada para vender para outras pessoas. Crianças em idade escolar podem receber alguma educação formal, mas o analfabetismo permanece crônico para jovens e velhos. A mortalidade infantil é dez vezes maior do que nos Estados Unidos. As infecções parasitárias são comuns e debilitantes, há apenas um médico para cada 5 mil pessoas (p. 434–435).*

A vida em um LDC é vivida em seu nível mais básico e mais inóspito: sobrevivência. Obviamente, nem todo indivíduo nesses países é pobre. Na verdade, os países menos desenvolvidos muitas vezes contêm segmentos da população com níveis de renda muito maiores, dividindo o país em ricos e pobres, uma divisão que cria uma economia dual. Em termos práticos, isso significa que a riqueza está concentrada na maior cidade de um país, geralmente a capital. As capitais têm, surpreendentemente, o mesmo contexto em qualquer parte do mundo. As capitais do país têm aeroportos, hotéis de classe mundial, bancos, lojas de departamentos, cinemas, novas fábricas e uma classe média e alta. Fora da capital, a vida é semelhante ao que Case e Fair descreveram na citação anterior. Duas economias completamente diferentes existem lado a lado em um LDC. Embora possam ser geograficamente próximas uma da outra, essas duas economias estão a séculos de distância em termos de evolução econômica e tecnológica.

Essa disparidade, especialmente no que diz respeito à capacidade da tecnologia para elevar o padrão de vida de uma pessoa e de um país inteiro, é chamada exclusão digital. A Bridges Organizations (<http://www.bridges.org>) interpreta a *exclusão digital* para denotar 'que entre países e entre diferentes grupos de pessoas dentro dos países, existe uma divisão ampla entre aqueles que têm um verdadeiro acesso às informações e à tecnologia de comunicações, e estão usando esse conteúdo de forma eficaz, e aqueles que não agem dessa forma'. A exclusão digital é ilustrada nesta estatística. Existem cinco vezes mais usuários de internet nos Estados Unidos e duas vezes mais usuários de internet no Japão do que em todo o continente da África. Como temos observado, a rápida difusão de telefones celulares por todo o mundo em desenvolvimento, juntamente com a criatividade das pequenas empresas, com preços acessíveis, projetos geradores de renda para os consumidores de baixa renda, sugere que a exclusão digital esteja diminuindo.

No entanto, a exclusão digital continua a se manifestar de muitas maneiras. Mesmo na China em rápido desenvolvimento, ainda há uma grande diferença entre usuários urbanos e rurais de internet. Nas áreas urbanas, a taxa de penetração é de cerca de 45 por cento, enquanto na China rural, a penetração da internet é de apenas 15 por cento. CNNIC, a agência governamental chinesa que elabora os relatórios de estatísticas de internet, afirmou que a diferença entre os usuários chineses rurais e urbanos de internet aumentou em 4 por cento entre 2008 e 2009 (de 20 por cento para 24 por cento). A CNNIC informou que essa diferença foi causada pelo alto custo de acesso à internet em relação à renda das famílias rurais, falta de conhecimento da própria internet e uma infraestrutura inadequada (CNNIC, 2010).

Embora tenhamos descrito o crescimento explosivo de telefones celulares em economias emergentes, um estudo recente descobriu que o gênero cria uma exclusão digital em relação à posse de telefone celular. 'A mulher tem 21 por cento a menos de probabilidade de possuir um telefone que um homem. A estimativa aumenta para 23 por cento se ela vive na África, 24 por cento se ela vive no Oriente Médio e 37 por cento se ela vive no Sul da Ásia' ('Women and Mobile: A Global Opportunity', 2009). Em números totais, há 300 milhões a mais de homens do que mulheres assinantes móveis. Isso se traduz em um mercado potencial de $ 13 bilhões.

A exclusão digital levanta questões desafiadoras para os formuladores de políticas globais, empresas internacionais e empreendedores locais. Quais são as responsabilidades, se for o caso, desses diferentes grupos pelo preenchimento da lacuna entre os que têm e os que não têm acesso à tecnologia? Uma empresa e-business em Calcutá, na Índia, é competitiva em relação a uma empresa e-business em Calumet City, Illinois? Numerosas iniciativas em todo o mundo estão atuando para trazer a tecnologia da internet e os recursos do comércio eletrônico para os países menos desenvolvidos. Um desses empreendimentos é a campanha 'Um Laptop por Criança', liderada por Nicholas Negroponte. O objetivo de Negroponte foi projetar um computador portátil que custaria cerca de $ 100 para crianças que vivem em países menos desenvolvidos. Algumas inovações no computador portátil de Negroponte consistiam em usar o Linux como sistema operacional, ter uma tela legível à luz do sol, para que as crianças possam usá-lo ao ar livre, e a utilização de uma manivela para gerar energia. O portátil não precisaria de eletricidade para funcionar. A Figura 4.10 mostra uma imagem do computador portátil verde brilhante cuja produção começou em novembro de 2007. Mais informações podem ser obtidas em <http://www.laptop.org>.

4.6 Criação de mercados eletrônicos

Peter Drucker, talvez o maior teórico de gestão do século XX, disse que o negócio tem apenas duas atividades principais: marketing e inovação. A visão estratégica de Drucker é perfeitamente ilustrada pela inovação que está ocorrendo nos mercados globais mais pobres — na base da pirâmide econômica do mundo. Essa frase, *base da pirâmide*, tem sido utilizada para descrever 4 bilhões de pessoas que vivem com menos de 2 dólares por dia. Como Case e Fair (2001) definiram anteriormente, esses indivíduos têm tido, até pouco tempo atrás, poucas oportunidades econômicas. Esses indivíduos podem ter de enfrentar insegurança alimentar (ou seja, eles podem não ter o suficiente para comer) e podem ser privados de cuidados adequados de saúde, educação e água potável.

As Nações Unidas, o Banco Mundial, o Fórum Econômico Mundial, o Banco de Desenvolvimento Asiático e o Banco Interamericano de Desenvolvimento, entre outros, estão trabalhando para reduzir a desigualdade de renda que existe nos países menos desenvolvidos e nos emergentes. Microfinanças e microcrédito, ambos claramente direcionados para ajudar indivíduos pobres a desenvolverem negócios economicamente sustentáveis, também fazem parte dessa revolução. O crescimento explosivo de telefones celulares em todo o mundo em desenvolvimento está permitindo que os profissionais de marketing digital alcancem os segmentos da base da pirâmide de forma interessante e criativa.

O serviço bancário móvel é um dos empreendimentos de e-marketing mais bem-sucedidos em países que são menos desenvolvidos economicamente. Indivíduos com baixo nível de renda ao redor do mundo não dispõem de segurança para seu dinheiro. Muitos mundos 'sem banco' (frase abreviada utilizada para descrever esse mercado) vivem em áreas rurais ou em favelas hermeticamente fechadas. A vida na favela pode ser muito violenta e, muitas vezes, envolvendo roubo material e financeiro. Os bancos geralmente não

Figura 4.10 O portátil de $100 ou XO.

Fonte: um laptop por criança (utilizado com permissão).

operam em tais ambientes. Indivíduos pobres que vivem em áreas rurais remotas enfrentam um problema diferente: simplesmente não há número suficiente de pessoas vivendo em uma aldeia para que seja rentável para um banco ter uma agência no local. O serviço bancário móvel é a solução inovadora orientada para mercado que resolve esses problemas.

Safaricom, a subsidiária africana da gigante em telefonia celular, a Vodafone, com sede no Reino Unido, é um bom exemplo de m-banking. Em 2007, a Safaricom desenvolveu um novo produto chamado M-PESA (<http://www.safaricom.co.ke/index.php?id=745>). *Pesa* é a palavra em suaíli para *dinheiro*. Um agente, geralmente um comerciante de um serviço de telefone celular autorizado pelo banco e pela Safaricom, registra os usuários e instala um aplicativo no telefone dos clientes. Esse aplicativo possibilita que outros usuários com o mesmo aplicativo transfiram dinheiro entre si. Uma vez instalado, os clientes podem pagar contas, transferir e guardar dinheiro — tudo pelo seu telefone celular. Isso significa que um trabalhador migrante, que vive em uma área rural remota, mas viajou para Nairobi para encontrar trabalho, pode facilmente enviar dinheiro para casa. É claro, as esposas podem ver isso como um dilema. De um lado, elas certamente apreciam o dinheiro; do outro, elas podem perder a visita de seu marido quando ele precisava entregar pessoalmente o dinheiro! Os motoristas de táxi também encontram benefícios em serviços bancários móveis, uma vez que agora têm menos dinheiro em caixa para os supostos bandidos.

O sucesso do M-PESA no Quênia tem sido impressionante. De 2007 até o início de 2010, M-PESA tinha aproximadamente 7 milhões de clientes m-banking — um resultado nada mal para um país com cerca de 38 milhões de habitantes e 13 milhões de usuários de telefone celular. O sucesso também gerou competição. A MTN, a maior operadora de telefonia celular da África, com sede na África do Sul, e Zain, no Kuwait, operadora de telefone celular pan-Africana, são também serviços bancários móveis com marketing agressivo em toda a África (Economist, 2009). Bancos e operadoras de telefonia celular lucram com as taxas de transação resultantes.

Os países menos desenvolvidos (LDCs) têm rendas anuais per capita baixas e uma das suas características dominantes é que muitos, ou a maioria dos habitantes do país, trabalham na agricultura, por vezes, a de subsistência. Esses agricultores são muitas vezes estereotipados como não tendo renda discricionária. Tal conceito é incorreto, e os profissionais de marketing digital estão se empenhando para quebrar esse mito por saberem que a criação de valor para mercados-alvo é essencial para o sucesso de mercado. Em países que são fortemente agrícolas, os aplicativos móveis para os agricultores estão tornando-os mais produtivos. Por exemplo, o Amigo do Fazendeiro em Uganda é um aplicativo web que possibilita aos agricultores rurais formularem perguntas ('Como posso me livrar da praga do tomate?' ou 'Meus olhos estão inchados. O que devo fazer?') para receber respostas às suas perguntas por SMS, e para descobrir diariamente quais os preços dos produtos, para que eles possam vendê-los a preços de mercado. Os profissionais de marketing digital desenvolveram aplicativos móveis similares para os agricultores na Índia: mKrishi ('krishi' significa 'agricultura' ou 'lavoura' em hindu). Os agricultores rurais indianos pagam 200 rúpias (cerca de $ 4,20) para uma assinatura de três meses. Os profissionais de marketing digital sabem que os clientes vão pagar por serviços que criam valor.

A Nokia, em seu Nokia Life Tools, está assumindo a liderança no desenvolvimento de uma série de aplicações móveis para os agricultores na Índia e na Indonésia, que combinam serviços agrícolas com educação e entretenimento (Figura 4.11). Na Índia, a Nokia Life Tool possui um preço a la carte: 30 rúpias por mês para obter informações agrícolas

Figura 4.11 Tela do Nokia Life Tools.

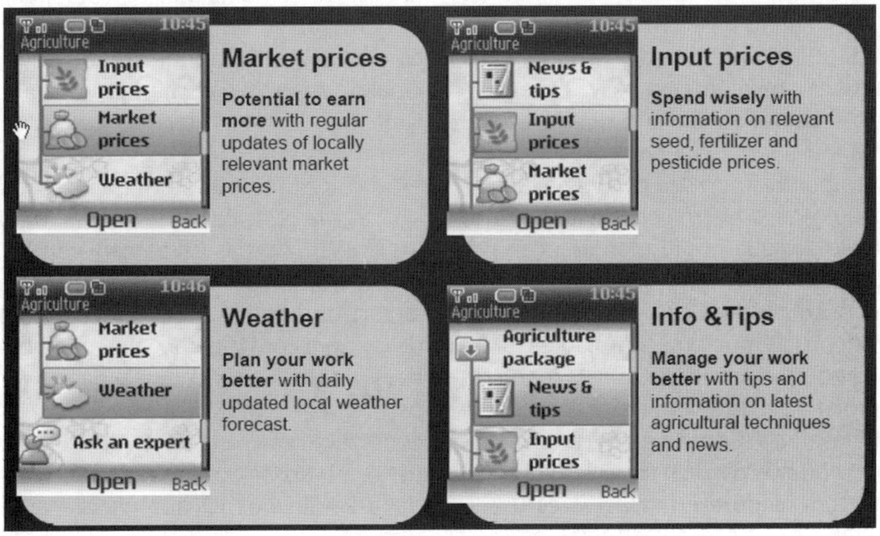

Fonte: Nokia (utilizado com permissão da Nokia).

básicas, 60 rúpias por mês para um serviço agrícola Premium, que inclui boletins meteorológicos e dicas de produtividade; 30 rúpias por mês para um serviço que ajuda os assinantes, incluindo as crianças, a aprender inglês; e 30 rúpias por mês para um pacote de entretenimento que inclui informações de críquete e previsões astrológicas (Koh, 2009). A Nokia compreendeu a diversidade cultural e da língua que existe na Índia e introduziu Nokia Life Tools em dez línguas locais: Marathi, Gujarati, Punjabi, Bengali, Kannada, Tamil, Malayalam, Telugu, Oriya e Hindi. Em novembro de 2009 e maio de 2010, a Nokia introduziu o Life Tools na Indonésia e na China, respectivamente. Como uma astuta profissional de marketing digital, a Nokia sabia que precisava usar línguas locais — Bahasa na Indonésia e Chinês na China — em todos os seus aplicativos. Dinesh Subramaniam, um gerente sênior da Nokia, disse que a '[Nokia Life Tools] não é um serviço, como a música ou aplicativos de jogos, que podem ser concebidos e desenvolvidos totalmente em um mercado e lançado em muitos outros. A estrutura do serviço é constante, o que propicia à Nokia a capacidade de se lançar em vários mercados. No entanto, o valor real — e o que diferencia a Life Tools de todos os outros — é que ele é um serviço gerado a partir dos mercados emergentes e para os mercados emergentes'. É um serviço hiper-local que é construído com base na opinião direta dos consumidores nesses mercados' (Heatwole, 2010). Na Indonésia, o Nokia Life Tools fornece aos agricultores não apenas informações sobre a colheita, como também informações sobre culturas hortícolas, pesca e pecuária. A adaptação às necessidades locais é fundamental para o e-marketing global.

Profissionais de marketing digital junto aos consumidores rurais na Índia enfrentam outro desafio. Muitos desses consumidores vivem em partes do país onde o acesso a informações é mínimo (dark mídia). *Dark Mídia* refere-se às comunidades rurais indígenas que não têm acesso a rádio e TV. Uma combinação de fatores pode fazer de uma aldeia uma dark mídia. Uma aldeia, por exemplo, pode não ter eletricidade; ninguém morando na aldeia pode realmente possuir uma TV ou rádio, ou ninguém na aldeia pode pagar a taxa de assinatura mensal para uma conexão via satélite. Hindustan Unilever, a subsidiária indiana da Unilever, desenvolveu uma forma inovadora de atingir esses tipos de clientes indianos rurais por meio do seu programa iShakti. iShakti consiste em quiosques eletrônicos, estabelecidos em vilas rurais, por meio dos quais os residentes locais podem obter saúde gratuita, higiene, emprego, agricultura e orientação jurídica. O conteúdo é enviado por meio de streaming de voz e vídeo, pois muitos consumidores rurais, especialmente mulheres, são analfabetos. iShakti complementa o principal projeto da Unilever Shakti do Hindustão, no qual as mulheres rurais são treinadas como Shakti-Ammas para vender produtos da Unilever em sua aldeia. ('Amma' significa 'mãe' em hindu e é muitas vezes usado como um termo geral de respeito pelas mulheres mais velhas na Índia.) O iShakti posiciona a Hindustan Unilever como uma parceira socialmente responsável dentro da aldeia, enquanto, simultaneamente, copatrocina produtos da Unilever.

Os profissionais de marketing digital que focam os clientes de baixa renda em áreas urbanas podem utilizar ampla gama de estratégias eletrônicas, visto que a vida urbana incorpora todos os clientes dentro de um cenário de acesso total às informações. As Casas Bahia, a maior rede varejista no Brasil na venda de eletrônicos, eletrodomésticos e móveis, ilustra o uso criativo de estratégias de web com base na pirâmide de consumidores. Os consumidores típicos das Casas Bahia são vendedores ambulantes, empregadas domésticas, cozinheiras e trabalhadores da construção civil, indivíduos que ganham salário-mínimo e que muitas vezes trabalham em vários empregos. Eles tendem a viver em *favelas* densamente povoadas. Em 2008, as Casas Bahia, na verdade, abriram uma loja de varejo bem no coração de Paraisópolis, uma das maiores favelas de São Paulo.

A concessão de crédito aos clientes de renda muito baixa é o ponto fundamental do sucesso das Casas Bahia. Em contraste com os bancos e outras organizações de empréstimos que nunca concederiam crédito a clientes com baixos salários e trabalhadores sazonais, ou se o fizessem cobrariam taxas de juros excessivamente elevadas, as Casas Bahia desenvolveram um processo exclusivo de financiamento na loja. Os clientes se candidatam ao financiamento de compra em cada loja. A loja aprova o crédito com base no comprovante de endereço, não sendo penalizada pelas informações existentes nas instituições de proteção ao crédito. Setenta por cento de todas as compras das Casas Bahia são financiadas dessa forma e a loja tem uma taxa de inadimplência inferior a 10 por cento.

Em 2009, as Casas Bahia desenvolveram sua primeira presença on-line: <http://www.casasbahia.com.br>. As Casas Bahia foram inteligentes na sua estratégia de e-marketing. De um lado, para os 10 por cento dos clientes que podem pagar com cartão de crédito, o website funciona como um e-definidor de padrão on-line. Do outro, o principal objetivo do website é direcionar o tráfego para a loja. Uma vez dentro da loja, os funcionários das Casas Bahia têm a possibilidade de promover a venda aos clientes e, é claro, incluí-los no programa de crédito da marca — no qual as margens de lucro são mais elevadas.

O exemplo das Casas Bahia ilustra que consumidores de baixa renda nem sempre querem comprar produtos 'baratos'. Como todos os consumidores, eles tomam decisões de compra com base no valor percebido. Abordagens criativas para financiamento e ações de e-marketing ajudaram os clientes Casas Bahia a fazer as suas compras. Todos os consumidores querem ser tratados com dignidade e respeito. O website das Casas Bahia faz exatamente isso, e, em troca, a lealdade marcante do cliente tornou as Casas Bahia o maior varejista do Brasil em produtos eletrônicos, eletrodomésticos e móveis.

Resumo do capítulo

Dentro de um mercado de negócios B2C de 1,2 bilhão de clientes, alguns países têm maiores taxas de penetração de acesso à internet, uso e compras. Entre os muitos fatores que afetam a penetração da internet estão a renda, a infraestrutura, a posse de computador, a disponibilidade de telecomunicações e preços, as tradições sociais e culturais, as atitudes nos negócios e o acesso à web em redes sem fio. Os profissionais de marketing digital devem pesquisar criteriosamente as atuais condições de mercado de cada país e os fatores ambientais antes de selecionar os alvos específicos para a sua entrada nesses mercados.

O uso da internet está crescendo tão rapidamente fora dos Estados Unidos que os usuários de outros países cada vez mais a dominam. Esse crescimento está criando oportunidades e desafios para que os profissionais de marketing digital atinjam ou operem em países que são menos desenvolvidos do que as nações mais industrializadas. Economias emergentes são aquelas que apresentam baixos níveis de PIB per capita e que estão enfrentando um rápido crescimento. Não só a tecnologia pode aumentar, em geral, a capacidade e a eficiência global da produção, como também a tecnologia da informação pode ajudar os países com economias emergentes a abrir mercados globais promissores.

No curso de análise de oportunidades do país e do mercado, os profissionais de marketing digital nas economias emergentes que focam mercados nos países desenvolvidos devem compreender as similaridades de mercados. Os profissionais de marketing digital nas economias emergentes que atuam dentro de seus próprios países ou aqueles em economias desenvolvidas que querem focar grupos em uma economia emergente devem compreender as diferenças de mercado. Em geral, os profissionais de marketing digital que focam economias emergentes têm de lidar com uma variedade de desafios, incluindo o uso limitado de cartão de crédito, a falta de métodos seguros de pagamento on-line, as atitudes dos clientes com relação à compra e ao pagamento, o acesso limitado aos computadores e telefone, as velocidades lentas de conexão que afetam as taxas de download das webpages e as falhas inesperadas de energia. Os profissionais de marketing digital corporativos reagiram a esses desafios com soluções inovadoras.

Muitos países, incluindo aqueles com economias emergentes, têm mais assinantes de telefonia móvel do que assinantes de telefonia fixa. Como resultado, os profissionais de marketing digital devem considerar como modificar o conteúdo do website para pequenas telas de telefone celular; como lidar com entrada de texto usando teclados minúsculos; como desenvolver o conteúdo adequado para os usuários da web em redes sem fio; como precificar os serviços e como desenvolver métodos apropriados de pagamento. Os profissionais de marketing digital também devem entender como os consumidores se comportam com a internet móvel.

Nações com economias emergentes podem estar em diferentes estágios que afetam o clima social. Países menos desenvolvidos têm as economias mais pobres e, em muitos casos, uma economia dual, porque a população tem cidadãos de rendas mais elevada e mais baixa. As capitais nos países menos desenvolvidos podem ter classe média e alta, enquanto as áreas fora dessas cidades são econômica e tecnologicamente subdesenvolvidas. Essa disparidade, especialmente no que diz respeito à capacidade da tecnologia para elevar o padrão de vida de uma pessoa e de um país inteiro, é chamada exclusão digital. Muitas organizações e profissionais de marketing digital estão trabalhando para diminuir a exclusão digital, trazendo recursos de tecnologia e capacidades de comércio eletrônico para os países menos desenvolvidos.

Clientes que vivem na base da pirâmide econômica do mundo estão tornando-se alvo crescente dos profissionais de marketing digital. Percepções dos consumidores de baixa renda como não sendo capazes de usar a tecnologia, não querendo produtos e serviços de qualidade e não sendo capazes de suportar tais produtos são imprecisas. Os consumidores de baixa renda oferecem oportunidade de mercado significativa para os profissionais de marketing digital quando os produtos e serviços atendem às necessidades importantes do cliente. O uso extensivo de celulares pela base da pirâmide de clientes está oferecendo uma nova plataforma de e-marketing para chegar a este novo mercado.

Exercícios

Questões para revisão

4.1 O que é uma economia emergente?

4.2 Como os países com economias emergentes fazem uso da tecnologia da informação?

4.3 Qual é o conceito de similaridade de mercado e como ele é aplicado em empresas que focam mercados externos?

4.4 Por que o pagamento por cartão de crédito é um dilema nas economias emergentes?

4.5 Como a posse do computador e do telefone afeta o e-marketing nas economias emergentes?

4.6 Por que os designers de websites consideram as velocidades de conexão nas economias emergentes?

4.7 Quais são alguns dos problemas relacionados à eletricidade enfrentados pelos profissionais de marketing digital nas economias emergentes?

4.8 O acesso à internet por meio de redes sem fio tem influência sobre o e-marketing em todo o mundo?

4.9 O que é a exclusão digital e o que isso significa para os profissionais de marketing digital?

Questões para discussão

4.10 Você concorda com a observação de que o uso da internet em escala global convergirá tornando estilos, gostos e produtos parecidos e criando um mercado mais homogêneo global? Justifique sua resposta.

4.11 Sabendo que muitos clientes em economias emergentes têm receio de comprar on-line, o que você faria para incentivá-los a mudar suas atitudes e comportamento?

4.12 Quais são as vantagens e desvantagens dos profissionais de marketing digital criarem versões de seus websites para acomodar velocidades de conexão mais lentas nas economias emergentes?

4.13 Qual é a responsabilidade que você acredita que os profissionais de marketing digital devem assumir para ajudar a reduzir a exclusão digital? Em sua opinião, clientes e governos também devem assumir alguma responsabilidade? Explique suas respostas.

4.14 Quão séria é a ameaça on-line de empresas chinesas? As empresas chinesas estão mais propensas a ter sucesso em nível mundial em algumas categorias de produtos ou serviço do que outras? Explique sua resposta.

PARTE

1 2 **3** 4

Estratégia de e-marketing

CAPÍTULO

1 2 3 4 **5** 6 7 8 9 10 11 12 13 14

Pesquisa de e-marketing

Obter informações fora da internet é como tomar uma bebida em um hidrante.
Mitch Kapor, presidente da Open Source Applications Foundation

Há um longo caminho a percorrer dos dados até ao conhecimento.
Clifford Stoll, autor de The Cuckoo´s Egg

O objetivo principal deste capítulo é ajudá-lo a desenvolver uma compreensão das razões e de como os profissionais de marketing digital transformam a pesquisa de e-marketing em conhecimento de marketing. Você aprenderá as três categorias de fontes de dados da internet, a ética na pesquisa on-line, as maneiras de monitorar a mídia social, avaliar as principais técnicas de análise de banco de dados e explorar o uso de indicadores de desempenho na gestão do conhecimento.

Após a leitura deste capítulo, você estará apto a:

- Identificar as três principais fontes de dados que os profissionais de marketing digital utilizam para abordar problemas relacionados à pesquisa.
- Discutir como e por que os profissionais de marketing digital precisam verificar a qualidade da coleta de dados de pesquisa on-line.
- Explicar a razão pela qual a internet é usada como um método de contato para a pesquisa primária e descrever as principais abordagens baseadas na internet para pesquisa primária.
- Descrever as várias maneiras de monitorar a web para obter as informações desejadas.
- Contrastar a coleta de dados do cliente, coleta de dados do servidor e abordagens em espaço real para a coleta de dados.
- Ressaltar quatro importantes métodos de análise que os profissionais de marketing digital podem aplicar nas informações contidas em seus bancos de dados.

A história da Purina

A Nestlé Purina PetCare Company sabe com certeza que os websites da Purina e a publicidade on-line aumentam a compra off-line. Como? Por meio de um estudo criteriosamente conduzido que integrou os dados comportamentais on-line e off-line.

Com sede na Suíça, a Nestlé S.A. adquiriu a Ralston Purina Company em dezembro de 2001, obtendo uma linha completa de marcas para cuidados com cães e gatos, como Friskies, Alpo, Purina Dog Chow e Fancy Feast. A empresa gerencia mais de 30 websites com a marca, atendendo aos seguintes mercados: clientes, veterinários/escolas de veterinária, nutricionistas/cientistas de alimentos e criadores/outros entusiastas. A Nestlé começou sua investigação com as três questões de pesquisa descritas a seguir:

1. Nossos compradores estão utilizando os websites de nossas marcas?
2. Devemos investir além desses websites em publicidade on-line?
3. Em caso afirmativo, onde vamos colocar nossa publicidade?

A combinação do painel da comScore Media Metrix de 1,5 milhão de clientes da internet com o painel da Knowledge Networks, Inc., de 20 milhões de famílias, revelou que 50 mil clientes pertencem a ambos os painéis. Pesquisadores criaram três grupos experimentais de membros do painel de pesquisa, e dois deles receberam banners publicitários da Purina ONE, pois navegavam naturalmente pela internet: um grupo de controle (sem anúncios), um grupo de teste de baixa exposição (1 a 5 exposições) e um grupo de teste de alta exposição (6 a 20 exposições). Os banners publicitários foram enviados aleatoriamente aos usuários que os visualizavam nas webpages em qualquer lugar na internet. A seguir, a empresa pesquisou todos os membros do grupo para avaliar a percepção da marca da Purina, a intenção de compra e a consciência da publicidade. Por fim, os pesquisadores compararam os resultados da pesquisa com a compra off-line, avaliados no painel da Knowledge Networks.

Os profissionais de marketing da Nestlé estavam muito interessados nas descobertas do estudo. A princípio, o clique no banner apresentava um índice baixo (0,06 por cento em média). Segundo, quando os participantes do estudo foram questionados: 'Ao pensar em comida para cachorro, qual é a primeira marca que me vem à mente?', 31 por cento dos indivíduos do grupo relacionados à exposição da marca mencionaram Purina. Por outro lado, apenas 22 por cento dos indivíduos não relacionados à exposição mencionaram a marca; esse resultado mostrou claramente o efeito de publicidade. Além disso, mais de sete por cento dos indivíduos do grupo de alta exposição mencionaram a marca em relação aos participantes do grupo de baixa exposição. Em seguida, os pesquisadores analisaram os hábitos de visualização dos websites das pessoas que compraram produtos Purina, e identificaram que os websites de casa/saúde e vida foram os que receberam a maior parte das visitas desses clientes. Essas informações ajudaram a empresa a decidir onde colocar os banners publicitários. Entre os locais mais frequentados pelos compradores da marca Purina, petsmart.com e about.com revelaram uso intenso e foram considerados poderosos canais de compra de anúncios.

5.1 Estratégia orientada para dados

De acordo com a Esomar Research, o faturamento das empresas de pesquisa de marketing em âmbito mundial foi de 32 bilhões em 2008 — o valor gasto pelos profissionais de marketing tentando compreender o comportamento do mercado, com quase um terço desse valor gasto nos Estados Unidos. Isso significa uma grande quantidade de dados. A sobrecarga de informações é uma realidade para a maioria dos clientes e profissionais de marketing, e consiste em um problema especialmente difícil para os tomadores de decisão de marketing ao obterem os resultados da pesquisa, informações sobre vendas de produtos, dados secundários sobre concorrentes e muito mais. O problema é composto pela coleta automatizada de dados em websites, pontos de compra de lojas físicas e todos os outros pontos de contato do cliente. Por exemplo, se Susan está seguindo uma marca no Twitter, a empresa pode enviar-lhe uma mensagem: 'clique aqui e receba $ 10,00 de desconto em sua próxima compra'. Quando ela clica, é sugerido a ela digitar seu endereço de e-mail e outras informações antes de receber o cupom. Nesse ponto, a resposta do Twitter e os dados são encaminhados para um banco de dados. Se ela compra no website, essas informações também são registradas e, portanto, o banco de dados aumenta com seu endereço e outras informações. Se ela pergunta sobre o produto, então isso se torna parte do seu registro em um banco de dados. Esse ciclo continua à medida que a empresa reúne mais informações sobre Susan e seus comportamentos. Multiplique isso pelo número de todos os outros clientes, e haverá uma grande quantidade de dados prontos para ajudar os profissionais de marketing a alcançar seus objetivos de desenvolver ou manter um relacionamento e intensificar o valor do cliente.

O que fazer com todos os dados? Os profissionais de marketing da Purina desenvolveram uma classificação por meio dos dados do cliente, com o intuito de elaborar um mapa para a sua estratégia de publicidade na internet. À medida que você lê este capítulo, mantenha algo importante em mente: dados sem insight ou aplicação para desenvolver a estratégia de marketing são inúteis.

A Figura 5.1 fornece uma visão geral desse processo. Os dados são colhidos a partir de uma miríade de fontes, filtrados em um banco de dados e transformados em conhecimento de marketing que é, portanto, utilizado para criar uma estratégia de marketing. Este capítulo discute as fontes de dados da internet, descreve técnicas essenciais de análise de banco de dados e, o mais importante, examina os objetivos e as recompensas obtidas por todo esse trabalho. A maior parte dessas técnicas é bem fundamentada na prática de marketing, no entanto, a nova tecnologia traz novos aplicativos que são úteis e, às vezes, confusos para os pesquisadores de mercado. A Web Analytics e os indicadores de desempenho permeiam cada um desses processos — estes são descritos nos capítulos subsequentes, que se referem às discussões sobre táticas específicas de marketing.

As taxas de crescimento de dados são surpreendentes, atingindo mais de 30 por cento ao ano, as quais necessitam de uma quantidade crescente de espaço em hardware para armazenamento (por exemplo, data warehouses). Isso representa um problema para os gestores de tecnologia da informação e os profissionais de marketing digital devem determinar como compilar insights a partir desses bilhões de bytes. Em 2009, a capacidade dos sistemas de armazenamento em disco vendidos chegou a 3,3 petabytes, segundo a empresa de **inteligência de mercado** IDC (1 petabyte equivale a 1.000 terabytes ou um quadrilhão de bytes). O que isso significa? Um caractere, como a letra A, possui 10 bits de dados ou 1 byte, um kilobyte (1 KB) de dados representa quase 1.024 bytes, um megabyte (MB) representa quase 1 milhão de bytes, um gigabyte representa

Figura 5.1 De fontes de dados para estratégia de bancos de dados (modelo SDS).

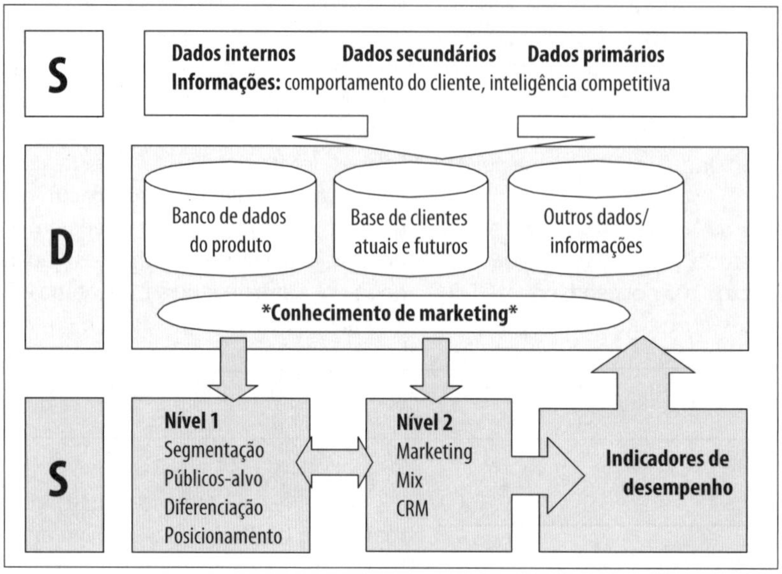

quase 1 bilhão de bytes; um terabyte representa mil bilhões de bytes (ou 1.000 gigabytes) e os petabytes são, portanto, uma imensidão de dados.

O caso da pesquisa da Purina é um bom exemplo de como uma empresa classifica centenas de milhões de segmentos de dados de aproximadamente 21,5 milhões de clientes, realiza a coleta de mais dados e toma decisões (Figura 5.2). As organizações devem passar por esse processo com todos os dados colhidos, ou seus dados serão simplesmente um volume esmagador de fatos e números.

O insight de marketing ocorre em algum lugar entre as informações e o conhecimento. Conhecimento é mais que um conjunto de informações, é algo que está no profissional de marketing, e não no computador. Ele pode ser comparado à diferença entre o ensino e a aprendizagem. Um professor pode transmitir informações em uma palestra ou de um livro, mas isso não é útil, a menos que o aluno pondere sobre elas, relacione-as com outros segmentos de informações e agregue insights que resultem em conhecimento útil e adquirido. São as pessoas, e não a internet ou os computadores, que criam conhecimento; os computadores são simplesmente capacitadores da aprendizagem.

5.2 Gestão do conhecimento de marketing

Gestão do conhecimento é o processo de gerenciamento da criação, uso e disseminação do conhecimento.

Figura 5.2 Dos dados ao processo de decisão na Nestlé Purina PetCare Company.

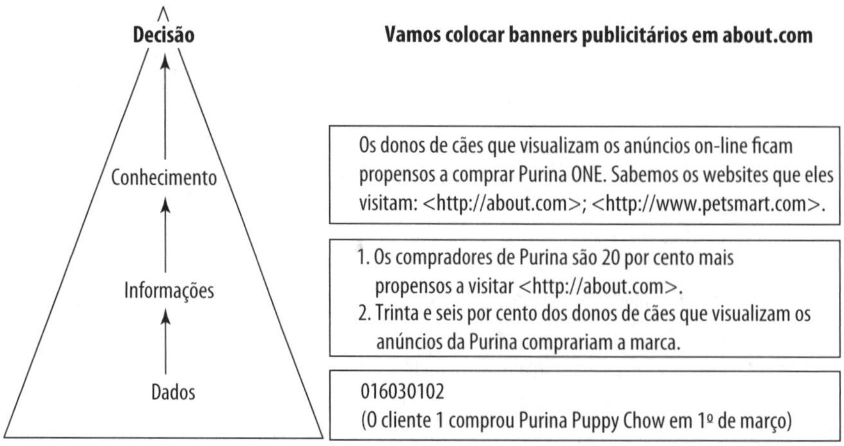

Portanto, os dados, as informações e os conhecimentos são compartilhados com os decisores de marketing, parceiros, membros do canal de distribuição e, por vezes, clientes. Quando outros interessados podem acessar o conhecimento selecionado, a empresa torna-se uma organização de aprendizagem, e está mais apta a alcançar o ROI desejado e outras metas orientadas para o desempenho.

Conhecimento de marketing é a 'mente coletiva' ou 'memória coletiva' digitalizada do pessoal de marketing e, por vezes, de consultores, parceiros e antigos funcionários. A tecnologia de gestão do conhecimento possibilita até mesmo que o pessoal de marketing converse em tempo real para a resolução de problemas, razão pela qual o sistema também inclui informações dos contatos. Por exemplo, um consultor da Context Integration, Inc., que atua em um problema relacionado a comércio eletrônico nos escritórios do cliente, pode inserir uma chamada de ajuda '911' na webpage e imediatamente conversar com outros especialistas internos para resolver o problema. Um banco de dados completo do conhecimento de marketing inclui todos os dados sobre atuais e futuros clientes e concorrentes, as análises e os resultados com base nos dados, e acesso aos especialistas em marketing, todos disponíveis 24 horas por dia, 7 dias por semana, por meio de uma série de aparelhos digitais de conectividade. Considere os seguintes exemplos:

- Uma empresa de tecnologia internacional usa Salesforce.com para gerir o funil de vendas. Quando alguém faz o download de um informe técnico a partir do website, registra-se on-line, ou envia uma pesquisa por e-mail, isso vai para o software da Salesforce.com para que todos os vendedores e gerentes possam visualizá-lo e pegar as informações do contato para um acompanhamento por e-mail ou por telefone. O principal executivo da empresa recebe uma mensagem de texto para cada novo negócio realizado.
- Uma empresa de seguros com duzentos agentes independentes possibilita o acesso para obter dados de mais de um milhão de clientes. Esse acesso permite que os agentes evitem clientes de alto risco, assim como possibilita comparar dados com seus próprios bancos de dados de clientes.
- i-Go, uma empresa de vendas por catálogo e varejista on-line, integra as chamadas recebidas do atendimento ao cliente com as compras da web, dúvidas por e-mail e pedidos postais e de fax, possibilitando que os representantes de atendimento ao cliente tenham informações atualizadas ao conversar com os clientes.

O sistema de informações do marketing eletrônico

Um **sistema de informações de marketing** (**MKM**) é o processo pelo qual os profissionais de marketing gerenciam o conhecimento. O MKM é um sistema de avaliação das necessidades de informações, coleta de informações, análise e disseminação das informações para os decisores de marketing. O processo inicia quando os gestores de marketing possuem um problema que requer dados para a sua resolução. A próxima etapa é reunir os dados de fontes internas e de fontes secundárias, ou por meio da realização de pesquisas de mercado. O processo está completo quando esses gestores recebem as informações necessárias em tempo hábil e em formato utilizável. Por exemplo, os publicitários da web necessitam de estatísticas de audiência antes de decidir onde comprar o espaço publicitário de exibição on-line (o problema). Eles querem saber quantas pessoas do seu mercado-alvo visualizam vários websites ou websites da mídia social para avaliar o valor dos anúncios na web *versus* TV e em outras mídias (necessidade de informações). Uma forma de obter essas informações é por meio de fontes secundárias, como comScore ou Nielsen//NetRatings. Tais empresas avaliam os websites e monitoram as estatísticas de tráfego, pesquisando os hábitos de uso da internet de grandes painéis de clientes. Anunciantes da web utilizam os dados para que as compras de mídia na web sejam eficazes e eficientes.

No passado, os profissionais de marketing que precisavam de respostas solicitavam à equipe de tecnologia da informação ou de sistemas de informações a implantação de softwares. Entretanto, hoje o e-marketing tem direcionado as mudanças tecnológicas; ele mudou o cenário MKM sob vários aspectos. Primeiro, muitas empresas armazenam dados de marketing eletrônico em bancos de dados e datawarehouses. Esses datawarehouses possibilitam aos profissionais de marketing obter informações valiosas, adequadas e específicas a qualquer hora do dia ou da noite. Em segundo lugar, os profissionais de marketing podem receber informações do banco de dados nas webpages e um e-mail sobre uma série de aplicações além do computador de mesa: pagers, máquinas de fax, smartphones e, inclusive, telefones celulares básicos. Em terceiro lugar, os clientes também têm acesso a segmentos do banco de dados. Por exemplo, quando os clientes visitam a Amazon.com, eles podem consultar o banco de dados do produto para títulos de livros e também receber informações sobre o status da conta e sobre as compras anteriores de livros. Clientes corporativos, membros do canal e parceiros normalmente têm acesso aos dados de vendas do cliente para facilitar o planejamento do produto. As dúvidas do cliente geralmente são automatizadas, com webpages personalizadas criadas instantaneamente do banco de dados do cliente. Por fim, a maioria das empresas reconhece que os dados e as informações são inúteis, a menos que sejam transformados em conhecimento para aumentar os lucros. Portanto, as empresas de ponta disponibilizam os relatórios dos projetos, propostas e análises de dados para outros interessados na rede MKM. Em suma, todos os dados, o resultado decorrente do uso destes e as informações de contato dos interessados que são obtidas por meio do MKM compõem o conhecimento de marketing de uma empresa.

A internet e outras tecnologias facilitam muito a coleta de dados de marketing. Registros internos propiciam aos planejadores de marketing excelentes insights sobre vendas e movimento de estoque. Os dados secundários ajudam os profissionais de marketing a compreender os concorrentes, os clientes, o ambiente econômico, os fatores políticos e legais, as forças tecnológicas e outros fatores no macroambiente que afetam uma organização. Os planejadores de marketing utilizam a internet, o telefone, scanners de código de barras do produto e outras tecnologias para coletar dados primários sobre clientes. Por meio das pesquisas on-line, por e-mail e pela web, experiências on-line, grupos de discussão e observação de discussões de usuários na internet, os profissionais de marketing aprendem sobre clientes atuais e futuros.

A Figura 5.3 exibe os métodos de coleta de dados primários mais comumente utilizados, de acordo com uma pesquisa do MarketResearchCareers.com. A pesquisa sindicalizada envolve dados coletados regularmente usando um processo sistemático, como a Nielsen Company Television and NetRatings. As empresas compram a pesquisa sindicalizada como parte de seu empreendimento de coleta de dados secundários. Dados de scanners são coletados no ponto de venda, como o registro de caixa em uma mercearia com a leitura do código de barras de um produto — você vai saber mais sobre isso na seção 'Abordagens em espaço real' posteriormente neste capítulo. Todas as abordagens nesta apresentação aplicam os métodos on-line, exceto a pesquisa com grupos focais (focus group).

Fonte 1: registros internos

Registros internos, como os dados de vendas (Figura 5.3), constituem uma importante fonte de conhecimento de marketing. As equipes da contabilidade, finanças e produção coletam e analisam dados que geram informações valiosas para o planejamento de marketing. O departamento de marketing coleta e mantém um volume significativo de informações relevantes sobre as características e atividades do cliente. Por exemplo, o pessoal da logística utiliza a internet para monitorar a expedição do produto por meio de canais de distribuição — informações que podem ajudar os profissionais de marketing a aperfeiçoar os ciclos dos pedidos e os pagamentos.

Dados de venda. Os dados de venda provêm de sistemas de contabilidade e do log do website da empresa. Quando um cliente compra on-line, a transação é registrada em um banco de dados para acesso. Os gestores de marketing revisam e analisam esses dados para determinar as taxas de conversão (proporção de visitantes que compram on-line) e para verificar se os anúncios on-line e outras comunicações estão impulsionando as vendas.

Os sistemas de informações de vendas, muitas vezes utilizando o software de automação da força de vendas (como Salesforce.com), possibilitam que os representantes insiram os resultados das vendas dos potenciais e atuais clientes no MKM. Muitos representantes de vendas utilizam seus computadores portáteis para acessar o banco de dados de produtos e clientes, para inserção e revisão dos registros do cliente e análise dos registros dos clientes no decorrer do processo. Por exemplo, uma empresa de produtos para escritório possui vendedores de diferentes divisões que atendem o mesmo cliente de grande porte. Quando o cliente apresenta uma queixa, o representante de vendas deve inseri-lo no banco de dados, e outros representantes analisam o registro do cliente antes de fazer uma visita a ele. Essa empresa tem uma regra: se quatro representantes registrarem a mesma reclamação, um aviso é emitido, e eles devem visitar imediatamente o cliente como uma equipe e resolver o problema. Os representantes de vendas também são os responsáveis pela inserção de informações sobre os concorrentes e o setor obtidas no campo. Nas empresas de ponta, os profissionais de marketing disponibilizam propostas, relatórios e documentação sobre vários temas no sistema de gestão de conhecimento.

Figura 5.3 Métodos de coleta de dados mais comumente usados.

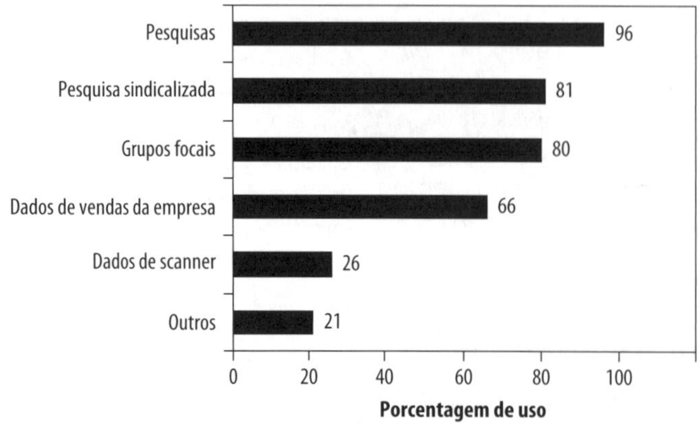

Fonte: dados do MarketResearchCareers.com.

Características e comportamento do cliente. Possivelmente, os dados de marketing internos mais importantes envolvem a atividade do cliente individual. A Figura 5.4 fornece um cenário hipotético para uma empresa de informática que coleta dados de seus clientes on-line e por telefone e usa as informações para melhorar seus produtos. No mínimo, as entradas no banco de dados incluem uma lista eletrônica de potenciais clientes e os existentes, junto dos respectivos endereços, números de telefone e comportamento de compra. As empresas têm utilizado essa técnica há muitos anos; no entanto, as novas tecnologias de armazenamento e recuperação e a disponibilidade de grandes quantidades de informação eletrônica recentemente intensificaram seu crescimento. Por exemplo, os visitantes da Expedia são solicitados a se cadastrar para utilizar seus serviços. Essa empresa tem imenso banco de dados que inclui endereços de e-mail, características do cliente e visualização da web e comportamento de compra. Cada arquivo do cliente em um banco de dados pode também incluir um registro das chamadas feitas para os representantes de atendimento ao cliente, registros de atendimento ao produto, problemas ou dúvidas específicas relacionadas a vários produtos, e outros dados, como cupom e outros reembolsos de oferta promocional. Um registro completo do cliente incluirá dados de cada ponto de contato com o cliente (contato com a empresa), incluindo pedidos pela internet e interação por e-mail, compras de produtos e reembolso de cupom na loja. Dados sobre comportamento na loja são obtidos pela leitura de códigos universais dos produtos (UPCs), ou códigos de barra, contidos nos produtos. As empresas utilizam os dados nos bancos de dados do cliente para melhorar a eficácia do representante de vendas, aperfeiçoar o mix de produtos, identificar os melhores preços para produtos específicos, avaliar a eficácia da promoção e os sinais de oportunidades de distribuição. Por exemplo, você já se perguntou por que o varejista local pede um código postal quando você faz uma compra? O varejista acrescenta essa informação ao banco de dados de marketing e utiliza-a para decidir se uma nova localização da loja seria rentável.

Muitas organizações com websites monitoram o movimento do usuário pelas páginas e utilizam esses dados para melhorar a eficácia do website. Ao saber quanto tempo os usuários dedicam em cada página, há quanto tempo eles estão no website e qual caminho eles adotam pelo website, os desenvolvedores do website podem reorganizar as páginas e o conteúdo com frequência e em tempo hábil. Além disso, as empresas podem identificar o website que os usuários visitam imediatamente antes e após visitarem o website da empresa. Essas informações fornecem insights competitivos, especialmente se o usuário estiver analisando produtos específicos. Esses dados são gerados automaticamente nos logs do website e podem ser parte de um banco de dados de marketing da empresa. A FedEx é especialmente hábil em reunir informações do cliente de forma automática utilizando redes eletrônicas. Pelo seu website, os clientes podem solicitar um mensageiro para a coleta do pacote, localizar pontos de entrega, rastrear expedições, obter taxas de remessa, preparar documentos de embarque e solicitar uma prova de assinatura de entrega em muitas línguas diferentes. Todas essas informações podem ser analisadas pelos profissionais de marketing da FedEx para fins de planejamento. A FedEx mantém uma extranet para expedidores frequentes, fornecendo-lhes listas de tarifas individualizadas e outros serviços especiais. Além disso, a empresa mantém um hub de intranet que serve mais de 20 mil visitantes por mês para a gestão de recursos humanos e a integração do local de trabalho e mercado — um sistema completo de entrada de dados internos para a gestão eficaz do conhecimento de marketing.

Figura 5.4 Profissionais de marketing digital aprendem com os clientes.

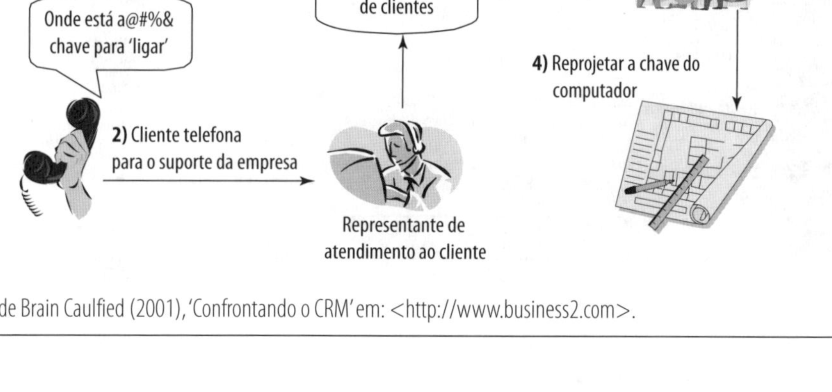

Fonte: adaptação de ideias de Brain Caulfied (2001), 'Confrontando o CRM' em: <http://www.business2.com>.

Fonte 2: dados secundários

Quando confrontado com a necessidade de informações específicas não disponíveis no banco de dados da empresa ou do parceiro, o profissional de marketing digital primeiro busca dados secundários, que podem ser colhidos de forma mais rápida e menos dispendiosa que os dados primários, especialmente na internet, onde informações atualizadas de mais de duzentos países estão disponíveis 24 horas por dia, 7 dias por semana, em casa ou no trabalho, enviadas em questão de segundos. A pesquisa sindicalizada está disponível na internet com uma assinatura de cartão de crédito e inserção de senha.

Por outro lado, os dados secundários podem não atender às necessidades de informações dos profissionais de marketing digital, porque em geral os dados eram reunidos para uma finalidade diferente daquela inicialmente proposta. Outro problema comum é a qualidade desses dados, já que os profissionais de marketing não têm controle sobre os procedimentos de coleta de dados; portanto, eles devem sempre avaliar sua qualidade. Por último, os dados secundários muitas vezes estão desatualizados. O Census Bureau dos EUA fornece inúmeras estatísticas da população; os períodos intensos de coleta de dados ocorrem somente a cada dez anos, e a maioria dos resultados aparecerá no website após um ou dois anos. Um profissional de marketing que utiliza dados de <http://www.census.gov> deve ler as letras miúdas para ver quando os dados foram coletados (Figura 5.5).

Os profissionais de marketing fazem continuamente uma varredura do macroambiente da empresa para identificar ameaças e oportunidades. Esse procedimento é comumente chamado **inteligência de negócios**. Qual é o tipo de informações que os gerentes de marketing precisam? Uma análise ambiental busca informações de mercado sobre o seguinte:

- Tendências demográficas.
- Concorrentes.
- Forças tecnológicas.
- Recursos naturais.
- Tendências sociais e culturais.
- Economias mundiais e locais.
- Ambiente jurídico e político.

Por exemplo, uma organização que queira compreender as características e o comportamento do grupo demográfico Geração Y pode visitar o website Census Bureau dos EUA, ler artigos pertinentes em revistas e jornais on-line e monitorar websites como MTV e <http://gurl.com>, que focam esse grupo. As seções seguintes apresentam exemplos de fontes públicas e privadas de dados sobre o macroambiente da empresa.

Dados gerados publicamente. A maioria das agências dos EUA fornece informações on-line em suas respectivas áreas. A página inicial do Instituto de Patentes dos EUA pode explicar como se candidatar a uma patente e pesquisar marcas pendentes. Muitas organizações globais, como o Fundo Monetário Internacional (<http://www.imf.org>), também são boas fontes de dados para verificações ambientais envolvendo outros países além dos Estados Unidos. Entretanto, de modo geral, as agências dos EUA colhem e divulgam um volume muito mais expressivo de dados que os governos em outros países. Por exemplo, o *CIA World Factbook* é uma excelente fonte de informações sobre a adoção da internet em cada país. Na categoria filantrópica, a maioria das universidades oferece informações abrangentes pelas suas bibliotecas, e muitas faculdades postam os resultados de suas pesquisas on-line. Por fim,

Figura 5.5 O maior banco de dados de todos: o Census Bureau dos EUA.

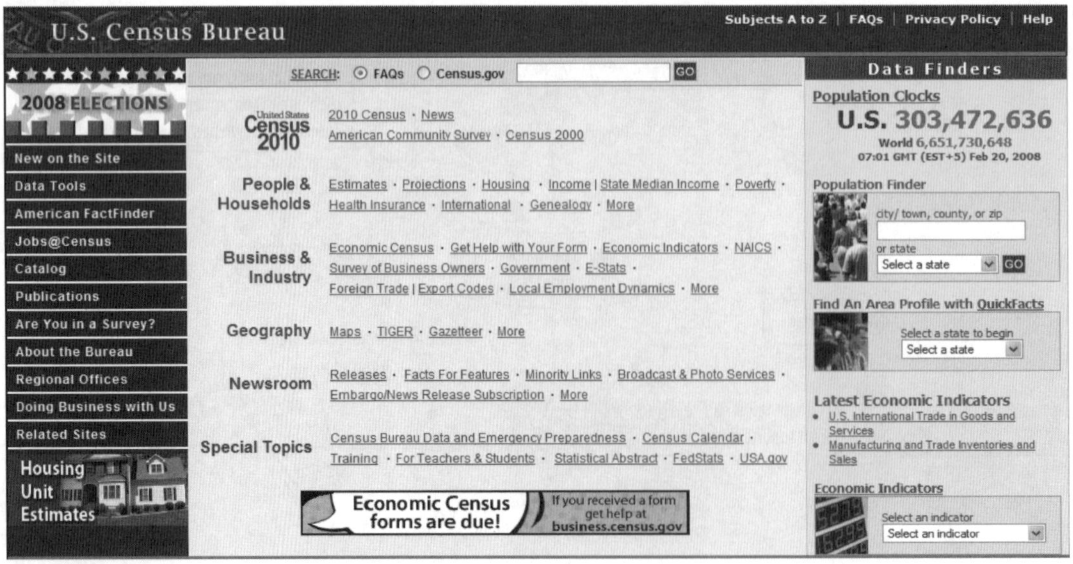

Fonte: <http://www.census.gov>.

informações específicas sobre indústria ou profissão estão disponíveis em websites de associações profissionais, como a American Marketing Association (<http://www.marketingpower.com>).

A Wikipedia, um banco de dados de mídia social com mais de 15 milhões de artigos, é editada por aproximadamente 91 mil colaboradores em 270 idiomas (veja <http://www.wikipedia.org>). Existem muitos outros wikis para fornecer informações especializadas, como Wikihow.com, com artigos e vídeos sobre como fazer qualquer coisa, desde a construção de uma bancada até a produção de um boneco de vodu. A maioria dessas informações públicas é gratuita e está disponível a todos os usuários de internet. Uma amostragem de locais públicos importantes é exibida na Figura 5.6.

Dados gerados privadamente. Os websites das empresas fornecem uma visão geral abrangente da missão da empresa, produtos, parceiros e eventos atuais. Indivíduos geralmente mantêm websites com informações úteis sobre empresas. Políticos e outras figuras públicas criam websites contendo comentários sobre questões políticas. Uma importante fonte de informações atuais e comentário provém de blogueiros importantes em diversas indústrias, como o blog do famoso autor de marketing Seth Godin (<http://sethgodin.typepad.com>).

Outro recurso eficiente são as grandes empresas de pesquisa, como a comScore e Forrester Research, que disponibilizam amostras estatísticas e comunicados de imprensa em seus websites como uma forma de motivar os usuários a comprar relatórios de pesquisa completa. Nielsen//NetRatings posta os websites mais importantes e anunciantes em um período de pesquisa. Várias empresas de pesquisa de grande porte atualmente oferecem também newletters por e-mail que são enviadas automaticamente para os computadores dos assinantes. Para obter informações sobre e-business, as newsletters gratuitas do Interactive Advertising Bureau (<http://www.iab.net>) e do eMarketer (<http://www.eMarketer.com>) são especialmente úteis. Essas informações, embora muitas vezes incompletas, geralmente são úteis em uma análise ambiental, e ajudam os profissionais de marketing a decidir sobre a compra do relatório completo.

Bancos de dados comerciais on-line contêm informações disponíveis publicamente, que podem ser acessadas na internet. Milhares de bancos de dados estão disponíveis on-line, cobrindo notícias on-line, dados sobre a indústria, enciclopédias, rotas aéreas e tarifas, diretórios de páginas

Figura 5.6 Amostragem de fontes de dados públicos on-line nos Estados Unidos.

Website	Informações
Stat-EUA <http://www.stat-usa.gov>	Departamento de Comércio dos EUA, fonte de dados do comércio internacional.
U.S. Patent-Office <http://www.uspto.gov>	Fornece dados de marcas e patentes para empresas.
Organização Mundial do Comércio <http://www.wto.org>	Dados do comércio mundial.
Fundo Monetário Internacional <http://www.imf.org>	Fornece informações sobre muitas questões e projetos sociais.
Mohanbir Sawhney e Dave Chaffey <http://www.mohansawhney.com> <http://www.davechaffey.com>	Acadêmicos que generosamente publicam muitos artigos de e-marketing em seus websites.
Securities and Exchange Commission <http://www.sec.gov>	O banco de dados Edgar fornece dados financeiros sobre corporações públicas dos EUA.
Small Business Administration <http://www.sba.gov>	Disponibiliza informações e links para pequenos empresários.
Universidade do Texas em Austin <http://advertising.utexas.edu/world>	Mundo do anúncio com muitos links do setor.
Federal Trade Commission <http://www.ftc.gov>	Mostra regulamentos e decisões relacionadas com a proteção do cliente e leis antitruste.
Census Bureau dos EUA <http://www.census.gov>	Fornece estatísticas e tendências sobre a população dos EUA.

amarelas, endereços de e-mail e muito mais. Os profissionais de marketing acessam cada vez mais os dados sindicalizados na internet de empresas muito respeitadas, como a avaliadora de televisão Nielsen Media, a pesquisa anual da Simmons de mais de 20 mil consumidores e as listagens da SRDS (Standard Rate and Data Service) de taxas e especificações de publicidade na mídia. Os estudantes acessam artigos de uma série de mídias respeitadas por meio de bancos de dados de bibliotecas universitárias em casa usando a internet.

Observe que muitos desses bancos de dados não estão disponíveis em webpages; no entanto, são simplesmente versões eletrônicas de artigos e outras informações normalmente encontradas na biblioteca. Alguns bancos de dados são gratuitos; porém, outros cobram uma taxa de acesso. Veja a Figura 5.7 para obter uma amostra de websites de dados privados.

Exemplo de inteligência competitiva. A Inteligência Competitiva (CI) envolve a análise dos setores nos quais uma empresa atua, sendo esses dados a entrada para o posicionamento estratégico da empresa e para compreender as vulnerabilidades dos seus concorrentes. É uma atividade legal conduzida por muitas empresas. Especialistas da Fuld & Co. sugerem o seguinte ciclo de inteligência (<http://www.fuld.com>):

1. Definir as necessidades.
2. Coletar e organizar as informações.
3. Analisar, aplicando as informações para a finalidade específica e recomendando a ação.
4. Relatar e informar os outros sobre as conclusões.
5. Avaliar o impacto do uso da inteligência e sugerir aperfeiçoamentos nos processos.

O website da Fuld & Co. inclui uma revisão completa de software para auxiliar nas atividades CI, assim como seminários sobre o tópico. Astutamente, eles observam: 'Ferramentas técnicas sem os processos corretos tornam-se inúteis, nunca utilizados (shelfware)!'

Algumas fontes de CI incluem comunicados de imprensa do concorrente, novos produtos, alianças e comarcas, a atividade de feiras e conversas em mídia social. Trata-se da CI simplificada na internet. As empresas podem observar as estratégias de marketing em websites dos concorrentes e, por vezes, pegar anúncios de novos produtos ou alterações de preço antes dos relatos da mídia sobre tais novidades.

Os profissionais de marketing devem verificar os websites ligados às páginas dos concorrentes. Para essa atividade, simplesmente digite companyname.com no Yahoo!, Google, ou outras ferramentas de pesquisa que oferecem esse protocolo. O resultado é uma lista de links que podem fornecer insights: por que esses websites estão ligados ao concorrente? Outra tecnologia habilitadora da CI envolve a análise do log do website de uma empresa para ver quais webpages os usuários visitaram imediatamente antes e após a visita ao website da empresa. Se, por exemplo, os gerentes de marketing da Honda perceberam que um usuário visitou a webpage da Toyota antes de verificar os modelos Honda, eles obteriam uma perspectiva sobre o comportamento de compra do cliente. Em uma seção posterior, discutiremos mais detalhadamente as técnicas de monitoramento on-line.

Figura 5.7 Amostragem de fontes de dados privados nos Estados Unidos.

Website	Informações
ACNielsen Corporation <http://www.acnielsen.com>	Audiência televisiva, dados de leitura de scanner dos supermercados e muito mais.
Gartner Group <http://www.gartnergroup.com>	Especializado em e-business, e geralmente apresenta destaques sobre as últimas descobertas em seu website.
Symphony IRI Group <http://www.symphonyiri.com>	Dados de leitura de scanner no supermercado e dados de compra de novos produtos.
Arbitron <http://www.arbitron.com>	Dados sobre mercado local e de audiência de rádio na internet.
The Commerce Business Daily <http://cbdnet.access.gpo.gov>	Listas de pedidos do governo para apresentação de propostas on-line.
Simmons Market Research Bureau <http://www.smrb.com>	Mídia e dados sobre gastos com publicidade.
Dun & Bradstreet <http://www.dnb.com>	Banco de dados de mais de 50 milhões de empresas em âmbito mundial.
LEXIS-NEXIS <http://www.lexis-nexis.com>	Artigos de empresas, clientes e publicações de marketing.
Hoovers on-line <http://www.hoovers.com>	Descrições de negócios, visões financeiras e notícias sobre grandes empresas no mundo inteiro.

Terceiros, específicos de um setor, também podem fornecer informações importantes sobre atividades competitivas. Uma companhia aérea monitorará os agentes de viagens on-line para avaliar os preços competitivos e as alterações de rota (por exemplo, Expedia e Travelocity) e websites de mídia social, como <http://Tripadvisor.com> (onde os viajantes postam avaliações sobre o hotel). Perfis de empresas para empresas públicas estão disponíveis no banco de dados on-line EDGAR da Comissão de Valores Mobiliários (CVM), assim como em muitos websites de empresas de investimentos (por exemplo, E*TRADE).

Outra fonte valiosa de CI provém da conversa do usuário na mídia social, conforme será discutido na seção relacionada à coleta de dados primários, posteriormente e nos capítulos 12 e 13 — o Facebook tem 400 milhões de usuários cadastrados e cada um tem algo a dizer sobre as marcas de que gostam e de que não gostam. As empresas podem encontrar, muitas vezes, na conversa com o cliente os pontos fortes e fracos do produto por meio de buscas de palavras-chave, embora um monitoramento muito mais sofisticado esteja atualmente disponível com painéis específicos para a mídia social.

Qualidade das informações. Dados secundários e primários estão sujeitos a muitas limitações; portanto, os profissionais de marketing devem utilizar todas as informações com cautela e com plena compreensão de como os dados foram coletados. É recomendável ser o mais objetivo possível na avaliação de dados antes de utilizá-los para tomar decisões em marketing — especialmente antes de utilizar as informações nas webpages. Por quê? Porque qualquer pessoa pode facilmente fazer uma publicação na web, sem ser avaliada por um editor ou ser classificada com relação à acurácia e adequação, e porque muitos métodos diferentes são utilizados para gerar dados de pesquisa. Cuidados especiais são necessários ao lidar com dados secundários de fontes internacionais devido às diferenças culturais e de coleta de dados.

Os profissionais de marketing digital não devem ser seduzidos por um bom projeto: os websites mais bem elaborados podem não ser os mais precisos ou confiáveis, e vice-versa. Por exemplo, a Comissão de Valores Mobiliários publica relatórios arquivados por empresas públicas em texto simples, gastando pouco dinheiro do contribuinte para torná-los interessantes. Dois bibliotecários da Universidade em Albany, Suny (<http://www.library.albany.edu/briggs/addiction.html>), criaram uma webpage falsa para mostrar quão fácil é ser enganado (Figura 5.8). Curiosamente, esse website ficou on-line por quase dez anos antes que os autores o retirassem, pois muitas pessoas 'interpretavam erroneamente' sua finalidade, pensando que era um website real. As seguintes etapas podem ser tomadas para avaliar a qualidade dos dados secundários coletados on-line (algumas dessas informações provêm do website Albany):

- **Descobrir o autor do website.** Um website publicado por um órgão governamental ou uma corporação famosa tem mais credibilidade do que um feito por autor desconhecido. Às vezes, o discernimento é extremamente complicado: por exemplo, o mesmo grupo musical geralmente tem uma série de websites — alguns oficiais e outros publicados por fãs individuais. Uma busca no Google para *Britney Spears* produziu mais de 50 milhões de resultados. Quais desses websites são autorizados pela cantora?
- **Tente determinar se o autor é uma autoridade sobre o tema do website.** Por exemplo, um economista da Universidade de Harvard ou Merrill Lynch pode ter informações mais confiáveis sobre taxas de juros do que um político. Além disso, o website da universidade pode ser mais objetivo que o de uma empresa financeira.

Figura 5.8 Uma webpage real?

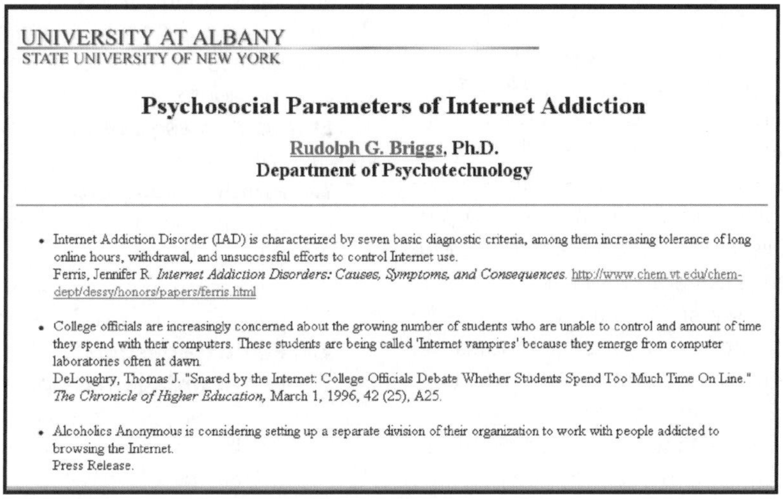
UNIVERSITY AT ALBANY
STATE UNIVERSITY OF NEW YORK

Psychosocial Parameters of Internet Addiction

Rudolph G. Briggs, Ph.D.
Department of Psychotechnology

- Internet Addiction Disorder (IAD) is characterized by seven basic diagnostic criteria, among them increasing tolerance of long online hours, withdrawal, and unsuccessful efforts to control Internet use.
  Ferris, Jennifer R. *Internet Addiction Disorders: Causes, Symptoms, and Consequences.* http://www.chem.vt.edu/chem-dept/dessy/honors/papers/ferris.html
- College officials are increasingly concerned about the growing number of students who are unable to control and amount of time they spend with their computers. These students are being called 'Internet vampires' because they emerge from computer laboratories often at dawn.
  DeLoughry, Thomas J. "Snared by the Internet: College Officials Debate Whether Students Spend Too Much Time On Line." *The Chronicle of Higher Education,* March 1, 1996, 42 (25), A25.
- Alcoholics Anonymous is considering setting up a separate division of their organization to work with people addicted to browsing the Internet.
  Press Release.

Fonte: Laura B. Cohen e Trudi E. Jacobson em: <http://www.library.albany.edu/briggs/addiction.html>.

- **Verifique quando o website foi atualizado pela última vez.** Muitos websites mudam todos os dias, embora alguns não sejam mantidos por anos. Obviamente, quanto mais atual a informação, mais útil ela será para a tomada de decisão. Verifique os hiperlinks. Embora muitos websites contenham links quebrados ocasionais, um website com muitos links inoperantes não foi atualizado recentemente.
- **Determine quão abrangente é o website.** Ele cobre apenas um aspecto de um tópico, ou considera o contexto mais abrangente?
- **Tente validar os dados da pesquisa localizando informações similares em outras fontes na internet ou em cópia impressa em bibliotecas.** Se as mesmas estatísticas não estão disponíveis em outros lugares, busque outras formas de validar os dados. Por exemplo, uma validação do número de pessoas que utilizam a internet pode verificar o número de pessoas que têm computadores (esse último deve ser maior). Em geral, esse procedimento também é uma boa ideia para comparar websites que cobrem o mesmo tema.
- **Verifique o conteúdo do website com relação à exatidão.** Se um website tem muitos erros ou se os números não se somam corretamente, é sinal de que os dados podem não ser confiáveis.

Não pare de olhar quando surge a primeira tela cheia de hiperlinks. Lembre-se de que esse website é apenas um dos muitos locais potenciais para pesquisa, e a lista de hiperlinks relacionados é fornecida como um serviço — portanto, esses locais não são necessariamente as melhores fontes para o tópico.

E com relação à Wikipedia — ela é precisa? Os alunos gostam de utilizar esse website em suas pesquisas, e muitos professores acreditam que ele não seja preciso, pois todo o conteúdo é criado e editado por cidadãos jornalistas — usuários da internet que contribuem com suas perspectivas postando conteúdo em blogs on-line, fóruns e websites, geralmente sem revisão editorial. A ***Nature***, revista internacional em ciência e medicina, conduziu um estudo que comparou artigos da Wikipedia e da *Encyclopedia Britannica* com relação à acurácia. A Nature recebeu 42 avaliações de colaboradores de um campo pré-selecionado de especialistas em ciência e descobriu que a Britannica tinha 2,92 erros por artigo e a Wikipedia, 3,86. No entanto, os artigos da Wikipedia foram em média 2,6 vezes mais longos que os artigos da Britannica, indicando uma relação menor de erro por palavra na Wikipedia (Terdiman, 2005). A Wikipedia é relativamente precisa em parte em virtude da existência de tantos cidadãos jornalistas que editam os artigos e se ajudam mutuamente para não cometer muitos erros. Entretanto, assim como ocorre com todas as webpages, é sempre melhor verificar as fontes originais da Wikipedia e validar as informações, buscando um trabalho similar de outros autores.

Fonte 3: dados primários

Quando os dados secundários não estão disponíveis para auxiliar no planejamento de marketing, os gestores de marketing podem decidir coletar as próprias informações. Dados primários são informações reunidas pela primeira vez para resolver um problema particular. A coleta de dados primários geralmente é mais cara e demorada que a coleta de dados secundários; por outro lado, os dados são atuais e mais relevantes para o problema específico do profissional de marketing. Além disso, os dados primários apresentam a vantagem de ser particulares e, portanto, indisponíveis aos concorrentes.

Esta seção descreve as abordagens tradicionais atribuídas à coleta de dados primários potencializados pela internet: experimentos, grupos focais, observação e pesquisa de opinião. **Entrevistas em profundidade (IDI)** são outra forma importante de coleta de dados primários, embora elas sejam mais eficientes off-line, pois as perguntas tendem a ser menos estruturadas e mais abertas. A seção seguinte discute várias outras técnicas de coleta de dados primários não tradicionais que são viáveis somente pelas tecnologias da internet. Todos os dados eletrônicos, colhidos na internet ou off-line, em qualquer ponto de contato do cliente (por exemplo, e-mail, telefone, website, compra na mercearia, website de mensagens instantâneas e quiosque de loja), são enviados a um banco de dados de marketing e tornam-se parte do conhecimento de marketing a ser utilizado para planejamento eficaz.

Cada método de coleta de dados primários pode fornecer informações importantes, desde que os profissionais de marketing digital compreendam as limitações — uma delas é que a pesquisa na internet pode coletar apenas informações de pessoas que utilizam a internet, contexto que deixa de fora quase 25 por cento da população dos EUA, e muito mais em outros países. Como revisão, apresentamos as etapas para a realização da pesquisa primária e, a seguir, discutimos cada abordagem, juntamente com seus usos específicos, pontos fortes e fracos.

Etapas da pesquisa primária. Um projeto de coleta de dados primários inclui cinco etapas (Figura 5.9).

1. **Problema da pesquisa.** Como ocorre com os dados secundários, a especificidade é vital. A Figura 5.11 mostra alguns problemas típicos de pesquisa de marketing na internet, que os dados eletrônicos podem ajudar a solucionar.
2. **Plano da pesquisa.**
    - **Abordagem da pesquisa.** Com base nas informações necessárias, os pesquisadores escolhem entre experimentos, grupos focais, técnicas de observação e pesquisa de opinião, ou técnicas não tradicionais de monitoração pela web, em tempo e espaço reais.

Figura 5.9 Etapas da pesquisa primária.

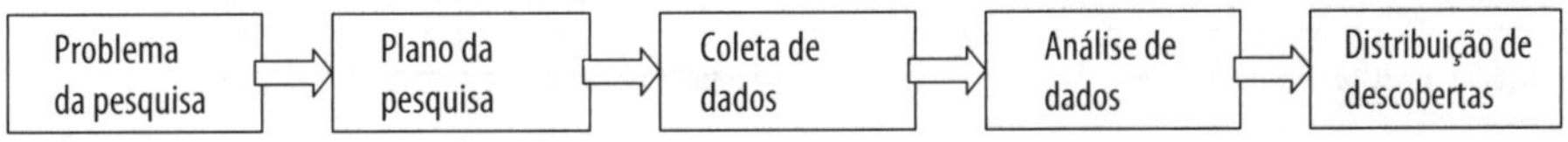

- **Amostragem.** Nessa fase, os pesquisadores selecionam a fonte da amostra e o número desejado de entrevistados.
- **Método de contato.** As formas de contato com a amostra incluem métodos tradicionais, como telefone, correio e pessoalmente, assim como a internet e outras abordagens viabilizadas pela tecnologia.
- **Desenho do instrumento.** Se uma pesquisa é planejada, os pesquisadores desenvolvem um questionário. Para outros métodos, os pesquisadores desenvolvem um protocolo para orientar a coleta de dados.

3. **Coleta de dados.** Os pesquisadores reúnem as informações de acordo com o plano.
4. **Análise de dados.** Os pesquisadores analisam os resultados em face do problema original. Essa etapa inclui o uso de pacotes de software estatístico para análise de dados da pesquisa tradicional ou mineração de dados e outras abordagens para identificar padrões e testar hipóteses em bancos de dados.
5. **Distribuição das descobertas/adição ao banco de dados.** Os dados da pesquisa podem ser colocados no banco de dados do conhecimento de marketing e ser apresentados na forma escrita ou oral para os gestores de marketing.

Abordagens de pesquisa baseadas na internet. A internet é um terreno fértil para a coleta de dados primários. Uma das razões é o declínio da cooperação por parte dos clientes ao utilizar abordagens tradicionais de pesquisa. Taxas de recusa de pesquisa por telefone estão entre 40 e 60 por cento, e uma estimativa de 40 por cento nem sequer respondeu às 2 mil postagens enviadas pelo Censo dos EUA. Segundo Ray Poynter, diretor-gerente da empresa de pesquisa The Future Place, 'a pesquisa representativa simplesmente não é mais viável em razão das altas taxas de não resposta, telefone celular no lugar de linhas fixas e outros problemas — isso resulta em menos de 1 por cento da população [preenchimento] em uma pesquisa'. Por outro lado, com um grande número de clientes on-line, faz sentido conduzir pesquisas utilizando esse método barato e rápido. De acordo com uma pesquisa realizada pela MarketResearchCareers.com, 97 por cento dos profissionais de marketing utilizam metodologias de pesquisas on-line (Figura 5.10). Aqui estão três exemplos de pesquisas on-line bem-sucedidas (consulte a Figura 5.11 para visualizar problemas típicos de pesquisa de marketing):

Figura 5.10 Proporção de dólares gastos em marketing em metodologias de pesquisa.

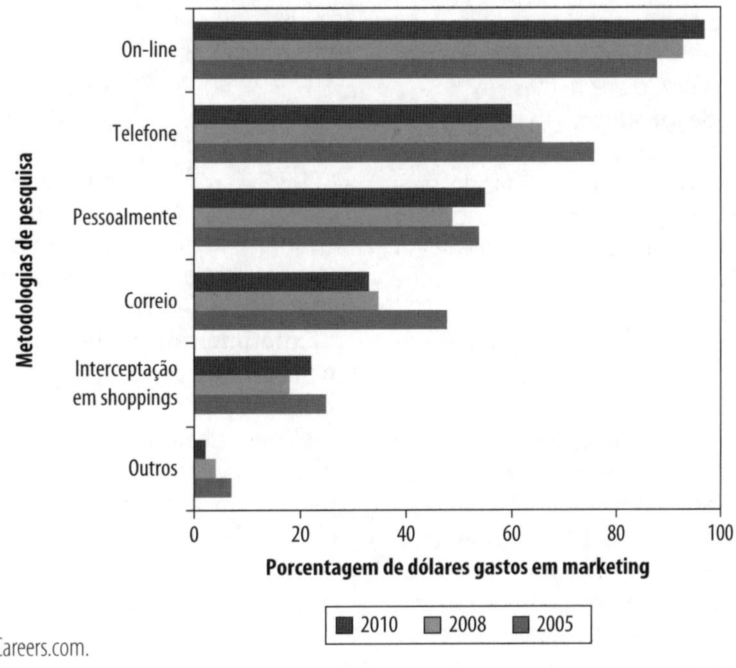

Fonte: dados de MarketResearchCareers.com.

Figura 5.11 Problemas típicos de pesquisa para profissionais de marketing digital.

Varejistas on-line	Websites e websites de mídia social
Aperfeiçoar o merchandising on-line	Páginas visualizadas com mais frequência
Prever a demanda do produto	Aumentar o engajamento do cliente
Testar novos produtos	Aumentar o número de comentários postados em um blog
Testar vários preços estabelecidos	Conduzir os usuários pelo website
Testar a eficácia da comarca e da parceria	Visitar o website e prover satisfação total?
Avaliar a eficácia do programa de afiliados	Sentimento quanto à conversa na mídia social
Clientes atuais e potenciais	**Comunicação do marketing**
Identificar novos segmentos de mercado	Teste do aplicativo na rede social
Avaliar a lealdade entre os usuários cadastrados	Testar novas promoções
Perfil dos clientes atuais	Número de downloads de informes técnicos
Testar técnicas de customização do website	Avaliar o número de cliques no anúncio

- **Teste criativo.** Leo Burnett, agência de publicidade, construiu um painel de cinquenta escolas de ensino fundamental com a finalidade de testar a publicidade direcionada para o mercado 'infantil'. Burnett colocou alguns cartazes de publicidade on-line e enviou e-mails orientando os alunos para as webpages que exibiam os cartazes. Após visualizarem os cartazes, os alunos concluíram uma pesquisa para selecionar o melhor deles. Nesse teste, mais de oitocentas crianças ajudaram a decidir a abordagem mais criativa para o cartaz.
- **Satisfação do cliente.** A British Airways postou um questionário em seu website para recolher opiniões sobre os serviços da empresa entre os membros do Executive Club. Mais de 9 mil pessoas responderam ao questionário no período de nove meses.
- **Desenvolvimento de produto.** A Universidade de Nevada, Reno, postou um questionário no website do programa de marketing, convidando profissionais e acadêmicos para dar opiniões sobre o que deve ser incluído nos programas de comércio eletrônico em nível universitário; 140 entrevistados ajudaram a formatar os novos cursos.
- **Gestão da reputação.** Uma empresa de grande porte cometeu um pequeno erro e logo em seguida encontrou comentários negativos em 90 por cento na primeira página e 80 por cento na segunda página de resultados de busca do Google relacionados à empresa. Esses comentários incluíram blogueiros comentando sobre o incidente, e visitantes do YouTube postando comentários negativos em vídeos da empresa. A coleta de dados da pesquisa primária assume um novo significado quando empresas, marcas e executivos pretendem monitorar a conversa na internet (os capítulos posteriores abordam mais sobre esse assunto).

Os profissionais de marketing combinam dados on-line e off-line de forma eficaz e eficiente, como no exemplo da Purina, e conforme o procedimento de alguns varejistas físicos que também possuem lojas virtuais. Essa tarefa envolve a fusão de dados de sistemas mais antigos, call centers, scanners de código de barras do varejista, estatísticas governamentais e muitos outros lugares que são difíceis de integrar. Em um exemplo, a comScore Media Metrix instalou medidores de PC nos computadores de milhares de membros do painel Shoppers Hotline da Information Resources, Inc. (IRI). Os dados da web incluem a exposição aos anúncios, websites visitados e frequência e padrões de compra. Esses dados são combinados com dados do painel off-line: produtos reais embalados comprados em lojas físicas, assim como o volume comprado, o momento das compras, a eficácia promocional e a lealdade da marca.

Além disso, os dados primários são coletados on-line utilizando experimentos, grupos focais, observações, entrevistas detalhadas e pesquisa de opinião, conforme discutido nas seções seguintes.

Experimentos on-line. Tentativas da pesquisa experimental para testar as relações de causa e efeito, como no exemplo da Purina. Um pesquisador selecionará assuntos, e os colocará aleatoriamente em dois ou mais grupos, e depois vai expor cada grupo a diferentes estímulos. A seguir, o pesquisador avalia as respostas aos estímulos, geralmente na forma de um questionário, para determinar se existem diferenças entre os grupos. Se o experimento foi criteriosamente controlado (ou seja, apenas os estímulos experimentais foram diversificados), as diferenças de grupo podem ser atribuídas ao estímulo (causa e efeito). Obviamente, esses efeitos devem ser testados em outras situações e com outros indivíduos para determinar seu grau de generalização.

Os profissionais de marketing normalmente testam webpages alternativas, exibem anúncios e ofertas promocionais on-line. Por exemplo, uma empresa pode enviar e-mails de notificação de duas ofertas de preços diferentes, cada qual para uma metade de seu banco de dados de cliente. Se um hiperlink para as duas webpages diferentes que são patrocinadoras do website da empresa for incluído no e-mail, ele será rapidamente perceptível, o que promove um 'poder maior de atração'.

Grupos focais on-line. Pesquisa com **grupo focais** é uma metodologia qualitativa que tenta coletar informações detalhadas de um pequeno número de participantes. Os grupos de discussão são frequentemente utilizados para ajudar os profissionais de marketing a compreender sentimentos e comportamentos importantes para a concepção de pesquisa de opinião. No passado, muitas agências de publicidade tentaram conduzir um grupo de pesquisa on-line, mas atualmente esse tipo de pesquisa qualitativa representa apenas 1 por cento de todos os gastos orientados à pesquisa on-line (Johnson, 2006).

Esse método de contato oferece algumas vantagens sobre os grupos focais tradicionais, nos quais todos os participantes estão em uma sala. Primeiro, a internet pode reunir pessoas que não vivem na mesma área geográfica, como um grupo focal com clientes de cinco países diferentes discutindo experiências de compras on-line. Segundo, como os participantes digitam suas respostas ao mesmo tempo, eles não são influenciados pelo que os outros dizem (conhecido como ***groupthink***). Por fim, usando a web, os pesquisadores podem mostrar aos participantes anúncios animados, fazer demonstrações de software ou usar outros estímulos multimídia para promover discussão em grupo.

Por outro lado, os grupos de discussão on-line podem acomodar apenas quatro a oito participantes de cada vez, enquanto os grupos tradicionais geralmente acolhem dez a doze participantes. A razão atribuída ao grupo de pequeno porte é a dificuldade na gestão da conversação simultânea e sobreposta da conversação on-line. Alguns pesquisadores evitam esse problema utilizando quadro de avisos on-line e mantendo os grupos de discussão em andamento durante semanas. Além disso, a comunicação não verbal é perdida on-line — em grupos off-line, as expressões faciais podem ser reveladoras de tal forma que os emoticons digitados não combinam. Outra desvantagem dos grupos on-line é o problema de autenticidade. Sem ver as pessoas pessoalmente, é difícil ter certeza de que elas são quem dizem ser. Por exemplo, é muito comum as crianças posarem como adultos on-line. Esse dilema pode ser resolvido pela verificação da **autenticidade do entrevistado**, e exigindo a digitação de senha para o grupo. Problemas técnicos também podem atrapalhar um grupo on-line. Por último, um estudo comparou grupos focais face a face, por telefone e on-line, e constatou que os indivíduos utilizaram palavras positivas e negativas mais fortes on-line que em outras modalidades — digitar é diferente de falar (Ponnaiya e Ponnaiya, 1999). Estas são as razões para o declínio das pesquisas com grupos focais on-line.

Em outro exemplo interessante, a empresa belga de pesquisa Synthetron conduz grupos focais on-line simultaneamente com até duzentos participantes em cada grupo (<http://www.synthetron.com>). Os participantes digitam suas opiniões em resposta às perguntas; em seguida, cada indivíduo vota nas melhores respostas, e o software de filtragem colaborativa envia esses pontos de vista de elevado consenso para outro grupo atuando ao mesmo tempo. A votação continua até que a maioria concorda com as opiniões expressas no início e no fim no relatório final. O conteúdo descrito a seguir refere-se ao processo com quatro etapas do usuário:

1. Insira sua ideia.
2. Leia e avalie as ideias dos outros (clique em 'nível de concordância').
3. Reaja, traga nuança, profundidade e nitidez às ideias que você gosta, acrescentando mais opinião.
4. Clique na guia de resumo para refletir sobre todas as melhores ideias geradas até o momento na sessão.

Observação on-line A pesquisa de observação monitora o comportamento das pessoas, observando-as em situações relevantes. Por exemplo, os varejistas reavaliam os compradores para observar o padrão escolhido por eles na loja e monitorar outros comportamentos de compra. Alguns pesquisadores acreditam que as ações falam mais que as palavras, tornando a observação do cliente mais forte do que as pesquisas que registram declarações das pessoas sobre o que elas acreditam e fazem. Naturalmente, como uma abordagem qualitativa, as observações de um pequeno número de pessoas não podem ser utilizadas para descrever como todas as pessoas podem agir.

Uma forma interessante e importante de pesquisa observacional, disponível apenas na internet, envolve o monitoramento da conversa do cliente nas redes sociais, quadros de avisos e outras mídias sociais, conforme mencionado anteriormente. Para se ter uma ideia do valor da observação do cliente, consulte a Figura 5.12 para ler parte de uma discussão sobre o iPad. Tal informação é extremamente importante para a Apple Computer e seus concorrentes. Outras formas de monitorar o bate-papo do cliente são proporcionar espaço no website da empresa ou se inscrever em listas de e-mail sobre assuntos relacionados ao produto.

Pesquisa de opinião on-line Os profissionais de marketing digital conduzem pesquisas por meio do envio de convites a indivíduos via e-mail com um link para um formulário de pesquisa na web. As organizações obtêm uma amostra de endereços de e-mail a partir de seu banco de dados, compram uma lista, ou simplesmente apresentam um convite para os visitantes ao website. A BizRate é um bom exemplo de uma empresa que construiu seu negócio usando pesquisa de opinião on-line. Ela apresenta questionários na web para uma amostra aleatória de compradores em websites de clientes com a finalidade de ajudar os websites a aperfeiçoar os empreendimentos orientados para o marketing. De acordo com MarketResearchCareers.com, a pesquisa on-line é agora a metodologia mais utilizada — responsável por 29 por cento dos orçamentos de pesquisa de mercado.

Pesquisas na web. Muitas empresas postam questionários em suas webpages. Os entrevistados digitam respostas em mecanismos de resposta automatizada na forma de botões de rádio (os usuários clicam para indicar a resposta), menus drop-down, ou áreas em branco para questões abertas. Uma pesquisa na web foi realizada para determinar quais tópicos devem ser ensinados em programas comércio eletrônico. A Figura 5.13 mostra os tipos de pergunta da pesquisa web. Às vezes, o objetivo desses questionários é obter opiniões dos visitantes de um website (por exemplo, registro no website); às vezes é uma pesquisa de opinião mais formal. Por exemplo, a New Balance pede aleatoriamente aos visitantes do website para classificar a importância e o desempenho de diversos recursos do website: atendimento ao cliente, facilidade de navegação, seleção de produtos e preços, segurança do website e compras. Por meio desse processo, foi possível comprovar que os clientes estão dispostos a pagar pelo frete, razão pela qual a empresa acrescentou esse elemento na estrutura de preços.

Os pesquisadores vão, muitas vezes, postar uma pesquisa na web e enviar e-mail, e utilizar outras formas de publicidade para direcionar os entrevistados para o website. As melhores taxas de resposta provêm de membros de listas de e-mail, como atuais e potenciais clientes, porque eles geralmente têm um interesse especial no tema. A publicidade na mídia social (ou utilizando widgets de pesquisa) ou por meio de anúncios de banner e links de outros websites também vai direcionar um pequeno volume de tráfego para uma pesquisa na web. Por exemplo, uma empresa colocou um anúncio no Yahoo! e recebeu 1 por cento de cliques, que totalizou 826 entrevistados. Em geral, as taxas de resposta às pesquisas on-line são tão boas ou melhores que as pesquisas que utilizam abordagens tradicionais, podendo chegar a até 40 por cento.

A pesquisa de opinião on-line apresenta muitas vantagens e desvantagens em relação aos métodos tradicionais de contato. Alguns são discutidos nos próximos parágrafos. A Figura 5.14 contém uma lista mais extensa.

A pesquisa de opinião on-line é rápida e barata, especialmente quando comparada com as metodologias de pesquisa tradicionais, talvez sua maior vantagem. Os questionários são enviados quase instantaneamente em âmbito mundial pela internet sem pagar a postagem ou a um entrevistador. As pesquisas na web são convertidas para arquivos HTML e não precisam de longas impressões, compilação e tempo dedicado à mala direta. Aqueles que completam os questionários geralmente fazem esse procedimento nos três primeiros dias, tornando todo o processo extremamente rápido. Da mesma forma, é fácil enviar lembretes múltiplos ao utilizar convites por e-mail. Johnson (2006) observa que os 'profissionais de marketing his-

Figura 5.12 Discussão de clientes de iPads no Google Groups (anteriormente o Usenet).

Fonte: cortesia do Google.com (<http://www.groups.google.com>).

Figura 5.13 Pesquisa na web de Mitchell e Strauss.

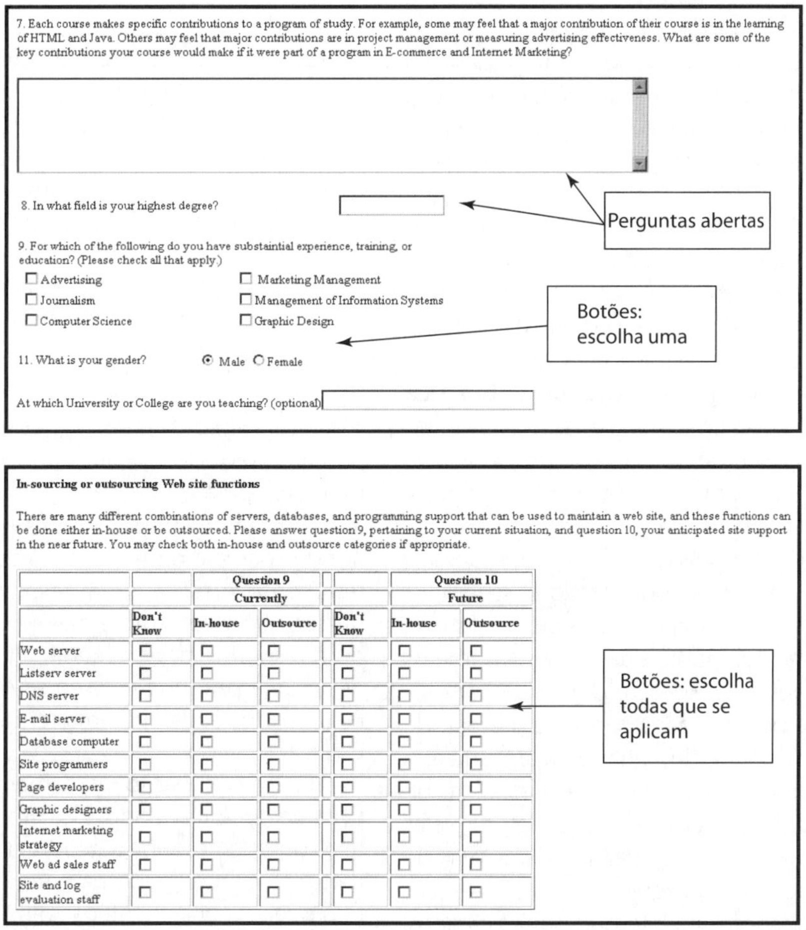

7. Each course makes specific contributions to a program of study. For example, some may feel that a major contribution of their course is in the learning of HTML and Java. Others may feel that major contributions are in project management or measuring advertising effectiveness. What are some of the key contributions your course would make if it were part of a program in E-commerce and Internet Marketing?

8. In what field is your highest degree?

9. For which of the following do you have substaintial experience, training, or education? (Please check all that apply.)

☐ Advertising ☐ Marketing Management
☐ Journalism ☐ Management of Information Systems
☐ Computer Science ☐ Graphic Design

11. What is your gender? ◉ Male ○ Female

At which University or College are you teaching? (optional)

In-sourcing or outsourcing Web site functions

There are many different combinations of servers, databases, and programming support that can be used to maintain a web site, and these functions can be done either in-house or be outsourced. Please answer question 9, pertaining to your current situation, and question 10, your anticipated site support in the near future. You may check both in-house and outsource categories if appropriate.

		Question 9				Question 10	
		Currently				Future	
	Don't Know	In-house	Outsource		Don't Know	In-house	Outsource
Web server	☐	☐	☐		☐	☐	☐
Listserv server	☐	☐	☐		☐	☐	☐
DNS server	☐	☐	☐		☐	☐	☐
E-mail server	☐	☐	☐		☐	☐	☐
Database computer	☐	☐	☐		☐	☐	☐
Site programmers	☐	☐	☐		☐	☐	☐
Page developers	☐	☐	☐		☐	☐	☐
Graphic designers	☐	☐	☐		☐	☐	☐
Internet marketing strategy	☐	☐	☐		☐	☐	☐
Web ad sales staff	☐	☐	☐		☐	☐	☐
Site and log evaluation staff	☐	☐	☐		☐	☐	☐

toricamente têm sido capazes de reduzir os custos em 15 a 20 por cento, passando de pesquisas pelo correio para as pesquisas on-line, e cerca de 30 por cento, passando das pesquisas por telefone para as pesquisas on-line.'

Alguns pesquisadores acreditam que as pesquisas na web reduzem erros. Por exemplo, questões de contingência são aquelas que o computador apresenta automaticamente dependendo das respostas às perguntas anteriores. Se um entrevistado responde 'c' à questão 9, o software pode imediatamente pular três perguntas e apresentar a questão 12. Essa técnica reduz a complexidade e o tempo envolvidos com os entrevistados. Além disso, os entrevistados digitam suas respostas, o que elimina erros de entrada de dados encontrados nos métodos tradicionais ao converter as respos-

Figura 5.14 Vantagens e desvantagens da pesquisa de opinião on-line.

Vantagens	Desvantagens
Rápida e barata	Seleção da amostra/generalização
Grupo amplo e diversificado de usuários de internet no mundo inteiro para pequenos nichos especializados	Tendência da autosseleção da validade da avaliação
Reduz os erros de entrada de dados do pesquisador em razão da entrada de dados do entrevistado	Autenticidade incerta do entrevistado
Respostas honestas às perguntas sensíveis	Respostas frívolas ou desonestas
Ninguém pode responder, apenas por convite, ou protegido por senha	Submissões duplicadas
Fácil tabulação de dados eletrônicos	Diminuição das taxas de resposta
Menos influência do entrevistador	Percepção de que a solicitação de pesquisa é spam

tas dos questionários em papel. Além disso, alguns pesquisadores descobriram que os entrevistados vão responder a mais perguntas com honestidade e franqueza em um computador do que quando um entrevistador está presente, e responderão a perguntas sensíveis sobre assuntos privados pela internet. A razão pode ser que o computador é impessoal e ninguém está analisando quais são os tipos de entrevistados.

A representatividade da amostra e a validade da avaliação são as maiores desvantagens das pesquisas on-line sobre seus homólogos off-line; no entanto, alguns pesquisadores acreditam que a ideia da representatividade da amostra não seja possível. Os profissionais de marketing não conseguem produzir uma **amostra probabilística** científica, porque não existe uma lista de usuários da internet — a menos que a amostra esteja relacionada a apenas uma lista de clientes da empresa, todos eles utilizando a internet, e a empresa possua todos os seus endereços de e-mail. Por outro lado, os pesquisadores que empregam os métodos de contato pessoal ou por correio possuem listas de população e podem extrair amostras probabilísticas. Embora não exista uma lista pública de todos os números de telefone, a tecnologia de discagem digital aleatória resolveu o problema de probabilidade para esse método de contato. Sem a capacidade de desenhar uma amostra aleatória, os pesquisadores não podem generalizar os resultados para toda a população em estudo. Entretanto, eles podem enviar questionários por e-mail para amostras de entrevistados ou colocar uma pesquisa na web; no entanto, eles devem ser cuidadosos ao interpretar os resultados. O que isso significa quando 15 mil participantes da pesquisa on-line não clicam nos produtos que já compraram on-line? De que forma o resultado está relacionado a todos os usuários da web? Esse problema está relacionado à generalização. Algumas empresas, como a BizRate.com, compensam os problemas de **amostragem** oferecendo o questionário a todos os visitantes ***n***-ésimos em um website. Essa técnica funciona com eficiência se a empresa quiser informações de uma boa amostra de visitantes do website.

A pesquisa on-line envolve várias questões de avaliação. Primeiro, devido à diversidade de navegadores, tamanhos de tela de computador e configurações de resolução, os pesquisadores receiam que as cores sejam diferentes, e as escalas de avaliação não sejam exibidas adequadamente on-line.

A maioria dos pesquisadores está preocupada com a diminuição das taxas de resposta e com a qualidade dos dados da pesquisa on-line. Para resolver esse problema, a MarketResearchCareers.com conduziu uma pesquisa de profissionais de pesquisa em 2007. Os 237 entrevistados apoiaram as seguintes soluções:

- Limitar o número de perguntas ou o tempo para a conclusão da pesquisa (64 por cento).
- Realizar pesquisas mais atraentes para os entrevistados (63 por cento).
- Fazer pesquisas focadas mais eficientes com os entrevistados, com interesse no tópico a ser pesquisado (57 por cento).
- Tentar identificar entrevistados que fornecem respostas não sinceras (45 por cento).
- Aumentar o uso de incentivos para pesquisa (38 por cento).
- Criar uma terceira parte para identificar e eliminar os entrevistados profissionais de painéis on-line (37 por cento).
- Criar painéis que venham a engajar os principais participantes da pesquisa (33 por cento).

A ponderação é uma maneira de lidar com problemas de amostragem de pesquisa — as respostas dos grupos sub-representados na pesquisa são multiplicadas por um número específico para aproximá-lo ao número na população em geral.

Outro problema com as pesquisas na web e questionários que não são protegidos por senha é que a empresa não tem controle sobre quem responde. Considerando que a pessoa que recebe um e-mail geralmente o mantém privado e responde pessoalmente, qualquer um pode responder a uma pesquisa na web se o endereço for publicado. Essa possibilidade cria uma tendência à autosseleção que é difícil de avaliar.

Uma preocupação intimamente relacionada é a autenticidade do entrevistado. Esse problema afeta qualquer metodologia de pesquisa autoadministrada, embora ele pareça particularmente agudo na internet. As pesquisas descobriram que, em qualquer lugar, de 20 a 50 por cento dos usuários da web se apresentam como o sexo oposto na internet, e as crianças muitas vezes se apresentam como adultos on-line. Esta situação não é fácil de corrigir, e obviamente influencia os resultados da pesquisa. Muitos pesquisadores estão tentando eliminar entrevistados ilegítimos ou irreverentes. Uma maneira é observar resultados frívolos, como respostas que formam um padrão (por exemplo, cada resposta é aumentada em um: 1, 2, 3, 4 e assim por diante).

Outro problema está relacionado às respostas duplicadas para pesquisas on-line. No entanto, é fácil remover respostas duplicadas de um banco de dados simplesmente verificando as respostas idênticas submetidas quase ao mesmo tempo.

Por fim, alguns pesquisadores utilizam e-mail para solicitar respostas para questionários baseados na web. Esse endereço de e-mail pode ser interpretado como spam, a menos que a amostra seja constituída por clientes de uma empresa.

Note que os formulários de pesquisa não são tão fáceis de criar, como ocorre com a maioria dos outros tipos de webpages. Além disso, para tornar o formulário interativo, os desenvolvedores devem colocar um programa especial no servidor web (CGI ou script Perl) que 'diga' ao servidor o que fazer com as informações do entrevistado. Algumas empresas empreendedoras criaram um software para auxiliar nesse processo, como o Surveymonkey.com baseado na web.

O software SurveySolutions permite que os pesquisadores criem uma pesquisa na web quase tão simples quanto as outras ferramentas de autoria da webpage ou software de processamento de texto. A seguir, os pesquisadores colocam a webpage em seu website, e todo o trabalho interativo é realizado no servidor SurveySolutions. As respostas da pesquisa podem ser enviadas por e-mail ou baixadas pelo pesquisador que utiliza o software para transformar os e-mails em tabelas de dados apropriados para análise em planilha ou software estatístico.

Painéis on-line. A maioria dos pesquisadores está utilizando painéis on-line para combater problemas relacionados à amostragem e resposta. Os **painéis on-line**, também chamados comunidades **opt-in**, incluem um grupo de pessoas que concordaram em ser objeto de pesquisa de marketing. Normalmente, eles são pagos e muitas vezes recebem gratuitamente os produtos. Os participantes do painel completam questionários extensivos após serem aceitos, de modo que os pesquisadores possuem informações sobre suas características e comportamento. Dessa forma, quando os membros do painel são convidados a testar um produto, e recebem questionários para completar, ou recebem cupons e outras promoções, os pesquisadores podem correlacionar os resultados com os dados demográficos já colhidos. Por sua vez, as empresas de pesquisa podem utilizar questionários mais curtos, aumentando, portanto, as taxas de resposta (ou seja, não há necessidade de questões demográficas). Uma vantagem apresentada pelos grandes painéis como estes no caso da Purina é que grupos menores de membros podem ser focalizados com base no comportamento ou dados demográficos. Empresas com grandes painéis on-line incluem America Consumer Opinion, Nielsen//NetRatings, NPD Group, Harris Interactive e Digital Marketing Services (DMS).

Em um uso interessante de seu painel com 100 mil membros, a Nielsen//NetRatings monitorou a audiência da publicidade on-line. Isso foi viabilizado solicitando à agência de publicidade a colocação de um pixel de rastreamento no anúncio. Um pixel é um ponto de luz em um computador ou tela de televisão; entretanto, isso fica invisível ao visualizador do anúncio. A Nielsen colocou um cookie no computador de cada membro do painel que indicava quando o pixel era visualizado — ou seja, quem estava visualizando o anúncio. Após correlacionar as informações do cookie com os dados demográficos do painel, a Nielsen conseguiu construir um perfil completo de visualizadores do anúncio on-line (Bruner e Koegel, 2005).

A desvantagem é que o acesso ao painel é, em geral, mais caro para as empresas clientes em relação aos métodos tradicionais de geração da amostra. Além disso, como empresas de pesquisa por vezes recrutam membros do painel de forma não científica, a generalização dos resultados da pesquisa do painel é questionável. No entanto, um grande número de entrevistados e altas taxas de resposta minimizam esse problema. Outro problema com os painéis é que eles são pagos por sua participação e, por vezes, enganam para conseguir o dinheiro pela participação de três formas diferentes:

1. Enganar respondendo 'sim' às perguntas que eles consideram que vão mantê-los na pesquisa mesmo não utilizando os produtos perguntados ou outros critérios de seleção (eles não querem concluir porque não receberiam pagamento).
2. Comportamento desatento para que eles possam passar rapidamente pelo processo — por exemplo, basta clicar em respostas aleatórias sem ler com cuidado, ou 'em linha reta' (clicando todas de um número para diversas perguntas em uma fileira). Os pesquisadores verificam isso colocando armadilhas, como questões formuladas de forma oposta, que os entrevistados devem ler atentamente para evitar fornecer respostas inconsistentes.
3. O excesso de velocidade está intimamente relacionado à desatenção. Os pesquisadores detectam esse contexto cronometrando o tempo que os entrevistados levam para responder a uma pesquisa, e se eles levaram cinco minutos em um questionário de 15 minutos, suas respostas não são consideradas.

Ética na pesquisa on-line. A maior parte das empresas que conduz a pesquisa de marketing na web considerou sua 'cultura natural' e decidiu dar algo para os entrevistados como apreciação pela participação. Com a pesquisa tradicional, os entrevistados normalmente recebem uma taxa nominal (por exemplo, \$ 5,00) para preencher um questionário, o que aumenta a taxa de resposta. Alguns pesquisadores obtêm nomes de indivíduos que apresentam respostas, oferecendo-lhes produtos gratuitos ou dinheiro. Outros doam dinheiro para instituições de caridade selecionadas pelos entrevistados (por exemplo, \$ 3,00 para uma das três instituições de caridade relacionadas na webpage para cada questionário submetido). Muitos postam resultados inteiros em formato de download, e a maioria fornece pelo menos alguns resultados em websites após a conclusão do período de pesquisa.

Os profissionais de marketing enfrentam várias outras preocupações éticas com relação à pesquisa de opinião na internet.

1. Os entrevistados estão cada vez mais descontentes por receberem e-mail não solicitado pedindo a participação na pesquisa.
2. Alguns pesquisadores 'colhem' endereços de e-mail de fóruns e grupos da internet sem permissão. Talvez, essa prática seja análoga à coleta de nomes de uma lista telefônica, embora algumas pessoas desaprovem, pois os clientes não estão concordando com a ideia de serem contatados pelos profissionais de marketing.
3. Algumas empresas realizam 'pesquisas' com o objetivo de construir um banco de dados para uso posterior. Os profissionais de marketing éticos marcam

claramente a diferença entre pesquisa de marketing e promoção de marketing vendem nada sob o pretexto de pesquisar.

4. A privacidade dos dados do usuário é um grande problema nesse meio, porque é relativamente fácil e rentável enviar dados eletrônicos para os outros pela internet. Farhad Mohit, principal executivo da BizRate, observa que muitos outros querem os dados que eles coletam. De acordo com Mohit, a privacidade dos dados do entrevistado é fundamental para o sucesso da BizRate.

Estas e outras preocupações levaram a Esomar, a Sociedade Europeia de Pesquisa de Opinião e Marketing, a incluir diretrizes para pesquisa na internet em seu Código Internacional de Marketing e Prática de Pesquisa Social. A Esomar tem mais de 4.500 membros em cem países (<http://www.esomar.org>).

Apesar das graves deficiências, a internet é fundamental para a realização de pesquisa primária, e constitui uma ferramenta importante para os profissionais de marketing. Entretanto, ao utilizar os dados primários ou secundários, os profissionais de marketing devem avaliar criteriosamente a sua qualidade, e aplicá-los adequadamente.

5.3 Monitoramento da mídia social

Redes sociais, Twitter, opinião sobre produtos e websites de avaliações, e quadros de mensagens, como o Google Groups, são os melhores lugares para realizar pesquisa de mercado e monitorar conversas sobre os concorrentes, de acordo com a Raab Associates.

Os cidadãos jornalistas postam multimídia em toda a mídia social, e as empresas devem agora monitorar para ver qual dos 126.860 milhões de blogs individuais ou corporativos ou 4 bilhões de fotos no Flickr.com estão relacionados às suas marcas ou executivos. Isso se tornou um grande problema, pois a pesquisa rápida no Google já não é suficiente para captar um rumor potencialmente prejudicial ou anúncio do concorrente. Por exemplo, um repórter do MSN.com postou uma história, 'A Home Depot está destratando os compradores?', e em um dia ele recebeu 10 mil e-mails e 4 mil postagens no MSN.com que contavam histórias de insatisfação com o atendimento ao cliente na Home Depot. A empresa precisava de monitoramento automatizado para captar esse contexto em tempo hábil para produzir uma resposta e controlar a crise. Essa rápida disseminação do conteúdo do cidadão jornalista representa parte da razão pela qual as empresas estão perdendo o controle de suas imagens de marca. Às vezes, elas pagam empresas de relações públicas ou empresas de gestão de reputação on-line para ajudá-las (como a Weber Shandwick ou ReputationDefender.com). No entanto, as empresas podem facilmente configurar um sistema de monitoramento automatizado por conta própria, usando e-mail, alertas RSS ou software especial.

O Google oferece alertas de e-mail para qualquer palavra-chave de opção do usuário — como nome de uma pessoa, nome de uma marca ou nome da marca de um concorrente e assim por diante. A Figura 5.15 mostra um alerta do Google no recebimento semanal de e-mail para um dos nomes do autor. Os usuários podem configurar um e-mail de alerta em toda a web, blogs, notícias, vídeos, ou grupos e enviá-los automaticamente conforme eles surgem, diária ou semanalmente. A Technorati, um mecanismo de busca que monitora blogs, também enviará alertas de e-mail. Da mesma forma, ela ajuda os profissionais de marketing a assinar boletins informativos por e-mail em seu setor, para que eles possam assistir aos anúncios dos concorrentes e de seu mercado.

Alertas RSS (Really Simple Syndication) estão no formato **XML (extensive markup language)** projetados para compartilhar títulos e outro conteúdo da web. Quando os indivíduos se inscrevem em um blog ou outro website de mídia social por RSS, o conteúdo vai para os computadores conforme ele é publicado. Os clientes podem ler os alertas RSS baixando um leitor gratuito, como o Google Reader (Figura 5.16). Este é o modo pelo qual a maioria das empresas segue blogueiros influentes em seu setor e avaliam as postagens sobre sua empresa e as marcas, para que eles possam adicionar comentários ou reagir quando uma crise chega.

Por fim, um software especial permite que as empresas monitorem conversas na mídia social e divulguem-nas para o pessoal relacionado. A *Copernic Tracker* é especialmente forte, porque vai monitorar muitos websites que não possuem alertas RSS, como perfis de negócio (por exemplo, no Better Business Bureau), fóruns on-line e websites de concorrentes. Uma oferta gratuita vem do Banco Mundial, que o projetou para monitorar postagens da mídia social sobre seus projetos e sua equipe. O BuzzMonitor está disponível em: <http://www.buzzm.worldbank.com>.

Onde as empresas devem avaliar on-line uma conversa dessa natureza? Beal e Strauss (2008) oferecem esses 12 canais para monitoramento da reputação on-line:

- Os próprios canais de conteúdo — blogs, seções de comentário no website da empresa, ou outros websites de propriedade da empresa que possibilitam a postagem do usuário.
- A mídia social e os blogs que utilizam alertas Technorati.com e alertas RSS.
- A rede do Google de vídeo, notícias, grupos e muito mais.
- Notícias sobre o setor por meio de boletins informativos por e-mail ou monitoramento dos websites dos concorrentes.
- Conversas do grupo de interessados que ocorrem em qualquer outro website não monitorado de outra forma.
- Comunidades sociais no setor da empresa, como Tripadvisor.com para a indústria da viagem.

Figura 5.15 Alerta do Google para nome do autor.

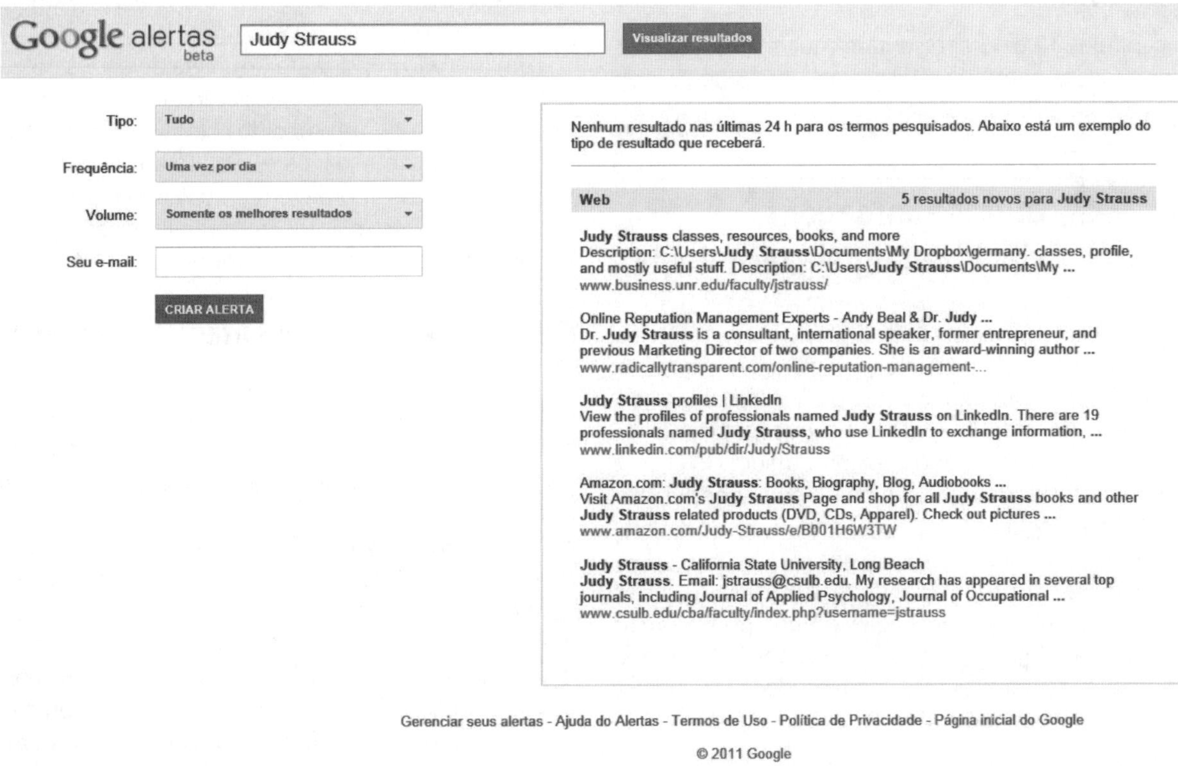

Fonte: <http://www.google.com.br/alerta?hl=pt-BR>.

Figura 5.16 Google Reader agrega alertas RSS.

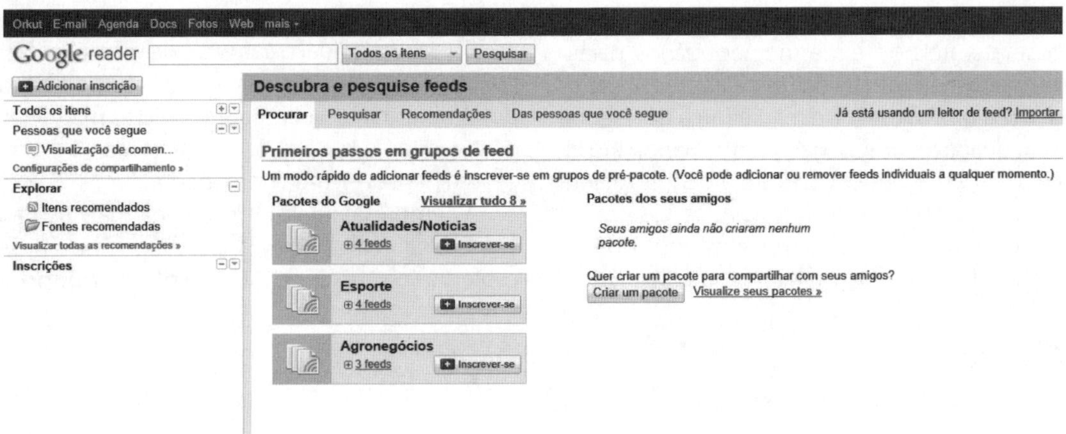

Fonte: cortesia do Google.com (<http://www.google.com.br/reader>).

- Websites de marcação social, como delicious.com, que permite aos usuários rotular websites para compartilhar com os outros.
- Conteúdo de multimídia, como vídeos no YouTube e fotos no Flickr.
- Fóruns e painéis de mensagens, tanto no Google Groups e Yahoo! Groups como em qualquer website no setor da empresa que hospede esse conteúdo.
- Opiniões do cliente em websites como Amazon.com, opiniões sobre livros, BizRate.com, ou epinions.com — isso é importante para empresas que vendem produtos on-line.
- Perfis de marca em redes sociais como o LinkedIn.com, Facebook.com e ZoomInfo.com.
- Web Analytics ajudarão as empresas a monitorar o tráfego em seus próprios websites, as palavras-chave utilizadas no Google para encontrá-los e os websites

anteriormente visitados para chegar ao website da empresa.

Os capítulos 12 e 13 apresentam muito mais detalhes sobre o monitoramento da mídia social utilizando as Web Analytics e muitas outras técnicas.

5.4 Outras abordagens viabilizadas pela tecnologia

A internet é um excelente local para observar o comportamento do usuário, pois a tecnologia grava automaticamente ações em um formato que pode ser manipulado para análise de forma fácil, rápida e de forma matemática. A coleta de dados automatizados do computador do cliente e do computador do servidor são duas abordagens viabilizadas pela tecnologia que merecem ênfase especial. Perfil em tempo real nos websites é uma abordagem particularmente poderosa no computador do servidor. Essas técnicas são especialmente interessantes e incomuns, pois elas não existiam antes da internet, e porque elas possibilitam que os profissionais de marketing realizem mudanças rápidas e responsivas nas webpages, promoções e preços.

Coleta de dados do computador do cliente

Coleta de dados do cliente refere-se à coleta de informações sobre o comportamento dos cliques do cliente no PC do usuário. Uma abordagem consiste em utilizar cookies quando um usuário visita um website. Arquivos de cookie são bastante úteis, e até mesmo necessários, para o comércio eletrônico e outras atividades na internet. Alguns cookies ajudam os profissionais de marketing a apresentar promoções adequadas e webpages para usuários individuais, utilizando informações do banco de dados. A Figura 5.17 exibe um exemplo do funil de vendas. Ele mostra como arquivos de cookies e logs do website podem identificar o número de visitantes em um website que visualizam as páginas desejadas e, eventualmente, adquirem o produto. Conforme discutido no Capítulo 2, esses números são resultado do software de Web Analytics.

Um método importante de coleta de dados do computador do cliente envolve a avaliação de padrões do usuário pela instalação de um medidor de PC nos computadores de um painel de usuários e monitoramento do fluxo de seus cliques. Essa abordagem é similar ao 'medidor de pessoas' da ACNielsen utilizado em aparelhos de TV para determinar as avaliações de vários programas.

Coleta de dados no computador do servidor

Web Analytics utiliza software para log de websites para gerar relatórios sobre os números de usuários que visualizam cada página, a localização do website visitado antes da visita ao website da empresa, e o que os usuários compram em um website — elementos fundamentais para a **coleta de dados no servidor**. Por exemplo, devido à exigência de registo on-line, a Expedia pode monitorar compras dos visitantes, padrões de navegação e a frequência na qual o website é visitado. A Expedia utiliza as informações para enviar ofertas especiais para clientes, assim como oferecer serviços como o observador de tarifa. A Amazon.com, por meio de software de filtragem colaborativa, mantém registro de livros encomendados por clientes e faz recomendações com base nas tendências dos clientes em seu banco de dados. Esses dados observacionais ajudam as empresas a aperfeiçoar as estratégias de marketing on-line, vender publicidade e produzir websites mais eficientes. Consulte a Figura 5.18 para obter um exemplo de um clickstream em FTC.gov, no qual o software de Web Analytics ajudaria a realizar a análise. Com esses dados disponibilizados, o FTC pode determinar quais páginas são as mais relevantes para os cidadãos e devem permanecer como links de banner proeminentes em sua homepage.

As empresas utilizam cada vez mais os dados do servidor para realizar mudanças frequentes nas webpages e ofertas promocionais. O **perfil em tempo real** ocorre

Figura 5.17 Logs de website auxiliam na análise do funil de vendas.

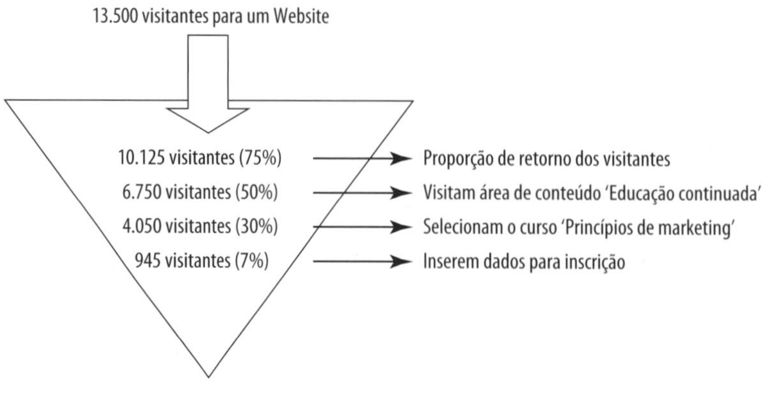

Figura 5.18 Acompanhamento do Clickstream em FTC.gov.

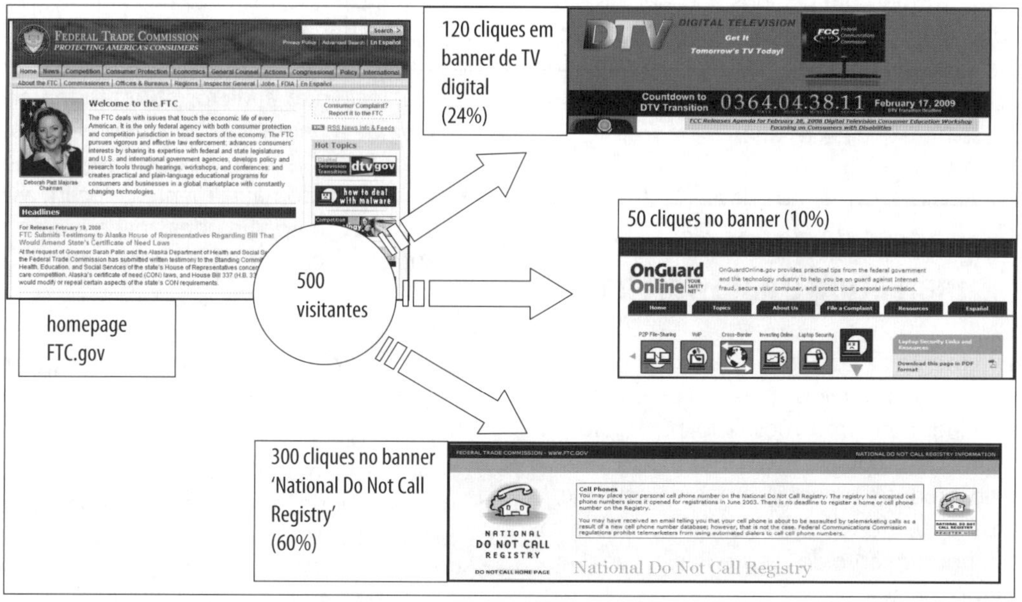

Fonte: <http://www.ftc.gov>.

quando um software especial monitora a movimentação de um usuário pelo website e, em seguida, compila e registra os dados em um piscar de olhos. Também conhecida como 'monitoramento do clickstream do usuário em tempo real', permite que os profissionais de marketing analisem o comportamento do cliente on-line e façam ajustes instantâneos em ofertas promocionais do website e suas páginas. O perfil em tempo real não é barato — uma estimativa coloca o software em $ 150 mil para começar e $ 10 mil subsequentemente. A capacidade de prever o comportamento futuro com base no comportamento passado e, assim, oferecer webpages customizadas para os clientes apropriados enquanto eles estão visitando o website da loja pode, no entanto, ser altamente compensadora.

5.5 Abordagens em espaço real

A coleta de dados primários em **espaço real** refere-se a abordagens viabilizadas pela tecnologia para obter informações off-line, que são subsequentemente armazenadas e utilizadas no banco de dados de marketing. As técnicas mais importantes em espaço real são scanners de código de barras e terminais de cartão de crédito em lojas físicas, embora a inserção de informações por representantes de atendimento ao cliente durante a conversa ao telefone com os clientes também possa ser incluída aqui.

A coleta de dados primários em espaço real ocorre em pontos de compra off-line. A coleta de dados off-line é importante para o e-marketing, pois esses dados, quando combinados com os dados on-line, formam um quadro completo do comportamento do cliente com relação às empresas individuais de varejo. Cartões inteligentes e leitores de cartão de crédito, ponto de venda interativo (iPOS) e scanners de código de barras são mecanismos para coleta de dados do cliente em espaço real. Mesmo que o código universal do produto (UPC), também conhecido como código de barras, tenha sido implantado nos supermercados desde 1974, seu uso tem crescido a tal ponto que tais códigos são atualmente digitalizados bilhões de vezes por dia. Os dados de vendas de produtos obtidos pela leitura do UPC em lojas varejistas são hoje utilizados principalmente para a gestão de estoques. Como os dados do UPC vão da caixa registradora até o computador, o software reduz automaticamente os níveis de estoque contábil e envia a comunicação aos fornecedores para a reposição. Essa atualização imediata dos estoques é bastante eficiente para os varejistas, atacadistas e fabricantes.

A Catalina Marketing utiliza o UPC para fins promocionais. Essa empresa coloca pequenas máquinas ao lado das caixas registradoras de supermercados para gerar cupons com base na compra de cada cliente. Por exemplo, se um cliente compra a geleia da Smucker, a máquina pode emitir um cupom de $ 0,50 para a geleia Berry da Knott. Quando o cliente recupera o cupom da Knott, o scanner do código de barras registra o procedimento. No processo, a Catalina Marketing e o varejista estão construindo enormes bancos de dados de compras de clientes e as respostas às várias ofertas. Se os clientes recuperam apenas uma pequena proporção de cupons da Knott, a Berry Farm da Knott pode optar por aumentar o valor do cupom para $ 0,75. Embora a prática não seja comum, agora é possível combinar dados coletados na loja física com os dados da versão on-line da loja. A maioria dos varejistas multicanais acumula enorme quantidade de dados pela combinação de dados do computador do servidor de seu website com pedidos por telefone e por catálogo e de dados do UPC no espaço real de lojas físicas. Essa compilação de dados propicia aos representantes de atendimento ao cliente um registro completo do cliente no banco de dados, sempre que necessário.

5.6 Bancos de dados de marketing e datawarehouses

Independentemente de os dados serem coletados on--line ou off-line, eles são movidos para vários bancos de dados de marketing, conforme mostrado na Figura 5.1. O banco de dados do produto detém informações sobre características do produto, preços e níveis de estoque; o banco de dados de clientes detém informações sobre características e comportamento do cliente. Bancos de dados de processamento de transações são importantes para mover dados de outros bancos de dados para um datawarehouse (Figura 5.19). Os datawarehouses são repositórios de dados históricos de toda a organização (não apenas os dados de marketing). Eles são projetados especificamente para apoiar as análises necessárias para a tomada de decisão. Em outras palavras, os profissionais de marketing não podem inserir os dados em bancos de dados do produto ou do cliente com relação aos problemas de marketing, mas podem extrair as informações em um datawarehouse. Às vezes, os dados em um datawarehouse são separados em áreas mais específicas (denominadas data marts) e indexados para fácil utilização. Esses conceitos são importantes para os profissionais de marketing, pois eles utilizam as informações do datawarehouse para fins de planejamento.

Como os websites são extremamente complexos, geralmente incluindo milhares de páginas de ou para muitos departamentos corporativos diferentes, a gestão do conteúdo é uma área importante. Muitos fornecedores de software, incluindo a Microsoft, estão tentando resolver o problema de manutenção do website com seus softwares. Esses programas têm recursos como bancos de dados de imprensa que automaticamente colocam as histórias mais recentes em uma página designada, e arquivam histórias mais antigas, excluindo-as em data especificada.

5.7 Análise e distribuição de dados

Dados coletados em todos os pontos de contato com o cliente são armazenados no sistema de gerenciamento do datawarehouse, pronto para análise e distribuição para os tomadores de decisão de marketing. Quatro tipos importantes de análise para tomada de decisões de marketing incluem mineração de dados (data mining), **perfil do cliente**, análise RFM (recência, frequência, valor monetário) e geração de relatórios.

A **mineração de dados** envolve a extração de informações preditivas ocultas em um grande banco de dados por meio da análise estatística (consulte o quadro 'Informações técnicas'). Nesse caso, os profissionais de marketing não precisam abordar o banco de dados com outras hipóteses não relacionadas ao intuito de identificar padrões entre os dados. Por exemplo, um comerciante pode querer saber se os usuários tendem a comprar mais um produto durante meses específicos, ou quantas pessoas em uma rede social compartilham os aplicativos entre si. Padrões descobertos por profissionais de marketing podem ajudá-los a refinar as estratégias do mix de marketing, identificar novas oportuni-

Figura 5.19 Coleta de dados em espaço real e exemplo de armazenamento.

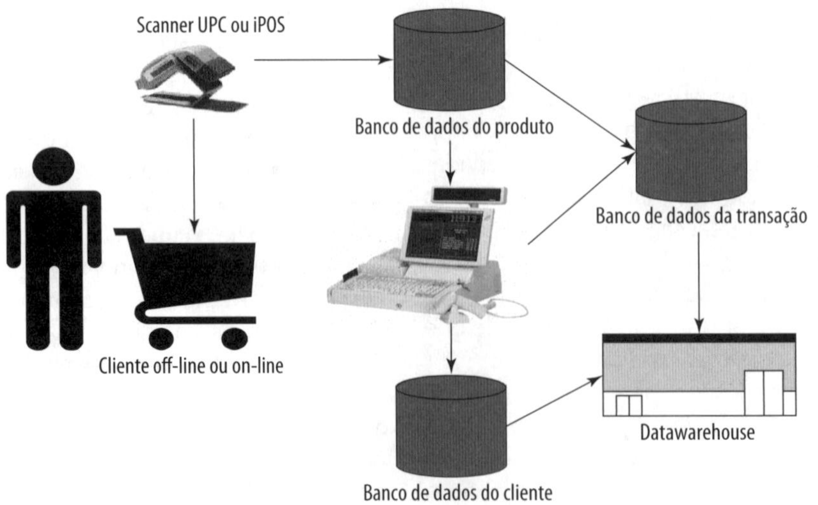

dades de produto e prever o comportamento do cliente. O uso da mineração de dados ajudou a Fingerhut, a varejista de catálogo de $ 2 bilhões, a descobrir que os clientes que mudaram de residência triplicaram suas compras nas 12 semanas após a mudança. A mineração de dados também revelou que esses indivíduos que mudam tendem a comprar móveis, telefones e decorações, mas não adquirem joias ou eletroeletrônicos. A Fingerhut utilizou essas informações para criar um catálogo denominado 'special mover', selecionando produtos apropriados entre os 15 mil itens comercializados. Além disso, a empresa parou de enviar catálogos de outras especialidades para os indivíduos que se mudaram durante o intervalo de 12 semanas. A mineração de dados também ajudou o escritório da American Automobile Association (AAA) da região do meio atlântico a melhorar seu processo de comunicação de marketing, diminuindo o volume de correspondência enviado em 96 por cento, de 1,2 milhão para 40 mil peças por ano. Esse procedimento reduziu os custos em 92 por cento sem um declínio na inscrição de associados.

Para a definição do perfil do cliente utilizam-se as informações existentes para ajudar os profissionais de marketing a compreender as características e o comportamento de grupos-alvo específicos. Por meio desse processo, os profissionais de marketing podem realmente compreender quem compra produtos específicos e como eles reagem a ofertas promocionais e mudanças de preços. Alguns usos adicionais de definição de perfis de clientes incluem o seguinte:

- Selecionar grupos-alvo para recursos promocionais.
- Descobrir a melhor maneira de envolver os clientes nos meios de comunicação social.
- Encontrar e fidelizar os clientes com maior LTV (valor do cliente no tempo) para a empresa.
- Compreender as características importantes dos usuários que compram mais.
- Direcionar as atividades de venda cruzada para os clientes apropriados.
- Reduzir os custos de mala direta focalizando os clientes de alta resposta.

A **análise RFM** procura no banco de dados três critérios. Primeiro, quando o cliente fez a última compra (recência)? Segundo, quantas vezes o cliente tem comprado os produtos (frequência)? Terceiro, quanto o cliente tem gasto em suas compras (valor monetário)? Esse processo permite que as empresas foquem suas ofertas nos clientes que são mais responsivos, reduzindo custos promocionais e aumentando as vendas. Por exemplo, um varejista on-line pode notar que o segmento de clientes importantes impulsionou 32 por cento das vendas com um valor médio de pedido de $ 69 (AOV), ou $ 22 de vendas por mil exposições a um anúncio no MySpace. Agora, o varejista pode estimar o valor desse tipo de publicidade e tomar medidas para atingir o segmento de clientes de topo o mais diretamente possível.

A área de marketing pode realizar toda a mineração de dados, perfil do cliente e análises RFM a qualquer momento por meio do acesso ao datawarehouse e distribuir os resultados para outros membros da equipe envolvidos em uma decisão específica. Por outro lado, os geradores de relatório criam automaticamente relatórios de fácil leitura e de alta qualidade, a partir de informações nos datawarehouses da empresa. Esses relatórios podem ser colocados no banco de dados do conhecimento de marketing em uma intranet ou extranet para que todos possam ter acesso a eles. Os profissionais de marketing podem especificar as informações particulares que devem aparecer nesses relatórios automáticos e os intervalos de tempo para a distribuição, como no exemplo anterior de um varejista on-line que envia relatórios semanais de vendas para todos os gestores. A Back Web Technologies (<http://www.backweb.com>), a HotOffice (<http://www.hotoffice.com>) e muitas empresas similares fornecem software colaborativo que integra automaticamente os dados de **macroambiente** da empresa e de seu **microambiente**. Por exemplo, quando um gerente de marketing que está atuando em um plano de marketing salva os dados, o sistema pode automaticamente colocar o arquivo no servidor para que os outros gerentes possam acessá-lo. Os dados internos estão perfeitamente integrados com o website da empresa, websites externos, grupos de notícias — todos com recursos de pesquisa. Esse tipo de software ajuda as empresas a distribuir os resultados das análises do banco de dados.

5.8 Indicadores para a gestão do conhecimento

A pesquisa de marketing não é barata. Os profissionais de marketing muitas vezes consideram o custo da obtenção de informações adicionais em relação ao valor das oportunidades potenciais ou ao risco de possíveis erros de decisões tomadas com informações incompletas. Eles também estão preocupados com o custo de armazenamento de todos os terabytes de dados provenientes de logs de website, conversas na mídia social, pesquisas on-line, registros web e outras abordagens em tempo real e espaço real. A boa notícia é que os custos de armazenamento de dados têm diminuído de forma constante desde 1998, e os profissionais de marketing podem agora comprar armazenamento por um dólar por gigabyte ou armazenar on-line em qualquer lugar de $ 10 a $ 23 por gigabyte. O armazenamento on-line apresenta muitas vantagens adicionais, como backups duplicados e rápida recuperação na demanda, e muito mais. Duas métricas são atualmente utilizadas de forma geral:

- **ROI.** As empresas querem saber por que elas devem guardar todos esses dados. Como eles serão usados, e se os benefícios nas receitas adicionais ou se as reduções dos seus custos justificam o investimento em espaço para armazenamento? Para

Informações técnicas

Mineração de dados (data mining)

Você acabou de ser contratado para uma posição de nível inicial na área de pesquisa de marketing. Seu chefe pediu que você descobrisse oportunidades interessantes de venda cruzada no novo widget iXT. Ele solicita que você fundamente suas descobertas com base no banco de dados dos adotantes iniciais (early adopters). Você tem a sensação de que não pode errar, mas não tem ideia de como começar. Um colega muito gentil sugere que você entre em contato com o especialista em mineração de dados e o aconselha a oferecer uma lata de Coca-Cola para ele. Correndo para a máquina de Coca-Cola, você sorri.

A mineração de dados é a busca de informações ocultas em um imenso banco de dados. É muito parecido com a pesquisa científica, exceto que o objeto de estudo consiste em dados elaborados pelo homem, e não pela natureza. Quanto maior o banco de dados, maior a necessidade de ferramentas especializadas de mineração de dados para localizar padrões e relacionamentos nos dados. As ferramentas em si são bastante sofisticadas e esses especialistas de mineração de dados tendem a apresentar graus avançados, com ênfase especial na formação estatística.

As formas mais simples de mineração de dados utilizam pacotes estatísticos como SPSS e SAS. O investigador faz uma hipótese (por exemplo, os dólares de publicidade são gastos com mais eficiência com os clientes existentes) e então utiliza uma técnica estatística como a regressão para testar a hipótese. Esse processo é a base da maioria das pesquisas acadêmicas. Porém, ele é um pouco lento e requer formação em formulação de hipóteses.

Por outro lado, uma mineração muito mais automatizada de dados envolve pinçar os relacionamentos entre os dados. Uma abordagem consiste em analisar a força de correlação entre *cada* combinação de variáveis no banco de dados, o que por vezes é chamado de *análise fatorial*. No entanto, a análise fatorial não mostra a direção da dependência — qual variável causa o quê. Nem a análise fatorial incorpora variações sutis de hipótese apenas para encontrar o ajuste correto com os dados.

A técnica de mineração de dados, denominada programação evolucionária, é ainda mais sofisticada. Um programa de computador assume o papel de investigador científico. O programa forma e testa hipóteses. Quando ele encontra uma hipótese que parece promissora, ele varia um pouco, formando uma série de hipóteses secundárias. Cada uma dessas hipóteses secundárias é testada individualmente, buscando a melhor correspondência com os dados. Após certa movimentação, o programa retorna para o usuário, sugerindo quais hipóteses mostram relações interessantes nos dados.

Tarefas solucionadas com a mineração de dados incluem previsão, classificação, detecção de relacionamentos e análise de cestas de mercado (quais bens vendem bem em conjunto). Os próprios pacotes estão se tornando mais práticos, o que é uma boa notícia para os profissionais de marketing. Empresas como a Megaputer podem, um dia, tornar a mineração sofisticada de dados em um lugar-comum.

o espaço de armazenamento de hardware, o ROI normalmente significa economia de custo total dividido pelo custo total da instalação (Gruener, 2001). Notavelmente, as empresas usam ROI para justificar o valor de outros sistemas de gestão de conhecimento.

- **Custo Total de Propriedade (TCO).** Em grande parte, uma métrica utilizada pelos gestores de tecnologia da informação, TCO, inclui não apenas o custo de hardware, software e de trabalho para o armazenamento de dados, mas também outros itens, como redução de custos, redução do tempo de inatividade do servidor web e as exigências de trabalho.

Por exemplo, a Galileo International oferece reservas de viagens e mantém 102 terabytes de dados — programação, tarifa, informações sobre reservas de quinhentas companhias aéreas, 47 mil hotéis e 37 locadoras de veículos (Radding, 2001). A companhia contabilizou 345 milhões de reservas em 2000, por vezes administrando 10 mil pedidos por segundo! O ROI da Galileo é simples: de acordo com o proprietário da empresa, Frank Auer, cada pedacinho da empresa de $ 1,6 bilhão em receita é um retorno sobre seu sistema de armazenamento de dados.

Em outro exemplo, a empresa de caminhões Schneider National tinha dados suficientes para preencher dez trailers de 16 metros com discos de dados. Entretanto, ainda não é fácil descobrir por que custa $ 0,20 entregar carros para uma concessionária Ford no Texas e apenas $ 0,17 em outro lugar. A empresa gastou cerca de $ 2 milhões para a compra de software de inteligência de negócios (BI) que possibilitou aos funcionários obter respostas rápidas aos problemas de marketing, e constatou um retorno de $ 2,5 milhões nesse investimento no período de dois anos (25 por cento ROI) (Brown, 2002).

Resumo do capítulo

Os profissionais de marketing digital precisam de dados para orientar as decisões sobre criação e alteração dos elementos do mix de marketing. Os dados são colhidos a partir de inúmeras fontes, filtrados em um banco de dados e transformados em conhecimento de marketing que é, portanto, utilizado para criar uma estratégia de marketing. A gestão do conhecimento é o processo de gerenciamento da criação, uso e disseminação do conhecimento. Um sistema de informações de marketing (MKM) é o processo pelo qual os profissionais de marketing gerenciam conhecimento, utilizando um sistema de avaliação das necessidades de informações, coleta de informações, análise e disseminação das informações para os decisores.

Os profissionais de marketing podem descrever três fontes de conhecimento de marketing: (1) registros internos (como o fluxo de caixa, dados da força de vendas e dados dos clientes), (2) dados secundários (gerados de forma pública e privada, a partir de banco de dados on-line, e para a inteligência competitiva) e (3) dados primários (obtidos pela primeira vez para resolver um problema específico). A Inteligência Competitiva (CI) envolve a análise dos setores nos quais uma empresa opera como fonte para o posicionamento estratégico da empresa e para compreender as vulnerabilidades dos concorrentes. Os profissionais de marketing devem avaliar a qualidade dos dados antes de confiar neles para resolver problemas de pesquisa.

Dados primários são coletados na internet por quase todas as empresas. As etapas para conduzir a pesquisa primária são as seguintes: (1) definir o problema da pesquisa, (2) desenvolver um plano de pesquisa, (3) coletar dados, (4) analisar os dados e (5) distribuir os resultados. A pesquisa baseada na internet pode incluir qualquer uma das seguintes atividades realizadas on-line: experimentos, grupos focais, observações e pesquisas de opinião. As pesquisas podem ser realizadas por convite via e-mail para acessar um website. As vantagens das pesquisas on-line é que elas são rápidas e baratas, têm amplo alcance, reduzem erros, obtêm respostas honestas, pode ser restritas aos participantes autorizados e são fáceis de tabular. As desvantagens incluem generalização ineficiente de resultados devido à seleção inadequada da amostra, predisposição na autosseleção, incapacidade de confirmar a autenticidade do entrevistado, respostas frívolas ou desonestas e submissões duplicadas.

Os painéis on-line são cada vez mais utilizados para combater problemas de amostragem e de resposta das pesquisas on-line. Embora alguns desses painéis sejam pequenos, outros contêm milhões de participantes. Algumas questões éticas da pesquisa on-line incluem e-mail não solicitado, coleta de endereços de e-mail de grupos de notícias, venda sob o pretexto de pesquisa e falta de privacidade dos dados do usuário.

As empresas devem monitorar constantemente a mídia social e outros websites para identificar o conteúdo de suas marcas e sobre seus funcionários que são postados por cidadãos jornalistas e outros interessados. Novas tecnologias, como alertas de e-mail, alertas RSS e softwares específicos tornam esse processo fácil e automatizado.

Os profissionais de marketing utilizam a tecnologia para observar o comportamento no computador do usuário (cliente) por meio de cookies e medidores de PC ou do servidor pelo uso de arquivos de log e perfil em tempo real. A coleta de dados em espaço real ocorre em pontos de venda off-line, como cartões inteligentes e leitores de cartão de crédito, iPOS e scanners de código de barras. Os dados podem ser utilizados para controle de estoque e promoções-alvo.

Datawarehouses são repositórios de dados históricos da organização. Data marts são subseções do datawarehouse categorizadas por assunto. Dados de todos os pontos de contato do cliente são depositados no datawarehouse. Quatro tipos de análise são realizados baseados nos dados: mineração de dados, definição de perfil dos clientes, análise RFM (recência, frequência, valor monetário) e geração de relatórios. A mineração de dados extrai informações preditivas do datawarehouse por meio de análise estatística. O processo de definição do perfil do cliente ajuda os profissionais de marketing a compreender as características e o comportamento de grupos-alvo específicos. Análise RFM permite que as empresas focalizem ofertas aos clientes que podem ser mais responsivos. Ferramentas sofisticadas de geração de relatórios podem programar e publicar automaticamente relatórios.

Exercícios

Questões para revisão

5.1 Quais são as três principais fontes de dados para a resolução de problemas de pesquisa de marketing?

5.2 Contraste os dados primários com os secundários e explique as vantagens e desvantagens de cada um.

5.3 O que é inteligência competitiva e quais são algumas fontes de dados CI on-line?

5.4 Por que e como os profissionais de marketing digital avaliam a qualidade das informações em um website?

5.5 Quais são os pontos fortes e fracos da internet para a coleta de dados primários e secundários?

5.6 Como os profissionais de marketing transformam os dados de marketing em conhecimento?

5.7 O que é coleta de dados em espaço real? Por que a coleta é importante?

5.8 A mineração de dados é possível sem um datawarehouse? Justifique.

5.9 Dê um exemplo de como a mineração de dados revela novos conhecimentos.

5.10 Identifique as etapas em um projeto de pesquisa primária de marketing.

5.11 Quais são os 12 canais para o monitoramento da reputação on-line? Por que eles são importantes para uma empresa?

Questões para discussão

5.12 Qual(is) é(são) o(s) método(s) de pesquisa on-line que você utilizaria para testar um novo conceito de produto? Por quê?

5.13 Qual é o método de pesquisa on-line que você utilizaria para testar a imagem de marca de um produto já existente? Por quê?

5.14 Das questões éticas mencionadas neste capítulo, quais são as que mais o preocupam como cliente? Por quê?

5.15 Você consegue imaginar uma técnica de pesquisa de marketing que não tenha suporte on-line? Explique sua resposta.

5.16 Quais são as limitações atuais para a realização de pesquisa de mercado sobre a população em geral na internet? Como essas limitações podem ser superadas atualmente? E no futuro?

5.17 Considerando que o custo do envio de um questionário por e-mail para 10 mil pessoas não é maior que o custo para enviá-lo a dez pessoas, por que os pesquisadores de mercado se preocupariam com a amostragem se eles estivessem planejando realizar uma pesquisa on-line?

5.18 O que você acha que uma empresa deve fazer se receber um Google Alert ou alerta RSS mostrando que os clientes estão falando mal de seus produtos?

CAPÍTULO

1 2 3 4 5 **6** 7 8 9 10 11 12 13 14

Comportamento do cliente on-line

As pessoas compram e aprendem de uma forma totalmente nova quando comparado há alguns anos; portanto, os profissionais de marketing precisam se adaptar ou correm o risco de extinção.

— Brian Halligan e Dharmesh Shah, autores

Oitenta por cento dos principais executivos acreditam que sua marca oferece uma experiência superior para o cliente. Oito por cento dos seus clientes concordam.

— Bain and Company

O principal objetivo deste capítulo é ajudá-lo a desenvolver uma compreensão geral do cliente on-line. Você explorará o contexto no qual ocorre o comportamento, as características e os recursos dos clientes on-line, e os resultados do processo de trocas no ambiente on-line.

Após a leitura deste capítulo, você estará apto a:

- Discutir as estatísticas gerais sobre a população da internet.
- Descrever o processo de trocas na internet e o contexto tecnológico, social/cultural e legal do qual os clientes participam.
- Descrever as características individuais gerais e os recursos dos clientes existentes no processo de trocas on-line.
- Ressaltar as quatro categorias principais de resultados que os clientes buscam em suas trocas no ambiente on-line.

A história do cliente

Esta é uma típica história de apenas uma hora que acontece em uma tarde de fim de semana na vida de um profissional de 25 anos, Justin. Ela começa quando ele sintoniza seu iPod no podcast mais recente, Diggnation, baixado automaticamente na última vez que ele se conectou com seu PC. Alex Albrecht e Kevin Rose, da Diggnation, conversam sobre as melhores histórias da semana em <http://Digg.com>, um website de mídia social em que os usuários enviam notícias interessantes e, em seguida, os visitantes do website votam clicando nos tópicos. Além de o nosso cliente assistir ao podcast de vídeo, ele também tem a televisão sintonizada em um jogo de futebol e tanto seu telefone celular como seu PC estão ao seu alcance.

No meio do podcast, Kevin Rose menciona seu blog em Tumblr.com: *kevinhasablogg*. Tumblr é um website da macromídia — um website que contém pequenos trechos de conteúdo rapidamente postado gerado pelo usuário (<http://www.tumblr.com>). Justin desvia a atenção do podcast e pega seu computador para encontrar o blog. Ele ainda está ouvindo Rose e Albrecht, mas não está assistindo-os no iPod. Ele é cativado por um vídeo no blog 'Lip Dub Flagpole Sitta, de Harvey Danger'. Este vídeo mostra vários funcionários com roupas largas se divertindo, dublando a música e dançando ao redor do escritório fazendo coisas bobas. Enquanto Justin assiste ao vídeo, ele pega seu telefone celular para enviar uma mensagem de texto para um amigo que vive em um fuso horário diferente: 'Você precisa ver este vídeo'.

Justin quer saber quem criou este vídeo interessante. Ele busca o título no Google e encontra Vimeo, um website de postagem de vídeo on-line que precede o YouTube. O texto que explica o vídeo diz: 'Fizemos este vídeo uma noite depois do trabalho. Somos uma empresa chamada Connected Ventures, um grupo de amigos que trabalha para: Vimeo, CollegeHumor, Busted Tees e Defunker... e estamos contratando: <http://connectedventures.com/jobs.php>'. Justin segue o link para verificar que não há mais empregos disponíveis, pois a empresa possui várias centenas de currículos apenas com base na postagem do vídeo Lip Dub. Justin não foi o primeiro a chegar, mas ele realmente quer trabalhar para uma empresa como essa.

Durante os últimos minutos desta única hora, ele posta um link para o vídeo e o website Vimeo em seu Twitter. Twitter.com é outro website de micromídia que seus amigos e colegas seguem, e logo surgem outras mensagens sobre o vídeo e a empresa. O murmúrio se espalha rapidamente.

Este é o novo cliente. Ele é multifacetado, atendendo simultaneamente a diversas mídias eletrônicas diferentes. Ele é difícil de ser identificado on-line e não permanece em um website por muito tempo. Suas conexões com amigos e colegas são intensificadas pela internet, onde eles gostam de partilhar seus tesouros on-line e uma conversa que se dá por diversas formas, desde o e-mail, mensagem de texto, até websites de micromídia. Eles não prestam muita atenção a websites tradicionais, preferindo se conectar com outras pessoas e visualizar conteúdo inédito na mídia social. Justin é um cliente importante, pois se as marcas não conseguem atrair os segmentos da população jovem, elas finalmente entram em fase de declínio e acabam se extinguindo. Como um profissional de marketing pode aproveitar estas oportunidades... por meio de nova publicidade on-line, vendendo downloads de música e outros produtos, cobrando por assinaturas por conteúdo premium na mídia social? Isso é um problema que os profissionais de marketing estão tentando resolver enquanto você lê este livro.

6.1 Consumidor no século XXI

Este capítulo foca os 76 por cento dos clientes norte-americanos que utilizam a internet. Antes de nos aprofundarmos em compreender os norte-americanos e seus comportamentos, é importante refletir sobre os 24 por cento daqueles norte-americanos que não usam a internet. Não seria positivo para uma empresa construir uma presença na web se seu mercado está centrado em um percentual minoritário. Os grupos menos conectados tendem a ser mais velhos, menos instruídos, em grupos étnicos minoritários, não têm filhos, vivem em áreas rurais e têm renda baixa (de acordo com dados fornecidos pela Pew Internet & American Life Project na pesquisa de 2010). Esses dados **demográficos** não estão sujeitos a evoluir rapidamente, e é por isso que a adoção da internet atingiu sua fase de maturidade nos EUA, pairando em 70 a 75 por cento nos últimos anos (Figura 6.1).

Globalmente, o uso da internet ainda está crescendo, mas a um ritmo mais lento que no passado. Em 2009, 1,8 bilhão de pessoas tinham acesso à internet, o que representa 27 por cento da população mundial (400 por cento de crescimento nos últimos nove anos). Como pode ser observado no Apêndice B, 51 países apresentam uma taxa de penetração de pelo menos 50 por cento. Os dez países mais importantes em termos de número absoluto de usuários respondem por quase 38 por cento de todos os usuários de internet. Nesses países, as taxas de adoção variam de 7 por cento (Índia) até 77 por cento (Coreia do Sul).

Onde estão os outros 6,1 bilhões de pessoas do mundo? Não estão on-line. O Capítulo 4 descreve muitas questões sociais, culturais, tecnológicas, legais e políticas como os principais motivos pelos quais os clientes não utilizam a internet nas economias emergentes. Sem mudanças significativas, alguns países nunca poderão atingir altos níveis de adoção da internet, embora a elevada adoção do telefone celular possa finalmente mudar esse contexto. Isso é

Figura 6.1 Internet atinge a maturidade: penetração desde 1995 até 2010.

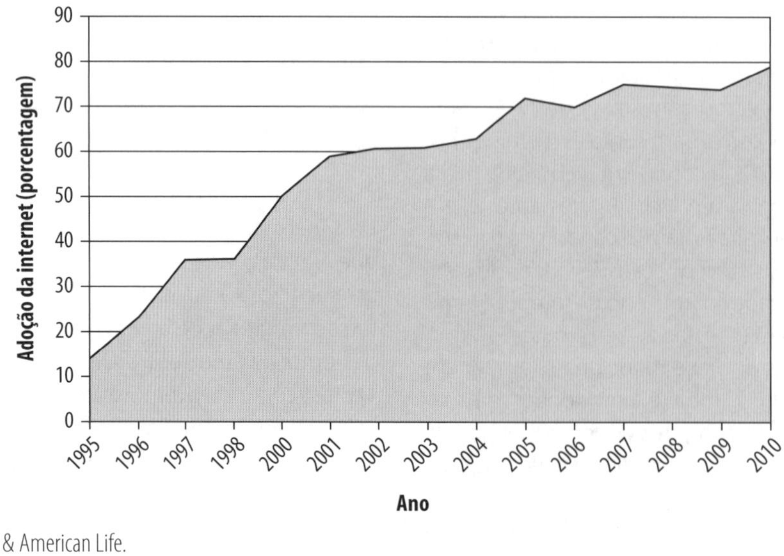

Fonte: dados do Pew Internet & American Life.

importante para que os profissionais de marketing saibam que podem entrar nos mercados internacionais.

O uso da internet em nações desenvolvidas alcançou uma massa crítica, e os profissionais de marketing atualmente formulam questões práticas, como: se o mercado-alvo da empresa é on-line, o que esses clientes fazem on-line, o que determina se eles vão comprar de um website e os investimentos de marketing que devem ser feitos nos canais on-line. Este capítulo aborda o comportamento padrão do consumidor usuário da internet nos Estados Unidos, a fim de descobrir as respostas para algumas dessas questões. Uma coisa é certa: 'Hoje, o comportamento do cliente incorpora muito mais tecnologia do que há dez anos', segundo Scott Schroeder, principal executivo da Cohorts.

6.2 Dentro do processo de trocas na internet

Muitos estímulos, características e processos explicam o comportamento de compra do consumidor. Estímulos que podem motivar os consumidores a adquirir um produto em vez de outro incluem táticas do mix de marketing e fatores culturais, políticos, econômicos e tecnológicos. Características individuais do comprador, como nível de renda e personalidade, também entram em cena, junto de outros aspectos psicológicos, sociais e pessoais. Por fim, os clientes passam por uma variedade de processos de decisão com base em atributos situacionais e do produto. O conhecimento de marketing sobre o comportamento do consumidor é bastante complexo e, embora façamos muitas generalizações, as diferenças individuais também são importantes — especialmente porque a tecnologia da internet possibilita uma customização eficaz e eficiente para focar mercados tão pequenos que se tornam únicos, individuais.

Para criar estratégias de marketing eficazes, os profissionais de marketing digital precisam compreender o que motiva as pessoas a comprar bens e serviços, no curto e longo prazos (ou seja, desenvolver a lealdade à marca). **Troca** é um conceito básico do marketing que se refere ao ato de se obter um objeto que possua valor de alguém, oferecendo algo em troca. Quando os clientes compram um produto, eles estão trocando dinheiro por bens ou serviços desejados. No entanto, muitos outros tipos de trocas de marketing podem ser feitos, como quando um político pede aos cidadãos para trocarem seus votos pelo seu serviço público.

A Figura 6.2 resume o processo básico de troca na internet — uma representação gráfica para ajudar a focar essa discussão. Os indivíduos trazem suas próprias características e recursos pessoais ao processo, visto que eles buscam resultados específicos em uma troca. Esse processo ocorre dentro de um contexto tecnológico, social/cultural e legal. A troca normalmente é motivada por estímulos do marketing — tópico da Parte 4 deste livro.

Contexto tecnológico

A internet passou de novidade para utilidade nos Estados Unidos e nas nações mais desenvolvidas (consulte o Apêndice B). Solicitar serviços de ISP é como obter os serviços de telefonia e endereço postal: a maioria dos clientes dos EUA considera isso como uma atividade de rotina. É fundamental que os profissionais de marketing digital compreendam a situação atual de constante mudança das tecnologias da internet se eles quiserem atrair e aumentar suas trocas com os clientes. O Quadro 'Informações técnicas' ajuda nesse processo, assim como o conceito de web Semântica e outras inovações mencionadas no Capítulo 1. Neste livro, vamos focar dois desenvolvimentos importantes que atualmente afetam o comportamento do consumidor on-line — a velocidade da conexão doméstica e o cenário em mudança dos dispositivos de recepção de conteúdo digital, como os smartphones.

Sessenta e três por cento dos norte-americanos on-line se conectam à internet em casa com serviço de internet de banda larga (rápida). A propósito, os Estados Unidos não têm a penetração mais elevada de banda larga nem a mais rápida — um fato geralmente discutido nas conferências europeias. Os clientes que se conectam usando banda larga evidenciam um comportamento on-line diferente daqueles que acessam a internet a partir de banda estreita ou modem de 56k em um PC. Os usuários de banda larga apreciam mais os jogos de multimídia, música e entretenimento, pois esses aplicativos são rapidamente baixados (consulte o quadro 'Informações técnicas' para obter informações sobre questões relacionadas à banda larga e marketing). No outro extremo, os indivíduos que acessam com dispositivos portáteis, como smartphones, tendem a aces-

Figura 6.2 O processo de troca on-line.

sar notícias, previsão do tempo, cotações da bolsa e outros serviços de dados que não necessitam de tantos gráficos. Por exemplo, a Travelocity possui um grande website prático para organizar viagens e também um website móvel que permite que os turistas acessem com algumas palavras o status do seu voo a partir de um telefone celular.

O lar norte-americano típico tem 26 dispositivos eletrônicos diferentes de mídia e comunicação, de acordo com a Consumer Electronics Association. A televisão já não é mais o veículo principal — os clientes gastam mais de quatro horas on-line diariamente (Figura 6.3). Os profissionais de marketing estão muito interessados nos hábitos de visualização de vídeo em 'três telas':

- O norte-americano médio assiste a 153 horas de televisão por mês em casa com um aparelho de TV.
- Cento e trinta e um milhões de norte-americanos assistem a cerca de três horas de vídeo mensalmente na internet.
- Treze milhões e quatrocentos mil norte-americanos assistem uma média de 3,5 horas por mês de vídeo em telefones celulares e dispositivos móveis, segundo a Nielsen Company ('Americans Watching More TV', 2009).

A adoção do DVR (Digital Video Recorder) tem crescido rapidamente para quase 40 por cento de todas as casas (de 1 por cento em 2000). O TiVo e DVRs oferecidos pelas empresas a cabo possibilitam que os proprietários gravem programas digitais e enviem para os seus PCs pela rede sem fio doméstica. O uso do DVR não afetou o comportamento de compra do cliente ou a aquisição de produtos anunciados, de acordo com Carl Mela, professor da Duke´s Fuqua School of Business. Em um estudo de três anos, concluído em 2010, Mela constatou que 95 por cento das pessoas ainda assistem à televisão ao vivo, sendo expostas a anúncios publicitários, e que 70 por cento dos espectadores com DVRs pulam os comerciais (Gallagher, 2010).

O essencial é aprender quais dispositivos os atuais e futuros clientes de uma organização possuem e quais eles preferem utilizar para a conexão. As empresas enviam dados para dispositivos de recepção de conteúdo digital dos clientes, como PC, pager, máquina de fax, iTV (TV interativa), correio de voz, smartphone, telefone celular e outros dispositivos. Os usuários podem agora acessar preços das ações, informações de rastreamento de encomendas da FedEx, mudanças de horários nas companhias aéreas, meteorologia e muito mais em seus smartphones, dentro de um táxi a caminho de uma reunião com o cliente ou ao aeroporto. Não ignore a **telemática** — um sistema de comunicação em um automóvel que utiliza um sistema de posicionamento global (GPS) para comunicação interativa entre empresas e motoristas. Esse sistema permite que os motoristas recebam orientações e conteúdo da internet ou enviar ajuda de emergência. Ele possibilita que os profissionais de marketing enviem informações e entretenimento aos ocupantes dos automóveis.

Contextos sociais e culturais

Os dias dos profissionais de marketing que mantêm os clientes cativos durante os 30 segundos de um comercial de TV estão rapidamente chegando ao fim, e a permanência na frente de um anúncio on-line é praticamente inexistente. A mídia tradicional não tem mais a mesma capacidade de atingir as massas de consumidores, que têm-se fragmentado em mercados cada vez menores. A internet tem treinado indivíduos e organizações para discutir produtos on-line e para prestar ajuda com relação a informações, produtos e praticamente tudo que eles querem, quando e onde eles desejam. Por exemplo, os clientes entram em concessionárias de carros após conversar on-line com outras pessoas sobre as opções, e levam folhas impressas sobre informações referentes às opções e preços de automóveis.

Portanto, o poder está se deslocando para os consumidores, e os profissionais de marketing não estão sendo mais tão bem-sucedidos interrompendo a atenção do consumidor (como comerciais de televisão), necessitando agora envolvê-los com conteúdo relevante, conforme mencionado no Capítulo 1. As pedras fundamentais para atrair os consumidores on-line são reputação, relevância e engajamento (Figura 6.4).

Figura 6.3 Uso diário da mídia (minutos por dia) nos Estados Unidos.

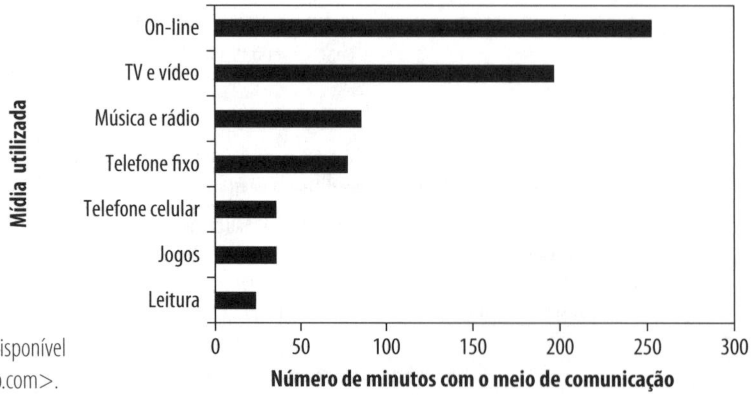

Fonte: dados do Yankee Group. Disponível em: <http://www.yankeegroup.com>.

Figura 6.4 Engajamento de clientes por meio de conteúdo apreciável e relevante.

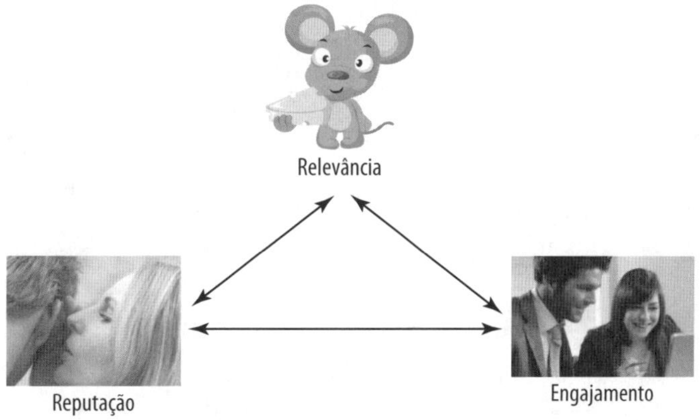

Reputação. A imagem e a reputação da marca são baseadas na percepção do mercado. Empresas com boas reputações são autênticas e honestas, reconhecem seus erros e cumprem as promessas da marca. Como recompensa, elas recebem mais recomendações dos clientes, apreciam relacionamentos mais longos e rentáveis, e vendem mais produtos e serviços. Uma das tendências sociais mais importantes é que os clientes confiam uns nos outros mais do que confiam na publicidade ou nas empresas. O aumento do conteúdo gerado pelo usuário entre as comunidades on-line do Facebook, Amazon, Twitter, Google Groups é de consumidores que procuram aconselhamento entre si. Por exemplo, Askapatient (<http://www.askapatient.com>) hospeda milhares de postagens sobre os efeitos colaterais de vários medicamentos. Os clientes visitam o website para ver se outras pessoas tiveram os mesmos efeitos colaterais que eles experimentaram e o que esperar desse novo medicamento — essas informações parecem mais confiáveis que as publicadas pelas empresas farmacêuticas. A Edelman, empresa de relações públicas (RP), coloca esta pergunta anualmente em seu Barômetro da Confiança: 'Se você ouviu informações de cada uma dessas fontes, qual a credibilidade destas informações?'. Aqui estão as fontes classificadas como confiáveis em 2010:

- 64 por cento: um acadêmico ou especialista.
- 52 por cento: um analista financeiro ou industrial.
- 45 por cento: representante de organização não governamental (ONG).
- 44 por cento: uma pessoa como você.
- 40 por cento: o CEO ou líder de uma empresa.
- 35 por cento: um funcionário do governo.
- 32 por cento: um funcionário de uma empresa.

Uma *pessoa como você* é alguém que compartilha seus interesses, como outros pacientes, cinéfilos, turistas ou fãs de esportes. Em um estudo relacionado abordando a confiança da fonte de informações, a Forrester constatou que 77 por cento dos entrevistados confiam mais em e-mails de 'pessoas que você conhece' do que em 'classificações/avaliações de produtos' (60 por cento) e 'mecanismos de portais/busca' (50 por cento). Os melhores profissionais de marketing compreendem esse contexto e observam os websites e a mídia social repletos de conversas entre seus públicos-alvo. Mas não é suficiente apenas observar e escutar. Os profissionais de marketing verdadeiramente avançados estão se juntando à conversa e aprendendo com os consumidores.

Informações técnicas

Banda larga e as oportunidades de mercado

Você foi convidado a ajudar a projetar um website com alguns gráficos atraentes. Seu gerente quer que você descreva as implicações da largura de banda. Você não tem certeza do que seja uma largura de banda e prefere não parecer um idiota na reunião. Você precisa ter informações sobre largura de banda e de que forma ela influencia o projeto do website.

O mundo on-line é dividido entre indivíduos que possuem velocidade lenta e aqueles com uma conexão de alta velocidade à internet. Se você já teve essa experiência então sabe quão dramático isso pode ser. No ambiente de trabalho, a maioria das pessoas tem uma conexão de alta velocidade à internet em sua rede corporativa, que é às vezes chamada banda larga ou conexão de banda larga. Em casa, muitas pessoas têm conexões via modem de baixa velocidade em suas linhas telefônicas, embora cada vez mais usuários domésticos estejam adquirindo conexões de banda larga com as empresas de telefonia ou a cabo. Muitos usuários vão modificar seu comportamento on-line com base na velocidade da conexão (por exemplo, fazer compras on-line no trabalho, pois as páginas carregam muito mais rápido).

A divisão de velocidade é um tremendo desafio para os profissionais de marketing. O rico conteúdo de multimídia flui sem esforço por uma conexão de alta velocidade, embora seja quase insuportável esperar por uma conexão de modem lenta. O que o profissional de marketing pode fazer?

Três estratégias possíveis lidam com um público misto de largura de banda.

1. **Projeto para o usuário mais lento:** a aposta mais segura é projetar o conteúdo para uma conexão de baixa velocidade, de modo a evitar a exclusão de qualquer grupo de usuários. Essa técnica é adotada por alguns gigantes da internet, incluindo Amazon.com e Yahoo! Seus websites tendem a ser leves nos gráficos e pesados no conteúdo do texto, que carrega rapidamente.
2. **Projeto para o usuário mais rápido:** ignora os usuários de baixa velocidade e projeta uma largura de banda maior e geralmente para um público mais afluente. Alguns serviços (por exemplo, serviços de streaming de música, como pandora.com) são viáveis apenas com uma conexão de alta velocidade.
3. **Criar versões rápidas e lentas do website:** customizar o conteúdo para a velocidade da conexão do usuário usando um recurso de detecção automática ou simplesmente perguntando ao usuário qual é sua velocidade de conexão. websites de notícias que fornecem clips de vídeo adotam rotineiramente essa abordagem, assim como os websites de downloads de música.

A questão da largura de banda é similar ao movimento de transmissão para a TV a cabo e via satélite. Assinantes de TV a cabo e via satélite assumem um custo maior para receber conteúdo em suas casas. Em troca, eles têm acesso a mais canais (mais largura de banda) e uma imagem de alta definição. Nos Estados Unidos, os clientes optaram por essas alternativas. A crescente evidência indica que os clientes norte-americanos estão igualmente dispostos a pagar pelo acesso de alta velocidade à internet. Em troca, eles obtêm acesso aos seguintes serviços:

- Venda pessoal e atendimento ao cliente pelo computador como um dispositivo de videoconferência. Os serviços de conferência são mais importantes para produtos que exigem explicação para fechar a venda, como as peças de encanamento oferecidas pela FaucetDepot.com.
- Ligações telefônicas pela internet utilizando serviços Voice Over Internet Protocol (VOIP) como o Skype.
- Disponibilidade de música pela web, como as músicas oferecidas pela Apple iTunes, Rhapsody e Pandora.
- Disponibilidade de filmes pela web, como os filmes oferecidos pela Apple TV e Netflix.
- Realidade virtual, como o Google Earth.

A largura de banda (velocidade) é medida em bits por segundo (bps). São necessários cerca de 10 bits para codificar uma única letra. Aproximadamente 500 mil bits para codificar uma fotografia. Com um número tão expressivo, é mais fácil falar sobre kilobits por segundo (Kbps). Portanto, a questão é quanto tempo o usuário está disposto a esperar em uma conexão de baixa velocidade? A pesquisa mostra que o tempo máximo de espera é de aproximadamente 10 segundos. Utilizando esse número como um guia, os valores mínimos aproximados para largura de banda tolerável para transmitir diferentes mídias são mostrados na tabela a seguir:

Tipo de mídia	Mínimo tolerável de largura de banda (kilobits por segundo)
Texto	25
Gráficos (figuras)	50
Som	100
Vídeo	1.000

Hoje, os modems mais rápidos de linha telefônica operam em 56 Kbps — suficientemente rápidos para texto e gráficos. Entretanto, os atuais modems de linha telefônica não são rápidos o suficiente para conteúdos multimídia com qualidade aceitável (som e vídeo). O acesso à internet de alta velocidade pode ser adquirido com valor especial nas empresas a cabo, de telefonia e satélite. E os clientes estão cada vez mais optando por esses serviços.

Informações técnicas

Opções de banda larga

Você está tentando adquirir uma conexão de internet de alta velocidade para o seu apartamento. Você sabe das diferentes opções — ***modems a cabo, DSL*** *e satélite — você não tem certeza da diferença entre eles, e não quer comprar além do necessário. Você necessita de informações sobre as conexões de banda larga para a casa e as opções disponíveis.*

Os canais de informação que formam a estrutura da internet possuem capacidades incríveis de carregamento e estão constantemente sendo atualizados por empresas como Cisco, Sprint e AT&T. No entanto, os clientes pagam pela conexão no domicílio. Várias alternativas com e sem fio estão disponíveis.

As alternativas com fio fazem uso de duas linhas que já estão conectadas à residência do usuário — o telefone fixo e a da TV a cabo. Essas linhas podem operar com carga dupla para acessar o conteúdo da internet em um canal enquanto elas executam suas funções normais nos outros canais.

Linha de assinante digital

A tecnologia da linha de assinante digital (DSL) refere-se a um conjunto de métodos para transmissão em velocidades de até 8 Mbps (8 milhões de bits por segundo) ao longo de uma linha telefônica padrão. A DSL utiliza a linha telefônica já instalada nas residências dos clientes, possibilitando que os usuários façam chamadas telefônicas e naveguem na internet ao mesmo tempo, pois os dados viajam fora da banda de voz. Os usuários devem instalar um modem DSL; alguns fabricantes de computadores oferecem esses modems como um item pré-instalado, e algumas empresas de telefonia fornecem esses modems. As principais empresas de telefonia implantaram a infraestrutura para suportar a tecnologia DSL; no entanto, eles entraram um pouco tarde no jogo e foram surpreendidos com os modems a cabo. Como resultado, as empresas de telefonia atribuem preço do serviço de DSL de forma agressiva para atrair assinantes a cabo.

Modems a cabo

As empresas a cabo se uniram em dois consórcios. Em um exemplo, a Time Warner, a Time Warner/Advance-Newhouse e a Media One Group, Inc. formaram um consórcio chamado Road Runner. Esses consórcios ajudam a estabelecer padrões e compartilhar custos de desenvolvimento.

Os consórcios atraíram capital de risco. Como exemplo, a Compaq Computer (agora HP) e a Microsoft investiram $ 212,5 milhões individualmente na Road Runner. Obviamente, a indústria de computadores pessoais tem uma participação na venda de upgrades de computador para clientes que precisam de máquinas com mais capacidade para lidar com a largura de banda adicional.

Os modems a cabo permitem a transmissão de tráfego de internet no fio da TV a cabo conectado a residência. A velocidade de transmissão do modem a cabo varia entre 500 Kbps e 10 Mbps. O principal problema que as empresas a cabo podem enfrentar é o excesso de assinantes! Esse problema surge porque os assinantes na vizinhança do cabo compartilham a largura de banda. Quanto mais os assinantes compartilham, menor a largura de banda disponível para compartilhar. Portanto, se um bairro fica saturado de assinantes, cada um deles poderá sofrer com a diminuição da velocidade.

As empresas a cabo possuem duas grandes vantagens — penetração precoce no mercado e um conjunto muito maior de disponibilidade de conteúdo. Os **adotantes iniciais** optaram por modems a cabo, pois era a primeira tecnologia disponível. Esse uso precoce também propiciou aos modems a cabo a vantagem da divulgação boca a boca. As empresas a cabo resolveram rapidamente seus problemas de infraestrutura e agora podem focar no estabelecimento de serviços de valor agregado, como os descritos a seguir:

- Vídeo sob encomenda.
- Áudio com qualidade de CD.
- Jogos on-line disponíveis para download e compra.

Cada serviço de valor agregado oferecido impõe uma barreira à entrada das empresas de telefonia. Por que comprar um serviço com menos recursos? E como o fornecimento de cada serviço requer uma curva de aprendizado, as empresas de telefonia vão ter dificuldade em recuperar o atraso.

O cabo também tem uma velocidade máxima teórica mais elevada que a DSL. No entanto, empresas de telefonia como a AT&T continuam a questionar a velocidade real *versus* a velocidade anunciada do cabo. No entanto, se ambas as redes estiverem devidamente apoiadas, o cabo ainda ganha a batalha.

Uma forma de competição das empresas de telefonia consiste nos preços. A DSL normalmente é mais barata que o cabo, embora haja variações regionais em preço. Em alguns casos, as empresas não cobram taxa de instalação se o usuário assinar um longo período de serviço.

Opções de banda larga sem fio

Três concorrentes menores no cenário da banda larga são satélite, fixo, sem fio fixo e sem fio móvel. A banda larga por satélite é oferecida pela HughesNet. A principal limitação é largura de banda limitada que não se adapta bem com o aumento no número de assinantes.

O acesso sem fio fixo é o mais bem categorizado pela distância e largura de banda. Alguns sistemas são projetados para atuar em uma faixa de quilômetros, substituindo efetivamente o acesso com fio para a residência. Outros sistemas operam em uma faixa de até centenas de metros, fornecendo conectividade local dentro da casa ou do escritório. Em qualquer cenário, a largura de banda do sistema determina sua adequação como uma conexão de banda larga.

O acesso sem fio móvel é disponibilizado pela rede de telefonia celular. Com as torres de telefonia celular já existentes em muitas áreas, o acesso à web via celular parece ser uma consequência natural. A rede de telefonia celular é confiável, e em muitas áreas da comunicação já é digital. O problema é a largura de banda. A rede de telefonia celular foi projetada para lidar com comunicações de voz de largura de banda estreita. Como resultado, a comunicação de dados pela rede é relativamente lenta. As redes de telefonia celular de terceira geração (3G) ajudam a resolver o problema de largura de banda, pela transferência de dados até dez vezes mais rápida do que as redes tradicionais de telefonia celular. Os usuários de iPhone e os vendedores de computadores portáteis estão se empenhando em popularizar os serviços 3G. Em última análise, os usuários querem acesso a qualquer coisa, a qualquer hora, em qualquer lugar e de qualquer dispositivo.

Relevância. Os clientes não odeiam toda a publicidade — eles simplesmente não gostam de ser interrompidos com comunicação irrelevante. Esta é a razão pela qual os programas de restrição a serviços de telemarketing estão sendo um sucesso extraordinário para os consumidores, que relatam receber menos chamadas desde que fizeram o registro. Por outro lado, o grande número de usuários on-line que opta por receber mensagens de e-mail de empresas que eles gostam acolhe favoravelmente as comunicações recebidas. Conforme você aprenderá nos capítulos posteriores, os profissionais de marketing utilizam muitos métodos, como comportamento do público-alvo e publicidade por meio de palavras-chave, para apresentar ofertas relevantes para seus consumidores potenciais. Isso inclui pesquisa, insight, comunicação bidirecional e apresentação do produto certo para o consumidor certo no momento certo.

Engajamento. O fator fundamental para atrair usuários de internet é fornecer conteúdo ou entretenimento relevante. De acordo com a Time, Inc., os três pilares do engajamento do cliente são: conteúdo, mídia e as atividades de marketing. A história do consumidor que abriu este capítulo é um exemplo de conteúdo interessante que engajou o usuário a seguir um caminho para aprender mais. Quanto mais relevante, divertido e emocionante o conteúdo for, maior a probabilidade de ele envolver o público. O engajamento da mídia é o contexto para o conteúdo. Espaços de mídia social como Twitter, Facebook e aplicativos móveis para o iPhone proporcionam um ambiente persuasivo para atrair e engajar clientes. Esses websites também são excelentes, pois possibilitam recomendações fáceis para amigos — uma poderosa forma de comunicação da marca. As atividades de marketing de engajamento são simplesmente a sequência utilizada para atrair usuários para a mídia e para o conteúdo. As melhores atividades ajudam os clientes a construir uma associação pessoal com a marca, como quando eles podem customizar os produtos, comentar sobre vídeos no YouTube, inserir imagens de amigos no conteúdo relacionado à marca e muito mais.

Por exemplo, o seriado de televisão *Lost* foi número um em engajamento do cliente, entre fevereiro e abril de 2010, de acordo com a empresa de pesquisa de mídia social Network Insights. A exibição obteve a classificação #1 em conversa do público on-line, embora estivesse apenas na classificação #10 no ranking da Nielsen dos programas mais assistidos. A Network Insights contou 131,4 milhões de telespectadores que postaram comentários ou leram conversas na mídia social no período de um mês. Gostamos de dizer que a mídia social é como boca a boca em esteroides.

As seguintes tendências gerais sociais e culturais também apresentam um enorme efeito sobre as trocas on-line:

- **Sobrecarga de informações.** O excesso de informações oprime os clientes, cria uma **economia de atenção** — a ideia de que as informações podem ser infinitas, embora a demanda pelas informações seja limitada pela capacidade humana. Esse grave problema é agravado pela internet, e é uma razão pela qual os clientes têm pouca tolerância para spam (e-mail não solicitado).
- **Multitarefa.** A multitarefa acelera os processos normais e diminui a atenção para cada tarefa. Por exemplo, os **Milênios**, um segmento de clientes nascidos entre 1974 e 1994 (também chamada Geração Y), consiste em grandes clientes multitarefas, que provavelmente assistem em casa a eventos esportivos na televisão, falam ao telefone celular e verificam os resultados esportivos na internet ao mesmo tempo — olhando com grande interesse para um website de beisebol (Baker, 2004). Notavelmente, 102,6 milhões de adultos utilizam a internet enquanto assistem à televisão (Figura 6.5).
- **Casa e trabalho.** As fronteiras entre a casa e o trabalho estão se dissolvendo. Muitos usuários de

Figura 6.5 Usuários adultos da internet que utilizam outra mídia enquanto estão on-line (milhões).

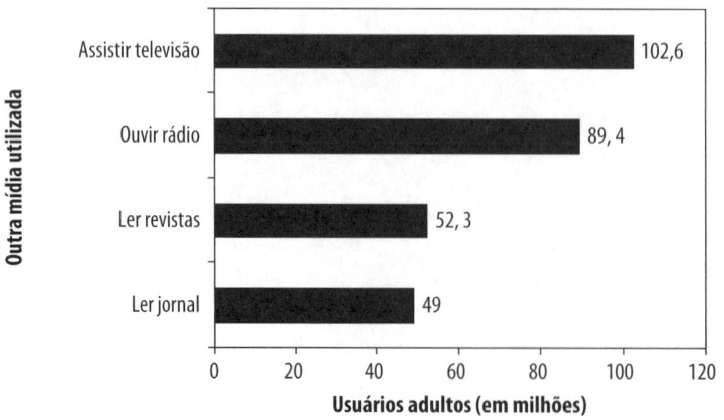

Fonte: gráficos eMarketer, janeiro de 2007 (<http://www.emarketer.com>).

internet dos EUA têm acesso à internet tanto em casa como no trabalho. Catorze por cento revelam ocupar mais tempo trabalhando em casa por causa da internet (consulte <http://www.pewinternet.org>). Além disso, a comScore Media Metrix revelou que muitos trabalhadores dos EUA fazem planos de viagens, compra de produtos e lidam com outras tarefas pessoais on-line enquanto estão no trabalho. A casa tornou-se o centro da vida e home office para muitos indivíduos; essa tendência aumentará à medida que mais norte-americanos telecomutam (trabalham, vivem em diferentes cidades e raramente visitam o escritório físico).

- **Eu quero o que eu quero quando eu quero.** Em qualquer lugar, a qualquer hora, a conveniência é fundamental para as pessoas ocupadas. Elas querem ver o conteúdo on-line, fazer compras ou pagar contas a qualquer hora do dia ou da noite a partir de qualquer localização geográfica, on-line ou não, e receber entregas, quando conveniente para elas, e não para a empresa ou o serviço de entrega de encomendas. Usuários on-line acessam a internet a partir de dispositivos móveis, enviando e-mail, mensagens de texto, fotos e buscando mapas e outras coisas na web. Os clientes têm expectativas elevadas de que as empresas vão responder e-mails dentro de 48 horas e que, em geral, vão apresentar o desempenho esperado — caso contrário, eles postam uma reclamação em um blog ou rede social, ou em <http://www.epinions.com> e relatam a alguns milhares de 'amigos' sobre o baixo desempenho da empresa.
- **Oxigênio on-line.** Esse termo, cunhado na trendwatching.com, significa que um número crescente de clientes não pode ficar sem o acesso à internet — eles *anseiam* por isso. Para exemplificar, quando os usuários de internet canadenses foram questionados sobre o que queriam com eles se estivessem presos em uma ilha deserta, 51 por cento disseram o PC, 21 por cento mencionaram o telefone e apenas 12 por cento disseram a televisão. Quem é viciado em e-mail ou websites específicos certamente compreende essa tendência!
- **Conectividade.** Estar conectado significa tudo neste mundo da mídia social. Tudo gira em torno de com quem você está conectado nas redes sociais, quantos amigos tem, ou quantos deles gostaram do que você postou, quantas pessoas observaram e avaliaram suas fotos ou vídeo no YouTube e quantos seguidores no Twitter você tem. Os profissionais de marketing que desenvolvem aplicativos para ajudar os clientes a construir suas conexões de uma maneira divertida vão obter reconhecimento positivo da marca.
- **'Dentro do conhecimento'.** Este é outro termo cunhado pela trendwatching.com. Pessoas 'dentro do conhecimento' têm acesso a informações que as outras não têm, como o aplicativo mais interessante de iPhone ou qual banda está tocando próximo ao campus. Esses clientes são vistos como pessoas bem informadas quando eles possuem um dispositivo móvel, encontram alguma coisa rapidamente e mostram que são especialistas e modernos. Os profissionais de marketing criadores de aplicativos e combinações de busca/GPS apelam para essa tendência.
- **Autosserviço.** Esse recurso é necessário. Clientes habilitados desejam fazer logon, encontrar informações, fazer compras, monitorar as expedições de produtos, verificar suas contas e fazer consultas a qualquer hora, 24 horas, 7 dias por semana. Além disso, eles querem realizar essas tarefas em um computador via e-mail, na web, em um telefone, smartphone ou aparelho de fax e eles querem todos esses métodos para produzir informações idênticas. É uma contradição interessante: os clientes querem ajudar a si mesmos quando sentem esse desejo e querem ser mimados pelas empresas em outros momentos.
- **Privacidade e segurança dos dados.** Esses fatores são fundamentais, especialmente na Europa. Os clientes querem que os profissionais de marketing mantenham seus dados confidenciais. Eles também querem proteger as crianças de websites que consideram questionáveis ou inapropriados. Os clientes querem que os profissionais de marketing peçam autorização antes de enviar mensagens comerciais por e-mail. Em uma pesquisa, apenas 13 por cento dos clientes disseram que estariam dispostos a trocar dados pessoais para entretenimento gratuito on-line (de acordo com um estudo da Edelman). Por outro lado, os clientes estão inserindo dados pessoais em perfis de redes sociais por toda a internet, talvez sem perceber ou se preocupar com o caráter público dessas informações. Vamos ter de esperar e ver como isso se desenvolve.

Contexto legal

O Apêndice A apresenta uma discussão abrangente sobre os fatores legais que afetam os profissionais de marketing digital; portanto, mencionamos apenas um fator aqui. Até recentemente, os fatores éticos e legais exerciam um efeito quantificável sobre os clientes. Apesar das leis de pirataria, o uso ilegal de software era expressivo. Apesar da nova lei Can-Spam nos Estados Unidos, o número de e-mails não solicitados na verdade aumentou. No entanto, quando a Associação da Indústria Discográfica Americana (RIAA) processou milhares de usuários que baixavam arquivos ilegais de música, os fatores legais realmente exerceram um enorme efeito sobre o comportamento do cliente on-

-line. Em 2002, 37 por cento dos clientes on-line compartilhavam arquivos de música com outras pessoas, índice que caiu para 23 por cento em 2004 (<http://www.pewinternet.org>). Essa mudança é importante, pois todos os produtos digitais enfrentam esse problema, e muitos clientes não hesitam em obter cópias ilegais. Se o sucesso da RIAA representa qualquer indicação, a lei pode realmente mudar o comportamento do cliente de tal forma que os produtos possam ser oferecidos pela internet sem perder os lucros — como faz o iTunes da Apple.

Características e recursos individuais

Além das tendências gerais sociais e culturais, os indivíduos variam em seu comportamento on-line. Parte dessa variação é baseada nas diferenças em características, como dados demográficos e atitudes, e algumas se baseiam nos recursos que os clientes possuem para o processo de troca.

Diferenças individuais. Os usuários da internet possuem várias características que os diferenciam dos não usuários e, da mesma forma, eles diferem em suas necessidades e desejos. A primeira variável envolve demografia. Idade, renda, educação, etnia e gênero afetam a utilização da internet. Em 2010, por exemplo, 93 por cento dos indivíduos de 18 a 29 anos utilizavam a internet, em comparação com aproximadamente 75 por cento da população geral e 38 por cento das pessoas acima de 65 anos (pesquisa de 2007 da Pew Internet & American Life).

A segunda característica é a atitude positiva em relação à tecnologia. Usuários da internet que compram produtos on-line tendem a manter a atitude de que a tecnologia ajuda a tornar suas vidas melhores e mais fáceis. (A Forrester Research criou um esquema de segmentação de mercado utilizando essa variável, conforme descrito no Capítulo 7.) Consulte o quadro 'Informações técnicas' para visualizar as diferenças na seleção da opção de banda larga, indicando as diferenças entre as tecnologias. A terceira característica, habilidade e experiência on-line, desempenha um papel importante no processo de troca. Os consumidores que estão on-line por mais de três anos ou possuem conexões de banda larga tendem a ser mais hábeis que os novos usuários para encontrar informações e produtos rapidamente, resultando em menos frustração e menos abandono do carrinho de compras. Por fim, os veteranos da mídia social tendem a usar o Twitter, enquanto os novatos começam com Facebook, de acordo com a eMarketer.

A seguir, dois pesquisadores descobriram que os compradores on-line tendem a ser mais orientados para o objetivo do que orientados para a experiência durante as compras (Wolfinbarger e Gilly, 2001). O comportamento orientado para a meta muitas vezes inclui a visita a um website específico com um propósito em mente, ou a busca do menor preço para determinado produto. A orientação pela experiência está relacionada a se divertir, fazer compras ou simplesmente navegar para encontrar algo novo. Indivíduos orientados para a meta apreciam a ideia de que eles não têm de lidar com vendedores ou multidões no ambiente on-line, e apreciam a seleção de produtos on-line, a conveniência e a disponibilidade das informações. Quando os clientes estão procurando fazer uma compra experiencial, faz sentido que eles encontrem esse elemento com mais frequência nas lojas físicas do que nas lojas on-line.

Agora que a internet amadureceu em termos de padrões de uso nos EUA, poderíamos escrever um livro inteiro sobre as diferenças individuais no comportamento on-line; no entanto, com 76 por cento on-line, esse contexto está parecido com a população de clientes off-line. Em vez disso, os profissionais de marketing exploram completamente as diferenças de comportamento on-line em seus mercados-alvo e, em seguida, projetam adequadamente os mixes de marketing. É especialmente importante fornecer opções, pois os mercados continuam a se fragmentar em grupos-alvo cada vez menores.

Recursos do cliente. O Capítulo 2 introduziu a equação de valor, mostrando que os clientes concebem valor como os benefícios percebidos menos os custos para obtenção. Esses custos constituem recursos do cliente para a troca: dinheiro, tempo, energia e custos psicológicos.

Custo monetário. Obviamente, os clientes precisam de renda disponível suficiente para trocar bens e serviços que eles desejam — possuir um computador e uma conexão ISP para acesso à internet. Entretanto, o que diferencia a troca na internet é que os clientes geralmente não podem pagar em dinheiro ou em cheques nas transações on-line. Em vez disso, eles pagam com cartão de crédito, cartão de débito, cheque eletrônico ou cartão inteligente. A maioria dos clientes nos países desenvolvidos utiliza cartões de crédito. No entanto, nem todos podem adquirir ou querem um cartão de crédito. Este problema é significativo para profissionais de marketing digital que focalizam um imenso mercado jovem on-line e para aqueles que focalizam clientes em países com pouca disponibilidade de cartão de crédito.

Já os clientes que possuem contas bancárias podem utilizar cartões de débito ou pagar com cheque eletrônico. **Cheques eletrônicos** (também chamados *dinheiro digital*) atuam desta forma: o cliente cria uma conta e autoriza um website de terceiros (como PayPal) a pagar uma quantia especificada e retirar fundos da conta corrente do usuário. Esse método atualmente é tão popular que o PayPal, líder do mercado (adquirido pela eBay em 2002), possui mais de 84 milhões de contas em 190 mercados, e transacionou $ 71 bilhões em pagamentos em 2009 — em 24 moedas diferentes. Por fim, os cartões inteligentes são utilizados em muitos países e estão se tornando populares no Reino Unido. Também chamado *plástico splash*, os cartões inteligentes possuem um chip eletrônico que pode ser codificado para preservar certa quantidade de fundos, pagáveis pelo banco ou por uma empresa depositária. As vantagens são que qualquer pessoa com o dinheiro pode ter um cartão, e o limite de fraude potencial é o valor em dinheiro codificado no cartão.

Outras formas inovadoras de dinheiro digital aparecem em outros países (Farivar, 2004). Na Coreia do Sul, alguns telefones móveis especiais incluem chips eletrônicos que permitem aos clientes debitarem compras na máquina de venda automática com seus telefones. No Japão, um relógio Casio pode ser lido por um scanner de varejo para débito em conta bancária do usuário. Em Hong Kong, os cartões inteligentes usam chips de frequência de rádio que armazenam até o equivalente a $ 128 para uso do tipo caixa-eletrônico. Por fim, na Espanha, 38 convidados importantes em um clube de praia tinham chips de **identificação por radiofrequência (RFID)** (do tamanho de um grão de arroz) implantados em seus braços. Eles simplesmente precisam mover os braços para executar uma transação.

Custos de tempo. A escassez de tempo é um problema para os clientes de hoje; portanto, eles querem receber os benefícios apropriados para o tempo que eles passam on-line. A Figura 6.6 mostra que em novembro de 2009, em todo o mundo, o usuário médio esteve on-line 51 vezes em um mês, visitando mais de 2.600 webpages diferentes, em uma média de 57 segundos por página. Será que esse usuário médio conseguiu o que ele queria em relação ao tempo investido? A responsabilidade incorre sobre as empresas da internet, para garantir que os websites sejam bem organizados e de fácil navegação para que os usuários possam encontrar rapidamente o que querem.

A propriedade da internet de moderador de tempo, discutida no Capítulo 1, ajuda os clientes a gerenciar seu tempo escasso. Os usuários podem fazer compras, enviar e-mail ou realizar outras atividades a qualquer momento — a grande vantagem para qualquer um que não dispõe de muito tempo.

O recurso tempo é um tema fundamental, pois a atenção on-line do cliente é uma comodidade desejável e escassa. A confusão de websites e mídia social, quando associada às atividades de telefonia móvel, atualmente se compara à confusão das outras mídias — com algumas diferenças. Alguns acreditam que os clientes focam mais atenção aos websites que no conteúdo em qualquer outra mídia, exceto, talvez as mensagens de e-mail e texto. Quando os clientes estão na frente de uma televisão, são facilmente distraídos por outras pessoas ou atividades no meio ambiente. O mesmo é válido para a passividade de ouvir rádio. Os clientes parecem dedicar mais atenção à mídia impressa, mas ainda podem virar as páginas rapidamente.

No entanto, os clientes estão 100 por cento engajados e não se distraem facilmente quando estão on-line. Independentemente de estarem em uma viagem de compra experiencial ou orientados para um objetivo on-line, eles estão focados. Portanto, uma vez que os profissionais de marketing digital conseguem captar a atenção do cliente, eles podem gerar uma grande impressão em curto espaço de tempo, desde que o website seja agradável, de autorreforço e envolvente. Isso certamente foi o caso da BMWfilms.com, quando a empresa atraiu 30 milhões de espectadores em três anos para assistir a filmes de 8 a 10 minutos on-line criados por diretores famosos.

Custos da energia dispendida e custos psicológicos. Os custos da energia dispendida e psicológicos estão intimamente relacionados ao tempo. Às vezes, é problemático ligar o computador, fazer logon na internet e verificar e-mail, especialmente para usuários de internet discada. Esse fator explica a crescente popularidade de mensagens de texto curtas (SMS) via telefones celulares e outros dispositivos móveis. Smartphones, como Blackberry e iPhone, permitem que os usuários naveguem na web ou enviem e-mail em qualquer lugar, a qualquer momento; no entanto, as normas internacionais ainda não são suficientemente consistentes para que os turistas contem com esse tipo de conectividade celular a preços razoáveis, de modo que é necessário encontrar um hotspot WiFi.

Os clientes aplicam seus recursos psicológicos quando as webpages são difíceis de serem identificadas ou ao confrontar falhas tecnológicas. Este pode ser o caso de alguns dos 50 por cento de todos os compradores que abandonam carrinhos de compras on-line (Davis, 2009). Isso equivale à metade dos compradores em uma loja física que chegam ao balcão e deixam o carrinho cheio e vão embora sem comprar. Em um momento ou outro, todos os usuários abandonam carrinhos devido a problemas técnicos e outras questões — a compra torna-se demasiadamente

Figura 6.6 Uso combinado da internet em casa e no trabalho nos Estados Unidos.

Indicador	Novembro de 2009
Sessões/visitas por pessoa	51
Número de domínios visitados por pessoa	86
Webpages por pessoa	2.603
Tempo ocupado no PC por pessoa	66 horas, 28 minutos, 44 segundos
Duração do tempo gasto por página	57 segundos

Fonte: dados de <http://www.nielsen-netratings.com>; (disponível em: <http://blog.nielsen.com>).

complicada para ser organizada em alguns websites. No entanto, grande parte do aborrecimento ocasionado pelas compras on-line nos dias atuais envolve o alto custo (inesperado) com frete ou outros custos associados à transação.

Outras razões para o abandono do carrinho de compras: relutância em utilizar o cartão de crédito e outras informações pessoais e perguntas não respondidas sobre as políticas de produto ou de retorno. Alguns clientes estão dispostos a negociar a energia, buscando melhores preços on-line — gerenciando seus recursos com base em quais são abundantes e quais são escassos.

Troca na internet

Agora vem o momento real, quando ocorre a troca. websites favoritos e marcadores sociais (por exemplo, delicious.com) ajudam os clientes a saltar rapidamente para sua loja on-line favorita, ao procurar um produto ou fazer uma compra. Além disso, mensagens de e-mail ou widgets de rede social muitas vezes contêm hiperlinks para conduzir os clientes diretamente para as informações específicas, relatórios de notícias ou anúncios de promoções. A internet tem a característica adicional de automação para facilitar a troca. Por exemplo, a CNN.com envia e-mails de uma frase com as manchetes várias vezes ao dia ou durante a semana para aqueles que assinam o serviço — a história completa está a um clique. A CNN também oferece isso como um Twitter. Da mesma forma, a Amazon.com envia aos clientes um link para um novo livro de acordo com um autor comprado anteriormente. Estes e-mails automatizados facilitam o processo de troca.

Resultados da troca

Quais benefícios os clientes obtêm por meio da troca de todo dinheiro, tempo e energia? O Pew Research Center realiza pesquisas contínuas intituladas *Internet and the American Life*. Junto com a comScore Media Metrix, a Nielsen//NetRatings, a rede de ClickZ e informações de muitas outras fontes, agora temos uma rica compreensão sobre o que os clientes norte-americanos fazem on-line e como a internet mudou a forma como as pessoas se comportam. Usando essas generalizações, os profissionais de marketing observam as diferenças em seus mercados-alvo e, então, constroem estratégias on-line e off-line para atender a suas necessidades.

As pessoas fazem apenas cinco atividades básicas on-line — conectar, criar, apreciar, aprender e negociar. Cada qual é compatível com a oportunidade de marketing. Nas seções seguintes, categorizamos uma variedade de atividades on-line para atender às necessidades e desejos dos clientes. Observar sob esse prisma ajuda os profissionais de marketing a lembrar de que os lucros provêm do foco no cliente.

Conectar. Diferentemente de qualquer outro meio, a internet permite que os consumidores interajam com os indivíduos e organizações que utilizam multimídia em comunicação bidirecional. Quase todos os usuários da internet enviam e-mails (89 por cento). O e-mail ainda é o 'killer app' da internet em âmbito mundial, apesar do spam e da mídia social — embora quase a metade de todos os clientes utilize websites de redes sociais. Os clientes se comunicam on-line com e-mails, mensagens de texto, postagens no Twitter e Facebook, pois é uma forma barata de manter contato, e porque normalmente é baseada em texto para que o procedimento possa ser facilmente realizado com um modem lento ou por um dispositivo portátil sem fio. Além disso, os clientes fazem novas conexões com pessoas e parceiros de negócios que eles encontram on-line que, por vezes, são transferidas para o mundo físico.

Os clientes também dedicam tempo à mensagem instantânea (MI), utilizam a internet para fazer chamadas telefônicas (Skype) e encontrar pessoas on-line para relacionamento (Figura 6.7). Parte dessa comunicação ocorre em websites dedicados, como os de relacionamento on-line, avaliações de livro na Amazon, blogs, redes sociais, Flickr e muitos mais. Os clientes trocam tempo e energia para estabelecer relacionamentos com amigos e familiares, e até mesmo para resolver problemas com empresas.

A popularidade do e-email explica o sucesso dos serviços de e-mail com base na web, como Hotmail (Microsoft), Gmail

Figura 6.7 Proporção de conexão on-line nos Estados Unidos.

Resultados	Porcentagem	Resultados	Porcentagem
Enviar ou ler e-mails	89	Ler um blog	32
Enviar ou receber mensagens de texto de telefone celular	74	Bate-papo on-line	22
Apoio à situação específica	58	Compartilhar arquivos (P2P)	15
Uso de website de rede social	47	Fazer chamadas telefônicas pela internet	13
Enviar mensagem instantânea	38	Visitar website de relacionamento	8

Fonte: dados de estudos de 2004-2009 em: <http://www.pewinternet.org>.

(Google), AOL e Yahoo!. Esses websites obtêm consistentemente um número imenso de visitantes, e a introdução posterior do Gmail atua como um lembrete de que ainda existem muitas oportunidades com relação às necessidades on-line do cliente, mesmo nos campos competitivos mais acirrados.

A convergência entre aplicativos criou uma nova forma de conexão. A maioria dos usuários da internet envia e recebe fotos digitais, algumas de telefone celular ou smartphone. Conectar induz os usuários a enviar cartões virtuais, Monk-e-mail (<http://www.careerbuilder.com>) e muito mais.

Criar. Essa necessidade de se conectar foi um trampolim para os websites da rede social, onde os usuários podem criar perfis, fazer upload de imagens e outros conteúdos, e se conectar com amigos e colegas. Criação de conteúdo é outra necessidade. É a maior forma de engajamento do usuário, pois os usuários estão participando, adicionando às ofertas da web. MySpace é o website mais popular, com 52,5 por cento do mercado da rede social, excluindo Twitter (de acordo com <http://www.hitwise.com>). Facebook é um competidor real devido às suas inúmeras aplicações inéditas (36 por cento de participação). Para os profissionais, o LinkedIn define o padrão, com mais de 65 milhões de perfis em duzentos países. O LinkedIn inclui executivos de todas as empresas da *Fortune 500*.

A criação de conteúdo por parte do usuário para fazer o upload tem crescido tão rapidamente e é um campo tão vasto que vamos colocá-la em uma categoria separada. A Figura 6.8 mostra que 30 por cento de todos os usuários da internet criam e postam conteúdo. A maior atividade envolve compartilhamento de fotos digitais em websites como o Flickr.com (46 por cento). Os usuários também criam ou postam comentários em blogs, criam vídeos para o YouTube e para uma infinidade de competições on-line para comerciais de televisão criados pelo usuário (por exemplo, o Concurso Doritos para o Super Bowl). Não é de admirar que os usuários criem todos esses vídeos para upload, já que mais da metade dos usuários da internet gosta de assistir a vídeos em websites de mídia social. Por fim, 6 por cento criam avatares para mundos virtuais, como o Second Life, com seus 18 milhões de habitantes, que ultrapassou 28 milhões de horas em 2008. Você encontrará estratégias de mídia social para capitalizar essa tendência nos próximos capítulos.

Apreciar. Muitos clientes utilizam a internet para obter entretenimento (Figura 6.9). Setenta e dois por cento navegam para buscar diversão. Entretanto, uma das grandes promessas da internet é o entretenimento áudio e visual. Mais da metade dos usuários dos EUA atualmente assiste a vídeos on-line (62 por cento), e 37 por cento fazem download de músicas, em grande parte devido aos altos índices de adoção da conectividade de banda larga. Acreditamos que esses números continuarão a aumentar no futuro, pelas seguintes razões: primeira, todo o conteúdo televisivo atualmente é transmitido digitalmente. Segunda, mais dis-

Figura 6.8 Proporção de criação e upload de conteúdo nos Estados Unidos.

Resultado	Porcentagem	Resultado	Porcentagem
Upload de fotos para compartilhar	46	Marcar conteúdo on-line (por exemplo: fotos)	28
Avaliar um produto, serviço ou uma pessoa usando um sistema de avaliação on-line	39	Criar um blog	11
Postar comentários em um blog ou website	30	Criar um avatar para o mundo virtual	6
Criar e postar conteúdo	30		

Fonte: dados de estudos de 2004 a 2009, disponíveis em: <http://www.pewinternet.org>.

Figura 6.9 Proporção de apreciação de entretenimento on-line nos Estados Unidos.

Resultado	Porcentagem	Resultado	Porcentagem
Navegar para se divertir	72	Jogar um jogo	35
Assistir a vídeo em website de mídia social	62	Baixar arquivos de vídeo	27
Resultados esportivos	45	Download de podcast	19
Download de músicas	37	Visitar website para adultos	13

Fonte: dados de estudos de 2004 a 2009 em: <http://www.pewinternet.org>.

positivos como o sistema DVR TiVo permitirão que os programas de TV sejam enviados conforme solicitação. Além disso, serviços como o Hulu armazenam programação para transmissão na internet, televisão ou PC a qualquer hora. Terceira, os clientes adotarão banda larga como parte de seu serviço de televisão a cabo. O conteúdo de entretenimento on-line vai crescer consideravelmente e se tornar apenas uma das opções disponíveis para que o cliente decida como ocupar seu tempo on-line. Nesse meio-tempo, o streaming de mídia e as técnicas aperfeiçoadas de compressão de dados fornecem mais acesso aos clientes para o entretenimento on-line.

Uma forma que os profissionais de marketing têm para se manter atualizados é monitorar os termos de busca inseridos no Google, Yahoo! e outros mecanismos de busca pelos usuários. Itens populares de busca tendem a mudar mensalmente com eventos inéditos ou férias; contudo, uma análise dos termos mais digitados em 2009 valida o elevado uso da internet para entretenimento, notícias de celebridades e esportes (Figura 6.10).

Aprender. Os clientes acessam informações para obter informações on-line, como notícias, instruções de direção, informações de viagens, empregos, previsão do tempo, resultados esportivos e transmissões de rádio pela internet (Figura 6.11). Treze por cento de todos os usuários adotam aulas on-line, apenas para diversão. Na verdade, 72 por cento dos entrevistados em uma pesquisa da Harris disseram que a internet lhes proporcionou mais recursos, e 46 por cento disseram que a internet os tornou mais inteligentes (consulte <http://www.redefineyourworld.com>). Isso é bom em razão da tendência de estar 'dentro do conhecimento' e ser uma pessoa legal.

Os profissionais de marketing digital já sabem, há algum tempo, que os clientes possuem apenas uma quantidade limitada de tempo para o consumo de mídia, e que a internet elimina o acesso à mídia off-line. Por exemplo, 14 por cento da população dos EUA afirmam que a internet é sua fonte primária de notícias, e 72 por cento de usuários on-line verificam as notícias.

Como os usuários de internet encontram informações para a aprendizagem? Muitos são leais a determinados websites de mídia, muitas vezes motivados por e-mails das últimas notícias. Oitenta e oito por cento utilizam mecanismos de busca e 47 por cento utilizam Wikipedia para obter informações. As consultas variam desde a busca por vaidade ('Quantas vezes o meu nome aparece no Google?') até a busca da alma ('Quem é Deus?') e do ridículo ('o que é aquilo') ao comovente ('Minha mãe tem câncer de mama, o que devo fazer?').

Negociar. A maior parte dos clientes procura produtos, compra ou conduz outras atividades transacionais on-line. Setenta e cinco por cento compraram produtos on-line em 2009 e mais de um quarto pagou pelo acesso ao conteúdo digital (como a assinatura de um serviço de relacionamento ou o *New York Times*) (Figura 6.12). Além disso, a maioria faz reservas de viagem on-line. A nova categoria mais dramática são os classificados on-line, em grande parte liderada pelo Craigslist. Os leilões on-line também estão crescendo, com 27 por cento dos usuários de internet vendendo alguma coisa on-line tanto via classificados ou em leilão. Considere o eBay, com 90 milhões de usuários ativos e registrados em 39 mercados globais, e $ 60 bilhões de vendas em 2009 (consulte <http://www.ebay.com>). Em virtude de sua popularidade, várias empresas oferecem software especial para ajudar os licitantes a definir valor no eBay. Por outro lado, as compras em supermercados on-line caíram na lista nos últimos anos, devido à sua falta de viabilidade como um modelo on-line para a maioria dos supermercadistas norte-americanos.

É importante notar que 81 por cento de todos os usuários da internet procuram informações on-line antes de comprar produtos. Às vezes, eles utilizam essas informações para compra on-line, e às vezes compram em loja física — muitos clien-

Figura 6.10 Dez termos principais de busca em 2009.

Google		Yahoo!		Bing	
Classificação	**Termo**	**Classificação**	**Termo**	**Classificação**	**Termo**
1	Michael Jackson	1	Michael Jackson	1	Michael Jackson
2	Facebook	2	Saga Crepúsculo	2	Twitter
3	Tuenti	3	WWE	3	Gripe suína
4	Twitter	4	Megan Fox	4	Bolsa de valores
5	Sanalika	5	Britney Spears	5	Farrah Fawcett
6	Saga Crepúsculo	6	Naruto	6	Patrick Swayze
7	Lady Gaga	7	American Idol	7	Cash for Clunkers
8	Windows 7	8	Kim Kardashian	8	Jon e Kate Gosselin
9	Dantri.com.vn	9	Nascar	9	Bill Mays
10	Torpedo Grátis	10	Runescape	10	Jaycee Dugard

Fonte: dados relatados pelo Google, Yahoo! e Bing.

Figura 6.11 Proporção do aprendizado e obtenção de informações on-line nos Estados Unidos.

Resultado	Porcentagem	Resultado	Porcentagem
Utilizar mecanismo de busca para obter informações	88	Encontrar o número de telefone/ endereço	54
Mapa ou instruções de direção	86	Informações sobre um emprego	52
Saúde/médico	83	Tour virtual do local	51
Informações sobre hobby	83	Pesquisa para emprego atual	51
Verificar a previsão do tempo	76	Utilizar Wikipedia	47
Obter notícias	72	Buscar informações sobre uma pessoa	42
Comprar/fazer reserva de viagem	66	Procurar um lugar para morar	39
Notícias/informações políticas	60	Financeiro	39
Website do governo	59	Ouvir/ver um evento ao vivo on-line	29
Encontrar informações sobre 'como fazer' ou consertar	59	Religioso/espiritual	28
Pesquisa de escola/formação	57	Participar de uma aula on-line para divertimento	13

Fonte: dados de estudos de 2004 a 2009 em: <http://www.pewinternet.org>.

Figura 6.12 Proporção da negociação on-line nos Estados Unidos.

Resultado	Porcentagem	Resultado	Porcentagem
Pesquisar produto antes de comprá-lo	81	Pagar pelo acesso ao conteúdo digital	28
Comprar um produto	75	Participar em leilões on-line	27
Comprar/fazer reserva de viagem	66	Doação para caridade	19
Banco on-line	57	Vender algo on-line	15
Utilizar classificados on-line (Craigslist)	49	Assistir a aula da universidade	13
Pagar contas on-line	38	Comprar/vender ações, obrigações, fundos mútuos	11
Utilizar anúncios classificados (Craigslist)	30		

Fonte: dados de estudos de 2005-2009 em: <http://www.pewinternet.org>.

tes compram fora da internet com base em informações que recebem on-line.

Um consumidor típico gasta uma hora por dia na internet em compras on-line, faz 21 compras on-line ao ano, e 57 por cento deles dizem que a internet tornou-os melhores clientes (consulte <http://www.redefineyourworld.com>).

Começamos este capítulo falando sobre como os clientes assumiram o controle e querem conteúdo relevante e envolvente. Por que então os profissionais de marketing enviaram 1,08 trilhão de anúncios para usuários da internet no primeiro trimestre de 2010 (de acordo com a comScore)? Apresentamos este contexto apenas como algo a ser considerado.

Resumo do capítulo

A internet tem crescido mais rapidamente que qualquer outro meio de comunicação na história. Em 2007, 1,8 bilhão de pessoas tinham acesso à internet, o que representa 27 por cento da população global. No entanto, 6,1 bilhões de outras pessoas não estão on-line, por questões sociais e culturais, tecnológicas e políticas, assim como a ideia de que muitas atividades não podem ser substituídas pela internet.

O conceito básico de marketing de troca refere-se ao ato de obter um objeto desejado de alguém, oferecendo algo em troca. Os indivíduos trazem suas próprias características e recursos pessoais ao processo, visto que eles buscam resultados específicos em uma troca. Esse processo de interação ocorre dentro de um contexto tecnológico, social/cultural e legal. As pedras fundamentais para atrair clientes on-line são reputação, relevância e compromisso. Entre as tendências sociais/culturais dos EUA que afetam as trocas on-line estão a sobrecarga de informações, multitarefas, limites entre a residência e o trabalho, eu quero o que eu quero quando eu quero, oxigênio on-line, conectividade, no conhecimento, autos serviço e preocupações sobre privacidade e segurança dos dados.

Os usuários da internet tendem a ter uma atitude mais positiva em relação à tecnologia e ser mais hábeis e experientes com o uso do computador. O gênero afeta as atitudes com relação ao uso da tecnologia da internet, e a idade e a etnia também podem afetar sua utilização. Compradores on-line tendem a ser mais orientados para objetivos e são orientados pela conveniência ou pelo preço. Por fim, a conectividade de banda larga significa a capacidade de assistir a vídeos e ouvir música on-line.

Os quatro custos principais que os clientes trocam por benefícios são dinheiro, tempo, energia e custos psicológicos. A troca na internet pode ser facilitada por marcações de websites favoritos, mensagens de e-mail com hiperlinks e e-mails automatizados de websites que buscam atrair visitantes. As principais atividades on-line dos clientes podem ser categorizadas em: conectar, criar, apreciar, aprender e negociar. Cada resultado representa uma oportunidade de mercado para os profissionais de marketing experientes.

Exercícios

Questões para revisão

6.1 O que é uma troca?

6.2 Quais são algumas das tendências que afetam as trocas on-line nos Estados Unidos?

6.3 O que significa *engajamento do cliente*?

6.4 Quais são as características individuais que influenciam o comportamento on-line?

6.5 Quais são os quatro custos que constituem os recursos do cliente para a troca?

6.6 Como os profissionais de marketing digital podem facilitar a troca na internet?

6.7 Quais são as cinco principais categorias de resultados esperados pelos usuários da internet?

6.8 De que forma os clientes criam conteúdo para a web?

Questões para discussão

6.9 Por que um cliente vai à biblioteca em vez de utilizar a internet para pesquisa?

6.10 Pode existir uma economia de atenção em países onde a penetração da internet é baixa? Explique sua resposta.

6.11 O que os profissionais de marketing digital podem fazer para acomodar clientes que são compradores experienciais?

6.12 Como os profissionais de marketing digital podem capitalizar o interesse do cliente nos relacionamentos, como resultado da atividade da internet?

6.13 Quais são as razões para o crescimento na rede social on-line?

6.14 Por que você acha que os clientes confiam mais uns nos outros do que nas empresas? O que os profissionais de marketing podem fazer com relação a isso?

6.15 Quais são algumas das maneiras pelas quais os profissionais de marketing podem engajar os clientes no conteúdo?

CAPÍTULO

1 2 3 4 5 6 **7** 8 9 10 11 12 13 14

Segmentação, seleção de públicos-alvo, diferenciação e estratégias de posicionamento*

Se os teóricos da segmentação tivessem um deus para adorar, este deus certamente seria a internet.
— Roger D. Blackwell, customers.com

Diferenciação é a técnica mais importante de marketing na internet. Se alguém vê um clone do YouTube, não há razão alguma para usá-lo, uma vez que ele não oferece nada mais que o próprio YouTube...
— MarketingHub.Info

O objetivo principal deste capítulo é ajudá-lo a analisar as várias bases para a segmentação de mercado, as classificações e as características dos segmentos de e-marketing, e fornecer exemplos de diferenciação de produto e estratégias de posicionamento para o e-marketing. Você também terá melhor compreensão acerca da dimensão e do crescimento de vários segmentos de mercado na internet.

Após a leitura deste capítulo, você estará apto a:

- Compreender as características dos três principais mercados orientados para o e-business.
- Explicar por que e como os profissionais de marketing digital utilizam a segmentação de mercado para alcançar os clientes on-line.
- Entender as bases de segmentação de mercado e as suas variáveis mais utilizadas.
- Descrever os cinco tipos de segmentação por uso da internet e suas respectivas características.
- Identificar as duas estratégias de seleção de públicos-alvo que os profissionais de marketing digital podem utilizar para atingir os clientes on-line.
- Definir diferenciação e posicionamento e fornecer exemplos de empresas on-line que utilizam esses conceitos.

A história da 1-800 Flowers

Jim McCann é um garoto que acompanha a tecnologia. Ele começou com 14 lojas de varejo de flores em Nova York em 1976, e atualmente é um varejista multicanal que entende seus clientes-alvo. Dez anos mais tarde, ele adquiriu o número de discagem gratuito 0-800-Flowers (nos EUA é 1-800), para que os clientes pudessem fazer pedidos de flores por telefone de qualquer local para entrega em Nova York. Em 1995, McCann foi ágil em implantar o comércio eletrônico com um website inicial para ampliar a marca: <http://1-800-flowers.com> e oferecer entrega 24 horas por dia, sete dias por semana, em âmbito mundial. A essa altura, a empresa havia se expandido para plantas, comida gourmet, cestas de presentes e outras mercadorias relacionadas a presentes.

O website obteve bons resultados e a empresa gerou muitos dados sobre os clientes atuais e os potenciais que se cadastraram e compraram on-line. Como utilizar esse contexto para aumentar os lucros? McCann utilizou o software da SAS de datamining (mineração de dados) para identificar seus públicos-alvo. O software vasculhou os fluxos dos cliques e padrões de compra de 21 milhões de clientes da empresa e revelou algumas descobertas interessantes. Segundo McCann, 'Nem todo cliente quer a mesma relação. Alguns querem que você se envolva mais com eles do que os outros, alguns vão lhe dar diferentes níveis de permissão sobre como contatá-los. No final do dia, você tem muitos clientes diferentes... [informações sobre] quem são eles e como eles gostariam de ser tratados'. A 1-800-Flowers pode utilizar o marketing individual para atender a uma pessoa que só compra no Dia dos Namorados, ou

* Observe que a seção de diferenciação e posicionamento deste capítulo foi originalmente contribuída em 2003 por Adel El-Ansary, Donna L. Harper, professores de marketing da University of North Florida e revista para as edições posteriores.

a um segmento maior de pessoas que querem ser lembradas das datas de aniversários dos seus amigos e familiares. Toda essa atenção individual é possível no negócio de McCann.

Como resultado da identificação e atendendo muitos segmentos distintos de clientes, o 1-800-flowers.com atraiu 656 mil novos clientes no último trimestre de 2009, e de seu 1,7 milhão de clientes, 60 por cento foram recompras. O bônus? Diminuição de custos devido ao menos tempo no telefone com os clientes. E esse procedimento parece estar funcionando: no último trimestre de 2009, o website teve 767.360 visitantes diários e $ 238,5 milhões em vendas. McCann está pronto para compartilhar os dados de suas marcas complementares, incluindo produtos de decoração e os produtos de jardinagem da Plow & Hearth, pipoca *premium* e outros presentes envolvendo os alimentos da The Popcorn Factory, produtos de alimentação gourmet da GreatFood.com, e os presentes infantis da HearthSong e da Magic Cabin Dolls. McCann ainda está na vanguarda, pois a 1-800-Flores tem atualmente uma presença pequena, embora crescente, de varejo no Second Life: 'Procuramos todos os meios possíveis para estabelecer um diálogo com nossos clientes', segundo McCann.

7.1 Segmentação e seleção de públicos-alvo: visão geral

A 1-800-Flowers entende claramente as necessidades e o comportamento de seus mercados-alvo. A empresa deve ter um profundo conhecimento do mercado para elaborar uma estratégia de segmentação e de seleção dos seus públicos. Conforme explicado no Capítulo 3, o planejamento estratégico de e-marketing ocorre em dois níveis altamente inter-relacionados. O primeiro envolve os tópicos de segmentação, seleção, diferenciação e de posicionamento abordados neste capítulo. As estratégias do segundo nível envolvendo os 4 Ps e a gestão do relacionamento com os clientes (CRM) são discutidas nos capítulos 8 a 14.

Os profissionais de marketing tomam decisões sobre segmentação e seleção dos seus públicos-alvo com base em fontes de dados internos primários e secundários (consulte a Figura 7.1). **Segmentação de marketing** é o processo de agregar indivíduos ou empresas com características similares relacionadas ao uso, consumo ou benefícios de um produto ou serviço. O resultado da segmentação de mercado consiste em grupos de clientes denominados segmentos de mercado. Usamos a palavra *grupos* vagamente aqui. Um segmento de mercado pode ser de qualquer tamanho, desde uma pessoa até milhões de pessoas — um ponto importante, pois a tecnologia de marketing da internet permite que as empresas adaptem facilmente seus mix de marketing para atender às necessidades individuais. É importante observar que somente vale a pena selecionar públicos-alvo de forma individual quando eles realmente possuírem diferenças marcantes. Por exemplo, se os usuários da internet se comportam de forma diferente no trabalho ou em casa, os profissionais de marketing podem aproveitar essas diferenças focando cada um como um segmento separado — caso contrário, por que se preocupar em separar esses usuários em dois públicos-alvo com diferentes mix de marketing?

Seleção de públicos-alvo é o processo de selecionar os segmentos de mercado que são mais atraentes para a empresa. Alguns critérios que as empresas utilizam para selecionar seus públicos-alvo incluem acessibilidade, lucratividade e crescimento.

Figura 7.1 Fontes, bancos de dados e estratégia: níveis estratégicos — capítulos 7 e 8.

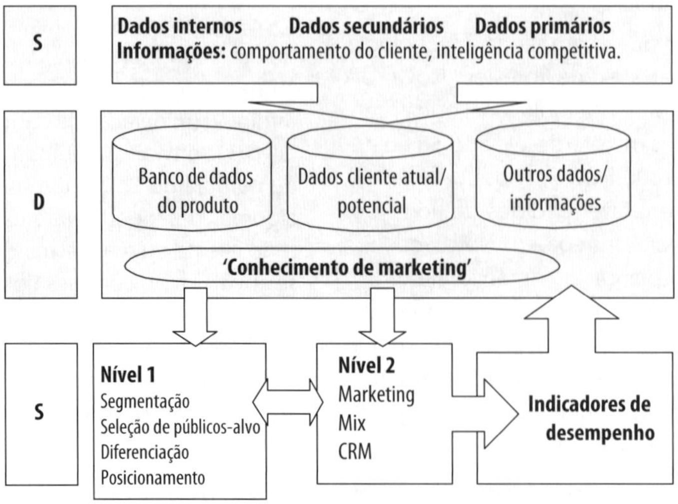

7.2 Três mercados

Sergio Zyman, ex-diretor de Marketing da Coca-Cola, afirma: 'Presume-se que a função do marketing seja vender coisas.' Um meio pelo qual a tecnologia da informação contribui para a venda é facilitar as relações antes e após a transação com clientes futuros e atuais, parceiros e membros da cadeia de suprimentos. No entanto, a tecnologia mais recente não consegue ajudar os profissionais de marketing a vender se eles não identificam os mercados mais adequados. A Figura 7.2 ressalta três mercados importantes que vendem e compram entre si: empresas, clientes e governos. Embora este livro esteja centrado no mercado da **empresa para cliente** (**B2C**), com alguns tópicos de atividades de **empresa para empresa** (**B2B**), os três mercados são importantes. Observe que, após os mercados B2C e B2B, os mercados **empresa para governo** (**B2G**) e **cliente para cliente** (**C2C**) são os locais onde ocorrem a maioria das atividades de e-business.

Mercado empresarial — B2B

O mercado empresarial envolve a oferta de bens ou serviços para empresas, governos e instituições para uso nas operações dos negócios, tanto na utilização desses produtos em suas empresas ou para a revenda. O marketing on-line B2B é imenso em razão da proporção maior de empresas conectadas à internet em relação aos consumidores, especialmente nos países em desenvolvimento. Grande parte da atividade B2B on-line é transparente para os consumidores, pois envolve redes proprietárias que possibilitam o compartilhamento de informações e de banco de dados. Considere a FedEx, empresa de serviços de remessas. Ela mantém imensos bancos de dados com as informações de cada conta e sobre o comportamento dos seus clientes. Seus clientes podem programar a coleta de uma encomenda utilizando o website, monitorar a remessa utilizando um PC ou smartphone, e pagar on-line suas faturas. Às vezes, a ordem de remessa é automaticamente acionada quando um cliente compra algo on-line de um cliente da FedEx; em seguida, a FedEx envia uma notificação por e-mail do progresso da remessa ao varejista.

A tecnologia da informação promoveu eficiências extraordinárias no mercado B2B, embora as empresas que vendem on-line enfrentem crescente concorrência em virtude da globalização e da redução nas barreiras à entrada no mercado provocadas pela internet. Portanto, muitas empresas estão mudando totalmente suas estruturas de cadeia de suprimentos, o que resulta muitas vezes em conflito entre os diferentes canais de marketing. Esse conflito é especialmente problemático quando os fabricantes vendem diretamente aos clientes on-line, desviando os negócios dos parceiros de varejo. Por outro lado, muitas empresas experimentam maior interdependência em sua cadeia de valor em decorrência das práticas de colaboração eletrônica. Existem muitos desafios e oportunidades para as empresas no mercado B2B.

Por fim, a internet possibilita a criação de parcerias inusitadas. Empresas em setores diferenciados consideram relativamente fácil desenvolver parcerias que promovem valor aos clientes. Considere, por exemplo, a joint venture que criou a MSNBC (Microsoft e a rede de televisão NBC).

Figura 7.2 Três mercados básicos.

	Para a empresa	**Para o cliente**	**Para o governo**
Iniciado pelas empresas	Empresa para empresa (**B2B**) The Idea Factory <http://www.ideafactory.com>	Empresa para cliente (**B2C**) Classmates.com <http://www.classmates.com>	Empresa para governo (**B2G**) Western Australian Fonte do Governo <http://www.ssc.wa.gov.au>
Iniciado pelo cliente	Cliente para empresa (**C2B**) Better Business Bureau <http://www.bbb.org>	Cliente para cliente (**C2C**) eBay <http://www.ebay.com>	Cliente para governo (**C2G**) GovWorks <http://www.govworks.gov>
Iniciado pelo governo	Governo para empresa (**G2B**) Small Business Administração <http://www.sba.gov>	Governo para cliente (**G2C**) Estado da Califórnia <http://www.state.ca.us>	Governo para governo (**G2G**) gov EUA <http://www.usa.gov>

Fonte: atualizado em 2010 de Wood, Marian. (2001) *Prentice Hall's Guide to E-Commerce e E-Business*. Upper Saddle River, NJ: Prentice Hall.

Nesse ambiente, as empresas competem não só por clientes, mas também por parceiros e, às vezes, até estabelecem parcerias com os rivais. Para exemplificar, as principais companhias aéreas se reuniram para formar uma central de reservas de passagem aérea — neutralizando a atuação dos agentes de viagens on-line. Em outro exemplo, as principais fabricantes de automóveis dos EUA possuem uma central de compras compartilhada para se conectar a seus fornecedores.

Mercado governamental — B2G

O governo dos EUA é o maior comprador do mundo. Além disso, o poder de compra dos estados, municípios e outros órgãos dos EUA contribui para formar um imenso mercado. Os governos de outros países também são grandes compradores. O governo da Austrália ocidental, por exemplo, compra $ 6 bilhões em bens e serviços anualmente e autoriza mais de 40 mil contratos de trabalho (Figura 7.3).

As empresas que querem vender para os governos enfrentam desafios exclusivos nesse mercado. Os órgãos governamentais possuem muitas regras a serem seguidas com relação a qualificações, burocracia e assim por diante. Além disso, as empresas muitas vezes precisam fazer parte da lista de fornecedores aprovados pelo governo e, depois, competir mais uma vez para os contratos de trabalho específicos por meio de um processo de licitação. Os órgãos governamentais geralmente são específicos com relação à pontualidade da entrega, quanto à qualidade dos produtos e de seus preços. A boa notícia é que pequenas e grandes empresas geralmente têm a mesma chance de vender para os governos, e os websites do governo anunciam suas necessidades de compra antes do processo de licitação. A tecnologia da internet tem ajudado as empresas a serem mais eficientes ao vender para mercados governamentais.

Mercado consumidor — B2C

O mercado consumidor envolve a comercialização de bens e serviços para o usuário final. Este capítulo descreve diferentes segmentos de mercado consumidor e a maior parte deste texto é dedicada ao e-marketing no B2C.

7.3 Bases e variáveis de segmentação de mercado

Os profissionais de marketing podem segmentar os mercados de consumidores baseados em critérios demográficos, localização geográfica, psicográficos e de comportamento em relação ao produto. Dentro de cada base, muitas **variáveis de segmentação** entram em cena (consulte a Figura 7.4). Por exemplo, a segmentação demográfica do McDonalds utiliza as variáveis de faixa etária e ciclo de vida de família para focalizar adultos, crianças, idosos e famílias. Uma maneira de compreender as bases de segmentação é organizá-las em pequenas categorias gerais e criar numerosas subcategorias para as diversas variáveis de segmentação.

As empresas normalmente combinam bases e focos em categorias como **geodemografia** (geografia e demografia). Da mesma forma, elas podem criar segmentos utilizando qualquer combinação de variáveis que façam sentido para o setor. É importante lembrar que os profissionais de marketing criam segmentos com base em variáveis que podem ser utilizadas para identificar e alcançar as pessoas certas nos momentos certos.

Após utilizar qualquer uma dessas quatro bases, isoladamente ou em combinação, os profissionais de marketing selecionam os membros do segmento utilizando mui-

Figura 7.3 Comissão de Suprimentos do governo da Austrália ocidental.

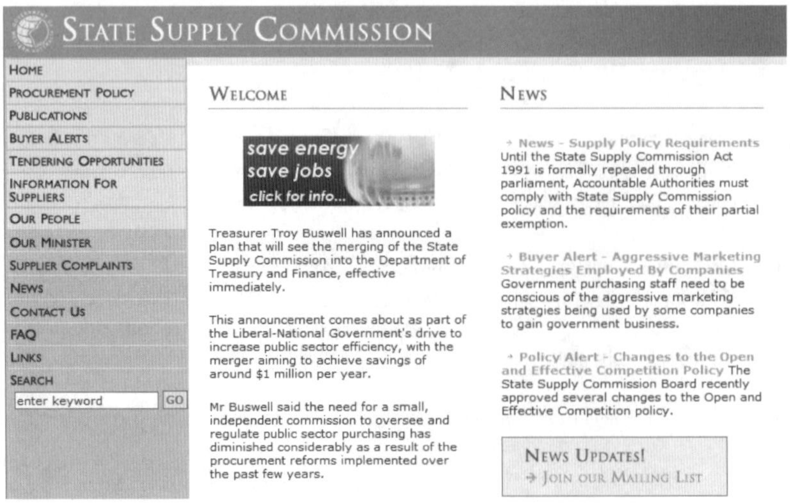

Fonte: <http://www.ssc.wa.gov.au>.

Figura 7.4 Bases de segmentação e exemplos de variáveis relacionadas.

Bases	Geografia	Demografia	Psicografia	Comportamento
Identificação/Perfil	Bairro	Idade	Atividades	Benefícios buscados
	Cidade	Renda	Interesses	Nível de utilização
Exemplo de variáveis	Estado	Gênero	Opiniões	Engajamento on-line
	Região	Educação	Personalidade	*Status* do usuário
	País	Etnia	Valores	

Fonte: <http://www.ssc.wa.gov.au>.

tas outras variáveis. Por exemplo, depois que um website como o <http://iVillage.com> cria uma lista de mães que se registram no website (princípio do segmento), ele pode utilizar pesquisa primária e secundária para desenvolver perfis que descrevam essas mães. Esses perfis podem indicar que determinada porcentagem das mães gosta de cozinhar pratos da cozinha internacional, outra porcentagem geralmente prepara as refeições tradicionais, e outra raramente cozinha. Os profissionais de marketing precisam saber quais variáveis identificam genericamente o público-alvo e quais as variáveis que o descreve, pois utilizam essas variáveis para quantificar e acessar o alvo. Essa distinção indica que uma empresa pode adquirir listas de mala direta de mães e descobrir quais revistas podem alcançá-las, mas é difícil descobrir como chegar até as mulheres que estão off-line e cozinham comida italiana. Se o iVillage sabe que apenas 5 por cento de seu alvo (mães) cozinha comida italiana, e 60 por cento não cozinham, isso vai ajudar a projetar produtos e conteúdo para o website. Por exemplo, o iVillage pode solicitar aos visitantes que cadastrem informações sobre suas preferências culinárias e apresentar em uma única webpage receitas adaptadas aos seus interesses. Portanto, os profissionais de marketing utilizam as variáveis de perfil para refinar o mix de marketing, incluindo o conteúdo e publicidade do website.

As seções a seguir descrevem os segmentos geográficos, demográficos, psicográficos e de comportamento na internet.

Segmentos geográficos

A maioria das empresas focaliza determinadas cidades, regiões, estados ou países para as suas ofertas de produtos. Mesmo as maiores empresas multinacionais costumam desenvolver estratégias multissegmentadas com base na geografia.

A segmentação geográfica é uma força propulsora implícita para a estratégia de distribuição de produtos. Um varejista on-line, como a Buy.com, vai querer atingir os clientes apenas em países onde distribui seus produtos. Da mesma forma, empresas que oferecem serviços on-line só vão vender para áreas geográficas onde elas possam prestar atendimento ao cliente. Antes de uma organização decidir atender o canal internet, ela deve examinar a proporção de usuários de seus alvos geográficos que utilizam a internet. Considere a Small Business Administration (SBA) (Figura 7.5). Essa agência do governo atende a cidadãos que falam espanhol e inglês, e como muitas empresas e instituições filantrópicas, criou o conteúdo do website em diferentes idiomas.

Segmentos geográficos importantes para o e-marketing

A China apresenta o maior uso de internet em âmbito mundial, com 384 milhões de usuários, embora isso represente apenas 28,7 por cento da população. Mesmo que a China seja o maior mercado em termos de tamanho absoluto, os Estados Unidos se aproximam dessa margem, com 234 milhões de usuários e maior penetração (76 por cento da população) e o Japão com 96 milhões de usuários. Em contraste, a Islândia tem a maior proporção de uso da internet. No total, 51 países têm agora pelo menos 50 por cento de penetração na internet. Esses países representam bons mercados para a nova tecnologia, pois eles são extremamente experientes com relação à internet. O Apêndice B relaciona todos os países com estatísticas disponíveis sobre o uso da internet, e este seria um bom ponto de partida para a segmentação geográfica. Tenha em mente que esses números representam um ponto no tempo em 2010, e que as estatísticas de uso da internet variam amplamente, dependendo de quem realiza o estudo. Os profissionais de marketing que utilizam variáveis geográficas para segmentação também avaliam mercados on-line por região, cidade, área urbana e assim por diante. Por exemplo, regiões inteiras da América do Norte e da Escandinávia contêm mercados atraentes, e as áreas mais urbanas, como a Cidade do México, no México, estão mais conectadas que as áreas rurais. Muitos fatores indicam a viabilidade de mercado para o comércio eletrônico e outras atividades de e-business em países fora os Estados Unidos, conforme explicado no Capítulo 4.

Figura 7.5 Website da Small Business Administration dos Estados Unidos em espanhol e em inglês.

Fonte: <http://www.sba.gov>.

Idiomas nas webpages. O inglês tem perdido espaço na maioria das webpages e dos boletins informativos on-line e o seu declínio relativo continua. Em 2010, os principais idiomas da internet incluíram inglês (28 por cento), chinês (23 por cento), espanhol (8 por cento), japonês (5 por cento), alemão (4 por cento) e português (4 por cento), de acordo com <http://www.internetworldstats.com> (Figura 7.6). Obviamente, essas descobertas têm enormes implicações para os profissionais de marketing digital que desejam atingir mercados globais por meio da internet; até que mais textos on-line surjam em idiomas locais, os usuários desses países não estarão aptos a participar de atividades de comércio eletrônico ou outras atividades on-line. Infelizmente, os desenvolvedores da web em muitos países asiáticos e do Oriente Médio enfrentam desafios técnicos, pois os idiomas locais requerem conjuntos de caracteres de bytes duplos (*versus* byte único para línguas românicas) e, portanto, precisam de mais bancos de dados e customização de transação e algoritmos de busca complicados.

Mercado local. Por último, os esforços do marketing local atuam bem on-line, graças às buscas locais do Google e Yahoo! e websites de avaliação corporativa, como o Yelp. Pequenas empresas, como oficinas mecânicas, podem estar relacionadas nessas buscas, mesmo que elas não tenham websites. O Google oferece aplicativos incríveis para smartphones, permitindo que os proprietários realizem negociações locais. Em 2009, 31 por cento da população procurou por restaurantes locais ou outros serviços utilizando mecanismos de busca, 28 por cento utilizaram o antigo diretório de páginas amarelas, 21 por cento utilizaram a versão da internet das páginas amarelas e 12 por cento utilizaram um dispositivo móvel, segundo a comScore.com. Os cinco principais websites de busca local são os seguintes:

Figura 7.6 Quase um terço dos usuários da web em 2010 acessa em inglês.

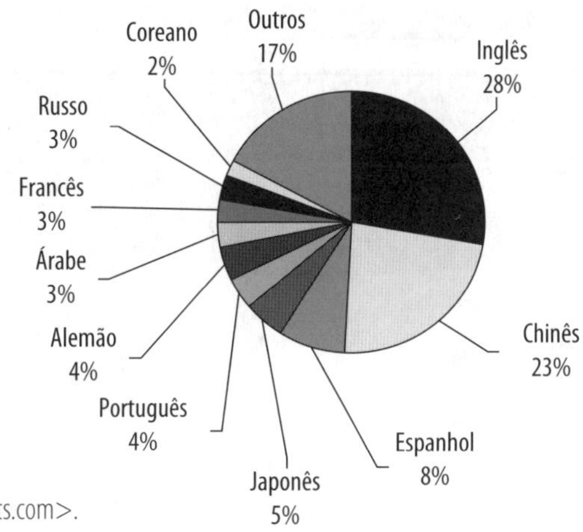

Fonte: dados do <http://www.internetworldstats.com>.

1. Yahoo! Local.
2. Google Maps.
3. ThinkLocal.
4. Yellowpages.com.
5. Local.com.

Outros esforços importantes de marketing local incluem os classificados eBay (com 67,7 milhões de visitantes em 20 de abril de 2010) e o imensamente popular Craigslist.

Segmentos demográficos

Nos primeiros anos da internet, o usuário típico era um jovem do sexo masculino, graduado, com renda elevada — exceto com relação ao gênero, esta é a descrição de um típico inovador. Esse contexto geralmente é repetido em países com baixos níveis de adoção à internet. Nos países desenvolvidos, os usuários se parecem com a população convencional. No entanto, da perspectiva demográfica, a penetração mais pesada da internet em 2010 inclui indivíduos de 18 a 29 anos (93 por cento utilizam a internet) que são brancos (76 por cento), vivem em áreas urbanas (77 por cento), ganham mais de $ 75 mil por ano (94 por cento) e possuem gradução superior (94 por cento dos graduados estão on-line), de acordo com a pesquisa da Pew Internet e American Life.

Para alcançar esses segmentos, os profissionais de marketing identificam nichos demográficos atraentes. As seções seguintes descrevem três segmentos de mercado que recentemente chamaram a atenção dos profissionais de marketing digital: geração do milênio, crianças e líderes de opinião on-line.

Geração do milênio. Nos Estados Unidos, 60 milhões de pessoas nascidas entre 1979 e 1994 estão atingindo a maioridade no século XXI. Mais de 90 por cento utilizam a internet — quase 20 por cento acima da média nacional. A Pew Internet e a American Life denominam a geração do milênio como 'confiante, conectada e aberta à mudança'. Essa geração é capaz de lidar com multitarefa e sobrecarga de informações melhor que os usuários mais velhos da internet, pois eles cresceram com a internet. São pessoas que podem facilmente operar qualquer aparelho receptor e visualizar informações, comunicação e entretenimento por meio dos dados disponíveis em múltiplos dispositivos. Elas sabem como utilizar bloqueadores de pop-up de publicidade on-line e utilizar o gravador de vídeo digital para assistir à programação da televisão, pulando os comerciais — a menos que estes sejam especialmente divertidos. Setenta e cinco por cento têm um perfil em um website de rede social, 83 por cento dormem com seus telefones celulares e 80 por cento enviaram uma mensagem de texto nas últimas 24 horas, de acordo com uma pesquisa realizada pela Pew Internet e American Life em 2010. A maioria tem banda larga para baixar músicas e assistir a vídeos on-line.

A geração do milênio constitui um importante segmento de mercado, pois ela é a primeira geração a controlar rapidamente as informações, utilizar simultaneamente vários aparelhos de tecnologia e ignorar totalmente os profissionais de marketing. Mais da metade da geração do milênio assiste à televisão e utiliza a internet ao mesmo tempo; às vezes, votam on-line enquanto assistem ao *American Idol* ou a outros programas de televisão. Eles utilizam muitos canais de mídia, como mensagens instantâneas, e-mail, mensagem instantânea no Facebook, iPods, MP3 players, redes P2P, videogames e outros mundos virtuais.

Se os profissionais de marketing conseguirem chamar a atenção e entretê-los, eles vão ouvir e divulgar as notícias por meio do boca a boca on-line (marketing viral) e das redes sociais. Esse grupo é um desafio real, e é importante para os profissionais de marketing digital como campo de testes para o futuro — se as marcas não puderem captar os mercados mais jovens, elas se tornaram obsoletas. Consulte a Figura 7.7 para gURL.com, um ótimo website que foca adolescentes do sexo feminino e jovens adultos — no entanto, observe que a geração do milênio está crescendo, e muitos agora se preocupam mais em casar, trabalhar e constituir família.

Figura 7.7 gURL.com foca segmentos de adolescentes do sexo feminino e jovens adultos.

Fonte: <http://www.gURL.com>.

Crianças. O número de crianças com idade inferior a 16 anos on-line está aumentando. A categoria de 2 a 11 anos saltou para 16 milhões em 2009 — 9,5 por cento de todos os usuários de internet, de acordo com a Nielsen Company. O que as crianças menores de 18 anos fazem on-line?

De acordo com o eMarketer.com, as atividades e a porcentagem de crianças atuando on-line são descritas a seguir:

- Jogar on-line: 78,1 por cento.
- Lição de casa: 34,2 por cento.
- Música: 28,6 por cento.
- Vídeos: 26,2 por cento.
- Navegar na web: 22,7 por cento.
- E-mail: 20,4 por cento.
- Busca: 15,7 por cento.
- Compra on-line: 13,1 por cento.
- Baixar música: 12,7 por cento.
- Baixar jogos: 11,8 por cento.
- Conversar: 9,3 por cento.
- Participar em salas de bate-papo: 3,7 por cento.

Crianças pequenas também aparecem no website de rede social <http://Webkinz.com> durante horas. Webkinz são os bichinhos de pelúcia vendidos por $10 a $ 20 em lojas físicas. Em casa, as crianças cortam o rótulo e identificam um código de oito dígitos que pode ser utilizado no Webkinz.com para registrar seu novo brinquedo e receber um animal de estimação parecido. Uma vez no website, as crianças recebem dinheiro virtual (KinzCash) e podem gastá-lo para obter coisas ou roupas e outros itens para seu unicórnio, gato ou sapo virtual. As crianças podem jogar para ganhar mais dinheiro e, naturalmente, os pais podem acrescentar dinheiro nas contas de seus filhos. O Webkinz propicia conexões seguras e bate-papos com outros donos de animais, possibilita que os membros tenham empregos virtuais que gerem dinheiro, e também oferecem aplicativos criativos, como permitir que as crianças criem programas de TV. O tempo médio diário dedicado ao Webkinz no final de 2006 foi de duas horas e oito minutos, em relação ao tempo médio de 31,5 minutos dedicado ao YouTube.

Muitos pais se preocupam com os filhos utilizando a internet; no entanto, não conseguem interromper esse imenso mercado potencial moderno. Em vez disso, eles limitam o conteúdo da web para as crianças (consulte o quadro 'Informações técnicas' na filtragem de conteúdo). 'O número de crianças em todo o mundo que utiliza a internet aumentará drasticamente nos próximos seis anos e se tornará um imenso mercado', segundo Michael Erbschloe, diretor de Pesquisa da Computer Economics. Estamos de acordo.

Grupos étnicos. Hispânicos, norte-americanos, africanos e asiáticos são mercados on-line importantes. Hispânicos que falam inglês é um enorme segmento com adesão de 64 por cento à internet (de acordo com a pesquisa em 2008 da Pew Internet e American Life). Eles tendem a ficar on-line 'apenas por diversão', ouvir música on-line, fazer download de músicas, buscar informações sobre música, livros ou outras atividades de lazer em maior número que os não hispânicos caucasianos. Eles também acessam mais a internet por meio de um dispositivo portátil que os caucasianos não hispânicos (53 por cento *versus* 33 por cento 'já fizeram isso', de acordo com a pesquisa da Pew Internet e American Life). Utilizando uma base de segmentação geodemográfica, os profissionais de marketing observam que Miami-Fort Lauderdale, Flórida, é o décimo quinto maior mercado global, embora seja o terceiro maior em usuários da web hispânica.

Os afros-norte-americanos continuam sendo um dos grupos étnicos com maior e mais rápido crescimento on-line, com 70 por cento de adesão (<http://www.pewinternet.org>). Os usuários da internet nesse grupo tendem a ser mais jovens, mais instruídos e mais ricos que os afros-norte-americanos que não utilizam a internet. Além disso, diferentemente dos outros usuários, esse grupo consiste em compradores significativos de música on-line, e adquirem menos roupa e viagens. Eles provavelmente ficam on-line mais que outros usuários da

Informações técnicas

Filtragem de conteúdo

De alguma forma, você foi impelido a cuidar de seu primo de 7 anos. Ele pergunta se pode ficar on-line enquanto você prepara o jantar — macarrão com queijo com pedaços de salsicha, é claro. No entanto, você pensa: 'Como vou monitorá-lo enquanto eu estiver cozinhando?'. Você sabe que os pais dele jamais gostariam que ele tivesse acesso a conteúdo inapropriado on-line. Quando você faz uma pausa para meditar sobre esse dilema, seu primo diz: 'Não se preocupe! Minha mãe e meu pai deixaram o computador seguro para mim'.

Um segmento crescente de usuários da web são pessoas com idade inferior a 18 anos. As crianças muitas vezes têm suas contas pessoais de e-mail e apelidos on-line. Muitas famílias têm a preocupação de que seus filhos sejam expostos a conteúdo on-line indesejável, como pornografia ou violência, que podem ser considerados censuráveis. Mesmo as crianças que não procuram esses materiais podem ser expostas a eles ao realizarem buscas inocentes. Por exemplo, uma simples busca para 'Websites de meninas' utilizando um dos principais mecanismos de busca resultou em inúmeros links para websites de pornografia, como o link intitulado 'Naked Girls websites Teenager Drunk and Naked'.

Muitas soluções estão disponíveis para atender às necessidades dos segmentos de usuários que não querem a exposição a esse tipo de material. Um grupo de soluções visa reduzir a exposição a material ofensivo por meio da educação ou da legislação. Outro grupo de soluções visa limitar a exposição pelo uso da tecnologia. Soluções baseadas na educação e legislação incluem o seguinte:

- Educar as crianças a não buscar material on-line ofensivo.
- Proibir material ofensivo por meio legislativo.
- Exigir ou incentivar os fornecedores de material ofensivo a colocarem alertas de faixa etária em seus websites (ou seja, 'se você tem menos de 18 anos, não entre aqui').
- Exigir ou incentivar os fornecedores de material ofensivo a desenvolver um sistema de verificação de faixa etária. Tais sistemas exigem que os usuários comprem uma senha utilizando cartão de crédito ou exigem um número válido de cartão de crédito para verificar a idade. Presume-se que os menores não tenham acesso a cartões de crédito.
- Exigir ou encorajar os fornecedores de material ofensivo a classificar seu material utilizando índices padronizados similares aos índices utilizados pelas indústrias da televisão ou de cinema.

Soluções baseadas em tecnologia incluem o seguinte:

- Pedir ao provedor de serviços de internet (ISP) para filtrar o conteúdo que vem para o usuário.
- Filtrar o conteúdo correto no próprio computador do usuário utilizando software especializado.
- Usar mecanismos de busca que filtram os resultados com base nas preferências do usuário.

Todas as soluções mencionadas têm prós e contras, e elas têm sido objeto de debates ao vivo. Esta seção foca apenas soluções baseadas na tecnologia.

A internet é composta por muitos tipos diferentes de computadores, e quando os usuários acessam as webpages, estão metaforicamente pulando de um computador para outro até que o destino seja alcançado. Em qualquer um desses saltos, o conteúdo pode ser digitalizado e filtrado para a adequação. No mundo corporativo, os funcionários geralmente são barrados de websites por software que roda em um computador corporativo que serve como protetor à internet. Este computador é chamado **servidor proxy**. Toda a comunicação entre qualquer computador corporativo e a internet passa pelo servidor proxy. É uma solução eficiente e permite às empresas registrar as tentativas de acesso a websites censuráveis e adotar ações disciplinares quando desejado. Os servidores proxy também têm sido utilizados para reduzir a navegação de lazer dos funcionários no trabalho. Por exemplo, algumas empresas optaram por bloquear websites orientados para esporte, como <http://espn.com>.

O usuário da web em casa normalmente não tem acesso a um serviço similar; ISPs são relutantes em filtrar o conteúdo, pois muitos usuários querem acessar esse tipo de material. Alguns países, como China e Vietnã, filtram conteúdo no nível ISP para todos (adultos, assim como crianças). A propósito, a censura está na essência do debate sobre ética nesta questão.

Normalmente, o usuário doméstico instala um software no computador para filtrar conteúdo. Uma série de produtos pode desempenhar essa tarefa, incluindo NetNanny, CYBERsitter e CyberPatrol. Conforme seus nomes indicam, esses produtos têm a finalidade de impedir o acesso de crianças a websites censuráveis. Muitos fornecem substituições de senha para que outros membros da família possam ter pleno acesso à internet, se for o caso. Os filtros também são personalizáveis, permitindo aos usuários definir a intensidade do filtro para cada usuário.

Uma forma de os produtos operarem é por meio da manutenção de uma lista 'não pode' ou 'pode'. No cenário 'não pode', os produtos mantêm uma lista de websites banidos contendo dezenas de milhares.

Cada vez que a criança tenta acessar um website, o software verifica o endereço com a lista de websites banidos. Se coincidir, o software pode adotar um dos seguintes procedimentos:

1. Permitir o acesso ao website e, silenciosamente, fazer um registro do acesso para o adulto responsável visualizar mais tarde.
2. Permitir o acesso ao website e omitir palavras ou imagens censuráveis.

3. Bloquear qualquer acesso ao local proibido.
4. Fechar o navegador por completo.

No cenário 'pode', a criança pode visitar apenas os websites que estão em uma lista aprovada e nada mais. Estes websites podem incluir websites G-rated como <http://disney.com> ou <http://toysrus.com>. Os pais podem sempre acrescentar itens a esta lista, de acordo com solicitações dos filhos. A mesma série de procedimentos está disponível caso a criança tente acessar um website não incluso na lista 'pode'.

A maioria dos produtos fornece atualizações gratuitas à medida que a lista de websites censuráveis cresce. As atualizações são uma grande preocupação em virtude da produção constante de novos websites adultos. No entanto, os filtros que bloqueiam o acesso a websites com base em palavras no nome do website (por exemplo, <http://cybersextalk.com>) ou as palavras na própria webpage (por exemplo, 'este website contém sexo explícito') oferecem maior proteção contra os novos endereços. Mesmo os documentos do Microsoft Word que chegam por e-mail podem ser examinados. Em todos os casos, a mesma lista de opções, mencionada anteriormente, encontra-se disponível.

Os produtos também podem monitorar mensagens de e-mail enviadas, para garantir que as crianças não forneçam informações pessoais, como nome, número de telefone ou endereço para um ciber pedófilo. Para realizar esse monitoramento, o software é programado para reconhecer nome, número de telefone e endereço dos membros da família e, em seguida, procurar por essas palavras-chave em qualquer mensagem enviada. ISPs também começaram a oferecer filtragem de e-mail. Os usuários são atraídos para os serviços de filtragem de e-mail, mas ainda rejeitam a ideia de filtragem ISP de seu conteúdo web. O serviço de filtragem da America Online (AOL) é baseado no conteúdo de seus clientes. Quando um número específico de clientes relata um e-mail censurável, a AOL começa a filtrar todos os assinantes que recebem o e-mail.

Os principais mecanismos de busca, como Google e AltaVista, também oferecem filtragem de conteúdo. O Google tem uma configuração padrão de um filtro moderado, e os usuários podem configurar suas preferências de forma permanente a um filtro maior ou menor. O AltaVista exibe uma chave liga/desliga para o seu filtro em todas as páginas de busca, que alguns pais têm considerado mais útil, pois é altamente visível. Outro tipo de serviço disponível é o mecanismo de busca designado especificamente para crianças, como Ask Jeeves for Kids (<http://www.ajkids.com>) e o Yahooligans! do Yahoo!

Muitos acham que esses produtos de **filtragem de conteúdo** não fornecem o nível de proteção que as famílias necessitam. Algumas comunidades também instalam software de filtragem de conteúdo em bibliotecas públicas. Estes produtos são um exemplo de um mix de marketing exclusivo que é adaptado a um mercado-alvo com base em dados demográficos (idade) e **psicografia** (crenças). No entanto, nenhum desses produtos é totalmente infalível, pois os websites mudam muito rapidamente e determinadas crianças são extremamente inteligentes.

---

internet com aparelhos portáteis que qualquer outro segmento (58 por cento).

Formadores de opinião. O *Washington Post* realizou uma pesquisa sobre o comportamento e atitudes dos líderes de opinião que utilizam o website, e descobriu um alvo importante para os profissionais de marketing digital ('Influentials: An Online Study', 2004). Eles apelidaram esse grupo de *formadores de opinião* — pessoas que influenciam outras pessoas, impulsionando mudanças na América. Eles representam 10 por cento da população (e 15 por cento dos usuários da internet) e atuam como líderes de opinião para os outros 90 por cento. Oitenta e dois por cento dos formadores de opinião têm acesso à internet (em comparação com 76 por cento da população geral dos EUA). Dois terços dizem que recebem solicitação de aconselhamento e encaminham informações sobre produtos, carreiras, computadores, websites, restaurantes ou política, entre cinco e vinte outras pessoas em média.

Como esse segmento influencia as pessoas, é importante que os profissionais de marketing determinem como atingi-las. Os formadores de opinião utilizam a internet primeiro para pesquisar destinos de viagem (86 por cento) e produtos (82 por cento), e quase todos acessam a web pelo menos uma vez ao dia. Lembre-se de que a amostra desse estudo consistiu em visitas ao website *Washington Post*; portanto, esses fatos podem não corresponder à população de todos os líderes de opinião on-line, embora ressaltem um mercado-alvo altamente atraente e digno de foco.

Segmentação psicográfica

A psicografia do usuário inclui personalidade, valores, estilo de vida, atividades, interesses e opiniões (**AIO**). Características de *personalidade* procuram determinar como as pessoas se relacionam umas com as outras, e também quais são as suas características pessoais, por exemplo, adiar as decisões. *Valores* são convicções profundamente arraigadas, como crenças religiosas. *Estilos de vida* e *atividades* são características psicográficas que se referem a comportamentos não relacionados aos produtos, como a prática de esportes ou comer fora. Por exemplo, os usuários dizem que o tempo dedicado na internet tira o tempo dessas outras atividades: leitura (39 por cento), dormir (23 por cento), socialização (14 por cento) e trabalho (12 por cento) (<http://www.intelliquest.com>). *Interesses* e *opiniões* são atitudes e crenças preservadas pelas pessoas. Para exemplificar, algumas pessoas acreditam que a internet é um desperdício de tempo, e outras pensam que não conseguiriam existir sem o e-mail.

Comunidades de interesse. A internet é ideal para reunir pessoas de todos os cantos do mundo em comunidades com interesses e tarefas semelhantes. A mídia social e outras comunidades on-line atraem os usuários, que então postam seus comentários e perfis, e fazem upload de conteúdo para que as pessoas visualizem — às vezes pagando uma assinatura para tal benefício. As comunidades podem ser formadas ao redor de websites e fóruns, ou por meio de e-mails para os membros do grupo. Identificamos dez tipos importantes de comunidades on-line (Figura 7.8).

Talvez o tipo mais importante seja a **rede social** — a prática de expandir o número de negócios e contatos sociais de um indivíduo fazendo conexões com pessoas on-line. A rede social está baseada na ideia dos *seis graus de separação* (quaisquer duas pessoas podem se conectar com outras pessoas através de até cinco contatos). O LinkedIn é um grande exemplo de uma rede de profissionais com mais de 70 milhões de profissionais em todo o mundo, representando duzentos países (Figura 7.9). Lembre-se de que as pessoas confiam mais entre si, exceto com relação aos profissionais da saúde; portanto, as redes sociais e outras comunidades só vão crescer em importância.

Três meios podem ser utilizados para focar comunidades on-line. Primeiro, uma empresa pode construir uma comunidade em seu próprio website por meio de grupos de discussão on-line, boletins informativos e eventos on-line ou por meio de páginas de rede social de propriedade da empresa. Quando grupos com interesses similares

Figura 7.8 Dez tipos importantes de comunidades on-line.

Tipo de comunidade	Descrição e exemplo
1. **Comunidades de entretenimento**	As pessoas se juntam para jogar on-line como o Second Life em <http://secondlife.com> ou xadrez em <http://Games.Yahoo.com>.
2. **Comunidades de rede social**	Usuários se juntam e visitam essas comunidades para conhecer outras pessoas, como namoro (<http://Match.com>), conseguir um emprego (<http://Monster.com>), ou encontrar um contato comercial (<http://LinkedIn.com>). Os usuários estão dispostos a pagar uma taxa para se juntar a essas comunidades, especialmente se elas são grandes. Alguns websites existem simplesmente para se conectar para encontrar e fazer amigos com pessoas afins. Esses websites incluem <http://MySpace.com>, <http://Facebook.com> e muitos outros.
3. **Comunidades comerciais**	Essas comunidades existem para que os usuários possam trocar bens e serviços. Exemplos incluem leilões on-line no mercado de consumo (<http://eBay.com>) e mercado empresarial (<http://Guru.com>), e websites de compartilhamento de música (<http://Kazaa.com>).
4. **Comunidades educacionais**	Essas comunidades se formam em torno de disciplinas educacionais específicas, como Elmar para educadores de marketing (<http://marketingpower.com>), software educacional ou alunos que participam em aula ou grupos de discussão em universidade.
5. **Comunidades com eventos programados**	Quando o *American Idol*, competição na televisão, convida os espectadores a votar e participar de bate-papo on-line, ou as empresas realizam conferências on-line, eles formam uma comunidade para um evento único.
6. **Comunidades de causas**	Comunidades sem fins lucrativos são formadas para influenciar a opinião pública. <http://MoveOn.org> foi formado para realizar uma mudança na política, utilizou sua comunidade para criar e pagar anúncios de televisão. De acordo com seu fundador, a internet tem como finalidade ouvir os usuários, e não falar com eles.
7. **Comunidades de marca**	Empresas criam comunidades CRM em torno de suas marcas em websites, possibilitando postagem do usuário. Exemplos incluem opiniões sobre produtos (<http://Amazon.com>), experiências turísticas (<http://Tripadvisor.com>) e dicas para utilizar seu aparelho eletrônico (<http://engadget.com>) ou software SAP (<http.://Sap.com>). Muitas empresas também criam páginas com a marca do Facebook.
8. **Comunidades de clientes**	Os clientes postam comentários sobre o produto em <http://epinions.com> e discutem suas experiências com o produto no Google Groups. O que diferencia essas comunidades do CRM é a falta de patrocínio da marca e, assim, são opiniões basicamente não editadas.
9. **Comunidades de funcionários**	Um exemplo é a grande rede de ex-funcionários da Microsoft que usam e-mail e um boletim informativo privado para discutir fofocas da Microsoft e conectar-se à rede para fins profissionais. <http://LinkedIn.com> e <http:xing.com> são duas importantes redes profissionais.
10. **Comunidades de tópicos especiais**	Além dos outros websites nesta lista, existem alguns websites apenas para bate-papo de usuário e para publicações de boletins informativos sobre um tema de interesse restrito, como filmes, determinada marca/modelo de automóvel, várias religiões e assim por diante. Google Groups (antigo UseNet), Yahoo Groups e Geocities lideram essa categoria.

Figura 7.9 Comunidade de rede social para profissionais.

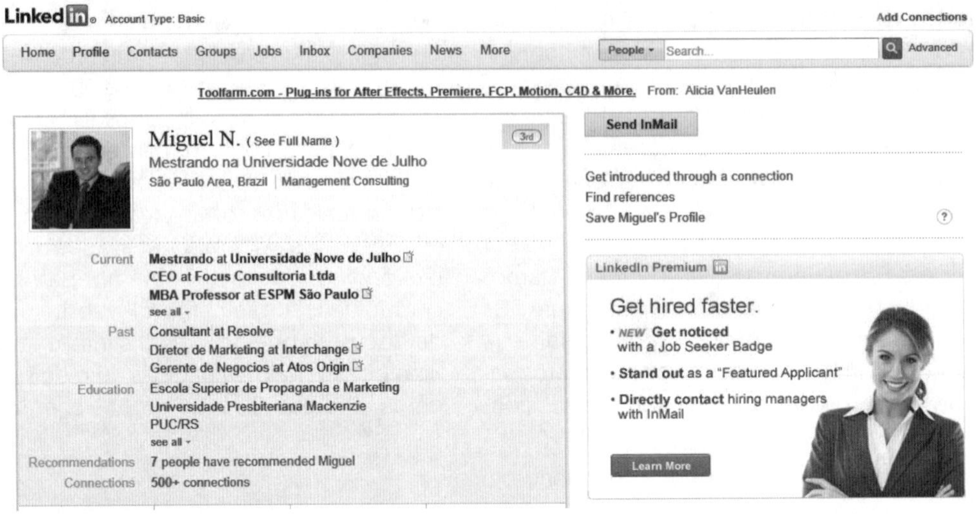

Fonte: <http://www.linkedin.com>.

se reúnem em um espaço virtual para discutir questões, o valor que eles recebem pelas informações e pelo **laço social** faz com que eles retornem. Segundo, as empresas podem anunciar no website da comunidade de outra empresa ou por meio de comentários em blogs e e-mails para os membros da comunidade. Por fim, muitas empresas realmente se unem às comunidades para ouvir e aprender com os indivíduos que estão falando sobre o seu setor. Por exemplo, Scott O'Leary, diretor do Customer Experience na Continental Airlines, passa várias horas por dia identificando problemas de clientes postados em websites de viagem como Flyertalk (<http://www.flyertalk.com>). Essa rede tem cerca de 135 mil membros, que postam seus problemas relacionados a viagens aéreas e dicas para os leitores. O´Leary escreveu diretamente mais de quinhentos comentários no ano passado no Flyertalk e em websites similares, respondendo às perguntas e cessando rumores, de acordo com o *Cincinnati Post*.

Várias vantagens e desvantagens caracterizam o foco nas comunidades on-line. Quando uma organização desenvolve e mantém a comunidade, ela pode apresentar produtos e mensagens controladas e customizadas aos interesses do grupo, como na Amazon.com. Essas comunidades são bons alvos para produtos que focam nos seus interesses. Por exemplo, os jogadores on-line estão sempre interessados em saber sobre o jogo mais recente, e os membros do Grupo Harley Owner gostam de ouvir sobre produtos da marca Harley-Davidson. Talvez o mais importante seja que as comunidades são bons lugares para as empresas aprenderem sobre os problemas e sugestões dos clientes, conforme indica a experiência vivenciada pela O'Leary e pela Dell. Por outro lado, a conversa na comunidade on-line que não é moderada reunirá postagens negativas sobre o produto e linguagem ofensiva. Quando as empresas patrocinam uma comunidade, elas devem assistir ao conteúdo; no entanto, se o conteúdo for demasiadamente pesado, elas vão desencorajar postagens futuras. Além disso, se uma empresa remove as postagens negativas, os usuários simplesmente vão postar em outros lugares on-line e discutir o tema em toda a web em blogs e no Facebook; portanto, é melhor hospedar a conversa no próprio website da empresa. A seguir, os websites baseados em comunidades, como Yahoo! Groups, experimentam alguma dificuldade para atrair anunciantes em razão do conteúdo imprevisível e seus possíveis efeitos sobre a imagem da marca. Por fim, é preciso tempo para participar e monitorar a mídia social e outras comunidades on-line.

Atitudes e comportamentos. Como as atitudes e comportamentos diferem? As atitudes são avaliações internas sobre pessoas, produtos e outros objetos. Elas podem ser positivas ou negativas, mas o processo de avaliação ocorre dentro da cabeça de uma pessoa. O comportamento refere-se ao que uma pessoa fisicamente faz, como falar, comer, se inscrever em um website, enviar um e-mail para ganhar um DVD grátis ou visitar um website para fazer compras ou adquirir um produto. No entanto, os profissionais de marketing não incluem variáveis relacionadas a comportamentos sobre produtos na segmentação psicográfica. Comportamentos em relação ao produto são um descritor de segmento tão vital que eles formam uma categoria completamente separada (consulte a próxima seção). Portanto, quando os profissionais de marketing discutem psicografia, eles descrevem as formas gerais nas quais os clientes ocupam o tempo.

Informações psicográficas ajudam os profissionais de marketing digital a definir e descrever os segmentos de mercado para que eles possam atender melhor às necessidades dos clientes. É especialmente importante para o projeto da webpage. Por exemplo, os usuários japoneses não gostam do tom irreverente de alguns websites dos EUA. Os websites do Japão são mais sérios e não incluem conteúdo como sátira política. Os Baby Boomers preferem cores em tons terra em websites, e a geração do milênio prefere cores mais brilhantes e modernas. Esse tipo de informação sobre atitudes está cada vez mais disponível sobre os usuários da web.

A maioria dos profissionais de marketing acredita que as variáveis demográficas não são úteis para prever se uma pessoa vai comprar on-line ou off-line. A demografia ajuda os profissionais de marketing a encontrar alvos para a comunicação, embora outras variáveis sejam mais valiosas para a previsão; portanto, os profissionais de marketing tentam encontrar um equilíbrio entre os dois tipos de variáveis para descrever segmentos. Um esquema consiste nas atitudes do segmento em relação à tecnologia, encontrados pela Forrester Research para prever se os usuários vão ou não comprar on-line.

Atitudes em relação à tecnologia. A Forrester Research avalia as atitudes do cliente e da empresa com relação à tecnologia com um sistema chamado **Tecnografia**. Desde 2002, a Forrester realizou centenas de milhares de pesquisas por ano em todo o mundo, com quase um terço das entrevistas com as pessoas de forma off-line. A Tecnografia em relação ao cliente identifica o que os clientes pensam sobre comprar e utilizar a tecnologia em muitas categorias de aparelhos e mídia em assistência médica, serviços financeiros, varejo e setores de turismo, entre outras.

A tecnografia atua pela combinação de três variáveis específicas (consulte <http://www.forrester.com>). Primeiro, os pesquisadores formulam perguntas para determinar se uma pessoa é otimista ou pessimista em relação à tecnologia. Em seguida, eles avaliam o nível de renda do usuário, pois este é um fator determinante importante do comportamento de compras on-line. Por último, eles consultam os usuários sobre sua principal motivação para ficar on-line. Após cinco anos de coleta de dados, a Forrester identificou dez segmentos tecnográficos de clientes nos Estados Unidos. A Figura 7.10 exibe esses segmentos juntamente com suas descrições. De acordo com a Forrester, o exemplo a seguir descreve como cada segmento utiliza a tecnologia:

- Fast Forwards são os maiores usuários de software de negócios.
- New Age Nurturers é o grupo mais ignorado de consumidores de tecnologia.
- Mouse Potatoes adoram entretenimento interativo no PC.
- De todos os grupos de baixa renda, o Techno-Strivers apresenta a maior proporção de propriedade de PC.
- Digital Hopefuls é um forte mercado potencial para PCs de baixo custo.
- Grabbers Gadget compra brinquedos de alta tecnologia de baixo custo, como Nintendo.
- Handshakers não usam a tecnologia para realizar seus negócios.
- Os tradicionalistas usam VCRs, e mais nada.
- Media Junkies adoram TV e foram os primeiros que aderiram à televisão satélite.
- Cidadãos marginalizados são retardatários na tecnologia.

Figura 7.10 Tecnografia do cliente, segmentos nos Estados Unidos.

		Motivação para o uso da internet		
		Carreira	**Família**	**Entretenimento**
Otimistas na tecnologia	Adotantes iniciais Renda elevada	**Fast Forwards** são os usuários modernos da tecnologia.	**New Age Nurturers** são adeptos que raramente utilizam a tecnologia para a família e a educação.	**Mouse Potatoes** são dedicados ao entretenimento interativo, especialmente em um PC.
	Seguidores rápidos Renda baixa	**Techno-Strivers** são adeptos com altos e baixos na tecnologia para progressão na carreira.	**Digital Hopefuls** são amantes da tecnologia orientada à família – um mercado promissor para PCs de baixo custo.	**Grabbers Gadget** estão focados em brinquedos de alta tecnologia com baixo custo, como o Nintendo.
Pessimistas na tecnologia	Espectadores cautelosos Renda elevada	**Handshakers** são profissionais bem-sucedidos com baixa tolerância à tecnologia.	**Tradicionalistas** são colegas de pequenas cidades, suspeitos de tecnologia além do básico.	**Media Junkies** são amantes da TV visual e foram os primeiros que aderiram à TV satélite.
	Cidadãos marginalizados Baixa renda	**Cidadãos marginalizados** são tecnofóbicos e retardatários na tecnologia, o público menos receptivo a qualquer tecnologia.		

Fonte: adaptado de Modahl, Mary (2000). *Now or Never*. Nova York: HarperBusiness. Atualizado em 2008 com descrições de segmento de <http://www.forrester.com>.

A pesquisa de Forrester revelou algumas descobertas interessantes. Primeiro, o otimismo da tecnologia declina com a idade. Usuários mais velhos tendem a ter uma atitude mais negativa em relação à tecnologia. No entanto, suas atitudes podem ser menos negativas se eles utilizam um PC no trabalho ou vivem em uma das cinquenta maiores cidades dos EUA. Os homens tendem a ser mais otimistas em relação à tecnologia, e a pressão dos colegas pode aumentar o otimismo em todos os grupos demográficos. Ou seja, quando os amigos discutem mídias sociais, mensagens de texto e websites, os pessimistas muitas vezes repensam suas posições. Com relação à renda, 40 por cento dos cidadãos de renda elevada são otimistas, e certos grupos de baixa renda, como estudantes universitários e famílias jovens, também são otimistas em relação à tecnologia.

Como esses resultados se traduzem em compras on-line? Primeiro, os otimistas de renda elevada compram on-line duas vezes mais em relação aos outros grupos. Apenas 2 por cento dos pessimistas de baixa renda compram on-line, e portanto não representam um bom alvo para empresas de comércio eletrônico. Segundo, associando a Tecnografia com categorias de adotantes, a Forrester descobriu que os adotantes iniciais são otimistas de renda elevada, identificando assim os primeiros clientes a comprar on-line. Por outro lado, os **retardatários** são pessimistas de baixa renda que serão os últimos a fazer compras on-line. Por fim, as empresas podem usar segmentos da Tecnografia para identificar o perfil de clientes que compram on-line e determinar onde alocar recursos para atrair mais do mesmo. A Starbucks utilizou a Tecnografia e descobriu que 47 por cento de seus clientes são adotantes iniciais (Fast Forwards, New Age Nurturers e Mouse Potatoes). Além disso, descobriu que 22 por cento são orientados à carreira, e os seguidores iniciais utilizam a internet para autopromoção. Essas descobertas levaram a Starbucks a iniciar a venda de produtos on-line alguns anos atrás.

A Forrester também mantém um banco de dados baseado em tecnografia para seus negócios. Ela realiza mais de 2.500 entrevistas com altos executivos de empresas norte-americanas com mais de $ 1 bilhão em receitas anuais. Em resumo, os resultados da avaliação da Tecnografia auxiliam as empresas com desenvolvimento e lançamentos de produtos, geração de negócios, oportunidades de vendas cruzadas, atendimento ao cliente e desenvolvimento da marca.

Segmentação comportamental

Duas variáveis de segmentação comportamental normalmente utilizadas são os benefícios visados e quanto ao uso ou utilização do produto. Os profissionais de marketing que utilizam a **segmentação por benefícios** muitas vezes formam grupos de clientes com base nos benefícios que eles desejam do produto. Por exemplo, uma pesquisa da eMarketer de 2007 descreveu os benefícios buscados por usuários adultos da internet que visitam websites de viagens: 55,1 por cento querem a 'capacidade de verificar voos, hotéis e disponibilidade de alugar veículos e as taxas', 49,9 por cento querem 'informações de destino', 49,7 por cento querem 'promoção de viagens e condições especiais', 22,0 por cento querem 'boletins de viagem e avisos', 12,7 por cento querem áreas de 'bate-papo/fórum para ler ou postar informações de viagem', 10,8 por cento querem 'a capacidade de personalizar páginas' e 8,6 por cento querem 'assinar uma newsletter' (opt-in). Esses benefícios desejados ajudam os proprietários de websites de viagens, como Expedia e Tripadvisor, a projetar o conteúdo que vai interessar a vários segmentos. Uma vez no website, as pessoas que buscam informações sobre destino podem de fato realizar a compra.

A variável em relação à utilização do produto é aplicada à segmentação em diversas formas. Os profissionais de marketing geralmente segmentam por índice de utilização do produto: pouco, médio ou muito. Como exemplo hipotético, usuários que usam muito a internet podem ser aqueles que ficam on-line diariamente usando um PC ou dispositivo sem fio; os usuários médios são aqueles que acessam a internet usando um PC em dias alternados e os usuários com pouco uso são aqueles que se conectam apenas uma ou duas vezes por semana. As empresas devem pesquisar para determinar o uso real e decidir como dividir seu alvo em categorias apropriadas de usuário. Outra abordagem é categorizar os clientes como leais à marca, leais ao produto do concorrente, **volúveis** (que não se importam em qual website estão), e os não usuários do produto. Em seguida, discutiremos algumas dessas variáveis aplicadas à internet.

Segmentos por benefícios. Obviamente, a internet oferece algo a cada indivíduo. Se os profissionais de marketing podem formar segmentos com base nos benefícios buscados pelos usuários, eles podem criar produtos e serviços para atender a essas necessidades. Essa abordagem geralmente é mais prática do que simplesmente formar segmentos demográficos e tentar descobrir o que, digamos, as mulheres profissionais em Peoria querem da web.

Os profissionais de marketing usarão todas as bases de segmentação para definir, avaliar e identificar mercados-alvo, embora os 'benefícios buscados' sejam o fator determinante na estratégia do mix de marketing.

Qual é a melhor maneira de determinar os benefícios buscados do que observar o que as pessoas realmente fazem on-line? Os profissionais de marketing podem avaliar atividades on-line, como as apresentadas no Capítulo 6. (Lembre-se de que as cinco atividades básicas on-line são conectar, criar, aprender, apreciar e negociar.) Os profissionais de marketing verificam quais websites são os mais populares. Vários websites relatam mensalmente as principais propriedades on-line. Abaixo estão relacionados os principais websites acessados em julho de 2009, de acordo com comScore.com. Microsoft, Google e Yahoo! estão sempre entre os websites mais importantes na maioria dos países, e o Facebook não estava sequer entre os dez melhores há dois anos. A lista demonstra que muitas pessoas buscam e usam as redes sociais, utilizam a Microsoft para fazer downloads, ler notícias e comprar no Yahoo!. A comparação desses dados com atividades no Capítulo 6 apresenta um rico cenário dos benefícios atuais e emergentes mais desejados pelos usuários da internet.

1. Websites do Google (158,8 milhões de visitantes).
2. Websites do Yahoo! (156,5 milhões de visitantes).
3. Websites da Microsoft (129,3 milhões de visitantes).
4. AOL LLC (104,8 milhões de visitantes).
5. Facebook.com (87,7 milhões de visitantes).

Segmentos por uso. Os profissionais de marketing também segmentam os usuários da internet de acordo com as diversas características de uso da tecnologia, como acesso com smartphone ou PC, e o navegador utilizado por eles. A seguir, três segmentos importantes de utilização da internet são descritos: acesso em casa e no trabalho, acesso móvel e engajamento on-line. Muitos outros valem a pena serem explorados, como observadores de vídeos, usuários de rede social e os jogadores on-line.

Acesso em casa e no trabalho. Muitas empresas segmentam conforme o acesso dos usuários, ou seja, se eles acessam a internet na residência ou no trabalho. O ponto de acesso é importante porque os segmentos residência e trabalho tendem a ter necessidades diferentes na internet. Os usuários domésticos geralmente possuem velocidades de conexão mais lentas que aqueles que entram na internet no trabalho, utilizando grandes gráficos e outros arquivos que são indesejáveis nos websites frequentados quando na residência. No entanto, essa distinção está mudando agora que 60 por cento de todos os norte-americanos têm conectividade de banda larga em casa, segundo a Pew Internet e a American Life. Outra característica do mercado doméstico é que um pequeno número, embora crescente, de famílias possui mais de um computador e está se conectando à rede sem fio dentro de casa. Conexões mais rápidas no trabalho possibilitam que os usuários recebam arquivos maiores de dados repletos de conteúdo multimídia. O mesmo é verdadeiro para os usuários de banda larga que acessam de casa, embora o inverso seja verdadeiro para aqueles que utilizam modems 56k ou dispositivos portáteis sem fio.

Os usuários de banda larga atuam de forma diferente dos usuários de banda estreita on-line. Quase 80 por cento dos usuários de banda larga assistiram a um vídeo on-line pelo menos uma vez por mês em 2008, de acordo com a eMarketer, ou seja, mais de 150 milhões de norte-americanos, e isso só é possível pela conectividade de internet rápida.

A Nielsen NetRatings estima que 69,7 milhões de usuários nos EUA acessaram a internet no trabalho, e 217,3 milhões acessaram de casa durante janeiro de 2008. Os estrategistas de e-marketing podem utilizar tais informações para focar suas ofertas do website ou comprar publicidade on-line. As estratégias podem incluir uma quantidade maior de interatividade e multimídia possível para os usuários no trabalho ou publicidade mais forte no website do *The New York Times* para os usuários no trabalho, em vez dos usuários domésticos. É importante monitorar essas tendências, visto que as fronteiras entre o local de trabalho e da residência continuam se confundindo.

Acesso móvel. Obviamente, o tipo de conexão à internet e do aparelho que recebe as informações afeta o comportamento de uso. Muitos adultos norte-americanos se conectam à internet utilizando smartphones. Os usuários sem fio fazem muito mais que simplesmente conversar em seus celulares. Eles enviam e recebem todos os tipos de voz, texto, vídeo e dados gráficos — em qualquer lugar, a qualquer hora. Como pode ser visto a seguir, o maior uso em 2010 foi para o texto e navegação na web, de acordo com uma pesquisa da comScore. Outros usos importantes incluem e-mail, aplicativos e compra de toques (ringtones). Usuários sem fio também monitoram as informações sobre envio de pacotes, cotações de ações, horários de voos e mudanças, e notícias.

- Mensagem de texto enviada para outro telefone (63,5 por cento).
- Navegar na web (28,6 por cento).
- Jogos (21,7 por cento).
- Aplicativos baixados utilizados (19,8 por cento).
- Website de rede social ou blog acessado (17,1 por cento).
- Ouvir música em telefone móvel (12,8 por cento).

A Pew Internet e a American Life estudaram os usuários móveis *versus* 'a maioria da mídia estacionária', e desenvolveram cinco segmentos em cada categoria (Figura 7.11). É muito interessante rever esses segmentos e desenvolver oportunidades de produtos.

O segmento móvel sem fio cria enormes oportunidades para empresas que desejam produzir portais sem fio: um ponto personalizado de entrada para a internet, no qual os assinantes podem acessar websites e informações em formato de texto. Os problemas técnicos confrontam os profissionais de marketing digital globais; portanto, os profissionais de marketing devem ser inteligentes para fornecer aos usuários com e sem fio os serviços desejados. Ao mesmo tempo, o mercado sem fio é ininterrupto e crescerá consideravelmente. Além disso, grandes mudanças são previstas quando os clientes acessarem a internet de seus refrigeradores, carros e outros aparelhos. Nesse momento, pensamos que são dados distintamente desejados, e não webpages.

Nível de engajamento on-line. O Capítulo 1 introduziu o conceito de engajamento on-line do cliente, a ideia de que os usuários estão participando ativamente ao adicionar conteúdo para que outras pessoas visualizem. No Capítulo 6, discutimos as várias formas de criação de conteúdo, conforme avaliação da Pew Internet e American Life: upload de fotos, classificação de produtos, rotulagem de conteúdo on-line, postar comentários em um blog, criar um blog e criar um avatar para um mundo virtual. Como este é um conceito novo importante proveniente da mídia social, a Forrester Research elaborou uma tipologia para os segmentos de engajamento (Figura 7.12) usando o questionário de Tecnografia Social.

Figura 7.11 Segmentos por usuário móvel e estacionário.

Segmentos de usuários móveis (39 por cento)	Maioria da mídia estacionária (61 por cento)
• **Colaboradores digitais** (8 por cento da população) estão muito preocupados com a troca de informações contínuas com as pessoas, pois eles frequentemente se misturam com colaboradores on-line para criar e compartilhar conteúdo ou se expressar.	• **Veteranos** (13 por cento) são orientados para a tecnologia, mas no estilo de '2004'. Eles consomem informações on-line e se conectam com outras pessoas usando ferramentas tradicionais, como e-mail em uma conexão de alta velocidade em casa. Eles não são usuários pesados de telefones celulares muito além de uma chamada de voz.
• **Usuários ambivalentes** (7 por cento) são extremamente ativos ao utilizar websites de redes sociais e acessar recursos digitais 'on the go', embora nem sempre estejam empolgados a serem contatados pelas pessoas. Eles anseiam, por vezes, por uma pausa no uso on-line e na conectividade generalizada.	• **Navegadores derrapantes** (14 por cento) possuem as ferramentas para a conectividade, mas não são usuários relativamente frequentes dessas ferramentas. Eles afirmam que poderiam desistir da internet e de seus telefones celulares. Apesar de anos de experiência on-line, eles parecem ter negligenciado a revolução digital.
• **Empreendedores de mídia** (7 por cento) são os aceleradores de conteúdo gerado pelo usuário e como eles usam seus ativos de TIC para enviar material (por exemplo, uma foto ou vídeo que eles tomaram) para fora na web.	• **Sobrecarregados de informação** (10 por cento) possuem altos volumes de conectividade, mas sofrem com a sobrecarga de informações e apresentam dificuldade para que seus dispositivos funcionem sem a ajuda de outras pessoas.
• **Informantes contínuos** (9 por cento) são membros ativos de redes sociais usando aplicativos básicos como envio de textos e e-mail para se conectar com os outros, repassando as informações e para produtividade pessoal.	• **Indiferentes à tecnologia** (10 por cento) têm limitada capacidade on-line em casa e, embora a maioria tenha telefones celulares, eles se irritam com a intromissão que os celulares podem proporcionar.
• **Novatos móveis** (8 por cento) são usuários de internet ocasionais, mas muitos deste grupo são adeptos recentes do telefone celular e estão muito entusiasmados sobre como o serviço móvel torna-os mais disponíveis para as pessoas. Eles poderiam ser duramente pressionados a desistir de seus telefones celulares.	• **Fora da rede** (14 por cento) não possuem as ferramentas para conectividade digital, pois eles não têm acesso on-line e nem telefones celulares.

Fonte: Pew Internet e American Life (<http://www.pewinternet.org>).

Figura 7.12 Segmentos por engajamento na mídia social baseados no nível de participação em 2009.

Segmento	Proporção de usuários de internet (porcentagem)	Descrição do segmento
Criadores	24	Postaram em um blog, atualizaram uma webpage, ou carregaram um vídeo no último mês.
Críticos	37	Comentaram em blogs ou postaram avaliações e opiniões. Quarenta por cento também são criadores.
Coletores	21	Salvam URLs em websites de marcação social (por exemplo, <http://del.icio.us.com>), usam feeds RSS ou criam metadados para compartilhar com a comunidade.
Filiados	51	Reúnem-se e utilizam websites de redes sociais.
Espectadores	73	Leitores do blog, visualizadores de vídeo e ouvintes de podcast. Eles representam o público da mídia social.
Inativos	18	Não participam da mídia social.

Fonte: Forrester Research (acesso em <http://www.emarketer.com>).

A Forrester formula perguntas que categorizem os usuários de mídia social conforme os segmentos de utilização, como criadores e críticos — os dois segmentos mais altamente engajados. Se uma empresa utiliza os serviços da Forrester, saberá quais de seus clientes estão nestes e em outros segmentos. Se os clientes da empresa não são os criadores de conteúdo, então criar um concurso para que eles elaborem um vídeo comercial para a empresa não será eficaz (a menos que atraia novos clientes). Por outro lado, se a empresa segue a norma e tem mais de 50 por cento de inativos em sua base de clientes, sabe que eles ainda vão ler seus blogs e outros conteúdos de mídia social, sem carregar o conteúdo ou fazer comentários. Preste atenção no desenvolvimento desse sistema em um futuro próximo. Os profissionais de marketing estão se empenhando em descobrir quão profundamente se envolver nas iniciativas da mídia social. A Segmentação por nível de engajamento da mídia social é uma boa maneira de responder a essa pergunta.

Segmentos por uso em setores específicos. A segmentação por uso pode variar de um tipo de setor ou negócio para outro. Por exemplo, a pesquisa da Forrester e comScore indica que os visitantes de websites de veículos se comportam de maneira diferente dos visitantes de outros websites de comércio eletrônico (consulte <http://www.forrester.com> e <http://www.comscore.com>). Mesmo os importantes compradores de carros tendem a visitar websites de carro apenas algumas vezes — 64 por cento de todos os compradores concluem suas pesquisas on-line em cinco sessões ou menos. Além disso, aproximadamente 25 por cento compram um carro no decorrer de três meses da visita de um website de veículos. A Forrester identificou esses três segmentos de visitantes para websites de veículos:

- *Exploradores* constituem o menor grupo, embora quase metade compre seu veículo novo no prazo de dois meses da visita a um website de veículos. Eles querem um processo de compra conveniente e explícito.
- *Fora de estrada* tendem a fazer muita pesquisa on-line e, posteriormente, são propensos a comprar em uma concessionária.
- *Cruzadores* visitam frequentemente websites de veículos, mas apenas 15 por cento compram um carro em curto prazo. Ainda assim, eles têm um forte interesse em carros e influenciam fortemente as compras de automóveis das pessoas, tornando-se visitantes importantes.

7.4 Seleção de clientes on-line

Após analisar diversos segmentos potenciais, os profissionais de marketing devem escolher os melhores segmentos para selecionar os públicos-alvo. Para essa seleção, eles revisam a análise de oportunidades de mercado (consulte o Capítulo 3), consideram as descobertas da análise SWOT e, geralmente, procuram o melhor ajuste entre o ambiente de mercado e as capacidades da empresa e seus recursos. Às vezes, essa tarefa é tão fácil como a descoberta de um novo segmento que visitou o website da empresa, e depois fazer experiências por meio de ofertas que sejam atraentes para esse grupo. Outras vezes, é um processo demorado e minucioso. Para ser atraente, um segmento on-line deve ser acessível pela internet, ser mensurável e crescente (se possível) e possuir grande potencial para o lucro.

Em seguida, os profissionais de marketing digital desenvolvem uma estratégia de seleção de públicos-alvo. Isso pode incluir a decisão sobre quais metas atender on-line, na localização física e por catálogo. A internet é especialmente adequada para duas estratégias de seleção de públicos-alvo:

- **Nicho de mercado** ocorre quando uma empresa seleciona um segmento e desenvolve um ou mais mix de marketing para atender às necessidades desse segmento. A Amazon adotou essa estratégia quando focou exclusivamente usuários da web. Cyberdialogue/findsvp (agora Fulcrum) chama a internet de 'um nicho no tempo', indicando sua maturidade para o nicho de marketing. Essa estratégia possui benefícios reais, mas pode ser arriscado, pois os concorrentes são muitas vezes atraídos para mercados lucrativos e porque os mercados podem cair subitamente, deixando a empresa na mão.
- **Micromarketing**, também conhecido como **segmentação individualizada**, ocorre quando uma empresa adapta totalmente ou parcialmente o mix de marketing a um pequeno número de pessoas. Levado ao extremo, ele pode ser o mercado-alvo de uma só pessoa.

A grande promessa da internet, que atualmente está sendo cumprida por muitas empresas, é a segmentação individualizada. A Figura 7.13 mostra um funil de vendas que permite que os profissionais de marketing sigam os usuários quando eles se inscrevem no website e passam pelos processos de compra. Cada etapa cria um segmento de usuários que pode ser focado com comunicação persuasiva baseada no comportamento, como os e-mails daqueles que concluíram a inscrição, mas não compraram. A Amazon.com constrói um perfil de cada usuário que navega ou compra livros em seu website. Ela monitora os livros que seus clientes leem e faz recomendações com base em suas compras anteriores. A Amazon também envia notificações por e-mail sobre produtos que possam interessar indivíduos em específico. Essa abordagem é o melhor conceito de marketing: dar aos clientes individuais exatamente o que eles querem na hora certa e no lugar certo. A tecnologia da internet torna possível essa customização em massa que era inimaginável há vinte anos.

7.5 Diferenciação on-line

O que os profissionais de marketing fazem com todos esses perfis do público-alvo? Antes da elaboração das estratégias do mix de e-marketing, a empresa toma decisões relacionadas à diferenciação e ao posicionamento com base nas necessidades do público-alvo e nas ofertas da concorrência. **Diferenciação** é 'o processo de adição de um conjunto de diferenças significativas e valorizadas para distinguir a oferta da empresa das ofertas de seus concorrentes' (Kotler e Keller, 2006). Diferenciação é o que uma empresa faz para o produto, ao contrário do posicionamento, que é

Figura 7.13 Selecionando os públicos-alvo certos.

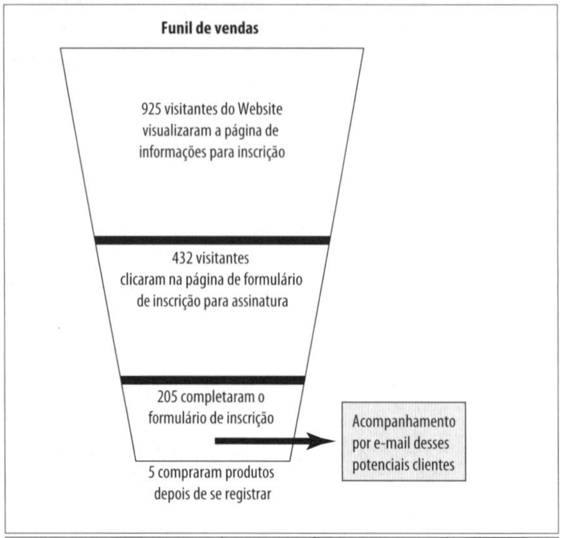

Segmento de clientes	Visitantes	Desistência	Taxa de conversão (%)
Visualizaram a página de inscrição	925		
Clicaram na página de inscrição	432	493	46,7
Concluíram a inscrição	205	227	47,4
Adquiriram o produto	5	200	2,4

o que ela faz para a mente. Uma empresa pode diferenciar sua oferta ao longo de cinco dimensões: produto, serviços, pessoas, canal e imagem. Alguns exemplos on-line são descritos a seguir:

- **Diferenciação por produto**. Blue Nile tem características muito diferentes em comparação com outros websites de joias similares, pois os visitantes podem personalizar anéis de diamantes e outras joias on-line. Consulte o quadro 'Informações técnicas' sobre o iPod e o iPhone da Apple para obter outro exemplo de diferenciação por produto.
- **Diferenciação por serviço**. Peapod é uma das mais antigas mercearias on-line, oferecendo alimentos frescos para empresas ou residências em onze mercados diferentes nos Estados Unidos. Seu excelente serviço foi mantido, quando todo o setor estava declinando.
- **Diferenciação por pessoal**. Excels Zappos.com se sobressai com atendimento ao cliente por causa de seus funcionários (veja a história da Zappos no Capítulo 10).
- **Diferenciação por canal**. A Amazon.com é a varejista número um on-line, em termos de vendas. Ela se diferencia de outras livrarias, focando o canal on-line e não competindo no mundo físico. Esse foco em um único canal resulta em serviços inovadores on-line que não são oferecidos por outros canais.
- **Diferenciação por imagem**. Google contra AOL para pesquisa. É preciso dizer mais?

A diferenciação por produto é fundamental para todos os produtos, on-line ou off-line. No entanto, seis estratégias de diferenciação são exclusivas para negócios on-line (Figura 7.14).

Ambiente/atmosfera do website. Atmosfera refere-se ao ambiente da loja física. Da mesma forma, os websites se diferenciam, oferecendo aos visitantes um ambiente positivo para visitar, pesquisar, comprar e assim por diante. Os visitantes querem um website no qual façam downloads facilmente, que retrate informações precisas, que mostre claramente os produtos e serviços oferecidos, e que seja de fácil navegação. Se os clientes visualizam a página inicial e gostam do que veem, eles são mais propensos a ver as páginas adicionais e, finalmente, se tornar clientes pagantes. Da mesma forma, um produto ou serviço puramente on-line só pode ser visto por meio de uma imagem ou de uma descrição. Se uma empresa utiliza passeios virtuais, imagens 3D, ampliações de imagem do produto, downloads experimentais, ou opiniões do cliente, o objetivo é fazer com que as ofertas pareçam mais tangíveis, mostrando-as de uma forma realista e prática para o cliente.

Construir confiança. A confiança é uma questão fundamental na internet, especialmente quando os clientes pagam on-line ou suas informações são monitoradas por um serviço personalizado ou pela gestão da cadeia de suprimentos. Por essa razão, o desenvolvimento da confiança deve ser parte integrante da estratégia de marketing de um website. Em alguns casos, a confiança pode parecer como um subproduto de forte reconhecimento da marca; no en-

Figura 7.14 Estratégias específicas de diferenciação orientadas para internet.

1. **Ambiente/atmosfera do website**	2. **Confiança**	3. **Eficiência e pontualidade**
• Aparência e motivação do website • Prático • Conteúdo valioso	• Política de privacidade claramente definida • Utilizar criptografia para transações seguras	• Entregar o que é prometido aos clientes • Entregar com pontualidade
4. **Precificação**	5. **CRM**	6. **Conteúdo Gerado pelo Usuário (CGU)**
• Preços competitivos ou mais benefícios ao produto • Custos de expedição claramente definidos	• Monitoramento do cliente • Comunicação interativa perfeita • Mais eficiência no relacionamento	• Possibilitar comentários do visitante em website/blog • Prover espaço para imagens e vídeos gerados pelo usuário • Confiar, ouvir e aprender

Fonte: Este conteúdo fundamenta o trabalho de Watson e colaboradores (2000)

tanto, um website corporativo com pouco ou nenhum reconhecimento de marca deve projetar um ambiente seguro.

Além de afirmar a política de privacidade, as empresas de comércio eletrônico podem tranquilizar os clientes por um processo de pagamento seguro e criptografado para transações. A confiança também é importante, caso os clientes encontrem problemas no website, requeiram assistência pessoal ou precisem trocar ou devolver uma compra. Os visitantes podem estar mais propensos a comprar de um website em que por trás exista uma pessoa ao vivo que pode ser contatada.

A confiança é uma questão especialmente importante com as transações C2C, como as que ocorrem no eBay. Essa empresa ajuda com seu sistema de feedback, no qual compradores e vendedores fazem a avaliação entre si após as transações. Muitos websites seguem esse modelo e alguns, como <http://epinions.com>, permitem que os usuários também avaliem as opiniões.

Processamento eficiente e pontual de pedido. Um dos motivadores mais fortes para os clientes que fazem compras na web é a facilidade de realizar o pedido. As organizações devem comunicar seus prazos de entrega como um importante benefício. Se a empresa on-line cumpre suas promessas, é mais provável que ela promova a lealdade do cliente e receba indicações de clientes satisfeitos. A satisfação ou insatisfação do cliente pode se espalhar rapidamente na internet com apenas alguns toques. Uma maneira de assegurar os clientes é fornecer e-mails automatizados em cada etapa do processo, depois que o pedido é feito e depois que é enviado, como o auto-ship@amazon.com. Os seguintes endereços são e-mails automatizados de companhias aéreas e agências, recebidos após a compra da passagem aérea. Quais são os mais descritivos, gerando confiança e efetividade (Beal e Strauss, 2008)?

- Member@p21.travelocity.com (Travelocity)
- pgtktg@bangkokairwaysna.com (Bangkok Airways)
- SouthwestAirlines@mail.southwest.com (Southwest Airlines)
- notify@aa.globalnotifications.com (American Airlines)
- itinerary@pcsoffice02.de (Lufthansa)
- travelercare@orbitz.com (Orbitz)
- confirmation@uasupport.com (United Airlines)
- travel@expedia.com (Expedia).

Precificação. A atribuição de preço como um método de diferenciação deve ser observada de forma minuciosa, especialmente para os profissionais de marketing da web. Quando os produtos foram inicialmente oferecidos na web, as empresas tendiam a oferecer descontos de preços como um incentivo. Hoje, os preços do varejista são relativamente comparáveis aos da web, embora algumas empresas, como a Buy.com, ofereçam preços mais baixos. A maioria das empresas opta por se diferenciar por meio de outros métodos de fixação de preços, pois a atribuição de preço é fácil de imitar, e a diferenciação extrapreço é mais duradoura para todos, mas o preço lidera — também porque agentes comerciais, como BizRate.com, permitem que os clientes visualizem preços competitivos. Uma estratégia viável de precificação é oferecer conteúdo livre que seja apoiado por anúncio (por exemplo, CNN.com), enquanto os concorrentes estão oferecendo assinaturas pagas (por exemplo, *The New York Times*).

Gestão do relacionamento com o cliente. Quanto mais empresas se afastam da diferenciação de preços, a gestão do relacionamento com clientes (CRM) torna-se mais predominante como um meio de diferenciação. A Netflix, por exemplo, promove relacionamentos de longo prazo com clientes que querem a comodidade de receber os filmes em DVD pelo correio. Clientes que assinam um dos planos mensais da Netflix podem criar listas pessoais dos filmes que eles querem alugar. Dependendo do tipo de assinatura escolhida, os clientes podem alugar três ou mais filmes em DVD ao mesmo tempo — sem prazos para devolução ou multas por atraso na devolução. Depois de ver um filme, os clientes o colocam dentro do envelope de retorno pré-pago para devolvê-lo à Netflix; alguns dias depois, eles recebem o próximo DVD de sua lista. Dessa forma, a Netflix desenvolve relacionamentos individuais com os clientes por meio da personalização orientada para o cliente, incluindo uma saudação pessoal no website. A maioria dos varejistas on-line salva a compra do cliente e os dados de cartão de crédito no banco de dados, o que facilita bastante a repetição de pedidos e as futuras recomendações de produtos.

Solicitar conteúdo gerado pelo usuário. Discutimos anteriormente o rápido crescimento da mídia social, e websites como o YouTube (vídeos), Del.icio.us (marcação social) e Flickr (fotos) têm se diferenciado solicitando aos clientes que façam upload de conteúdo. Na blogosfera, os websites de micromídia <http://tumblr.com> e <http://twitter.com> iniciaram uma nova categoria de produto, permitindo postagens de blog bastante curtas. As postagens no Twitter também podem ser enviadas por mensagem de texto via telefone celular (SMS). Todo profissional de marketing digital pode solicitar que os usuários postem comentários em seus websites e blogs e forneçam espaço para outro conteúdo gerado pelo usuário. Por exemplo, a CNN.com oferece o iReporter para que os jornalistas cidadãos possam postar novas histórias e conteúdo multimídia da cena, e a Dell criou blogs apenas para postagem das ideias dos seus clientes. O ponto essencial é a confiança dos clientes, ouvi-los, responder e aprender — caso contrário, aceitar o conteúdo gerado pelo usuário pode produzir efeitos inversos.

7.6 Bases para o posicionamento on-line

Estratégias de posicionamento ajudam a criar a imagem desejada da empresa e seus produtos nas mentes de um público-alvo escolhido. **Posicionamento** é o processo de criação dessa imagem, e uma posição é a visão resultante da empresa ou da marca a partir da perspectiva do cliente (em geral, duas coisas distintas). O conceito é simples: para ter sucesso, uma empresa não deve apenas se diferenciar e diferenciar seus produtos das outras empresas, mas também se posicionar entre os seus concorrentes na mente do público-alvo para criar seu próprio nicho de mercado. As empresas podem posicionar marcas, a própria empresa, o presidente executivo ou produtos individuais.

As empresas podem se posicionar com base em atributos de produto ou serviço ('o menor telefone celular'), imagem com tecnologia inovadora ('nossa celular tem mais aplicativos'), benefícios ('cabe no seu bolso'), categorias de usuários ('o melhor telefone celular para adultos mais velhos que querem simplicidade'), ou comparação com os concorrentes ('nosso

Informações técnicas

iTunes, iPod, iPhone, iPad

Você está fazendo uma viagem pelo país em seu Mini-Cooper último modelo. Você percorreu 360 km pelo que parece ser uma sequência ininterrupta de campos de soja e terra plana. Embora seu carro tenha um eficiente sistema de som, nas últimas quatro horas você ouviu músicas nas estações de rádio do país e notícias. Neste exato momento, você está realmente desejando ter se lembrado de trazer pelo menos um CD. De repente, você se lembra de que seu iPod está no porta-luvas. Conectando-o a uma estação de FM, você inunda o carro de rock-and-roll. Antes que perceba, as horas passam e as Montanhas Rochosas se assomam graciosamente no horizonte.

A Apple Computer tem sido a dona da interface mais simples e elegante. Com o iTunes e os dispositivos que se conectam a ele, eles continuam essa longa tradição. O iTunes é um organizador de mídia digital e mecanismo de reprodução para o Macintosh e computadores Windows. O iTunes pode digitalizar e armazenar músicas, vídeos, livros e aplicativos, e depois baixar esse conteúdo para iPods, iPhones e iPads. A Apple dá adeus ao iTunes, mas gera receita com a venda de conteúdos e dispositivos portáteis para consumir esse conteúdo. A Apple ganha comissões sobre as vendas de conteúdo digital da loja iTunes, assim como o lucro sobre as vendas de iPods, iPhones e iPads. Há rumores de que um serviço iTicket possa estar em andamento.

Para ativar esse processo, três tecnologias principais são necessárias: mídia digital comprimida (música, vídeo, aplicativos e livros), alta velocidade de transferência de dados e dispositivos de armazenamento realmente pequenos.

Arquivos armazenados em um CD de música não estão compactados. Portanto, eles ocupam muito espaço — quase 600 MB para um álbum. Isso é muito espaço para um computador. Depois de 50 álbuns, seu disco rígido pode estar preenchido. Aqueles mesmos álbuns podem ser comprimidos em faixas de um décimo do tamanho quando digitalizados em um computador. Você provavelmente já ouviu falar dos arquivos MP3, que são apenas arquivos compactados de música. MP3 é um padrão de compressão; outros como a avançada codificação de áudio da Apple Computer (AAC) também estão disponíveis. A compactação resulta em uma perda muito pequena da qualidade do áudio — indetectável por muitos usuários. iTunes e iPod podem tocar músicas digitalizadas no formato MP3 ou AAC.

No entanto, mesmo uma coleção comprimida de música e vídeo pode ser muito grande. Mover todo o conteúdo do computador para o iPod pode levar horas — e reduzir o atrativo do produto. Para acelerar a transferência de dados, um cabo USB é utilizado com o iPod. O iPod é sincronizado a um computador pela conexão USB. Apenas alguns minutos depois, o conteúdo de centenas de CDs e vídeos pode ser transmitido para o iPod.

As tecnologias essenciais finais lidam com o armazenamento. Toda a música e vídeo devem caber em um pacote leve. Minúsculos discos rígidos de até 160 GB são utilizados em iPods avançados. No entanto, até os discos rígidos, mesmo os menores, absorvem a vida da bateria. O iPod touch, iPod nano, iPhone e iPad armazenam a música em um flash drive — basicamente uma grande memória chip —, que é a mesma tecnologia usada para pen drives USB mais populares. Como ele não requer peças móveis, a vida da bateria é maior.

Com o iTunes e seus dispositivos associados, a Apple tem uma fórmula vencedora. Mas o jogo não termina aí. A Apple desenvolveu uma extensão de linha de produto que possibilita que o iTunes controle alto-falantes estéreos localizados em qualquer lugar em sua casa usando um Apple AirPort Express. O AirPort Express cria uma rede sem fio em sua casa e envia a música para seus alto-falantes estéreos utilizando o software AirTunes embutido. Quer música em outro quarto? Basta comprar outro Airport Express. Outra extensão da linha de produtos, a Apple TV, ignora totalmente o computador e permite que os usuários baixem conteúdo (filmes, músicas e imagens) da internet diretamente para uma caixa anexa à TV. Usando a Apple TV, os usuários podem assinar o serviço de internet da empresa a cabo e ouvir música e assistir a filmes sem assinar o **cabo básico**. Inteligente, de fato!

telefone é mais barato que o Nokia'). Além disso, as empresas podem assumir uma posição integradora ('uma gama completa de produtos e serviços eletrônicos'). Exemplos dessas bases de posicionamento on-line são descritos a seguir.

- **Posicionamento por atributos de produto ou serviço**. O iVillage permite que os usuários elaborem seus próprios menus de refeição em seu website utilizando critérios como ingredientes e quantidade de calorias (<http://www.ivillage.com>).
- **Posicionamento por tecnologia.** No website da Land'End, as mulheres podem construir modelos virtuais baseados em suas características físicas, como cor do cabelo, tom de pele, estilo do cabelo, tamanho corporal e formato do rosto. Os usuários podem, então, ver como o vestuário Lands'End ficaria em si mesmos, experimentando roupas virtuais no modelo. O modelo pode ser girado para obter visualizações frontais, laterais e posteriores (<http://www.landsend.com>).
- **Posicionamento por benefícios.** O website da Kimberly-Clark Huggies desenvolveu uma relação com os pais, oferecendo ajuda e aconselhamento sobre cuidados infantis em formato de comunidade. Na seção 'Happy Baby', os pais podem personalizar histórias para incluir o nome de seu filho (<http://www.huggies.com>).
- **Posicionamento por categoria de usuário.** O Departamento de Comércio dos EUA fornece informações e assistência a executivos que falam inglês e espanhol (Figura 7.15).
- **Posicionamento por concorrente.** O YouTube é líder da indústria, apesar de os vídeos no Vimeo serem de qualidade mais elevada. O YouTube tem a vantagem de ser o primeiro com sua característica de implantação no website, canais do usuário e opções mais importantes. O Facebook tem aplicativos que nenhuma outra rede tem.
- **Posicionamento por integração**. O TheKnot.com oferece tudo relacionado a casamentos, desde cadastro de presente para os planejadores de casamento e outros consultores.

Figura 7.15 Departamento de Comércio dos EUA — Seleção de públicos-alvo.

Fonte: <http://www.arts.endow.gov>.

Resumo do capítulo

O e-business ocorre principalmente em três mercados: entre empresas (B2B), entre a empresa e o consumidor (B2C) e entre empresas e o governo (B2G), embora as empresas também se envolvam no mercado entre consumidores (C2C). A maioria do dinheiro muda de mãos no mercado B2B, com muitas empresas conectadas à internet. A tecnologia da informação está criando eficiências e intensificando a concorrência. O mercado consumidor é imenso e ativo on-line. O mercado governamental consiste em vários estados, cidades, órgãos governamentais e em países que compram bens e serviços. As empresas devem prestar muita atenção às regras de venda para esse mercado. Uma série de tendências está afetando a capacidade dos profissionais de marketing de explorar novas áreas de crescimento e de se tornarem profissionais de marketing digital bem-sucedidos.

A segmentação de marketing é o processo de agregação de indivíduos ou empresas com características similares relacionadas ao uso, consumo ou benefícios de um produto ou serviço, que resulta em grupos de clientes chamados segmentos de mercado. Seleção de públicos-alvo é o processo de definição dos segmentos de mercado que são mais atraentes para a empresa e a escolha de uma estratégia adequada para atuar nesse segmento.

As quatro **bases da segmentação** do mercado consumidor são: base demográfica, geográfica, psicográfica e comportamental em relação ao produto. Cada base é ainda mais refinada utilizando-se variáveis de segmentação — como faixa etária e sexo no que diz respeito aos aspectos demográficos. Atualmente, os profissionais de marketing digital estão focando uma série de nichos demográficos e buscam segmentos importantes: geração do milênio, grupos étnicos e formadores de opinião. Diferentes estratégias são usadas para selecionar cada público-alvo.

As variáveis psicográficas do usuário incluem personalidade, valores, estilo de vida, atitudes, interesses e opiniões. A internet é uma excelente maneira de agrupar pessoas com interesses similares e tarefas em comunidades on-line selecionando públicos-alvo de forma eficaz. Uma variável importante de segmentação para prever o comportamento de compra on-line é a atitude perante a tecnologia. Duas variáveis comportamentais de segmentação comumente utilizadas pelos profissionais de marketing digital são os benefícios buscados (baseados nos benefícios que os clientes desejam do produto, como e-mail ou compra) e índices de utilização do produto (baseado em como os clientes se comportam na internet).

Os segmentos de usuários podem ser divididos de acordo com o acesso na residência ou no trabalho, acesso móvel, nível de engajamento on-line e segmentos de uso em setores específicos.

Os profissionais de marketing utilizam duas importantes estratégias para atingir os segmentos: (1) marketing de nicho e (2) micromarketing (foco individual). A internet tende a ser uma poderosa promessa, especialmente para um micromarketing eficaz.

Diferenciação é o que uma empresa faz para o produto. Posicionamento é o que a empresa faz na mente do cliente. A proliferação de informações, produtos e serviços disponíveis na internet significa que as empresas devem encontrar formas de diferenciar seus produtos e serviços, a fim de atrair clientes e desenvolver relacionamentos de longo prazo. Muitas estratégias tradicionais de diferenciação podem ser aplicadas em uma estratégia de e-marketing, como produto, serviço, pessoas, canal e diferenciação por imagem. Essas estratégias requerem esforços adicionais e exclusivos de diferenciação do e-marketing, com foco na atmosfera do website/ambiente, confiança, eficiência, preço, marketing de relacionamento com clientes e solicitação de conteúdo gerado pelo usuário.

As estratégias tradicionais de posicionamento off-line também se aplicam à internet. No entanto, os profissionais de marketing digital podem utilizar estratégias específicas para a internet, como posicionamento por tecnologia, por benefício, por categoria do usuário, por concorrente, ou por uma abordagem integradora.

Exercícios

Questões para revisão

7.1 Quais são os três principais mercados do e-business, e como eles diferem?

7.2 Defina as quatro bases principais de segmentação e relacione pelo menos duas variáveis de segmentação para cada uma delas.

7.3 Por que os profissionais de marketing digital medem a atitude com relação à tecnologia? Quais medidas estão disponíveis?

7.4 Quais os benefícios que os clientes buscam on-line?

7.5 Como a segmentação por benefício se diferencia da segmentação por uso?

7.6 Quais são os dois níveis de segmentação de engajamento on-line mais importantes?

7.7 Como o micromarketing se difere do marketing de nicho?

7.8 Por que um profissional de marketing digital quer criar ou aprimorar um website para construir uma comunidade?

7.9 Como a diferenciação difere do posicionamento?

Questões para discussão

7.10 Os países subdesenvolvidos tendem a ter divisões nítidas de classe em relação às divisões existentes nos Estados Unidos. Não é incomum que 2 por cento da população controle 80 por cento da riqueza. Como um profissional de marketing, como você pode utilizar esse conhecimento para desenvolver uma estratégia de segmentação para orientar os clientes nesses países?

7.11 Muitos pais estão preocupados que alguns websites visam especificamente às crianças e aos adolescentes. Descreva os argumentos a favor e contra uma empresa utilizar essa estratégia de segmentação e seleção de públicos-alvo. Qual lado você apoia, e por quê?

7.12 Alguns gestores de empresas proíbem os funcionários de utilizar a internet para atividades não relacionadas ao trabalho. Quais são as implicações para os profissionais de marketing digital que segmentam seus mercados utilizando a variável de acesso em casa e no trabalho?

7.13 A Forrester Research sugere um esquema de segmentação para o engajamento on-line. Entreviste alguns de seus colegas para ver qual proporção se enquadra em cada segmento.

7.14 Por que um profissional de marketing digital opta por usar o posicionamento por concorrente? E o posicionamento por integração?

7.15 Em qual segmento de mercado móvel ou estacionário você se encaixa melhor? Que tipos de produtos teriam êxito nesse segmento?

7.16 Como uma empresa on-line pode reagir se um rival adota o posicionamento por concorrente de uma forma desfavorável?

7.17 Os clientes estão propensos a ser confundidos por um posicionamento integrador que sugere que um website vende qualquer coisa? Quais são as vantagens e desvantagens desse posicionamento?

PARTE

1 2 3 **4**

Gestão do e-marketing

CAPÍTULO

1 2 3 4 5 6 7 **8** 9 10 11 12 13 14

Produto: a oferta on-line

Existem muitas coisas para escolher, mas o fato é que existe apenas um Pernalonga. E quando você tem produtos como o Pernalonga ou um Mickey, ou os produtos que essas empresas têm, há apenas um lugar onde pode ir para obtê-los.
— Jim Moloshok, <http://www.warnerbros.com>

Dê às pessoas mais do que elas querem, e o sucesso virá.
— Sir Richard Branson, presidente da Virgin Group

O principal objetivo deste capítulo é ajudá-lo a analisar o desenvolvimento de produtos para os clientes e para as empresas que são potencializados pelas propriedades e a tecnologia da internet, oferecendo benefícios on-line por meio de marcas, serviços de apoio e rotulagem. Você vai se familiarizar com os desafios e oportunidades do e-marketing no desenvolvimento de produtos.

Após a leitura deste capítulo, você estará apto a:

- Definir *produto* e descrever como ele contribui para criar valor para o cliente.
- Discutir como seus atributos, a marca, os serviços de apoio e a rotulagem se aplicam aos produtos on-line.
- Descrever os fatores-chave no e-marketing para o desenvolvimento aprimorado de produtos.

A história do Google

Qual website executa um bilhão de buscas por dia, fala 345 línguas, incluindo Xhosa, Maori e Zulu, e é o mais visitado dos EUA? A resposta é <http://Google.com>, o website que mais cresce e a quarta Marca Global do Ano de 2010 de maior valor, segundo a Interbrand. O Google é tão popular que mudou o idioma inglês — o verbo *to google* foi adicionado por dois dicionários. As receitas do Google em 2009 atingiram $ 23,6 bilhões, alcançando a admirável marca de $ 6,5 bilhões em lucro. A empresa continua a crescer em relação a vendas, novos mercados, número de funcionários e lançamento de novos produtos.

Esse sucesso é especialmente notável porque o Google entrou no mercado em 1998, bem depois que outros mecanismos de busca estavam consolidados e contavam com clientes fiéis. Como é que o Google fez isso? Primeiro, ele tem acesso à tecnologia a um baixo custo. Os fundadores Sergey Brin e Larry Page descobriram como agregar oito vezes mais poder aos servidores com a mesma quantidade de espaço do que seus concorrentes por meio da construção de seu próprio sistema de hardware utilizando componentes comuns. Segundo, eles inventaram uma estratégia inovadora de pesquisa: classificar resultados da página de pesquisa de busca não apenas em palavras-chave, mas também na popularidade — avaliada, em parte, pelo número de websites que apontam para cada webpage. Esses critérios significam que os resultados das pesquisas dos usuários foram categorizados a partir de websites relevantes. Por fim, os fundadores mantiveram o foco no cliente, utilizaram gráficos simples, não autorizaram publicidade na página inicial e permitiram apenas os anúncios de texto (sem gráficos) para que as páginas de resultados da pesquisa fossem baixadas de forma mais rápida e com leitura mais fácil.

O Google continua a sobressair por causa da inovação rápida e contínua de seus produtos. Desenvolve seus novos produtos no Google Labs, disponibiliza-os como beta teste quando eles parecem ser úteis aos clientes e, finalmente, agrega tais itens a seu portfólio de produtos — um processo por vezes com duração de até um ano (Figura 8.1). Por meio desse processo, o Google aprende com os clientes e incorpora melhorias com base na opinião deles. O mix de produtos do Google inclui 24 produtos de busca (Web, blog, Earth, Maps, alertas e muito mais), três produtos de publicidade (AdSense, AdWords e Analytics), vinte aplicativos (por exemplo, Google Docs, Picasa, YouTube, Blogger e produtos para aparelhos móveis) e muitos produtos da empresa para maximizar a receita de conteúdo web, aumentar o ROI de marketing, atingir novos clientes, ressaltar um website e au-

Figura 8.1 Google Labs para teste de novo produto.

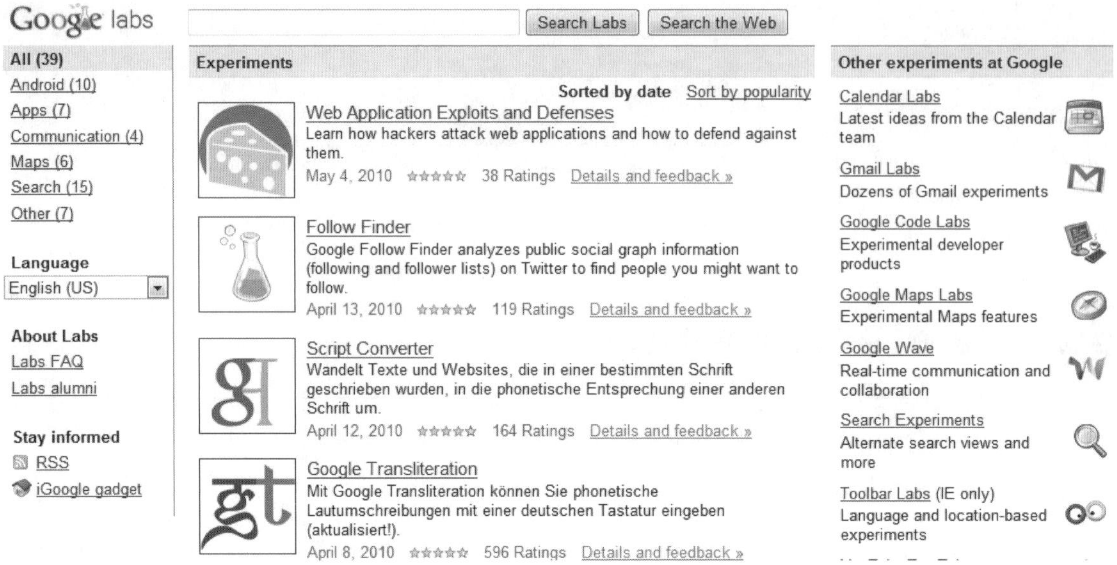

Fonte: cortesia do Google (<http://labs.google.com>).

mentar a produtividade. Todos os produtos aderem às filosofias do Google de simplicidade, foco no cliente, velocidade de serviço e excelência do produto.

O Google utiliza principalmente um modelo de e-business baseado em propaganda, conectando usuários com informações e vendendo visibilidade para os anunciantes. Ele gera receitas em vários mercados B2B. Licencia serviços de busca para empresas, dominando a maioria de todas as buscas em âmbito mundial, vende serviços corporativos e também vende publicidade aos anunciantes da web, compartilha risco com os anunciantes, utilizando um modelo de pagamento-por-clique (os anunciantes pagam apenas quando os usuários clicam em um anúncio). As receitas de publicidade do Google continuam a subir em seu website e nos websites dos seus clientes, incluindo os anúncios do Google, pois ele oferece anúncios orientados e relevantes com base em pesquisas de palavras-chave.

Em uma empresa onde muitos funcionários possuem PhD, a inovação é contínua. Esse fato, juntamente com um obsessivo foco no cliente, é a razão pela qual a empresa está sempre certa na seleção dos novos serviços. A rentabilidade provavelmente vai continuar, pois o Google presta muita atenção ao valor do usuário, mantém os custos baixos e entrega a visibilidade aos anunciantes. O Google faz tudo muito bem-feito.

8.1 As propriedades da internet maximizam muitos produtos

O sucesso do Google demonstra como um novo produto puramente on-line pode utilizar as propriedades da internet para desenvolver uma marca de sucesso. E agora o novo mecanismo de busca, o Bing da Microsoft, está desafiando o Google, ao mostrar que os produtos inovadores on-line continuam a entrar até em mercados saturados. Um produto é um pacote de benefícios que satisfaz às necessidades das empresas ou dos clientes e para os quais eles estão dispostos a trocar o dinheiro ou outros itens de valor. O termo *produto* inclui itens como bens tangíveis, serviços, ideias, pessoas e lugares. Todos esses produtos podem ser comercializados na internet.

Alguns novos produtos, como mecanismos de busca e redes sociais, são exclusivos para a internet; outros, como a música, simplesmente utilizam a internet como um novo canal de distribuição; e alguns utilizam a internet como uma loja eletrônica. Com as propriedades únicas da internet, o poder dos clientes e outras tendências do e-marketing, os desenvolvedores de produto enfrentam muitos desafios e desfrutam de inúmeras novas oportunidades para criar valor para o cliente utilizando ferramentas de marketing eletrônico. Este capítulo foca produtos tanto para os consumidores finais como para as empresas que podem ser potencializados pelas propriedades da internet utilizando as estratégias tradicionais e comprovadas de gerenciamento de produtos e marcas.

Para criar novos produtos, as organizações começam com a pesquisa para determinar o que é importante para os clientes e continuam projetando estratégias para agregar mais valor do que os concorrentes. De acordo com o

Figura 8.2 Mix de marketing e estratégias de CRM e táticas para resultados relacionais e transacionais.

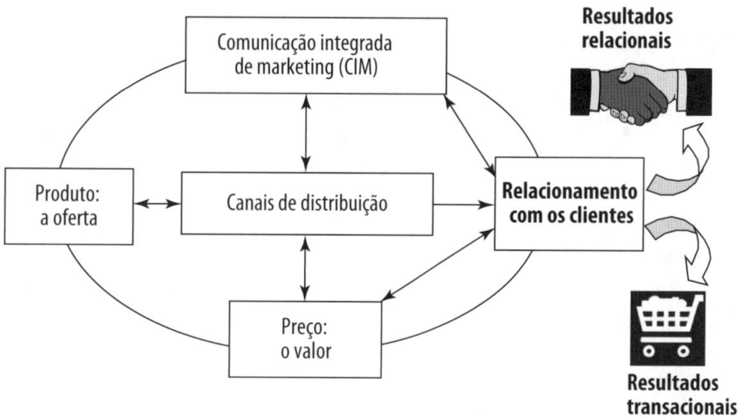

modelo estratégico de fontes e banco de dados discutido na Parte 3, as estratégias do nível 2 envolvem os 4 Ps do mix de marketing e a gestão do relacionamento com os clientes (CRM). Como o processo para desenvolver essas estratégias está intimamente ligado às táticas usadas para implantá-las, as estratégias e táticas são apresentadas nos capítulos da Parte 4. Conforme mostrado na Figura 8.2, o mix de marketing (produto, preço, distribuição e comunicação) e a gestão do relacionamento com o cliente atuam em conjunto para produzir resultados relacionais e transacionais com os clientes. Esse modelo concebe a ideia de que essa atividade ocorre de forma paralela em todos os mercados — ou seja, os profissionais de marketing querem os mesmos resultados nos mercados governamentais e nos empresariais (especialmente com sua cadeia de suprimentos). O presente capítulo inicia esta discussão descrevendo como a tecnologia da informação afeta a estratégia e a implantação de produtos e marcas.

8.2 Criando valor para o cliente on-line

Nunca a concorrência pela atenção do cliente on-line foi tão acirrada. Para ter sucesso, as empresas devem empregar estratégias fundamentadas em sólidos princípios de marketing — que resultam em valor do cliente. Lembre-se do Capítulo 2, no qual Valor do cliente = Benefícios – Custos. Mas o que é exatamente valor? Primeiro, é a experiência plena com o produto. Ela inicia com a percepção inicial de um produto pelo cliente, continua em todos os pontos de contato com o cliente (incluindo a experiência com website e e-mail de uma empresa) e termina com o uso real do produto e o serviço de atendimento pós-compra. Ela inclui ainda os elogios que um cliente recebe de amigos enquanto sacode seu iPad, ou a alegria que ele tem com mensagens instantâneas de amigos no Skype ou Facebook. Segundo, o valor é definido totalmente pelas crenças e atitudes mentais percebidas pelos clientes. Independentemente de quão favorável é a opinião da empresa quanto aos próprios produtos, é a percepção dos clientes que conta. Terceiro, o valor envolve expectativas do cliente; se a experiência real do produto estiver aquém de suas expectativas, os clientes vão se decepcionar. Quarto, o valor é aplicado em todos os níveis de preço. Tanto um pagamento de \$ 0,05 para obter um artigo on-line em um arquivo de jornal como um aplicativo de comércio eletrônico de \$ 2 milhões criam valor.

A internet pode aumentar os benefícios e reduzir os custos, mas também pode funcionar de forma inversa. As próximas seções explorarão a proposta de valor on-line.

8.3 Benefícios do produto

Uma série de benefícios desejados surge juntamente com a tecnologia da internet. Nos capítulos 6 e 7, discutimos muitos dos benefícios que os clientes buscam on-line na conexão, criação, apreciação, aprendizagem e negociação. Os usuários da internet também querem navegação web eficaz, rápida velocidade de download, organização clara do website, design atraente e útil, transações seguras, privacidade, informações ou serviços gratuitos, navegação e leitura de e-mails de fácil utilização. Milhares de novos produtos e websites foram rapidamente criados para preencher estas e muitas outras necessidades do usuário. À medida que a tecnologia evolui, o usuário refina suas necessidades e as oportunidades continuam a se expandir. Os profissionais de marketing mais experientes estão preparados.

Para aproveitar essas oportunidades, os profissionais de marketing devem tomar cinco decisões genéricas em relação ao produto que compõem seu pacote de benefícios para atender às necessidades do cliente: atributos do produto, marca, serviços de apoio, rotulagem e embalagem. Exceto com relação à embalagem física, todos esses itens podem ser convertidos de átomos para bits no desenvolvimento on-line. Discutiremos aqui os quatro primeiros itens em termos de benefícios on-line que são oferecidos aos clientes e as estratégias de e-marketing associadas.

Atributos

Atributos do produto incluem a qualidade geral e suas características específicas. Com a qualidade, a maioria dos clientes sabe que 'você obtém o que paga'. Ou seja, qualidade mais elevada e consistente geralmente significa preços mais altos, mantendo assim a proposta de valor. Características do produto incluem elementos como: cor, sabor, estilo, tamanho e velocidade do serviço on-line, ou a capacidade de conectar e personalizar. Benefícios, por outro lado, são as mesmas funcionalidades pela perspectiva do usuário. (Ou seja, o que o atributo vai fazer para resolver problemas ou atender às necessidades e desejos?) Por exemplo, o MySpace hospeda uma série de perfis de webpages (atributo) que ajudam os usuários a conectar amigos antigos e novos rapidamente on-line (benefício). Benefícios do produto são os principais elementos da proposta de valor.

A internet aumentou os benefícios para o cliente de forma tão notável que revolucionou a prática de marketing. O mais básico é o movimento de átomos para bits, uma das principais propriedades da internet. Essa capacidade abriu a porta para a mídia, música, software e outros produtos digitais apresentados na web. Talvez o benefício mais importante seja a customização em massa. Produtos tangíveis, como computadores portáteis, podem ser vendidos a preços mínimos ou customizados pelo cliente, adicionando muitos itens de hardware e software, criando benefícios ampliados a um preço superior. O mesmo é válido para produtos intangíveis, e alguns oferecem enorme flexibilidade para a criação de pacotes individuais. Por exemplo, as empresas de pesquisa on-line podem oferecer muitos serviços corporativos diferentes em uma variedade de combinações; da mesma forma, a rádio Pandora combina músicas de muitos artistas diferentes, conforme desejado pelos clientes. É importante perceber que os produtos informacionais podem ser reconfigurados e personalizados de forma fácil, rápida e barata, em comparação aos produtos manufaturados. Considere que a mudança de um projeto automotivo leva anos, e um modelo pode ser oferecido em apenas algumas versões. Por outro lado, as mudanças e as customizações de alguns softwares podem ser muito mais fáceis.

Mesmo que esse tipo de agrupamento de benefício ocorra off-line ou on-line, a internet oferece aos usuários a oportunidade única de customizar produtos automaticamente sem sair do seu teclado. Por exemplo, a Blue Nile, o rentável varejo de joias on-line (<http://www.bluenile.com>), possibilita que os usuários da web selecionem entre as muitas características das pedras preciosas (por exemplo, tipo de pedra, limpidez e tamanho) e escolham o engaste e anel compatível.

A personalização do usuário é outra forma de customização. Pelo registro e outras técnicas, os websites cumprimentam os usuários pelo nome e sugerem ofertas de produtos de interesse com base em compras anteriores. Por exemplo, um cliente que retorna à Amazon.com tem um item com o nome dele: 'Olá, Sam. Temos recomendações para você'. Ao clicar sobre o link obtém-se uma lista de itens que Sam poderia se interessar em examinar, com base em suas compras anteriores na Amazon. Indo um pouco além, a Amazon permite que os indivíduos criem 'listas de desejos', transferindo assim a função de armazenamento de dados do cliente para o varejista: mais benefícios.

Marca

Uma marca inclui um nome (McDonald´s), um símbolo (arcos dourados) ou outras informações de identificação. Quando uma empresa registra tal informação no Escritório de Patentes dos EUA, ela se torna uma marca registrada, que é legalmente protegida de possíveis imitações. De acordo com o governo dos EUA, 'uma **marca** é uma palavra, frase, símbolo ou desenho, ou combinação de palavras, frases, símbolos ou desenhos, que identifica e distingue a fonte dos bens ou serviços das partes entre si' (<http://www.uspto.gov>). É notável que as palavras do dicionário não possam ser registradas para uso do website — as empresas podem possuir books.com ou music.com, mas não podem negociar a palavra *livro* para o nome de uma empresa.

Entretanto, uma marca é muito mais que sua representação gráfica e verbal em materiais de marketing. É a 'percepção do indivíduo de um pacote integrado de informações e experiências que distingue uma empresa e/ou suas ofertas de produtos da concorrência' (Duncan, 2002). Muitos profissionais de marketing observaram que uma marca é uma promessa aos clientes. Cumprir essa promessa gera confiança, reduz o risco e ajuda os clientes a reduzir o estresse da tomada de decisão sobre a mudança para outro produto. Reduzir o estresse on-line é especialmente importante devido à preocupação com questões de segurança e privacidade, porque as empresas e os clientes estão muitas vezes separados por grandes distâncias. Nomes de marcas como Microsoft e Apple geram a confiança do consumidor, adicionam benefícios percebidos pelo cliente e, portanto, podem impor preços mais elevados aos clientes. Consulte o quadro 'Informações técnicas' dos produtos Antivírus da McAfee e Symantec Norton, marcas que também geram muita confiança. Obviamente, algumas marcas como Wal-Mart, nos Estados Unidos, ou lojas de alimentos Aldi, na Alemanha e Austrália, são sinônimos de marca de preços baixos e qualidade razoavelmente boa. A proposta de valor é preservada nesses casos com alguns compradores, pois os produtos oferecem menos benefícios (por exemplo, um conjunto menor de recursos ou menos serviços).

Brand Equity. Brand Equity é o valor intangível de uma marca, avaliada em valor monetário. A Figura 8.3 exibe a classificação para algumas das cem maiores marcas dos EUA em 2009. O Google ganhou o prêmio de Marca Global do Ano com crescimento significativo no valor da marca a partir de 2008, colocando-o no top 10 de todas as marcas. Além do rápido crescimento em valor, o Google foi elogiado pela Interbrand pela rápida expansão do seu portfólio de produtos além do motor de busca, mantendo a consistência em tudo o que faz. Yahoo! e AOL tinham o mesmo potencial, mas não produziram os mesmos resultados — qual será o desempenho do estreante Bing no próximo ano? Dell, Amazon e eBay não existiam antes da internet, embora apareçam nessa lista. Como é feita essa classificação sobre o valor intangível das marcas? Consulte a Figura 8.4 para entender a metodologia da Interbrand, baseada no conhecimento de muitos especialistas de marcas e de profissionais de marketing.

Adicionamos a ideia de que uma grande marca é assimilada pela cultura popular e toca fundo no cliente, conforme mostra a Figura 8.5. Tendências da cultura popular na música, no entretenimento, nos esportes e outros ajudam a marca a tocar os clientes e se manter atual. Por essa razão, muitas empresas utilizam celebridades como porta-vozes e patrocinadores de eventos esportivos que interessam os públicos-alvo. Por exemplo, a Dell Computer descobriu o fator mais importante quando propiciou aos clientes a capacidade de customizar seus computadores on-line. Essa estratégia potencializou os desejos dos clientes de ter produtos e comunicação adaptados às suas necessidades individuais e a tendência da cultura popular em utilizar a internet 24 horas por dia, sete dias por semana para o comércio eletrônico. O Skype encontrou o fator-chave de sucesso quando trouxe a **telefonia via internet** para as massas no mundo todo e o LinkedIn quando criou uma rede de contatos profissionais.

Figura 8.3 Marcas globais de valor mais elevado em 2009.

2009	Marca	URL	Valor ($ bilhões)
1	Coca-Cola	<http://www.coca-cola.com>	68,73
2	IBM	<http://www.ibm.com>	60,21
3	Microsoft	<http://www.microsoft.com>	56,65
4	General Electric (GE)	<http://www.ge.com>	47,78
5	Nokia	<http://www.nokia.com>	34,86
6	McDonald´s	<http://www.mcdonalds.com>	32,28
7	Google	<http://www.google.com>	31,98
8	Toyota	<http://www.toyota.com>	31,33
9	Intel	<http://www.intel.com>	30,95
10	Disney	<http://www.disney.go.com>	28,45
Empresas da internet (maioria dos negócios realizados on-line)			
7	Google	<http://www.google.com>	31,98
9	Intel	<http://www.intel.com>	30,95
14	Cisco	<http://www.cisco.com>	22,03
35	Dell	<http://www.dell.com>	10,29
43	Amazon.com	<http://www.amazon.com>	7,86
46	eBay	<http://www.ebay.com>	7,35
64	Yahoo!	<http://www.yahoo.com>	5,11

Observação: para estar na lista, as marcas precisam ter um valor superior a $ 1 bilhão, ter um terço das suas vendas fora dos Estados Unidos, e ter os dados financeiros publicamente disponíveis. As companhias aéreas e as matrizes das empresas não foram incluídas na lista.

Fonte: Interbrand (2010). *Best Global Brands*. Disponível em: <http://www.interbrand.com>.

Figura 8.4 O que promove uma grande marca global?

Três atributos	Três observações	Cinco práticas
Construir uma grande ideia	Amplamente norte-americano	Continuamente cumpre a promessa da marca
Ter um propósito válido e valores	Predominantemente negócios e indústrias de produtos	Possui produtos de alta qualidade, serviços e tecnologia
Utilizar a marca como o princípio central da organização	Representa escolhas claras	Possui uma posição relevante e proporciona uma experiência única aos clientes
		Centra-se na marca interna
		Melhoria contínua e inovação

Fonte: 'O que faz grandes marcas'. Disponível em: <http://www.brandchannel.com>.

Figura 8.5 Uma grande marca é absorvida pela cultura popular e toca os clientes.

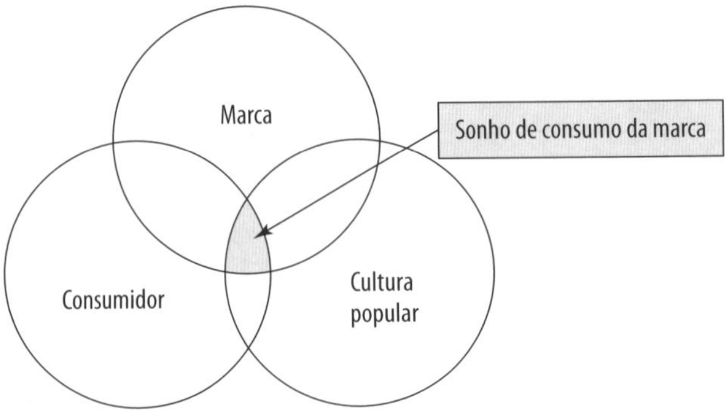

Relacionamentos com a marca. O Yahoo! obteve um êxito tão expressivo que os clientes individuais, na verdade, criaram o grito Yahoo!, posteriormente utilizado em comerciais da empresa. Essa resposta é o sonho de todo profissional de marketing — construir uma sequência de clientes cultuais que vivem, respiram, se vestem e falam sobre a marca. Este é o caso dos proprietários de motocicletas Harley-Davidson, proprietários de automóveis Saab, fãs do computador Apple e iPod, leilões eBay, buscas do Google e outros. E é o caso dos usuários da Amazon, que disputam para se tornar críticos importantes. Como é que uma empresa sai do anonimato e alcança alto nível de aceitação?

Tom Duncan (2002) discute cinco níveis possíveis de intensidade de relacionamento com a marca:

- Advogado da marca: os clientes contam aos outros sobre suas marcas favoritas, tanto on-line quanto off-line.
- Comunidade: clientes em comunidades, como Facebook, se comunicam sobre marcas uns com os outros.

Informações técnicas

Vírus e proteção do computador

Finalmente chegou o dia da sua apresentação para o maior cliente da empresa. Você tem trabalhado na nova campanha de marketing por mais de um ano, e ficou no escritório até as 22 horas todos os dias na semana passada sofrendo com as mudanças finais. Vestindo seu melhor terno, você vai para o trabalho, pega uma xícara de café e liga o computador. Você percebe pelo canto dos olhos que as telas familiares não estão piscando quando seu computador inicia; há simplesmente uma mensagem que diz: 'Nenhum disco rígido encontrado'. Você imediatamente chama o helpdesk da empresa, apenas para descobrir que alguém no Departamento de Recursos Humanos abriu um anexo de e-mail infectado por um vírus que dizimou muitos computadores em toda a rede da empresa. Depois de desligar, você calmamente pega sua pasta e puxa a unidade flash que fez na noite passada com a campanha e a apresentação. Nem mesmo um vírus importuno pode impedi-lo de dar esta apresentação hoje.

Vírus de computador e spam

Os vírus de computador são o pior pesadelo de um profissional de marketing digital. Eles reforçam a percepção do cliente de que a internet e os computadores em geral não são seguros. Os vírus de computador são pedaços intrusivos de código de computador que se anexam secretamente aos arquivos existentes. Os vírus são frequentemente autorreproduzíveis e têm o potencial de causar danos e estragos nos dados. Vírus prejudiciais podem se espalhar por toda uma rede de computadores, sobrescrevendo os arquivos de dados com bobagens. Por outro lado, os vírus podem ser tão pequenos como fazer o computador emitir um som em determinado dia do mês, quando o usuário aperta uma tecla específica ou abre a unidade de CD-ROM por diversas vezes. Além disso, alguns vírus, conhecidos como *dormant*, podem infectar um computador e não causar problemas, até uma determinada data ou hora.

Quatro tipos comuns de vírus são os macrovírus, worms, vírus de inicialização (boot) e cavalos de Troia. Os **macrovírus** anexam arquivos de dados e infectam aplicativos comuns do computador quando os usuários abrem o arquivo de dados infectado. Por exemplo, o vírus NightShade infectou documentos do Microsoft Word 97. Quando o usuário fechou o documento infectado, o Assistente do Word exibiu uma mensagem com a palavra *NightShade* e protegeu o arquivo com uma senha com a mesma palavra.

O **worm** se reproduz rapidamente por toda a memória do computador, destruindo as informações armazenadas, e consome os recursos computacionais. Em 2004, as múltiplas variações do Worm Sasser infectaram os computadores em âmbito mundial. O adolescente alemão Sven Jaschan é o suposto autor, e foi preso após o incidente. Vírus adicionais foram criados como vacinas para o vírus, causando um caos ainda maior.

Vírus de inicialização (boot) reside em discos removíveis e destroem sistemas operacionais quando os usuários inicializam incorretamente o computador com o disco inserido. O melhor é utilizar um software antivírus para examinar todos os discos antes de usá-los.

Cavalos de Troia não se replicam e muitas vezes aparecem como programas legítimos. O programa é parecido com o vírus que pode causar danos ao computador e abrir portas para que hackers entrem no computador para causar danos. O vírus CodeRed comum gerou um cavalo de Troia que facilitou o acesso remoto aos drives de computadores, permitindo que os hackers executassem um programa no computador. Os vírus de computador podem aparecer em dados, e-mail ou software de qualquer fonte. Em 2000, o vírus I love you e suas variantes fizeram a ronda dos computadores em âmbito mundial e causaram prejuízo de bilhões de dólares em questão de dias. O vírus, que foi transmitido por e-mail, afetou principalmente os usuários do Microsoft Outlook, um programa comum de e-mail. Versões antigas e desatualizadas do Outlook possibilitaram que pequenos programas, chamados scripts, fossem executados no computador do usuário com o intuito de automatizar tarefas. Embora isso signifique que os usuários possam personalizar o programa às suas necessidades, isso também significa que os scripts podem executar praticamente qualquer comando do Windows — incluindo o comando *delete*. Nesse caso, os criadores de vírus enviam um script como um anexo de arquivo que apaga os arquivos no computador do usuário. O vírus também busca endereços no catálogo de endereços do Outlook e também envia uma cópia do vírus para todos os contatos. O resultado foi a rápida disseminação de um vírus destrutivo. As variantes que surgiram foram ainda mais sofisticadas e destrutivas. Sabendo que os usuários estariam à procura de 'I love you' no título da mensagem, uma variante gerou aleatoriamente um novo título em cada transmissão. Sabendo também que os programas antivírus examinariam as mensagens em busca do script do vírus, a mesma variante modificou um pouco o script em cada transmissão para escapar à detecção. Programadores mal-intencionados muitas vezes miram o Outlook, que é totalmente integrado ao Windows e outros aplicativos da Microsoft em virtude de sua popularidade. No entanto, com o lançamento do Windows 7, a Microsoft oferece proteção com um antivírus gratuito com o Windows Security Essentials.

Embora os vírus afetem mais comumente os computadores, eles também estão começando a infectar dispositivos móveis, como telefones celulares e PDAs. Um vírus chamado Cabir infectou telefones celulares rodando o sistema operacional Symbian em 2004 e se espalhou detectando e infectando os dispositivos com Bluetooth nas proximidades do telefone infectado.

O que os profissionais de marketing digital podem fazer? O melhor lugar para bloquear um vírus de computador é antes de chegar ao usuário final. Todas as mensagens de e-mail passam por um servidor de correio que armazena as mensagens em uma unidade de disco nas caixas postais dos usuários. O software pode ser instalado no servidor de correio para verificar a presença de vírus conhecidos em todas as mensagens que chegam, e destruí-los, caso um vírus seja identificado, ou colocá-los em quarentena, se houver suspeita. Dessa forma, o vírus nunca atinge o usuário final e a infecção é evitada. Organize todos os programas regularmente. As atualizações de segurança da Microsoft e outros fornecedores são frequentemente projetadas para impedir vírus. Você deve ter seu sistema configurado para atualização automática. Software antivírus também pode ser instalado em cada computador individual. Um robusto programa antivírus é o McAfee (<http://www.mcafee.com>). O Norton, da Symantec, também é popular (<http://www.symantec.com>). A participação de mercado desses produtos pode ser ameaçada agora que a Microsoft está oferecendo o Windows Security Essentials. A atividade do vírus é relatada e registrada pela Organização Internacional WildList, e as informações sobre vírus estão disponíveis em seu website: <http://www.wildlist.org>.

Quase tão importuno e frustrante quanto os vírus, o spam dominou centenas de caixas de entrada de e-mails de usuários. O spam é um e-mail indesejado que é enviado para muitos endereços de e-mail ao mesmo tempo. O spam muitas vezes tem títulos como 'Enriqueça rápido!!!!' ou 'Receitas baratas'. De acordo com um relatório publicado pela Nucleus Research, em 2004, o spam custa às empresas $ 1.934 por ano por empregado em perda de produtividade. A empresa de consultoria empresarial comprovou que o número não inclui os dólares gastos em hardware, software, pessoal de TI e largura de banda desperdiçada relacionada ao spam.

Embora a maioria das mensagens de spam seja inofensiva, os vírus às vezes se mascaram como spam. Os usuários muitas vezes aumentam a quantidade de spam que eles recebem ao se inscrever em serviços on-line que posteriormente vendem os endereços do usuário. Muitos ISPs e provedores de e-mail oferecem filtros para spam ou lixo eletrônico. Esses filtros tentam separar as mensagens de spam das mensagens importantes. Um programa similar ao software antivírus examina as mensagens que chegam, separando-as ou excluindo-as da caixa de entrada do usuário.

A detecção pelos softwares de antivírus e de antispam são uma dádiva para os profissionais de marketing, pois eles mantêm a internet livre de conteúdo destrutivo ou indesejado, ajudando a focar a atenção do usuário no conteúdo desejado.

- Conexão: os clientes se comunicam com a empresa no intervalo entre os eventos de compra.
- Identidade: os clientes exibem orgulhosamente o nome da marca dos produtos que eles utilizam.
- Conscientização: os clientes incluem a marca em sua lista de possíveis compras.

O menor número de clientes está no nível mais alto, no qual eles se tornam defensores e dizem a todos quão importante é *sua* marca — YouTube e Twitter estão felizes por estar nessa posição hoje. Os atuais e futuros clientes tornam-se conscientes das marcas e desenvolvem crenças e atitudes com base em todos os contatos da marca, também chamados pontos de contato. Alguns contatos ocorrem por meio de uma mídia unilateral, como publicidade e embalagem, e outros ocorrem por meio da comunicação bilateral, como conversas com o serviço de atendimento ao cliente ou equipe de vendas por telefone, em feiras, em websites, ou e-mail enviado pela empresa. A explosão de websites da mídia social intensificou esse processo com a comunicação sobre as marcas. O Yahoo! começou o reposicionamento do Life Engine promovendo um concurso entre os funcionários, com oitocentas inscrições descrevendo por que o Yahoo! era seu mecanismo de vida. Esse tipo de marketing interno ajuda as empresas a comunicar uma mensagem consistente em todos os pontos onde os clientes interagem com os funcionários. (Consulte a Figura 8.4, que trata da importância da marca interna.)

Ao utilizar a internet, a empresa deve assegurar que suas mensagens on-line e e-mails de funcionários transmitam uma imagem positiva da marca e que seja consistente com as mensagens de todos os outros pontos de contato. Um escritor cunhou o termo *teste de esmagamento* para se referir à ideia de que quando uma garrafa de Coca-Cola é esmagada, um indivíduo pode identificar a marca de qualquer pedaço pequeno de garrafa. Os websites também devem passar no teste de esmagamento — após a remoção de logotipos e outras informações de identificação, os usuários devem ser capazes de identificar a marca a partir de qualquer parte do website. Esse tipo de identificação significa que cores, estilo e tamanho da fonte, tom de escrita e de voz, tamanho da imagem e aparência, e outros fatores, devem comunicar a imagem desejada da marca.

Embora a internet possa ajudar as organizações a conduzir seus clientes para níveis mais elevados da pirâmide, é particularmente difícil controlar imagens de marca, pois os usuários de internet recebem frequentemente mensagens da marca de fontes que a empresa não planejou ou geriu, como blogs, redes sociais, e-mail de cliente entre amigos, ou de um cliente que grava e posta um vídeo queimando um produto. A internet fornece informações — boas, ruins e inconvenientes — sobre as marcas. Os profissionais de marketing devem monitorar a web para obter informações sobre a marca, conforme discutido no Capítulo 5, e fazer o seu melhor para configurar as imagens da marca utilizando todas as ferramentas disponíveis, incluindo as tecnologias da internet. Consulte as ferramentas de comunicação on-line e os capítulos sobre as mídias para obter mais detalhes sobre a gestão das crises on-line.

Decisões da marca para produtos da web. Empresas com produtos para venda on-line se deparam com diversas decisões sobre a marca: aplicar os nomes de marca existentes ou criar novos nomes de marca para novos produtos; emprestar o nome da sua marca como marketing cooperado com outras empresas, e qual o nome do domínio a utilizar para o website.

Utilizar marcas existentes na web. Um nome de marca já existente pode ser utilizado para qualquer produto novo, e faz sentido quando a marca é famosa e tem forte *brand equity*. Por exemplo, a Amazon adicionou CDs de música, vídeos, software, eletrônicos e muito mais no seu mix de produtos. É vantajoso para a Amazon utilizar seu nome de marca bem estabelecido on-line para essas outras ofertas, em vez de lançar uma nova loja eletrônica com outro nome. Da mesma forma, quando os produtos com vendas off-line introduzem **extensões on-line**, muitos optam por utilizar a mesma marca (por exemplo, *The New York Times* tornou-se <http://www.nytimes.com> on-line). Na verdade, a queda das empresas ponto.com mostrou a força das marcas físicas transferidas para a internet, que proporcionou a permanência de muitos websites.

Algumas empresas podem não querer utilizar a mesma marca on-line e off-line, por diversas razões. Primeiro, se o novo produto ou canal é arriscado, a empresa corre o risco de prejudicar o bom nome da marca por tê-lo associado a uma possível falha do produto. Entrando no negócio de publicação on-line provisoriamente, a *Sports Illustrated* não queria utilizar sua marca no ambiente on-line e, em vez disso, criou uma extensão, denominada *Thrive* (<http://www.thriveonline.com>). O nome *Sports Illustrated* não foi mencionado on-line. O *Thrive* on-line foi posteriormente vendido à Oxygen Media.

Além disso, um poderoso sucesso na internet pode inadvertidamente reposicionar a marca off-line. A maioria dos produtos de internet carrega uma imagem de alta tecnologia, arrojada e jovem, que transitará para produtos da marca no ambiente off-line. Por exemplo, a NBC (rede de televisão) atende a um mercado mais antigo que a MSNBC on-line. Como a rede esperava trazer espectadores mais jovens da MSNBC na internet para sua rede de televisão, ela tomou a decisão de ficar com o nome de marca — portanto, com a intenção de reposicionar a imagem da marca off-line. Em tais situações, as empresas devem garantir que as imagens da marca on-line terão o efeito desejado sobre as versões off-line e que as linhas de produtos estendidos não criem imagens confusas de marca. Por fim, às vezes, a empresa quer mudar um pouco o nome para o novo mercado ou canal, como uma forma de diferenciar a marca on-line da marca off-line. Por exemplo, a revista *Wired* mudou o nome de sua versão on-line para *HotWired* para transmitir uma imagem de alta tecnologia e, talvez, para posicionar as duas publicações de forma diferente.

Criação de novas marcas de marketing na internet. Se uma organização quer criar uma nova marca na internet, um bom nome é fundamental. Bons nomes de marca devem sugerir algo sobre o produto (por exemplo, WebPromote.com e MySpace.com), devem diferenciar o produto em relação aos seus concorrentes (por exemplo, gURL.com) e devem ser adequados para proteção legal. Na internet, um nome de marca deve ser curto, memorizável, fácil de soletrar e adequadamente traduzido para outros idiomas. Por exemplo, a Dell Computer em <http://www.dell.com> é muito mais fácil do que Hammacher Schlemmer (<http://www.hammacher.com>), o varejista de presentes. Como outro exemplo, considere a adequação desses nomes de ferramenta de busca: Yahoo!, Excite, Lycos, Ask, AltaVista, AOL Search, Dogpile, AllTheWeb, InfoSeek, HotBot, WebCrawler, Google, Technorati, GigaBlast, iWon, LiveSearch, About e LookSmart. Quais se encaixam nos critérios anteriores?

Co-branding. O marketing cooperado ocorre quando duas empresas diferentes formam uma aliança para trabalhar em conjunto e colocar suas marcas no mesmo produto ou serviço. Essa prática é bastante comum na internet e é uma boa maneira de as empresas desenvolverem a sinergia por meio de expertise e reconhecimento da marca, pois seus públicos-alvo são similares. Por exemplo, a *Sports Illustrated* agora tem parcerias com a CNN e CNNSI. Mesmo o endereço do website exibe a *co-branding*: <http://sportsillustrated.cnn.com>. O Yahoo! é um bom lugar para procurar serviços copatrocinados. No passado, a empresa se uniu ao *TV Guide* e depois ao Gist para fornecer listagens de TV, que também ofereceu o Yahoo! Visa Shopping Pages. Como um segundo exemplo, o EarthLink, o sexto maior ISP, uniu forças no começo de 1998 com a Sprint, a companhia telefônica, para formar uma empresa copatrocinada com um novo nome e logotipo — Earth Link. Elas utilizaram o *co-branding* para prestar serviços de ISP para os clientes da Sprint e buscar clientes da AOL.

Nomes de domínio na internet. As organizações investem muito tempo e dinheiro desenvolvendo nomes de marcas poderosas e exclusivas para criar um *brand equity*. Com 234 milhões de websites e 81,8 milhões de websites .com (segundo o website <http://www.royal.pingdom.com> em dezembro de 2009), como uma empresa pode encontrar um nome para um website? Claro que ainda poderia ficar pior — a Royal Pingdom inclui 380 milhões de nomes de website abandonados. Utilizar a marca da empresa ou uma das suas marcas no endereço web ajuda os clientes a encontrarem rapidamente o local. Por exemplo, a *coca-cola.com* agrega poder às marcas da Coca-Cola (Figura 8.3). Note que a maioria das principais marcas globais utiliza seus nomes de marca nos nomes dos websites. O endereço da Disney é <http://www.disney.go.com>, para que as pessoas visitem a Disney; porém, digitar <http://www.disney.com> no navegador imediatamente redireciona para o mesmo lugar. No entanto, esse uso de nome paralelo nem sempre é possível. Muitos fatores devem ser considerados quando se trata de nomes de domínio.

A **URL** (**uniform resource locator — localizador uniforme de recursos**) é o endereço do website. É também chamado **endereço IP (internet protocol)** e **nome de domínio**. Esse esquema de categorização é inteligente; é similar aos códigos de área de telefone, de tal forma que ajuda os usuários de computador a encontrar outros computadores na rede da internet. As URLs são realmente números, mas como os usuários podem se lembrar mais facilmente de nomes, um servidor com nome de domínio traduz para a frente e para trás. Sem esse sistema, você estaria dizendo a um amigo: 'Saia deste website horrível 71.24.607.304'. Um nome de domínio contém vários níveis, conforme ilustrado na tabela a seguir:

<http://www.dell.com>

http://	www.	support.	dell.	com
hipertexto	World Wide Web	domínio de terceiro nível	domínio de segundo nível	domínio de nível superior
protocolo	subdomínio			

O *http://* indica que o navegador deve aguardar os dados utilizando o protocolo de hipertexto — o que significa que os documentos estão ligados utilizando hiperlinks. Às vezes, as URLs começam com *ftp://* (protocolo de transferência de arquivos), o que significa que um servidor **FTP** enviará um arquivo de dados ao usuário (provavelmente um documento que não seja uma página HTML). O *www* não é necessário, e a maioria dos locais mais comerciais registra o nome com e sem ele, e depois direcionam um ao outro utilizando um comando de redirecionamento automatizado. Às vezes uma URL está relacionada ao correio (*mail*) da web, e a palavra *mail* substituirá o subdomínio 'www' (por exemplo, <http://mail.yahoo.com>).

Quando as organizações adquirem um nome de domínio, elas devem primeiro decidir em qual domínio de nível superior se cadastrar. A maioria das empresas nos Estados Unidos e outros países que falam inglês querem *.com*, pois os usuários geralmente digitam o nome da empresa como a melhor sugestão no local do website. Outros países possuem domínios de alto nível, como *.mx* para o México, ou *.uk* para o Reino Unido. Assim, a Amazon no Reino Unido é <http://www.amazon.co.uk>. A Figura 8.6 exibe os maiores domínios de nível superior, classificados por número de hosts. Um *host* é um computador conectado à internet e pode conter múltiplos endereços IP. Por esta e outras razões técnicas, esses números representam o número mínimo de possíveis endereços IP em cada domínio.

Uma forma interessante de um país dominar a designação é que os profissionais de marketing fora dessas nações por vezes querem o nome. Por exemplo, muitos médicos se registraram na Moldova para obter a extensão *.md*. Outro exemplo interessante vem da Ilha do Pacífico de Tuvalu (.tv). A DotTV concordou em pagar à Tuvalu $ 50 milhões em receitas pelo direito de vender extensões .tv — uma oferta significativa para um país com apenas $ 20 milhões de produto interno bruto. No entanto, <http://www.cbs.tv> ou <http://www.nypdblue.tv> não se materializaram. Desde o acordo de 1998, o novo proprietário do negócio *.tv*, a VeriSign, gastou $ 60 milhões promovendo a extensão para produzir 400 mil inscrições em 2001, com apenas metade remanescente no final de 2003 ('False Hopes', 2003). Até agora, a maioria das redes optou por lançar a marca por meio de seus websites *.com*. No entanto, muitos outros possíveis domínios de nível superior permanecem como opções. A Internet Corporation for Assigned Names and Numbers (ICANN) é uma corporação sem fins lucrativos que funciona como um comitê de especialistas para tomar decisões sobre o protocolo e nomes como os mais recentes: *.biz*, *.info*, *.pro*, *.name*, *.coop*, *.aero* e *.museum*. Na última contagem, em 2010, havia 21 nomes de nível superior disponíveis, desde *.aero* até *.travel*, mais nomes de domínio de nível superior, como *.jp* para Japão e *.pn* para Ilhas Pitcairn (com uma população de cinquenta habitantes).

O GoDaddy, junto de muitos outros websites, fornece serviços de registro por apenas $ 10,69 ao ano, incluindo um endereço de e-mail (<http://www.godaddy.com>). Por esse preço, os alunos podem deixar o endereço de e-mail do yahoo.com e outros da web e obter um endereço mais profissional para impressionar os recrutadores (como nome.sobrenome@ultimonome.com).

Um problema é que, com mais de 97 por cento das palavras do dicionário já registradas como nomes de domínio, o nome desejado on-line pode não estar disponível. Uma palavra do dicionário não é necessariamente a melhor opção, pois já tem um significado ligado a ela, que é genérico para a categoria de produto, tornando-se difícil construir uma vantagem competitiva e impossível de ser comercializada. Portanto, é mais difícil construir uma identidade de marca única para uma empresa de vinho chamada wine.com do que para gallo.com, uma marca famosa. Considere a genialidade da Amazon.com quando selecionou um nome exclusivo e evitou a multidão de vendedores de livro on-line prestes a se manifestar, utilizando 'livro' em seus nomes. As similaridades nos seguintes nomes de marca dificultam muito o posicionamento competitivo on-line (alguns agora fora do negócio, não surpreendentemente).

Figura 8.6 Maiores nomes de domínio de nível superior em abril de 2010.

Designação de domínio	Nome de domínio de nível superior	Número de hosts (milhões)
net	Redes	274,8
com	Comercial	211,5
jp	Japão	54,3
it	Itália	22,9
de	Alemanha	21,7
br	Brasil	19,0
cn	China	15,7

Fonte: dados da Network Wizards. Disponíveis em: <http://www.isc.org>.

Veja a lista de livrarias on-line que utilizam a palavra *livro* em seus nomes de marca a seguir.

1bookstreet	BooksAMillion	gobookshopping
A1Books	BookSense	Gobookshopping
abebooks	books-forsale	HalfPriceBooks
allbooks4less	BooksNow	nwbooks
AllBookstores	Bookspot	Textbooks
Alotofbooks	Bookwire	Textbooksatcost
BestBookBuys	CheapyBook	Textbooksource
BookCloseOuts	Classbook	Textbookx
Bookland	CoolBooks	TheBookPeople
BookNetUSA	Ebooks	TrueBooks
BookPool	eSuccessBooks	VarsityBooks

O que acontece se o nome da empresa foi registrado por outra pessoa? Por exemplo, DeltaComm, um desenvolvedor de software e ISP na Carolina do Norte, foi a primeira a registrar <http://www.delta.com>, antecipando a Delta Airlines (originalmente <http://www.delta-air.com>) e a Delta Faucet (<http://www.deltafaucet.com>). Essas empresas foram forçadas a gerar nomes alternativos. Outra solução é comprar o nome do detentor registrado atualmente, e é isso que a Delta Airlines finalmente fez. Em outro exemplo, o Grupo Posadas, proprietário de uma grande cadeia de hotéis mexicanos, negociou por 18 meses a compra de <http://www.posadas.com.mx> de uma família local com o mesmo sobrenome. A empresa pagou o nome com um condomínio gratuito, muitas noites de estadas em hotéis livres e *mucho dinero*. Muitos usuários criativos da internet registraram muitos nomes populares e oferecem esses nomes para venda a preços de até milhões de dólares. O GoDaddy oferece leilões de nome de domínio de segundo nível, e a GreatDomains.com permite aos usuários comprar e vender nomes populares de domínio. O Insure.com foi vendido por $ 16 milhões em 2009. Se você tiver $ 100 mil extra para economizar, você pode comprar o nome <http://www.shift.com> ou participar de um leilão em goodluck.net. É ilegal registrar como nome de domínio um nome de marca já comercializado. Entretanto, o mesmo não é verdadeiro para dicionário ou nomes pessoais. A busca 'whois' no <http://GoDaddy.com> revela proprietários de nome de domínio.

Aliás, ao registrar um nome, as organizações são aconselhadas a também comprar nomes relacionados por diversas razões. Primeiro, essa atitude mantém as organizações fora do controle das outras. Muitos indivíduos publicam websites que incluem críticas e comentários de clientes descontentes sobre uma empresa, chamando-os <http://www.companynamesucks.com>. Para combater esse problema, algumas empresas começaram a comprar seus próprios <http://www.companynamesucks.com> para antecipar seus detratores.

Segundo, os usuários nem sempre sabem qual URL digitar para encontrar uma empresa. O Grupo Posadas, uma cadeia de hotéis mexicana, comprou nomes de domínio em 17 grafias diferentes de seus vários hotéis para facilitar as coisas para seus clientes. A Coca-Cola possui cocacola.com, coca-cola.com e coke.com, e a Bently Nevada deseja possuir <http://www.bently.com> e <http://www.bentley.com> em razão desse erro ortográfico comum em seu nome. Recentemente, observamos que <http://www.netmanners.com> foi acidentalmente hifenizado no final de uma linha em um livro para se tornar <http://www.net-manners.com> — um website inteiramente escrito em um idioma asiático. A Compaq Computer Company pagou $ 3 milhões para desenvolver o website de busca do AltaVista (<http://www.altavista.com>) e descobriu que <http://www.alta-vista.com> já estava em operação como um website adulto com conteúdo sexual. Felizmente, o mecanismo de busca sobreviveu ao website adulto e o descuido da Compaq foi resolvido.

Escolher o nome de domínio certo pode fazer enorme diferença ao tentar seduzir os usuários para o website e construir consistência na comunicação de marketing da empresa. Por exemplo, Pathfinder da Time Warner foi o primeiro website da empresa, contendo versões on-line de suas muitas revistas de sucesso: *People*, *Time*, *Fortune*, *Money* e *Entertainment Weekly*. Dan Okrent, editor da *New Media* para Pathfinder, afirma que o maior erro cometido inicialmente pela empresa com a divisão on-line foi selecionar o nome *Pathfinder* para o website. *Pathfinder* não tem o reconhecimento do nome de suas marcas famosas de revista e, portanto, a empresa não consegue capitalizar o valor de suas marcas. Além disso, segundo Okrent, a *Pathfinder* tem pouco significado para os usuários. Digite <http://www.pathfinder.com> hoje e você visualizará imediatamente uma página com links de todas as revistas da empresa.

Serviços de suporte

Suporte ao cliente — durante e após as compras — é um componente fundamental na proposta de valor. Operadores de atendimento ao cliente devem estar informados e preocupados com as experiências dos clientes. websites que se preocupam com o desenvolvimento de relacionamentos com seus clientes, como a Amazon.com, colocam alguns de seus melhores profissionais no suporte ao cliente. A princípio, o bilionário fundador da Amazon e o presidente executivo Jeff Bezos responderam a algumas das mensagens de e-mail. Alguns produtos necessitam de suporte extra ao cliente. Por exemplo, quando um usuário compra software, como o Constant Comment, para elaborar newsletters de e-mail e manter banco de dados, o suporte técnico torna-se importante. Operadores de atendimento ao cliente ajudam os clientes com problemas de instalação e manutenção, garantias de produtos e garantias de serviços e, em geral, trabalham para aumentar a satisfação do cliente com os produtos da empresa.

A CompUSA, Inc., a maior varejista de computadores nos EUA, combina astutamente canais on-line e off-line para aumentar os serviços de apoio. No <http://www.compusa.com>, os clientes podem inserir seu CEP para verificar a disponibilidade e preços de qualquer produto nas cinco lojas físicas mais próximas. Os clientes também podem verificar o *status* dos itens deixados para conserto na loja, procurando no website pela situação ou número de série do produto. O serviço de atendimento ao cliente como um benefício do produto é uma parte importante da gestão do relacionamento com o cliente; no entanto, agora, tornou-se mais uma necessidade do que uma vantagem competitiva.

O tema do serviço de atendimento on-line é tão importante que dedicamos grande parte do Capítulo 14 para abordá-lo (como parte da gestão do relacionamento com o cliente).

Rotulagem

Rótulos de produto identificam marcas, empresas patrocinadoras, ingredientes do produto e, muitas vezes, fornecem instruções de utilização e materiais promocionais. Etiquetas em produtos tangíveis criam reconhecimento do produto e influenciam o comportamento de compra no ponto de venda. Os rótulos físicos possuem equivalentes digitais no mundo on-line. Para os serviços on-line, os termos de uso do produto, características do produto e outras informações compreendem a rotulagem nos websites. Por exemplo, quando os usuários fazem download do software iTunes para organizar suas músicas do iPod, eles podem ler primeiro o 'rótulo' para descobrir como instalar e usar o software. Além disso, muitas empresas têm informações legais sobre o uso de direitos autorais em suas webpages. A Microsoft, por exemplo, permite que as empresas reproduzam imagens de produtos sem autorização (consulte a Figura 8.7). A rotulagem on-line pode servir para os mesmos propósitos, tanto na web como no ambiente off-line. Muitas empresas físicas exibem o logotipo da Better Business Bureau em suas portas para dar ao cliente uma sensação de confiança e segurança. Da mesma forma, o BBB oferece o logotipo BBBOnLine a seus membros. Outro rótulo válido é a proteção da privacidade TRUSTe. Se as empresas concordam em certos termos de uso sobre a privacidade das informações dos clientes coletados em seu website, eles podem se registrar no TRUSTe, baixar o selo TRUSTe e afixá-lo em seus websites como parte de um rótulo.

8.4 Desenvolvimento de produto ressaltado pelo e-marketing

O movimento dos átomos para bits aumenta a complexidade das ofertas de produtos on-line. Os desenvolvedores devem agora combinar texto digital, gráficos, vídeo e áudio, e utilizar novos sistemas de geração de internet (consulte o Capítulo 10 para uma discussão sobre como rentabilizar produtos digitais). Eles devem integrar as operações front-end de atendimento ao cliente com coleta de dados do back-end e métodos de cumprimento da entrega do produto. Esses requisitos criam curvas íngremes

Figura 8.7 Rótulo de termos de uso da Microsoft.

Microsoft Brasil

Microsoft Brasil

Nota Legal

NOTA ESPECÍFICA PARA OS SOFTWARES DISPONÍVEIS NESTE WEBSITE

Os softwares disponíveis para serem descarregados deste servidor ("Software") constituem obras da Microsoft Corporation e/ou de seus fornecedores protegidas pelo direito autoral. A utilização do Software será regida pelos termos do contrato de licença para usuário final que acompanha ou está incluído com o Software, se houver ("Contrato de Licença"). Um usuário final não poderá instalar qualquer Software que esteja acompanhado por ou inclua um Contrato de Licença, a menos que concorde com os termos do Contrato de Licença.

O Software somente poderá ser descarregado para utilização por usuários finais de acordo com o Contrato de Licença. A reprodução ou redistribuição do Software em desconformidade com o Contrato de Licença é expressamente proibida por lei e poderá sujeitar os infratores a graves sanções civis e criminais. Os infratores serão processados em todas as instâncias possíveis.

SEM PREJUÍZO DO ACIMA DISPOSTO, É EXPRESSAMENTE VEDADA A CÓPIA OU REPRODUÇÃO DO SOFTWARE PARA QUALQUER OUTRO SERVIDOR OU LOCAL PARA POSTERIOR REPRODUÇÃO OU REDISTRIBUIÇÃO.

Fonte: <http://www.microsoft.com/brasil/misc/cpright.htm>.

de aprendizagem nas empresas tradicionais. Portanto, os profissionais de marketing digital precisam considerar vários fatores que afetam o desenvolvimento de produtos e as estratégias do mix de produtos com as novas tecnologias.

Projetos com os clientes

A mudança de poder para os clientes, quando associada ao alcance global da internet, promove muitas parcerias incomuns de negócios e colaboração das empresas com seus clientes. Os parceiros formam aglomerados sinérgicos para ajudar a projetar produtos que agregam valor. Por exemplo, depois que a Dell Computer estabeleceu contratualmente com um fornecedor 25 por cento das suas necessidades de monitores de computador, o fornecedor designou engenheiros para trabalhar com a área de desenvolvimento de produtos da Dell (Ghosh, 1998). Esses engenheiros acompanhavam os funcionários da Dell quando novos produtos eram introduzidos para ajudar a solucionar dúvidas dos clientes.

A tecnologia da internet permite que esse tipo de colaboração ocorra eletronicamente entre os clientes também em fronteiras internacionais. Por exemplo, os desenvolvedores de software normalmente buscam a opinião do cliente, conforme mencionado na história inicial do Google. Depois de lançar o Netscape Navigator 2.0 em 1996, a empresa começou imediatamente a trabalhar na versão 3.0. O Netscape estabeleceu objetivos para aperfeiçoar o navegador e depois criou o Beta 0 para testes internos (Figura 8.8). Quando o navegador era suficientemente bom, o Netscape permitia que os usuários de internet o baixassem no website e encorajavam a opinião dos usuários. Após cinco meses de criação de novas interações com a opinião do cliente, a próxima versão foi lançada. Esse exemplo clássico é típico das práticas atuais de todas as empresas de software.

Em outro exemplo interessante, o Grupo Lego, um fabricante de brinquedos, permite que os clientes baixem o software para criar projetos virtuais da Lego (consulte <http://legobrasil.com.br/crieeganhe2011>). A seguir, os clientes fazem upload de seus palácios extravagantes e robôs para a galeria da Lego on-line, onde os preços dessas peças são atribuídos, para quem quiser encomendá-las e fazer o projeto em suas casas (Figura 8.9). Vimos projetos nos quais as peças custam mais de $ 1.000! Essa é uma grande maneira da Lego de engajar clientes e aprender quais novos kits venderão bem nas suas lojas.

Chris Anderson, autor de *A cauda longa*, postou cópias do projeto de seu livro em seu blog e engajou os leitores a postar comentários sobre a teoria emergente. Esse diálogo ajudou a aperfeiçoar o livro final.

Hoje, muitas organizações permitem que os clientes criem conteúdo em seus websites. Por exemplo, os clientes escrevem análises de produtos e os autores escrevem blogs na Amazon. A CNN incentiva uploads de manchetes por 'jornalistas cidadãos'. Para preservar a sinceridade das opiniões na Epinion.com, qualquer um pode avaliar essas opiniões. Os blogs são uma tecnologia recente que aumentou esse codesenvolvimento de conteúdo da web. Os blogueiros enviam comentários em suas colunas, aumentando, portanto, o valor do conteúdo para os leitores.

Bons profissionais de marketing buscam em toda parte a opinião do cliente para aperfeiçoar produtos, inclusive desenvolvendo blogs com o único objetivo de reunir ideias e opiniões do cliente (por exemplo, IdeaStorm). No entanto, às vezes essas opiniões chegam sem ser convidadas. Com a proliferação de websites de postagem de vídeo e o e-mail 'boca a boca', a velocidade e o alcance da internet, e o fato de que os clientes confiam mais em pessoas como elas do que nas empresas, os clientes são rápidos na divulgação dos pontos fortes e fracos do produto. Nesse ambiente, as empresas experientes monitoram eletronicamente a opinião do cliente (conforme discutido no Capítulo 5). Utilizando um serviço de monitoramento on-line, a Mrs. Field's Cookies identificou a divulgação de falsos rumo-

Figura 8.8 Coprojeto do cliente do Netscape Navigator 3.0.

Desenvolvimento de software da empresa							
Definir objetivos	**Integração da opinião do usuário**						**Estabilizar software**
Iniciar projeto do produto	Teste interno do Beta 0	Especificações completas					Lançamento final
		Apresentação do projeto e codificação com a opinião dos clientes março a julho					
Teste beta com os clientes							
	Beta 1	Beta 2	Beta 3	Beta 4	Beta 5	Beta 6	**Netscape** 3.0
Jan.	**Fev.**	**Mar.**	**Abr.**	**Maio**	**Jun.**	**Jul.**	**Ago.**

Fonte: adaptado de Iansiti e MacCormack (2001).

Figura 8.9 Lego engaja os clientes com software de projeto virtual.

Fonte: <http://legobrasil.com.br>.

res na internet que ocasionaram queda de 1 por cento nas vendas off-line em curto período.

As propriedades da internet geram oportunidades

As propriedades únicas da internet, discutidas no Capítulo 1, geraram novos produtos e empresas incomuns. A Current.com é um exemplo. Liderada por Al Gore e Joel Hyatt, os usuários enviam 'pods' de 3 a 7 minutos (vídeos sobre qualquer tema escolhido), e 'visitantes registrados' no Current.com votam em seus favoritos. Esses vídeos são exibidos na TV a cabo Current, que consiste inteiramente em programas curtos criados por usuários on-line e funcionários da Current.

O AutoMall Online e a Lending Tree são duas empresas que agregam serviços aos usuários. A Lending Tree é uma empresa que oferece buscas on-line dos melhores preços para hipotecas e outros tipos de empréstimos. Essas empresas oferecem pacotes de benefícios difíceis de ser obtidos antes do advento da internet. Como elas também representam um novo tipo de intermediário, essas empresas são discutidas mais detalhadamente no Capítulo 10.

A internet é um grande equalizador de informações, o que significa uma concorrência acirrada, inúmeras imitações de produtos e ciclos de vida do produto cada vez mais curtos. Os leilões on-line são um exemplo perfeito. Não muito tempo depois surgiu o eBay on-line; a Amazon.com e outros começaram a oferecer leilões, e atualmente um restaurante em São Francisco está até leiloando refeições para atrair clientes durante os períodos de pouco movimento. Muitos mecanismos de busca já começam a analisar sob o mesmo prisma. Nesse ambiente, a diferenciação do produto é fundamental, porque, se os consumidores não podem encontrar diferenças significativas de produtos, eles vão comprar com base unicamente no preço.

Levando ao extremo os ciclos de vida do produto, a Direct Hit Technologies, Inc., empresa que vende software de mecanismo de busca na internet, ficou famosa por lançar seis novas versões do produto em poucos dias (King e Hoffman, 1999). Em outro exemplo, quando Frank Sinatra faleceu, uma equipe de cinco pessoas de desenvolvimento de novos produtos da BMG criou o CD Tributo à Vida e uma série de ofertas de produtos para o website em seis horas. A empresa precisaria de quatro meses para produzir esse conteúdo em um catálogo de papel. A CNN e outros websites de notícias atualizam histórias a todo minuto, 24 horas por dia, sete dias por semana. As organizações devem responder rapidamente às novas tecnologias ou sucumbem. Conforme disse um pândita indiano: 'Almoçar ou ser o almoço'. Apesar de a internet ter chegado à maturidade nos EUA, a inovação on-line ainda é recompensada.

Estratégias de novos produtos para o e-marketing

Muitos produtos novos, como YouTube, Yahoo! e Twitter, foram introduzidos por empresas *one-pony*, construídas com base no primeiro produto bem-sucedido da empresa. Outras organizações, como a Microsoft, agregaram produtos para a internet em um mix de produtos já bem-sucedidos. Esta seção explora estratégias do mix de produtos para auxiliar os profissionais de marketing na integração de ofertas off-line e on-line.

Estratégias do mix de produto. Como os profissionais de marketing podem integrar ideias interessantes sobre o produto na internet nos atuais mix de produto? As empresas podem escolher entre seis categorias de novas estratégias de produto. Inovação radical é a estratégia de maior risco, enquanto **produtos de menor custo** são as menos arriscadas. As empresas vão selecionar uma ou mais dessas estratégias com base nos objetivos de marketing e outros fatores, como aversão ao risco, força das marcas atuais, disponibilidade de recursos e entrada de novos competidores.

Inovações radicais. Estes são os produtos inéditos para o mundo, nunca vistos anteriormente. CDs de música e televisores foram inovações radicais (descontinuaram ou obsoletaram os produtos anteriores) quando introduzidos. Na internet, o primeiro software de criação de webpage, agente de compras e o mecanismo de busca incorrem nesta categoria. O hardware e o software do scanner corporal da Levi's Personal Pair é outro. Essa ideia é ótima para clientes que não conseguem encontrar roupas com um bom ajuste e que querem exclusividade. Ele também ajuda os fabricantes e varejistas a aumentar a fidelidade do cliente, diminuir os custos de estoques e reduzir os custos sazonais. As redes sociais são outra inovação descontínua — a ideia de que cada usuário da internet tem uma rica variedade de contatos para diversão e lucro, quando aproveitada. E não vamos esquecer os 140 mil aplicativos loucos, interessantes, divertidos e educacionais para o iPhone. Muitas inovações descontínuas ainda estão por vir na internet. Deseja manter-se atualizado? Basta ler o mais popular blog on-line Engadget (<http://www.engadget.com>). Embora uma estratégia de inovação radical seja bastante arriscada, as recompensas potenciais para o sucesso são grandes. Os profissionais de marketing digital, ao planejarem inovações descontínuas, devem lembrar que seus clientes terão de aprender e adotar novos comportamentos — o que eles não fizeram antes. A empresa enfrenta o risco de os clientes não mudarem, a menos que o novo comportamento seja fácil e que eles percebam que os benefícios valem a pena. No entanto, se o público-alvo estiver abaixo de 35 anos, o risco é menor porque o conhecimento tecnológico e o anseio por novas tecnologias nesse grupo é muito forte.

Novas linhas de produto. Essas linhas são introduzidas quando as empresas assumem uma marca existente e criam novos produtos em uma categoria completamente diferente. Por exemplo, a Microsoft criou uma nova linha quando introduziu seu navegador Internet Explorer. Como o navegador Netscape já estava disponível na época, a entrada da Microsoft não foi uma inovação descontínua. Agora a Netscape passou a história.

Inserções de linhas de produtos existentes. Isso ocorre quando as organizações adicionam um novo sabor, tamanho ou outra variação a uma linha atual de produtos. O USA Today (<http://www.usatoday.com>) é uma versão ligeiramente diferente da edição em papel, adaptada para distribuição on-line. É mais um produto da linha USA Today. No início deste capítulo, mencionamos que o Google possui muitas linhas de produtos diferentes (busca, publicidade, aplicativos, empresa e muito mais) — todas potencializando a grande marca e ajudando a aumentar o valor da sua marca.

Aperfeiçoamentos ou revisões de produtos existentes. Esses produtos são apresentados como 'novos e aperfeiçoados' e, portanto, substituem o produto antigo. Por exemplo, sistemas de e-mail na web aperfeiçoaram sistemas de e-mail do cliente, como o Eudora ou Outlook, pois os usuários podem checar e enviar e-mail de qualquer computador conectado à web. Um provedor, Web2Mail.com, permite que os usuários recebam e-mail de qualquer conta já existente — um serviço diferente do Gmail, Hotmail ou Yahoo! Webmail. Na internet, as empresas estão continuamente aperfeiçoando suas marcas para agregar valor e se manterem competitivas.

Reposicionamento de produtos. São produtos atuais direcionados para diferentes mercados ou promovidos para novos usos. Como mencionado anteriormente, o Yahoo! começou como um diretório de pesquisa na web e, em seguida, reposicionou-se como um portal (um ponto de entrada na internet, com muitos serviços), e depois como um Mecanismo de Vida. Ao fazer isso, o Yahoo! primeiro se posicionou contra o líder inicial, a America Online, e agora está se distanciando do concorrente principal, o Google. O MSNBC reposicionou seu departamento de notícias para os telespectadores mais jovens.

Produtos de baixo custo. Esses produtos são introduzidos para competir com marcas já existentes, oferecendo uma vantagem de preço. Por exemplo, MailChimp compete com Constant Contact, oferecendo serviços absolutamente gratuitos de e-mail marketing para empresas, e uma avaliação dos serviços pagos mostra uma faixa de $ 8 a $ 15 para até quinhentos contatos de e-mail. A internet gerou uma infinidade de produtos gratuitos com a ideia de desenvolver uma participação de mercado para que a empresa tenha uma base de clientes para comercialização dos seus outros produtos. Por exemplo, Eudora Light, o software de e-mail, e WS_FTP LE, o software de transferência de arquivos, foram lançadas inicialmente com essa estratégia.

Embora o mercado B2C receba a maior parte da atenção, muitos produtos de tecnologia de ponta e tendências nos mercados B2B são discutidos em muitos dos quadros 'Informações técnicas' ao longo deste livro.

Uma palavra sobre o ROI. A Parte 1 deste livro discutiu a necessidade de indicadores de desempenho para que as empresas possam avaliar o sucesso de suas estratégias e táticas de e-marketing. Esse tipo de avaliação é especialmente importante ao introduzir novos produtos, on-line ou off-line. Os profissionais de marketing geralmente fazem uma previsão da receita esperada do produto ao longo do tempo, deduzem as despesas de marketing e outras, e geram uma estimativa de retorno sobre investimento para novos produtos antes de seu lançamento. Normalmente, os gerentes de marcas disputam os recursos da empresa, mostrando que seus produtos vão gerar um ROI maior ou se pagar em um prazo mais curto. Ponto de equilíbrio quer dizer que a P&D e outros custos iniciais serão recuperados em uma data específica com base na projeção de vendas. No processo, eles calculam uma data de lançamento e quando o produto começará a gerar lucro. Quanto tempo é aceitável? Em 2002, alguns gerentes estavam dizendo que os projetos de internet tinham de alcançar o ponto de equilíbrio em três meses ou que eles não seriam financiados. Obviamente, o tempo exato varia de acordo com o setor — a Boeing não espera que a maioria dos seus novos aviões se pague antes de vinte anos! E o Twitter está agora tentando descobrir como ganhar dinheiro com o sucesso de seus serviços. O ROI e o ponto de equilíbrio são métricas importantes para a venda de ideias de novos produtos e para avaliar seu sucesso no mercado.

Resumo do capítulo

Um produto é um pacote de benefícios que satisfaz as necessidades das empresas ou dos clientes e pelos quais eles estão dispostos a trocar o dinheiro ou outros itens de valor. Um produto pode ser um bem tangível, um serviço, uma ideia, uma pessoa, um lugar ou qualquer outra coisa. A plena experiência com o produto agrega valor para o cliente, é definida pelo cliente, envolve suas expectativas e se aplica em todos os níveis de preço.

Das cinco decisões gerais sobre o produto que compõem um pacote de benefícios para atender às necessidades dos clientes, quatro (atributos, marca, serviços de apoio e rotulagem) se aplicam aos produtos on-line. As empresas que criam novos produtos para venda on-line devem decidir se utilizarão nomes de marcas existentes ou criarão novas marcas para os novos produtos; se farão marketing cooperado (co-branding) e qual nome de domínio escolher. Suporte ao cliente — durante e após as compras — é um componente fundamental na proposta de valor. Rotulagem on-line é o equivalente digital de rotulagem de produto e pode atender aos mesmos propósitos da rotulagem off-line.

Ao desenvolver suas marcas, os profissionais de marketing devem considerar a cultura popular, a marca e o cliente. As empresas tentam mover os clientes para níveis superiores da pirâmide a partir da sua sensibilização até eles se tornarem advogados da marca.

Ao desenvolver novos produtos on-line, os profissionais de marketing digital podem trabalhar de forma colaborativa com seus clientes e utilizar as propriedades da internet para desencadear outras oportunidades. Eles podem escolher entre seis categorias de estratégias de novos produtos (inovações descontínuas, linhas de novos produtos, adições às linhas de produtos existentes, aperfeiçoamentos/revisões de produtos existentes, reposicionamentos de produtos e produtos com custo mais baixo) e geralmente são obrigados a estimar as receitas, os custos, o ROI ou ponto de equilíbrio para avaliação e aprovação da gestão.

Exercícios

Questões para revisão

8.1 Quais são os argumentos a favor e contra o uso de nomes de marcas existentes na web?

8.2 Relacione as seis categorias de estratégia de novos produtos e forneça exemplos de cada uma.

8.3 Por que o valor está vinculado à experiência com o produto inteiro?

8.4 Quais são alguns critérios importantes para definir o nome de domínios na internet?

8.5 Como a rotulagem atua na internet?

8.6 Quais técnicas os profissionais de marketing digital podem aplicar para intensificar o desenvolvimento de novos produtos?

8.7 Por que os profissionais de marketing digital precisam prever receita, despesas, ROI e ponto de equilíbrio dos novos produtos em questão?

Questões para discussão

8.8 Em quais circunstâncias faria sentido assumir um nome de marca existente on-line? Quando não faria sentido?

8.9 Considerando a lista de livrarias on-line neste capítulo, qual nome você escolheria para uma nova livraria que vende livros novos e usados?

8.10 Quais inovações radicais você tem observado desde que este livro foi escrito? Qual é a próxima, em sua opinião?

8.11 Por que os profissionais de marketing digital muitas vezes têm dificuldade para estimar receitas, custos, ponto de equilíbrio e ROI de um novo produto em desenvolvimento?

CAPÍTULO

1 2 3 4 5 6 7 8 **9** 10 11 12 13 14

Preço: o valor on-line

Com demasiada frequência, os estrategistas corporativos esquecem uma das suas melhores armas: melhorar as estratégias de preços.

— Robert Doctors, Diretor, Booz Allen & Hamilton, Inc.

O preço tem muitos nomes.

— Philip Kotler

O principal objetivo deste capítulo é ajudá-lo a analisar o modo como a tecnologia da internet está influenciando as estratégias de preços. Você vai obter uma compreensão sobre as perspectivas do comprador e do vendedor com relação aos preços on-line, considerar se a internet é um mercado eficiente, e aprender sobre o preço fixo, assim como o retorno à precificação dinâmica, como os leilões on-line.

Após a leitura deste capítulo, você estará apto a:

- Identificar as principais estratégias de preços fixos e dinâmicos utilizadas para venda on-line.
- Discutir a visão do comprador sobre o preço on-line em relação aos custos reais e o poder do comprador.
- Ressaltar o ponto de vista do vendedor sobre o preço on-line em relação aos fatores internos e externos.
- Delinear os argumentos a favor e contra se a internet é um mercado eficiente.
- Descrever os vários tipos de sistemas de pagamento on-line e seus benefícios para os varejistas on-line.

A história da VideoEgg (Say Media)

Iniciada em 2005 por três estudantes da Universidade de Yale, a VideoEgg está mudando a face dos preços da publicidade (<http://www.videoegg.com>). A VideoEgg começou como uma empresa de conteúdo de vídeo, oferecendo plataformas de internet para fazer upload de vídeo para a mídia social. Quatro anos depois, mudou completamente o foco (e também seu nome para Say Media), decidindo atingir o mercado publicitário que quer atrair os públicos que visualizam vídeos. Segundo a VideoEgg, 'Conectamos marcas aos clientes com vídeo e mídia relevantes', produzindo milhões de impressões em websites de redes sociais, websites de vídeo e aplicativos de jogos. O espaço para conteúdo de vídeo estava ficando demasiado saturado para esses jovens empresários.

Em 2009, 37 por cento da publicidade on-line foram pagos utilizando um modelo CPM (custo por mil visualizações), e 59 por cento foram baseados no modelo de desempenho, como o pagamento-por-clique (PPC), de acordo com o Interactive Advertising Bureau (IAB). A utilização da metodologia CPM se equipara à do mundo da mídia tradicional, embora a metodologia PPC tenha crescido lentamente no ambiente on-line porque os anunciantes gostam mais — eles pagam apenas quando os visitantes clicam em seus anúncios e visitam o website do anunciante.

O aumento da postagem e visualização de vídeo on-line criou um desafio para os anunciantes — como colocar anúncios em vídeos? Sem esse recurso, websites como YouTube e Facebook teriam apenas o uso da exibição de anúncios, não sendo capazes de potencializar o conteúdo profundamente envolvente que cria o maior valor para seus usuários. Entre no website da VideoEgg (atualmente <http://www.saymedia.com>). Essa empresa criou o produto AdFrames, um serviço que permite que os espectadores de vídeo rolem o vídeo por meio do mouse e assistam o conteúdo de entretenimento patrocinado. Ele só aparece quando os usuários movem o mouse sobre o ícone; sendo assim, ele não interrompe a experiência do telespectador. O engajamento é definido pela VideoEgg como uma ação de rolagem iniciada pelo usuário, que expande um anúncio contendo um vídeo, jogo ou outro conteúdo relevante. Os usuários permanecem na webpage e os anunciantes pagam apenas quando os usuários completam determinada ação.

O esquema inovador de preços da VideoEgg é atualmente de $ 0,75 por rolagem, que se divide em 60/40 por cento com o proprietário do website de mídia. Essa empresa encontrou uma maneira de cobrar os anunciantes com base no envolvimento dos usuários com o anúncio — algo que o modelo CPM ignora e que todos os anunciantes devem considerar muito atraente no mundo da mídia social (pagar pelo envolvimento). A Microsoft e outras empresas já se inscreveram, e a VideoEgg está ganhando cerca de $ 1 milhão por mês com as vendas de mídia. Um fator positivo é que os proprietários da VideoEgg são inovadores e rápidos, pois o Google anunciou no mês anterior ao lançamento da VideoEgg que seu programa AdSense também está disponível para vídeos — usando um modelo de preços baseado no CPM.

9.1 A internet muda as estratégias de precificação

No sentido mais restrito, o **preço** é a quantidade de dinheiro cobrada por um produto ou serviço. Em âmbito mais abrangente, o preço é a soma de todos os valores (como dinheiro, tempo, energia e custo psicológico) que os compradores trocam pelos benefícios de utilizar um bem ou serviço. Ao longo da história, os preços foram definidos pela negociação entre compradores e vendedores, e esse modelo continua a ser dominante em muitas economias emergentes. As políticas de definição de preço — definir um preço para todos os compradores — são uma ideia relativamente moderna que surgiu com o desenvolvimento do varejo em larga escala e da produção em massa no fim do século XIX. Agora, cem anos depois, a internet está nos levando de volta a uma era de **preço dinâmico** — preços variáveis para cada indivíduo.

A tecnologia da informação tornou mais complexas as estratégias de preços e mudou a forma como os profissionais de marketing utilizam essa ferramenta, especialmente nos mercados on-line. Além disso, o crescente poder dos compradores significa controle sobre os preços em alguns casos — como nos modelos on-line de licitação de produtos. As propriedades da internet, especialmente seu papel de uniformizar as informações, possibilitam a **transparência de preços**, a ideia de que compradores e vendedores podem consultar preços competitivos para itens vendidos on-line. Essa característica tende à comoditização dos produtos vendidos on-line, tornando a internet um mercado eficiente. Mas será que é isso mesmo?

Vamos explorar a internet como um mercado eficiente neste capítulo, utilizando o ponto de vista da economia como guia. Discutimos também os pontos de vista do comprador e do vendedor e explicamos por que algumas estratégias tradicionais de preços on-line são mais eficazes que outras.

9.2 Perspectivas do comprador e do vendedor

O significado de *preço* depende do ponto de vista do comprador e do vendedor. Cada parte da troca traz diferentes necessidades e objetivos que ajudam a descrever um preço *justo*. No fim, ambas as partes devem concordar ou não sobre a venda.

Visão do comprador

Lembre-se de que os compradores definem valor como benefícios percebidos menos os custos incorridos na compra. No Capítulo 8, discutimos a variável benefício, explicando que a internet cria muitos benefícios importantes para clientes e para as empresas. Aqui, vamos explorar o lado dos custos: dinheiro, tempo, energia e custos psicológicos.

Os custos reais. O comprador de hoje deve ser bastante sofisticado para, até mesmo, entender o simples custo de um produto vendido on-line. O preço do vendedor pode ou não incluir transporte, impostos e outros elementos aparentemente implícitos — implícitos no sentido de que esses custos muitas vezes não são revelados on-line até a última tela de uma experiência de compra. Por exemplo, a Figura 9.1 exibe preços diferentes para The Source South Beach Diet Cookbook (*O Livro de Receitas da Dieta South Beach*), conforme apresentado pelo agente de compras mySimon.com. Esses preços são bastante claros, embora complexos para serem compreendidos, e cabe ao cliente compreender suas necessidades e traduzi-las para obter o melhor preço. A livraria com o menor preço, a Alibris, não possui a classificação mais elevada; portanto, é melhor pagar um valor adicional para comprar em uma livraria mais bem classificada, com mais opiniões e com uma marca mais famosa? Por que existe imposto para a Alibris e não para a Half.com, visto que é o mesmo código postal para envio? Além disso, observe como os preços de frete são tão semelhantes para a maioria dos vendedores. Por fim, por que há uma variação de preços de 315,2 por cento entre o menor e o maior preço?

Esse exemplo descreve como os custos de tempo, energia e psicológicos se agregam aos custos monetários para um comprador. Da mesma forma, às vezes a internet é lenta, as informações são difíceis de ser encontradas e outros problemas tecnológicos fazem com que os usuários gastem mais tempo e energia, frustrando-os (custo psicológico). Os agentes de compras encontrarão os preços mais baixos on-line, mas a busca aumenta os custos referentes ao tempo. Por exemplo, quando os compradores buscam a menor tarifa aérea no Orbitz.com ou Travelocity.com, o tempo de busca é mínimo em comparação com a economia monetária, mas este pode não ser verdadeiro para a busca de um preço de livro — tudo depende do tempo que a pesquisa leva, a eco-

Figura 9.1 Busca para '*The Source South Beach Diet Cookbook*'.

Livreiro	Estrelas/ Opiniões	Preço	Imposto	Frete	Preço com frete
DeepDiscount.com	**/19	$ 19,46	'Verifique no website'	gratuito	$ 19,46
Alibris	***/283	$ 5,00	$ 0,37	$ 3,99	$ 9,36
Livros por milhão	****/40	$ 8,99	nenhum	$ 3,98	$ 12,97
Tower.com	**/10	$ 17,28	nenhum	$ 3,99	$ 21,27
Boomj.com	Não classificado	$ 17,19	$ 1,27	$ 6,65	$ 25,11
Barnes & Noble	***/253	$ 20,76	$ 1,53	$ 3,99	$ 26,28
Half.com	****/469	$ 7,75	nenhum	$ 3,99	$ 11,74

Fonte: <http://www.mySimon.com> para o livro do doutor Arthur S. Agatston, MD.

nomia como uma porcentagem de custo do item, e quanta familiaridade e experiência o comprador tem com o mecanismo de busca (facilitando o processo de busca). A internet está longe de ser perfeita, mas como a adoção de banda larga continua a aumentar, a contínua evolução da tecnologia e as empresas desenvolvendo melhores estratégias on-line, alguns desses custos diminuirão.

Por outro lado, os compradores muitas vezes obtêm muitas economias de custo on-line:

- **A internet é conveniente.** Fica aberta 24 horas por dia, sete dias por semana, para que os usuários possam pesquisar, comprar, consumir entretenimento, ou usar ofertas da web a qualquer hora e em qualquer aparelho de recepção. O e-mail permite a comunicação assíncrona entre compradores e vendedores em qualquer local, e impede a 'chamada telefônica pendente' (ambas as partes não precisam estar on-line simultaneamente para se comunicar). websites de comparação de preços (programas de ajuda automatizada e animada em websites) fornecem ajuda síncrona quando um cliente está fazendo compras on-line.
- **A internet é rápida.** Embora possa demorar mais tempo para baixar uma webpage do que os usuários com conexão discada gostariam, eles podem visitar um website como o <http://iGo.com>, encomendar uma bateria para o seu computador portátil e recebê-la no dia seguinte — mesmo durante uma viagem de negócios.
- **O autosserviço economiza tempo.** Os clientes podem acompanhar as remessas, pagar contas, boletos, verificar saldos de contas e lidar com muitas outras atividades sem precisar ligar para a empresa. Além disso, a tecnologia permite que os usuários solicitem informações sobre o produto em websites e as recebam de imediato. Obviamente, todas essas atividades levam tempo para ser executadas.
- **Compra em um único lugar economiza tempo.** A internet abriu as portas para as empresas aumentarem a comodidade do cliente por meio de uma compra em um único lugar. O AutoMall Online tem parceria com várias empresas para fornecer comparações de preços de automóveis, pesquisas sobre vários modelos e fabricantes, informações sobre financiamento e seguro e opções de serviço. Essa empresa também oferece preços on-line instantâneos de uma grande rede de concessionárias de automóveis e dá aos clientes um *certificado de compra* garantindo que a cotação será honrada na concessionária. Os dados da AutoMall Online comprova que os clientes percebem o valor: mais de 50 por cento de seus usuários compram um carro dentro de 45 dias, e 90 por cento o fazem no prazo de seis meses.
- **Integração economiza tempo.** Portais web, como Yahoo! e Google Mobile, possibilitam que os usuários encontrem rapidamente muitas coisas que eles querem on-line a partir de qualquer dispositivo. Alguns websites possibilitam aos usuários criar webpages individualizadas com notícias, cotações de ações, meteorologia e outras informações personalizadas. Por exemplo, um cliente que comprou uma mochila exclusiva on-line em um website de comércio eletrônico, via link do e-mail, descobriu que a empresa tinha falido. Mas não teve problema — o pedido foi encaminhado a uma empresa comércio eletrônico associada, que atendeu seu pedido em um dia.
- **Automação economiza energia.** Os clientes valorizam a simplicidade e a facilidade; a internet torna algumas atividades mais complexas, e a tecnologia pode ajudar nesses casos. Por exemplo, os aplicativos que permitem que os clientes gerenciem suas senhas

dos websites e armazenem os dados das compras anteriores em websites poupam tempo e energia.

Observe que nem todo mundo quer economizar dinheiro em transações on-line. As necessidades do cliente e seu ponto de vista sobre a proposta de valor variam conforme cada indivíduo pesa os benefícios desejados e percebidos em relação a todos os custos. Por exemplo, algumas pessoas preferem encomendar livros na Amazon.com, com entrega de um dia para outro, sabendo muito bem: que os preços da Amazon normalmente são maiores que em outras livrarias on-line; os custos de frete são um pouco mais elevados; e ele vai apenas economizar um ou dois dias em relação ao mesmo livro que está no estoque em uma livraria local. No entanto, a marca Amazon é confiável, esses clientes tiveram excelentes experiências anteriores com ela, e estão familiarizados com o website, encontrando rapidamente o que precisam. Assim, os benefícios e os recursos de tempo/energia superam a despesa mais elevada.

Controle do comprador. A mudança no poder do vendedor para o comprador impacta de forma significativa as estratégias de e-marketing, incluindo a precificação. Por exemplo, no **leilão reverso**, os compradores fixam os preços dos produtos, e os vendedores decidem se aceitam esses preços. Um bom exemplo é a Priceline.com. No mercado B2B, os compradores licitam o excesso de estoques de produtos de empresas como a General Electric e a Caterpillar. No mercado B2G, os compradores governamentais colocam suas propostas para os materiais e a mão de obra necessária para um projeto específico, e as empresas participam dessa licitação (consulte a Figura 9.2). O comprador do governo seleciona o menor preço, controlando, de fato, a troca.

Os vendedores on-line estão mais dispostos a negociar do que seus correspondentes off-line, dando poder aos compradores no processo de troca. Talvez seja mais fácil para os consumidores dos Estados Unidos negociar por meio do computador, em relação ao contexto frente a frente com o vendedor. Além disso, os vendedores percebem que a tecnologia da informação pode ajudá-los a gerenciar melhor os estoques e automatizar as frequentes alterações de preço.

O poder do comprador on-line também é baseado na imensa quantidade de informações e na disponibilidade de produtos na web. Como resultado, os compradores on-line estão se tornando mais sofisticados — como eles devem ser, considerando o exemplo da opção de preço do livro no website mySimon. Esse contexto foi eficientemente descrito por Erik Brynjolfsson, codiretor do Centro de E-business na MIT: 'Estamos nos movendo rumo a uma economia muito sofisticada. É uma espécie de corrida armamentista entre a tecnologia do vendedor e a tecnologia do cliente (na forma de websites de comparação de preços). Se os clientes não são sofisticados, eles podem ser explorados. Se forem geridos inteligentemente, as ferramentas estão lá para criar uma revolução'.

Além disso, a mídia social economiza tempo e dinheiro quando os clientes podem analisar opiniões on-line escritas por 'pessoas como eles'. Por exemplo, ela economiza tempo para procurar os melhores pneus em <http://epinions.com> ou os melhores livros recomendados em uma categoria na Amazon. Esse procedimento é muito mais rápido que enfrentar as prateleiras de livros em ordem alfabética na livraria física. Redes sociais como o Facebook e o Twitter, assim como muitos outros websites, propiciam aos clientes o poder de encontrar os melhores produtos mesmo sem consultar os websites da empresa. Além disso, ainda existem os websites de compra coletiva como Groupon.com, onde os clientes podem comprar um item e ficar observando a

Figura 9.2 Portal do governo para fornecedores de licitações governamentais.

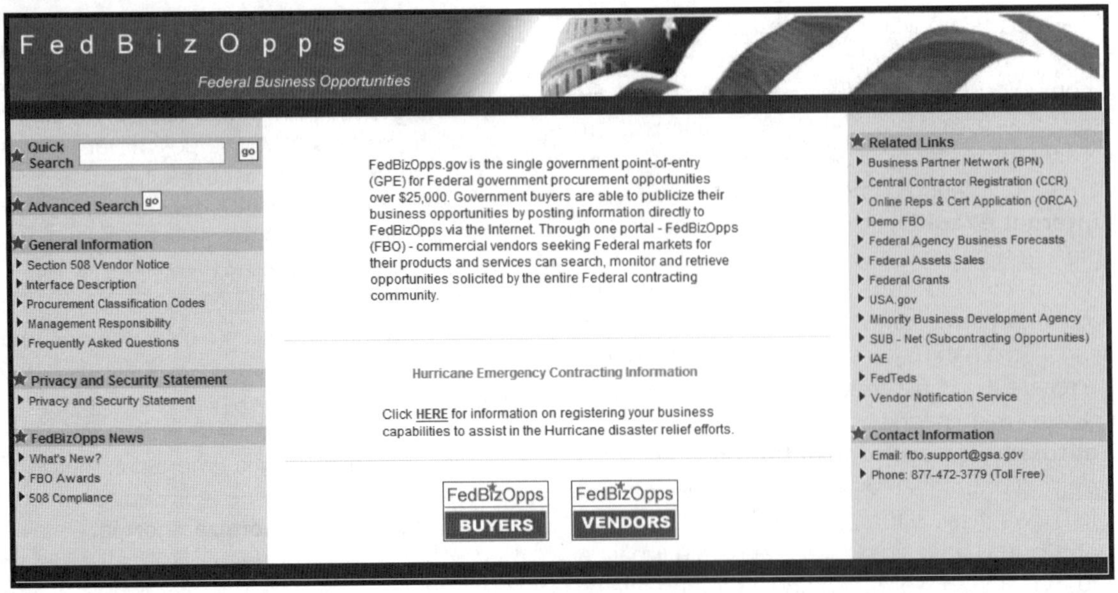

Fonte: <http://www.fedbizopps.gov>.

queda de preço, cada vez que outros indivíduos optam por comprar o mesmo item.

Com esse poder vem o risco. Considere o que acontece com um número substancial de licitantes nos leilões on-line. Neste que tem sido chamado de a 'maldição do vencedor', algumas pessoas realmente pagam um preço mais elevado para os produtos leiloados do que pagariam em um varejista on-line. No mercado B2B, um estudo revelou que as concessionárias de automóveis pagam significativamente mais por automóveis usados on-line do que off-line. No mercado B2C, os pesquisadores avaliaram os lances vencedores para os novos itens de peças excedentes de computador na Egghead.com, e compararam os preços dos mesmos itens vendidos no varejo do website Egghead (Pellegrino, Amyx e Pellegrino, 2002). Eles descobriram que 20 por cento dos licitantes vencedores pagaram acima do preço. Talvez o benefício de entretenimento de um leilão on-line mantenha a equação de valor em equilíbrio, mas provavelmente os compradores não percebam que pagaram em excesso.

Visão do vendedor

Os vendedores visualizam o preço como a quantidade de dinheiro que eles recebem dos compradores, a menos que eles estejam fazendo uma troca baseada em **permuta**. Os custos do vendedor para a produção de bens ou serviços representam o mínimo preço, no qual nenhum lucro é obtido. Acima desse piso, os profissionais de marketing têm a liberdade de definir um preço que atrairá os compradores em relação às ofertas dos concorrentes. Entre o custo e o preço está o lucro.

A perspectiva do vendedor sobre o preço inclui fatores internos e externos. Fatores internos são os pontos fortes e fracos da empresa identificados a partir da análise SWOT, os objetivos gerais de preços, a estratégia do mix de marketing e os custos envolvidos na produção e comercialização do produto. Fatores externos que afetam especificamente os preços on-line incluem a estrutura do mercado, a concorrência e a perspectiva do comprador, conforme discutido anteriormente.

Fatores internos: objetivos de preços. Os profissionais de marketing devem definir os objetivos de precificação conforme a estratégia da empresa, podendo escolher entre orientação para lucro, para o mercado ou concorrência. O objetivo mais comum na atribuição de preços é a orientação para o lucro, a maximização do lucro atual. Empresas de pesquisa on-line, como a Forrester e o Gartner Group, usam uma abordagem orientada para lucro quando eles cobram de \$ 1.500 a \$ 4.500 pelo download dos seus relatórios atuais de pesquisa sobre o mercado e-business.

As empresas também podem escolher entre vários objetivos orientados para o mercado. A construção de uma base maior de clientes pode levar a menores custos e maior lucro em longo prazo. Preços baixos normalmente geram maior participação de mercado. Por exemplo, o Perseus Survey Solutions, um programa de software de pesquisa na web, oferece seu software de nível básico a um preço baixo para obter maior cota de mercado (em relação à concorrência) e cobra um preço mais alto para migração de programa com mais funcionalidades e taxas anuais de manutenção. Negociação e licitação também são abordagens orientadas para o mercado. Por exemplo, os clientes podem licitar uma hospedagem de um quarto de hotel na <http://priceline.com>, <http://hotwire.com>, <http://roomauction.com> e muitos websites individuais de hotel.

O objetivo da precificação baseada na concorrência é atribuir o preço de acordo com o que os concorrentes cobram por produtos similares, dando menos atenção aos custos da própria empresa ou à demanda. Isso pode ocorrer porque a maioria das taxas de frete é a mesma da Figura 9.1. A transparência de preços da internet proporciona às empresas um acesso mais rápido às mudanças de preços dos concorrentes e aumenta o número e a velocidade das mudanças de preços no ambiente on-line.

Fatores internos: estratégia do mix de marketing. Empresas de sucesso utilizam uma estratégia do mix de marketing integrada e coerente. Por exemplo, a Volvo vende automóveis com preços relativamente altos por intermédio de concessionárias, apoiada por um website e comunicação de marketing off-line que transmite a imagem da marca em escala ascendente. Os profissionais de marketing da Volvo sabem que mais de 80 por cento dos seus clientes já compraram algum tipo de produto on-line em 2000 (Greenberg, 2001). Homens, com alto nível de instrução, que vivem em áreas urbanas, foram os que mais acessaram o website para configurar um novo Volvo, definir o preço e depois conversar com as concessionárias via e-mail. Os revendedores disseram que fecharam aproximadamente 10 a 15 por cento dessas propostas. Portanto, a Volvo ainda utiliza a internet para gerar oportunidades de vendas, sabendo que seus clientes não estão propensos a comprar um item com preço elevado diretamente da internet.

A internet é apenas um canal de vendas e deve ser utilizada em conjunto com outros elementos do mix de marketing. Os gerentes de marketing devem considerar cuidadosamente a definição de preço do mesmo produto para venda em canais on-line e off-line. Por exemplo, a *Oxford Journals Online* da Yale oferece edições impressas e on-line, dando um desconto de 10 por cento para o uso on-line e um desconto de 5 por cento para uso impresso. Ainda não existe nenhuma regra ou um padrão comprovado — a prática varia muito por produto e por setor.

Fatores internos: a tecnologia da informação afeta os custos. A tecnologia da informação pode ser cara, mas se estiver funcionando sem problemas, ela pode criar tremendas eficiências de custo — podendo pressionar os preços para cima ou para baixo.

A internet pressiona os preços para cima. Muitas empresas falham com software de gestão do relacionamento com clientes ou outros softwares que não ajudam a gerar novas receitas suficientes para cobrir os custos dos websites em virtude das restrições de precificação em relação à concorrência. Alguns fatores que atribuem pressão ascendente sobre os preços da internet são descritos a seguir:

- **Atendimento ao cliente on-line.** No passado, o atendimento ao cliente on-line fornecia uma vantagem competitiva para empresas como a Dell Computer e a Amazon. Por outro lado, os clientes agora esperam que as empresas retornem prontamente o e-mail, forneçam ajuda completa e funções FAQ on-line, e forneçam telefone e outras informações de contato. O atendimento ao cliente on-line não é mais uma vantagem competitiva, mas uma necessidade competitiva cara.
- **Distribuição.** Os varejistas on-line enfrentam os pesados custos de distribuição para seus produtos: cada produto deve ser enviado separadamente até seu destino, em vez de ser encaminhado aos varejistas físicos ou centros de distribuição. Isso é similar à estrutura de custo de vendas por catálogo. Os varejistas passam os custos de transporte para seus clientes, elevando os preços. Não surpreendentemente, alguns clientes se ofendem com os custos de frete quando eles são maiores que o previsto e também se o custo de frete é apresentado apenas na última fase do processo de compra. Custos elevados de transporte são uma das razões para o abandono do carrinho de compras nos websites de comércio eletrônico.
- **Programas de afiliação.** Muitos websites pagam uma comissão sobre indicações por meio de programas de afiliados. Patrocinadores afiliados premiam os websites de consulta, pagando um porcentual de 7 a 15 por cento de comissão sobre cada referência que conduz a uma venda. Essa comissão, como todos os custos dos intermediários, tem o efeito de inflacionar o preço do item ou de reduzir os lucros das empresas.
- **Desenvolvimento e manutenção do website.** O desenvolvimento e a manutenção do website não são baratos. A Forrester Research estima que o custo de um website 'conservador' seja de $ 10 mil a $ 100 mil, enquanto um website 'agressivo' custa $ 1 milhão ou mais — e que é apenas para desenvolver o website. A manutenção pode ser muito cara, especialmente com hardware, software e custos de armazenamento de dados.
- **Custos de aquisição do cliente (CAC).** O custo de aquisição de novos clientes on-line é bastante elevado; esse fator causou a queda de muitas empresas ponto.com em 2000. Por exemplo, o CAC médio para os primeiros varejistas on-line foi de $ 82. Quantos pedidos uma empresa deve receber para recuperar esse custo, e a que preço? Além disso, muitos clientes não são tão leais à marca on-line como são à marca off-line.

A internet pressiona os preços para baixo. A internet também permite que os profissionais de marketing economizem custos, traduzindo-os em preços mais baixos e maior valor para os clientes. Quando a empresa chega a custos mais baixos e ao mesmo tempo consegue definir preços mais altos, o lucro aumenta — uma vitória para a empresa. A seguir, são descritas algumas maneiras pelas quais as empresas podem economizar custos utilizando a tecnologia da internet em seus processos internos:

- **Processamento de pedido — autoatendimento.** Como os clientes preenchem os próprios formulários, as empresas economizam despesa com a equipe de entrada de pedido e com processamento em papel. Essas despesas podem ser consideráveis. O custo médio de produção e processamento de uma fatura eletrônica é de $ 10, comparado com $ 100 em operações off-line. Uma transação bancária média de varejo custa $ 0,15 a $ 0,20 on-line *versus* $ 1,50 off-line. A Cisco Systems, maior fabricante mundial de equipamentos de rede, sugere pedidos aos clientes na web. A redução da papelada por causa da utilização do website economiza centenas de milhões de dólares a cada ano.
- **Estoque Just-in-time**. Alguns fabricantes usam a transferência eletrônica de dados (EDI) para reduzir os custos no canal digital, por meio da coordenação das atividades da cadeia de valor e permitindo a entrega just-in-time (JIT) de peças e a redução de seus estoques. Alguns varejistas on-line e off-line nem sequer mantêm estoques, poupando bastante nos custos de financiamento. Em vez disso, eles adquirem o produto em resposta aos pedidos de clientes ou têm parceiros para expedir os produtos diretamente aos clientes.
- **Despesas gerais.** Lojas on-line podem reduzir os custos indiretos, pois não têm de alugar um espaço físico e manter funcionários para a gestão da loja. Os armazéns físicos da Amazon são consideravelmente mais baratos que o espaço em um shopping da moda. Além disso, esses armazéns podem estar localizados em áreas com aluguéis baixos, menores salários, impostos baixos e acesso rápido aos concentradores de transporte, como o norte do estado de Nevada.
- **Atendimento ao cliente.** Embora o atendimento ao cliente possa inicialmente aumentar os custos de uma organização, as empresas economizam automatizando algumas funções de atendimento ao cliente que antes eram realizadas por funcionários. Ferramentas de comparação de preços são apenas uma das maneiras mais recentes pelas quais as empresas automatizam o atendimento ao cliente. O atendimento ao cliente requer em média $ 15 a $ 20 em um call center off-line ***versus*** $ 3 a $ 5, quando os clientes se ajudam na internet.
- **Impressão e envio**. As lojas on-line não estão sujeitas à distribuição de correio e aos custos de impressão de seus catálogos de produtos. Uma vez que o catálogo é colocado on-line, o acesso traz pouco ou

nenhum custo incremental. O mesmo vale para e-mail e promoções na mídia social.

- **Custos de distribuição digital do produto.** Os custos de distribuição de produtos digitais são extremamente baixos no canal internet, por exemplo, quando um cliente baixa um arquivo de música comprado pelo iTunes. Por outro lado, o canal internet tem elevados custos de distribuição para produtos tangíveis, pois eles são enviados aos indivíduos em pequenas quantidades em vez de em lotes maiores para intermediários físicos.

Essas eficiências geralmente resultam em preços mais baixos para os consumidores on-line; a tecnologia permite que os compradores avaliem e exijam preços mais atraentes. Por exemplo, as negociações de ações on-line custam aproximadamente $ 10, enquanto os negócios assistidos por corretores off-line muitas vezes custam centenas de dólares. Um estudo mais antigo descobriu que varejistas on-line custam 6,42 por cento menos que os varejistas multicanal (equivalente a 3 por cento após os custos de transporte) (Tang e Xing, 2003). Desviando-se da prática normal, a Circuit City anunciou sua estratégia de 'Promessa de Preço Único' em 2008, o que significou que os consumidores podem pagar o mesmo preço on-line ou off-line. Essa estratégia foi posta em prática depois que a empresa de pesquisa SPSS, Inc. mostrou que 47 por cento dos clientes acreditam que os varejistas cobram preços diferentes on-line e off-line para o mesmo produto e que mais da metade dos clientes confiaria mais em uma empresa se seu preço fosse o mesmo em ambos os canais. Isso significa que todos os preços on-line são mais baixos? Estudos adicionais são necessários para fornecer uma prova sólida, e tão logo a evidência seja relatada, os preços vão mudar novamente.

Fatores externos que afetam a precificação on-line. A concorrência, fatores de mercado, a relação preço-demanda (ou seja, elástica ou inelástica) e o comportamento do cliente afetam as estratégias de precificação on-line e off-line. O ponto de vista do comprador foi abordado anteriormente; o comportamento on-line que afeta a precificação foi abordado no Capítulo 6. Nesta seção, vamos examinar dois fatores de mercado importantes no ambiente on-line: a estrutura e a eficiência do mercado.

Estrutura de mercado. A margem de atuação do vendedor para definir preços varia de acordo com diferentes tipos de mercados. Os economistas reconhecem quatro tipos de mercados, cada qual apresentando um desafio diferente de atribuição de preço:

1. **Concorrência pura.** Esse mercado é constituído por muitos compradores e vendedores negociando uma commodity como o milho. A diferenciação de produto e a comunicação de marketing desempenham um papel inexpressivo ou nulo, pois os vendedores nesses mercados não gastam muito tempo com estratégia de marketing.
2. **Concorrência monopolística.** Esse mercado é constituído por muitos compradores e vendedores que negociam em uma faixa de preços, em vez de um preço único de mercado. A gama de preços ocorre porque os vendedores podem diferenciar suas ofertas para os compradores.
3. **Concorrência oligopolística.** Esse mercado é constituído por poucos vendedores que são altamente sensíveis às estratégias de atribuição de preço e de marketing entre si. Se uma empresa deixa cair seu preço em 5 por cento, os compradores rapidamente mudarão para esse fornecedor.
4. **Monopólio puro.** Este mercado é constituído de um vendedor cujos preços são normalmente regulados pelo governo.

Essa distinção na estrutura de mercado é extremamente importante para os vendedores on-line, porque se a *transparência de preços* eventualmente resulta em um mercado completamente eficiente, os vendedores não terão nenhum controle sobre os preços on-line — o resultado será a concorrência pura, conforme descrito na Figura 9.3. Um exemplo de um mercado quase eficiente é o mercado de ações. Ob-

Figura 9.3 Mercados eficientes significam a perda sobre o controle de preços.

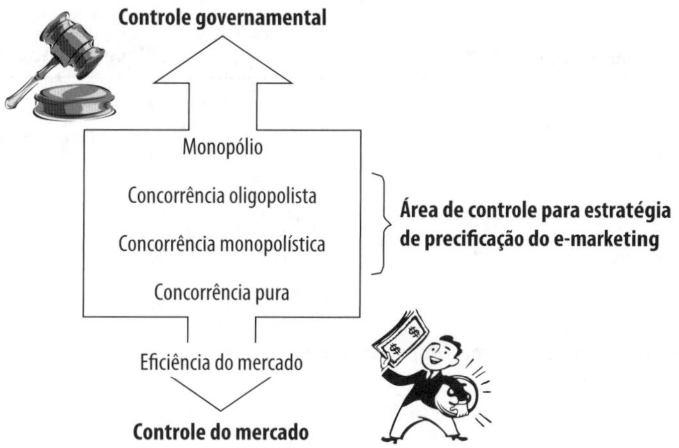

serve que as empresas de comércio on-line de ações operam em concorrência monopolística, pois competem com base nos preços de comissão, e não nos preços reais de venda das ações. Se outros produtos seguirem o exemplo, a internet terá um efeito profundo sobre a estratégia de preços. No entanto, isso provavelmente não vai acontecer, pelas razões mencionadas na próxima seção. Em seguida, examinamos o que compreende um mercado eficiente e discutimos se o mercado on-line está se aproximando da eficiência.

Mercados eficientes. Os economistas possuem teorias antigas sobre comportamento do cliente em **mercados eficientes**. Tais mercados experimentariam uma concorrência de preços perfeita. Um mercado é eficiente quando os clientes têm acesso igual a informações sobre produtos, preços e distribuição. Em um mercado eficiente, espera-se encontrar preços mais baixos, maior **elasticidade de preço**, frequentes mudanças e pequenas alterações de preços e uma estreita **dispersão de preço** — a propagação observada entre o preço mais alto e o mais baixo para determinado produto. Conforme mencionado anteriormente, o exemplo mais próximo de um mercado eficiente é o mercado de ações. Mercados de commodities quase alcançaram a eficiência, até que o governo interveio com os controles. Contudo, a internet está, provavelmente, mais próxima para teste de eficiência, pois possui quase todas as suas características. Curiosamente, o comportamento dos clientes na internet não confirma todas as previsões dos economistas.

A rede é um mercado eficiente? Muitas pessoas acreditam que a internet seja um mercado eficiente por causa do acesso às informações por meio de websites corporativos, agentes de compras e canais de distribuição. Por exemplo, uma pesquisa para um voo para Bangcoc na Kayak.com ou Travelocity.com exibirá uma gama completa de companhias aéreas e preços. Os produtos vendidos on-line geralmente apresentam preços mais baixos, elasticidade de preço elevado, mudanças frequentes e alterações menores de preço: todos os sintomas de mercados eficientes. Mas será que esses fatores realmente tornam a internet um mercado eficiente? Os seguintes fatores externos de mercado exercem pressão para baixar os preços no canal internet, contribuindo para a sua eficiência:

- **Agentes de compra.** Agentes comerciais, como BizRate (<http://www.bizrate.com>), facilitam as buscas dos clientes por preços baixos, mostrando os resultados em formato comparativo. A Figura 9.4 exibe os principais agentes de compra em 2010. Pouco mais de 15 por cento dos usuários de internet utilizaram os agentes de compras em julho de 2002, e o uso parece ter ficado perto desse nível. Você tem o preço de compra on-line para este livro em suas mãos? Consulte a Figura 9.5 para obter um exemplo de busca de uma edição anterior de *e-marketing* em Shopzilla.com. Os preços variam de \$ 79,96 a \$ 119,75 — uma dispersão de preço expressiva e um serviço extremamente valioso para os clientes.
- **Alta elasticidade de preço.** A elasticidade de preço refere-se à variabilidade de comportamento de compra com as mudanças no preço. Como exemplo, viagens de lazer são um mercado especialmente elástico: quando as companhias aéreas se envolvem em guerras de tarifas, os clientes fazem estoque de passagens, gerando enorme demanda. Para muitos produtos, como livros e CDs, o mercado on-line é mais elástico que o mercado off-line; por isso, esperamos que os usuários de internet sejam mais sensíveis às mudanças de preço.
- **Leilões reversos.** Leilões reversos permitem que os compradores definam seu preço e tenham vendedores que tentem igualar esse preço. Esse formato atiça os vendedores uns contra os outros e, geralmente, leva à queda nos preços.
- **Áreas isentas de imposto.** A maioria do varejo on-line acontece nas fronteiras; portanto, os compradores normalmente não pagam impostos sobre as compras, reduzindo o total de gastos adicionais em até 5 a 8 por cento por transação. Esta pode

Figura 9.4 Comparação de agentes de compra no varejo, abril de 2010.

Website de comparação de preços	Milhões de visitantes
NexTag.com	17,5
BizRate.com	11,7
Shopzilla.com	5,6
PriceGrabber.com	5,2
Shopping.com	4,1
Visitantes dos cinco websites mais importantes de comparação de preços	**44,1**

Fonte: dados do <http://www.compete.com>.

Figura 9.5 Resultados da busca do agente de compras BuscaPé.

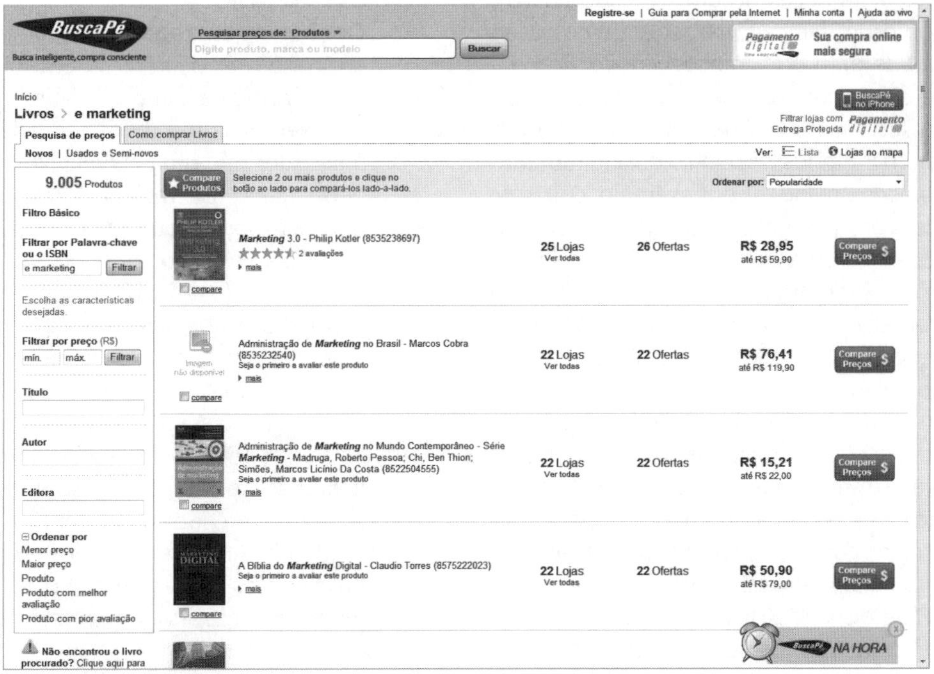

Fonte: cortesia de <http://www.compare.buscape.com.br/proc_unico?id=3482&kw=e+marketing>.

ser a razão de alguns dos livros apresentados na Figura 9.1 não terem impostos. Embora os estados e governos estrangeiros tenham desafiado a zona isenta de impostos da internet, o governo dos EUA continua a apoiar uma moratória sobre os impostos para compras pela internet.

- **Capital de risco.** Muitas empresas de internet são financiadas por capital de risco ou investidores anjo. Muitos investidores têm uma visão de longo prazo e estão dispostos a sustentar perdas em curto prazo para que as empresas cresçam, estabelecendo um *brand equity* e conquistando participação de mercado. Essas empresas podem atribuir preços mais baixos porque elas não têm um objetivo de maximização do lucro.
- **Concorrência.** A concorrência on-line é acirrada e altamente visível. Além disso, alguns concorrentes estão dispostos a estabelecer preços que promovem pouco ou nenhum retorno de lucro em curto prazo para construir brand equity e a participação de mercado.
- **Mudanças frequentes de preço.** As experiências no mercado on-line mostram mudanças mais frequentes de preço do que o mercado off-line porque (1) os fornecedores on-line devem superar os concorrentes para atrair os consumidores mais sensíveis ao preço; (2) os agentes de compras fornecem aos consumidores informações comparativas excelentes sobre preços, e os vendedores podem frequentemente alterar seus preços para obter resultados mais elevados; (3) os vendedores podem facilmente alterar os preços utilizando banco de dados para orientar o conteúdo da webpage; (4) em um ambiente informatizado, as empresas podem oferecer descontos por volume em incrementos menores do que em um ambiente off-line (por exemplo, a FedEx cria milhões de diferentes listas de preços com base na taxa de volume de transporte em suas páginas para clientes individuais); e (5) a experimentação on-line é fácil, permitindo que as empresas alterem os preços com frequência, analisando a demanda, e então realizando os ajustes conforme o surgimento da concorrência e de outros fatores.
- **Incrementos menores de alteração de preço.** Em um estudo, a menor alteração no preço off-line foi de \$ 0,35, enquanto a menor variação no preço on-line foi de \$ 0,01. Alguns dos mesmos fatores que incentivam as mudanças frequentes de preços podem desempenhar um papel também neste caso. Primeiro, os clientes sensíveis ao preço podem responder até mesmo a uma pequena vantagem de preço com relação à concorrência. Segundo, os agentes de compras classificam seus resultados por preço — até mesmo uma vantagem de \$ 0,01 obterá uma classificação mais elevada do que a concorrência. Terceiro, como é difícil alterar preços off-line, os varejistas podem esperar até que haja a necessidade de uma mudança de preço.

A rede é um mercado eficiente? Mesmo que a web apresente muitas características de um mercado eficiente, ela não age como um mercado eficiente com relação à estreita dispersão de preços. Os preços tendem a equalizar mercados de commodities, pois os vendedores não podem diferenciar facilmente uma ervilha de outra. Com informação perfeita para todos, espera-se o estreitamento da dispersão de preços on-line — por exemplo, como os compradores podem pesquisar muitos vendedores da web para este livro, podemos esperar que os preços gravitem em um mesmo nível. Curiosamente, essa expectativa não se mantém na internet, em razão das marcas de varejo on-line e outros benefícios que justificam as diferenças de preços nas mentes dos clientes.

Em dois estudos, uma grande dispersão foi encontrada entre os preços altos e baixos on-line ***versus*** preços altos e baixos off-line para os mesmos itens. A dispersão dos preços na indústria do varejo alcança, em média, 30 por cento do menor para o maior, com os preços off-line apresentando diferenças muito maiores em relação aos preços on-line (Tang e Xing, 2003). A dispersão de preços on-line é de 33 por cento para livros e 25 por cento para CDs. Uma razão possível pela dispersão tão expressiva dos preços pode ser que muitos compradores não sabem ou não utilizam os agentes de compras.

No entanto, explicações mais interessantes para a dispersão dos preços referem-se à força da marca de uma empresa, o modo como os bens são precificados no ambiente on-line, bem como as opções de entrega, compradores sensíveis ao tempo, diferenciação, custos de mudança e agentes de segunda geração de compras:

- **Marca.** Apesar da proliferação de websites, a marca ainda é um benefício procurado. Os principais websites obtêm a maioria do tráfego. Os clientes vão mostrar uma preferência pela marca ao utilizar agentes de compras. Muitos clientes vão escolher uma marca comercial bem conhecida nos resultados da pesquisa, mesmo que a marca não ofereça o menor preço. Por essa importância, os websites com as melhores marcas gastam milhões de dólares para atrair clientes. A Amazon gastou $ 680 milhões em despesas de marketing em 2009. A base de clientes leais da marca Amazon permite a cobrança de 7 a 12 por cento a mais que os varejistas de negócio on-line.
- **Como é feita a precificação de produtos on-line.** A maioria dos bens é oferecida a preços fixos no ambiente off-line. Por outro lado, os profissionais de marketing utilizam muito mais estratégias na web. O mesmo produto geralmente está disponível por um preço fixo, atualizado dinamicamente, ou um preço de leilão em locais diferentes ao mesmo tempo — e os preços entre eles podem variar muito. Além disso, os produtos são empacotados com frete e serviços especiais de diferentes maneiras, confundindo os compradores que comparam produtos similares.
- **Opções de entrega.** O mesmo produto entregue em condições diferentes (tempo e lugar) pode ter valor consideravelmente diferente para o cliente. Por exemplo, uma cerveja servida em um bar tem mais valor que uma cerveja comprada em um supermercado. Da mesma forma, um produto entregue à porta pode ter valor consideravelmente maior para alguns clientes que aquele que é comprado na loja. As compras on-line seguem esse modelo de valor. Alguns profissionais de marketing argumentam que os alimentos entregues à porta não são o mesmo produto que os alimentos adquiridos na loja. Por esse argumento, os benefícios adicionais realmente diferenciam o produto. Normalmente, o cliente tem de esperar mais por um produto entregue na sua porta, mas isso pode estar mudando. A Amazon oferece entrega de livros populares e música em uma hora em algumas áreas metropolitanas, e outras empresas podem seguir o mesmo exemplo.
- **Compradores sensíveis ao tempo.** Os compradores sensíveis ao tempo podem não querer investir tempo e energia necessária para rastrear o melhor preço. Além disso, alguns websites podem ser tão complexos que os clientes precisam de mais tempo para navegar e completar a transação.
- **Diferenciação.** Um resultado da marca forte é a diferenciação do produto percebida ou real, que permite que os profissionais de marketing definam o preço de seus produtos de forma distinta.
- **Custos de mudança.** Os clientes enfrentam custos de mudança quando escolhem uma loja on-line diferente. Alguns clientes não estão dispostos a assimilar esses custos e, portanto, ficam com um varejista on-line já conhecido. Se um cliente da Amazon compra em outra varejista, ele perde o acesso a uma interface familiar, recomendações de livro personalizadas e a opção de pedido 1-Click que a Amazon patenteou. Os custos decorrentes da mudança são ainda maiores no mercado B2B. Muitas organizações descobriram que é mais eficaz desenvolver relacionamentos com um número limitado de fornecedores do que oferecer todos os itens em licitação. Essas organizações pagam prontamente um pequeno prêmio para obter melhor serviço e apoio.
- **Segunda geração de agentes de compras.** Os agentes de segunda geração de compras orientam o cliente pelo processo de quantificação dos benefícios e avaliam a equação de valor. Se um cliente classifica positivamente certos benefícios, esse cliente pode estar disposto a pagar mais para recebê-los. A BizRate permite que os clientes ava-

liem os comerciantes com base nas classificações de clientes anteriores. O PriceScan e o DealTime possibilitam que os clientes implantem filtros para que os comerciantes que oferecem os benefícios desejados subam no ranking. Consulte o quadro 'Informações técnicas' para obter mais informações sobre os agentes de compras.

A internet é um mercado eficiente? A resposta é não, não agora. No entanto, ela tem todas as características para se mover na direção da eficiência no futuro. Essa mudança poderá trazer efeitos devastadores para os profissionais de marketing digital que querem controlar estratégias de preços; portanto, os profissionais de marketing devem estar atentos a essa tendência.

9.3 Opções de pagamento

Dinheiro eletrônico, também chamada e-money ou dinheiro digital, é um sistema que utiliza a internet e computadores para a transferência de pagamentos eletrônicos. Ela pode ser utilizada em transações off-line ou on-line, usando a internet para transferir dinheiro entre as contas do comprador e do vendedor. Nos Estados Unidos, as únicas transações e-money off-line conhecidas ocorrem nas cabines de pedágio, quando carros com os aparelhos eletrônicos passam por eles — e os motoristas recebem uma fatura mensal. Por outro lado, o dinheiro digital tem ampla adoção em outros países. Em Hong Kong, existem 17 milhões de cartões Octopus — duas vezes o número da população de Hong Kong. São cartões inteligentes, carregados em até $ 1.000 em dinheiro, que podem ser utilizados para pagar as coisas, comercializar em dinheiro ou ser recarregado para reutilização. Os cartões Octopus são utilizados em 10 milhões de transações diárias no sistema de transporte e nas lojas de conveniência, segundo a Wikipedia. Outros sistemas de pagamento e-money off-line interessantes incluem o seguinte:

- **Pagamento por chip inteligente**. O MZOOP, criado por Harex InfoTech, na Coreia do Sul, é um chip inserido em um telefone celular que pode ser apontado para uma máquina de venda automática ou outro leitor de compra para adquirir o item. A transação é cobrada no cartão de débito ou de crédito do proprietário. Da mesma forma, o Offica Watch, feito no Japão pela Casio, permite que usuários paguem por e-money pelo chip no próprio relógio. Os compradores simplesmente movimentam o relógio perto de um scanner e a compra é realizada. Se você quer se livrar de todos os dispositivos, você pode até ter um chip de RFID implantado em seu braço para pagamento do Baja Beach Club em Barcelona!
- **Pagamento por telefone celular**. O Japão e a Finlândia já permitem pagamentos via celular em máquinas automáticas e outros lugares. O metropolitano de São Francisco está testando um sistema no qual os usuários podem passar seus celulares por um leitor especial para pagar seus bilhetes.

Trinta e oito por cento dos clientes on-line pagam suas contas com o serviço bancário on-line, mostrando a imensa adoção dos sistemas de e-money. Para pagamentos únicos, a PayPal tornou-se o padrão, com mais de 84 milhões de contas em todo o mundo. Essa empresa de propriedade do eBay permite que os usuários paguem as compras on-line via cartão de crédito ou débito. A Figura 9.6 mostra várias contas e taxas on-line que os comerciantes pagam pelo serviço — que são comparáveis às taxas que as empresas de cartão de crédito cobram dos comerciantes. Competindo com o PayPal, a Western Union oferece o MoneyZap para a compra de produtos on-line. A Western Union tem como alvo os 29 por cento dos norte-americanos sem cartões de crédito.

Um serviço importante de e-money utiliza um modelo bastante diferente do PayPal. Chamado Bill Me Later, esse modelo permite que os compradores paguem pelos bens e serviços on-line sem cartão de crédito. Eles devem ser aprovados pelo Bill Me Later e são faturados depois de realizar a compra. Esse serviço está crescendo rapidamente, tendo a adesão de empresas como Walmart, Apple Store, Office Max e Overstock.com. É especialmente bom para as pequenas empresas que compram on-line, porque custa menos do que as taxas de cartão de crédito e os juros.

O dinheiro eletrônico possui vantagens distintas para os varejistas on-line. É mais eficiente, com menores taxas

Informações técnicas

Desvendando os segredos da compra on-line

Cinco dias antes do Natal... e você ainda nem sequer começou a comprar os presentes. Quando você chega em casa do trabalho, já passou das 7 da noite e está cansado. Como estava tão ocupado com seu novo trabalho este ano, você esqueceu o aniversário de alguém, e só se lembrou de enviar um cartão um mês depois. Como se as coisas não fossem ruins o suficiente, você está precisando de dinheiro, porque seu carro velho quebrou no mês passado, e você foi forçado a comprar um novo. Sua irmã quer uma câmera digital e sua mãe quer uma TV nova para o quarto. A conveniência das compras on-line é atraente, e você já ouviu falar de um novo agente de compra do Google, apropriadamente chamado Froogle, e vale a pena tentar. Depois de algumas horas clicando e comprando, suas compras de natal estão concluídas e você

Figura 9.6 Opções de conta PayPal.

	Pagamentos por e-mail	Padrão de pagamentos no website	Pagamentos Pro no website	**Payflow Gateway**	PayPal Express Checkout
Experiência do cliente					
Onde os clientes compram	Varia de acordo com o negócio	Compra no website	Compra no website	Compra no website	Compra no website
Onde clientes pagam	PayPal	PayPal	Website ou PayPal	Website ou PayPal	PayPal
Clientes precisam de uma conta PayPal	Não	Não	Não	Não	Sim
Integração					
Mercado de contas de internet	Desnecessário	Desnecessário	Incluído	Requerido	Requerido
Suporte ao carrinho on-line	Desnecessário	Sim	Sim	Sim	Sim
Habilidades técnicas	Desnecessário	HTML	APIs	APIs ou HTML	APIs ou HTML
Precificação					
Setup	Grátis	Grátis	Grátis	\$ 0 a \$ 249	Grátis
Mensal	Grátis	Grátis	\$ 30	\$ 9,95 a \$ 495,00	Grátis
Por transação	2,2 a 2,9 por cento + \$ 0,30	2,2 a 2,9 por cento + \$ 0,30	2,2 a 2,9 por cento + \$ 0,30	Depende	2,2 a 2,9 por cento + \$ 0,30
Para pedidos por telefone, fax e e-mail	\$ 30 por mês	\$ 30 por mês	Incluído	Incluído	\$ 30 por mês

Fonte: dados de <http://www.paypal.com> em maio de 2010.

economizou muito dinheiro... Agora é hora de pensar no que você vai comer no Natal!

A maioria dos grandes varejistas nos Estados Unidos e compradores em todo o mundo foi picada pelo bichinho das compras on-line. Embora o passeio de sábado ao shopping normalmente seja comum, muitas famílias estão fazendo agora a maioria de suas compras on-line. Quer seja o mais recente produto eletrônico de consumo ou uma colcha nova, os clientes estão felizes por comprar no conforto de suas casas — vestindo sabe lá o quê. A maioria dos clientes afirma que é atraída pela conveniência das compras on-line. Os varejistas continuam tentando atrair os consumidores para suas lojas por meio de publicidade, anúncios e cupons, e conceitos similares estão sendo implantados on-line para conduzir os clientes para seus websites.

Desde o início das compras on-line, as percepções dos clientes têm sido de obter os melhores 'negócios' no ambiente on-line. Obviamente, um 'negócio' é baseado em valores individuais do cliente. No entanto, os websites estão surgindo para ajudar os clientes mais prudentes a encontrar as melhores ofertas on-line. Assim, em vez de cortar os cupons e folhear encartes, os compradores experientes on-line estão dando uma chance aos agentes de compras e websites de cupons. É importante que os profissionais de marketing digital compreendam as tecnologias empregadas pelos consumidores — e que esses profissionais as utilizem adequadamente.

Um ***agente de compras*** é um website que recolhe informações sobre produto e preço nos websites de varejo on-line e exibe todas as informações conjuntamente. Por exemplo, muitos websites vendem câmeras digitais. Se um cliente está à procura de determinada câmera digital, como a Canon PowerShot Digital Elph, ele insere essas informações na caixa de busca do agente de compras e recebe os preços de toda a web. Muitos agentes de compras exibem preços anunciados em websites, mas alguns também pedem o código postal do cliente para calcular o imposto e custos de envio. O resultado final é uma lista dos locais nos quais o item está disponível e com o custo do item daquele website. Links também estão disponíveis para ir diretamente aos websites ou páginas do produto. Além de oferecer os preços, alguns agentes de compras avaliam os produtos e os varejistas. Os clientes são convidados a avaliar os varejistas e a registrar seus comentários sobre a experiência de compra no website.

Do ponto de vista do e-marketing, os agentes de compra são benéficos, pois eles estão atraindo para os websites dos varejistas os clientes que estão dispostos a comprar — o que mais um profissional de marketing digital poderia pedir? A resposta é que os profissionais de marketing digital querem atrair mais consumidores para seus websites utilizando os agentes de compras, é claro. Embora os clientes acreditem que os agentes de busca estão fornecendo resultados imparciais para suas consultas, a verdade é que a maioria não acredita. Alguns agentes relacionam apenas os varejistas que se registraram com eles, e outros websites listam as empresas que pagam para estar no topo da sua lista de resultados.

Os agentes de compras são populares, e os clientes podem encontrar centenas de produtos utilizando mecanismos comuns de busca. Quando as empresas utilizam esses agentes de compras, é essencial compreender como registrar um produto e selecionar o produto apropriado para a campanha de e-marketing.

Ao registrar um produto em um agente de compras, os profissionais de marketing geralmente são obrigados a pagar uma taxa e dar uma contribuição ao website. A maioria dos agentes tem uma política pagamento-por-clique (PPC). Os preços variam de alguns centavos até mais de $ 1,00 para cada vez que um cliente clica no link do produto. Alguns websites também exigem um depósito de $ 100 a $ 200 ao se registrar, que seria aplicada à conta do PPC.

A ***feed*** do produto deverá conter as informações sobre o produto que está sendo apresentado, como nome, descrição, categoria, preço e disponibilidade. Os agentes também solicitam uma URL para que o link do produto seja incluído. Essas ***feeds*** são bastante simples de criar e propiciam aos profissionais de marketing a oportunidade de levar os clientes a adquirir o produto em seus websites. Profissionais de marketing digital especializados recomendam que uma linguagem clara e concisa seja utilizada para gravar as ***feeds*** do produto, e as abreviações da indústria nunca devem ser usadas. Por exemplo, a abreviatura DJ pode parecer razoável ao comercializar a impressora Hewlett-Packard DeskJet, embora seja melhor escrever o termo. Os agentes solicitam que as ***feeds*** do produto sejam apresentadas em diversas formas, como formulários on-line ou upload de arquivos.

Ao escolher o agente de compras para se registrar, é preciso fazer a lição de casa. Alguns websites são conhecidos por sua capacidade de fornecer informações sobre uma grande variedade de produtos, enquanto outros são mais especializados. Além disso, o registro com um agente de compras pode ter o produto listado em vários websites, em virtude da filiação do agente com outros agentes. Um exemplo disso é a afiliação Shopping.com, que compartilha informações com DealTime e Epinions.

Os agentes de compras que são conhecidos por seu alto volume de visitantes incluem BizRate, DealTime, mySimon, PriceScan e shopping.yahoo.com. Cada um oferece um serviço um pouco diferente. O BizRate, que como a maioria dos agentes permite que os varejistas paguem pelos primeiros lugares nas listas de resultados, é conhecido por suas altas taxas de tráfego e informação exclusivas de pesquisas com o cliente. O modelo de negócios original da BizRate incluiu a pesquisa com o cliente e adicionou serviços de comparação de produto apenas em 2000. O mySimon promove sua busca utilizando categorias e o Yahoo! Shopping permite que os clientes busquem no próprio shopping on-line em vez de toda a internet. Mesmo que os varejistas paguem as taxas extras para estar no topo das listas, vai ser difícil para os clientes detectar quais são aqueles que pagam por isso.

A PriceScan, que também é amplamente utilizada, tem inúmeras vantagens competitivas — retorna resultados dos varejistas off-line, focaliza os menores preços e não permite que os varejistas paguem para estar no topo das listas de resultados.

O novo de agente de compras do Google (Froogle) permite que os clientes utilizem a mesma tecnologia do Google, um mecanismo de busca bastante popular. Como o Froogle ainda está em teste, ou estágio beta, os varejistas podem registrar seu produto gratuitamente. O Froogle encontra automaticamente muitas informações sobre varejistas, embora os varejistas possam também apresentar suas informações sobre o produto no website. O Froogle está sendo financiado pelas propagandas que aparecem no lado direito das páginas de resultados das buscas.

O número de clientes que usam agentes de compras está em ascensão, e os profissionais de marketing digital estão no controle do que esses clientes estão vendo. O uso dos cupons on-line dos clientes também está aumentando. Muitos varejistas também oferecem cupons gratuitos em seus próprios websites, especialmente quando introduzem novos produtos. Por exemplo, quando a Veet estreou seu kit sem lâminas para depilação no verão de 2004, ela ofereceu um cupom com desconto de $ 2,00 em seu website quando os clientes preenchessem o formulário solicitando informações de contato.

No entanto, os websites de cupons são outra história. Eles oferecem uma variedade de serviços para clientes que gostam de pechinchar:

- Links para websites da empresa que oferecem cupons gratuitos.
- Cupons imprimíveis para uso nas lojas físicas.
- Códigos de cupom para varejistas on-line.
- Links para websites que proporcionem automaticamente um desconto no pedido.
- Informações sobre vendas e preço de itens nos varejistas on-line.

Alguns websites requerem a entrada do consumidor para obter o cupom ou informações relacionadas no website. Os profissionais de marketing digital enviam seus cupons, códigos promocionais e as vendas para esses websites geralmente via e-mail. websites com cupom incluem a retailmenot.com, couponcabin.com e couponmountain.com. Distribuidores tradicionais de cupom de papel, como a SmartSource e a Valpak, também estão oferecendo cupons on-line. Os especialistas em indústria afirmam que a circulação de cupons e códigos promocionais on-line é alta, e que a melhor maneira de ser notado é oferecer duas promoções em uma, como frete grátis e $ 10 de desconto no pedido.

de transação, e atrai novos clientes, sem medo de risco de crédito. Além disso, esses serviços permitem que os comerciantes on-line vendam aos usuários de internet que não têm cartões de crédito ou que não querem digitar seus cartões de crédito em um website novo. Por fim, oferecer várias opções de pagamento pode realmente atrair mais pessoas a comprar on-line. O estudo da Quality Research Associates com 147 varejistas importantes on-line constatou que aqueles que oferecem apenas um tipo de pagamento (como um cartão de crédito) convertem 60 por cento dos compradores em média, enquanto aqueles que oferecem várias opções de pagamento convertem até 72 por cento dos seus visitantes do website (ver <http://www.ecommercetimes.com>). Por outro lado, desvantagens potenciais incluem grandes questões econômicas que envolvem todo o comércio eletrônico, como menos impostos para os estados, quando as transações ocorrem fora do estado, as possibilidades de flutuações cambiais com altos níveis de comércio eletrônico internacional, e a utilização criminosa dos sistemas de lavagem de dinheiro e outras atividades ilegais ou fraudulentas.

O dinheiro eletrônico é um componente de precificação importante por duas razões. Primeiro, quando os comerciantes usam sistemas PayPal ou outros, seus custos aumentam e isso se reflete no preço do produto. Segundo, quando a compra on-line é mais fácil para os clientes, isso equilibra o preço mais elevado — lembre-se de que os custos para os clientes incluem dinheiro, tempo, energia e custos psicológicos.

9.4 Estratégias de precificação

A fixação de preços é cheia de contradições. Tornou-se quase uma ciência, com grande quantidade de dados que necessitam de uma interpretação perspicaz para melhor aplicação. Se o preço for muito baixo, os lucros vão sofrer, mas se for muito alto pode diminuir as vendas. E isso é apenas na visão de curto prazo. No longo prazo, um preço inicial baixo que constrói cota de mercado pode criar economias de escala para reduzir custos e, assim, aumentar os lucros. Além disso, o modo pelo qual os profissionais de marketing aplicam a estratégia de preços é tão importante como *quanto* eles cobram. O sistema de precificação do PayPal para os comerciantes demonstra a habilidade associada à estratégia de preços.

Outra contradição é que o uso da tecnologia da informação aumenta a complexidade de precificar em alguns aspectos e ao mesmo tempo os torna mais simples. Os vendedores alteram facilmente os preços a qualquer momento ou podem variá-los de acordo com o comportamento anterior de cada comprador individual. Em seguida, as percepções de valor do comprador variam entre o racional e o emocional, e nem todo mundo reage da mesma maneira. Por exemplo, alguns clientes de alta renda gostam de ir em uma concessionária Volvo com uma webpage impressa detalhando o que eles querem e quanto deve custar, enquanto outros desfrutam do relacionamento emocional com seu vendedor preferido e voltam a cada três anos para comprar o modelo mais recente, confiando que 'o Zé vai cuidar de mim'. Por fim, as empresas que utilizam sistemas de distribuição multicanal devem considerar os custos variáveis de cada canal e as percepções de valor dos diferentes compradores sobre a compra na internet ***versus*** a loja física. O preço é um negócio complicado, guiado por dados e pela experiência.

Em geral, os profissionais de marketing podem empregar todas as estratégias de precificação tradicional para o ambiente on-line. Aqui vamos nos concentrar em três tipos de estratégias de preços particularmente importantes para os vendedores on-line: preços fixos, preços dinâmicos e alugar em vez de comprar.

Preço fixo

Preço fixo (também chamado *tabela de preços*) ocorre quando os vendedores definem o preço e os compradores devem levar ou deixar. Com preços fixos, todos pagam o mesmo preço. A maioria das varejistas dos EUA utiliza esse modelo. Mesmo quando os atacadistas e fabricantes oferecem descontos de quantidade, os níveis de preços se aplicam a todas as empresas que compram a quantidade necessária. Os princípios básicos de preços que cada profissional de marketing utiliza off-line também se aplicam on-line. Duas estratégias comuns de preços fixos utilizadas on-line são liderança de preços e preços promocionais:

- **Liderança de preços**. Um **líder de preços** tem o preço mais baixo em uma categoria particular. Tanto on-line como off-line, o Walmart é um líder de preços, ajustando o ritmo para outros varejistas. Com agentes de compras na web, uma estratégia de ser líder de preços é adequada. No entanto, para implantar essa estratégia, os comerciantes devem manter os custos no mínimo. A redução de custos pode ser feita por meio de eficiências de custo de marketing na internet, descritas anteriormente, embora uma empresa deva fazer melhor que a concorrência. Muitas vezes, o maior produtor se torna o líder de preços devido às economias de escala, mas na internet um empresário que opera em um porão desafia constantemente o grande produtor. Essa estratégia é produtiva para a internet, embora a concorrência seja acirrada e a liderança de preços muitas vezes é fugaz. É claro, o segundo item com preço mais baixo também vai ganhar vendas, especialmente se ele oferece vantagens sobre o líder de preços. Na internet, o Buy.com é um líder de preços em diversas categorias, vendendo muitos itens abaixo do valor de mercado e recuperando perdas por receitas de publicidade do website.

- **Preços promocionais.** Muitos varejistas on-line se voltaram aos **preços promocionais** para incentivar uma primeira compra, incentivar a repetição de compras ou fechar uma venda. A maioria das promoções possui uma data de expiração que ajuda a criar um senso de urgência. Por exemplo, a Amazon ofereceu frete grátis com qualquer pedido acima de $ 25 com tal sucesso que se tornou padrão. Ela não chegou a esse valor sem, no entanto, tentar vários outros pontos de preço antes de encontrar a oferta promocional ótima para motivar as vendas. Preços promocionais na internet podem ser altamente direcionados por meio de mensagens de correio eletrônico.

Precificação dinâmica

Precificação dinâmica é a estratégia de oferecer preços diferentes para clientes diferentes. **Gestão de receitas** é uma estratégia usada mais frequentemente pela indústria de viagens para maximizar a gestão de suas ofertas por meio de mudanças de preços frequentes. As companhias aéreas têm usado por muito tempo um software para precificação dinâmica para a gestão de seus assentos ao definir os preços de viagens aéreas — reduzindo os preços quando o movimento cai. As webpages dinâmicas permitem que as empresas de viagens façam mudanças rápidas e frequentes, a fim de alugar carros e preencher assentos ou quartos de hotel.

A precificação dinâmica pode ser iniciada pelo vendedor ou pelo comprador (em relação à precificação fixa, que sempre é iniciada pelos vendedores). Dois tipos de precificação dinâmica de preços são o tipo **por segmento**, no qual a empresa vende um bem ou serviço com dois ou mais preços, com base na diferenciação do segmento, em vez de se basear no custo isoladamente, e o tipo de **negociação de preço**, no qual a empresa negocia preços com os clientes de forma individual. A negociação é mais frequentemente iniciada pelo comprador, enquanto a precificação segmentada geralmente é definida pelo vendedor.

Precificação por segmento. A metodologia de precificar por segmentos utiliza as propriedades de internet para a customização em massa, elaborando automaticamente a precificação com base no tamanho do pedido e no prazo, demanda e níveis de abastecimento, e outros fatores de decisão preestabelecidos. Com a precificação por segmentos on-line, a empresa utiliza regras de decisão para definir os níveis de precificação para grupos de clientes ou para apenas uma pessoa — ou seja, qualquer cliente que seja X ou faça X obtém o preço Y. Por exemplo, qualquer pessoa que reserva um voo no prazo de sete dias da partida recebe a cotação do preço total (sem desconto). Precificação por segmento possui suas raízes no marketing tradicional, como quando os cinemas baixam os preços para que os clientes assistam aos filmes na parte da tarde. A precificação de acordo com os segmentos de comportamento do cliente está se tornando cada vez mais comum, pois as empresas recolhem uma quantidade crescente de informações comportamentais eletrônicas. Consulte a Figura 9.7 para obter um exemplo da precificação dinâmica por tipo de cliente, mostrando como a Networksolutions.com pratica a precificação por segmento no registro de nomes de domínio.

Precificação por segmentos individuais é mais fácil on-line, pois software sofisticado e grandes bancos de dados permitem às empresas definir regras e fazer alterações de preços em um *nanossegundo* — mesmo que um comprador esteja clicando em uma webpage. Essa capacidade tem deixado os profissionais de marketing extremamente motivados — a habilidade da internet de personalizar preços, comunicação de marketing e produtos em nível individual. Usando arquivos cookies, os vendedores on-line reconhecem os indivíduos e fazem ofertas e preços para motivar as transações. Às vezes, esses indivíduos são clientes particulares, como quando a Amazon.com reconhece o cliente e apresenta recomendações personalizadas. Outras vezes, os indivíduos são parte de um segmento maior, como aqueles que se conectam de uma localização geográfica específica ou aqueles que apresentam um comportamento de abandonar o carrinho de compras. Os vendedores definem o segmento e depois customizam os preços, seguindo regras predefinidas, quando um indivíduo do segmento visita o website. Por exemplo, um varejista on-line pode baixar o preço em pequenos incrementos em cada visita posterior, para ver se o comprador vai comprar. Além disso, as empresas on-line desenvolvem programas de fidelidade, como programas de passageiro frequente, para oferecer preços especiais para indivíduos que voltam e compram com frequência.

A precificação por segmentos pode ser eficaz quando preços distintos refletem as diferenças reais na percepção de valor do produto em cada segmento e os segmentos mostram diferentes graus de exigência. Da mesma forma, é apropriada quando os custos de segmentação e da precificação não excedem a receita extra obtida a partir da diferença de preço. Além disso, a empresa deve ter certeza de que sua precificação por segmentos atende às diretrizes legais e regulamentares. Por fim, a empresa deve tomar cuidado para não ferir os clientes que já sabem que estão obtendo preços diferentes em relação aos outros clientes. A Amazon.com criou um tumulto quando os clientes entenderam a precificação para clientes individuais; por algum motivo, passageiros das companhias aéreas aceitaram essa prática, mas não os compradores de livros. Assim, os profissionais de marketing digital que empregam a segmentação devem utilizar as razões aceitas pelo cliente, como dar descontos para clientes novos ou leais ou ajustar as taxas de frete para compras enviadas para locais distantes.

Os usuários da internet podem ser segmentados utilizando muitas variáveis, conforme discutido no Capítulo 7. Duas variáveis que são particularmente importantes para

Figura 9.7 Precificação segmentada para serviços. Software Constant Contact.

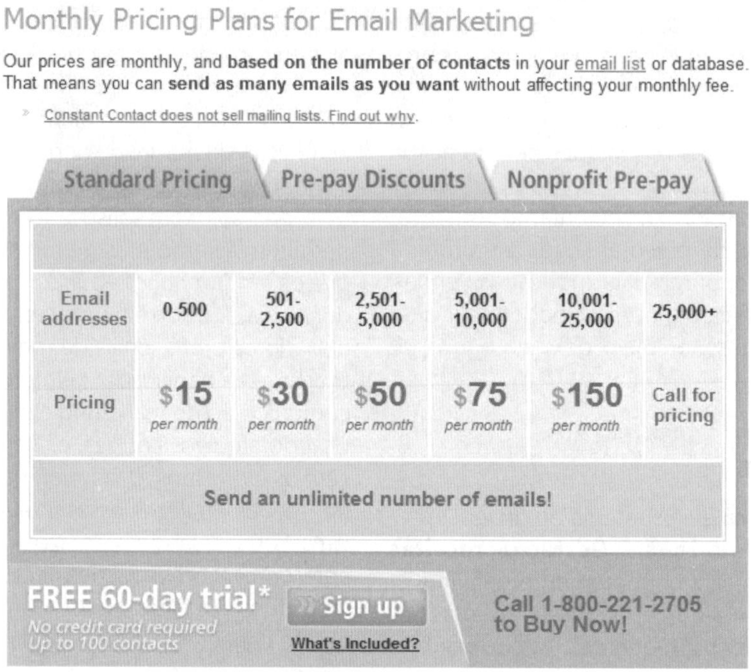

Fonte: <http://www.constantcontact.com>.

estratégias de preços on-line são a segmentação geográfica e a segmentação de valor.

Precificação de segmento geográfico. Com a **precificação de segmento geográfico**, uma empresa estabelece preços diferenciados na venda de um produto em diferentes áreas geográficas. Um vendedor on-line muitas vezes sabe onde o usuário reside, pois os logs do servidor registram o endereço IP do usuário e o nome do domínio normalmente indica o país de residência (por exemplo, o usuário japonês terá uma designação .jp). A precificação geográfica pode ajudar uma empresa a relacionar melhor sua precificação de país para país, ou fatores regionais, como pressão da concorrência, custos locais, condições econômicas, legais ou diretrizes regulamentares e oportunidades de distribuição. Por exemplo, um computador Dell que custa $ 1.000 em Los Angeles pode ter o preço definido em £ 839 em Londres ($ 1.343 nos EUA em março de 2011). Essa diferença é porque o fabricante enfrenta a evolução de preços e, portanto, precisa definir o preço para refletir os custos elevados de transporte, tarifas e margens do importador, entre outros custos envolvidos na venda em outro país.

Precificação por segmento de valor. Com a **precificação por segmento de valor**, o vendedor reconhece que nem todos os clientes propiciam valor igual à empresa, segmentando por valor alto, médio e baixo — e, da mesma forma, a precificação. O conhecido **princípio de Pareto** afirma que 80 por cento dos negócios de uma empresa geralmente vêm de 20 por cento dos principais clientes. Conforme representado na Figura 9.8, os clientes A+ de uma empresa compreendem um pequeno grupo que contribui desproporcionalmente para as receitas e os lucros da empresa (Pitt et al., 2001). Esses clientes tendem a ser mais leais e podem se tornar advogados da marca para seus amigos e conhecidos: os passageiros frequentes que sempre vão de primeira classe, os frequentadores de cassino que retornam repetidamente, ou as empresas de grande volume de pacotes que usam o website da FedEx para automatizar todos os serviços. Esses clientes também são fiéis às marcas que fornecem um valor significativo para a empresa. Quando os clientes A+ ou A aparecem no website, eles serão reconhecidos e vão receber atenção especial. Esses clientes podem não ser sensíveis ao preço, porque eles percebem que a marca ou empresa oferece maiores benefícios (por exemplo, atualizações gratuitas e tratamento especial) e por isso são leais à marca.

O grande grupo de clientes tipo C pode ser compradores de preços ou usuários eventuais da categoria do produto, não respondendo por grande parte da receita da empresa. Clientes tipo B também são sensíveis ao preço, e provavelmente utilizam mais a categoria de produto do que os clientes C.

Fatores de mercado tendem a direcionar os clientes para o nível C, embora as ofertas competitivas e a redução de preços tentem atrair clientes A e B. O objetivo do vendedor

Figura 9.8 Segmentos de valor do cliente de baixo (C) para alto (A+).

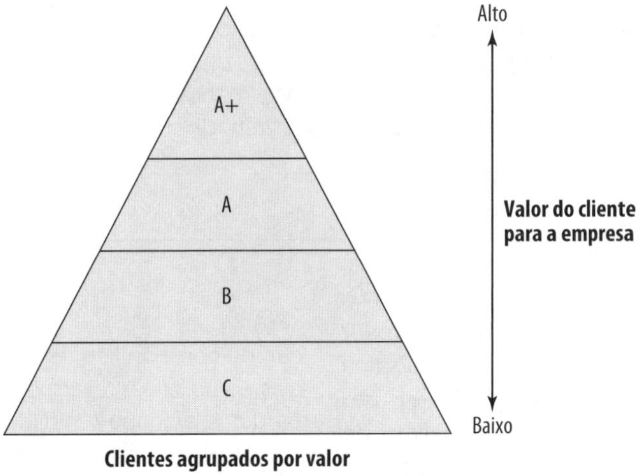

Fonte: adaptado de Pitt et al. (2001).

é manter a lealdade dos clientes da marca e mover todos os grupos para um nível mais alto de valor. Estratégias de preços podem ajudar. Por exemplo, os clientes A podem ser autorizados a licitar um estoque excedente antes que outros tipos de clientes tenham essa oportunidade. Dar a primeira oportunidade aos clientes de alto valor para novos produtos ou promoções (por exemplo, frete gratuito da Amazon) vai reforçar a lealdade. Por outro lado, os clientes B e C, na maioria das vezes, buscam o menor preço, e os descontos não são suscetíveis de criar lealdade da marca — eles vão continuar sendo volúveis à marca e comprando de acordo com o preço. Esses clientes podem receber campanhas de e-mail com preços fixos para que eles possam ser informados sobre os preços da empresa e os benefícios competitivos da marca. O vendedor pode utilizar essa técnica para desenvolver um banco de dados para elevar o valor dos clientes. Consulte o Capítulo 14 para obter mais informações sobre segmentação de valor e técnicas de comunicação de marketing para o desenvolvimento de relacionamentos com os clientes.

Precificação negociada e leilões. Os vendedores normalmente definem níveis de preços ao utilizar a precificação por segmento e os compradores normalmente iniciam a precificação ao licitar os itens on-line. Por meio de negociação, o preço é definido mais de uma vez em uma discussão de vaivém — uma diferença importante em relação a todas as estratégias de precificação. Regatear o preço é comum em muitos países; no entanto, com algumas exceções, os clientes dos EUA têm se esquivado de negociações desse tipo. A internet está mudando essa relutância, conforme evidenciado pelo crescimento espetacular de leilões on-line. Muitos clientes gostam de participar e das pessoas que participam, enquanto outros estão apenas à procura de um bom negócio.

No mercado C2C, a confiança entre compradores e vendedores é um problema, pois a transação acontece entre estranhos, e não há nenhuma marca de renome para gerar confiança. Para auxiliar os compradores, o eBay utiliza um sistema de opiniões que consiste em 1 ponto para o positivo, 0 para comentários neutros e –1 para os negativos. Pontos situados na estrela e níveis da estrela são colocados perto dos perfis do vendedor nas páginas do eBay. A estrela vermelha está reservada para um vendedor com 100 mil ou mais pontos. Esse sistema funciona: vendedores altamente qualificados no eBay são mais propensos a fazer uma venda, e realizam essa venda a um preço superior. Em um estudo de 861 leilões de clube de golfe, quando os vendedores aumentaram sua pontuação de zero para 25 pontos, eles tinham uma probabilidade 3,4 por cento maior de venda para os clubes e receberam preços 5 por cento mais elevados (de acordo com o pesquisador Jeffrey Livingston).

Embora pareça que os altos níveis de opiniões positivas signifiquem preços mais altos, existem artifícios no eBay que permitem que os vendedores comprem uma opinião positiva. Os pesquisadores acadêmicos Jennifer Brown e John Morgan encontraram um mercado inteiro para opiniões no eBay, com um valor médio de pelo menos $ 0,61 por opinião (compilado com mais de 5 mil transações no mercado de feedback) (Beal e Strauss, 2008).

Leilões no mercado de B2B são uma forma eficaz de descarregar o estoque excedente a um preço fixado pelo mercado. Por exemplo, uBid trabalhou com mais de 7 mil empresas para vender mais de $ 2 bilhões de estoque excedente.

Aluguel de software

Empresas que desenvolvem software por vezes decidem alugar em vez de vendê-los aos clientes. Os consumidores podem querer comprar o software que eles usam regularmente, como o Microsoft Office, mas se as organizações querem utilizar o software para um projeto de curto prazo ou não querem pagar a despesa de instalação e manutenção em seus servidores, alugar faz sentido. Por exemplo, o Salesforce.com oferece um sistema de software de CRM incrivelmente complexo e rico. Os clientes não querem comprar e instalar o sistema internamente e avaliam os custos implícitos (estimado pela Salesforce.com em 90 por cento acima do preço de compra do software CRM). A força de vendas aluga o software, com preço na faixa de $ 65 por mês por usuário e de $ 1.200 por ano para cinco usuários (baseado em um compromisso mínimo anual). Alugar software é análogo aos carros de leasing. No leasing, o motorista não tem de pagar pela manutenção e muitos outros custos que os compradores têm de suportar.

Resumo do capítulo

Preço é a quantidade de dinheiro cobrada por um produto ou serviço. Em âmbito mais abrangente, o preço é a soma de todos os valores (como dinheiro, tempo, energia e custo psicológico) que os compradores trocam pelos benefícios de utilizar um bem ou serviço. Preço fixo refere-se a um preço único para todos os compradores. Precificação dinâmica significa que os preços variam para clientes individuais. A tecnologia da internet promoveu a customização em massa e um retorno à precificação dinâmica — especialmente a precificação dinâmica para segmentos tão pequenos quanto um único comprador. Essa capacidade está criando enormes oportunidades para otimizar as estratégias de preços, inclusive alterando-as diariamente ou mais vezes. No entanto, a internet também está facilitando a transparência de preços, a ideia de que compradores e vendedores podem visualizar todos os preços dos seus concorrentes dos itens vendidos on-line.

Do ponto de vista do comprador, o custo de um produto comprado on-line pode ser maior do que off-line (em razão dos elementos aparentemente ocultos, como os custos de envio, o tempo e o esforço necessários para buscar e comparar preços). No entanto, os compradores também podem obter economia de custo on-line em virtude da conveniência da internet, velocidade, capacidade de autoatendimento, compra em um único lugar, integração e automação. Além disso, os compradores on-line têm mais controle por meio de estratégias, como leilões reversos, a disponibilidade de informações e produtos, e as oportunidades de negociação.

Do ponto de vista do vendedor, qualquer preço acima do custo de produção do bem ou serviço tem o potencial de retorno de lucro. A perspectiva do vendedor sobre precificação abrange fatores internos, como objetivos de preço, a estratégia do mix de marketing e a tecnologia da informação. Além da perspectiva do comprador, a estrutura e a eficiência do mercado são elementos fundamentais que afetam a precificação on-line.

Um mercado é eficiente quando os clientes têm acesso igual às informações sobre produtos, preços e distribuição. Mercados eficientes são caracterizados por preços mais baixos, elevada elasticidade de preço, mudanças frequentes e menor preço, e restrição na dispersão de preços. A web apresenta muitas características de um mercado eficiente, exceto a restrição na dispersão de preços. Como a internet pode se tornar um mercado mais eficiente no futuro, os profissionais de marketing que querem manter o controle sobre os preços devem diferenciar seus produtos em outras bases que não incluam preço, criar pacotes de produtos exclusivos de benefícios e considerar o papel da percepção de valor do cliente na determinação dos níveis de preços.

Exercícios

Questões para revisão

9.1 Como é que o preço fixo difere da precificação dinâmica?

9.2 O que é transparência dos preços, e por que é um conceito importante a ser compreendido pelos profissionais de marketing digital?

9.3 Relacione os principais fatores que pressionam a queda dos preços no canal internet.

9.4 Relacione os principais fatores que pressionam os preços para cima no canal internet.

9.5 Do ponto de vista do comprador, como é que a internet afeta os custos?

9.6 O que é um mercado eficiente? O que torna a internet um mercado eficiente, e o que indica que ela não é um mercado eficiente?

9.7 Como os profissionais de marketing digital utilizam a precificação geográfica, segmentação por valor e precificação negociada?

9.8 Por que o PayPal é uma boa ideia para os comerciantes?

9.9 Quais são as vantagens do dinheiro eletrônico para os varejistas on-line?

Questões para discussão

9.10 O acesso quase perfeito à informação de preços é um problema que as companhias aéreas têm enfrentado há anos. Como é que as companhias aéreas responderam a este problema? Empresas da internet devem adotar estratégias semelhantes?

9.11 Qual dos fatores de economia de custo on-line você acha que tem o maior efeito sobre o preço? Por quê?

9.12 Qual estratégia de precificação você usaria para introduzir um novo produto para acesso sem fio à web? Por quê?

9.13 A tecnologia da internet permite que uma empresa defina preço do mesmo produto de maneira diferente para diferentes clientes. Quais você acha que seriam as vantagens e desvantagens da Amazon ao oferecer o mesmo livro por um preço a um professor e por um preço diferente para um aluno?

9.14 Como comprador, como você acha que a transparência dos preços afeta sua capacidade de desenvolver uma estratégia de licitação adequada para novos produtos leiloados por empresas pelo eBay?

9.15 Como vendedor, como você acha que a transparência dos preços afeta sua capacidade de obter o preço mais elevado possível para produtos usados que você leiloa pelo eBay?

9.16 Você gostaria de utilizar o celular para pagar bens e serviços? Justifique.

CAPÍTULO

1 2 3 4 5 6 7 8 9 **10** 11 12 13 14

A internet para distribuição

Qualquer varejista que não esteja utilizando o canal on-line para promover as vendas off-line — assim como as vendas on-line — está perdendo uma oportunidade considerável.
— eMarketer.com

Se estou vendendo para você, falo seu idioma. Se estou comprando, dann mussen Sie Deutch sprechen (então você deve falar alemão).
— Willi Brandt, *ex-chanceler da Alemanha*

O principal objetivo deste capítulo é ajudá-lo a desenvolver o entendimento da internet como um canal de distribuição, identificar os participantes do canal on-line e analisar as funções que eles desempenham. Você vai aprender como a internet apresenta oportunidades para alterar a extensão do canal, reestruturar seus intermediários, aperfeiçoar o desempenho de suas funções, maximizar a gestão dos canais e avaliar o desempenho do canal.

Após a leitura deste capítulo, você estará apto a:

- Descrever as três funções principais de um canal de distribuição.
- Explicar como a internet está impactando a extensão do canal de distribuição.
- Discutir as tendências na gestão da cadeia de suprimentos e potencializar as relações entre os participantes do canal.
- Delinear os principais modelos utilizados pelos participantes do canal on-line.
- Ressaltar como as empresas utilizam os indicadores de desempenho do canal de distribuição.

A história da Zappos

Como a Zappos alcançou o conceito de maior loja de sapatos on-line do mundo, com patrimônio de $ 1,2 bilhão no curto prazo de dez anos? O fundador Nick Swinmurn, junto do investidor inicial e ex-presidente executivo Tony Hsieh, desenvolveu uma marca forte baseada no serviço de atendimento ao cliente e produziu um crescimento incrível das vendas desde o primeiro dia. A empresa começou do zero em 1999 e gerou mais de $ 1 bilhão em 2009. Em novembro de 2009, a Amazon.com comprou a Zappos por $ 1,2 bilhão. Mesmo a grande varejista on-line, a Amazon.com, preservou o contexto positivo — a Zappos continua com a mesma equipe de gestão e opera como uma subsidiária com sede em Henderson, NV.

A ideia do fundador Nick foi inicialmente recusada pela maioria dos investidores em 1999, porque eles duvidavam que alguém compraria sapatos on-line, sem a oportunidade de experimentá-los primeiro. No entanto, Nick sabia que $ 2 bilhões dos $ 40 bilhões do mercado de sapatos eram gerados por vendas por catálogo; portanto, eles deveriam também vender no ambiente on-line. E ele mostrou que estava certo sobrevivendo à crise das empresas ponto.com e aos concorrentes que entraram imitando sua estratégia. O principal fator de sucesso nesta história surpreendente de comércio eletrônico foi o foco na cultura de serviço de atendimento ao cliente da empresa. A Zappos quer que todo cliente diga: 'Esse foi o melhor serviço de atendimento ao cliente que eu já tive', e a empresa ainda publica um livro 'Cultura Zappos', no qual os funcionários escrevem sobre o que essa cultura significa para eles. As políticas de atendimento ao cliente incluem transporte gratuito em ambos os sentidos, uma política de retorno de 365 dias, e um call center que fica aberto 24 horas por dia/sete dias por semana. Nos primeiros nove anos, a Zappos ofereceu uma política de proteção de preço de 110 por cento. Outros fatores de sucesso foram:

- **Marketing expressivo nos mecanismo de busca.** As pessoas procuram sapatos pela marca, de modo que a Zappos não precisou desenvolver o nome da empresa; a empresa simplesmente otimiza o website para pesquisas das marcas Rockport ou Vans e capitaliza a força da marca de seus sapatos. O marketing de busca era desconhecido em 1999; sendo assim, esse contexto representou uma visão futurística.
- **Boca a boca.** Uma estimativa de 20 por cento de novos clientes são referências dos clientes atuais, que servem como advogados da marca.
- **Competitividade inteligente.** Quando a gerência percebeu que os concorrentes on-line e os vendedores por catálogo levavam uma média de seis dias para entregar os sapatos para os clientes, a Zappos surpreendeu seus clientes fidelizados com entrega no dia seguinte ou em dois dias. O cliente recebia um e-mail dizendo que a encomenda seria recebida no dia seguinte, pois ele é muito especial.
- **Repetição de compras.** Essa orientação significativa de atendimento ao cliente resultou em 60 por cento de lealdade dos clientes em 2005, segundo o presidente executivo da Zappos.

Um serviço significativo de atendimento ao cliente começa com excelentes funcionários. A Zappos exige um treinamento de atendimento ao cliente de duas semanas para cada novo funcionário, independentemente do nível. Isso inclui duas semanas de trabalho no call center e conversa com os clientes. No final de duas semanas, os funcionários recebem uma oferta de $ 2 mil para 'desistir agora'. Os 97 por cento que permanecem fazem isso porque eles se encaixam na cultura de 'êxito' do atendimento ao cliente, e não pelo dinheiro.

Tudo isso nos faz lembrar o provérbio do marketing: menos promessas e mais resultados. A Zappos demonstra continuamente sua preocupação com os clientes, e essa atitude se traduz em vendas superiores. É inspirador saber que esse valor, quando conjugado à felicidade dos funcionários, se traduz em sucesso empresarial. A empresa expandiu para vestuário e bolsas, e continua a crescer e a encantar seus clientes. Você pode ler tudo sobre a fórmula de sucesso do varejo on-line no novo livro de Tony: *Satisfação garantida: no caminho do lucro e da paixão.*

10.1 Canal de distribuição: visão geral

Os profissionais de marketing estão preocupados com a distribuição, pois ela envolve decisões sobre ponto de venda e se o cliente recebe ou não um produto ou serviço de forma satisfatória. Um **canal de distribuição** é um grupo de empresas interdependentes que trabalham em conjunto para transferir produtos e informações do fornecedor para o cliente. Ele é composto pelos seguintes participantes:

- **Produtores:** fabricantes e seus fornecedores, ou originadores do produto ou serviço.
- **Intermediários:** empresas que integram os compradores e os vendedores e mediam as transações entre eles (por exemplo, varejistas).
- **Compradores:** clientes ou usuários do produto ou serviço.

A experiência do cliente em obter acesso ao produto frequentemente impacta sua satisfação com relação ao produto, a imagem de marca e a fidelidade à marca.

A Dell mantém controle absoluto da satisfação de seu canal de distribuição, pois a maioria dos clientes compra diretamente do fabricante.

A estrutura do canal de distribuição pode promover ou impedir possíveis oportunidades para o marketing na internet. Quando a transação é automatizada, o cliente pode economizar dinheiro. Por outro lado, se um cliente que compra on-line deve desempenhar pessoalmente a função de pesquisa, que normalmente é realizada por varejistas — se você já pesquisou o voo com custo mais baixo em agências de viagem on-line, vai perceber o tempo adicional gasto *versus* simplesmente solicitar a um agente físico. Quatro elementos principais são associados para formar a estrutura do canal de uma empresa, e todos os elementos afetam a estratégia de marketing da internet, conforme mostrado nas seções a seguir:

1. Tipos de intermediários no canal on-line.
2. Extensão do canal on-line.
3. Funções desempenhadas pelos participantes do canal.
4. Sistemas físicos e informacionais que ligam os participantes do canal e promovem coordenação e gestão do esforço coletivo para entregar o produto ou serviço.

10.2 Intermediários do canal on-line

Uma boa maneira de compreender os intermediários on-line é entender seus modelos de negócios. Muitos modelos de e-business possuem nomes novos, no entanto, quantos deles são realmente inéditos? Olhando de forma mais criteriosa, a maioria dos modelos de e-business é composta por variações dos conceitos de marketing já existentes, mas a tecnologia os torna mais eficazes ou eficientes. Para alguns produtos digitais, como software ou música, todo o canal de distribuição pode ser baseado na internet. Quando um cliente compra um software on-line, o fornecedor geralmente envia o software pela internet ao computador do comprador. Entretanto, na maioria dos casos, apenas algumas empresas do canal estão total ou parcialmente habilitadas na web. Por exemplo, produtos não digitais, como flores e vinho, podem ser comprados on-line, mas devem ser entregues por caminhão. No entanto, a localização exata da expedição pode ser monitorada utilizando uma interface na web (a função informacional de distribuição). A Figura 10.1 mostra o esquema de classificação geral para a discussão que segue.

Os intermediários do canal incluem atacadistas, varejistas, corretores e agentes.

- **Atacadistas** compram produtos do fabricante para revendê-los aos varejistas.
- Tanto os **varejistas** físicos quanto os **varejistas** on-line compram produtos de fabricantes ou atacadistas para vendê-los aos clientes.
- Os **corretores** facilitam as transações entre compradores e vendedores sem representar alguma das partes. Eles são criadores de mercado, e normalmente não são proprietários de nenhum produto ou serviço.
- Os **agentes** geralmente representam o comprador ou vendedor, dependendo de quem contrata e paga. Eles facilitam as transações entre os compradores e os vendedores, mas também não têm a propriedade. Os **agentes do fabricante** representam o vendedor, enquanto os **agentes de compra** representam o comprador.

Patrocínio de conteúdo

Nesse modelo, as empresas criam websites, atraem uma grande quantidade de tráfego e vendem publicidade. Algumas empresas utilizam uma estratégia de nicho e atraem um público com interesses específicos (por exemplo, iVillage.com para mulheres) e outras atraem um público geral (por exemplo, CNN.com). Empresas que utilizam o modelo de patrocínio de conteúdo incluem todos os portais principais: Google, Yahoo!, MSN e assim por diante. Muitas revistas e jornais on-line também utilizam esse modelo; na verdade, muito do conteúdo na internet é mantido por anúncios. A Rádio Pandora oferece rádio streaming e sem comerciais, com base nas preferências do usuário. Os ouvintes digitam uma música ou artista que gostam, e a Pandora cria uma estação individual de rádio baseado nestas músicas. A Pandora rentabiliza seu modelo de e-business, apresentando anúncios na sua webpage que fica aberta enquanto os usuários ouvem a música (Figura 10.2). A Pandora limita a escuta gratuita de música e anúncios em até quarenta horas por mês e agora estão cobrando uma taxa de assinatura por conteúdo superior a quarenta horas.

Muitos websites querem vender espaço publicitário, mas é difícil conseguir tráfego suficiente para competir com os portais e websites de notícias. Consulte a Figu-

Figura 10.1 Modelos de e-business.

1. Patrocínio de conteúdo
2. Infomediário
3. Intermediários

Corretor:	Troca on-line
	Leilão on-line
Agente:	Modelos de agente representando o vendedor
	Agente de venda (programa de afiliados)
	Agente do fabricante (agregador de catálogo)
	Modelos de agente representando o comprador (agente de compras) Agente de compras
	Leilão reverso
	Cooperativa de compradores
Varejista on-line	Produtos digitais
(comércio eletrônico):	Produtos tangíveis
	Distribuição direta

Figura 10.2 A Rádio Pandora é conteúdo patrocinado.

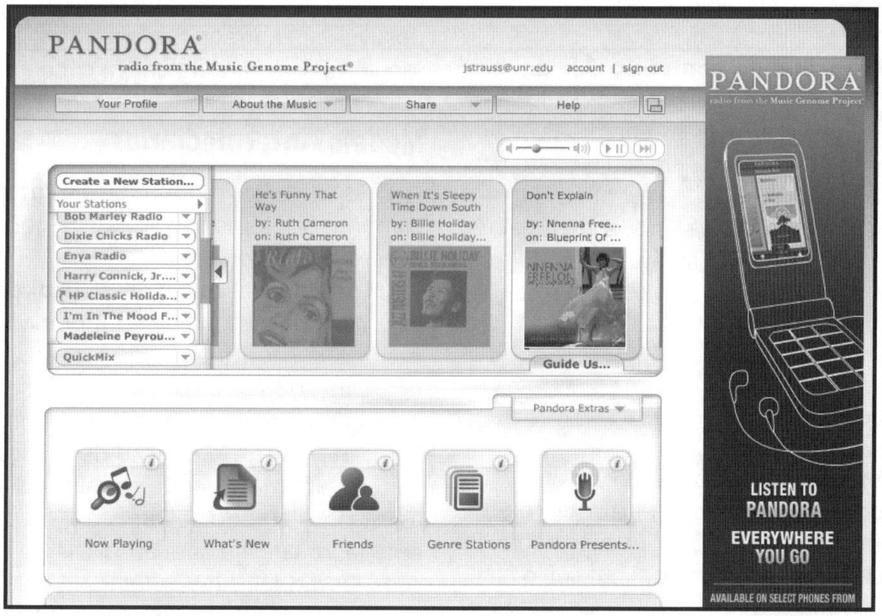

Nota: um anúncio geralmente aparece no lado direito da tela.
Fonte: <http://www.pandora.com>.

Figura 10.3 Patrocinadores de conteúdo: websites que geram a maioria das impressões.

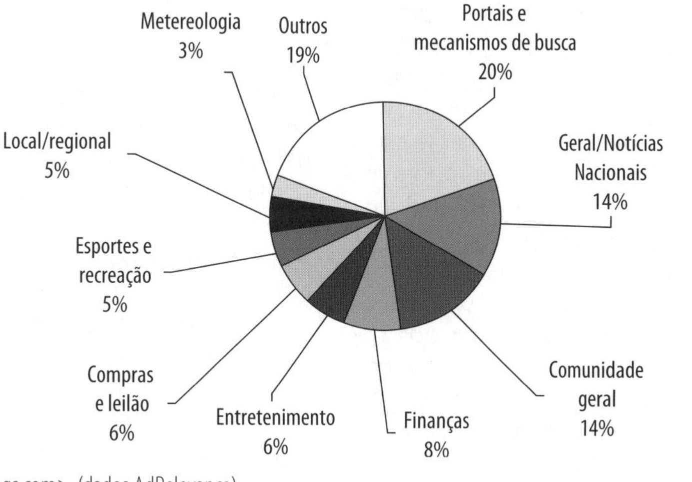

Fonte: <http://www.Nielsen//NetRatings.com> (dados AdRelevance).

ra 10.3 para acessar os gêneros de website que geram a maioria das impressões publicitárias dos anunciantes (impressões são o número de vezes que um anúncio pode ser visualizado). O Google é o rei do patrocínio de conteúdo, distribuindo anúncios on-line para uma estimativa de 2,2 bilhões de usuários e obtendo uma parcela de receita de 69 por cento (incluindo a rede DoubleClick), de acordo com o *Search Engine Journal.*

Incluímos esse modelo no capítulo de comércio eletrônico, pois o patrocínio de conteúdo gera receitas no mercado organizacional (B2B). Obviamente, o produto é o espaço do anúncio em um website, e o preço desse produto geralmente aumenta com o tamanho da audiência. Esse modelo tem suas raízes na mídia tradicional, onde a televisão, revistas e outros meios de comunicação vendem seus espaços comerciais. No Capítulo 13, discutimos o outro lado: empresas que compram espaço publicitário como uma forma de se comunicar com todos os seus públicos-alvo.

A Craigslist utiliza o modelo de patrocínio de conteúdo, em 2010 forneceu listas gratuitas com 50 milhões de anúncios por mês que atraíam 20 bilhões de visualizações da página por mês. Eles são patrocinados pelas empresas imobiliárias que querem vender apartamentos e por empresas de emprego.

O modelo de **patrocínio de conteúdo** é frequentemente utilizado em combinação com outros modelos para gerar múltiplos fluxos de receitas. Por exemplo, a Buy.com, uma varejista on-line, vende anúncios em seu website para gerar receitas adicionais que, por sua vez, possibilitam a redução de preços. Da mesma forma, enquanto a maioria dos jornais on-line oferece sua edição atual gratuita, eles normalmente cobram um pequeno valor para acessar determinada reportagem ou fazer download de um arquivo específico.

Infomediário

Um **infomediário** é uma organização on-line integradora e distribuidora de informações. Um exemplo de infomediário é uma empresa de pesquisa de mercado. Normalmente, o infomediário recompensa o cliente pelo compartilhamento das informações. Por exemplo, um membro do painel da comScore Media Metrix é pago; no entanto, alguns intermediários selecionam as informações secretamente e sem remuneração (por exemplo, o DoubleClick do Google utiliza cookies para monitorar os usuários enquanto eles navegam na web).

Outro tipo de infomediário é uma variação do modelo de patrocínio de conteúdo. Utilizando o marketing de permissão, a empresa paga o cliente para comprar espaço em seu computador ou na tela do telefone celular. O pagamento pode ser em dinheiro, um vale para compras, ou um serviço gratuito de internet. Nesse caso, os clientes realmente estão vendendo espaço em sua tela; entretanto, o mais importante é que eles estão vendendo a sua atenção — a comodidade on-line mais escassa. Portanto, o infomediário gera receitas, revendendo o espaço na tela para os anunciantes. Para receber o pagamento, o cliente deve, por vezes, compartilhar informações demográficas ou psicográficas com o profissional de marketing (embora as identidades individuais normalmente não sejam divulgadas aos anunciantes). O cliente também deve instalar o software em seu computador que fornece ao infomediário uma janela permanente para veicular os anúncios. Dessa forma, o cliente observa dois conjuntos de anúncios — os anúncios no website e os anúncios na janela do infomediário. A Eudora, o programa de software de e-mail, utiliza esse modelo, pois oferece versões gratuitas patrocinadas por anúncios, e cobra uma taxa para versões que não possuem anúncios.

Além disso, o cliente se beneficia ao receber anúncios focados em seus interesses específicos. Na verdade, a ideia original implícita no modelo de infomediário foi propiciar aos clientes mais controle sobre como eles recebem as mensagens de marketing. O benefício para o infomediário é que as informações do cliente aumentam o valor de seus anúncios. O benefício aos anunciantes é que eles podem comercializar para um público altamente focado que optou expressamente pelo sistema. O marketing de permissão proporciona ao anunciante algo jamais considerado possível — anunciar suas marcas e produtos enquanto o cliente está no website de um concorrente!

Modelos intermediários

Três modelos importantes de **intermediários** de uso comum na internet: modelos de corretores, modelos de agente e varejo on-line.

Modelos de corretores (brokers). O corretor cria um mercado no qual os compradores e os vendedores negociam e concluem suas transações. Os corretores geralmente cobram uma taxa de transação ao vendedor e/ou comprador, mas eles não representam qualquer uma das partes para a prestação de serviços de troca e negociação. Algumas corretoras também cobram taxas para as listas. Os corretores fornecem muitos serviços de valor agregado para ajudar a atrair clientes e facilitar as transações. Os modelos de corretagem realizam trocas no website em mercados organizacionais B2B, mercados de consumidores (B2C) e mercado de indivíduos (C2C). O melhor exemplo no mundo off-line é um corretor da Bolsa que reúne compradores e vendedores na Bovespa ou outras bolsas. Os modelos de corretagem on-line mais populares são trocas e leilões.

Os principais benefícios para o comprador são a conveniência, a rapidez na execução do pedido e no processamento da transação. A redução de custos para o comprador surge na forma de preços mais baixos, redução do tempo de busca e economia de energia e menor frustração para encontrar o vendedor apropriado. O principal benefício para o vendedor é a criação de um grupo de compradores interessados. Para o vendedor, a redução de custos se dá no processo de aquisição de novos clientes e relativos aos custos da transação.

Troca on-line. Empresas como a E*Trade, Ameritrade, Schwab e uma série de outras corretoras on-line permitem que os clientes comprem ou vendam por meio de seus computadores sem a necessidade de telefonar ou visitar um corretor. Essas corretoras repassam a redução de custos obtidos para os seus clientes baixando as taxas de transação. Elas também fornecem os benefícios de uma comercialização rápida, fornecendo fontes de referência e viabilizando a utilização de seus programas. Alguns serviços mais recentes proporcionam comercializações diárias que ignoram totalmente a web e conectam diretamente os operadores do mercado.

A Autobytel e outras corretoras on-line permitem que os clientes recebam propostas de concessionárias qualificadas sobre veículos disponíveis em sua área sem telefonar ou visitar a concessionária com antecedência. As concessionárias oferecem sua cotação de preço para o veículo selecionado. Dessa forma, o cliente evita a tarefa potencialmente desagradável de negociar preço com o vendedor da concessionária.

O mercado B2B gerou uma série de corretoras de sucesso. A Converge é a líder no mercado global de negociação de componentes eletrônicos (<http://www.converge.com>), integrando a oferta e a demanda de milhares de componentes, equipamentos originais e fabricantes de componentes, distribuidores e revendedores. O modelo é similar a uma bolsa de valores. Os clientes contatam um negociante da Converge com seu pedido (por exemplo, um pedido de 100 mil transistores). O negociante localiza um fornecedor, conclui a compra e embolsa a diferença entre o preço de compra e da venda. A receita adicional provém de outras taxas fixas. A troca é anônima: os fornecedores enviam para o departamento de controle de qualidade da Converge, onde os produtos são inspecionados e, em seguida, encaminhados para o comprador. A Converge garante a qualidade dos produtos e adota uma política de retorno sem questionamento. Os serviços on-line da Converge incluem a compra e venda de portfólios pessoais, comunicação com os negociantes por chat e múltiplos métodos para emissão de pedidos, incluindo o upload de uma lista de itens ou a busca individual de itens.

A Guru.com é um website para a troca de talentos na área empresarial. Os empregadores podem encontrar profissionais nesse grande mercado global, com mais de 1 milhão de cadastros no banco de dados e 8 mil projetos postados mensalmente. Os funcionários da Guru.com podem localizar consultores em 220 distintas categorias de profissionais, incluindo designer de websites, programadores, design gráficos, consultores de negócios e para suporte administrativo. Quando uma associação é realizada, a Guru.com recolhe uma taxa, assim como ocorre com as corretoras da bolsa.

Leilão on-line. Os leilões on-line estão desafiando o modelo de preço fixo, o que tem sido a norma nos últimos cem anos. Os leilões estão disponíveis nos mercados B2B (uBid.com), B2C (priceline.com) e C2C (eBay.com). Embora alguns negociantes optem por hospedar os próprios leilões, os leilões ocorrem em muitos outros websites como o uBid. Quando os negociantes leiloam itens em seus websites, eles se tornam vendedores diretos que utilizam a precificação dinâmica. Quando os leilões são efetuados por outros leiloeiros, temos um modelo de corretores.

Os vendedores se beneficiam obtendo o preço de mercado para bens e se desfazendo de seus estoques excedentes. Os compradores obtêm vantagens com uma boa negociação e, em muitos casos, apreciam a prática do leilão. A desvantagem é que o comprador pode perder muito tempo monitorando o leilão e, por vezes, paga em excesso ('a maldição do vencedor', discutida nos capítulos anteriores). Embora os compradores possam utilizar os serviços de licitação por procuração, os estudos mostram que muitos indivíduos visitam repetidamente os websites de leilão para verificar os lances dados.

Algumas casas de leilão oferecem ampla gama de produtos. O uBid hospeda um leilão B2C para produtos que variam desde computadores até viagens. Outras casas de leilão são especializadas em nichos de mercado. A gigante do setor eBay hospeda leilões C2C em milhares de categorias de produtos. A eBay implementou uma série de serviços inovadores para beneficiar o cliente e facilitar o processo de leilão, inclusive dando a garantia do produto, pagamento eletrônico pela empresa PayPal e serviços de avaliação.

Modelos de agente. Ao contrário dos corretores, os agentes representam o comprador ou o vendedor, dependendo de quem paga seus honorários. Em alguns casos, eles são legalmente obrigados a representar os interesses da parte que os contrata. No mundo físico, os corretores imobiliários que são contratados para vender uma propriedade representam os interesses do vendedor.

Modelos de agente representando os vendedores. Agentes de venda, agentes do fabricante, metamediários e **shoppings virtuais** são todos agentes que representam o vendedor.

Agentes de venda representam uma única organização, ajudando-a a vender seus produtos; esses agentes normalmente trabalham por uma comissão. Por exemplo, os **programas de afiliação** pagam comissões aos proprietários do website pelo encaminhamento de clientes. Normalmente, o encaminhamento deve resultar em uma venda, a fim de se qualificar à comissão. Por exemplo, o KarstadtQuelle AG, uma grande holding europeia de lojas de departamento, paga uma comissão de 2 € aos mais de 4 mil agentes afiliados para o encaminhamento de cada cliente novo. Algumas filiais exigem uma partilha do valor total de vendas do cliente no tempo, em vez de apenas uma parte da primeira venda.

A Amazon.com foi a pioneira de um dos primeiros programas de afiliação em 1996, chamado Amazon Associates. Todo website exibindo o logo da Amazon é um agente de venda associado. A Amazon possui centenas de milhares de associados — cada qual com um ponto de venda dos produtos da Amazon:

> *Quer seja um blogueiro pessoal, website de avaliação, fabricante de produto, portal web ou mecanismo de busca de comparação de preço, o Programa de Associados pode ser dimensionado para atender às suas necessidades. Talvez você possua um website pequeno e queira ganhar algum dinheiro para cobrir seus custos de hospedagem, ou representar uma grande corporação com uma variedade de websites que você gostaria de rentabilizar. Seja qual for o seu tamanho, o Programa de Associados possui as ferramentas que você precisa para ter sucesso.*

Os agentes de fabricantes representam mais de um vendedor. No marketing tradicional, eles geralmente representam apenas as empresas que vendem produtos complementares para evitar conflitos de interesse, embora no mundo virtual muitas vezes eles criam websites para ajudar uma indústria inteira a vender seus produtos. No e-marketing, os agentes do fabricante são muitas vezes chamados agregadores de vendedores, pois representam muitos vendedores em um website.

Quase todos os websites de reservas de viagem são qualificados como agentes do fabricante, pois suas comissões são pagas pelas companhias aéreas e hotéis que eles representam. A Expedia, Travelocity, Orbitz e muitos outros websites de agente de viagens possibilitam que os clientes façam sua reservas de viagens on-line. Em alguns casos, o viajante pode obter um melhor negócio on-line, mas muitas vezes o maior benefício é simplesmente o da conveniência.

No mercado B2B, os agentes do fabricante às vezes são chamados *agregadores de catálogos*. Cada um dos vendedores que essas empresas representam geralmente possui amplo catálogo de ofertas de produtos. Imagine um gerente de compras em uma sala pequena, rodeada por centenas de catálogos de possíveis fornecedores, o que sugere a origem do termo. O desafio para o agregador é reunir as informações de todos esses catálogos em um banco de dados para a apresentação no website. Normalmente, o agregador de catálogo oferece um software que interage perfeitamente com os sistemas internos de banco de dados dos fornecedores. A tarefa torna-se significativamente mais fácil quando os fornecedores utilizam o software-padrão da indústria, como Arriba, CommerceOne, Concur, ou Alliance para gerenciar seus catálogos. Além disso, os catálogos devem ser constantemente mantidos como a disponibilidade do produto e as alterações nos preços.

Os agentes mais avançados do fabricante patrocinam a customização e a integração com os sistemas de gestão empresarial (ERP) do comprador. Os catálogos personalizados exibem ofertas e preços de produtos previamente negociados. Alguns inclusive monitoram os limites de aprovação de gastos para cada tipo de funcionário. Os serviços adicionais incluem recomendação de substituições, notificando os compradores sobre prazos de produção, processamento e acompanhamento de pedidos.

Com esse modelo, o comprador obtém benefícios substanciais, incluindo ciclos mais curtos de pedido, estoques reduzidos e maior controle. Os custos de processamento de pedidos são reduzidos por meio de transações sem papel, solicitação automatizada de proposta (RFP) e solicitação de cotação (RFQ) e integração com sistemas ERP.

O College Source (<http://www.collegesource.org>) é um agregador de catálogo para o mercado universitário onde os alunos podem pesquisar 52.859 catálogos em um website. Outro agregador é o Catalogs.com.

Existem dois outros intermediários que agem como agentes, mas são mais difíceis de categorizar. Um representa um grupo de fabricantes, varejistas on-line e provedores de conteúdo organizados em torno de um evento ou uma aquisição importante de ativos. Eles resolvem quatro problemas importantes relacionados ao cliente — redução do tempo de pesquisa, oferecendo garantia de qualidade para os fornecedores, facilitando as transações para um grupo de compras relacionado, e fornecendo informações de conteúdo relevante e imparcial sobre a compra. Essas empresas on-line recebem comissões por referências ou transações concluídas. A Edmunds.com é um bom exemplo no mercado de compra de veículos, fornecendo informações sobre automóveis novos e usados e orientando sobre negociações com as concessionárias. A Edmunds.com também lista clientes interessados em serviço de compra de veículo, informações sobre financiamento, reposição de peças e alternativas de seguros. O Knot representa o mercado de noivas, oferecendo informações sobre planejamento, moda, beleza, serviços para noivos, madrinhas e mães e assim por diante. O Knot também possui ferramentas como criador de vestido de noiva, checklist e lista de convidados. Além disso, *TheKnot.com* fornece conteúdo patrocinado, como o guia para convites em OurBeginning.com ou o guia para chás de cozinha em GiftCertificates.com.

O outro intermediário hospeda vários comerciantes on-line em um modelo similar a um shopping center. Os comerciantes hospedados ganham exposição com o tráfego que chega ao shopping virtual. O shopping lucra por meio de uma variedade de taxas: taxas de participação, taxas de transação e custos de entrada. Os shoppings físicos são formados por um conjunto de lojas de marcas reconhecidas em um único local, são facilmente acessíveis em avenidas importantes, e possuem amplo estacionamento; nenhum desses benefícios se aplica no ambiente on-line. No entanto, os shoppings virtuais podem fornecer seis benefícios para o cliente. O primeiro é a marca — os clientes podem estar mais confortáveis comprando em uma loja listada nas páginas do Yahoo! Shopping em vez de comprar em outro lugar. A segunda vantagem é a disponibilidade de usar o dinheiro eletrônico, permitindo que os clientes registrem suas informações de frete e faturamento apenas uma vez e recuperem essas informações ao comprar em qualquer loja participante, simplificando, portanto, o processo de pedido. O terceiro benefício é a disponibilidade de programas de fidelidade que recompensam os clientes pelas compras dentro do shopping. O quarto é o voucher para presentes, que são aceitos em várias lojas. O quinto benefício é a facilidade de busca para localizar produtos em lojas do shopping. O sexto é um serviço de recomendação, como sugestões para presentes do Dia das Mães.

O Yahoo! Shopping abriga uma série de grandes negociantes, incluindo Best Buy e Target, bem como uma série de outros varejistas famosos. O shopping oferece dinheiro eletrônico que pode ser utilizado para fazer compras em muitas das lojas listadas; da mesma forma, possui um programa de fidelidade, um registro de presentes, recomendações sobre produtos e um mecanismo de busca. A Amazon.com pode ser considerada um shopping virtual, visto que ela oferece uma imensa variedade de produtos e inclusive produtos de outros varejistas.

Modelos de agente que representam os compradores. Os agentes de compra representam os compradores. No marketing tradicional, eles muitas vezes desenvolvem relacionamentos de longo prazo com uma ou mais empresas; no entanto, na internet eles representam qualquer número de compradores, anonimamente em muitos casos. Os agentes de compras e leilões reversos ajudam os compradores individuais a obter os preços que eles querem, enquanto as cooperativas de compradores reúnem volumes maiores de itens e, portanto, conseguem preços mais baixos.

Conforme discutido no Capítulo 9, a princípio, quando os agentes de compra foram desenvolvidos, muitos temiam que eles provocariam uma redução de preços na internet a margens impossíveis. Esse cenário não aconteceu porque o preço não é o único fator que os clientes consideram ao realizar uma compra. Agentes de compra mais recentes, de uma segunda geração, podem agora medir o valor e não apenas o preço. A PriceScan e a Shopper CNET são duas empresas que oferecem este serviço (Figura 10.4).

Os clientes que desejam uma avaliação quantitativa de desempenho de um comerciante podem comprar pelo Shopzilla BizRate.com. A BizRate classifica quase 100 mil comerciantes com base em 25 mil pesquisas diárias de satisfação dos clientes realizadas após a compra em cada website. A BizRate classifica os comerciantes on-line com base nas opiniões dadas pelos clientes. Ela posta um boletim das experiências passadas do cliente com o comerciante (gerado a partir de pesquisas com clientes) e mostra as políticas comerciais adotadas. A BizRate também oferece um programa de descontos para os clientes que comprarem nas lojas participantes.

Um **leilão reverso** ocorre em um website que atua como agente de compras para os compradores individuais. Em um leilão reverso, o comprador especifica um preço e os vendedores fazem suas ofertas ao consumidor ou as empresas. O comprador se compromete a adquirir a determinado preço, e o vendedor tenta chegar ao preço definido ou ofertar o mais perto do preço colocado. O Priceline foi o primeiro participante importante nos leilões reversos.

O benefício para o vendedor está em reduzir o excesso de estoque, sem desorganizar indevidamente os canais existentes — um benefício valioso para os vendedores com estoques perecíveis, como assentos de avião ou quartos de hotel. O benefício para o comprador vem na forma de preços mais baixos e a satisfação de ser capaz de definir o seu preço. No entanto, os compradores possuem menos opções de marca, de fornecedores e funcionalidades do produto. O recurso em oferecer poucos produtos e produtos específicos tenta evitar conflitos com os atuais parceiros de distribuição.

A **cooperativa de compradores** (também conhecida como um agregador do comprador) reúne muitos compradores para reduzir o preço de itens selecionados. Portanto, o comprador individual recebe o benefício do desconto de preços via o volume de compras atingido. Quanto mais compradores são reunidos, mais o preço é reduzido. Quanto mais compradores aderem ao grupo, maior a redução no preço, geralmente em função gradual. Por exemplo, um a cinco compradores pagam $ 69 cada; seis a dez compradores pagam $ 58 cada e assim por diante. A função gradual encoraja os compradores a recrutar seus amigos para aju-

Figura 10.4 O agente de compras ajuda os usuários a encontrar produtos eletrônicos.

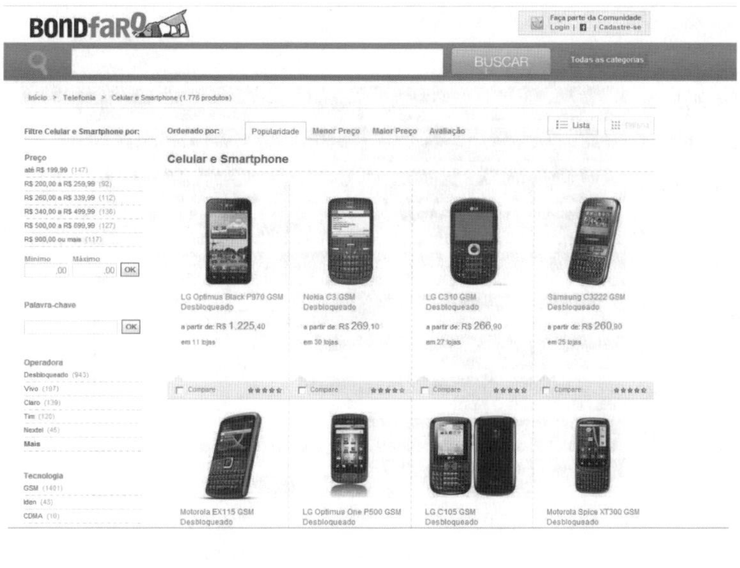

Fonte: <http://www.bondfaro.com.br/celular-e-smartphone.html>.

dar na redução de preço para a próxima etapa. Os compradores podem fazer suas ofertas relativas aos produtos atingindo um preço especificado.

A MobShop, Mercata e outras cooperativas promissoras de compradores fecharam, pois não foram capazes de construir modelos de negócios on-line rentáveis. As cooperativas on-line remanescentes representam cooperativas físicas mais tradicionais, como a Solar e a Cooperativa de Energia Renovável (<http://www.soarenergy.org>) e Rendezvous Wasatch para pequenas empresas. No entanto, acreditamos que a internet é capaz de apoiar esse modelo, conforme evidenciado pelo surgimento constante de novas cooperativas. O mais recente é uma cooperativa de compras de produtos escolares que é composta por mais de 57 mil famílias (<http://www.homeschoolbuyersco-op.org>).

Varejo on-line. O varejo on-line é um dos modelos mais visíveis do e-business. Uma parte significativa do comércio eletrônico, os negociantes criam suas lojas on-line e vendem para empresas e consumidores (veja a história da Zappos). O que vende bem on-line? Mais de 80 por cento dos consumidores conectados compraram filmes, músicas, jogos, computadores, material de escritório ou livros (Figura 10.5). Interessante notar que 13 por cento compraram itens a partir de seus telefones celulares, 19 por cento compararam preços e 28 por cento baixaram aplicativos móveis. Os itens mais vendidos nos Estados Unidos em 2009 foram hardware/software/periféricos ($ 27,2 bilhões); vestuário/acessórios/calçados ($ 27,0 bilhões) e aplicativos/itens domésticos ($ 19,2 bilhões) segundo o Adobe´s Scene7.com.

Os produtos digitais podem ser entregues diretamente pela internet, enquanto as mercadorias físicas são enviadas por um provedor de **logística**, como UPS, USPS (EUA Postal Service), ou Fedex. Empresas que vendem produtos físicos on-line podem ser desde empresas totalmente internet, físicas ou apenas uma fraude; entretanto, a maioria dos varejistas físicos com tamanho razoável tem vindo a oferecer, pelo menos, alguns produtos on-line.

Mesmo com um excelente brand equity no mundo físico, isso pode não ser suficiente para garantir o sucesso no ambiente on-line. Na maior parte das vezes, as empresas que já nasceram totalmente na internet não têm os vícios, a cultura organizacional dos negócios já existentes e podem inovar mais rapidamente em resposta às necessidades dos consumidores. Agora algumas empresas puramente internet estão estabelecendo operações físicas para ressaltar a sua marca por meio da exposição adicional e um de canal adicional para que os clientes experimentem seus produtos. A E*Trade é um dos exemplos mais proeminentes, ampliando sua presença física nos últimos anos.

Marketing multicanal é o uso de mais de um canal de vendas, como web, celular, loja física e catálogo. A maioria das grandes varejistas tradicionais está se tornando multicanal, pois elas também vendem produtos on-line. A maioria dos varejistas de catálogo também utiliza o marketing multicanal. De acordo com Don Peppers do Grupo Peppers e Rogers, os compradores de canal cruzado gastam 30 a 50 por cento a mais do que aqueles que compram apenas em um canal, tornando o marketing multicanal uma importante estratégia de varejo. Peppers observa: 'Como os varejistas podem monitorar as interações do cliente em múltiplos pontos de contato — a loja, o website, o centro de atendimento, ou por meio de dispositivos móveis — elas têm uma capacidade única de proporcionar uma experiência personalizada que vai aumentar a lealdade e, consequentemente, os resultados'. Entre os varejistas de catálogo, 44 por cento das suas vendas totais foram previstas acontecer no canal on-line em 2006, e 78 por cento afirmaram que o retorno sobre o investimento (ROI) é melhor quando ambos

Figura 10.5 O que os clientes dos EUA compram on-line?

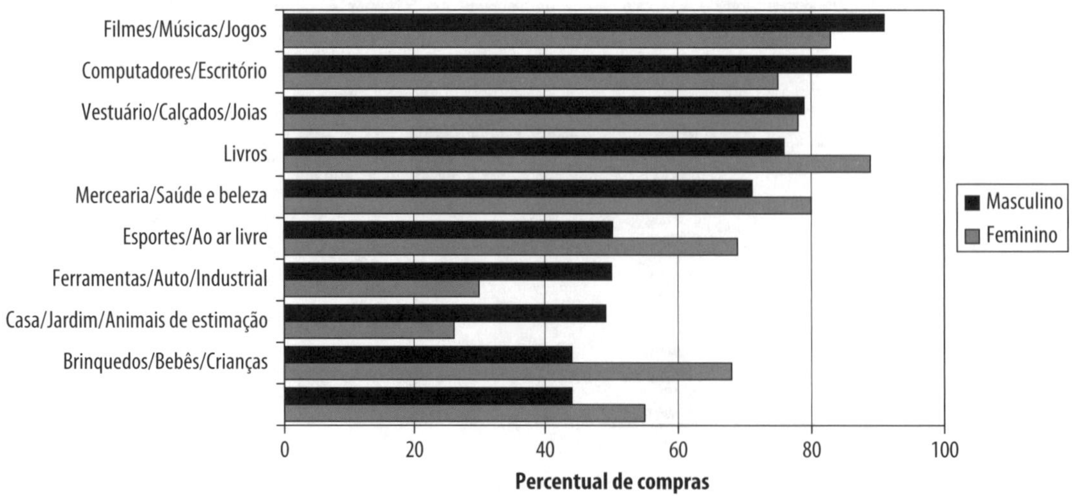

Fonte: Dados do Adobe Scene 7 Viewer Study disponíveis em: <http://scene7.com>.

os canais são usados — possivelmente em parte porque eles podem alcançar diferentes clientes por meio de cada canal. Decisões importantes envolvem seleções de produtos e precificação adequada em cada canal.

Uma vantagem do varejo on-line é que as empresas podem vender uma variedade mais ampla e profunda de produtos em quantidades menores do que nas lojas off-line, pois elas não estão vinculadas pelas restrições de espaço físico, não necessitando ter depósitos localizados em áreas caras. Em vez disso, as empresas podem utilizar armazéns em lugares mais baratos e fazer a expedição a partir deste local. A teoria chamada de 'A Cauda Longa', de Chris Anderson, editor da revista *Wired*, se refere à razão pela qual é possível aumentar a receita com a venda de pequenas quantidades de um grande número de produtos on-line. Por exemplo, em 2004, a Netflix.com tinha 25 mil DVDs no estoque, em relação aos 3 mil em uma típica loja física da Blockbuster, e a diferença continuou a aumentar (a Netflix atualmente envia 2 milhões de DVDs por dia). A Netflix está apta a vender uma grande variedade de DVDs difíceis de encontrar em pequenas quantidades, e os produtos que não estão disponíveis em locadoras off-line compreendem 20 por cento do total de vendas da Netflix.

Alguns dos problemas que os consumidores têm com relação às compras on-line ainda precisam ser abordados pelas empresas de comércio eletrônico. Para comprar on-line, o consumidor precisa de uma conta bancária, cartão de crédito e acesso ao computador; portanto, esses requisitos eliminam alguns consumidores, especialmente nos países menos desenvolvidos. No entanto, 75 por cento dos 76 por cento que utilizam a internet nos Estados Unidos compraram um produto on-line e, 81 por cento fizeram pelo menos uma pesquisa para uma compra off-line.

Um dos maiores problemas para os varejistas on-line é o abandono do carrinho de compras na metade do processo. Um estudo da PayPal em 2009 mostra que 45 por cento dos compradores on-line abandonaram os carrinhos de compras várias vezes nas últimas três semanas. Isso não é bom. Em um artigo, 'Infortúnios do abandono do carrinho de compras', a pesquisa de Bryan Eisenberg mostra as razões dessa atitude e os dilemas potenciais em 2009 (disponível em <http://clickz.com>):

- Alto custo de envio (46 por cento): tente frete grátis ou preços personalizados baseados na localização.
- Querem comparar outras lojas (37 por cento): salve o carrinho por trinta dias para que os clientes possam voltar a ele.
- Falta de dinheiro (36 por cento): tente uma oferta irrecusável.
- Impossibilidade de encontrar uma opção de pagamento preferida (24 por cento): ofereça opções como cartão de crédito, cheque ou ordem de pagamento, por meio de múltiplos canais de pagamento (servidor seguro, fax, correio, telefone ou terceiros/PayPal).
- Item indisponível no checkout (23 por cento): mostre itens fora de estoque na página exibindo o item, ou isso vai destruir a confiança da marca da empresa.
- Não foi possível encontrar o suporte ao cliente (22 por cento): corrija a situação promovendo mais visibilidade e garantias nos pontos de ação.
- Preocupações com a segurança (21 por cento): estabeleça mais confiança na marca e no website.

Todos os produtos tangíveis vendidos on-line, como livros e móveis, são distribuídos por meio dos canais convencionais. Esse tipo de distribuição é relativamente ineficiente: em vez de entregar cem exemplares de um livro em uma loja física em uma única remessa, o caminhão da UPS deve fazer entregas para cem clientes individuais. Os clientes pagam um prêmio por esse serviço, que pode não compensar a redução dos custos da compra on-line. Além disso, a legislação local por vezes impede a distribuição direta do produto. Por exemplo, a Wine.com (o antigo Vineyards em <http://www.wine.com>), um distribuidor de vinho, foi forçado por leis estaduais a operar por meio de intermediários locais, em vez de enviar o vinho por via rodovia estadual — o que aumenta o seu nível de canal de distribuição.

Produtos digitais. A internet atua como canal de distribuição para bens e serviços digitais, como notícias, música, software, filmes e assim por diante. Obviamente, os custos de distribuição são significativamente mais baixos para os produtos digitais, em comparação com a distribuição física. *The New York Times* (<http://www.nytimes.com>) foi um dos primeiros a disponibilizar o modelo de assinatura on-line pago — que atraiu várias centenas de milhares de novos clientes para seu website que não estavam lendo o jornal impresso. A Classmates.com, iTunes e o *Wall Street Journal Online* também são bem-sucedidos na venda de conteúdo on-line.

Embora com um começo lento, os consumidores passaram a comprar uma grande quantidade de conteúdo on-line (Figura 10.6). Jogos, músicas e filmes lideram o grupo. Em um estudo global, Nielsen perguntou a 27 mil clientes se eles comprariam o conteúdo on-line, e 85 por cento disseram preferir que ele fosse gratuito. Esta é definitivamente a cultura da internet; no entanto, as vendas de conteúdo on-line continuam a crescer — especialmente no mercado B2B, onde as empresas compram relatórios de pesquisas on-line e acesso a banco de dados.

Distribuição direta. O fabricante vende diretamente ao consumidor ou à empresa por meio do modelo de **distribuição direta**, como ocorre com a fabricante de computadores Dell (também chamada venda direta). Essa prática é comumente utilizada na venda off-line; no entanto, a internet tornou muito mais fácil para os produtores contornar os intermediários e alcançar diretamente os consumidores e empresas.

Figura 10.6 Gastos com conteúdo on-line nos Estados Unidos.

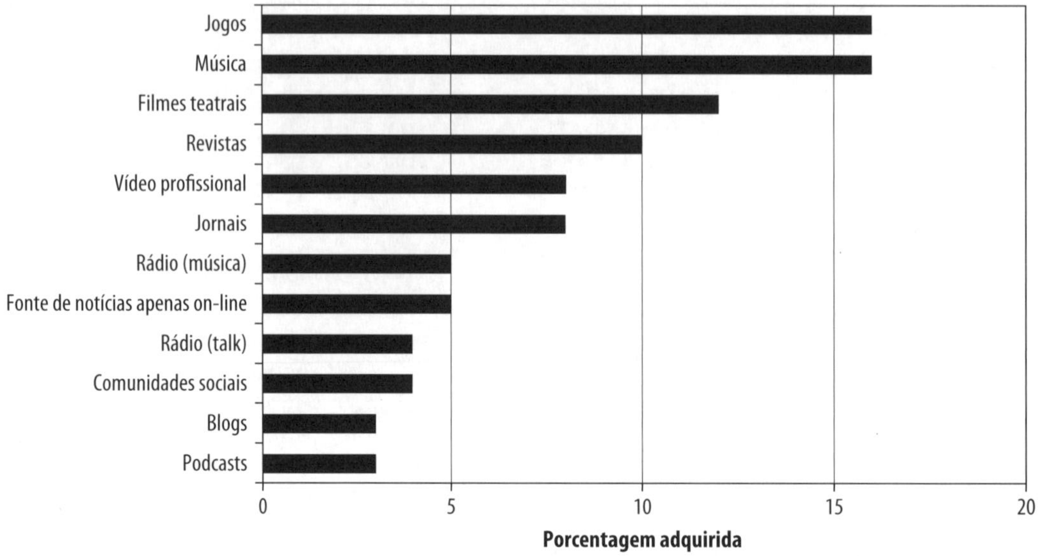

Fonte: dados da Nielsen Company (disponível em: <http://blog.nielsen.com>).

A distribuição direta tem sido bem-sucedida em alguns mercados B2B — às vezes, economizando milhões de dólares em despesas relacionadas a vendas com pessoal, configuração do produto e processamento de pedidos. Sistemas especializados incorporados nos sistemas de vendas on-line ajudam o cliente na configuração do produto com componentes compatíveis, a forma na qual o sistema da Dell ajuda os clientes a realizar pedidos on-line.

Esse tipo de distribuição também tem sido bem-sucedido no mercado B2C com vendas de produtos digitais, conforme mencionado anteriormente, que não necessitam de estoques nem de logística para pegar, embalar e enviar. Produtos perecíveis, como flores e alimentos frescos, também são bem servidos por canais diretos. Para exemplificar, a Proflowers.com entrega flores diretamente dos produtores. As flores que não passam por um intermediário tendem a estar em melhores condições, duram mais e são, em muitos casos, mais baratas.

A distribuição direta economiza dinheiro dos consumidores evitando intermediários e, por vezes, leva à entrega mais rápida do produto. Por exemplo, a Fresh Direct envia até 20 mil pedidos pela web de produtos frescos e de carne por dia para seus 150 mil clientes em Nova York. Ao cortar intermediários e utilizar banco de dados para manter o estoque em nível mínimo, a Fresh Direct é capaz de promover lucros despercebidos por outras mercearias on-line (Schonfeld, 2004).

As vantagens para o fabricante incluem a capacidade de reivindicar um pedaço da margem do intermediário, embora, é claro, alguém tenha de desempenhar as funções desses intermediários. Os principais custos de distribuição direta para o consumidor incluem custos elevados com a busca para localizar fabricantes individuais e os custos de tempo da transação com cada fabricante.

10.3 Extensão e funções do canal de distribuição

A extensão de um canal de distribuição (ou níveis de canais) refere-se ao número de intermediários entre o fornecedor e o consumidor. O canal de distribuição mais curto (de nível 0) não tem intermediários — o fabricante lida diretamente com o cliente, esta é a forma pela qual a Dell vende diretamente aos seus clientes por meio da distribuição direta. A maioria dos canais de distribuição incorpora um ou mais intermediários com um modelo de **canal de distribuição indireta**. Um típico modelo de canal indireto inclui fornecedores, um fabricante, atacadistas, varejistas e consumidores finais. Os intermediários ajudam a desempenhar funções importantes (descritas na próxima seção).

Originalmente, a previsão era de que a internet eliminaria os intermediários, criando assim a desintermediação dos canais de distribuição. A **desintermediação** descreve o processo de eliminação dos intermediários tradicionais. A eliminação dos intermediários pode reduzir potencialmente os custos, como ocorre na Fresh Direct. Levada ao extremo, a desintermediação permite que o fornecedor transfira bens e serviços diretamente ao cliente por um canal direto. A desintermediação completa tende a ser a exceção, pois muitas vezes os intermediários podem lidar com as funções de canal de forma mais eficiente do que os produtores. Um intermediário que se especializa em uma função, como a promoção de produtos, tende a se tornar mais eficiente nessa função do que um não especializado.

Muito do que foi descrito inicialmente em torno da internet focou a desintermediação e a possibilidade de os preços caírem, visto que a internet eliminaria os custos de intermediação. Entretanto essa linha de raciocínio deixou de reconhecer alguns fatos importantes. Primeiro, o sistema de distribuição nos EUA é o mais eficiente do mundo. Segundo, utilizar intermediários permite que as empresas industriais foquem naquilo que elas sabem fazer de melhor. Terceiro, muitos intermediários tradicionais foram substituídos por equivalentes na internet. Em muitos casos, os intermediários on-line são mais eficientes do que seus homólogos físicos. Considere uma loja on-line. Os varejistas on-line não precisam alugar e manter espaços físicos em áreas comerciais. Um armazém de baixo custo oferece um local aceitável para seus produtos oferecidos no ambiente on-line. Por outro lado, as lojas on-line assumem os custos de criação e manutenção de seus websites de comércio eletrônico. Embora essas taxas possam ser significativas, elas não superam a economia gerada pela eliminação da loja física.

A internet agregou novos intermediários que não existiam anteriormente. Por exemplo, o Yahoo! Launch agrega conteúdo multimídia. O Yahoo e o Yahoo! Launch em conjunto são como uma loja de discos, uma livraria de *audiobooks*, uma rádio e uma TV, tudo em um único lugar. Outros novos intermediários incluem agentes de compras e cooperativas de compradores.

Funções de um canal de distribuição

Muitas funções devem ser desempenhadas ao movimentar os produtos dos fabricantes para o consumidor, independentemente de qual intermediário desempenha tais funções. Por exemplo, os varejistas on-line normalmente organizam seus estoques e realizam as funções de separar, embalar e enviar atendendo o pedido do consumidor. Em um cenário alternativo, o varejista pode **terceirizar** as funções de separar, embalar e enviar para uma empresa de logística, como a UPS. Neste caso, o varejista encaminha o pedido para um armazém da UPS, onde o produto está armazenado. A UPS separa, embala e envia o produto para o cliente. Os distribuidores desempenham muitas funções que agregam valor. As funções podem ser categorizadas como transacionais, de logística e de facilitação.

Funções transacionais. As **funções transacionais** referem-se a fazer contato com compradores e utilizar estratégias de comunicação para conscientizar os compradores dos produtos. Elas também incluem a harmonização dos produtos com as necessidades do comprador, negociação de preços e o processamento dos pedidos.

Contato com compradores. A internet oferece um novo canal para fazer contato com os clientes. A Forrester Research denomina a internet de quarto canal após a venda pessoal, o correio e o telefone; os varejistas consideram a internet como o terceiro canal após as lojas físicas e os catálogos. O canal internet agrega valor ao processo de contato de várias maneiras. Primeiro, o contato pode ser customizado em conformidade com as necessidades do comprador. Por exemplo, o website da Honda (<http://www.honda.com.br>) possibilita que os clientes localizem um revendedor em sua área onde eles podem comprar veículos Honda (consulte a Figura 10.7). Segundo, a internet oferece ampla gama de fontes de referência, como mecanismos de busca, agentes de compra, redes sociais, e-mail, webpages e programas de afiliação. Ter-

Figura 10.7 Localizador de concessionárias da Honda.

Fonte: <http://www.honda.com.br/concessionarias/paginas/default.aspx>.

ceiro, a internet está sempre aberta para os negócios, 24 horas por dia, sete dias por semana.

Comunicações de marketing. A comunicação de marketing abrange a publicidade e outros tipos de promoção do produto (discutida no Capítulo 12). Essa função normalmente é compartilhada entre os participantes do canal. Por exemplo, um fabricante pode lançar uma campanha publicitária, enquanto seus revendedores oferecem cupons. Publicidade cooperada é outro exemplo, com fabricantes compartilhando custos de publicidade com os varejistas. Essas comunicações são mais eficazes quando elas representam um esforço coordenado entre os participantes do canal.

A internet agrega valor para a função de comunicação em diversas formas. Primeiro, funções que anteriormente exigiam trabalho manual podem ser automatizadas. Quando a American Airlines envia uma mensagem promocional para milhões de usuários registrados, isso não requer o trabalho de dobrar papéis, preencher envelopes — os profissionais de marketing simplesmente clicam em 'Enviar' para distribuir a mensagem. Para exemplificar, a promoção de um website nos mecanismos de busca pode ser automatizada por serviços como Submission Pro (<http://www.submissionpro.com>) e MoreVisiblity (<http://www.morevisibility.com>). Essas empresas estudam como os motores de busca classificam os websites e depois otimizam os websites de seus clientes para alcançar uma classificação mais elevada.

Segundo, as comunicações podem ser rigorosamente monitoradas e alteradas minuto a minuto. O programa Google AdWords, por exemplo, permite que seus clientes monitorem as taxas de cliques de seus anúncios on-line em tempo real e rapidamente façam substituições dos anúncios que apresentam baixo desempenho. Terceiro, o software Web Analytics permite monitorar o comportamento de um usuário que pode ser utilizado para direcionar comunicações altamente focadas nos indivíduos.

Por fim, a internet intensifica a coordenação promocional entre os intermediários. As empresas enviam e-mails de anúncios e outros materiais entre si, e todas as empresas podem visualizar as promoções vigentes em um website a qualquer momento. É bastante comum que algumas empresas realizem promoções sem avisar seus varejistas, até que os clientes comecem a solicitar essas ofertas — a comunicação na internet ajuda a evitar que esse tipo de surpresa ocorra.

Harmonização do produto às necessidades do comprador. A web potencializa o processo de identificar os produtos de acordo com as necessidades do comprador. Considerando a descrição geral das exigências do comprador, os agentes de compras podem produzir uma lista de produtos relevantes. Os varejistas on-line também podem ajudar os clientes a encontrar os produtos que atendam às suas necessidades. A Gap (<http://www.gap.com>) permite que os clientes misturem e combinem roupas para criar peças exclusivas. A Figura 10.8 mostra o website da Land Rover (<http://www.landrover.com>), onde os consumidores podem customizar/configurar os veículos. Os agentes de **filtragem colaborativa** são de particular interesse, pois podem prever as preferências do cliente com base no comportamento de suas compras no passado. A Amazon utiliza um agente de filtragem colaborativa para recomendar livros e música para seus clientes. Uma vez que o sistema está implantado, ele pode lidar com milhões de usuários a um custo

Figura 10.8 Land Rover possibilita aos clientes visualizar opções on-line.

Fonte: <http://www.landrover.com/br/pt/rr/range-rover-evoque/biuld>.

incremental muito baixo. A eficácia do agente de filtragem colaborativa realmente aumenta à medida que os clientes são adicionados ao banco de dados. Observe que todos esses serviços apresentam bom desempenho porque são automatizados. Por outro lado, os esforços para harmonizar o produto às necessidades do comprador no mundo físico podem ser intensos e são rapidamente eliminados com o aumento do volume. Os vendedores nas lojas de varejo tentam essa tarefa, mas a internet melhora essa função, pois está sempre disponível permitindo que os compradores encontrem seus produtos em vários varejistas. Obviamente, essa capacidade representa um impacto para os varejistas eletrônicos que competem com base no preço ou tenham que diferenciar suas ofertas de uma maneira que seja significativa para o mercado.

Negociação de preços. A verdadeira negociação de preços envolve ofertas e contrapropostas entre comprador e vendedor, e pode ser realizada pessoalmente, por telefone ou via e-mail — um diálogo de mão dupla. Mesmo assim, os agentes de compra negociam de forma implícita a redução de preços em nome do cliente, relacionando as empresas de acordo com os melhores preços. Por outro lado, a licitação é uma forma de precificação dinâmica ou flexível na qual o comprador propicia aos fornecedores uma oportunidade igual de licitação (consulte o Capítulo 9). Muitas empresas atualmente realizam licitação on-line. Os leilões de mercado entre consumidores incluem os leilões realizados pelo eBay e pela Amazon. Empresas como a General Electric também colocam licitações on-line para seus fornecedores. A licitação on-line efetivamente amplia o grupo de fornecedores, aumentando assim a concorrência e a redução dos preços. Muitas casas de leilões permitem que os compradores programem um agente para representá-los em licitação com outros compradores ou seus agentes.

Processamento de transações. Estudos mostram que os canais eletrônicos reduzem drasticamente o custo de processamento das transações. A Associação Norte-americana de Gestão de Compras mostra que o custo do processamento manual de um pedido médio de compra é de $ 79 — principalmente devido aos custos de mão de obra.

Funções logísticas. Funções logísticas incluem as atividades de distribuição física, como transporte e armazenamento de estoque, assim como a função de agregar produtos. As funções logísticas são muitas vezes terceirizadas para especialistas em logística. As etiquetas RFID são um desenvolvimento importante para o monitoramento de produtos por meio do canal de distribuição (consulte o quadro 'Informações técnicas'). As etiquetas de identificação por radiofrequência (RIFD) são utilizadas para transmitir um sinal aos scanners, que detectam a presença da etiqueta RFID em produtos, cartões de crédito, ou mesmo sob a pele de uma pessoa ou de um animal.

Distribuição física. A maioria dos produtos vendidos on-line ainda é distribuída por meio dos canais convencionais. No entanto, o conteúdo digital pode ser transmitido de forma mais barata do produtor ao consumidor pela internet: texto, gráficos, áudio e conteúdo de vídeo (consulte a Figura 10.9 para obter um exemplo de software). A alternativa de distribuição física do produto digital é comparativamente mais cara. A Trisenx pode emitir aromas e sabores na web (<http://www.trisenx.com>) e o professor Bob Stone da Birmingham University insere aromas aos videogames (como napalm, esgoto e aromas mais encantadores)! Isso é feito com um dispositivo periférico de computador.

Figura 10.9 Baixaki lista milhares de programas de software.

Fonte: <http://www.baixaki.com.br/download/avast-free-antivirus.htm>.

Informações técnicas

Tecnologia RFID

Cansado de esperar em longas filas no supermercado? Nunca mais escutar aquela frase, 'Vou ter de mandar alguém para verificar o preço', quando você só quer comprar uma caixa de leite? Muitos clientes ficam frustrados quando vão aos supermercados ou aos grandes varejistas de descontos. Não importa quando eles decidem fazer compra; as filas são muitas vezes longas, desperdiçando um tempo precioso. Com o início das soluções de tecnologia RFID, o supermercado do futuro não terá mais filas. Tudo o que os clientes deverão fazer é pegar o cartão de crédito e sair pela porta.

A tecnologia de identificação por radiofrequência (RFID) é uma tecnologia antiga no campo de identificação automática e, recentemente, tem recebido muita atenção. Formas comuns de identificação automática incluem os códigos de barra clássicos, utilizados em milhões de produtos de consumo, e as tiras magnéticas, comumente encontradas nos cartões de crédito. Estas formas substituíram a entrada manual, diminuindo drasticamente as taxas de erro, promovendo uma economia de milhões às empresas. Essas formas também requerem assistência manual: os caixas colocam os produtos com os códigos de barra UPC sobre o scanner e os clientes passam seus cartões de crédito nos leitores. No entanto, as etiquetas com RFIDs, que foram originalmente desenvolvidas durante a Segunda Guerra Mundial, não requerem intervenção manual. Como o preço continua a cair, o RFID pode revolucionar o campo de identificação automática.

Conforme o nome da tecnologia indica, as frequências de rádio são utilizadas para transmitir um sinal aos scanners, que detectam a presença da etiqueta RFID. Essa tecnologia requer três componentes: uma etiqueta RFID, um scanner de RFID e um dispositivo de gravação (ou seja, um computador). A etiqueta RFID está anexada ao produto que está sendo rastreado. A etiqueta é composta por um chip RFID e uma miniantena. Os rótulos podem custar entre $ 0,15 e $ 6,00, dependendo da sofisticação. Como a popularidade das etiquetas RFID aumentou, os preços declinaram. O objetivo da EPCGlobal, um grupo industrial de normas, é ter uma queda de preço para $ 0,05 por etiqueta.

O scanner de RFID, que também pode ser chamado de leitor, é conectado ao computador. Ele envia constantemente um sinal eletromagnético de baixa frequência (100 kHz a 5,8 GHz). O sinal ativa o chip e a antena do RFID para transmitir os dados de volta ao scanner. Quando o scanner recebe as informações, ele envia esses dados para o computador para serem armazenados e analisados. Conforme a tecnologia amadurece, volumes crescentes de informações podem ser armazenados no chip RFID e transmitidos ao scanner.

A distância entre a etiqueta RFID e o scanner depende do tamanho do chip RFID e da miniantena. Quanto mais sofisticado o chip e quanto maior a antena, maior a distância entre a etiqueta e o scanner.

A tecnologia RFID tem muitas aplicações nas indústrias de distribuição e varejo. O RFID já está sendo utilizado para rastrear os paletes de produtos em grandes centros de distribuição. Conforme as transferências de produtos entram e saem do centro de distribuição, o movimento é automaticamente rastreado com precisão total.

O RFID também está sendo utilizado em postos de gasolina e pedágios. Alguns postos de gasolina distribuíram um pequeno cartão de plástico para seus clientes, que contém informações sobre o cartão de crédito dos clientes. Quando o cliente enche o tanque, ele movimenta o cartão na frente de um pequeno leitor na bomba. O leitor recebe as informações do cartão de crédito, autoriza o pagamento e o cliente recebe posteriormente a fatura do cartão de crédito. A intenção dos postos de gasolina ao fornecer esse serviço foi aumentar a fidelidade do cliente, pois o cartão funciona apenas nos seus postos.

Muitos motoristas passam por pedágios todo dia em seu caminho para o trabalho e quase sempre esperam nas filas das cabines. Governos locais e estaduais como na Pensilvânia, na Virgínia e Flórida implantaram soluções RFID. Por uma pequena ou nenhuma taxa, os passageiros podem comprar uma pequena caixa que fica perto do para-brisa do veículo. Quando o motorista chega em um pedágio, ele é autorizado a entrar em uma cabine especial equipada com o scanner RFID. O scanner obtém as informações do cartão de crédito do motorista ou outras informações sobre a conta e custos do pedágio. Alguns pedágios nem sequer exigem que o motorista reduza a velocidade abaixo de 80 km por hora. Outro exemplo de RFID são os sistemas de acesso sem a necessidade chaves.

O Wal-mart usa o RFID para gerenciar sua cadeia de suprimentos com mais de 600 fornecedores. As vantagens obtidas foram a redução de 16 por cento em mercadorias fora do estoque e de 63 por cento na eficácia da reposição de estoques. O RFID também assegura comprovante de compra e facilita a reconciliação dos pedidos de compra.

O objetivo é eventualmente substituir os códigos de barra em toda a empresa e aumentar a eficiência no processo da cadeia de suprimentos.

Embora a solução RFID gere enormes vantagens ao Walmart, o grande varejista também passa essas vantagens para seus fornecedores. Esses benefícios incluem notificações quando os produtos chegam nas lojas e quando entram na área de vendas, possibilitando aos fornecedores um monitoramento melhor da demanda. O Walmart também coloca etiquetas RFID nos displays do ponto de venda e outros displays para promoções nas suas lojas. Os displays normalmente são caros para serem produzidos, segundo os fornecedores, e acabam sendo deixados de lado. Com as etiquetas RFID, os fornecedores podem acompanhar o remanejamento dos displays. Como resultado, novos produtos chegam nas gôndolas três vezes mais rápido.

Com o maior varejista do mundo apoiando a tecnologia RFID, ela parece pronta para o sucesso. As redes de distribuição em todo o mundo podem precisar adotar padrões RFID como parte do custo da realização de negócios.

Agregação de produtos. Em geral, os fornecedores operam de forma mais eficiente quando produzem alto volume de uma linha restrita de produtos. Por outro lado, os clientes preferem comprar pequenas quantidades de amplas gamas de produtos. Os intermediários do canal desempenham a função essencial de agregar produtos de vários fornecedores para que o cliente possa ter mais opções em um só local. Exemplos dessa forma tradicional de **agregação** incluem os category killers on-line, como a Amazon.com, com amplo mix de produtos. Em outros casos, a internet segue um modelo de agregação virtual, reunindo produtos de diversos fabricantes e organizando a exibição no computador do usuário. No caso dos agentes de compras, a unidade de agregação é a página de produtos na loja on-line. A busca de determinado produto produzirá uma tabela bem organizada com informações comparativas sobre o produto e links diretos para as páginas do fornecedor.

Logística terceirizada. Um problema logístico importante no mercado B2B é conciliar os objetivos conflitantes da entrega e estoque mínimo. Uma solução para muitas empresas é colocar seus estoques com uma empresa de **logística terceirizada**, como a UPS ou a Fedex. Avançando na logística, a terceirização também pode gerenciar a cadeia de suprimentos da empresa e fornecer serviços de valor agregado, como a configuração do produto e montagens. Os fornecedores de logística vão até lidar com os processos de pedidos, reabastecer o estoque quando necessário e gerenciar o processo de rastreabilidade para que os clientes possam localizar seus pedidos. A Alcatel, por exemplo, utiliza a UPS para gerenciar os pedidos e distribuir telefones celulares na Europa.

No mercado B2C, o mais importante problema logístico é a devolução de produtos (logística reversa), que pode atingir uma taxa de até 15 por cento. Os clientes reclamam com frequência sobre a dificuldade e os custos das devoluções. Alguns websites oferecem o pagamento do transporte da devolução. Mas mesmo com um crédito para o transporte da devolução, o cliente ainda tem de pesar o pacote, pagar taxas de envio e programar a coleta (ou entregar em um local de envio).

O Serviço Postal dos EUA (USPS) introduziu um programa inteligente para facilitar o processo de devolução. Os negociantes podem instalar o software em um website que lhes permita autorizar clientes a baixar e imprimir etiquetas de devolução com porte pago. O cliente simplesmente embala o item, fixa a etiqueta e deixa a embalagem na porta para o carteiro. Mesmo que um website não participe do programa USPS, os clientes podem ainda pesar seus pacotes em casa e baixar a postagem apropriada por meio de uma etiqueta impressa a laser utilizando um serviço da eStamps.

No mercado C2C, o eBay formou uma parceria com a loja física Mailboxes Etc. Ao concluir os leilões, os vendedores levam seus itens para Mailboxes Etc. para serem embalados e enviados.

O problema do último quilômetro (last mile). Um grande problema enfrentado pelos varejistas on-line e gerentes de logística é a despesa adicional de entrega de pequenas quantidades em domicílios ou empresas. É muito menos dispendioso enviar caixas de produtos para atacadistas e varejistas e deixá-los distribuir as quantidades em unidades menores para venda. Dois outros problemas surgem: 25 por cento das entregas requerem múltiplas tentativas, aumentando os custos, e 30 por cento dos pacotes são deixados junto das portas quando ninguém está em casa, abrindo o caminho para um possível roubo (Laseter, Torres e Chung, 2001). Com bilhões de pacotes entregues nos Estados Unidos, os profissionais de marketing digital estão buscando formas de reduzir os custos e resolver esse problema.

Empresas inovadoras tentaram quatro soluções; no entanto, nenhuma delas resolveu o problema até agora. Primeiro é uma caixa inteligente. O cliente compra uma pequena caixa de aço que vem com um teclado numérico conectado à internet por meio de um modem bilateral. Empresas de entrega, como FedEx ou USPS, recebem um código especial para cada entrega e utilizam esse código para abrir a caixa e deixar a remessa. Essa atividade é enviada pela internet e registrada em um banco de dados. O cliente utiliza seu próprio código para abrir a caixa e receber a entrega — também registrado no banco de dados. Essa solução é eficaz e segura para clientes que estão constantemente comprando produtos. A Brivo introduziu essa tecnologia, mas não oferece mais esse produto.

Uma segunda solução envolve um modelo agregador de varejo. Os clientes podem ter pacotes enviados para varejistas participantes, como lojas de conveniência locais ou estações de serviço e, então, pegam o pacote — não tão conveniente quanto o método atual. No Japão, os clientes da NTT DoCoMo podem utilizar seus telefones celulares com acesso à internet para pedir mercadorias para envio às lojas locais da 7-Eleven. A terceira solução exige *e-stops* especiais; lojas que existem unicamente para os clientes pegarem seus produtos.

Por fim, os varejistas multicanais permitem que os clientes façam pedidos on-line para entrega no varejo off-line. A Recreational Equipment, Inc. (REI), empresa de produtos de campismo e outros equipamentos, começou oferecendo esse serviço em suas 67 lojas de varejo dos EUA em meados de 2003. No prazo de um mês, 25 por cento das compras on-line foram buscadas nas suas lojas. Isso aumentou suas vendas nas lojas em $ 32 por meio da compra por impulso durante a mesma visita (Budis, 2004).

Funções de facilitação. As funções de facilitação desempenhadas pelos participantes do canal incluem a pesquisa de mercado e financiamento.

Pesquisa de mercado. Pesquisa de mercado é uma das principais funções do canal de distribuição. As vantagens incluem uma avaliação precisa do tamanho e das características do público-alvo. As informações obtidas pelos intermediários ajudam os fabricantes a planejar o desenvolvimento do produto e as comunicações de marketing. O Capítulo 5 explorou detalhadamente a pesquisa de mercado e o Capítulo 6 examinou o comportamento dos usuários da internet. Esta seção analisará os custos e benefícios da pesquisa de mercado baseada na internet.

A internet afeta o valor da pesquisa de mercado em cinco maneiras. Primeiro, algumas informações na internet, especialmente relatórios do governo, estão disponíveis gratuitamente. Segundo, gerentes e funcionários podem realizar as pesquisas a partir de suas mesas, em vez de fazerem viagens caras para os outros locais. Terceiro, as informações da internet tendem a ser mais apropriadas, pois os anunciantes monitoram as interações em tempo real por meio dos seus anúncios. Quarto, as informações na web já estão em formato digital, de modo que os profissionais de marketing digital podem facilmente carregá-las em uma planilha ou outros softwares. Por último, como muitos dados de comportamento do cliente podem ser captados on--line, os profissionais de marketing digital podem receber relatórios detalhados. Por exemplo, a comScore (<http://www.comscore.com>) produz um relatório de interação que detalha até a extensão na qual um website compartilha a audiência do público com outro — mostrando o público exclusivo e duplicado.

No entanto, pouca pesquisa de mercado na internet é gratuita. Mesmo os relatórios gratuitos de dados realizados pelo governo requerem um investimento significativo de recursos humanos para formatar o material de uma forma útil para a tomada de decisões. Além disso, muitas empresas precisam ter acesso a informações comerciais caras, como relatórios da comScore, que são vendidos por aproximadamente $ 50 mil cada.

Financiamento. O financiamento de compras é uma função facilitadora importante nos mercados de consumidores e empresarial. Os intermediários querem facilitar o pagamento para os clientes para que eles fechem a compra. A maioria das compras on-line do cliente é financiada por cartões de crédito ou planos especiais de financiamento, similares às compras em lojas tradicionais. No entanto, alguns clientes estão compreensivelmente preocupados com a divulgação das informações de seu cartão de crédito — resultando em precauções que devem tornar as compras on-line mais seguras.

Os negociantes on-line também têm uma grande preocupação: como eles sabem que estão lidando com um cliente válido e que está utilizando um cartão de crédito legítimo? Portanto, as empresas de cartões de crédito formaram a **Secure Electronic Transaction ou Transação Eletrônica Segura** (TES) como um veículo para legitimar tanto o comerciante como o cliente, assim como proteger o número do cartão de crédito do cliente. De acordo com a TES, o número do cartão não vai para o comerciante, mas para uma terceira parte com a qual o negociante se comunica para fazer a validação, assim como a transação. A comunicação ocorre automaticamente em segundo plano e não atribui responsabilidades técnicas ao cliente. No entanto, a TES é tão técnica que a maioria dos clientes não aprecia seus métodos. Além disso, a maioria dos comerciantes não quer pagar pelas atualizações caras dos sistemas da TES.

Ainda assim, a TES tem sido bem-sucedida dentro dos Estados Unidos, em parte por causa das proteções legislativas: os clientes dos EUA têm uma responsabilidade máxima de $ 50 para compras feitas com cartão roubado. O emissor do cartão normalmente renuncia aos $ 50, a fim de reter os clientes, e alguns emissores agora anunciam $ 0 de responsabilidade para compras on-line. No entanto, a proteção legal não existe em alguns países, e os clientes podem ser responsabilizados por todos os encargos em seu cartão até o momento em que o roubo for relatado.

No mercado B2B, os corretores e agentes muitas vezes estendem linhas de crédito para os compradores a fim de facilitar as compras. Essas linhas de crédito aceleram significativamente o processo de compra e tornam o canal on--line mais atraente.

Sistema de distribuição

O canal de distribuição é realmente um sistema, quando visualizado pelo fluxo de produtos, informações e finanças ao longo do canal — um sistema unificado de organizações interdependentes atuando conjuntamente para promover valor, à medida que os produtos passam pelo canal até o consumidor. Essa perspectiva reconhece que um sistema de canal é mais forte quando seus participantes atuam de uma forma unificada com outros sistemas de canal.

A definição do escopo do canal como um sistema pode ser feita de três maneiras:

1. A primeira é considerar apenas funções de distribuição do fabricante para o consumidor, a definição tradicional do canal de distribuição.
2. A segunda é considerar apenas a cadeia de suprimentos do fabricante que atua no sentido de obter suas matérias-primas e componentes, a definição tradicional da cadeia de suprimentos.

3. A terceira visão é considerar a cadeia de suprimentos, o fabricante e o canal de distribuição como um sistema integrado chamado **cadeia de valor** (um nome mais recente para a cadeia de valor é *logística integrada*). Muitos se referem à cadeia de suprimentos como a cadeia de valor. Por essa definição, a cadeia de suprimentos inclui tanto as atividades de fornecer o produto com as de obter os componentes, assim como os processos internos da empresa. Consulte a Figura 10.10, na qual os círculos representam empresas em uma rede de fornecedores, fabricantes e intermediários.

Redefinir a cadeia de suprimentos para incluir toda a cadeia de valor agora é fundamental, refletindo o que um grande número de praticantes quer dizer quando falam sobre a gestão da cadeia de suprimentos. Dessa forma, a cadeia de valor, logística integrada e a cadeia de suprimentos são termos equivalentes.

Essa definição da cadeia de suprimentos é utilizada para descrever o campo da **gestão da cadeia de suprimentos** (**SCM**). A SCM refere-se à coordenação dos fluxos em três categorias: material (por exemplo, produto físico), informações (por exemplo, previsão de demanda) e financeiros (como, condições de crédito). A palavra *fluxo* evoca a imagem de um fluxo contínuo de produtos, informações e finanças fluindo entre os participantes do canal, assim como o fluxo do sangue e de impulsos nervosos pelo organismo. O fluxo mais importante é o da informação, pois a criação do produto físico e o financiamento dependem das informações.

O Santo Graal na gestão da cadeia de suprimentos é 'avaliar, produzir — e entregar rapidamente'. Esse processo é conhecido como **reposição contínua**. Para produtos mais complexos, como computadores, o objetivo é produzir sob pedido e entregar rapidamente. Tanto a reposição contínua quanto a **produção por pedido** ajudam a eliminar os estoques. Por outro lado, essa prática reduz os custos, pois o financiamento dos estoques é caro e também possibilita o aumento dos lucros, evitando que os estoques não vendidos se tornem obsoletos ou sejam vendidos com desconto. As economias de custo podem ser repassadas ao cliente na forma de preços mais baixos, que melhoram a proposta de valor para o cliente. Entretanto, a criação do produto em resposta à demanda quase sempre resulta em algum atraso na entrega. O valor do cliente é intensificado somente se esse aumento nos prazos for aceitável. O cliente de hoje quer tudo — preços mais baixos, entrega rápida e uma configuração personalizada. A única maneira de fornecer esses benefícios é coordenar bem as atividades com seus fornecedores, o funcionamento interno da empresa e

Figura 10.10 Canal de Abastecimento + Canal de Distribuição = Nova Definição de Cadeia de Abastecimento.

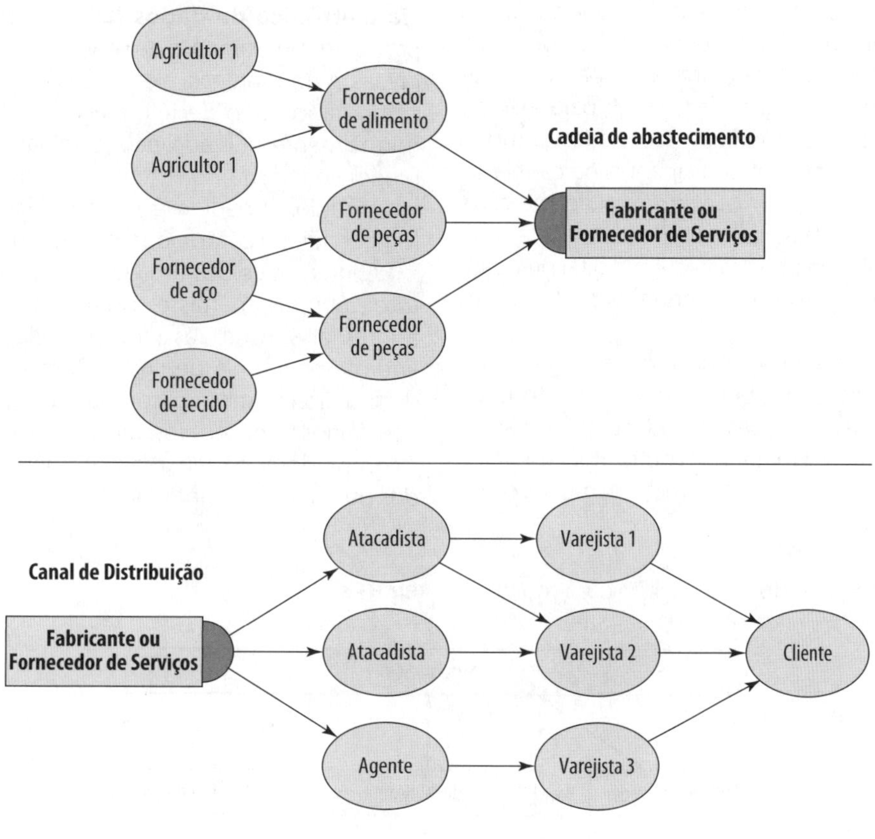

o canal de distribuição — uma tarefa formidável que seria impossível antes da era da informação.

Um problema difícil na SCM é decidir qual participante deve gerir um canal composto por muitas empresas. Por exemplo, a Sun Microsystems projeta computadores, mas não os monta — embora a Sun gerencie toda a cadeia de suprimentos, até mesmo os fornecedores que fabricam os outros componentes. A coordenação é possível por meio do software i2 de SCM que opera no ambiente internet. Curiosamente, a coordenação é cooperativa e não ditatorial. A Sun torna as informações sobre demanda do cliente visíveis aos fornecedores, que, então, indicam com qual parte da demanda eles podem lidar. A gestão da cadeia de suprimentos possibilita a coordenação de todas as funções da cadeia em um sistema perfeito, possível graças à tecnologia da internet.

A interoperabilidade é especialmente importante na SCM, pois muitos participantes nas modernas cadeias de abastecimento possuem um **sistema de gestão empresarial (ERP)** para gerenciar seus estoques e seus processos internos. Se os sistemas individuais de ERP podem compartilhar perfeitamente suas informações com os sistemas de SCM, a coordenação será muito facilitada em tempo real. Consulte a Figura 10.11.

10.4 Gestão e poder do canal

Uma vez que uma estrutura de canal é estabelecida, sua viabilidade exige medidas de coordenação, comunicação e controle para evitar conflitos entre seus participantes. Um poderoso membro do canal deve surgir para assumir a liderança e instituir essas medidas necessárias, o modo pelo qual a Sun coordena seus participantes da cadeia de suprimentos. Cada vez mais a concorrência de mercado está focada entre as cadeias de suprimentos, que é a razão pela qual os profissionais de marketing digital precisam compreender as relações de poder entre os participantes do canal.

Sempre que novas tecnologias de informação são introduzidas em um canal de distribuição, esse contexto pode alterar potencialmente as relações de poder entre os participantes do canal existente. Em nenhum outro lugar esse efeito foi mais evidente do que com a internet. Em muitos casos, o poder do comprador aumentou significativamente por causa dos fornecedores. Em outros casos, o poder do fornecedor se sobressaiu. O Walmart ganhou poder sobre seus canais quando introduziu sistemas eletrônicos para notificar os fornecedores sobre os produtos necessários. Essa mudança causou uma importante reviravolta de poder nos canais, nos quais fabricantes gigantes como Procter & Gamble estiveram anteriormente no controle. Uma fonte clássica de poder para os varejistas e distribuidores tem sido a localização geográfica. Os varejistas têm promovido poder no local de utilidade (localização) e acesso restrito aos fabricantes. A internet neutraliza a importância da localização e oferece novas fontes de fornecimento para a compra.

Assim como a internet aumentou o poder dos compradores, oferecendo acesso a mais informações e para mais fornecedores, também aumentou o poder dos fornecedores. Primeiro, o fornecedor que assume a liderança inicial on-line receberá negócios de clientes e empresas ansiosas para fazer compras nesse canal. No entanto, mesmo nos casos em que várias empresas estão on-line, os fornecedores podem adquirir poder por meio do estabelecimento de relações estruturais com os compradores. Por exemplo, a Amazon estabelece relações estruturais com seus clientes usando a funcionalidade de compra de 1-Clique e por tecnologias de filtragem colaborativa. Clientes da Amazon que mudam para outro fornecedor deverão redigitar as informações de faturamento e, mais importante, eles perdem o acesso às recomendações de novos produtos da Amazon.

Um tipo de modelo B2B, conhecido como **transferência eletrônica de dados (EDI)** é particularmente eficaz para o estabelecimento de relações estruturais entre as empresas. A transferência eletrônica de dados é o intercâmbio computadorizado de informações entre as organizações, normalmente utilizado para eliminar os papéis. Um comprador se registra no sistema de TI do fornecedor e digita um pedido. O pedido é enviado eletronicamente para o fornecedor e o comprador recebe uma fatura eletrônica.

A internet coloca uma nova face no EDI com o advento de normas abertas e sistemas interoperáveis. Primeiro, a internet substitui as redes proprietárias caras, gerando enorme economia de custos. Segundo, as empresas podem utilizar o mesmo computador para fazer a interface com vários fornecedores. Terceiro, as redes de fornecedores e compradores podem mais facilmente intercambiar os dados utilizando uma interface web.

Figura 10.11 Interfaces do sistema SCM com múltiplos sistemas ERP.

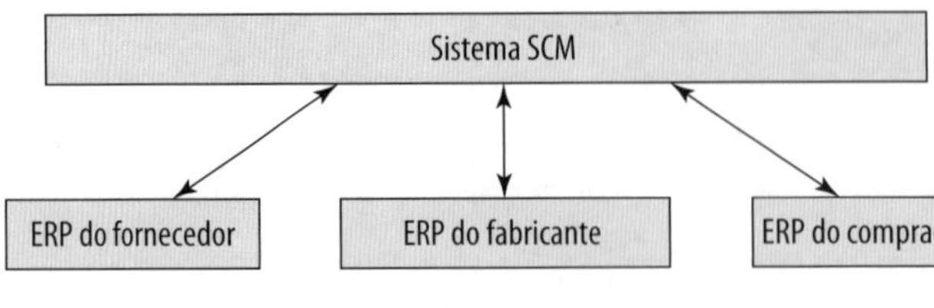

Portanto, o EDI é baseado em três variáveis importantes: a abertura do sistema, o método de transporte (internet ou não internet) e o tipo de tecnologia utilizada para a implantação. A combinação dessas variáveis em diferentes maneiras resulta em muitos tipos de EDI mais comumente usados hoje, como as API (Interface de Programação de Aplicativos) e a linguagem de marcação extensível (XML).

O objetivo é criar um sistema aberto baseado em padrões, que funciona pela internet para que todos os fornecedores e compradores possam integrar seus sistemas.

10.5 Indicadores de desempenho do canal de distribuição

O comércio on-line funciona? Para responder a essa pergunta, uma empresa deve considerar sua eficácia em termos de alcançar seus mercados-alvo de forma eficiente e atraí-los para compra on-line.

Mercado B2C

Os consumidores dos EUA gastaram cerca de $ 131 bilhões on-line em 2010, de acordo com o U.S. Census Bureau (excluindo as compras de viagens on-line, estimadas em $ 92,6 bilhões). Esse número está crescendo, mas representa apenas cerca de 4 por cento de todo o varejo ($ 3,683 bilhões). O varejo on-line continua a crescer, como mostra a Figura 10.12. As pesquisas on-line sobre produtos resultaram em $ 471 bilhões de compras no ambiente off-line (ou seja, para cada $ 1 de vendas on-line, a internet influencia $ 3,45 em vendas off-line), de acordo com a eMarketer. Essa empresa conclui que as vendas no comércio eletrônico e as influências sobre as vendas off-line representaram 27 por cento de todas as vendas no varejo em 2007.

Essas estatísticas mostram níveis de gastos gerais; no entanto, as vendas individuais do comércio varejista variam com base no sucesso de suas estratégias on-line. As empresas monitoram as vendas de todos os canais (on-line, varejo, móvel e catálogo) diariamente para determinar se eles estão cumprindo seus objetivos e para redefinir seus websites, promoções nos diversos canais e a comunicação on-line e off-line para alcançar melhores resultados.

Em um estudo global sobre os varejistas on-line, pesquisadores da McKinsey and Company descobriram que duas estratégias são particularmente eficazes on-line:

- Uma estratégia de volume para acumular um grande número de clientes por meio de taxas de conversão com alta relação custo-benefício (visite o website e compre) para alta frequência de compras de produtos e serviços com baixa margem, como CDs e livros (por exemplo, a Amazon.com).
- Uma estratégia de nicho com foco estreito sobre determinado produto ou categoria de serviço, como artigos de luxo ou de vestuário (por exemplo, a Dell.com).

Para todos os outros, o melhor uso do varejo on-line é como um complemento aos canais off-line. Como Daryle Scott da Venus Swimwear diz: 'Quando seus clientes têm a oportunidade de comprar seus produtos por meio de *qualquer* canal que *eles* escolhem — lojas físicas, internet ou catálogos tradicionais — isto é um verdadeiro serviço de atendimento ao cliente'.

Figura 10.12 Estimativa trimestral de vendas no comércio eletrônico de varejo nos EUA em relação às vendas totais: primeiro trimestre de 2001 — Primeiro trimestre de 2010.

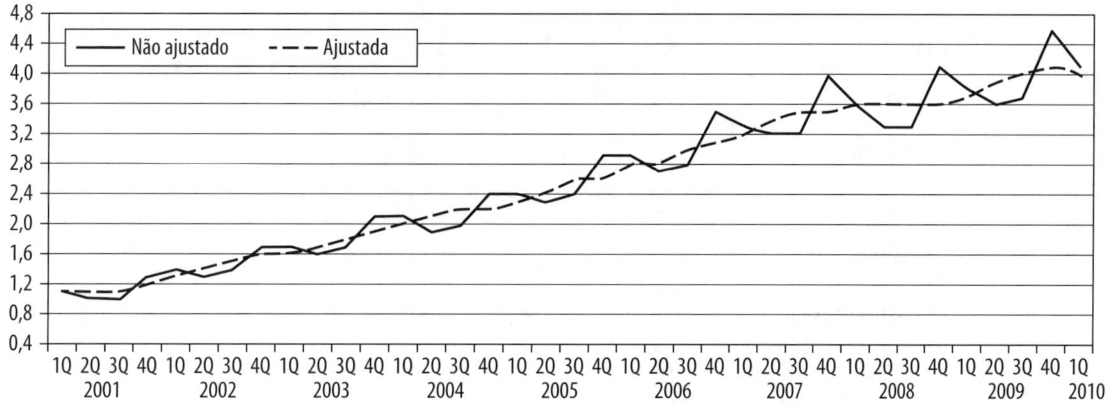

Nota: ajustada para a variação sazonal e diferenças de férias e dia de negociação, mas não para mudanças de preços.

Fonte: <http://www.census.gov>.

O Capítulo 2 apresentou os indicadores de desempenho para ajudar muitos profissionais de marketing digital a avaliar o varejo on-line e a gestão do canal de suprimentos. Algumas métricas mais importantes incluem receitas (conforme mencionado), ROI, níveis de satisfação do cliente, custos de aquisição de clientes, taxas de conversão e valores médios de pedido. A taxa de conversão se refere à proporção de todos os visitantes do website que realmente compram na visita. A Figura 10.13 exibe taxas de conversão para os dez melhores varejistas on-line em 2009. Curiosamente, os dez primeiros em termos monetários não foram tão bem-sucedidos na conversão de visitantes para os clientes, com exceção da Amazon.com e Office Depot. O valor monetário e as taxas de conversão são bons indicadores para as empresas de comércio eletrônico.

Medidas adicionais recomendadas pela NetGenesis, uma empresa de indicadores digitais, são descritas a seguir:

- Quais afiliações geram a maioria dos usuários? (Essa medida avalia a eficácia do programa de afiliados.)
- O que está acontecendo com os usuários gerados a partir do website afiliado?
- Quando e como os clientes chegam a um website?
- Quanto tempo os usuários permanecem em um website?
- Como o comportamento do comprador é diferente do comportamento de outros usuários que não compram?
- Com que frequência os visitantes são convertidos em clientes?
- Quais parceiros do canal geram os clientes mais rentáveis? E os mais fiéis?

Mercado B2B

O mercado B2B é um grande negócio. É impossível medir a quantidade de dinheiro movimentada nas cadeias de suprimentos, pois essa movimentação ocorre por trás dos muros da empresa. A maioria dos negócios B2B acontece por telefone, fax e vendedores. A internet provou ser uma maneira muito mais eficaz para as empresas melhorarem a qualidade, a eficiência e a pontualidade dos pedidos, estimulando o crescimento das compras eletrônicas de bens e serviços e melhoria dos processos. As empresas utilizam a web para busca de fornecedores e, mais frequentemente, elas simplesmente facilitam os relacionamentos atuais ao longo dos pedidos on-line, monitoramento do envio e outros fatores.

No mercado B2B, assim como no B2C, os profissionais de marketing digital devem selecionar indicadores que se relacionam com suas metas de e-marketing. É fundamental entender como o comércio eletrônico se adequa à estratégia global de marketing, quais resultados a empresa espera alcançar, e se ele está funcionando. No B2B, as métricas podem identificar o tempo do pedido até a entrega, os níveis de atendimento do pedido e outras atividades que refletem as funções desempenhadas pelos participantes do canal.

Figura 10.13 Os dez principais varejistas em 2009.

Rank	Melhores Empresas Receitas[1]	2009 Vendas web (Em Bilhões de $)	Melhores Empresas Conversão[2]	Porcentagem de visitantes Janeiro de 2009
1	Amazon.com	24.5	ProFlowers	31,1
2	Staples	9.8	LL Bean	25,7
3	Dell	4.5	Amazon	23,7
4	Apple	4.3	Vitacost	23,0
5	Office Depot	4.1	Coldwater Creek	22,4
6	Walmart	3.5	QVC	21,1
7	OfficeMax	2.8	Roamans	20,4
8	Sears Holding Corp	2.8	Office Depot	20,2
9	CDW Corp	2.5	Landsend	19.3
10	Best Buy	2.5	Victorias Secret	19,2

Fonte: [1] dados da Internet Retailer (disponível em: <http://www.internetretailer.com/top500/>). [2]Dados da Nielsen Online (disponível em: <http://www.marketingcharts.com>).

Resumo do capítulo

A internet aumentou o poder dos compradores e dos fornecedores. Ela também mudou a forma como a transferência eletrônica de dados é utilizada para estabelecer relações estruturais entre fornecedores e compradores. Os principais modelos de negócios utilizados por intermediários on-line podem ser categorizados como patrocínio de conteúdo, distribuição direta, infomediário, modelos de corretagem (intercâmbio on-line e leilão on-line) e modelos de agente (agentes de venda, agentes do fabricante, agentes de compra e cooperativa de compradores). O varejo on-line (comércio eletrônico) é outro modelo importante, incluindo as vendas on-line de produtos digitais ou tangíveis, e é realizado por modelos de distribuição direta, utilizando os intermediários, ou por meio do marketing multicanal.

Um canal de distribuição é um grupo de empresas interdependentes que trabalham em conjunto para transferir produtos e informações do fornecedor para o cliente. A transferência pode ser direta ou por um número de intermediários que executam funções de comercialização no canal entre os fornecedores e os clientes. Por meio da especialização, os intermediários são capazes de executar funções com mais eficiência do que um fornecedor.

Os intermediários do canal incluem atacadistas, varejistas, corretores e agentes. A extensão de um canal de distribuição refere-se ao número de intermediários entre o fornecedor e o cliente. O canal de distribuição mais curto não tem intermediários; o produtor lida diretamente com os clientes. Os canais indiretos incluem um ou mais intermediários. Desintermediação descreve o processo de eliminação de intermediários tradicionais. Eliminar os intermediários pode reduzir potencialmente os custos, embora as funções devam ser executadas por alguém. Embora a internet possa conduzir à desintermediação e gerar preços mais baixos, novos intermediários estão surgindo.

Três tipos abrangentes de funções de adição de valor desempenhadas no canal são as funções transacionais, as de logística e as de facilitação. Funções transacionais referem-se a fazer contato com os compradores, por meio de estratégias de comunicação de marketing para aumentar a conscientização dos produtos, combinando o produto às necessidades do comprador, negociação de preços e processamento das transações. Funções logísticas incluem a distribuição física, como transportar e armazenar estoques e agregação de produtos; os profissionais de marketing digital muitas vezes terceirizam isso para prestadores de serviços logísticos especializados. As funções de facilitação incluem fornecimento de pesquisa de marketing sobre os compradores e ofertas de financiamento. O problema no último quilômetro é a despesa adicional de entrega de pequenas quantidades nos domícilios ou nas empresas.

O canal de distribuição é realmente um sistema unificado de organizações interdependentes atuando conjuntamente para promover valor, à medida que os produtos passam pelo canal até o consumidor. Essa perspectiva reconhece que um sistema de canal é mais forte quando seus participantes atuam de forma unificada com os outros canais. A gestão do canal de suprimentos é a coordenação do fluxo de material (por exemplo, produto físico), informações (por exemplo, previsão de demanda) e financeiro (por exemplo, condições de crédito).

Exercícios

Questões para revisão

10.1 O que é um canal de distribuição?
10.2 Quais são os tipos de intermediários em um canal de distribuição?
10.3 Descreva as três principais funções de um canal de distribuição.
10.4 O que é a gestão da cadeia de suprimentos (SCM) e por que ela é importante?
10.5 Por que os profissionais de marketing digital estão preocupados com o problema do último quilômetro?
10.6 O que é desintermediação? Dê um exemplo.
10.7 O que é infomediário? Dê um exemplo.
10.8 O que é marketing multicanal? Dê um exemplo.
10.9 Como os corretores e agentes diferem?
10.10 Quais tipos de indicadores de desempenho são utilizados no canal de distribuição no mercado B2C?
10.11 Designe cinco formas de evitar que os clientes abandonem os carrinhos de compras on-line.

Questões para discussão

10.12 Como é que o valor das funções do canal de distribuição muda quando elas se baseiam na internet?
10.13 Você concorda com a definição mais abrangente da cadeia de suprimentos para incluir toda a cadeia de valor? Justifique sua posição.
10.14 Embora a distribuição direta muitas vezes resulte em preços mais baixos, ela tem desvantagens para os compradores?
10.15 Cada intermediário no canal tem de definir o preço de um produto para gerar lucro. Alguns varejistas vendem produtos por quase o dobro do custo de atacado. O que um varejista tem de fazer para agregar valor suficiente para justificar tal precificação?
10.16 Como você sugere que os profissionais de marketing digital resolvam o problema do último quilômetro?
10.17 Em sua opinião, qual é o futuro do comércio eletrônico? Será que vai continuar a aumentar? Será que alguma vez se tornará maior em termos de vendas do que o varejo off-line? Explique suas respostas.

CAPÍTULO

1 2 3 4 5 6 7 8 9 10 **11** 12 13 14

Ferramentas de comunicação para o e-marketing

A Publicidade Interativa continua a experimentar enorme crescimento, à medida que os profissionais de marketing compreendem sua eficácia global na criação das marcas e no desenvolvimento das vendas on-line e off-line.
— Greg Stuart, presidente executivo, Interactive Advertising Bureau

Empresas que são verdadeiramente focadas nos seus clientes desenvolverão tecnologias 1-a-1 em cada ponto de contato e vão ligar suas redes a muitas outras.
— Bruce Kasanoff, ACCELERATING 1 TO 1

O principal objetivo deste capítulo é ajudá-lo a compreender como a internet pode ser uma ferramenta eficiente e eficaz para estabelecer o processo de comunicação entre os profissionais de marketing das empresas e seus respectivos públicos. Você vai aprender como cada ferramenta de comunicação pode ser utilizada na internet para se comunicar e quais são as ferramentas mais eficazes.

Após a leitura deste capítulo, você estará apto a:

- Definir a comunicação integrada de marketing (CIM) e explicar a importância do modelo da hierarquia de efeitos.
- Discutir como os profissionais de marketing utilizam a internet para a publicidade, relações públicas, promoções de vendas, marketing direto e venda pessoal.
- Identificar as várias ferramentas CIM emergentes.
- Descrever as táticas CIM mais eficazes no ambiente on-line.

Isso vai Blendar?

'Isso vai Blendar? Esta é a questão'. Então abre o vídeo com o presidente executivo da Blendtec, Tom Dickson. Vestindo um jaleco branco e óculos de segurança, e com um ar muito científico, embora divertido, Dickson está ao lado de uma mesa que tem um liquidificador comum. As coisas que ele começa a colocar no liquidificador não são muito comuns — um ancinho com cabo de madeira, um taco de golfe, lâmpadas, pulseiras fluorescentes, bolas de gude e até mesmo um iPhone. Esse vídeo obteve 3,9 milhões de visualizações no YouTube em um período de oito meses e continua a atrair olhares, com 8,2 milhões de visualizações quase três anos após seu lançamento em outubro de 2006. Só foi superado por outro vídeo que mostra a destruição de um iPod, que obteve mais de 5 milhões de visualizações em um ano. Assistir à destruição de coisas como estas é como assistir ao show do seu cantor preferido — irresistível. Enviar os links dos vídeos para os amigos também é irresistível. Isso é marketing viral na sua melhor expressão.

A Blendtec é famosa no mercado corporativo pela produção de liquidificadores industriais para a Starbucks e outras empresas famosas. O objetivo dos vídeos engraçados foi o de desenvolver a consciência para um liquidificador novo de alta qualidade para o mercado consumidor. Dickson é famoso por dizer no início dos vídeos: 'Grandes produtos + Marcas fracas = Baixas vendas'. Os vídeos mudaram essa equação para a Blendtec. As vendas no varejo para o liquidificador de $ 400 aumentaram substancialmente no primeiro ano após o início da série de vídeos e, depois da postagem de mais 186 vídeos em 2008, as vendas aumentaram em 700 por cento. Nada mal para um investimento inicial de apenas $ 100 no primeiro vídeo. A Blendtec posta vídeos no YouTube e no microssite <http://WillItBlend.com>, e este último gerou fluxos de receitas adicionais. Os visitantes podem comprar camisetas com a inscrição 'Tom Dickson é meu chapa' e também os vídeos.

A ideia original de Dickson, a campanha *Isso vai Blendar?* mostra claramente os benefícios do produto de uma forma relevante, bem-humorada e envolvente. Essa campanha mostra o valor de se conectar com os clientes e atraí-los em vez do processo tradicional de interrupção por meio de publicidade indesejada. Ela também mostra a força do diálogo com o cliente, pois mais de 12 mil espectadores postaram respostas ao vídeo da destruição do iPhone no YouTube, incluindo cinco vídeos de resposta antes de o YouTube desabilitar o recurso de comentários. O vídeo foi marcado como favorito por aproximadamente 10 mil visitantes registrados no YouTube. Além disso, contribuiu de tal forma que a Blendtec melhorou suas palavras-chave nos mecanismos de busca e comprou vários espaços de publicidade para atrair mais tráfego para os vídeos. Trabalho brilhante, Blendtec!

11.1 Comunicação no e-marketing

Como o exemplo da campanha *'Isso vai Blendar?'* demonstra, o marketing digital é uma poderosa forma de construir marcas, iniciar e fortalecer as relações com os clientes. No entanto, os profissionais de marketing on-line devem ser cada vez mais inteligentes para projetar e enviar mensagens da marca que captem e prendam a atenção do público — pois, na internet, os usuários estão no controle. Eles podem excluir os e-mails indesejados e, impacientemente, mudam de **website** quando eles não enviam rapidamente a informação desejada. Além disso, a internet permite que os clientes divulguem amplamente suas próprias opiniões e experiências com a marca por e-mail e blogs, alterando o equilíbrio do controle sobre as imagens de marca das empresas para os consumidores. Nesse ambiente, os fatores essenciais para o sucesso incluem (1) geração de mensagens relevantes e interessantes quando e onde os clientes-alvo desejam receber tais mensagens e (2) engajar os usuários de internet, induzindo-os a carregar o conteúdo, fazer comentários, ou simplesmente jogar ou se envolver com outro conteúdo de entretenimento.

As ferramentas de comunicação de marketing (MarCom) que utilizam a tecnologia para construir marcas, em conjunção com as experiências de valor agregado do produto, são importantes para captar a atenção e promover relacionamentos de longo prazo com os clientes. A publicidade on-line ainda atua para a construção de marcas, embora existam muitas outras técnicas inovadoras que normalmente são mais bem-sucedidas — discutidas aqui e nos capítulos 12 e 13. E como bônus, a tecnologia reduz os custos de comunicação com os atuais e futuros clientes. Por exemplo, as empresas gastam cerca de $ 33 para atender um cliente pelo telefone, $ 9,99 por e-mail e $ 1,17 atendendo o cliente pela web, de acordo com a Forrester Research.

Comunicação integrada de marketing (CIM)

Comunicação integrada de marketing (CIM) é um processo multidepartamental para planejamento, execução e monitoramento das comunicações da marca projetadas para adquirir, fidelizar e aumentar clientes de forma rentável. A CIM é multifuncional, pois cada ponto de contato que um cliente possui com uma empresa ou com seus agentes ajuda a formar a imagem da marca. Por exemplo, um cliente de varejo da Home Depot pode comprar e utilizar um produto do website e, posteriormente, enviar um e-mail ou ligar para 0-800 para reclamar sobre um problema e, por fim, devolver o produto na loja física. Cada contato com um funcionário, no website, comentário no blog sobre o produto, vídeo do YouTube, anúncio em revista, catálogo, loja física e assim por diante, ajuda o cliente a formar a imagem da empresa. Além disso, a experiência com o produto, seu nível de precificação e seus canais de distribuição aperfeiçoam a comunicação de marketing da empresa em uma diversidade de mídias on-line e off-line para apresentar uma sólida imagem da marca. A melhor publicidade pode ser prejudicada se essas experiências de contato on-line e off-line não atuarem de forma integrada de modo a criar e apoiar relacionamentos positivos da marca com seus clientes.

Relacionamentos rentáveis com os clientes é o fator fundamental para a existência de uma empresa. Empresas bem-sucedidas reconhecem que nem todos os clientes são igualmente valiosos — alguns, como compradores passageiros ou frequentes, são mais importantes do que outros. Com a utilização da tecnologia, as empresas podem monitorar os lucros cliente por cliente e, com base nessa análise, prestar mais atenção aos clientes de alto valor, tanto on-line como off-line. Os bancos de dados e as técnicas de análise descritos no Capítulo 5 possibilitam que as empresas diferenciem os clientes por valor, o envio de ofertas por e-mail e homepages a esses clientes, e monitorem os resultados das campanhas da empresa. Você encontrará mais informações sobre a gestão do relacionamento com os clientes on-line no Capítulo 14.

A estratégia de CIM começa com uma compreensão profunda dos mercados-alvo, da marca, de sua concorrência e muitos outros fatores internos e externos. A seguir, os profissionais de marketing selecionam ferramentas específicas para atingir seus objetivos de comunicação e de mídia para atingir os mercados-alvo. Após a implantação, eles avaliam a eficácia da execução, realizam os ajustes necessários e reavaliam os resultados. Muitos especialistas em CIM concordam que ela deve '(1) ser mais estratégica que operacional (ou seja, mais que simplesmente 'uma voz, um olhar'), (2) ser mais que simplesmente publicidade e mensagens de promoção de vendas, (3) incluir uma comunicação bilateral, assim como unilateral, e (4) ser orientada para resultados' (Duncan e Mulhern, 2004, p. 9).

Embora as estratégias da CIM envolvam toda a integração do mix de marketing e a participação de vários setores da empresa, este capítulo foca os elementos do mix de comunicação (também chamado *ferramentas de comunicação de marketing*), a essência do plano de comunicação de marketing de uma empresa. O Capítulo 13 discute a mídia on-line para a compra do espaço publicitário.

Ferramentas de comunicação de marketing

O processo de comunicação consiste tanto nas mensagens planejadas e nas não planejadas entre a empresa e seus clientes, bem como as mensagens trocadas entre os seus clientes. As empresas utilizam mensagens planejadas ao tentar informar ou persuadir seus diversos públicos-alvo. Mensagens não planejadas incluem elementos como boca a boca entre clientes e a publicidade espontânea na mídia. No entanto, como os clientes hoje têm mais controle sobre a comunicação na internet, é quase impossível para as empresas gerenciar diretamente as mensagens não planejadas. Sendo assim, as empresas devem se concentrar na criação de experiências positivas com o produto e comunicação bilateral, para que as mensagens não planejadas sejam positivas. Na verdade, algumas empresas têm experimentado um crescimento expressivo quase inteiramente fundamentado em e-mails não planejados (por exemplo, Hotmail e Blendtec).

Utilizando tecnologias inovadoras, os profissionais de marketing digital podem melhorar a **eficácia** e a **eficiência** dos componentes tradicionais da MarCom de muitas formas interessantes. Tecnologias importantes incluem mensagens de texto e **multimídia** lançadas nas **webpages** e e-mail; banco de dados para armazenar informações; novas formas de se conectar com clientes on-line (como blogs) e uma infinidade de dispositivos digitais de recepção, de PCs para celulares, para visualização de mensagens multimídia. Por exemplo, a Mitsubishi Motors da América do Norte começou uma campanha de CIM com duas metas: registrar os compradores potenciais no seu website e persuadi-los a realizar agendamentos para test drives. As táticas incluíram vincular um anúncio de TV no Super Bowl de 2003 que levou 31 milhões de visitantes ao seu website. Essa publicidade foi combinada com e-mail focado nos dez principais mercados geográficos e um microssite com um localizador das concessionárias (Barnako, 2004). Um **microssite** é uma webpage ou um pequeno website com informações especializadas, com uma URL própria, que é promovido isoladamente do website principal (como o website *Isto vai Blendar?*).

Neste capítulo, abordamos a comunicação de marketing da internet a partir da perspectiva do mix de comunicação tradicional, discutindo publicidade, promoções de vendas, relações públicas, marketing direto e venda pessoal.

CIM: estratégias e objetivos

Os profissionais de marketing definem os objetivos da comunicação de marketing com base nos planos de marketing global e nos efeitos desejados nos mercados-alvo selecionados. Por exemplo, a Mitsubishi Motors quis vender mais automóveis; portanto, a empresa definiu os objetivos da comunicação de marketing (1) levar clientes potenciais para o website, (2) aumentar os registros no website e (3) aumentar os agendamentos de test drives. Vender é o objetivo primário, e os três objetivos da comunicação ajudaram a Mitsubishi a alcançá-lo.

O **modelo tradicional AIDA** (consciência, interesse, desejo e ação) ou o modelo de **hierarquia de efeitos** 'pensar, sentir, agir' ajudam a orientar os profissionais de marketing na seleção das ferramentas de comunicação on-line e off-line para atingir seus objetivos. Tanto o modelo AIDA como o modelo de hierarquia de efeitos partem da premissa de que os consumidores primeiro se conscientizam e adquirem conhecimento sobre um novo produto (pensar); em seguida, os consumidores desenvolvem uma atitude positiva ou negativa sobre o produto (sentir) e, por fim, passam a comprá-lo (agir) (Ray, 1973). As etapas de pensar, ou cognição, são a consciência e o conhecimento. As etapas de sentir ou de atitude são os gostos e as preferências. Consequentemente, os profissionais de marketing digital devem selecionar as ferramentas apropriadas — que podem variar de um estágio a outro, dependendo dos resultados desejados. Por exemplo, os profissionais de marketing digital podem optar por utilizar as ferramentas tradicionais de promoção de vendas, como dar mouse pads, promover a conscientização e atrair os destinatários a visitar um blog; publicidade televisiva para criar interesse e desejo; e venda direta por catálogo para obter a ação desejada (compra). Os profissionais de marketing digital podem associar essas ferramentas com as ferramentas on-line de promoção de vendas (música gratuita no iTunes), publicidade por meio de palavras-chave nos mecanismos de busca, ou venda direta via comércio eletrônico.

Se uma empresa quer construir suas marcas e informar seus clientes, ela vai operar no nível cognitivo e de atitude no modelo da hierarquia de efeitos, talvez utilizando blogs, informes técnicos (como arquivos PDF) em websites, publicidade na web, campanhas por e-mail, páginas de fãs nas redes sociais e outras técnicas promocionais. Quando a Ourbeginnings.com gastou mais de $ 4 milhões em anúncios de TV no Super Bowl XXXIV, a empresa estava tentando construir a consciência do seu website — e estava tão ansiosa para atingir esse objetivo que investiu um valor quatro vezes maior que seu lucro anual na campanha. Essa estratégia não gerou os resultados pretendidos e é por isso que agora só as empresas mais fortes da internet compram publicidade no Super Bowl, como a E*Trade em 2002 e em 2008, e a Careerbuilder.com em 2010. Se uma empresa quer intensificar as transações on-line (comportamento), ela precisa desenvolver mensagens persuasivas que informem como realizar a transação no website, por telefone e assim por diante. O comportamento pós-compra não aparece na hierarquia comumente aceita, embora muitas estratégias de comunicação busquem promover a satisfação do cliente após a compra. O e-mail é especialmente adequado para esse objetivo.

O modelo de hierarquia de efeitos é importante, pois ajuda os profissionais de marketing a compreender onde os clientes se situam em relação ao ciclo de compras para que a empresa possa selecionar objetivos e estratégias de comunicação adequadas que vão persuadir os clientes à compra e à lealdade. Tenha em mente que algumas ferramentas de comunicação são mais apropriadas para a promoção da consciência e das atitudes com relação à marca (publicidade, relações públicas) e outras são mais adequadas para incentivar um comportamento transacional (marketing direto, promoções de vendas, venda pessoal). No entanto, todas podem ser utilizadas em cada nível. Compreender os efeitos desejados em cada mercado-alvo é o primeiro passo para o desenvolvimento de um plano de CIM eficaz e a determinação de referências para a aplicação de indicadores de desempenho para avaliar o sucesso do plano.

Marca *versus* resposta direta

A comunicação de marketing on-line pode ser utilizada para desenvolver o brand equity ou para obter uma resposta direta na forma de uma transação, engajamento do cliente ou algum outro comportamento (como registro no website, postagem de comentário no blog ou pesquisa por e-mail). O objetivo da **comunicação da marca** on-line é criar a conscientização de marca e promover uma imagem favorável da marca. A **publicidade de resposta direta** busca motivar para uma ação. A comunicação da marca atua em níveis de conscientização e atitude conforme o modelo de hierarquia dos efeitos (cabeças e corações), enquanto a comunicação de resposta direta atua principalmente em nível comportamental (fazer algo). A publicidade pode ser utilizada tanto para a marca como para a resposta direta, enquanto as relações públicas ajudam na construção das marcas e a promoção de vendas, o marketing direto e a venda pessoal buscam, principalmente, obter uma resposta direta.

Consulte a Figura 11.1 para obter uma lista de táticas on-line para cada efeito desejado conforme a hierarquia de efeitos. Os profissionais de marketing digital confiam na pesquisa por palavras-chave (consulte o Capítulo 13), exibição de anúncios, patrocínios de marcas e anúncios em vídeo para a construção da marca e em programas de e-mail e encaminhamento para resposta direta, de acordo com a pesquisa da McKinsey. No entanto, como observado no Capítulo 13, a televisão ainda é o melhor meio para a construção da marca e a internet para resposta direta.

11.2 Publicidade na internet

Publicidade é uma comunicação impessoal de informações por diversos meios, geralmente de natureza persuasiva, sobre produtos (bens e serviços) ou ideias, e geralmente é paga por um patrocinador identificado. Todo o espaço pago em um website ou em um e-mail é considerado publicidade. A publicidade na internet se assemelha à publicidade na mídia tradicional, na qual as empresas criam conteúdo, atraem um público e, em seguida, vendem espaço para seus anunciantes. Isso pode ser confuso, principalmente quando um **banner publicitário**, que promove um dos produtos da empresa, aparece no próprio website

Figura 11.1 Táticas de e-marketing para os níveis do modelo de hierarquia de efeitos.

Tática	Construção da marca (Percentual)	Consideração (Percentual)	Resposta Direta (Percentual)	Retenção (Percentagem)
E-mail (n = 231)	5	20	33	37
Pesquisa paga por palavra-chave (n = 175)	27	29	29	7
Anúncios em display (n = 206)	36	18	27	10
Patrocínio de marca (n = 135)	55	11	7	24
Encaminhamentos (n = 109) (por exemplo, programas de afiliados)	13	28	27	11
Anúncios em vídeo (n = 94)	33	30	17	12
Podcasts (n = 70)	22	25	5	33
Geral (n = 149)	25	21	22	21

Fonte: eMarketer.com da McKinsey

da empresa. O fator determinante é a troca — se a empresa paga com dinheiro ou permuta com bens um espaço para colocar o conteúdo que ela cria, o conteúdo é considerado publicidade. No Capítulo 10, discutimos como as empresas criam fluxos de receita com a venda de espaço publicitário; no entanto, este capítulo e o Capítulo 13 discutem outro contexto: a compra de espaço publicitário de alguém para alcançar os diversos públicos-alvo da empresa. Essas definições específicas não têm sentido para os clientes (que visualizam todas as mensagens comerciais como publicidade), embora elas sejam importantes para os profissionais de marketing, pois várias ferramentas de comunicação ajudam a alcançar diversas metas específicas.

Tendências na publicidade na internet

A publicidade na internet nos Estados Unidos começou com uma primeira série de banners publicitários em Hot wired.com em 27 de outubro de 1994. A Figura 11.2 é uma representação de um desses tipos de anúncios, patrocinados pela AT&T (outros incluíram IBM, Sprint, MCI, Volvo, Zima e Club Med). O anúncio foi ao ar durante 12 semanas, custou $ 30 mil, e atingiu a surpreendente marca de 30 por cento de **cliques**. Compare essa proporção com o percentual de 0,2 a 0,3 de taxas de cliques em anúncios similares em 2010, de acordo com a iMedia Connection. Isso significa que apenas duas ou três pessoas em mil clicam em um *advert* (anúncio) (o termo utilizado para 'anúncio' na Europa). É interessante observar que apenas 16 por cento dos usuários da internet clicam em anúncios (menos de 32 por cento em 2007), e apenas 8 por cento dos usuários respondem por 85 por cento de todos os cliques, segundo pesquisa da comScore. Em seu relatório, a comScore sugere que os anúncios on-line melhoraram as vendas on-line e off-line e as visitas ao website, mesmo que as pessoas não tenham clicado nos anúncios. Isso significa que os efeitos da comunicação on-line da marca aumentaram as vendas mesmo com a ausência de indicadores positivos em relação a resposta direta.

A publicidade on-line chegou a $ 1 bilhão em 1998, cresceu rapidamente para $ 8,2 bilhões em 2000, caiu um pouco em 2001 e novamente em 2002 por causa da recessão econômica, e continuou a crescer para $ 22,5 bilhões em 2008, com uma pequena queda em virtude da crise econômica em 2009 (Figura 11.3). A maioria dos publicitários acredita agora que a internet é um meio importante para atingir seus mercados-alvo.

Para entender o contexto dos gastos com a publicidade na internet, considere que os gastos totais com publicidade nos Estados Unidos durante 2009 foram de $ 159 bilhões. Em outras palavras, em 2009, as empresas da internet que ofereciam espaço para publicidade capturaram 14,3 por cento do investimento publicitário (um expressivo aumento de 8 por cento em 2007). Porém, as médias podem ser enganosas — a internet é realmente um meio de publicidade importante para determinadas indústrias e empresas, mas não para todas. Esse valor pode não aumentar muito no futuro, pois os profissionais de marketing estão intensificando o uso de blogs, vídeos, redes sociais e outras formas não pagas de comunicação na mídia social com seus mercados-alvo; no entanto, todas as empresas de pesquisa estão prevendo aumentos contínuos na publicidade on-line.

Quais são os setores que estão anunciando on-line? De acordo com o Internet Advertising Bureau (IAB), em sua maioria, os gastos com publicidade foram realizados nos seguintes setores em 2009:

- Varejo (20 por cento de toda a publicidade on-line)
- Telecom (incluindo ISPs) (16 por cento)
- Serviços financeiros (12 por cento)
- Automotivo (11 por cento)
- Computação (10 por cento)

Uma tendência importante da publicidade on-line envolve a publicidade gerada pelo usuário. A Frito Lay ofereceu aos usuários da internet $ 10 mil e uma viagem gratuita para assistir o Super Bowl de 2007 para eles criarem comerciais de televisão de trinta segundos. O comercial vencedor foi ao ar durante o jogo. Houve 1.100 inscrições e cerca de 700 mil usuários visualizaram os comerciais e votaram em seus favoritos. A Frito Lay pagou $ 2,5 milhões para estar no Super Bowl, mais o prêmio em dinheiro, enquanto o anúncio custou ao vencedor Dale Backus apenas $ 12,79 para ser produzido. Essa promoção foi tão bem-sucedida que a Frito Lay ofereceu $ 5 milhões para os três vencedores de 2010 se os vídeos ocuparem um dos três primeiros lugares na lista do jornal *USA Today* para o evento Super Bowl. A General Motors tentou a mesma estratégia, oferecendo aos clientes vídeo, áudio e imagens para uso na criação de comerciais. Essa estratégia funcionou bem para a GM; no entanto, houve uma reação negativa — aproximadamente 20 por cento dos vídeos menciona-

Figura 11.2 O primeiro banner publicitário em 1994.

Observação: esta é uma representação gráfica — a real era colorida.

Figura 11.3 Despesas com publicidade na internet nos Estados Unidos de 1996 a 2009.

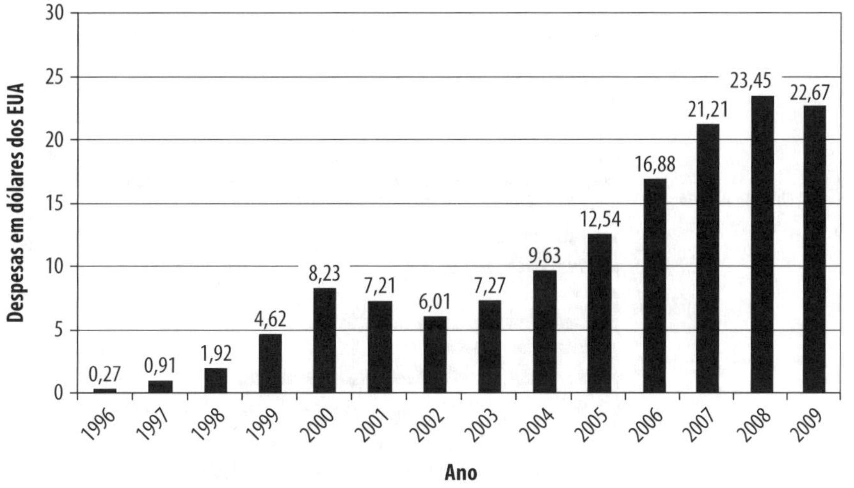

Fonte: PricewaterhouseCoopers LLP/IAB Internet Advertising Revenue Reports.

vam que o modelo Chevy Tahoe consumia muita gasolina e que isso contribuía para o aquecimento global. Esses vídeos foram postados como paródias no YouTube e receberam muita atenção da imprensa. Moral da história: em um ambiente on-line onde todo mundo é jornalista, você deve esperar que seu lado oculto seja exposto. Independentemente disso, a GM reconheceu que a campanha teve enorme sucesso.

Os publicitários continuam a experimentar anúncios criados pelo usuário por uma boa razão — um estudo revelou que os clientes acreditam que as empresas que estimulam os anúncios criados pelo cliente são mais confiáveis (68 por cento), mais criativas (56 por cento) e mais inovadoras (55 por cento) do que aquelas que utilizam apenas a publicidade profissional (de acordo com AMA e a pesquisa da Opinion Research Corporation). Além disso, lembre-se do Capítulo 1, que os clientes confiam mais entre si do que nas empresas; portanto, a publicidade criada pelo cliente é uma tática adequada.

Formatos e tipos de publicidade na internet

Qualquer coisa pode ser incluída na publicidade na internet: textos — desde uma frase até páginas contando uma história — gráficos, som, vídeo, hiperlinks, ou até mesmo o coelhinho da Energizer saltando pela página. A busca por palavra-chave é a técnica mais importante e de crescimento mais rápido (consulte a Figura 11.4). A busca por palavra-chave faz parte de uma estratégia maior chamada **marketing de busca**: ato de divulgar um website por meio de **mecanismos de busca**, seja para melhorar a posição no ranking, comprar listagens pagas ou pela combinação destas e outras atividades relacionadas ao mecanismo de busca (consulte o Capítulo 13 para obter mais informações sobre essa tática).

Os anúncios em display são a segunda maior categoria de gasto, com pouco mais de 20 por cento do dinheiro da publicidade dos profissionais de marketing on-line, e depois os anúncios classificados (<http://www.iab.net>). É interessante observar como os formatos de anúncio têm mudado ao longo dos anos, refletindo a intensa competição pela atenção do público em um ambiente onde os clientes estão no comando. A seção seguinte discute vários formatos interessantes de publicidade comumente utilizados.

Ads display. Note que o banner não está listado como um formato de publicidade na Figura 11.4. O Interactive Advertising Bureau já não relata o uso do banner publicitário em razão de seu rápido declínio no uso e na eficácia para as metas de resposta direta, e o crescimento de anúncios de tamanhos maiores e diferentes. A indústria agora usa a tradicional nomenclatura de anúncios para descrever banners e outros tamanhos — **ads display**. Esses anúncios contêm mais gráficos e espaço em branco do que texto, e incluem os tradicionais banners e muitos outros tamanhos adicionais. Supõe-se que a razão pela qual tantos anunciantes ainda utilizam ads display para obter uma resposta direta é em virtude das baixas taxas de cliques. A resposta é que (1) os displays ads ajudam a promover a consciência da marca quando visualizados pelos visitantes do website, e (2) exibir ads display criteriosamente focados pode gerar altas taxas de clique, como um anúncio no Facebook, apresentado apenas para pessoas com perfis que correspondem à descrição do mercado-alvo.

O Interactive Advertising Bureau (IAB) e a Coalition for Advertising Supported Information and Entertainment (Casie) propuseram dimensões padrão para o que eles chamam de *formatos interativos* — para visualizá-los, visite <http://www.iab.net> e consulte a Figura 11.5. Retângulos, pop-ups, banners, botões e *sky scraper ads display* ocupam volumes dis-

Figura 11.4 Proporção de dinheiro investido em formato de publicidade em 2001-2009.

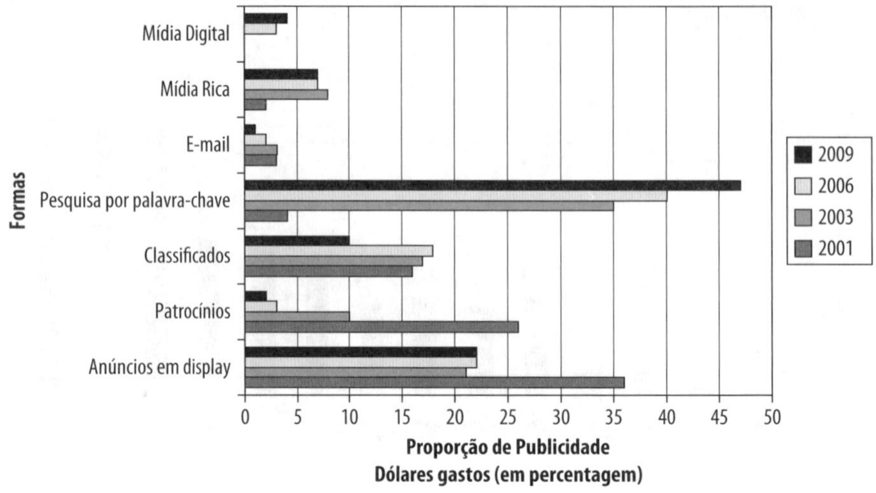

Fonte: PricewaterhouseCoopers LLP/IAB Internet Advertising Revenue Reports.

tintos de pixels nos espaços oferecidos para os anunciantes (lembre-se de que um pixel é um ponto de luz). Por exemplo, os banners são retangulares com 468 pixels de largura por 60 pixels de altura (Figura 11.2). Os pop-ups geralmente aparecem em uma janela separada que sobrepõe ou está por trás da janela do navegador atual. Muitas pessoas ficam irritadas com pop-ups, porque os usuários precisam fechá-los, de modo que o uso desse formato tem declinado. Alguns observadores achavam que a indústria acabaria por padronizar tamanhos de anúncios on-line, como na mídia tradicional, para facilitar o caminho para a venda de espaço nos websites e a criação de anúncios pelas agências. Embora muitos tamanhos sejam padronizados (Figura 11.5), tamanhos e formatos inéditos rompem a ordem on-line e prendem mais a atenção do usuário do que os tamanhos-padrão, de modo que as coisas continuem mudando.

Rich media ads. Todos os anúncios nessa categoria são interativos, oferecendo um link no mínimo para clicar. Ao clicar no anúncio, o usuário é transportado para o website do anunciante, onde a transação ou qualquer outro objetivo é alcançado. Alguns anúncios gráficos aumentam a interatividade identificando a posição do mouse na webpage e promovendo uma animação mais rápida com a aproximação do usuário. Outros anúncios possuem jogos embutidos. Outros ainda têm menus drop-down, caixas de seleção e caixas de pesquisa para engajar e capacitar o usuário. A Figura 11.6 exibe um banner que possibilita a interação dos usuários por meio da seleção de itens de um menu drop-down. Segundo os editores da Wikipedia, os rich media ads costumam utilizar animação em Flash e muitos outros elementos para atrair a atenção. Todos os formatos a seguir podem ser rich media (ver <http://www.wikipedia.com>):

- **Banner publicitário:** uma imagem gráfica de publicidade ou animação exibida em um website, em um aplicativo (como o Eudora), ou em um e-mail HTML.
- **Interstitial ad:** uma página de propaganda que é apresentada ao usuário em um tempo prévio ao carregamento da página requisitada por este.
- **Floating ad:** anúncio que 'flutua' em uma página do website por cima do conteúdo.
- **Expandig ad:** um anúncio que muda de tamanho e que pode alterar o conteúdo da webpage.
- **Polite ad:** um método pelo qual um grande anúncio será baixado em partes menores para minimizar a interrupção do conteúdo que está sendo visualizado.
- **Wallpaper ad:** um anúncio que muda o fundo da página que está sendo visualizada.
- **Trick banner:** um banner publicitário que se parece com uma caixa de diálogo com botões. Ele simula uma mensagem de erro ou um alerta.
- **Pop-up:** uma nova janela que se abre na frente da janela atual, exibindo um anúncio ou uma webpage inteira.
- **Pop-under:** similar a um Pop-up, exceto que a janela é carregada ou enviada por trás da janela atual para que o usuário não o visualize até fechar uma ou mais janelas ativas.
- **Vídeo ad:** similar a um banner publicitário, só que em vez de uma imagem estática ou animada, vídeo clipes reais em movimento são exibidos.
- **Map ad:** texto ou gráficos associados, e aparecendo em uma localização em um mapa eletrônico, como no Google Maps.
- **Mobile ad:** um texto SMS ou mensagem multimídia enviada para um telefone celular.

Figura 11.5 Exemplos de tamanhos padronizados de anúncio IAB.

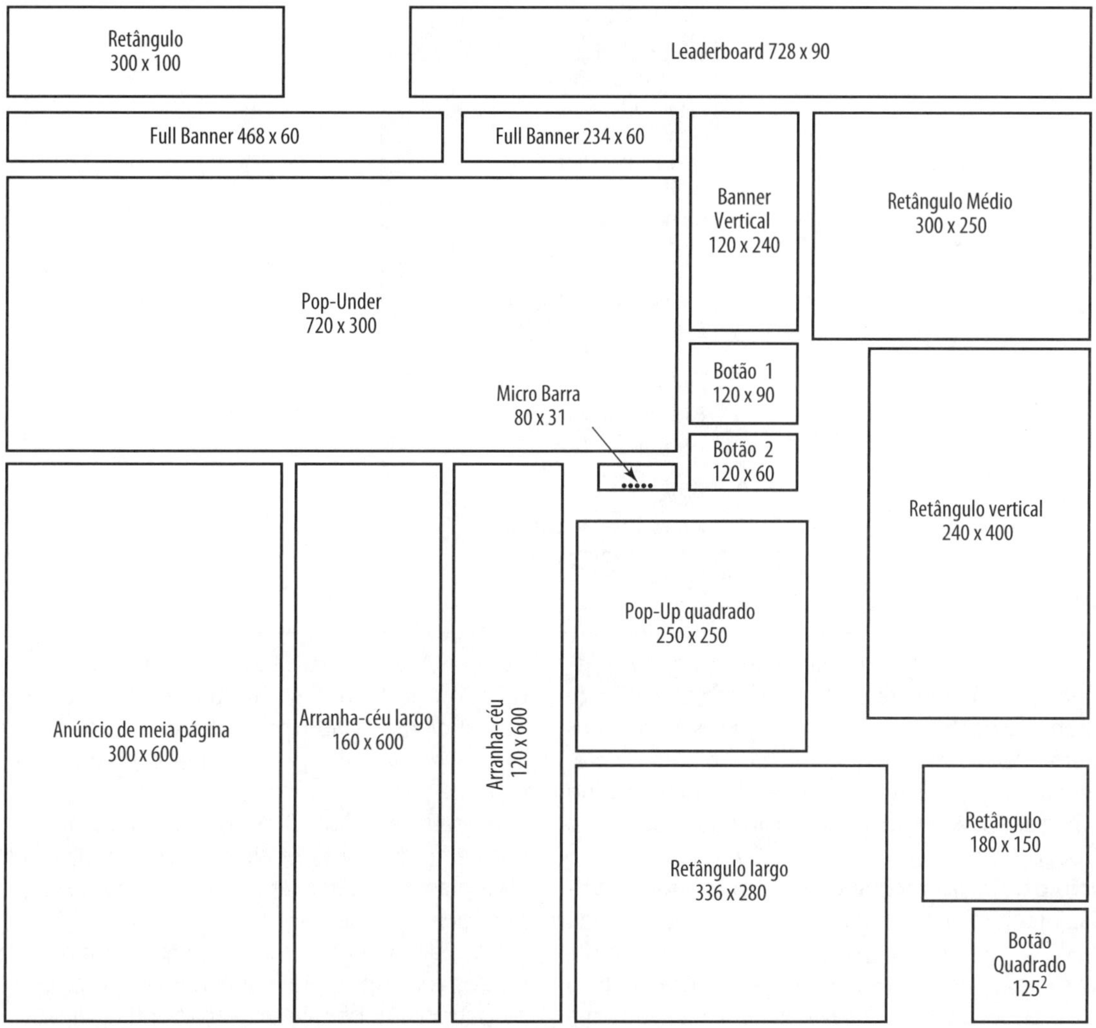

Fonte: adaptação do autor de <http://Adzaar.com>.

- **Video game ad:** embora não estejam na lista da Wikipedia, os jogos on-line oferecem oportunidades de colocação e publicidade no produto.

Uma desvantagem dos anúncios em vídeo, animados ou altamente **interativos**, é que eles exigem mais largura de banda. Manter arquivos de banner em tamanhos pequenos reduz o tempo que levam para carregar.

Anúncio contextual. Servidores de anúncios, como o DoubleClick do Google, mantêm um estoque de anúncios dos clientes, e apresentam esses anúncios nos websites quando os usuários estão visualizando páginas específicas. Por exemplo, se um usuário busca 'alto-falantes de computador' em um website de varejo eletrônico que trabalha com o DoubleClick, esse usuário pode obter ter um anúncio específico para alto-falantes da Bose. O Facebook também oferece anúncios bastante específicos com base nas informações do perfil (consulte mais informações sobre esse assunto no Capítulo 13). Isso constitui uma relevante microssegmentação para os profissionais de marketing e é interessante para os usuários que recebem, dessa forma, anúncios relevantes no exato momento em que desejam obter essas informações. Esse processo é também a base para o programa AdSense do Google, no qual os profissionais de marketing on-line podem sugerir palavras-chave, e seus anúncios aparecem nas páginas de resultados do mecanismo de busca do Google ou em websites que autorizam sua veiculação. Na verdade, existe uma estimativa de que o Google possuía 89 por cento do mercado de publicidade on-line em 2008 ('Double-Clique Deal', 2008). Isso torna os anúncios contextuais a maior categoria de publicidade on-line inclusive na categoria de 'pesquisa por palavra-chave' na Figura 11.5.

Publicidade por e-mail. Sem dúvida nenhuma, o tipo mais barato de publicidade on-line. A **publicidade por e-mail** geralmente consiste apenas em algumas frases de texto inseridas em outro conteúdo da empresa. Os anunciantes compram espaço no e-mail patrocinado por outras pessoas, na maioria das vezes uma newsletter. A Figura 11.7 exibe um

Figura 11.6 Anúncio em display interativo do Submarino.

Fonte: <http://www.submarino.com.br>.

anúncio para o *Manual de e-mail marketing*, que ajuda a patrocinar uma newsletter interessante sobre comunicação de marketing on-line da WordBiz.com. Note que as mensagens de e-mail em HTML e multimídia enviadas de uma empresa diretamente para os usuários de internet são marketing direto, e não publicidade (que é paga para obter espaço no conteúdo de alguém).

Patrocínios. Os **patrocínios**, também chamados **advertoriais**, integram o conteúdo editorial e a publicidade — algo que as editoras tradicionais abominam. Os meios de comunicação mais tradicionais separam claramente o conteúdo da publicidade; já as revistas femininas são uma exceção. Anunciantes de alimentos normalmente trocam receitas que incluem seus produtos nessas revistas, e os anunciantes de moda fazem menções de suas roupas nos artigos. Essa prática agrada aos publicitários, porque lhes propicia a exposição adicional e cria a impressão de que a publicação apoia seus produtos. O uso dessa mistura de conteúdo por duas empresas nos websites está em declínio: atualmente, ela representa apenas 2 por cento de todas as despesas com publicidade na web.

Acreditamos que os patrocínios são importantes na web, pois os ads display são facilmente ignorados pelos usuários, os patrocínios permitem grande interatividade, e porque

Figura 11.7 Anúncio em newsletter enviada por e-mail.

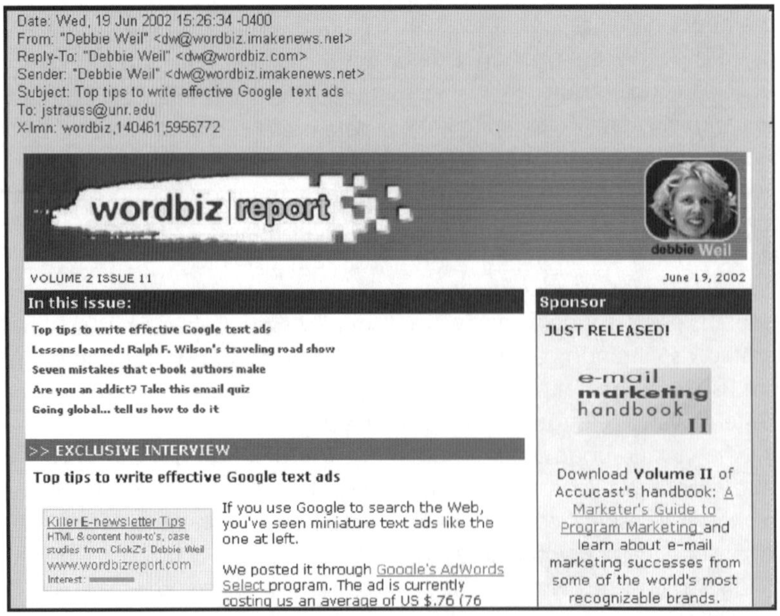

mais empresas desenvolvem parcerias sinérgicas para fornecer conteúdo útil. Por exemplo, a Astrology.com patrocina um teste sobre astrologia na iVillage.com, um website para as mulheres. Isso agrega valor aos usuários do website e gera receita ao iVillage. Consulte a Figura 11.8 para visualizar o website Candystand, que era patrocinado pelas balas de goma Life Savers da Nabisco. Cada link no website levava a um jogo patrocinado por um dos sabores da Life Savers.

Note que o patrocinador nesse anúncio é claramente identificado. Os clientes sabem que esse conteúdo é conduzido pela Life Savers, em conjunção com a Candystand. Algumas pessoas se preocupam com a ética dos patrocínios, quando os clientes não conseguem identificar facilmente o(s) autor(es) do conteúdo. Talvez esse problema não seja significativo, pois muitos usuários visualizam toda a web como se fosse uma propaganda gigante. No entanto, quando a publicidade se faz passar por conteúdos gerados localmente, isso pode reduzir potencialmente a confiança do usuário no website e prejudicar a imagem da marca. Para resolver essa importante questão, o IAB estabeleceu um painel para definir os padrões de utilização nesse tipo de publicidade.

Publicidade nos dispositivos móveis (Mobile). Os profissionais de marketing visionários estão acompanhando de perto a evolução do mercado de dispositivos móveis. Smartphones e telefones celulares têm alta penetração, e os telefones celulares são o principal dispositivo da internet em muitos países (consulte o Capítulo 4). O uso da internet móvel cresceu cerca de 25 por cento ao ano de 2007 a 2010, segundo a Interactive Advertising Bureau. Com o aumento dos smartphones, atualmente 40-45 milhões de usuários acessam a internet regularmente, e esses usuários estão, na sua maioria, na faixa de 25 a 44 anos, embora os usuários de texto sejam mais jovens. Embora a publicidade móvel ainda represente um pedaço muito pequeno do bolo da publicidade on-line, de acordo com o *The Economist*, 'Os profissionais de marketing tratam o telefone celular como a terra prometida da publicidade'. Os formatos de publicidade móvel disponíveis são descritos a seguir:

- **Ads display.** Os usuários puxam o conteúdo de websites e banners, flash, ou surgem outros tipos de formatos de anúncios. Na campanha da operadora de celulares Virgin 'Sugar Mama', a empresa ofereceu aos proprietários de telefone celular alguns minutos grátis em troca da visualização dos anúncios. Por exemplo, visualizar um anúncio de 45 segundos na web gera um minuto de conversação gratuita no celular, e receber anúncios de mensagem de texto ou responder questionários on-line geram mais minutos grátis. De acordo com a Ultramercial, a empresa que promove a campanha, a Virgin Mobile gerou mais de 10 milhões de minutos grátis por meio da campanha.
- **Mensagens.** Serviços de mensagens curtas (SMS), também chamadas mensagens de texto, são uma técnica de marketing direto na qual os profissionais inserem anúncios de texto de até 40 caracteres. Esse serviço tem um alcance mais amplo do que muitos outros formatos, porque até mesmo o telefone mais simples pode receber mensagens de texto, mas nem todos podem receber ads display ou vídeos.
- **Anúncios conforme a localização.** Esses anúncios são baseados em texto ou em GPS (discutido em detalhes posteriormente neste capítulo).
- **Pesquisa paga.** Os publicitários podem comprar palavras-chave que aparecem como links patroci-

Figura 11.8 Patrocínio da Life Savers no Candystand.

Fonte: <http://www. candystand.com>.

nados nas páginas de resultados do mecanismo de busca móvel. Em virtude do tamanho limitado das telas, esses anúncios devem ser curtos e relevantes para atrair o clique.

- **Vídeo.** Esses anúncios são uma área crescente, pois ocupam uma largura de banda significativa e, portanto, são longos para download.
- **Voz.** Embora ainda bastante raros, os anúncios de voz são promovidos antes ou depois de uma mensagem de voz ou de uma conversa.
- **Aplicativos.** O iPhone e o iPad colocaram os aplicativos móveis no mapa. Os publicitários podem utilizar aplicativos como amostras de produtos, ou podem enviar anúncios com um aplicativo para compensar o preço de compra do usuário. A Kraft Foods desenvolveu o assistente iFood a $ 0,99 com acesso a mais de 7 mil receitas, dicas culinárias, vídeos explicativos e uma função de lista de compras. Segundo o Diretor de Inovação e Experiência do Cliente da Kraft, o objetivo desse aplicativo foi engajar os clientes a estar mais próximos da empresa no momento da compra dos produtos Kraft. A Kraft promove o aplicativo em <http://KraftFoods.com> e por meio de uma receita semanal enviada por e-mail. O aplicativo foi bem-sucedido, pois 60 por cento das pessoas que o baixaram continuaram utilizando o aplicativo seis meses depois, e 90 por cento dos usuários que logaram a <http://KraftFoods.com> com o aplicativo são novos no website — uma tática significativa de aquisição de cliente ('Kraft´s Mobile Branding Recipe', 2010).

Qual plataforma escolher? Tudo depende dos objetivos de marketing para a campanha, da demografia e do comportamento do mercado-alvo, e outras coisas que os profissionais de marketing consideram em qualquer escolha de formato de publicidade. Consulte a Figura 11.9 para obter uma matriz que mostra quais são as melhores plataformas para metas de publicidade selecionadas, segundo o Interactive Advertising Bureau.

Anúncios para celular são uma nova área com grande potencial e muitas perguntas continuam sem resposta. Um importante debate atual envolve a seguinte questão: se os usuários de celular preferem pagar pelo conteúdo ou receber conteúdo patrocinado por publicidade. Isso é análogo à televisão — a audiência pode pagar pela programação de TV a cabo sem comerciais ou receber programação dos canais patrocinada pela publicidade. Em uma pesquisa, apenas 9 por cento dos usuários de telefone estariam propensos e 25 por cento pouco propensos a receber anúncios, mesmo que fossem anúncios autorizados ('Mobile Metrics to Know', 2010). No entanto, como 43 por cento dos usuários de telefones celulares acessam a internet diariamente a partir de seus telefones, esse baixo interesse do cliente não parece desanimar os profissionais de marketing — afinal, todo mundo odeia publicidade, mas eles continuam a ver se ela foi relevante e se ela foi criativamente concebida e desenvolvida.

Várias questões importantes podem afetar o futuro da publicidade para os dispositivos móveis. Primeiro, a largura de banda sem fio atualmente é pequena; portanto, o conteúdo adicional da publicidade dificulta o download rápido das informações solicitadas. Segundo, a redução no tamanho das telas dos telefones celulares e dos smartphones limita bastante o tamanho do anúncio. Terceiro, a publicidade requer técnicas diferentes para controlar a eficácia da publicidade, e este é um campo emergente. Por fim, muitos usuários móveis precisam pagar um provedor de serviço por cada minuto de acesso à internet — e muitos não querem pagar o tempo que leva para receber anúncios. Apesar des-

Figura 11.9 Locais de publicidade móvel por meta da campanha.

	Anúncio em Display	**SMS**	**Localização**	**Pesquisa paga**	**Vídeo**	**Voz**	**Apps**
Marca	✔		✔		✔	✔	✔
Ir para um website	✔	✔	✔	✔	✔		✔
Clique para chamar		✔	✔	✔		✔	✔
Diálogo com o cliente		✔				✔	✔
Geração de propostas	✔	✔		✔			✔
Vendas diretas	✔		✔	✔			✔

Fonte: Adaptado de 'IAB Mobile Buyer´s Guide'. Disponiveis em: <http://www.iab.net>.

sas questões, a publicidade patrocinada por conteúdo nos dispositivos móveis tende a aumentar no futuro.

Formatos que os usuários odeiam. Os clientes odeiam a maioria da publicidade, mas normalmente reconhecem que alguém tem de pagar pelo conteúdo gratuito na mídia. No entanto, além dos pop ups, existem alguns formatos on-line que frustram os usuários, segundo os testes de usabilidade do Catalyst Group (ver <http://www.catalystnyc.com>). Aqui estão os 'dez itens negativos' que os profissionais de marketing on-line sensatos deveriam evitar: banners publicitários abaixo dos títulos, anúncios que se parecem com conteúdo (por exemplo, alguns patrocínios), anúncios dançantes, anúncios de meia página autoexpansivos, banners ao lado de logotipos, cartazes no canto superior direito, links de texto do Google interrompendo o conteúdo, anúncios com botões escondidos, intersticiais e take-overs de página. Em resumo, a maioria consiste em publicidade de interrupção.

Formatos emergentes. Na internet, vale tudo. Este é um terreno fértil para o anunciante criativo, que constantemente inventa novas maneiras de atingir os mercados-alvo com publicidade on-line. Downloads de widget ads são uma das últimas tendências. A Kraft Foods oferece um widget que, uma vez instalado no desktop de um cliente, automaticamente enviará uma receita diferente diariamente. O Yahoo! tem aproximadamente 5 mil widgets, alguns dos quais oferecem assistência para compras — como as buscas por revendedores da Amazon.com ou busca de produtos na Sears.com. Outra nova fronteira é a publicidade em vídeo, em razão dos elevados números de audiência de vídeo, com quatro novos formatos de anúncios:

- O Yahoo! tem um anúncio de abertura de três segundos que vai mostrar um vídeo à direita e depois torna-se um banner acima da janela do vídeo depois do seu início. Quando os usuários clicam no anúncio, a interatividade do banner inicia e o vídeo original pausa.
- O Yahoo! também tem uma sobreposição de vídeo semitransparente, mostrado antes ou depois dos jogos de vídeo. O usuário vê uma sugestão para passar o mouse sobre o vídeo, promovendo o surgimento do anúncio. O usuário pode clicar no website do anunciante.
- O Google oferece 'anúncios de gadget' com recursos interativos e de rich media, possibilitando a interação dos usuários de outras formas. Por exemplo, os anúncios de gadget se parecem mais com o conteúdo revelante (como o da turnê musical do Honda Civic) e os usuários podem publicá-los em qualquer lugar on-line e compartilhá-los com outras pessoas nas redes sociais.
- O VideoEgg permite que os usuários cliquem enquanto estão rolando um vídeo, e a interação com um pequeno banner pop up animado, um novo vídeo ou jogo. Mais de cem marcas no YouTube e outros websites de compartilhamento de vídeo utilizam essa tecnologia (Figura 11.10).

11.3 Relações públicas de marketing (MPR)

As relações públicas (RP) consistem em atividades que visam influenciar a opinião pública de forma positiva e possibilita a criação de goodwill para a organização. As RP são utilizadas para a criação de goodwill dentre uma série de diferentes públicos, incluindo acionistas da empresa e funcionários, a mídia, fornecedores e a comunidade local, assim como clientes, fornecedores e outros grupos de interessados (stakeholders). As **relações públicas de marketing** (**RPM**) incluem as atividades relacionadas à marca não pagas, cobertura da mídia de terceiros para influenciar positivamente os mercados-alvo. Portanto, as RPM são o setor do departamento de RP que está orientado aos clientes atuais e futuros da empresa para promover a conscientização e atitudes positivas sobre as suas marcas. Os vídeos

Figura 11.10 Plataforma AdFrames da VideoEgg proporciona o engajamento.

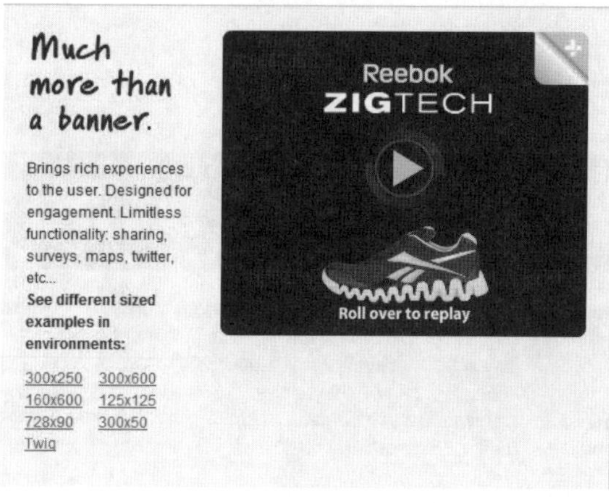

Fonte: <http://www.videoegg.com>.

da série 'Isso vai Blendar?' da Blendtec fizeram um trabalho brilhante utilizando RPM (vinheta da abertura do capítulo).

Atividades de RPM que utilizam a tecnologia da internet incluem o **conteúdo do website**, eventos on-line e muitas formas de gerar notoriedade da marca ou produtos no mundo on-line (buzz marketing). Neste capítulo, discutimos RPM utilizando técnicas tradicionais on-line, e no capítulo seguinte discutiremos blogs, comunidades e outras mídias sociais utilizadas para a criação da notoriedade da comunicação.

Website

Toda empresa, organização, indivíduo ou website da marca é uma ferramenta de RPM, pois atua como brochura eletrônica, incluindo o produto atual e informações sobre a empresa. No Capítulo 6, você aprendeu que a maioria dos usuários da internet compra no ambiente on-line e utiliza a internet para obter informações antes de comprar on-line ou off-line. Isso ressalta a importância do website da empresa e as táticas aplicadas para que ele seja encontrado nos mecanismos de busca.

Segundo a Associação de Marketing Direto, 'À medida que os profissionais de marketing obtêm melhor compreensão de seus ROIs, eles começam a alocar mais recursos para o desenvolvimento dos websites e o engajamento do cliente, em vez de promover seus websites como um meio para aumentar sua lucratividade. Aprimorar a experiência do cliente on-line atualmente é uma prioridade' (ver <http://www.the-dma.org>). Por exemplo, o website da Butterball (<http://www.butterball.com>), que apresenta dicas de culinária e utensílios, recebeu 550 mil visitantes em um dia durante a semana de Ação de Graças. Embora a criação desse website implique em custos para a empresa, isso não é considerado publicidade (espaço pago em outro local da empresa).

Várias vantagens são geradas com o uso da web para publicar informações sobre o produto. Primeiro, a web é uma alternativa de baixo custo em relação às brochuras de papel ou impressos enviados por correio. Segundo, as informações sobre o produto são frequentemente atualizadas no banco de dados da empresa, de modo que o conteúdo da webpage é sempre atual. Por fim, a web pode alcançar novos clientes que estão buscando por produtos específicos. Muitos livros discutem como criar websites — portanto, o tópico está além do escopo deste livro. O ponto mais importante é criar um website que atenda o público-alvo da empresa melhor do que a concorrência. Os websites podem entreter (jogos e cartões-postais eletrônicos), construir comunidades (eventos on-line, mídia social), proporcionar um canal de comunicação com o cliente (opinião do cliente e atendimento ao cliente), fornecer informações (seleção e compra do produto, recomendação do produto, referências sobre o varejista) e ajudar em muitas outras formas.

O website é uma porta para entrar em uma empresa, e deve fornecer conteúdo convidativo, organizado e relevante. A Figura 11.11 mostra a página inicial do U.S. Census Bureau com um bom sistema de navegação para encontrar estatísticas demográficas. Da mesma forma, é extremamente persuasivo no sentido de conduzir as pessoas a preencher as perguntas do censo de 2010, um objetivo importante do Census Bureau. Por fim, o website mostra em tempo real a taxa de participação dos cidadãos norte-americanos que já preencheram todos os dados. É difícil fazer um portal web simples quando existe tanta abundância de dados e dezenas de milhares de webpages e consideramos que o website do U.S. Census Bureau é claro, prático e fácil de navegar.

Eventos on-line

Os eventos on-line são projetados para gerar o interesse do usuário e atrair o tráfego para um website. Em um evento

Figura 11.11 O website como porta da empresa.

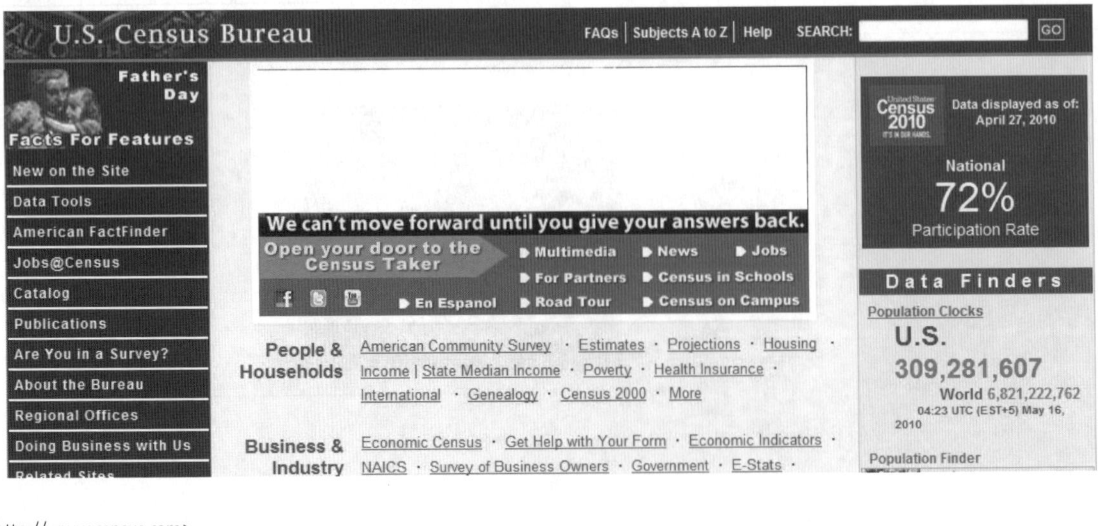

Fonte: <http://www.census.com>.

altamente divulgado, a Amazon possibilita que os usuários contribuam para uma história iniciada pelo autor John Updike. Todo ano, a Land Rover patrocina a corrida Camel Trophy por regiões exóticas do mundo. A Land Rover disponibiliza a seus usuários o recebimento de atualizações da corrida em seu website. Talvez o mais memorável evento comercial on-line tenha ocorrido em 1999, quando a Victoria Secret realizou um desfile de moda ao vivo na web. A empresa publicou o evento em anúncios no *The New York Times*, no Super Bowl e em outros meios de comunicação tradicionais. O evento atraiu 1,2 milhão de visitantes, um aumento de 82 por cento no tráfego da web, e os servidores web da empresa não conseguiram gerenciar todo esse tráfego.

Empresas e organizações podem realizar seminários, workshops e discussões on-line. Na corrida presidencial dos Estados Unidos em 2008, a CNN realizou um debate on-line e recebeu perguntas em vídeo dos cidadãos. Um editor pode encorajar as pessoas interessadas em um novo livro a conversar com o autor em um fórum on-line. As empresas utilizam seus próximos eventos para legitimar o envio de e-mail aos clientes atuais e aos potenciais. A realização de eventos on-line em que os clientes chegam a 'falar' com pessoas de alto nível ou de prestígio pode ser considerada como mais um motivo valioso para ser um cliente de determinada organização. Isso também poupa tempo e custos consideráveis em relação a realizar ou participar de um seminário físico.

A CVENT é uma empresa on-line que fornece aos clientes uma interface web para convidar e registrar os participantes potenciais em eventos especiais on-line ou off-line (<http://www.cvent.com>). Isso é particularmente positivo, porque também possibilita o pagamento on-line do registrante, a organização da viagem e proporciona às empresas as informações necessárias a fim de aprimorar os eventos futuros (como taxas de conversão e pesquisas pós-evento). Usando a CVENT, o Diretor de Marketing da Nasdaq (bolsa de valores) dobrou a taxa de resposta e reduziu os custos de marketing em 92 por cento. Da mesma forma, a webEx oferece um espaço para reuniões e seminários on-line, e os usuários do <http://Meetup.org> podem formar grupos de interesse específicos de acordo com a localização e, em seguida, organizar as reuniões off-line.

Podcasts

'Um podcast é um arquivo de mídia digital, ou uma série de tais arquivos, que é distribuído por meio da internet utilizando a sindicalização (Web feed(s)) para serem ouvidos em reprodutores portáteis e computadores pessoais', segundo a Wikipedia. Os podcasts começaram com arquivos puramente de áudio para o iPod e outros MP3 players, mas agora os usuários podem baixar podcasts de vídeo ('vidcasts' ou 'videocasts') para uso em muitos tipos de aparelhos receptores. A linha entre podcasts de vídeo e outros formatos de vídeo on-line é bastante difusa. Dezenove por cento de todos os usuários de internet baixaram um podcast (segundo a pesquisa da Pew Internet & American Life) e quase 18 por cento das empresas oferecem esse conteúdo (de acordo com a pesquisa de engajamento do cliente da agência digital cScape).

Parece que os podcasts puramente de áudio têm uso limitado como uma ferramenta de CIM, especialmente em razão da crescente popularidade do vídeo on-line; no entanto, algumas empresas estão usando os podcasts com bastante êxito. Por exemplo, a Eastman Kodak Company grava entrevistas com fotógrafos profissionais e oferece o conteúdo como podcasts no iTunes. A Kodak observa que muitos outros profissionais gostam de ouvir os podcasts durante sua ida para o trabalho. Outras empresas que oferecem podcasts para construir suas marcas incluem mídia (por exemplo, Comedy Central, ESPN e *The New York Times*), música (por exemplo, MTV, Quincy Jones), esportes (por exemplo, HBO, a NBA) e empresas de tecnologia (por exemplo, Diggnation, CNET).

Promover a notoriedade (buzz) on-line

A notícia tornou-se digital, isso inclui informações e anúncios sobre uma empresa e suas marcas. Os cinquenta maiores jornais nos Estados Unidos têm uma circulação diária para 17,4 milhões de leitores, de acordo com as estimativas de 2009 do Audit Bureau of Circulation. No entanto, os cinco principais websites de notícias gerais da web em 2010 atraíram 140 milhões de visitantes mensais (Yahoo! News, MSNBC Digital Network, AOL News, CNN Digital Network e NYTimes.com), segundo a Nielsen//NetRatings. Por essa razão, e porque os usuários encontram notícias por meio de buscas on-line, as empresas geralmente incluem uma sala de imprensa com releases sobre as marcas em seus websites e também enviam o conteúdo eletronicamente via e-mail ou pela web para empresas de comunicação social para sua publicação. As empresas também disponibilizam na mídia social, para que os blogueiros e outras pessoas possam escrever sobre as notícias. A obtenção de publicidade da marca é o objetivo da maioria das estratégias de RPM da empresa.

Cada vez mais, os jornalistas deixam de publicar as informações dos milhares de comunicados de imprensa diários que chegam em seus e-mails; ao contrário, eles vão em busca de informações sobre histórias interessantes. Mesmo quando surge uma grande história, como a introdução do iPad, o primeiro lugar que os jornalistas pesquisam é o website, para obter mais detalhes. Isso faz com que a sala de imprensa on-line da empresa e as páginas 'Sobre nós' sejam elementos fundamentais. Da mesma forma, significa que os comunicados de imprensa on-line devem ser carregados com palavras-chave para ajudar os jornalistas a encontrá-los na busca de uma história relacionada a um tema específico. Por exemplo, o Google tem excelentes páginas para a imprensa. Conforme mostrado na Figura 11.12, a webpage 'Sobre o Google' é bem organizada, simples e oferece todas as informações que um visitante precisa. Com apenas um clique, os jornalistas podem obter imagens, informações e dados de contato, e o que é necessário para qualquer história.

Os meios de comunicação social agregaram outra dimensão interessante nas atividades de RPM on-line. Jorna-

Figura 11.12 O Google em <http://google.com.br>.

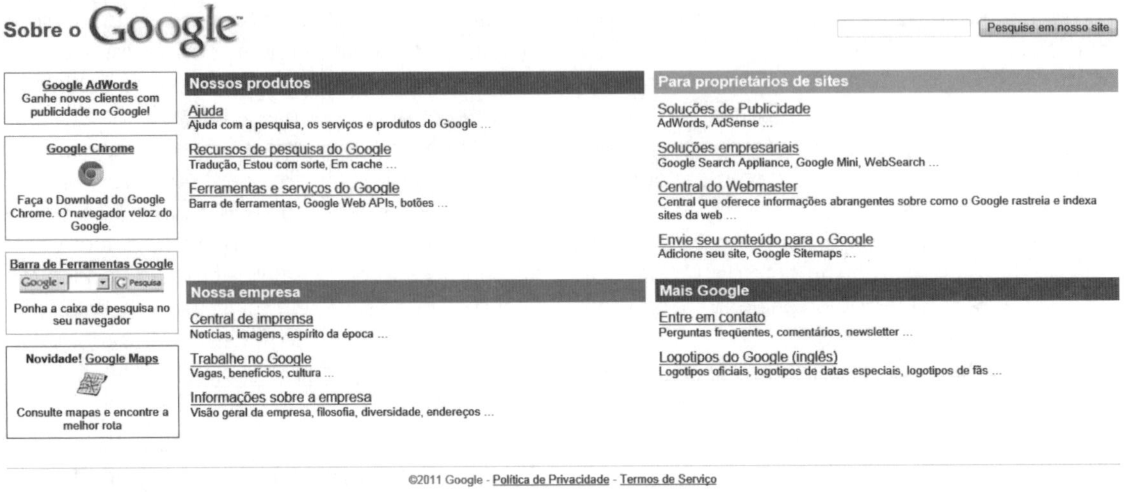

Fonte: <http://www.google.com.br/intl/pt-br/about.html>.

listas cidadãos postam fotos de quase tudo, incluindo mau funcionamento do produto, e uma crise de RP on-line pode se desenvolver em questão de horas (consulte o Capítulo 12).

Há muitas maneiras positivas de desenvolver a notoriedade on-line utilizando a RPM. O marketing viral, anúncios criados pelo cliente e outras ideias neste capítulo e no Capítulo 12 ajudarão as empresas a desenvolver essa notoriedader. Outras ideias são descritas a seguir:

- Fornecer conteúdo envolvente e inédito nos websites para atrair o tráfego e visitas repetidas.
- Criar vídeos interessantes, na expectativa que eles fiquem virais, como ocorreu com a Blendtec.
- Oferecer feeds de RSS para que os jornalistas tradicionais e de mídia social possam monitorar o conteúdo e escrever sobre ele em seus próprios websites ou blogs.
- Utilizar trechos de notícias on-line para divulgar comunicados de imprensa on-line (como Business Wire, PR Newswire e PRWeb).
- Considerar o uso do novo comunicado de imprensa na mídia social que melhora o formato tradicional, pois oferecem ligações fáceis, imagens, citações e muito mais (disponível na Shift Communications: <http://www.shiftcomm.com>).
- Encontrar blogueiros influentes no setor apropriado, como Seth Godin, especialista de marketing. Comentar nos blogs, quando eles escrevem sobre assuntos em sua área de especialização.

11.4 Promoção de vendas

Promoções de vendas são incentivos de curto prazo na forma de brindes ou dinheiro que facilitam a circulação de produtos dos fabricantes para o usuário final. Atividades de promoção de vendas incluem cupons, descontos, abatimentos, amostras de produtos, concursos, sorteios e prêmios (brindes ou presentes de baixo custo). Desses tipos de promoção, apenas a amostragem, descontos e concursos/sorteios são amplamente utilizados na internet. Os cupons on-line representavam uma grande promessa no início da internet; no entanto, dados mais confiáveis são necessários para estimar seu valor aos profissionais de marketing — as estimativas de uso em 2010 variam de 6 a 75 por cento de usuários da internet (consulte a Figura 11.13 para um website que distribui cupons on-line). Em duas pesquisas diferentes, 71 por cento dos usuários da internet disseram que *não* estariam interessados em cupons on-line (realizada em 2009); no entanto, 68 por cento das mulheres disseram que gostariam de receber cupons em seus celulares — principalmente os cupons de varejo (realizada em 2010) ('Women Take the Lead', 2010).

A promoção de vendas on-line funciona, especialmente para motivar os clientes a mudar seu comportamento em curto prazo (por exemplo, visitar um website, fazer inscrição on-line, comprar na próxima semana). Os profissionais de marketing relatam taxas de resposta de três a cinco vezes maiores com promoções on-line do que com a mala direta. Enquanto a maioria das táticas de promoção de vendas off-line é direcionada pelas empresas no canal de distribuição, as táticas on-line são direcionadas principalmente para os clientes. As promoções de vendas dirigidas aos clientes off-line são geralmente combinadas com outras formas de propaganda. As promoções de vendas consistem em mostrar anúncios populares e também são eficientes para atrair os usuários para um website, seduzindo-os a ficar e persuadindo-os a retornar. As táticas de promoção de vendas on-line podem ajudar na construção da marca, no desenvolvimento de banco de dados e a intensificar o aumento das vendas on-line ou off-line, embora, como ocorre com as promoções

Figura 11.13 H.O.T! Coupons distribui cupons na maioria das áreas locais.

Fonte: <http://www.hotcoupons.com>.

off-line, elas não ajudem a desenvolver relacionamentos com os clientes no longo prazo.

Amostras

Alguns websites permitem que os usuários experimentem produtos digitais antes da compra. Muitas empresas de software oferecem download gratuito de versões demonstrativas totalmente funcionais do seu software (Figura 11.14). A versão demonstrativa normalmente expira em 30 a 60 dias; após esse período, os usuários podem optar por comprar o software ou removê-lo do sistema. Lojas de música on-line permitem aos clientes uma amostra de 30 segundos da música antes de baixá-la ou encomendar o CD. Empresas de pesquisa de mercado muitas vezes oferecem resultados da pesquisa como uma amostra para atrair as empresas a adquirir seus relatórios. Por exemplo, a comScore Media Metrix posta os resultados de sua pesquisa mensal dos principais websites para que os interessados possam visualizar, utilizar e, dessa forma, talvez descobrir uma necessidade de adquirir dados mais detalhados.

Figura 11.14 Amostras de software na Microsoft.com.

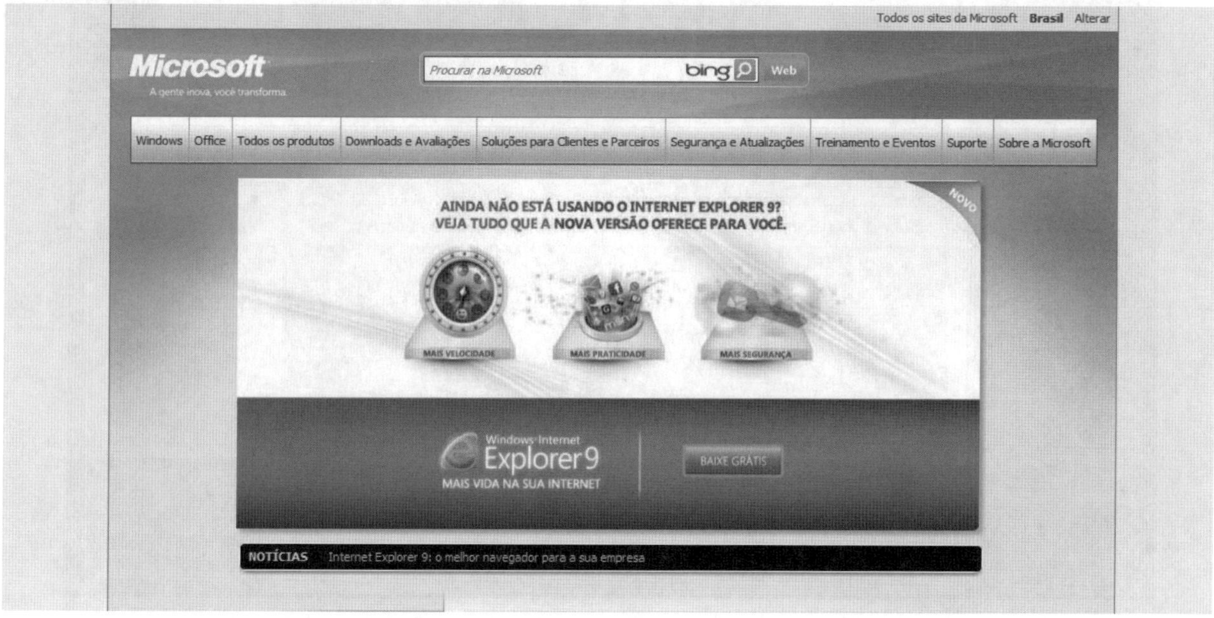

Fonte: <http://www.microsoft.com/pt/br/default.aspx>.

Refletindo sobre o crescimento dos ataques de vírus, a Symantec oferece amostra gratuita do seu produto on-line. Os usuários podem executar a varredura ou detecção de vírus em seu PC diretamente no website da Symantec. Mais de 466 mil websites agora se conectam com o website da Symantec, com um excelente produto e outras técnicas de CIM, resultou em um papel impressionante de liderança de mercado, com 22 por cento do mercado de segurança/anti--vírus (consulte <http://www.symantec.com>) .

Concursos, sorteios e jogos

Muitos websites realizam concursos e sorteios para atrair o tráfego e promover o retorno dos usuários. Os concursos exigem habilidade (por exemplo, resposta sobre conhecimentos gerais), enquanto os sorteios envolvem apenas uma oportunidade de atrair os vencedores. Assim como ocorre no mundo físico, essas atividades de promoção de vendas geram interesse em relação às marcas e motivam os clientes a visitar um varejista. Tais atividades persuadem os usuários a mudar de página em página em um website, aumentando assim a duração do tempo nele (chamado 'viscosidade' do website). Se as ofertas de sorteios são alteradas regularmente, os usuários retornarão ao website para conferir as últimas oportunidades de ganhar.

A ContestHound.com, um diretório de sorteios e concurso fundado em 1999, realiza um excelente trabalho de consolidação de promoções de muitos websites (consulte a Figura 11.15). Esse website recebe cerca de 200 mil visitantes por ano, e 10 por cento são assinantes da sua newsletter. Seus três websites locais também oferecem entretenimento e táticas de personalização, como jogos, newsletter e um programa de afiliação para envolver os clientes. A ContestHound utiliza modelos de comércio eletrônico e mídia — a receita vem dos anúncios pagos e programas de afiliação que eles participam. Posta cerca de vinte novos concursos por dia. Segundo a coproprietária Kathleen Gunther:

> *Os concursos vão desde a fabricação artesanal de sabonetes e velas de soja por donas de casa mensalmente, até carros, férias e reformas domésticas. Outros prêmios realmente populares são produtos eletrônicos, DVDs, cartões de presente e entradas VIP para concertos e premiações do tipo 'uma vez na sua vida' (como participar na cerimônia que premia os maiores nomes da música canadense). Um concurso deve atender a alguns critérios que vamos relacionar: o prêmio deve valer pelo menos $ 15; tanto os prêmios como o website estão baseados em valores familiares; as regras devem ser totalmente descritas no website; o acesso deve ser gratuito. Acho que o concurso mais louco que já promovemos foi 'Ganhe papel hi-*

Figura 11.15 ContestHound.com consolida promoção de vendas de muitos websites.

Fonte: <http://www. contesthound.com>.

giênico grátis'. Todos os meses, havia um novo vencedor de 24 rolos e, acredite ou não, era extremamente popular. Fomos pagos para um único concurso e ele se prolongou por um longo, longo tempo!

Em uma promoção popular, os restaurantes Wendy e a rede de TV esportiva TSN do Canadá ofereceram sorteios e o concurso Wendy 2009, 'Chute para um milhão'. Os participantes entraram on-line e a TSN escolheu quatro vencedores entre os 7,8 milhões de inscritos (em 2006 se inscreveram 200 mil). O finalista teve a chance de ganhar C$1 milhão ao chutar a gol durante o jogo da Wendy Liga Canadense de Futebol. Infelizmente, o vencedor não marcou o gol — ele obteve um cheque de C$ 30 mil — C$ 1 mil por jarda que a bola estava no ar ('Olson ganha C$ 30 mil', 2009).

A Orbitz.com entrou no mercado de agentes de viagens on-line em meados de junho de 2001, depois que as concorrentes Travelocity.com e Expedia.com estavam bem estabelecidas. No entanto, o website atraiu 1,9 milhão de clientes em seu primeiro mês, em parte devido a um grande sorteio divulgado nas rádios. Todos os visitantes que se inscreveram no website concorriam a uma passagem de ida e volta, sorteada a cada hora, 24 horas por dia, sete dias por semana, durante seis semanas (Orbitz, 2001). A ePrize, uma agência líder em promoção interativa, realizou mais de 6 mil promoções em 39 países em 2010. Os resultados das promoções on-line anteriores foram satisfatórios para as empresas de seus clientes: a Verizon aumentou as taxas de conversão em 800 por cento; a Kimberly Clark constatou que 11 por cento dos clientes retornaram mais de dez vezes em seu website, e a Petsmart aumentou as vendas em $ 450 mil com a promoção de outros produtos da sua loja de varejo física para o website on-line (Linkner, 2004).

Advergames estão crescendo em popularidade on-line. Eles combinam publicidade e jogos on-line; o usuário visualiza os produtos e serviços no próprio jogo. Os advergames são utilizados para atrair o tráfego local e construir marcas nos mercados B2B e no B2C. Por exemplo, os clientes podem realizar um test drive on-line de um Toyota ou jogar qualquer número de jogos interessantes no website da Nickelodeon, como o Pizza Toss do Bob Esponja (<http://www.nick.com>). O advergame é uma tática importante que reconhece o poder crescente do cliente, envolvendo usuários com conteúdo de entretenimento.

Indicadores de desempenho da promoção de vendas

Além dos indicadores CIM apresentados no final do capítulo, os profissionais de marketing querem saber como suas promoções de vendas contribuem para os objetivos de comunicação em geral. Por exemplo, se a empresa deseja aumentar o tráfego do website, qual o volume proveniente do display ad e do concurso on-line? Qual grupo de usuários obteve uma taxa de conversão maior de vendas no website? Obviamente, a métrica selecionada depende dos objetivos da campanha. A Symantec vai querer mensurar o número de usuários que utilizaram sua amostra de verificação de vírus on-line grátis, e quantos posteriormente adquiriram o software.

Para exemplificar, a Russell Athletics formou uma equipe com a ESPN em 2003 para atrair o tráfego para a ESPN.com e elaborar um banco de dados de clientes potenciais para a Russell Athletics (Linkner, 2004). A empresa de vestuário esportivo criou um concurso on-line baseado em seu patrocínio da Bowl Championship Series (BCS). A Russell desenvolveu publicidade televisiva no canal de vídeo ESPN, o que incentivou os espectadores a visitar a ESPN.com para escolher os dez vencedores da BCS. Os vencedores com maior pontuação da semana recebiam camisetas da Russell Athletic, e o concorrente que ficasse no top por maior período recebia uma viagem para o jogo do Campeonato BCS. Para avaliar o sucesso da campanha, a Russell Athletics e a ESPN obtiveram os seguintes resultados:

- Quinhentos mil assistiram a publicidade televisiva da Russell Athletics (objetivo de atrair o tráfego para ESPN.com).
- Vinte e um milhões visitaram a ESPN.com (número de impressões sobre o website).
- Oitenta e cinco mil homens no grupo da faixa etária alvo visitaram o local do jogo.
- Vinte mil do grupo-alvo entraram no jogo.
- Trinta e quatro por cento dos participantes do concurso solicitaram comunicação contínua com a Russell Athletics (objetivo para o banco de dados).

Obviamente, os profissionais de marketing devem planejar colher essas informações antes do início da campanha de promoção de vendas, e monitorar continuamente os resultados. As tecnologias on-line facilitam esse contexto.

11.5 Marketing direto

De acordo com a Associação Norte-americana de Marketing Direto, **marketing direto** é 'qualquer comunicação direta para um consumidor ou empresa projetada para gerar uma resposta na forma de um pedido (*ordem direta*), um pedido de informações complementares (*geração de negócios*) e/ou uma visita a uma loja ou outro local de negócios para a compra de um produto específico ou serviço (*geração de tráfego*)' (com base em <http://www.the-dma.org>). O marketing direto inclui técnicas como telemarketing, e-mails enviados e caixa postal — das quais o catálogo representa uma parte significativa. Os anúncios on-line focados e outras formas de propaganda e promoções de vendas que solicitam uma resposta direta também são considerados marketing direto. Para simplificar, e porque o e-mail é o 'aplicativo essencial' da internet, focamos nossa discussão de comunicação de marketing direto nesta aplicação e nos dispositivos móveis, **mensagem de tex-**

to — também chamada **serviços de mensagens curtas** (**SMS**). Além disso, trataremos dos serviços de mensagens multimídia (SMM) e mensagens instantâneas (MI) em virtude do seu potencial para se tornar táticas de marketing valiosas (consulte o quadro 'Informações técnicas' sobre as mensagens instantâneas). No Capítulo 14, discutimos as implicações dos e-mails orientados para a construção do relacionamento com o cliente.

E-mail

Com 90 trilhões de e-mails percorrendo a internet em todo o mundo para 1,4 bilhão de usuários em 2009 (89 por cento de todos os usuários de internet), o e-mail continua sendo o principal aplicativo da internet. O e-mail continua a ser a técnica de comunicação mais importante para o desenvolvimento de relacionamentos com os clientes, conforme evidenciado pelos 75,4 por cento de profissionais de marketing que investem em campanhas de e-mail (segundo a Associação Norte-americana de Marketing Direto). Como comparação, 79,1 por cento dos profissionais de marketing enviam mala direta postal. O e-mail marketing está em segundo lugar nos gastos com marketing (note que a Figura 11.4 relata a publicidade no e-mail, e não em táticas isoladas de e-mail). O e-mail é a tática de marketing mais utilizada no mercado B2B, usada por 84 por cento dos entrevistados, de acordo com uma pesquisa realizada pela Forrester Research e MarketingProfs (marketing de busca e seminários via intenet — Webinars — foram as duas táticas digitais utilizadas por mais da metade dos entrevistados além do e-mail marketing).

O e-mail não foi substituído pelos feeds via RSS, blogs ou redes sociais, apesar de muitas pessoas preverem seu desaparecimento. Em vez disso, os profissionais de marketing integram o e-mail com as mídias sociais, como o envio de um trecho do artigo por e-mail e o link do artigo completo em um blog, ou oferecem aos clientes a opção de receber informações por meio de newsletters por e-mail, feed RSS e/ou pelo Twitter. O e-mail é uma ferramenta word-of-mouse quando os clientes se comunicam entre si para trocar informações sobre produtos. É ainda o meio principal no qual as empresas enviam ofertas promocionais ou anúncios da empresa para os clientes. O e-mail ainda é utilizado para promover a notoriedade dos seus produtos. Talvez isso mude quando a adesão ao blog e ao RSS aumentar para 90 por cento; no entanto, isso é improvável em um futuro próximo (as estimativas atuais apresentam uma taxa de adesão de 11 por cento, e ela se mantém estável).

O e-mail apresenta diversas vantagens com relação à mala direta postal. Primeira, ele não necessita de postagem ou encargos de impressão. Segunda, o e-mail oferece um meio imediato e conveniente para resposta direta; na verdade, o e-mail muitas vezes direciona os usuários para websites utilizando hiperlinks. Terceira, e talvez a mais importante, o e-mail pode ser automaticamente individualizado para atender às necessidades específicas dos usuários — além de utilizar apenas um nome no e-mail. Da mesma forma, os profissionais de marketing utilizam o e-mail para seus diversos públicos-alvo. Por exemplo, um cliente da Expedia recebe um e-mail sobre um destino turístico específico depois que ele pesquisou voos no website. Definitivamente, o e-mail é mais rápido que o correio postal.

Por outro lado, o e-mail deve ser enviado, lido e elaborado de modo a produzir resultados. As desvantagens do e-mail incluem a dificuldade de fazê-lo passar pelos **filtros de spam** de um ISP (em 2004, a AOL tornou-se famosa por bloquear cerca de 80 por cento dos e-mails recebidos, e ainda bloqueia 75 por cento dos e-mails que chegam aos usuários diariamente). O software de e-mail, como o Microsoft Outlook, também utiliza filtragem de spam no computador do usuário. Segundo fontes diversificadas, 81 a 95 por cento do e-mail em âmbito mundial é spam. Várias estimativas sugerem que, em todo lugar, de 17 a 60 por cento dos e-mails legítimos são capturados em filtros de spam. Os clientes estão muito mais preocupados com o spam do que com correio postal não solicitado, e podem deixar de abrir qualquer coisa que se pareça com spam.

Além disso, existe a dificuldade em encontrar listas de e-mails adequadas. Embora existam muitas listas de mala direta altamente focadas e precisas de endereços postais, as listas de e-mail são difíceis de obter e manter. As listas podem ser construídas de três formas: (1) geradas por meio de inscrições no website, inscrições para assinatura ou registros de compra (os membros mais responsivos da lista); (2) compradas de empresas especializadas, ou (3) obtidas das postagens dos membros de grupos de discussão ou diretórios de e-mail on-line — embora essa prática seja questionável por razões que serão mencionadas a seguir. Apesar de quase 70 por cento da população dos EUA ter um ou mais endereços de e-mail, neste momento, é difícil associar uma lista desses endereços de e-mail com os atuais e potenciais clientes existentes nos bancos de dados da empresa, a menos que o proprietário do endereço de e-mail forneça tal lista, como ao encomendar produtos on-line. E quando uma boa lista é elaborada, as pessoas mudam seus endereços de e-mail — um problema, pois não existe um sistema de encaminhamento de e-mails abandonados, como os sistemas existentes para telefone e endereços postais.

Os profissionais de marketing digital devem lembrar que o e-mail não é simplesmente um correio postal sem papel e postagem. O e-mail oferece a oportunidade para o diálogo real com os clientes individuais, bem como um meio para desenvolver relacionamentos profundos e abrangentes com os clientes, em vez de simplesmente utilizá-lo para adquirir clientes. As empresas podem utilizar e-mails para fazer anúncios, enviar ofertas promocionais ou para comunicar algo importante e relevante às partes interessadas. Em 2006, quando a Pendleton Mills enviou e-mail aos clientes com uma oferta de 20 por cento de desconto em itens já com desconto, 33 por cento clicaram no correio — a maioria no prazo de três horas a partir do início da postagem. Quando a Amazon testou frete grátis para encomendas superiores a 49 dólares em 2001 e superiores a $ 25 em 2003, o presidente executivo Jeff Bezos enviou uma mensagem para os clientes da Amazon informando-os sobre a nova oferta. A Microsoft envia e-mails aos usuários registrados quando novas versões de software são disponibilizadas para download. Muitas empresas enviam periodicamente newsletters por e-mail, uma excelente ferramenta de comunicação com clientes; não é de admirar que 80 por cento dos clientes on-line dos EUA gostem de receber tais e-mails. Newsletters por e-mail representam uma área de crescimento, pois fornecem muitos benefícios.

- As newsletters promovem, de forma regular e legítima, o nome da empresa para os clientes.
- Personalizam a comunicação com conteúdos personalizados.
- Posicionam a empresa como uma expert no assunto.
- Promovem o retorno dos leitores ao website da empresa ou na mídia social.
- Facilitam aos clientes a transmissão de informações entre si.
- Ocasionalmente pagam a si próprias, por meio da venda de pequenos anúncios.

Marketing de permissão: Opt-in, Opt-out

Ao comprar listas de e-mail de empresas especializadas, os profissionais de marketing devem procurar listas que são 100 por cento garantidas de serem autorizadas. A qualificação autorizada significa que os usuários forneceram permissão voluntária para receber o e-mail sobre tópicos de interesse para eles. Outros tipos de listas são compilados a partir de fontes externas, como informações públicas — esses leitores não serão tão sensíveis às ofertas; portanto, os profissionais de marketing são aconselhados a ignorar uma oferta como esta: 'milhões de endereços de e-mail por $99'. Algumas empresas alugam listas, ao invés de vendê-las, pois elas preferem cobrar uma taxa para cada mailing, em vez de fornecer a lista para uso contínuo. O custo médio para alugar listas de e-mail autorizado de clientes é de $ 250 a $ 350 CPM, segundo o Yahoo! Answers. Compare essa taxa com a de alugar uma lista de endereços postais que é de $ 100 CPM (Figura 11.16).

Os usuários da web têm muitas oportunidades de entrar em listas de mailing nos websites (opt-in), simplesmente clicando em uma caixa para tal e inserindo seu endereço de e-mail. A pesquisa mostra que as listas opt-in obtêm uma resposta muito maior que outros tipos de listas. As mensagens de marketing nas listas opt-in podem gerar taxas de resposta de até 90 por cento, extremamente satisfatórias quando comparadas com 0,15 por cento das taxas de cliques em banners publicitários. Por exemplo, a Ticketmaster registrou 90 por cento de cliques em um mailing que oferecia mercadorias adicionais para os fãs de Bruce Springsteen, que já tinham adquirido um ingresso para o próximo show. As listas opt-in possivelmente são bem-sucedidas, em grande parte, porque os usuários normalmente recebem cupons, dinheiro ou produtos pela participação. Com essa técnica, os profissionais de marketing estão deslocando o dinheiro do marketing diretamente para os clientes para gerar recompensas, em vez de comprar espaço publicitário.

Ao optarem por não receberem e-mails, os usuários precisam desmarcar a caixa na webpage para evitar que sejam inseridos na lista de e-mail. Alguns profissionais de marketing questionam essa prática, pois os usuários nem sempre leem uma webpage o suficiente para avaliar o significado de ter marcado a caixa e, portanto, podem ficar surpreen-

Figura 11.16 Métrica para correio eletrônico e postal.

Determinar retorno sobre o investimento (ROI) para uma lista de 5 mil nomes	
Mala direta	**E-mail**
Lista de mailing com cinco categorias de seleção **$ 500**	Lista de e-mail com três categorias de seleção — **$ 300**
Desenvolvimento, serviços de correio e entrega **$ 2.500**	E-mail projetado e enviado aos clientes, rastreamento de dados — **$ 500**
Custos líquidos, **$ 3.000**	Custos líquidos, **$ 800**
Taxa de resposta — **1%**	Taxa de resposta — **0,2%**
(**50** novos clientes)	(**10** novos clientes)
Média de novas compras — **$ 75**	Média de novas compras — **$ 110**
Campanha de lista de mailing resultou em um **ROI de 25%**	Campanha de lista de mailing resultou em um **ROI de 37,5%**
(Receita líquida de $ 750/custo de $ 3 mil)	(Receita líquida de $ 300/custo de $ 800)

Fonte: adaptado de 'Mailing List Brokers — Buyer's *Guide*', *2010* (<http://www.smallbusiness.yahoo.com>).

didos e aborrecidos ao receber um e-mail posteriormente. Alguns legisladores dos EUA propuseram leis que proíbem o e-mail não autorizado.

As técnicas de opt-in fazem parte de uma estratégia maior de marketing tradicional chamada **marketing de permissão**. Segundo Seth Godin (1999), o marketing de permissão refere-se ao processo de transformar estranhos em clientes. Como fazer essa conversão? Pergunte às pessoas quais são suas áreas de interesse, peça permissão para lhes enviar informações e depois as envie de forma divertida, educacional ou interessante. A previsão é de que as técnicas de autorização evoluam e cresçam consideravelmente nos próximos anos.

Regras para e-mail marketing de sucesso

Saber como utilizar o e-mail que passe pelos filtros de spam, que é aberto pelos receptores, e gera resultados, é muita mais uma ciência do que arte. A Associação Norte-americana de Marketing Direto, entre outras, relata constantemente as técnicas mais eficazes. Obviamente, as táticas variam de acordo com o setor, mas a seguir são descritas algumas diretrizes gerais:

- Use a autorização para construir a sua lista, porque sua reputação de ser orientado para o cliente é mais importante do que ter uma grande lista.
- Verifique a reputação de seu e-mail para ver se ele vai passar pelos filtros do ISP. Verifique as listas negras de e-mails e utilize um serviço como o Return Path´s Sender Score Reputation Manager, que exibe sessenta variáveis de reputação.
- Use um endereço de e-mail que seja profissional. Remetentes de Yahoo!, Hotmail e até Gmail têm mais probabilidade de serem bloqueados do que os endereços de e-mail de empresas ou instituições educacionais. Por exemplo, o melhor endereço de e-mail é nome.sobrenome@nomedaempresa.com ou nome.sobrenome@universidade.edu.
- Facilite o trabalho para os usuários saírem da lista. Isso gera confiança.
- Utilize a microssegmentação, enviando ofertas para listas menores de clientes relevantes, e personalize essas listas. O e-mail da Expedia que acabamos de mencionar é um exemplo perfeito, pois eles são e-mails de confirmação de entrega automatizada.
- Uma pequena melhora no layout criativo e o uso da multimídia no e-mail pode aumentar as taxas de resposta em até 75 por cento, de acordo com MailerMailer.com. Teste as abordagens de e-mail de HTML para ver qual é a melhor para cada tipo de ofertas.
- Proporcione aos leitores muitas oportunidades de se engajar com o e-mail e agir sobre a oferta. E-mails de alto desempenho oferecem uma média de 27 links por mensagem, segundo a Peppers e o Grupo Rogers (<http://www.1to1.com>).
- Utilize indicadores para monitorar as taxas de abertura, as taxas de resposta e o retorno do investimento (ROI). Por exemplo, um autor recentemente enviou um e-mail para 178 destinatários em uma lista autorizada usando o serviço de e-mail da Constant Contact. Houve sete endereços incorretos de e-mail (3,9 por cento), um opt-out, 92 aberturas (53,8 por cento) e 19 cliques em links diversos no e-mail (20,7 por cento). Podemos saber exatamente quais foram os leitores em cada categoria e quem clicou em cada link. Além disso, considere o custo de não respostas que podem contribuir para reduzir o brand equity se seu e-mail for considerado um spam (e depois redefina a lista).

Conforme mencionado anteriormente, muitas organizações estudam a eficácia do e-mail marketing. Tais organizações oferecem muitos conselhos sobre o que funciona, considerando tudo, desde como construir a melhor lista autorizada, a questão da criatividade e dos títulos, o cancelamento da inscrição na webpage e como esses conselhos podem ser aplicados para desenvolver relacionamentos. A lista anterior foi apenas uma amostra — muito mais informações estão disponíveis on-line para os profissionais de e-mail marketing. Por exemplo, consulte a Figura 11.17. Esse censo da indústria do e-mail marketing indica que os profissionais de marketing estavam planejando aumentar o uso de segmentação avançada (42 por cento), personalização (37 por cento) e focalização comportamental (34 por cento).

Marketing viral

O marketing viral é um nome ruim para uma grande técnica. Quando os indivíduos enviam um e-mail para amigos, colegas de trabalho, familiares e outras pessoas em suas listas de e-mail, eles estão utilizando o que gostamos de chamar *word-of-mouse*. Mais comumente conhecido como **marketing viral**, é o equivalente on-line do boca a boca — e é gratuito. O marketing viral funciona bem quando os amigos do receptor estão no mercado-alvo da empresa. O Hotmail começou com apenas um orçamento de $ 50 mil para sua promoção (em relação aos $ 50 a $ 100 milhões necessários para lançar uma marca off-line). A empresa simplesmente enviou alguns e-mails informando aos colegas sobre o serviço de e-mail na web, e no período de seis meses, a empresa possuía um milhão de usuários registrados (Ransdell, 1999). Dezoito meses após o lançamento, a empresa tinha 12 milhões de assinantes e a Microsoft adquiriu a empresa por $ 400 milhões em ações da Microsoft.

Todo profissional de marketing quer uma campanha que se torne viral, mas poucos conseguem esse objetivo. 'Isto vai Blendar?', o Doritos da Super Bowl criou comerciais de TV, e muitos vídeos no YouTube alcançam esse *status*, mas esse contexto é imprevisível, e existe muita concorrência on-line para os videos de entretenimento e engajamento e competições. Muitas vezes, o enorme sucesso de um vídeo viral é uma surpresa — e com mais frequência é uma decepção

Figura 11.17 As melhores práticas de e-mail em 2010.

Fonte: dados do 'E-mail Marketing Industry Census in 2010', conforme relatado em eMarketer.com.

que um vídeo importante que fez tanto sucesso no trabalho não se transforme em viral. Muito pode ser aprendido analisando as histórias de sucessos, mas é preciso tomar cuidado, pois os gostos culturais mudam rapidamente.

Outras histórias de sucesso de marketing viral incluem a Dell, a taxa de adesão do MP3, de 0 a 50 por cento em seis meses; o desenho animado político de JibJab.com, exibindo o presidente Bush e o Senador John Kerry, que alcançou a marca de 4,5 milhões de visitantes sem publicidade, e o filme A Bruxa de Blair (*Blair Witch Project*). A Lions Gate films enviou e-mail para 16 mil pessoas trinta dias antes do lançamento do Psicopata Americano (*American Psycho*) em 1999. O fator determinante que fez o e-mail atuar como marketing viral é que os e-mails eram do personagem principal do filme, um assassino em série. Os leitores passavam esses e-mails para suas listas de distribuição.

Na Europa, o Red Zac, um varejista de produtos eletrônicos, ofereceu um jogo on-line, o 'duelo', no qual os clientes jogavam desafiando um amigo por e-mail (Valerius, 2004). Ambos os participantes respondiam a cinco perguntas, sempre que conveniente, mas o website apresentava o show ao vivo para o último participante, comparando os dois conjuntos de respostas dos jogadores. Durante o jogo, os participantes viam anúncios dos notebooks da HP. Após quatro semanas do início da campanha, 60 mil duelos foram jogados e as vendas de notebooks no Red Zac aumentaram em 35 por cento.

Talvez a mais famosa campanha recente de transformação em viral foi a Burger King´s Subservient Chicken (Figura 11.18). No <http://www.subservientchicken.com>, os usuários digitam os comandos na caixa e o frango, um ator vestido de frango, atua como comandado. Esse website atraiu 14 milhões de visitantes no primeiro ano.

Mensagem de texto

Serviços de mensagens curtas (SMS) são de até 160 caracteres de texto enviado de um usuário para outro pela internet, geralmente com um telefone celular ou smartphone. No entanto, as mensagens do Twitter são similares, elas possuem apenas 140 caracteres de extensão e são enviadas pelo celular para o website <http://Twitter.com>, em vez de serem trocadas entre os telefones. Nos Estados Unidos, o SMS geralmente é conhecido como **mensagem de texto**, e é utilizado pela maioria dos usuários de celulares. É diferente da **mensagem instantânea (MI)** — mensagens curtas enviadas entre os usuários que estão on-line ao mesmo tempo (utilizadas por 38 por cento dos usuários de internet). A MI é usada por clientes e funcionários (que têm uma pergunta que necessita de uma resposta rápida). O uso mais comercial da MI atualmente envolve os anúncios enviados às telas de MI, pois os usuários enviam mensagens entre si (como anúncios de filmes apresentados aos assinantes da AOL utilizando o produto AIM). O serviço de mensagens multimídia (SMM) envolve conteúdo multimídia, mas não está comumente em uso ainda, pois os aplicativos receptores portáteis geralmente não disponibilizam o SMM ou por causa da largura de banda.

O SMS difere do e-mail porque os usuários podem receber as mensagens instantaneamente e com baixo custo em seus telefones celulares. O SMS utiliza um armazenamento e tecnologia que preserva as mensagens por apenas alguns dias. Quando os usuários enviam mensagens de texto curtas, eles pagam por minutos de telefone celular ou pela mensagem, mas o custo é mínimo comparado ao uso do telefone celular para uma conversa. Além disso, o acesso ao SMS é fácil, pois os usuários não precisam abrir e-mail ou outro software para enviar ou receber. Em vez disso, eles simplesmente digitam a mensagem no teclado do telefo-

Figura 11.18 Viral do Burger King.

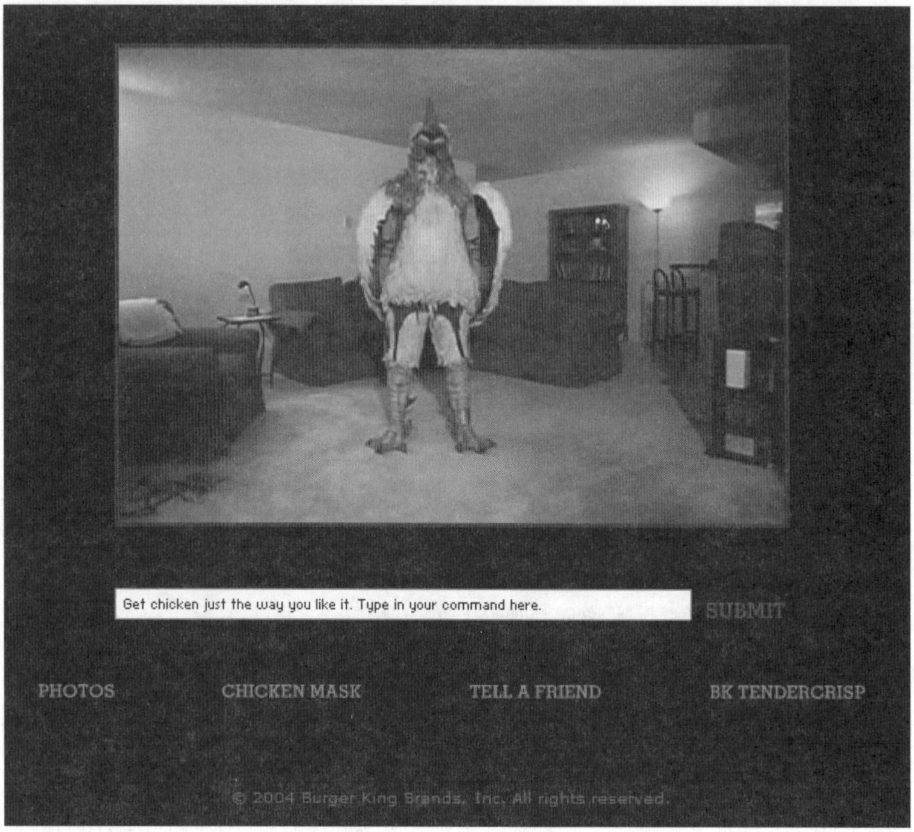

Fonte: <http://www.subservientchicken.com>.

ne. No Japão, os clientes são declaradamente adeptos, que criaram o que é chamado de 'cultura do polegar' (porque eles digitam rapidamente as mensagens usando seus polegares).

Segundo uma estimativa, 4,1 bilhões de mensagens curtas de texto por dia estavam circulando entre os telefones celulares dos EUA em 2009 — o dobro do volume em 2008 ('CTIA-The Wireless Association', 2009). De acordo com a Nielsen Mobile, a maioria dos usuários é adolescente, com 3.146 mensagens por mês — dez mensagens por hora quando não estão dormindo ou estão na escola (embora algumas dessas mensagens possam realmente ser enviadas enquanto eles estão na escola, pois alguns utilizam o tom de toque de alta frequência que os professores mais velhos não conseguem ouvir). O uso do SMS continua a crescer em todas as nações industrializadas.

Como os profissionais de marketing podem capitalizar o uso do SMS? A maioria dos especialistas concorda que os profissionais de marketing podem desenvolver relacionamentos por meio do envio de informações com permissão aos clientes, quando e onde eles querem recebê-la. Para serem bem-sucedidas, as mensagens devem ser curtas, personalizadas, interativas e relevantes. Alguns clientes podem querer receber um aviso SMS sobre catástrofes naturais iminentes de sua companhia de seguros, uma notificação por SMS de atraso de um voo, ou notificação de uma entrega de um dia para o outro. Na Alemanha, os clientes autorizados de clubes locais recebem mensagens de texto toda semana, informando que a banda vai tocar no próximo fim de semana.

Em um exemplo interessante, a Heineken, a marca global de cerveja, utilizou um SMS de promoção de vendas para capitalizar a tradição dos barzinhos noturnos. Criaram um concurso de perguntas para os frequentadores que repassavam para os outros frequentadores e estes escreviam suas respostas. Os vencedores receberam canecas ou refeições gratuitas. Utilizando uma combinação de promoção on-line e off-line, a Heineken colocou sinais nos barzinhos, sugerindo aos clientes para ligar a um número de telefone de seus celulares ou outros dispositivos móveis e digitando a palavra *play* como mensagem de texto (SMS). Em resposta, o cliente recebia uma série de três questões de múltipla escolha para responder. Respondendo corretamente todas as perguntas gerava um prêmio de comida ou bebida a ser resgatado, fornecendo um número especial verificável pelo barman — e 20 por cento de todos os jogadores ganharam. 'O *feedback* é que era uma grande promoção, que os clientes acharam divertido e os donos dos bares visualizaram como uma isca', disse Iain Newell, controller de marketing da Interbrew, dona da marca Heineken.

Marketing baseado na localização

Alguns profissionais de marketing experimentam o **marketing baseado na localização**, incluindo ofertas promocionais que são enviadas para dispositivos móveis e personalizadas com base na localização física do usuário. Isso é diferente do imenso marketing on-line local discutido no Capítulo 1 — incluindo classificados, Craigslist, eBay e outros websites de comércio eletrônico. A tecnologia implícita no marketing baseado na localização é o sistema de posicionamento global (GPS) em um dispositivo portátil, automóvel (telemática) ou sistema de telefone celular.

Informações técnicas

Mensagem instantânea

Sua empresa tem dois escritórios: um nos Estados Unidos e outro na Índia. Como diretor de Marketing e Relações Públicas, é de sua responsabilidade facilitar a comunicação entre a equipe de desenvolvimento de produtos na Índia e as equipes de marketing e vendas nos Estados Unidos. Em razão das limitações de orçamento, você precisa de uma solução de baixo custo, confiável, e a companhia telefônica não está disposta a negociar além dos seus pacotes corporativos. As equipes estão se comunicando por e-mail, mas estão desapontadas com o atraso — muitas vezes leva 45 minutos para simplesmente preencher um questionário. Uma tecnologia antiga — mensagem instantânea — está agora sendo reaplicada no mundo dos negócios, e isso está mudando a forma como as pessoas de negócios se comunicam em âmbito mundial.

As mensagens instantâneas (MI) envolveram inesperadamente os usuários de internet. Ainda que o e-mail seja a forma adotada mais rápida de comunicação até então, a mensagem instantânea supera a velocidade do e-mail e mantém todas as suas outras funcionalidades úteis.

Uma vez que o usuário está conectado, ele visualiza uma lista de contatos, que muitas vezes é referida como uma lista de amigos ou lista de contatos. A lista indica o *status* de cada contato: on-line, off-line, ausente ou inativo. A lista é atualizada dinamicamente, conforme os amigos e associados entram e saem do mundo on-line.

Às vezes, nomes de usuários de mensagens instantâneas são trocados, em vez de endereços de e-mail, especialmente entre estudantes de todas as idades. Eles são famosos por exibir programações de dias inteiros em uma mensagem de ausência, informando os amigos de seu paradeiro. Para enviar uma mensagem instantânea para outro usuário, o usuário precisa estar on-line. O duplo clique em um nome na lista de amigos inicia uma conversa na maioria dos clientes. Uma janela separada abre, na qual se digita uma mensagem: 'Oi, tudo bem?' Apenas os dois usuários podem visualizar a mensagem e o texto subsequente.

Além de mensagens instantâneas, a maioria dos programas oferece uma variedade de recursos:

- *Salas de bate-papo.* Vários usuários podem se envolver em uma conversa.
- *Hiperlinks.* Os usuários podem enviar entre si links ativos para websites.
- *Arquivos.* Os usuários que enviam mensagens instantâneas entre si podem enviar arquivos (por exemplo, documentos do Microsoft Word).
- *Conversa.* Com um microfone e alto-falantes conectados ao PC, os usuários podem conversar entre si pela internet.
- *Videoconferência.* Com uma câmara web conectada ao PC, os usuários podem participar de videoconferência.
- *Informações em streaming.* Notícias atualizadas, cotações de ações e outras informações podem ser exibidas no aplicativo do cliente.

O ICQ ('I Seek You') é considerado o primeiro programa de mensagens instantâneas. Em Novembro de 1996, quatro empreendedores israelenses fundaram a Mirabilis, Ltd., a empresa que desenvolveu o ICQ. O pensamento implícito no conceito de mensagens instantâneas foi criar uma comunicação interpessoal on-line. Os quatro empreendedores perceberam que o mundo estava rapidamente adotando a navegação on-line, e quiseram criar uma solução simples para as pessoas se encontrarem e conversarem. Apenas seis meses após seu lançamento, o ICQ tinha 850 mil usuários registrados, e foi considerado a 'maior rede de comunicação on-line da internet'. O Instant Messenger da AOL competia com o ICQ. O ICQ foi comprado pela AOL em 1998 por $ 400 milhões. Em maio de 2002, o ICQ foi baixado mais de 200 milhões de vezes a partir de <http://CNET.com>, e o ICQ afirmou ter 150 milhões de usuários registrados em 2004. O ICQ acredita que seu sucesso é devido ao marketing viral, pois o software nunca foi formalmente comercializado. Emanuel Rosen, autor especializado em marketing boca a boca, discute o fenômeno ICQ em seu livro intitulado *The Anatomy of Buzz*. Segundo Rosen, o 'marketing' ocorre quando o cliente do ICQ pergunta aos usuários se é possível obter a lista de endereços de e-mails para enviar um convite aos amigos e familiares para participarem da comunidade do ICQ.

Pouco depois que o ICQ decolou, outros provedores da web desenvolveram programas de mensagens instantâneas. O Windows Messenger da Microsoft e Yahoo Messenger também oferecem recursos semelhantes gratuitamente. O Windows Messenger é popular entre as pessoas de negócios, porque está pré-instalado no Microsoft Windows. O ICQ foi vendido pela AOL em 2010 a uma empresa russa por $ 187,5 milhões.

Como o número de clientes disponíveis aumentou, os usuários ávidos enfrentaram um dilema — os amigos que eles queriam conversar estavam utilizando programas diferentes. As empresas rivais tentaram manter a cota de mercado impedindo a interoperação de seus clientes. O Internet Engineering Task Force (IETF) não conseguiu obter um acordo sobre um protocolo-padrão para mensagens instantâneas. Como resultado, foram desenvolvidos utilitários que possibilitavam a comunicação imediata entre usuários de diferentes clientes. Exemplos incluem o Pidgin, Trillian, Adium e Miranda.

Depois do sucesso das mensagens instantâneas utilizando programas autônomos, desenvolvedores de software de grande porte tomaram conhecimento e começaram a adicionar o recurso nos pacotes de comunicação corporativa. O servidor Office Communication da Microsoft permite que empresas desenvolvam a própria rede de mensagens instantâneas. Esse conceito aborda questões de segurança e privacidade normalmente confrontadas pelas empresas. O servidor Office Communication atua como uma interface com o Microsoft Office e o SharePoint, que é um pacote de compartilhamento de arquivos e de colaboração entre equipes. Os desenvolvedores da Microsoft afirmam que as mensagens instantâneas se ajustam melhor com esses programas, para que a conversa seja discutida no contexto.

A mensagem instantânea é bastante similar à mensagem de texto em telefones celulares. Os serviços de texto permitem enviar mensagens de texto e imagens entre celulares por meio da rede celular, em oposição à internet. Os serviços de texto são uma imensa fonte de receita para os provedores de telefone celular. Eles cobram um prêmio por um serviço que lhes custa muito pouco para oferecer.

Embora as soluções corporativas de mensagens instantâneas estejam no mercado por alguns anos, elas não foram amplamente adotadas. A maioria das empresas utiliza uma das duas táticas: uso livre dos programas para se comunicar dentro da empresa ou bloquear totalmente a mensagem instantânea.

O Google está na vanguarda com a sua busca local. No iPhone, os usuários simplesmente digitam um tipo de negócio no mapa, como 'pizzaria', e o Google responde imediatamente com um mapa com a localização de pizzarias perto de seu local atual (Figura 11.19). O serviço é gratuito. Outras plataformas de telefone também oferecem mapas, navegação e localização de lojas, e mais de 25 por cento dos usuários de telefone nos EUA utilizaram seus celulares para acessar serviços baseados na localização, segundo a eMarketer. Outros usos incluem a conexão com amigos e familiares por meio da troca de informações sobre localização e conclusão de uma transação, como pagamento de um pedágio durante o percurso.

Você se lembra da discussão anterior sobre a maioria das mulheres estarem dispostas a aceitar cupons em seus telefones celulares? Imagine receber uma mensagem de texto em seu telefone celular oferecendo 20 por cento de desconto em sua boutique favorita enquanto você está dirigindo no bairro!

Indicadores para o marketing direto

Taxa de resposta e ROI são as métricas mais adequadas para qualquer campanha de marketing direto. Além disso, muitas empresas utilizam táticas diretas para desenvolver banco de dados e avaliar o sucesso em termos de crescimento de informações sobre o cliente. Os profissionais de e-mail marketing obtêm métricas em cada clique do mouse, desejando saber qual é a mais atraente, qual conteúdo de mensagem gera a melhor resposta, quando é o melhor momento para enviar e-mail para obter resposta máxima (a propósito, é segunda-feira entre 6 e 10 horas da manhã na costa leste dos EUA) e assim por diante. A maioria dessas métricas é apresentada adiante neste capítulo.

O e-mail recebe poucos cliques no website do patrocinador, no entanto, conforme já dissemos, a lista e a oferta corretas podem gerar muitos cliques. Curiosamente, o e-mail fornece o ROI mais elevado de qualquer mídia direta, a $ 42,08 em média (Figura 11.20). O e-mail marketing não vai embora tão cedo, apesar das previsões de seu desaparecimento.

Os profissionais de marketing de SMS também estudam as respostas além do simples clique (consulte a Figura 11.21). Em um estudo com mais de duzentas campanhas de SMS, o desempenho das respostas foi excelente (<http://www.enpocket.com>):

- Noventa e quatro por cento das mensagens foram lidas pelos receptores.
- Vinte e três por cento mostraram ou encaminharam as mensagens para um amigo.
- Quinze a 27 por cento dos receptores responderam às campanhas de SMS.
- O custo por resposta foi de $1,92, gerando um ROI melhor que a mala direta postal.

Spam

Agora o lado negativo do e-mail marketing. Os usuários da internet não gostam de receber e-mail não solicitado, pois ele desvia a responsabilidade da seletividade do emissor para o receptor. Os usuários desenvolveram o termo *spam* como uma referência pejorativa a esse tipo de e-mail. O spam tornou-se ilegal nos Estados Unidos com a Lei CAN-SPAM, no entanto, até agora a lei parece ter pouca capacidade de impedir o spam. Os profissionais de marketing devem ser cuidadosos, pois o marketing viral pode funcionar também no sentido inverso. Os receptores de e-mail concebidos como spam podem expressar seu antagonismo a milhares de usuários em blogs e para os amigos em listas de e-mail, gerando rapidamente uma publicidade negativa para a organização.

Figura 11.19 Serviço de busca local do Google.

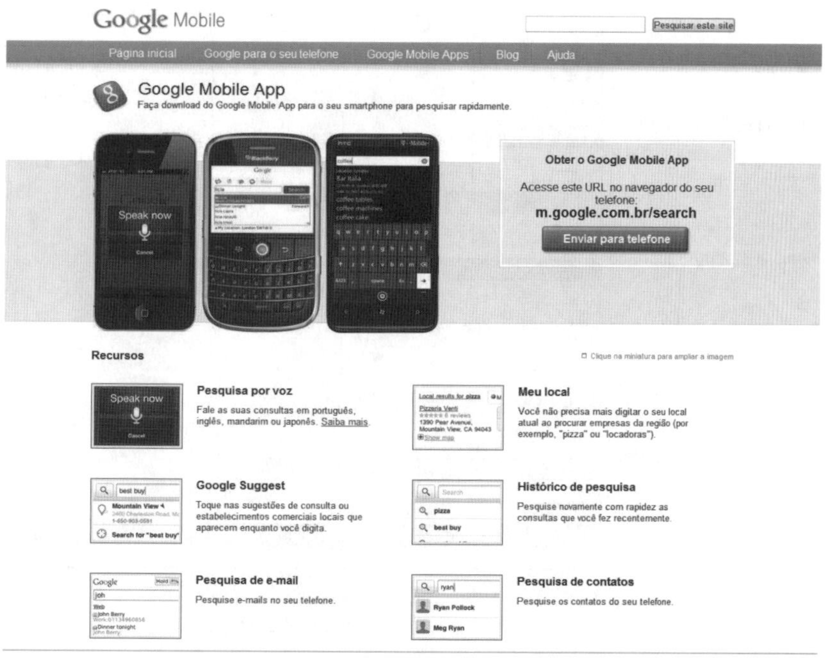

Fonte: <http://www.google.com/inte/pt-br-allmobile/google-mobile-app/>.

Figura 11.20 ROI de marketing direto para mídia selecionada on-line e off-line dos Estados Unidos.

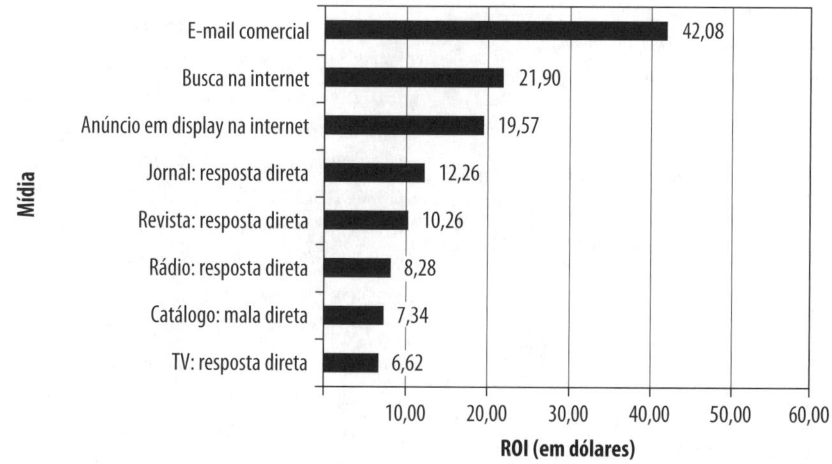

Fonte: dados de 'Print's Place in Multichannel Retailing', 2010.

Para evitar esse resultado, muitas empresas postam políticas anti-spam em seus websites (consulte o <http://Nike.com> para obter um bom exemplo).

Os spammers colhem rotineiramente endereços de e-mail de postagens de grupos de notícias (por exemplo, o Google Groups) e depois enviam spam para todos os membros do grupo de notícias. As listas de spam também podem ser geradas a partir de diretórios públicos, como os fornecidos por muitas universidades para procurar endereços de e-mail de alunos. Os spammers muitas vezes escondem seus e-mails de retorno para que os receptores não possam responder. Outras táticas inescrupulosas incluem spam por meio de um servidor de e-mail legítimo de uma organização, para que a mensagem pareça vir de um funcionário da organização.

Aliás, o spam é um problema no mercado B2B, assim como no mercado B2C. Equipes editoriais da mídia reclamam sobre o recebimento de spam do pessoal de relações públicas das empresas. James Fallows, um ex-jornalista do *Industry Standard*, forneceu um exemplo de uma nota típica que ele recebe de colegas que ele nunca conheceu e nem ouviu falar:

Assunto: Nova Reunião da Empresa
De: Frankie@AcmePR.com
Oi Jim,

Figura 11.21 Respostas de duzentas campanhas de SMS realizadas por Enpocket.

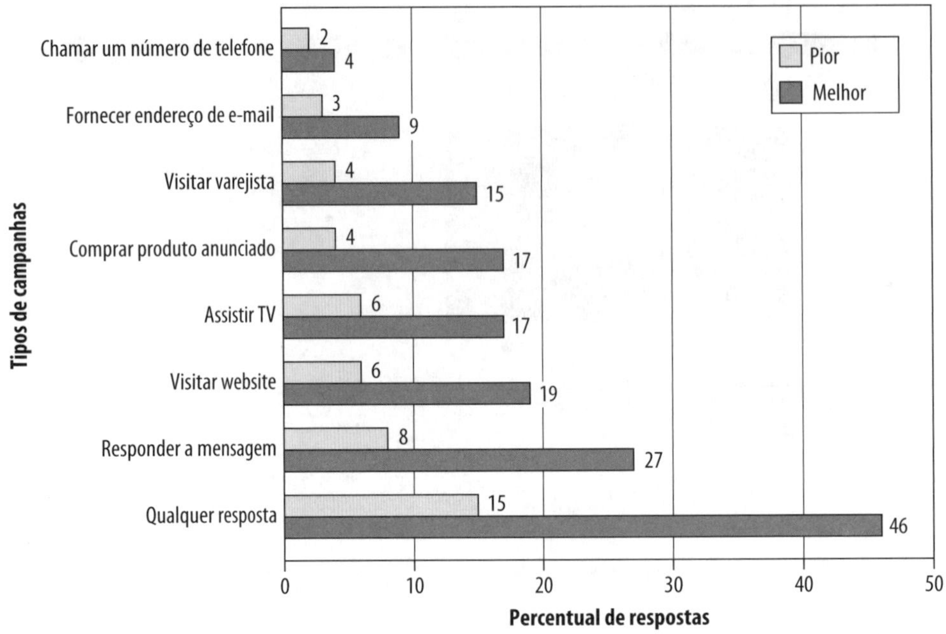

Fonte: <http://www.enpocket.com>.

Meu cliente estará aqui na quarta-feira, 12 de abril; tem alguma possibilidade de você realizar uma reunião rápida? [Bla, bla, bla sobre a empresa.] Por favor, avise-me o mais rápido possível sobre a reunião, muito obrigado!
Cordialmente, Frankie

Algumas medidas têm sido postas em prática para limitar o spam. Muitos moderadores de grupos filtram o spam e ocultam endereços de e-mail nas postagens, e a maioria dos programas de e-mail também oferece aos usuários a opção de filtro de spam. Além disso, uma série de ações movidas pelos ISPs busca recuperar os custos de spammers pelo trabalho gerado em seus sistemas, decorrente do imenso número de mensagens de spam. Lembre-se de que todos os e-mails não solicitados são considerados spam; como ocorre com a mala direta, quando o e-mail é adequado e útil para o receptor, ele é bem-vindo, seja solicitado ou não.

É cada vez mais comum nas listas autorizadas lembrar os usuários de que eles não estão recebendo spam. Normalmente, um aviso aparece logo no início da mensagem, 'Você está recebendo esta mensagem porque pediu para ser notificado...' A mensagem também informa aos usuários como eles podem facilmente se retirar da lista. Essa notificação é importante porque muitos usuários não percebem que eles optaram por receber mensagens — principalmente se eles fizeram esta opção em um passado distante ou em um contexto não relacionado.

Privacidade

Os bancos de dados direcionam o e-mail marketing. Esse banco de dados requer a coleta de informações pessoais, tanto on-line como off-line, e utiliza tais informações para enviar e-mail comercial, webpages personalizadas, ads display e muito mais. Os profissionais de marketing experientes descobriram que os clientes vão fornecer prontamente informações pessoais a empresas que as utilizam para agregar valor e que não compartilhem tais informações com outras pessoas, a menos que seja autorizada para tal procedimento. Por exemplo, a Amazon.com tem permissão para coletar informações de compras dos clientes no banco de dados e utilizá-las com outras pessoas que buscam recomendações de livros. Os usuários não se importam com esse serviço, pois eles recebem informações valiosas e sua privacidade é mantida em nível individual. A Amazon também tem permissão para enviar aos clientes notificação por e-mail sobre os livros que possam interessar a cada indivíduo. Quando a Amazon anunciou que compartilharia bancos de dados de clientes com parceiros, ela enfrentou uma imensa repercussão na mídia. Essa reação comprova, mais uma vez, que as empresas que desejam construir relacionamentos com os clientes devem preservar a privacidade dos dados dos clientes. Note que a proteção da privacidade na internet é muito mais rigorosa na Europa. A maioria dos países europeus tem regulamentos muito mais rigorosos que protegem qualquer utilização de dados pessoais por empresas de internet, incluindo endereços de e-mail.

O uso de spyware para coletar informações a partir de computadores pessoais é também uma importante questão de privacidade (consulte o quadro 'Informações técnicas' sobre spyware).

11.6 Venda pessoal

A quinta ferramenta tradicional, a venda pessoal, envolve a conversa em tempo real entre um vendedor e um cliente, seja face a face ou com algum mediador da tecnologia, como o telefone ou computador. Ela não é muito utilizada on-line, pois quando um vendedor está envolvido, é simplesmente mais eficaz usar o telefone ou visitar o cliente pessoalmente. No entanto, algumas empresas fornecem assistência de vendas on-line em tempo real. A Lands End, e muitas outras empresas possuem o recurso de bate-papo ao vivo. Os usuários podem abrir esse recurso e formular perguntas sobre produtos em um bate-papo em tempo real com um atendente ao cliente. O atendente também pode recomendar webpages diretamente ao cliente para que ele possa visualizar o produto e fazer o pedido durante a sessão de bate-papo. A seguir, existem os robôs: o Gartner Group previu que 15 por cento das empresas da *Fortune 1000* teriam um 'chat bot' automatizado em 2010. Os chat bots, também chamados agentes virtuais, assistentes virtuais e avatares, são figuras automatizadas que vão responder a muitas perguntas dos clientes, utilizando um banco de dados de respostas elaboradas.

A internet também pode efetivamente gerar negócios para os vendedores. É comum que as empresas solicitem e-mail e outras informações de contato quando um usuário faz download de whitepaper (relatório especial sobre um tema, geralmente em um arquivo PDF). Além disso, quando os funcionários assistem aos webinários on-line, elas se registram. As empresas que atuam com relatórios ou hospedam webinários coletam informações de contato e acompanhamento com um contato de vendas. Existem muitas outras formas de geração de negócios no mercado B2B utilizando abordagens on-line.

11.7 Indicadores para CIM

Os profissionais de marketing experientes definem objetivos específicos para suas campanhas CIM e, em seguida, acompanham o progresso em relação a essas metas, monitorando as métricas apropriadas. As métricas mais importantes são o número e o volume de vendas e o ROI, e todo o restante mostra quais táticas ajudam a melhorar esses

Informações técnicas

Spyware

Um gorila roxo com olhar trapalhão continua a aparecer na tela, e você não sabe de onde veio. Sua prevalência e persistência estão deixando-o extremamente irritado. No entanto, ele está potencialmente realizando muito mais danos nos bastidores. O gorila roxo é parte de um programa spyware, conhecido como Bonzi Buddy, que pode transmitir suas informações pessoais para a internet. Mas como você pode se livrar desse maldito elemento?

Como muitos usuários de internet passaram pela experiência, o spyware está em toda parte na net. Qualquer tipo de programa que é baixado em seu computador que colha informações sobre você pode ser considerado spyware. O spyware pode ser baixado e instalado no seu computador sem você nunca saber, e também pode transmitir as informações coletadas sobre você a terceiros sem ser detectado. Por exemplo, os programas comuns de spyware enviam uma lista dos MP3 em seu computador ou uma lista dos websites que você visitou recentemente. Eles também podem enviar o conteúdo de seu catálogo de endereços ou a senha e informações bancárias.

Programas de spyware que coletam informações sobre seus hábitos de navegação para alimentá-lo com anúncios específicos são muitas vezes considerados adware. Programas de spyware que executam atividades maliciosas, como recuperar seu número de conta bancária, são chamados de malware. As informações coletadas são armazenadas em grandes bancos de dados. O adware é extremamente comum on-line (como rede DoubleClick do Google), e um proprietário de website pode distribuí-lo aos visitantes, a fim de monitorar seus hábitos de visualização e preferências. Embora os proprietários de websites e os desenvolvedores possam utilizar essas informações para elaborar websites mais em sintonia com as preferências dos clientes, eles estão mais interessados nessas informações devido à capacidade para vender espaço publicitário.

Os proprietários de websites podem obter o software de adware nas redes de mídia. O objetivo das empresas de rede de mídia é monitorar e registrar o comportamento dos clientes on-line. As informações são armazenadas em um imenso banco de dados e são utilizadas para focalizar clientes. Quando você visita um website que está associado a uma rede de mídia, o adware é baixado e começa a monitorar seu uso da internet. À medida que ele registra seu uso, pode determinar certas informações demográficas sobre você. Por exemplo, se você visitar a <http://babystyle.com>, ele pode deduzir que você é um pai ou avô recente. Redes de mídia arrendam o espaço publicitário em websites e, por sua vez, vendem esse espaço para os anunciantes. Portanto, a rede de mídia utiliza seu perfil para oferecer anúncios focalizados na próxima vez que você visitar um website em sua associação, como um banner publicitário vendido para uma empresa de fraldas. Quando os anunciantes compram anúncios da rede de mídia, eles recebem a garantia de certo número de impressões, ou número de vezes que seu anúncio é exibido na página do usuário.

Para que o spyware infecte um computador, o usuário deve visitar um website que tem o programa spyware embutido no código de programação para o website. O spyware também pode ser acionado acidentalmente pelo usuário ao instalar um programa regular que está infestado com spyware.

A origem do spyware é, na verdade, os cookies, que são pequenos arquivos baixados e armazenados no computador do usuário. Os cookies foram utilizados pelos desenvolvedores da web para coletar informações de uso e geralmente são inofensivos. Por exemplo, os websites que reconhecem quem você é quando você os visita provavelmente armazenaram um cookie no seu computador e identificam esse cookie quando você retorna ao website. O usuário pode utilizar suas configurações do navegador para aceitar ou rejeitar cookies.

O spyware atual pode ser extremamente perigoso, pois as informações colhidas podem ser enviadas para qualquer lugar. O spyware também pode fazer o seguinte:

- Inundar seu computador com anúncios pop-up.
- Enviar spam para sua caixa de entrada de e-mail.
- Desacelerar a velocidade de conexão da internet.
- Diminuir o desempenho do seu computador.
- Danificar seu computador.

Existem milhares de programas de spyware diferentes on-line. Nomes de software que requerem atenção incluem: CoolWebSearch, Internet Optimizer aka DyFuCa, Zango, HuntBar aka WinTools ou Adware, WebSearch, Movieland aka Moviepass.tv ou Popcorn.net e Trojan Zlob.

O software que localiza e remove especificamente o spyware deve ser instalado em todos os computadores que estão conectados à internet. Algumas empresas de software antivírus desenvolveram extensões de linha de produtos para lidar com spyware. Programas populares e confiáveis anti-spyware incluem AdAware, Spybot e Pest Patrol. A Microsoft oferece ainda um programa anti-spyware gratuito, o Windows Security Essentials, com seu sistema operacional Windows 7. Além de ser gratuito, o produto da Microsoft não deixa o computador lento, como alguns outros produtos no mercado. No entanto, a maneira mais fácil de reduzir os casos de spyware no seu computador é não fazer download, a menos que você saiba que é de uma fonte confiável.

números em curto ou longo prazos. No entanto, a maioria dos profissionais de marketing ainda depende muito dos indicadores dos cliques como ponto de partida, pois é uma medida fácil de obter, e ajuda a comparar várias táticas — por exemplo, o e-mail ou os displays ads que geram mais cliques (Figura 11.22).

Evidência da eficácia

Quando visualizados como um meio de resposta direta, os ads display geralmente são ineficazes: apenas 0,2 por cento de todos os usuários clicam neles. No entanto, muitas empresas individuais têm obtido resultados impressionantes de clique de clientes em ofertas cuidadosamente focalizadas.

Com relação aos usuários que tomam atitude após visualizarem uma tática de CIM on-line, o vencedor são os artigos on-line que incluem informações sobre a marca.

Cinquenta e três por cento dos entrevistados disseram que pesquisaram por produtos ou serviços on-line depois de lerem sobre eles, de acordo com uma pesquisa da Opinion Research Corporation (conforme citado em <http://www.emarketer.com>). Outras táticas que motivam a ação incluem ofertas por e-mail (51 por cento), links patrocinados nos mecanismo de busca (40 por cento), banners publicitários (28 por cento) e anúncios pop-up (19 por cento). Isso significa que o 0,2 por cento de clique nos banners pode não refletir plenamente a eficácia desse formato, em termos de conhecimento da marca e subsequente atividade de busca.

Segundo a pesquisa, quando os ads display são considerados como mídia da marca, eles aumentam o reconhecimento da marca e a associação da mensagem, e desenvolvem a notoriedade da marca e a intenção de compra (ver <http://www.iab.net>). Em muitos estudos, os anúncios on-line eram maiores ou continham multimídia rica que gerava um impacto ainda maior. Por exemplo, skyscrapers e retângulos grandes são mais eficazes do que banners no tamanho-padrão para o aumento da consciência da marca e da intenção de compra, e o vídeo é o melhor. Uma coisa não mudou com o passar dos anos — anúncios maiores e mais originais são notados com mais frequência.

Crescentes evidências indicam que as publicidades on-line e off-line atuam bem em conjunto, como o concurso 'Chute para um milhão' da Wendy, o grande número de pessoas que pesquisam on-line e compram off-line, e o grande número de visitas ao website, experimentado por empresas na internet após a publicidade no evento televisivo Super Bowl.

A melhor tática CIM on-line depende do alvo, da concorrência, da empresa, da oferta, e de quão original, enga-

Figura 11.22 Métricas de CIM e proporção de profissionais de marketing que utilizam tais métricas.

Indicadores	Definição/fórmula	Proporção-uso (porcentagem)
Visualizações de páginas de websites e cadastros	Número de visualização de páginas e número do cadastro no website	64[1]
Taxa de clique (CTR)	Número de cliques como porcentagem do total de impressões	60,0[2]
Volume e origem do tráfego do website	Número de visitantes provenientes de diferentes fontes, como o Google ou websites de referência	60,0[1]
Geração de negócios	Número de pessoas que são compradores potenciais	48,7[2]
Aquisição de nova conta ou oportunidades	Número de novas contas ou prováveis contas	48,0[1]
Proeminência da busca e preferência do website	Ranking nas páginas dos resultados do mecanismo de busca com base nas pesquisas de palavras-chave	46,0[1]
Vendas incrementais	Número de vendas adicionais	40,0[2]
Retorno sobre o investimento (ROI)	Tática lucro/investimento	38,4[2]
Incidência de downloads de conteúdo	Número de usuários que baixam relatórios e outros conteúdos	37,0[1]
Transações e/ou assinaturas	Número de usuários que compram ou assinam	37,0[1]
Consciência ou reputação da marca	Avaliada pela pesquisa ou análise da opinião do blog	31,5[2]
Pedidos de informações	Número de requisições	27,3[2]
Envolvimento com o conteúdo da web	Várias medidas, como recebimento de e-mail ou download/upload de conteúdo	22,2[2]
Maior conhecimento dos clientes	Aumentar as informações do banco de dados	19,8[2]
Impressões da mídia	Número de usuários expostos a um meio onde anúncios ou outra comunicação é apresentada	16,6[2]
Taxas de conversão de cupons	Número dos cupons que foram utilizados para compras ou outras ofertas	14,7[2]
Não avaliar a eficácia		4,0[2]

Fontes: [1]'O clique ainda é rei?' 2010 (CMO, encontrado em eMarketer.com). [2]' O clique ainda é rei?' 2010 (Chief Marketer survey, encontrado em on eMarketer.com).

jadora, relevante e criativa é a tática. Um estudo da MarketingSherpa de janeiro de 2007 pediu aos profissionais de marketing on-line para nomear as melhores e as piores táticas on-line com base no ROI em comparação com outras táticas. A pesquisa paga e e-mail ficaram no topo; no entanto, observe que alguns participantes consideram estas táticas como as piores (consulte a Figura 11.23). A pesquisa paga e o e-mail são validados em muitos outros estudos como táticas eficazes, mas não se esqueça de que tudo é relativo — um profissional de marketing criativo e científico pode tornar um humilde banner publicitário uma tática estelar, se habilmente usado.

Figura 11.23 Melhores e piores desempenhos das táticas CIM on-line de acordo com os profissionais de marketing digital nos EUA.

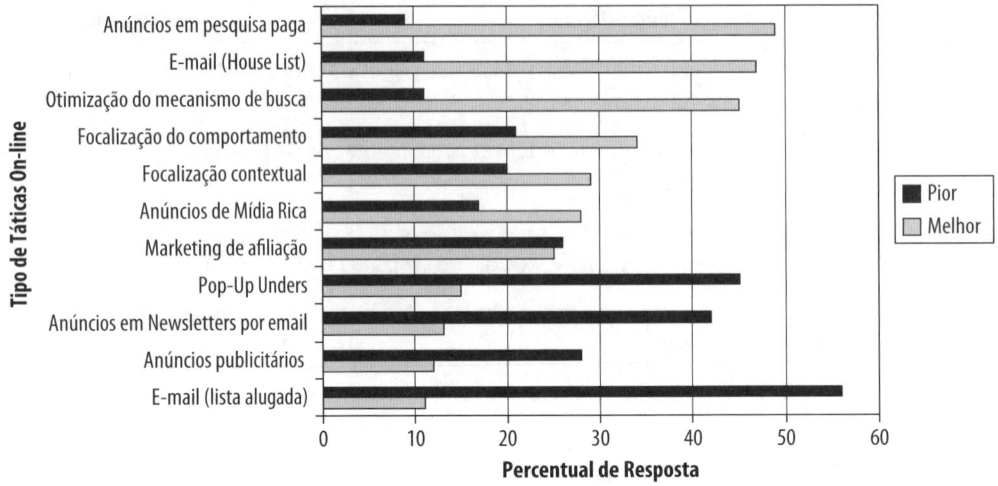

Fonte: dados da pesquisa da MarketingSherpa, Inc., Janeiro de 2007 (armazenado em <http://amarketingconnection.com>).

Resumo do capítulo

A comunicação integrada de marketing (CIM) é um processo multifuncional para planejamento, execução e monitoramento das comunicações da marca projetado para adquirir, fidelizar e aumentar os clientes de forma rentável.

Os profissionais de marketing utilizam ferramentas específicas (publicidade, promoções de vendas, relações públicas de marketing, marketing direto e venda pessoal) para atingir seus objetivos de comunicação.

Após a implantação, eles avaliam a eficácia da execução, realizam os ajustes necessários e reavaliam os resultados. O uso da internet pelos profissionais de marketing para a comunicação de marketing pode ser compreendido em razão do modelo AIDA (consciência, interesse, desejo e ação) ou do modelo da hierarquia de efeitos 'pensar, sentir, agir'. Esses modelos sugerem que os clientes primeiro se conscientizam e adquirem conhecimento sobre um novo produto (pensar); em seguida, os clientes desenvolvem uma atitude positiva ou negativa sobre o produto (sentir) e, finalmente, passam a comprá-lo (agir). Cada ferramenta on-line é mais ou menos eficaz em determinados níveis desses modelos.

Propaganda é uma comunicação impessoal de informações por diversos meios, normalmente de natureza persuasiva, sobre produtos, e geralmente é paga por um patrocinador identificado. Ads display (retângulos, banners, botões, pop-ups e skyscrapers), anúncios de rich media (mídia rica), anúncios contextuais, propaganda por e-mail e propaganda móvel são os principais veículos para a comunicação na internet. O tipo mais barato de propaganda on-line são os anúncios por e-mail. Propaganda patrocinada pelo conteúdo e alguns aplicativos para iPhone/iPad para dispositivos móveis são a versão sem fio do ad display e outros anúncios que patrocinam o conteúdo da web, similar aos comerciais que normalmente patrocinam a programação de televisão.

Relações públicas de marketing (RPM) incluem atividades relacionadas à marca e não pagas, cobertura da mídia de terceiros para influenciar positivamente os mercados-alvo. Atividades de RPM que utilizam a tecnologia da internet incluem conteúdo do website e eventos on-line. As empresas desenvolvem campanhas para conseguir notoriedade on-line utilizando uma sala de imprensa on-line, feeds via RSS e fornecendo conteúdo on-line envolvente. Atividades de promoção de vendas incluem cupons, descontos, abatimentos, amostras de produtos, concursos, sorteios e prêmios (brindes ou presentes de baixo custo). Amostras e concursos/competições estão entre as atividades de promoção de vendas mais utilizadas na internet. O marketing direto on-line aborda técnicas, como envio de e-mails, mensagem instantânea e mensagens de texto, assim como o marketing baseado na localização, ads display focalizados, e outras formas de publicidade e promoções de vendas que requerem uma resposta direta.

O envio de e-mail é uma forma altamente eficiente e personalizável de marketing direto na internet com potencial para manter um diálogo com os clientes-alvo. As desvantagens incluem a imagem negativa do spam (e-mail não solicitado) e os bloqueadores de spam dos ISP. Os usuários de internet não gostam de spam e, como resultado, algumas medidas estão sendo estipuladas para limitar o spam — como a Lei CAN-SPAM. Os profissionais de marketing que utilizam o envio de mensagens devem buscar listas de endereços que são 100 por cento garantidas para envio autorizado. As técnicas de envio autorizado fazem parte de uma estratégia chamada marketing de permissão, que oferece incentivos aos clientes que aceitem de bom grado as informações nas mensagens de e-mail.

Os indivíduos que encaminham e-mail para outras pessoas estão utilizando o boca a boca (às vezes chamado 'word-of--mouse'), também conhecido como marketing viral. Os profissionais de marketing estão começando a utilizar o marketing de permissão para enviar mensagens de texto curtas (SMS) pela internet para telefones celulares e PDAs. Outra técnica emergente é o marketing baseado na localização, ofertas promocionais que são enviadas aos dispositivos móveis e personalizadas, dependendo da localização física do usuário.

Os profissionais de marketing podem aplicar diversas métricas para avaliar a eficácia das campanhas da CIM.

Exercícios

Questões para revisão

11.1 O que é comunicação integrada de marketing e por que ela é importante?

11.2 Qual é o modelo de hierarquia de efeitos e quais táticas de comunicação on-line são adequadas em cada nível?

11.3 Qual é a diferença entre propaganda da marca e propaganda para resposta direta?

11.4 Quais são os principais veículos de propaganda na internet?

11.5 Quais são as vantagens e desvantagens do uso de formatos de propaganda dos ads display, anúncios de mídia rica, patrocínios e anúncios contextuais?

11.6 De que forma as empresas utilizam a internet para as relações públicas de marketing, promoção de vendas e marketing direto?

11.7 Como o marketing de permissão difere do marketing viral?

11.8 Nomeie cinco regras para o e-mail marketing se tornar eficaz.

11.9 Como uma empresa pode criar a notoriedade (buzz) on-line?

11.10 O que é um microssite? Como os profissionais de marketing digital o utilizam?

Questões para discussão

11.11 'Quanto mais bem-sucedidas as empresas de listas conseguem alugar suas listas, mais eles diluem o valor das referidas listas'. Você concorda ou discorda? Por quê?

11.12 Qual é a eficácia dos ads display on-line em comparação com outros meios de comunicação?

11.13 Que perigo reside em deixar o patrocínio se misturar com o conteúdo? Defenda sua posição.

11.14 Se você estivesse executando uma campanha publicitária on-line para a Nike, como alocaria seu orçamento publicitário? Por quê?

11.15 Por que os fabricantes sugerem aos clientes a busca e impressão dos cupons na web? Essa abordagem poderia incentivar os clientes que estavam preparados a pagar o preço total por utilizar a internet simplesmente para baixar seus custos?

11.16 Alguns websites dos EUA atraem um terço dos seus visitantes do exterior. Será que esses usuários diluem o valor da propaganda nesses websites? Por quê?

11.17 'Você deve querer ser consultivo, e não persuasivo, na forma como utiliza a internet para a comunicação de marketing.' O que essa afirmação significa? Qual é o raciocínio implícito nesse contexto?

11.18 Por que você acha que as mensagens de texto são utilizadas com tanta frequência entre os funcionários no trabalho?

CAPÍTULO

1 2 3 4 5 6 7 8 9 10 11 **12** 13 14

Engajamento dos clientes na mídia social

Um verdadeiro fã vale a pena, talvez 10 mil vezes mais que um estranho.
— Seth Godin, autor

Engaje-se, ou você será comido.
— Troy Young, presidente da VideoEgg

O objetivo principal deste capítulo é ajudá-lo a compreender o crescente número de websites de mídia social e seu uso e eficácia nas campanhas de comunicação de marketing. Você vai se familiarizar com os vários tipos de mídia social e como cada um é utilizado para promover a consciência da marca, gerar a notoriedade da marca e persuadir os usuários a adotar ações, como compartilhamento de conteúdo, inscrição em websites ou compra de produtos.

Após a leitura deste capítulo, você estará apto a:

- Definir mídia social e compará-la com os websites tradicionais.
- Discutir como os profissionais de marketing utilizam a mídia social para promover a consciência, influenciando as percepções e persuadindo os usuários a adotar ações.
- Identificar as várias ferramentas de mídia social, e quais são as mais eficazes para cada objetivo.
- Descrever o papel dos indicadores de desempenho na mídia social, e nomear as mais importantes métricas.

A Dell começa a ouvir

A Dell Computer sempre foi a queridinha da América, com seu equipamento de alta qualidade, modelo de distribuição direta e excelente atendimento ao cliente. No entanto, em junho de 2005, a Dell foi atacada por um único blogueiro — Jeff Jarvis da BuzzMachine.com:

> *Acabei de adquirir um novo laptop Dell e paguei uma fortuna pelo contrato de assistência técnica por quatro anos... A máquina é um limão, e o serviço é uma mentira... A DELL É UM FIASCO. A DELL MENTE. Engula isso, Dell!*

Essa postagem gerou uma infinidade de reclamações similares de atendimento ao cliente que durou quase dois anos, e essa questão tornou-se conhecida como 'Inferno da Dell'. O que aconteceu?

A Dell detinha 28,2 por cento de cota de mercado de computadores nos EUA em 2004, de acordo com a empresa de inteligência de mercado global IDC. Com o intuito de reduzir custos, a Dell seguiu a tendência e terceirizou seu atendimento técnico com uma empresa na Índia no início de 2000. As coisas pareciam extremamente positivas, pois os custos caíram e a cota de mercado aumentou para 28,8 por cento no ano seguinte. Entretanto, as queixas sobre o atendimento ao cliente também aumentaram: reclamações recebidas pelo Better Business Bureau subiram 23 por cento, e a satisfação do cliente declinou 6,3 por cento, de acordo com uma pesquisa da Universidade de Michigan. Uma pesquisa do Google em 2005 referente aos 'problemas de atendimento ao cliente da Dell' retornou quase 3 milhões de links. Obviamente, a estratégia de terceirização não estava produzindo o efeito desejado.

Como muitas empresas, a Dell decidiu ficar sentada por um ano e esperar a tempestade das reclamações on-line passar. Como não passou, ela nomeou um gestor de mídia digital para 'lidar' com a tempestade na internet. Lional Menchaca criou vários blogs Dell em diversos idiomas como mecanismos para lidar com as reclamações dos clientes, com as sugestões e opiniões e para conversar com todas as partes interessadas sobre os problemas e as ações adotadas pela Dell para solucioná-los. IdeaStorm.com é um blog notável e um meio social onde os usuários postam ideias e votam nelas, posicionando as melhores no topo. A Dell responde a todas as sugestões, faz as alterações na empresa e relata o progresso. Nos primeiros três meses, a IdeaStorm reuniu 5 mil ideias, mais de 20 mil comentários e mais de 350 mil endossos de sugestões. Essas cifras resultaram em mais de vinte alterações na empresa (consulte Beal e Strauss, 2008, para saber mais sobre o 'Inferno da Dell').

12.1 Elementos da mídia social

A Dell aprendeu da maneira mais difícil que as empresas devem ouvir os clientes on-line, ou acabam pagando um preço caro. Ouvir era apenas o início — a Dell descobriu que uma empresa pode se beneficiar por se envolver verdadeiramente nas conversas com as partes interessadas e utilizar o que aprendeu com essa experiência para aprimorar a empresa. A experiência da Dell despertou a consciência dos profissionais de marketing para o fenômeno da mídia social: por fim, os profissionais de marketing entenderam que estavam sendo forçados a cumprir suas promessas de marca e de produtos ou correrem o perigo de ser expostos em amplo contexto on-line.

Como discutido anteriormente, engajar os clientes propicia a oportunidade de interagir com a marca on-line. Da mesma forma, o marketing de atração significa ser encontrado pelos atuais e potenciais clientes, não os interrompendo com mensagens unidirecionais não solicitadas. Este é o contexto no qual a mídia social se sobressai. Os websites de empresas podem engajar os clientes, oferecendo download e upload de conteúdo, personalização da webpage e oportunidades de contato individual. A mídia social expande este contexto mil vezes, conforme observado na Figura 12.1.

Quais são as mídias sociais?

Por fazer parte da mídia social, a definição da Wikipedia provavelmente é confiável:

Mídia social é um termo utilizado para descrever o tipo de mídia baseado na conversação e interação entre as pessoas on-line. O engajamento pode assumir muitas formas diferentes, incluindo redes sociais, fóruns da internet, Web logs, blogs sociais, microblogging, wikis, podcasts, fotos, vídeo, classificação e bookmarking. As tecnologias incluem: blogs, compartilhamento de foto, de vídeos, paredes para postagens (wall-postings), e-mail, mensagens instantâneas, compartilhamento de música, colaboração em massa (crowdsourcing) e voz sobre IP, para citar algumas.

A mídia social, assim como todos os meios de comunicação, foca a busca de informações, fotos, vídeos e outros conteúdos para um público que quer aprender e se divertir. O que torna a mídia social diferente é que o conteúdo não é gerado como um monólogo corporativo, como em um jornal ou na maioria dos websites corporativos, mas como uma conversa, com todos os participantes tendo a possibilidade de fazer upload de conteúdo e discutir, editar ou classificar os outros conteúdos. Outra diferença é que os participantes estabelecem relações sociais ou de negócios com base nessas interações, sendo que essas relações por vezes têm prosseguimento no ambiente off-line.

As mídias sociais não são recentes. Salas de bate-papo da AOL e a Usenet e Internet Relay Chat (IRC) são anteriores à web, como visto no Capítulo 1. Os autores deste livro participaram de fóruns na Usenet em meados dos anos 1980, e estes atendiam os mesmos objetivos em um formato somente de texto. Muita coisa aconteceu em 25 anos.

Tipos de mídia social

Consulte a Figura 12.2 para visualizar os tipos mais frequentes de mídia social em 2010. Nessa lista não estão os formatos baseados em texto que também podem ser considerados mídia social, embora já existam há algum tempo: listas de e-mail para agregar e compartilhar informações (disponível na maioria das profissões), grupos on-line, como Google Groups e Usenet (geralmente formados por indivíduos com interesses similares), e fóruns de discussão disponíveis em muitos websites (como o TripAdvisor.com). Estes não oferecem oportunidades de marketing, pois a promoção geral do produto, na maioria desses grupos, é altamente desencorajada ou completamente banida — no entanto,

Figura 12.1 O engajamento do cliente aumenta na mídia social.

Figura 12.2 Tipos de mídia social em 2010.

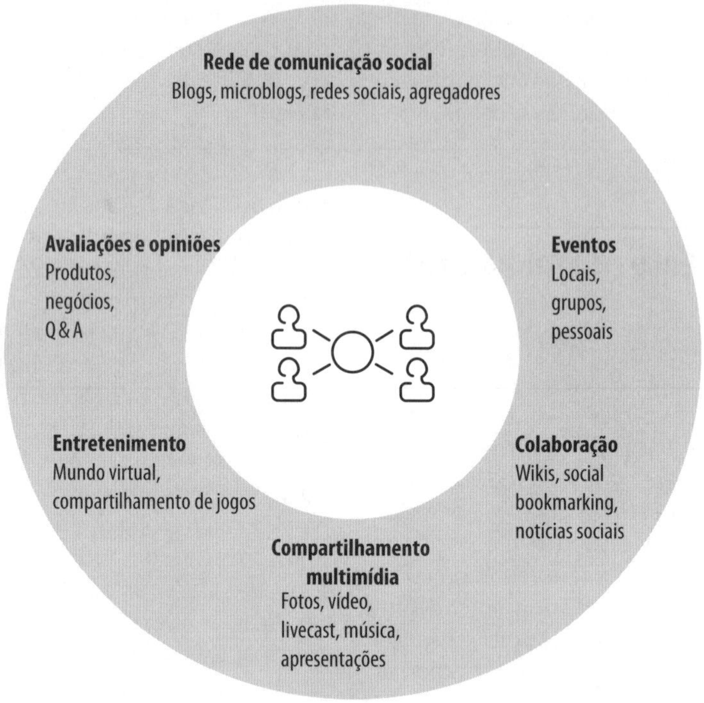

vamos discutir a Usenet adiante neste capítulo em razão de sua natureza histórica e oportunidade de colaboração.

Muitos websites corporativos oferecem recursos de mídia social; no entanto, aqui, vamos discutir os websites puramente dedicados a conversa e interação com o usuário, com a capacidade de multimídia e as oportunidades comerciais aos profissionais de marketing. Todos promovem oportunidades de engajamento, interatividade e excelente acesso aos públicos-alvo por meio da propaganda, RP e outras ferramentas de CIM. Como ocorre com todos os esquemas de categorização, existem algumas áreas de sobreposição; porém, essa forma de examinar a mídia social ajuda as empresas, pois cada tipo tem propriedades únicas que informam seu uso como mídia. Poderíamos escrever um livro inteiro sobre esse assunto, mas sabemos que você não tem tempo para isso; portanto, desenvolvemos a seguir algumas breves descrições e exemplos. Expandiremos a mídia social mais importante posteriormente neste capítulo. Para leitura complementar, recomendamos *Social Media Marketing: An Hour a Day* (**Dave Evans**) ou os artigos sobre as mídias sociais disponíveis gratuitamente no Interactive Advertising Bureau (<http://www.iab.net>).

Comunicação e rede. As pessoas postam perfis e escrevem histórias ou mensagens nesses websites, e outras pessoas respondem ou comentam sobre o conteúdo. Alguns escritores afirmam que a mídia social está se tornando igual às redes sociais (como o Facebook). Isso ocorre em virtude do crescimento significativo de websites de rede social; contudo, os blogs e tudo o que discutimos neste capítulo se encaixam na definição de mídia social. Comunidades de comércio, como eBay e Craigslist, também podem ser consideradas aqui; contudo, como elas constituem grupos com propósito único, elas são importantes para os profissionais de marketing apenas em setores específicos. Seguem-se os principais tipos de websites de mídia social utilizados para a comunicação e rede, juntamente com exemplos:

- **Blogs** (do termo *Web logs*) são websites onde as entradas são listadas em ordem cronológica inversa e os leitores podem comentar sobre qualquer entrada. Exemplos: WordPress, Blogger e os 126,86 milhões de blogs individuais ou corporativos, de acordo com a Nielsen BlogPulse em meados de 2010.
- **Microblogs** são um tipo de blog, mas com fragmentos de frases muito curtas, ou apenas uma imagem ou um hiperlink. Microblogs também são redes sociais. Por exemplo, as postagens do Twitter são de apenas 140 caracteres. Exemplos: Twitter, Jaiku, Tumblr.
- **Redes sociais** são 'estruturas sociais formadas por elos (geralmente, indivíduos ou organizações) com um ou mais tipos específicos de interdependência, como valores, visões, ideias, trocas financeiras, amigos, parentes, divergências, conflitos, negociações, links da web... transmissão de doenças (epidemiologia), ou rotas aéreas', segundo a Wikipedia. As redes sociais são baseadas na teoria dos seis graus de separação, em que cada indivíduo está ligado a outro na rede, por até seis outras pessoas. Con-

forme mostrado na Figura 12.3, se você se unir ao LinkedIn, uma rede de negócios, pode estar a apenas seis contatos de distância do presidente executivo de uma empresa da *Fortune 100*. Só é preciso as apresentações dos indivíduos entre você e ele. As redes sociais apresentam variedades pessoais e de negócios, embora os contextos estejam se confundindo, pois as empresas vão onde estão os clientes. Exemplos: Facebook, LinkedIn, MySpace, Ning, 43 Things, Google Groups. Note que algumas pessoas classificam o Twitter tanto como uma mídia social como uma rede social.

- A **rede social de agregação** é o processo de coleta de conteúdo de várias redes sociais, ou de fornecer ao usuário a consolidação de todos os perfis de rede, tudo em um website. Exemplos: FriendFeed, ContextMine.

Eventos. As pessoas postam eventos e outros RSVP ou comentários. A seguir, são descritos os principais tipos de websites utilizados para essa finalidade, juntamente com exemplos:

- **Websites de evento local** permitem que os residentes postem um calendário pesquisável por área local. Exemplo: websites de jornais locais e próximos.
- **Websites de eventos pessoais** possibilitam que os indivíduos criem eventos, como uma festa, e convidem uma lista de pessoas via e-mail. Os convidados podem responder com um sim, um não ou um talvez e postar um comentário. Exemplos: Evite, WedQuarters.
- **Websites de eventos de membros do grupo** possibilitam que um indivíduo forme um grupo público, que pode ser articulado por qualquer pessoa que compartilhe os interesses — e, portanto, utiliza o grupo para postar reuniões. Exemplo: Meetup.

Colaboração. As pessoas criam ou colhem informações para compartilhar com outras pessoas. **Etiquetagem** (tags) implica anexar palavras-chave aos vídeos, fotos ou textos para ajudar os usuários a encontrar o conteúdo desejado. Essa prática torna a multimídia pesquisável em websites que hospedam esses tipos de vídeos ou conteúdo de fotos. A seguir, são descritos os principais tipos de websites utilizados para colaboração, juntamente com exemplos:

- **Wikis** 'são um tipo de software que permite aos usuários criar, editar, ligar e organizar o conteúdo de um website de forma colaborativa, geralmente para material de referência', segundo a Wikipedia (e podemos definitivamente confiar na definição de wikis. Consulte a Figura 12.4.). Exemplos: Wikipedia, WikiHow, Wetpaint.
- **Marcação social** (bookmarking) é 'Um método para os usuários da internet compartilharem, organizarem, buscarem e gerirem seus recursos favoritos na web', segundo a Wikipedia. Exemplos: Delicious, StumbleUpon, Google Reader.
- **Notícias sociais** são websites onde os usuários enviam links para notícias on-line e os leitores votam ou comentam sobre quais são os melhores conteúdos. Exemplos: Digg, Mixx, Reddit (Figura 12.5).

Compartilhamento de multimídia. Os usuários fazem upload de vídeo, áudio ou fotos para que outras pessoas visualizem, avaliem e comentem, ou construam canais de mídia de outras pessoas. A seguir, são descritos os principais tipos de websites utilizados para essa finalidade, juntamente com exemplos:

- **Fotografias e arte.** Exemplos: Flickr (com 4 bilhões de fotos), Photobucket, deviantArt.
- **Vídeo.** Exemplos: YouTube (com cerca de 75 por cento da cota de mercado e atuando com 1 bilhão de vídeos por dia), Vimeo, CNN iReport.
- ***Live casting.*** Esse recurso possibilita streaming de áudio ou vídeo ao vivo diretamente de um telefone celular, dispositivo de internet móvel, PC ou Mac para um website para visualização por outras pessoas. Exemplos: Skype, Justin.tv, Livecast.
- **Música.** Aqui, estamos nos referindo a websites que permitem aos usuários compartilhar e comentar sobre listas de músicas ou música original, em arquivos de música não protegidos por direitos

Figura 12.3 Redes sociais são conexões.

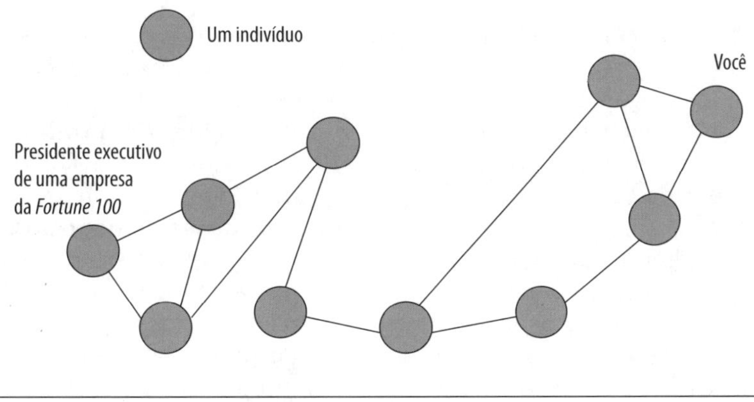

Figura 12.4 Wikipedia.com define tudo, incluindo a si própria.

Fonte: <http://pt.wikipedia.org/wiki/wikipedia>.

Figura 12.5 Digg.com quer que os visitantes votem na melhor história.

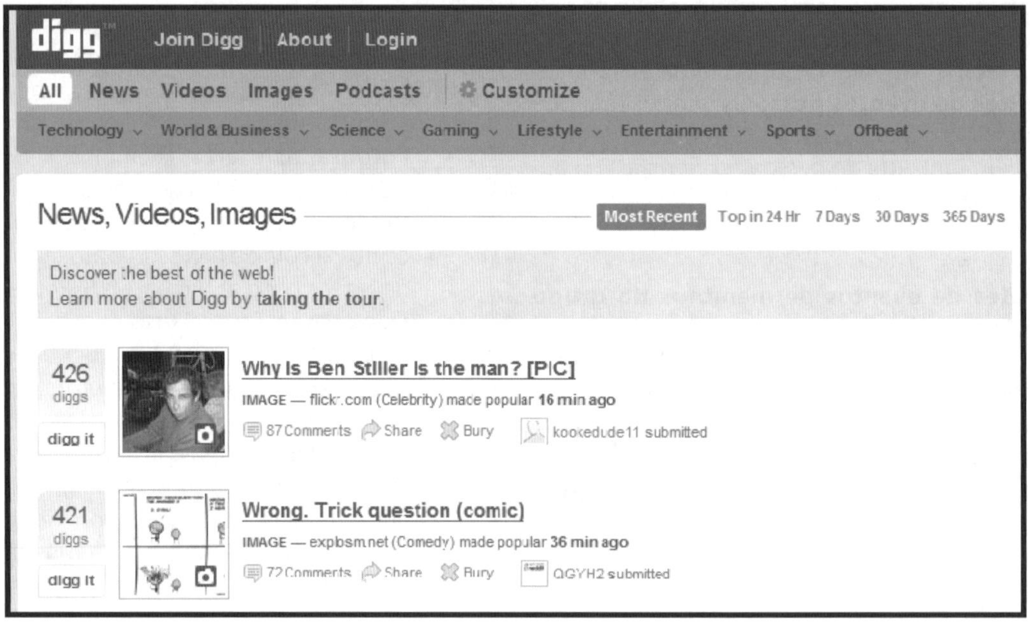

Fonte: cortesia de <http://www.digg.com>.

autorais. Exemplos: MySpace Music, Pandora, ShareTheMusic.

- **Apresentações.** As apresentações são carregadas, geralmente, a partir de documentos em PowerPoint, MS Word ou PDF, e depois são livremente compartilhadas e comentadas. Exemplo: Slideshare, Scribd.

Avaliações e opiniões. Os clientes avaliam produtos, negócios ou respondem a perguntas postadas por outras pessoas. Essas avaliações e opiniões são especialmente importantes para os profissionais de marketing, pois eles podem acompanhar os comentários do cliente e as avaliações de suas marcas on-line. A seguir, são descritos os principais tipos de websites utilizados para essa finalidade, juntamente com exemplos:

- **Avaliações de produtos.** Exemplos: Epinions, MouthShut, ou a infinidade de websites verticais de setores, como Amazon para livros.
- **Avaliações de negócios.** Estes websites contêm opiniões para tudo, desde restaurantes locais e varejistas até marcas e profissionais em âmbito nacional. Exemplos: Yelp, RateMD, RateMyProfessors.
- **Perguntas e respostas da comunidade.** Esses websites são especialmente valiosos para profissio-

nais que querem construir um nicho de liderança de pensamento, demonstrando seus conhecimentos ao responderem a perguntas em sua área de especialidade. Exemplos: Yahoo! Answers, WikiAnswers (um website Wiki e uma comunidade Q & A).

Entretenimento. Jogar com outras pessoas no ciberespaço. A seguir, são descritos os principais tipos de websites utilizados para essa finalidade, juntamente com exemplos:

- **Mundos virtuais.** Estes são os locais onde os usuários podem assumir a forma de avatares e socializar em um espaço on-line da sua própria criação. Exemplos: Second Life, Webkinz, The Sims On-line.
- **Compartilhamento de jogos.** Existem muitos tipos de jogos on-line com interação social, desde jogo de xadrez para dois jogadores até Jogos com Interação de Múltiplos Jogadores On-line (MMORPG) — milhares de jogadores atuando simultaneamente como avatares. Exemplos: Minclip, Mmorpg.

12.2 Como as empresas utilizam a mídia social

Aonde os clientes vão, as organizações vão atrás. Como o cliente de hoje pesquisa marcas on-line e obtém informações sobre os produtos de outros clientes na mídia social, as empresas querem participar e influenciar as conversas — ou promovê-las ao lançar um novo produto. Por exemplo, em um estudo de 10 mil visitantes nas quarenta principais redes de varejo na internet em 2009, os seguintes websites foram indicados como os mais populares de mídia social (e a porcentagem de pessoas que o visitam regularmente) ('25 por cento das cem maiores', 2009).

- Facebook: 81 por cento.
- YouTube: 31 por cento.
- MySpace: 22 por cento.
- Twitter: 16 por cento.
- LinkedIn: 12 por cento.
- Flickr: 7 por cento.
- Outros websites de redes sociais: 2 por cento.
- Yelp: 2 por cento.

Curiosamente, 25 por cento dos cem maiores varejistas on-line não têm uma página no Facebook, embora 91 por cento afirmem que vão começar a usar o Facebook em um ano. No entanto, 51 por cento dos usuários do Facebook nos EUA estão mais propensos a comprar, e 60 por cento deles recomendam as marcas que eles apreciam ou seguem no Facebook, de acordo com a eMarketer. As páginas do Facebook são claramente uma tática eficaz para varejistas on-line, porém, alguns varejistas com páginas no Facebook não estão sendo muito bem-sucedidos, em parte porque eles abraçam o modelo 'obsoleto' de webpage, não fornecem aplicativos interativos, e nem convidam e nem se unem às conversas com clientes na página.

Apesar de todo o sucesso, as empresas estão apenas começando a experimentar a mídia social. Somente 22 por cento das empresas da *Fortune 500* têm um blog que estava ativo no ano passado, de acordo com a Society for New Communications Research da Universidade de Massachusetts. Empresas de pequeno porte utilizam mais a mídia social, e 70 por cento mantêm blogs (Figura 12.6). Como comparação, estima-se que 50 por cento dos profissionais de marketing B2B utilizem blogs.

Estratégias de mídia social

Obviamente, as empresas querem ter certeza de encontrar as táticas corretas de mídia social para alcançar seus objetivos e os requisitos de ROI nesse território inexplorado. O melhor lugar para começar é com os objetivos da empresa. A Figura 12.7 exibe um *continuum* de metas de mídia social, desde as estratégias abrangentes de negócios até as táticas específicas da marca. Indicamos em qual nível da hierarquia de efeitos cada meta é atingida. As mídias sociais são especialmente adequadas para promover a consciência da marca e para gerar sua notoriedade; elas também podem resultar em vendas quando os clientes leem sobre a marca ou compram no website ou off-line. Note que muitas outras ferramentas de CIM podem alcançar esses objetivos, e que os esforços da comunicação integrada de marketing

Figura 12.6 Adoção da mídia social por pequenas empresas.

Ferramenta	Porcentagem de uso	Ferramenta	Porcentagem de uso
Twitter	88	Marcação social	27
Facebook	87	Fóruns	26
LinkedIn	78	Website de notícias sociais	22
Blogs	70	Ning websites	17
YouTube/outros websites de vídeo	46	MySpace	11

Fonte: 'Social Media Examiner, 2010 Social Media Industry Report Marketing'. Disponível em: <http://www.eMarketer.com>.

Figura 12.7 Estratégias e táticas de mídia social.

	Estágio da hierarquia	Estratégia de mídia social
Estratégico	Consciência	Desenvolver a consciência da marca
	Atitude	Melhorar a percepção favorável de uma marca/produto/serviço
	Comportamento	Aumentar a aquisição de clientes
	Comportamento	Manter a fidelidade do cliente
	Atitude	Criar defesa e/ou defesas do usuário
		Reunir pesquisa não-científica/informal
		Desenvolver novos insights sobre o mercado-alvo
	Consciência	Desenvolver/criar boca a boca e oportunidades virais
	Consciência	Criar rumor sobre a experiência com a marca
	Consciência	Desenvolver alcance incremental
	Comportamento	Aumento do ROI de marketing
	Consciência	Aumentar conversas do cliente sobre a marca
	Comportamento	Orientar registro qualificado (newsletter, concursos, etc)
	Consciência	Apoiar o lançamento de um novo produto
	Comportamento	Impulsionar o tráfego do website
Tático	Comportamento	Aumentar as vendas

Fonte: adaptado de 'IAB Social Media Buyer´s Guide' (2010).

serão mais efetivos com o passar do tempo. Vamos explorar alguns exemplos de como as empresas têm utilizado as mídias sociais.

Mídia social e e-mail. Em um estudo, quase 60 por cento dos profissionais de marketing afirmaram que planejam utilizar este ano os links 'siga-nos' em mensagens de e-mail, para que os receptores possam clicar e ser conduzidos para o Facebook, Twitter ou outras páginas de mídias sociais (pesquisa GetResponse, conforme citado em eMarketer.com). Outras táticas de e-mail: 64 por cento afirmaram que planejaram incluir formas de 'assinatura' em páginas do tipo Facebook; 53 por cento afirmaram que colocariam links em mensagens de e-mail nas páginas da mídia social e 47 por cento afirmaram que incluiriam opções para compartilhar o e-mail com outras pessoas. A comunicação integrada funciona.

O restaurante fast-food de frango KFC queria promover a consciência e gerar uma onda on-line para seu novo sanduíche DoubleDown (dois hambúrgueres de frango frito com bacon e queijo). O KFC enviou uma propaganda por e-mail a 3 milhões de homens entre 18 e 30 anos inscritos no website <http://KFC.com>, segundo o gerente de RP, Rich Maynard (conforme citado em *Marketing News*). A mídia social imediatamente começou a receber comentários sobre os prós e contras desse produto. O KFC começou a receber telefonemas de jornalistas sobre a campanha, antes mesmo que o produto estivesse na prateleira. Grande parte da conversa foi centrada nos aspectos não saudáveis do sanduíche. O monitoramento da mídia social revelou um aumento da consciência da marca e das notícias negativas sobre o sanduíche. Se o KFC tivesse se engajado na conversa da mídia social e anunciado o sanduíche em sua página do Facebook, essa atitude teria sido um esforço integrado. Às vezes, as empresas fazem o contrário: realizam campanhas de mídia social, em vez de campanhas por e-mail, porque eles acham que seus e-mails ficam presos nos filtros de spam, sem ser visualizados pelos atuais e potenciais clientes. Na verdade, a mídia social superou o e-mail como a atividade mais popular dos consumidores, segundo um estudo recente da Nielsen ('Redes Sociais', 2009).

Gestão da percepção da marca. O monitoramento e a participação na mídia social são importantes, pois as reputações da empresa ou dos executivos da empresa podem ser arranhadas em questão de horas no ambiente on-line. Imagem de marca é percepção pura, envolvendo o que os outros dizem sobre a marca, website ou indivíduo, e não o que a empresa deseja que o público diga ou pense. As conversas on-line dentro de comunidades podem construir ou destruir percepções positivas rapidamente. Por exemplo, a JetBlue teve uma crise de RP no Dia dos Namorados em 2007, quando o mau tempo atingiu a costa leste dos EUA, o que resultou em passageiros sentados no chão dos aeroportos por até as 11 horas. Os passageiros postaram os vídeos no YouTube sobre o que estava acontecendo. Em um dia, apareceu um novo blog: <http://JetBlueHostage.com>, com postagens sobre o evento e as respostas da companhia aérea até agosto desse ano (e as postagens continuam até hoje, pois os clientes observam para comprovar se a JetBlue está fazendo a coisa certa pelos seus clientes). O presidente executivo da JetBlue postou um vídeo de desculpas no YouTube que foi visualizado por 300 mil visitantes, e recebeu comentários do tipo: 'Já estou acreditando!, obrigado. Essa companhia aérea é uma piada e qualquer pessoa que acredita nas besteiras desse idiota merece ficar preso por dez horas, sem água, sem comida ou sem banheiros! Boicotem a *JetBlew!*' As empresas precisam gerenciar proativamente suas imagens de marca on-line e se tornarem participantes autênticas na conversa on-line sobre as marcas.

Em outro exemplo, em 17 de março de 2010, o Greenpeace publicou um vídeo no YouTube protestando contra a colheita de óleo de palma das florestas da Indonésia em virtude da perda de meios de subsistência dos moradores e impacto na vida dos orangotangos. Em 18 de março, havia 190 reclamações na página do Facebook da Nestlé, e milhares de Tweets — chegando a centenas de milhares de potenciais clientes. Alguns comentários do Facebook incluíram imagens feitas pelos consumidores, como aquela que se parecia com uma barra da marca Kit Kat, mas tinha a palavra 'Killer', em vez do logotipo. Em 19 de março às 2h26 da manhã, a Nestlé postou o seguinte: 'congratulamo-nos com seus comentários, mas, por favor, não enviem mensagens utilizando uma versão alterada de qualquer um dos nossos logotipos como seu perfil — elas serão excluídas'. Obviamente, essa atitude gerou uma agitação em toda a blogosfera, pois as pessoas passaram a comentar intensamente sobre o ego e a ignorância da Nestlé na mídia social em querer apagar as postagens dos usuários. Dentro de 12 horas, às 13h29 em 19 de março, a Nestlé se desculpou e disse que iria parar de apagar as mensagens. Todo mundo sabe que ninguém é perfeito; portanto, quando as empresas cometem erros, elas precisam admitir a falha, pedir desculpas, fazer a reparação e apresentar um relatório sobre os procedimentos adotados — toda a comunicação on-line com blogueiros e outras pessoas que estão discutindo a crise. Agora o tema é autenticidade, transparência, consistência e diálogo com os clientes.

A Nestlé cometeu um grande erro na mídia social, que intensificou a situação original. É interessante notar que 40 por cento da conversa na mídia social sobre a Nestlé estava relacionada ao incidente na sua página no Facebook em 19 de março, de acordo com <http://blog.biz360.com>. A mídia social também pode fazer o inverso para os profissionais de marketing — ampliar positivamente suas campanhas de CIM e os empreendimentos da marca além do que a mídia tradicional pode fazer, como o ***'Isto vai Blendar?'*** Vídeos do YouTube (Capítulo 11) e os vídeos sobre o lançamento do iPhone.

Redes sociais. Os profissionais de marketing utilizam as redes sociais por meio da criação de perfis e páginas, propaganda em páginas de usuários ou pelo fornecimento de aplicativos para os usuários de rede — como jogos e cartões-postais virtuais. A Starbucks Coffee Company possui atualmente a maior página corporativa do Facebook, com 7.236.053 de 'fãs' que já se conectaram à marca e discutem seus méritos. Isso é favorável para a construção da marca, aprendizado sobre as opiniões dos clientes, e representa mais conteúdo que gera credibilidade e desenvoltura no Google.

A loja de departamento JC Penney lançou um widget em 2008 em sua página do Facebook para adolescentes: JCP Teen. 'Stuck on You' alcançou tanto sucesso que ainda continua nessa rede social. O aplicativo puxa fotos do usuário e de amigos em um quadro e possibilita que o jogador anexe coisas engraçadas à fotografia, como um bigode, chapéu, nariz de cenoura e outras coisas 'para ressaltar os retratos dos seus amigos' e depois pendurá-los em uma galeria on-line para que o mundo visualize. Os visitantes podem jogar o aplicativo na página JCP ou baixá-lo em suas páginas de perfil. O objetivo dessa tática foi o de intensificar a interação da marca, pois isso influencia a intenção de compra. Funcionou bem com o mercado adolescente, que gosta de expressar independência e é fortemente influenciado pelas opiniões dos amigos. Em dois anos, havia 2,9 milhões de pessoas utilizando o aplicativo, e cada indivíduo jogou uma média de 31 vezes. Como o aplicativo envolve retratos de amigos, esse fator intensificou o aspecto viral do jogo — uma média de 22 amigos foi alcançada para cada instalação do jogo ('IAB Social Media', 2010).

Em outro exemplo, a Reno Nevada´s Cabana Tans possui aproximadamente 10 mil 'amigos' na rede social MySpace. Membros da rede recebem boletins automatizados que oferecem preços especiais em sessões de bronzeamento que conduzem as pessoas para o negócio, segundo o proprietário Heidi Cortez. Por que MySpace? 'É um caminho livre para chegar ao nosso público-alvo da faixa etária de 18-26 anos, sem pagar $1.200 por uma mala direta — e ocupa apenas uma hora por mês'.

O importante é que o Facebook não é apenas para adolescentes — o crescimento mais significativo do Facebook provém de indivíduos na faixa etária de 35 a 49 anos, agregando o dobro de indivíduos na faixa etária de 50 a 64 anos, em oposição aos menores de 18 anos. Atualmente, o Facebook tem 400 milhões de usuários cadastrados e 500 mil aplicativos ativos, como 'Stuck on You', e possui 63,4 por cento do mercado de redes sociais (excluindo o Twitter, que alguns classificam como uma mídia social) (Figura 12.8). Discutiremos os aplicativos widget e a compra desses aplicativos nas redes sociais no Capítulo 13.

Blog. São mais de 24 mil blogs iniciados a cada 24 horas, de acordo com Blogpulse.com. Conforme já discutimos, esses blogs são principalmente de pequenas empresas e indivíduos, embora a maioria das empresas tenha a intenção de se envolver em breve. Quando os blogs surgiram pela primeira vez em 1999, parecia que eles continham rabiscos irrelevantes sobre diversos assuntos pessoais e, provavelmente, não produziriam resultado na estratégia de marketing. Como foi essa mudança? Os profissionais de marketing começaram a prestar atenção aos blogs, pois

Figura 12.8 Participação de mercado das redes sociais (excluindo o Twitter).

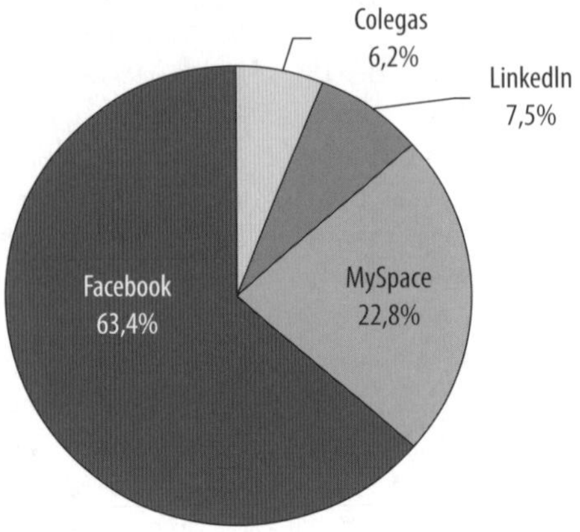

Fonte: dados da The Nielsen Company, conforme citado em: <http://www.marketingcharts.com>.

muitas pessoas que redigiam esses blogs tinham coisas valiosas a dizer. Por exemplo, Robert Scoble, do Departamento de Marketing da Microsoft, escreveu sobre seus pontos de vista sobre o papel da Microsoft no setor — e os concorrentes certamente leram suas reflexões.

Os blogs constituem uma mídia social devido a todos os comentários feitos pelos leitores do blog. Da mesma forma, alguns blogs permitem postagens de múltiplos autores. Por exemplo, a Engadget, um blog de tecnologia, oferece muitas postagens diárias sobre novas tecnologias, a maioria proveniente de autores diversificados. Esse blog está sempre listado entre os três melhores na Technorati, em virtude de seu elevado índice de leitura e atividade (com cada postagem gerando muitos comentários e índices de alta confiabilidade pelos usuários). É útil ter vários autores do blog para manter a frequência das postagens, desde que todos eles sigam as metas e o estilo do blog.

Existem muitos tipos de blog. Muitos presidentes executivos criam blogs para dar uma face pessoal às suas empresas. Quando a JetBlue teve sua grande crise em fevereiro de

Informações técnicas

Facebook

Você está prestes a atender um cliente pela primeira vez. Curioso para obter algumas informações sobre o cliente que podem ajudar na conversa, você se inscreve no Facebook para ver quais informações pode encontrar. Com certeza, vocês têm vários amigos em comum — uma grande oportunidade para um pedido de amizade.

No passado, o e-mail foi o principal meio eletrônico de manter contato com amigos e familiares. Agora, para muitas pessoas, isso significa estar no Facebook. O Facebook é um fórum para ver e ser visto. Cada usuário do Facebook é um miniemissor de suas atividades diárias e eventos importantes de sua vida para seus amigos cadastrados. Isso reduz significativamente a necessidade de repetir a mesma informação em múltiplos e-mails — ainda que à custa de algo um pouco menos pessoal.

Uma forma inteira de expor as mudanças que acontecem na vida estão no Facebook. Seu novo relacionamento está pronto para ser colocado no Facebook? Você cria um link para outra página do Facebook ou simplesmente posta que está namorando? O Facebook também permite aos usuários interagir com jogos.

Muitas pessoas passam horas no Facebook todos os dias postando notícias para a sua rede de amigos. A tecnologia implícita nesse imenso espaço de socialização é impressionante. Em essência, o Facebook é simplesmente um grande banco de dados capaz de relacionar registros entre múltiplos usuários. O prodígio tecnológico é a velocidade na qual esse banco de dados opera, e a velocidade, na qual as informações são enviadas às telas dos usuários finais.

Para disponibilizar essa alta velocidade, o Facebook mantém o máximo possível de informações na memória cache de alta velocidade, e não nos discos que são mais lentos. Eles também duplicaram o banco de dados nas costas leste e oeste dos Estados Unidos.

Um novo recurso interessante do Facebook é a possibilidade de compartilhar suas preferências com sua rede de amigos quando você visita outros websites. Aqui, o Facebook está contando com a tecnologia de cookies utilizada pelos profissionais de marketing para monitorar os usuários em sua movimentação pela internet. A principal diferença é que o Facebook pede explicitamente aos usuários a permissão para compartilhar as preferências com os amigos.

Por meio de uma Interface de Programação de Aplicativo (API), o Facebook permite que desenvolvedores terceirizados produzam novos aplicativos para a comunidade. A maioria desses aplicativos são jogos multiusuários. Um aplicativo particularmente inteligente chamado Photo Tagger no Face.com examina *milhões* de fotos publicamente acessíveis no Facebook para encontrar fotos nas quais você aparece, mas que ainda não foram marcadas. O aplicativo chamado Photo Finder ajuda você a encontrar as fotos em primeiro lugar.

2007, o presidente executivo David Neeleman postou desculpas no blog e introduziu a nova política de direitos dos passageiros. A Eastman Kodak Company produz um brilhante blog corporativo, composto por histórias e fotos de funcionários (<http://1000words.kodak.com>).

Muitos consultores, pesquisadores e gurus criam blogs para divulgar suas opiniões e conquistar clientes, promover livros e muito mais. A Figura 12.9 exibe o perfil pessoal de Andy Beal em seu blog. Observe o formato do seu currículo on-line. Note também o RSS, Delicious e outros botões que convidam os usuários a se inscrever ou fazer comentários no blog (lembre do RSS do Capítulo 5). Beal foi muito bem-sucedido com seu blog MarketingPilgrim.com, conquistando mais de 3 mil assinantes que seguem seus comentários inéditos sobre SEO, gestão da reputação e todas as coisas relacionadas ao marketing digital. Por que ele bloga? Além de ser divertido, o blog o mantém atualizado em seu setor e o ajuda a conseguir negócios de consultoria e convites para palestras pagas.

Os profissionais de marketing também utilizam blogs para atrair usuários para seus websites. Por exemplo, em 2004, a Dr. Pepper/Seven-Up introduziu um leite com novo sabor com um blog escrito por uma vaca: Blog Raging Cow. Escrito por seis escritores fantasmas adolescentes sob a supervisão do pessoal de marketing, o blog parecia uma vaca descrevendo suas aventuras em sua viagem pelo país. O blog se assemelha a um diário de viagem escrito com uma atitude da Geração Y baseada no posicionamento do produto: '...uma bebida à base de leite 'não domesticada', pois existem combinações de sabor chocantes, intrigantes e deliciosas'. Três semanas após o lançamento, 20.800 usuários

Figura 12.9 Blog de negócios de Andy Beal.

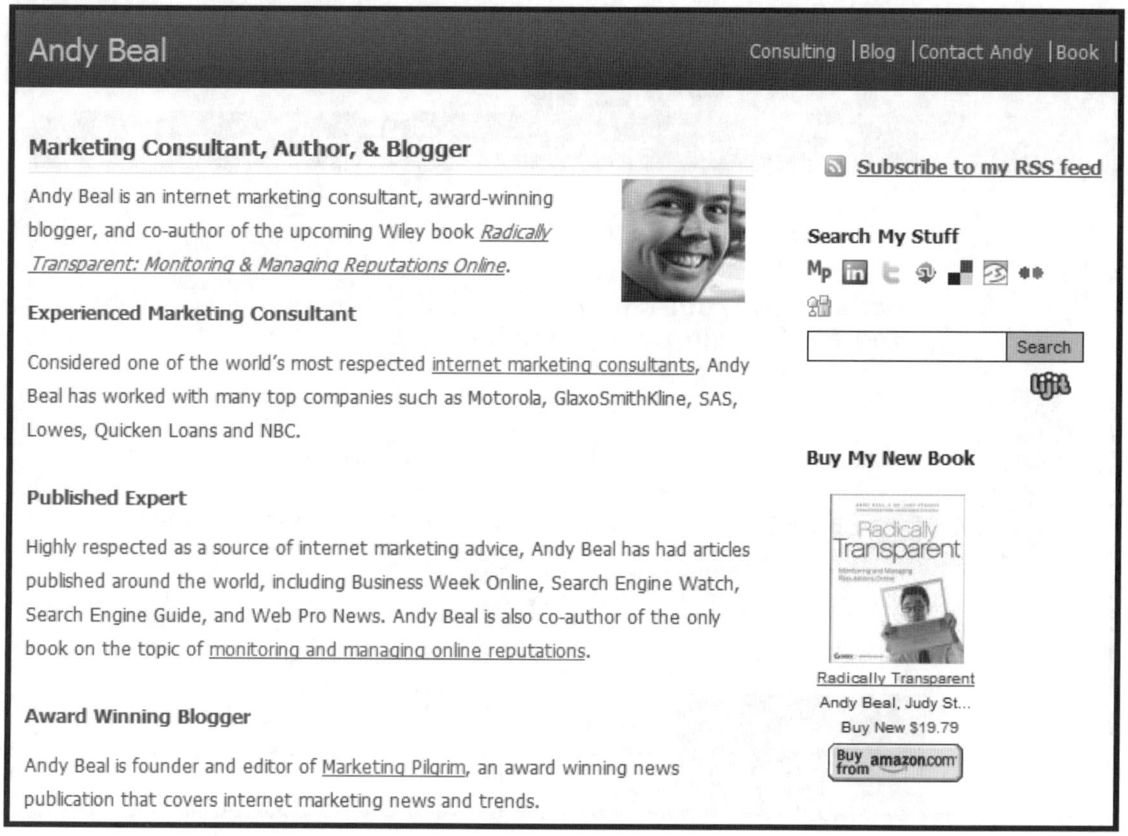

Fonte: cortesia de Andy Beal em: <http://www.andybeal.com>.

se conectavam diariamente para ler as divagações da vaca louca, como (Arnold, 2004):

> *Conseguimos! A sorte estava do nosso lado naquela noite — a lua estava na fase minguante (ouço alguns de vocês perguntando: 'Como é que uma vaca conhece as fases da lua?' Boa pergunta, mas desde o incidente do salto na lua, as vacas e a lua estão bem próximas...).*

Entretanto, esse tipo de estratégia pode produzir o efeito contrário. Quando Jim e Laura pegaram seu motor-home para percorrer o país e acamparam nos estacionamentos do Walmart, eles escreveram um blog sobre isso (qualquer proprietário de motor-home ou de trailer pode passar a noite de graça em qualquer Walmart). O blog conquistou muitos leitores, mas depois alguns questionaram por que todos os relatos de interações com os funcionários do Walmart eram tão brilhantes — onde estavam as críticas? Finalmente, Laura foi desmascarada como uma escritora freelancer contratada com recursos do Walmart para fazer o blog. Isso feriu a reputação do Walmart. A transparência, autenticidade e consistência on-line são fatores primordiais, pois se outros blogueiros descobrirem qualquer desonestidade praticada por uma empresa, a blogosfera inteira criará uma onda sobre o assunto. Laura e Jim acabaram devolvendo o dinheiro recebido e fizeram um pedido público de desculpas.

O ***Wall Street Journal*** ajuda a blogueiros enviando um e-mail por dia oferecendo um link para um artigo on-line gratuito (***versus*** a taxa normal de assinatura). Ele encoraja os blogueiros a escrever suas reações ao artigo e conectam o blog ao website do WSJ. O jornal relata que o número de visitas aos websites de blogs geralmente é tão elevado quanto os resultados nos mecanismos de busca. Além disso, esse elevado número de conexões recebidas aumenta o 'Google juice' (valor que o Google dá ao website para classificá-lo nas páginas de resultados de uma busca [SERPs]).

Muitas coisas devem ser consideradas quando as empresas querem iniciar uma atividade de blog, como a escolha de qual plataforma utilizar, quem vai desenvolver a redação, a frequência das postagens e o propósito do blog. Para mais detalhes sobre como iniciar um blog, recomendamos ***The Corporate Blogging Book***, de Debbie Weil (Figura 12.10).

Por fim, as empresas podem se envolver em blogs sem iniciar os próprios blogs. É importante identificar blogueiros influentes no setor, seguir as postagens utilizando feeds via RSS e adicionar comentários ocasionais. Essa atitude mantém as empresas engajadas em conversas importantes, projetando-as como experts no setor. Isso é igualmente importante, porque quando as empresas seguem blogs por meio de algum sistema de monitoramento automatizado, conforme discutido no Capítulo 5, elas

Figura 12.10 Blog da Debbie Weil sobre blogs corporativos.

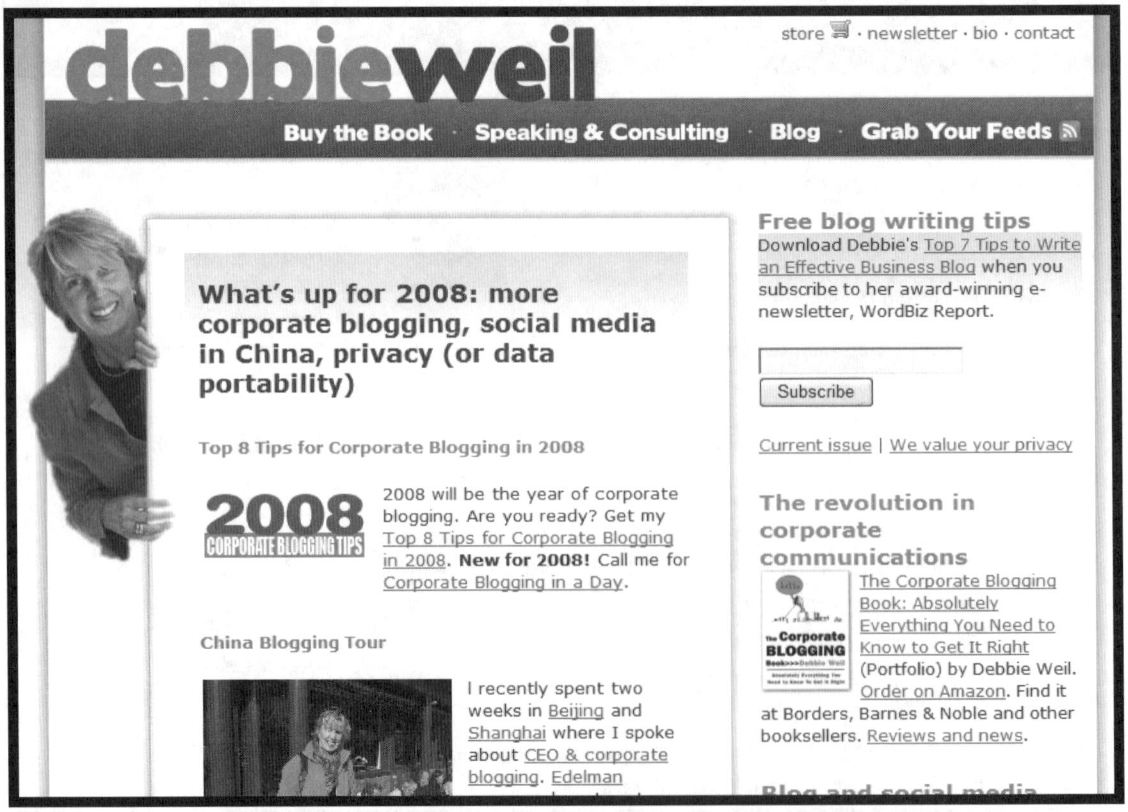

Fonte: cortesia de <http://www.wordbiz.com>.

vão identificar o surgimento de discussões potencialmente prejudiciais à reputação, e podem se envolver na discussão, contando o seu lado da história. Foi assim que a Nestlé resolveu sua crise de reputação em 12 horas.

Microblogs. Uma tendência recente são os blogs que contêm microconteúdo — postagens extremamente pequenas, como um hiperlink, imagem ou comentário de uma frase apenas. Tumblr.com oferece microblogs de conteúdo gratuito: 'Para fazer uma analogia simples: se os blogs são diários, os tumblelogs são álbuns', segundo Tumblr. Os usuários podem formar grupos ou seguir postagens frequentemente atualizadas. O Twitter é um miniblog ainda menor, formado em torno da questão: 'O que você está fazendo agora?' Os membros enviam mensagens de texto de até 140 caracteres para postar em seu espaço no Twitter. Os amigos seguem os 'tweets' uns dos outros em computadores ou por meio de mensagens de texto recebidas em telefones celulares ou smartphones. Atualmente, Britney Spears é a 'Twitterholic' top com 4.934.414 seguidores.

Como as empresas utilizam o Twitter? A CNN posta tweets de manchetes e possui mais de 3 milhões de seguidores. Muitos executivos usam o Twitter para falar sobre o que está acontecendo na empresa e obter a opinião e ideias dos seus seguidores. Por último, consultores como Andy Beal, muitas vezes postam links e imagens de conferências para ter acesso às tecnologias mais recentes em seu campo. Portanto, seus seguidores clicam em links em seu website ou para contatá-lo para solicitar uma consultoria. Collin Loretz promoveu um workshop do blog WordPress, WordCamp, em uma página dedicada no Facebook e perguntas respondidas via Twitter. Esse microblog, também uma rede social, não é apenas para crianças e adolescentes: 62 por cento enviam seus 'tweets' do trabalho.

Outras mídias sociais para uso nos negócios. Existem muitos outros importantes meios para utilizar as mídias sociais nos negócios. Empresas como a Blendtec fazem upload de vídeos no YouTube e depois colocam esses vídeos nos websites da empresa. Empresas de pequeno porte, como a Scott Fence em San Diego, produzem vídeos sobre o negócio e sobrepõem um número de telefone sobre o vídeo. Algumas empresas fazem upload de fotos no Flickr e importam as fotos para o blog (com um simples widget). As vantagens são as seguintes: (1) traz variedade para as imagens do blog e (2) cria outro local para o material da empresa (Flickr), para que o nome da empresa esteja nas primeiras posições nas páginas de resultados em um mecanismo de busca tipo Google. É bom ter o conteúdo espalhado por toda a mídia social para que os SERPs estejam repletos de notícias sobre a empresa.

Os Wikis são importantes porque um consultor pode editar definições e adicionar material em um website como o Wikipedia ou Wikihow e tornar-se famoso como um especialista na matéria. Quando adicionado a outras táticas como avaliar produtos e livros ou responder às perguntas do Yahoo! em seu campo de especialização, o consultor está construindo um nicho de liderança de pensamento: digite o nome do seu consultor, e ele surge em muitos lugares diferentes, que mostram a área de especialização do consultor. Algumas empresas, pessoas e marcas são suficientemente importantes para terem seus próprios registros no Wikipedia, e os profissionais de marketing aproveitam esse contexto.

Os websites de bookmarking social possibilitam que os usuários compartilhem seus websites favoritos e façam comentários on-line sobre eles, como StumbleUpon.com. O Delicious.com fornece software gratuito como plug-in de navegador na web, para que os usuários possam simplesmente clicar em um botão para marcar um website. Ao fazer isso, uma janela do Delicious se abre e solicita as etiquetas de texto, que são utilizadas para categorizar a marcação. A Figura 12.11 exibe uma lista de websites e artigos etiquetados. O

Figura 12.11 Marcações do autor em Delicious.com.

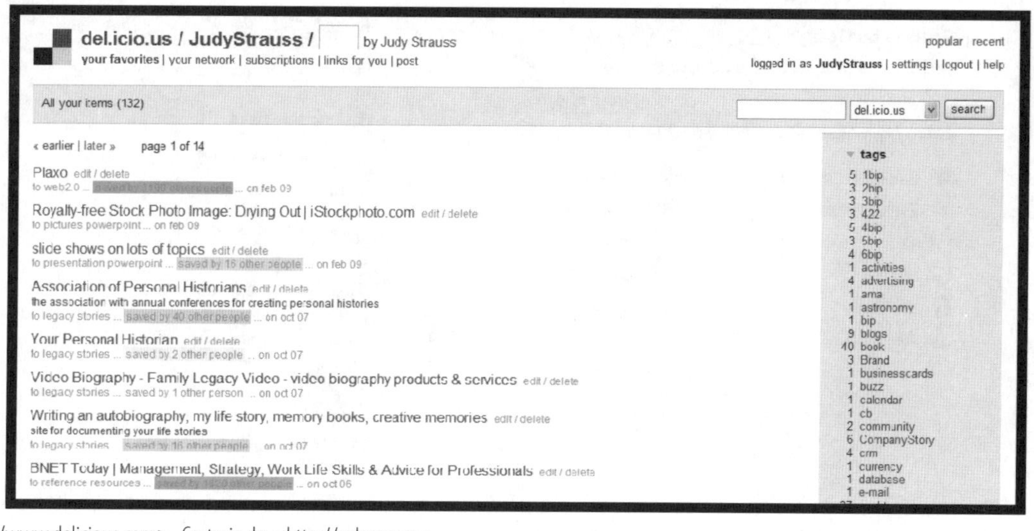

Fonte: <http://www.delicious.com>. Cortesia do <http://yahoo.com>.

Plaxo encabeça a lista, com 3.108 outras pessoas também realizando a marcação do website. A marcação social é poderosa, pois os usuários podem clicar em outros usuários que marcaram os mesmos artigos para ver o que eles estão lendo sobre o mesmo tema. É um excelente recurso para pesquisas individuais ou colaborativas, e que utilizamos para indicar listas de leitura categorizadas. É ainda melhor para os profissionais de marketing que querem criar uma onda sobre um informe técnico, postagem em blog ou outro artigo on-line, e este é o motivo pelo qual aparece o ícone de marcação da Delicious perto desses artigos.

Fóruns on-line, também chamados boletins informativos, são áreas onde os usuários podem postar mensagens de e-mail nos tópicos selecionados para que outros usuários leiam o conteúdo. O maior fórum público de grupo de notícias é a Usenet, que tem 35 mil grupos (acessado em <http://groups.google.com>) e contém discussão da comunidade sobre experiências com produtos, entre outros tópicos. A Usenet tem mais de 1 bilhão de mensagens, a partir de 1981 (muito anterior à web em 1993). Quando a web começou, a Deja.com arquivou a Usenet, e depois o Google adquiriu a empresa quando a Deja saiu do negócio. Embora a Usenet não seja o fórum mais utilizado, ela ocupa um lugar especial no coração de todos os nerds que estiveram on-line desde o início. Para nós, parece que a internet voltou às raízes da Usenet com o advento da mídia social — uma internet para, por e sobre usuários. Google e Yahoo! Groups carregam a tradição da Usenet com grupos de texto privado e público para colaboração e compartilhamento de interesses comuns (Figura 12.12). Além da postagem da mensagem de texto, os novos grupos do Google incluem postagem de arquivo, wikis, postagem de imagem e muitos outros recursos (em 47 idiomas) importantes para a colaboração na mídia social.

Os jogos on-line criam enormes comunidades de interesses específicos. Existem muitos tipos de jogos on-line com interação social, desde o jogo de xadrez para dois jogadores até os Jogos com Interação de Múltiplos Jogadores On-line (MMORPG) — milhares de jogadores se movimentando como avatares ao mesmo tempo. Alguns jogos têm histórias ou enredos com os jogadores, alcançando metas e desenvolvendo habilidade e poder, e outros são completamente não estruturados, com jogadores projetando a ação. Estima-se que os MMORPG possuam 15 milhões de jogadores globais que geraram mais de USD 1 bilhão em receitas em 2006. World of Warcraft pode ser o MMORPG mais popular, com 8 milhões de assinantes mensais em âmbito mundial. Os anunciantes estão muito interessados nos jogos on-line, porque os jogadores realmente gostariam de ver a colocação do produto nos jogos, pois isso os torna mais reais e também porque os jogos alcançam amplo espectro da demografia.

Por último, os profissionais de marketing compram espaço publicitário e desenvolvem aplicativos que eles instalam nas redes sociais. Você vai aprender sobre como comprar e pagar por isso no próximo capítulo.

Princípios da construção de comunidades

A construção bem-sucedida de uma comunidade on-line não é tão simples como fazer uma página no Facebook e esperar que os colegas acessem — afinal, os profissionais de marketing estão competindo com 160 milhões de ou-

Figura 12.12 Google Groups hospeda a Usenet.

Fonte: Cortesia de <https://groups.google.com/grphp?hl=pt-BR&ie=UTF-8&tab=wg&pli=1>.

tras páginas, grupos ou eventos para obter a atenção do espectador. Como ocorre com a maioria das estratégias de e-business, a pesquisa e o planejamento precedem o sucesso. Larry Weber (2007) sugere um programa com sete etapas:

1. **Observar.** Visite os lugares da mídia social onde os usuários pesquisam tópicos de interesse do setor da empresa que quer iniciar uma comunidade de mídia social. Por exemplo, os gerentes de marca de automóvel Saturn podem monitorar conversas entre usuários e analistas do setor em blogs e websites para encontrar as comunidades maiores e mais ativas.
2. **Recrutar.** Encontrar usuários de internet que queiram falar sobre o setor e recrutá-los para fazer parte da nova propriedade da mídia social.
3. **Avaliar as plataformas.** Decidir se o formato deve ser um blog, website de busca vertical (agregador da reputação), comunidade on-line pura ou rede social.
4. **Engajar.** Planejar meios para acessar os membros da comunidade para conversar e fazer upload de conteúdo.
5. **Avaliar.** Identificar métricas que vão avaliar o sucesso do empreendimento. Por exemplo, número de comentários postados no blog (esse assunto é abordado mais detalhadamente adiante neste capítulo).
6. **Promover.** Planejar meios para anunciar e construir a notoriedade na mídia social e com agregadores de reputação para que a nova comunidade atraia usuários.
7. **Aperfeiçoar.** Utilizar os indicadores de desempenho para aperfeiçoar continuamente a comunidade.

Note que a maioria dessas etapas segue os bons princípios do CRM (consulte o Capítulo 14). Por exemplo, os membros da comunidade são mais leais por causa do laço social que eles formam com a empresa ou com o vendedor (como o blog IdeaStorm da Dell). Adicionamos mais dois princípios: primeiro, pedir permissão para utilizar as informações do perfil em anúncios na rede social, como o pedido da JC Penny em seu aplicativo 'Stuck on You': 'Possibilitar o acesso ao JCP Teen Stuck viabilizará o acesso às informações de seu perfil, fotos, informações sobre seus amigos e outro conteúdo necessário para atuação do aplicativo: clique em *Allow or Leave the Application*'. Segundo, seja autêntico, honesto e transparente em todas as suas mensagens, caso contrário você será descoberto e vai gerar muita conversa negativa na mídia social.

12.3 Indicadores de desempenho para a mídia social

Com tantas opções de mídia social que necessitam de um grande esforço de participação, como um profissional de marketing pode saber se o investimento vale a pena? A resposta mais importante é que depende dos objetivos de comunicação. Voltando à Figura 12.7, se o objetivo está centrado nas vendas, então o número e o valor das vendas é o indicador-chave, juntamente com os custos, como **custo por clique** e o ROI. Se o envolvimento da marca é o objetivo, então o número de interações com o material relacionado à marca é uma medida.

As métricas da mídia social são diferentes das métricas do website-padrão, pois os usuários interagem com mídias conhecidas de muitas maneiras diferentes. Por exemplo, quando um usuário da internet visualiza um vídeo on-line, ele pode gastar quatro minutos para visualizá-lo; no entanto, outro usuário pode interrompê-lo imediatamente. E se o usuário fizer uploads, comentários, ou compartilhar um vídeo da marca, como essa interação com a marca pode ser considerada? Os indicadores de desempenho da mídia social devem capturar a riqueza da atividade do usuário on-line em três áreas (e está relacionada aos objetivos e metas da campanha):

- **Ganhos de mídia de publicidade.** Esta é uma mensagem sobre a empresa ou marca que é compartilhada com outras pessoas após uma experiência com a marca. Exemplo de indicador: número de postagens do blogueiro sobre a marca ou empresa, ou número de usuários que criam marketing viral enviando um vídeo ou widget do Facebook para seus amigos.
- **Mídia social da própria empresa.** Essas propriedades são mensagens enviadas pelos canais da mídia social da empresa, exemplo de métrica: o número de fãs na página da Starbuck´s no Facebook.
- **Mídia paga.** Estas são mensagens em canais de mídia não controlados pela empresa, assim como com a mídia off-line, como a televisão. Exemplo de métrica: o número de pessoas que baixaram um aplicativo de colocação pago no Facebook ou o custo por clique em um ad display em um website de mídia social.

Consulte a Figura 12.13 para ver exemplos de indicadores de ganho de mídia do Interactive Advertising Bureau na mídia social. O Capítulo 13 discute as métricas de mídia paga, pois elas têm muitas similaridades em relação às outras mídias pagas. Nos canais corporativos, algumas métricas de ganho de mídia são aplicadas se a ação ocorreu nos próprios websites ou páginas da empresa, como o número de comentários em um blog de uma empresa. As métricas adicionais de engajamento do usuário utilizadas pelos profissionais de marketing de mídia social são descritas a seguir.

Métricas gerais da mídia social. Número de visitantes no website original, custo por visitante, número de visualizações de páginas por visitantes, número de visitas de retorno; número de usuários que interagem com um aplicativo ou anúncio e tempo gasto assistindo a um vídeo de um jogo, ou ouvindo música.

Figura 12.13 Exemplos de indicadores de ganho de mídia.

- Engajamento individual, determinado como a interação com uma marca de tal forma que ela seja definida como significativa. Pode ser dependente da criatividade, por exemplo: número de visualizações de vídeos, marcações, uploads de fotos, ou criação de conteúdo gerado pelo usuário a partir do conteúdo fornecido pela empresa relacionado à marca.
- Engajamento social, definido como a interação com os elementos da marca, que causam impacto para os participantes:
    - Contribuições, tamanho e densidade da conversa.
    - Comentários, classificações e avaliações, fóruns de discussão, atividade do fórum.
    - Conteúdo compartilhado, atualizações de *status*.
- Crescimento de seguidores (Twitter), fãs, amigos.
- Assinantes RSS.
- Atenção da mídia/Cobertura da imprensa/Marketing viral.
- Tráfego (visitas, retornos ou atualizações de *status* nas páginas da marca).
- Buscas quanto a ***brand equity*** por meio de links para um website da marca enviados pelos usuários em um ambiente social (atualização de *status*, postagem em blog, comentário).

Fonte: 'IAB Social Media Booklet' (2010). Disponível em: <http://www.iab.net>.

Ações adotadas pelos usuários. Número de downloads de artigos, arquivo de música MP3, toques ou outros conteúdos, número de marcações para um website em um website de marcação social, como Delicious.com; número de uploads de vídeo criado pelo usuário, foto, ou outro conteúdo multimídia em um website, número de avaliações em um livro ou varejista on-line, número de jogos disputados, cupons baixados, votação de enquetes, convites enviados ao evento.

Conversas em blogs e outros lugares. Número de comentários, tweets/retweets; sentimento da conversa como positivo/negativo; alcance da conversa — número de visitantes que visualizam uma conversa, número de comentários relevantes em uma conversa; e as datas da primeira e da última postagem de comentário.

Painel de mídia social. Com tantas mídias sociais para monitorar e reputações que podem ser prejudicadas em questão de horas, como uma empresa pode manter o controle? Discutimos os Alertas do Google no Capítulo 5, e aqui apresentamos o painel de mídia social muito mais sofisticado. É um software que busca a empresa, marca ou qualquer menção da palavra-chave em qualquer mídia social e apresenta esses elementos em um só lugar. Isso facilita às empresas o monitoramento de conversas e também exibe os indicadores selecionados. Muitas empresas estão correndo para competir neste espaço — consulte a Figura 12.14 para ver o painel da Unilyzer. Ela fornece uma visão 360º dos canais de mídia social, e possibilita comparações diárias, semanais ou mensais por até um ano. As setas de tendência mostram se a tendência é positiva ou negativa, e as métricas permitem que os profissionais de marketing monitorem os efeitos.

Você ainda está confuso? Existem muitas complexidades na avaliação do engajamento social, e os profissionais de marketing estão apenas começando a encontrar formas consistentes para colher essas métricas importantes da Web 2.0. Vamos fornecer um exemplo para mostrar essa longa lista de indicadores. Em 2007, a Jeep decidiu se engajar mais profundamente com as suas comunidades. O 'Jeep Experience' (<http://www.jeep.com/experience>) exibiu uma página em Jeep.com que agregava perfis de mídia social da marca e conversas das páginas do Facebook, MySpace, YouTube e Flickr da Jeep (utilizando feeds RSS). A página também foi alimentada com conteúdo da empresa em diversas áreas: comunidade (perfis e conteúdo de mídia social da marca), notícias, eventos Jeep, esportes de ação (para eventos patrocinados pela Jeep) e muito mais ('IAB Social Media Buyer´s Guide', 2010). Os indicadores de desempenho utilizados pela Jeep foram:

- Tempo médio no website de experiência com a Jeep foi de 14,53 minutos.
- A página da Jeep no Facebook tinha 350 mil fãs.
- Dezessete por cento dos visitantes das páginas de Jeep Experience compararam veículos Jeep ***versus*** apenas 7 por cento de visitantes ao website isoladamente (Jeep.com).
- Doze por cento dos visitantes da Jeep Experience pesquisaram os produtos, ***versus*** apenas 9 por cento em Jeep.com.
- Quinze por cento dos visitantes da Jeep Experience clicaram em encontrar uma concessionária, ***versus*** 11 por cento em Jeep.com.

Resultados muito impressionantes para uma campanha que não teve propaganda e envolveu visitantes engajados em websites de mídia social da empresa. Sem essas métricas, a Jeep não saberia se o tempo investido valeu a pena.

Figura 12.14 Painel da mídia social da Unilyzer.

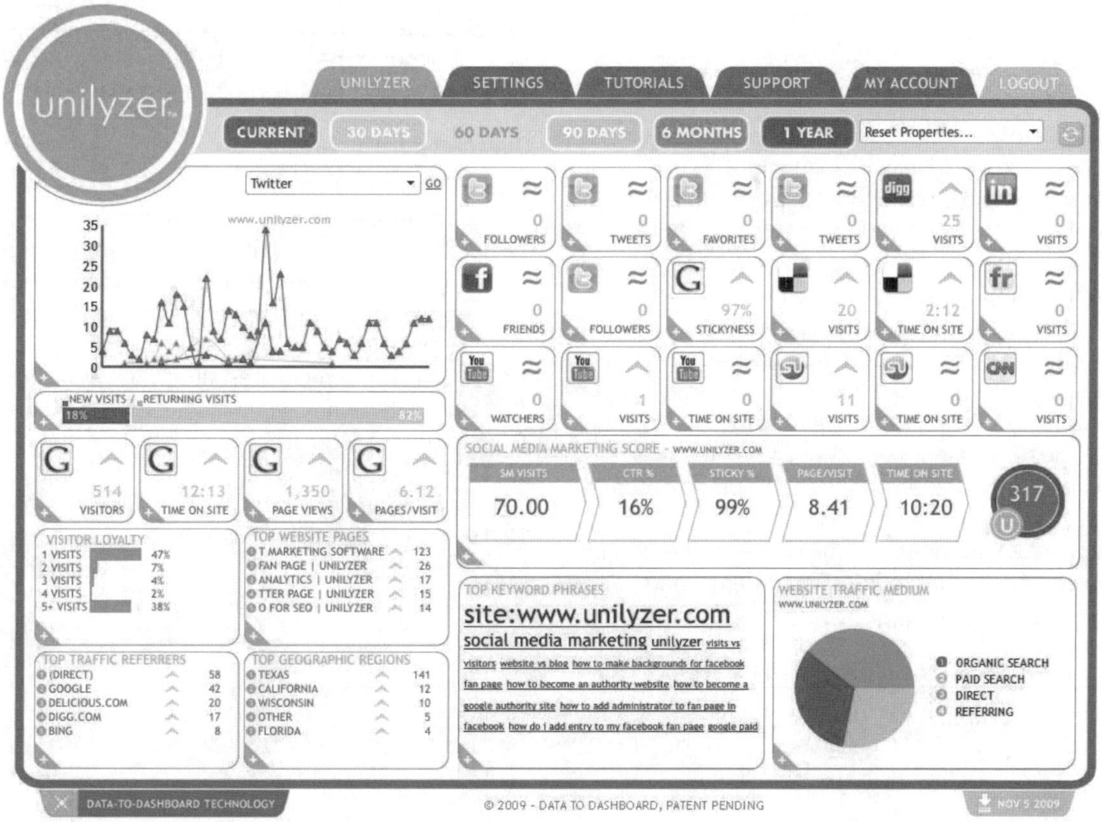

Historical Trending - 60-Day Trending Shown in the Example

Fonte: cortesia de Unilyzer: <http://www.unilyzer.com>. Copyright Eman Bass, LLC.

Resumo do capítulo

Mídia social é um termo utilizado para descrever o tipo de mídia baseado na conversação, compartilhamento de conteúdo e na interação entre as pessoas on-line. Ela pode assumir muitas formas diferentes, incluindo ferramentas de comunicação e rede (blogs, microblogs, redes sociais e agregadores de rede social), eventos (local, pessoal e de grupos), colaboração (wikis, marcação social e notícias sociais), compartilhamento de multimídia (fotos e arte, vídeo, live casting, música e apresentações), avaliações e opiniões (avaliações de produtos e de negócios e perguntas e respostas da comunidade) e entretenimento (mundos virtuais e compartilhamento de jogo).

Um número crescente de empresas está utilizando a mídia social porque este é o lugar onde os clientes estão jogando, conversando e visualizam ou fazem upload de conteúdo. Qualquer plano de mídia social começa com os objetivos — em um *continuum* de desenvolvimento da consciência até a configuração de percepções e a mudança de comportamento. Durante a campanha, os profissionais de marketing avaliam sua eficácia, selecionando os indicadores de desempenho adequados para avaliar o ganho na mídia, mídia paga e conteúdo da empresa e engajamento do usuário. Métricas importantes de mídia social incluem métricas gerais, ações adotadas pelos usuários e conversas em blogs e em outros lugares. Muitas vezes o monitoramento da mídia social acontece por meio de softwares de painéis, especialmente importantes para o monitoramento da reputação da empresa.

Existem muitas campanhas de sucesso da mídia social descritas neste capítulo. As campanhas especialmente eficazes são as que utilizam mídia social e e-mail, gestão da percepção da marca, redes sociais, blogs, microblogs e muitos outros elementos.

Exercícios

Questões para revisão

12.1 Quais são as mídias sociais e por que elas são importantes?

12.2 Quais são os seis principais tipos de mídias sociais utilizados pelos profissionais de marketing?

12.3 Dê um exemplo de cada um desses seis tipos de mídia social.

12.4 Por que os blogs são importantes para os profissionais de marketing?

12.5 Mencione duas redes sociais importantes.

12.6 Por que uma empresa deve fazer upload de fotos no Flickr?

12.7 Quais são os sete princípios de construção de comunidade de Larry Weber?

12.8 Compare e contraste os indicadores de desempenho para as mídias sociais e do website.

12.9 Compare ganho de mídia, mídia da empresa e mídia paga. Mencione três métricas de desempenho utilizadas em cada mídia.

12.10 O que é um painel de indicadores de desempenho, e por que os profissionais de marketing o utilizam?

12.11 Como uma empresa pode gerar uma onda (buzz) on-line?

Questões para discussão

12.12 Quais são as vantagens e desvantagens da mídia social em relação ao website da empresa?

12.13 The Book declarou que 25 das cem maiores varejistas on-line não têm páginas no Facebook. Como você pode convencê-las de que esta é uma estratégia eficaz e eficiente?

12.14 Qual seria a melhor estratégia de mídia social para engajar os alunos de uma universidade? Explique e justifique sua resposta.

12.15 Você acha que a Wikipedia é uma fonte confiável de pesquisa? Por quê?

12.16 Se sua universidade teve uma crise de reputação na mídia social, como é que você lidaria com isso se fosse o gerente de marketing?

CAPÍTULO

1 2 3 4 5 6 7 8 9 10 11 12 **13** 14

Compra de espaço na mídia digital

Você não pode mais simplesmente comprar a atenção das pessoas. Você precisa engajá-las.
— David Lubars, presidente da BBDO

Em 1965, 80 por cento dos jovens entre 18 e 49 anos nos EUA podiam ser alcançados por três comerciais de televisão de 60 segundos. Em 2002, a empresa precisava de 117 comerciais para obter o mesmo resultado.
— Jim Stengel, diretor de Marketing Global, P&G

O principal objetivo deste capítulo é ajudá-lo a compreender a internet como uma ferramenta para um intercâmbio eficiente e eficaz das mensagens de comunicação de marketing entre os profissionais de marketing e seus respectivos públicos. Você vai aprender como os profissionais de marketing utilizam os mecanismos de busca e as redes sociais para divulgar suas mensagens e como eles compram e utilizam o espaço na internet como meio de comunicação.

Após a leitura deste capítulo, você estará apto a:

- Descrever as características das principais mídias físicas (off-line) e digitais (on-line).
- Diferenciar as mídias impressas, as eletrônicas de massa, de segmento e as individuais.
- Explicar como os profissionais de marketing utilizam os agregadores de reputação para busca natural, paga e vertical.
- Discutir as maneiras pelas quais os profissionais de marketing podem comprar espaço publicitário na mídia social.
- Delinear os principais métodos para a compra de mídia e para a avaliação da eficácia de uma campanha de comunicação integrada de marketing (CIM).

Lançamento do Halo 3

Halo 3 é o capítulo final da trilogia popular que inclui vídeo e versões on-line. O jogo de tiro em primeira pessoa (FPS) foi criado pela Bungie Studios e promovido pela Microsoft para o sistema de jogos e entretenimento Xbox 360. O Halo 3 começou a ser vendido mundialmente em 25 de setembro de 2007, com mais de um milhão de cópias pré-encomendadas e vendas de 3,3 milhões de unidades na primeira semana. Obviamente, os jogadores do Halo 2 tiveram privilégios para adquirir o Halo 3 para que eles continuassem a participar da batalha encarnando o Master Chief, na tentativa de salvar a humanidade. Esta é a vantagem de oferecer um ótimo produto e conquistar clientes fiéis. Além disso, a Microsoft combinou, de forma brilhante, as mídias física e digital utilizando ferramentas de CIM para anunciar o novo jogo e criar a notoriedade do produto.

No ambiente off-line, a Microsoft formou uma parceria com o Burger King (embalagens e copos plásticos do Halo Whopper), Mountain Dew (bebida 'combustível para o jogo' com alto teor de cafeína), Doritos (embalagem do Halo 3), lojas 7-Eleven (copos de Halo Slurpee e um concurso onde a voz do vencedor estaria no jogo Halo Wars) e com a Pontiac (edição limitada do carro Halo 3 G6 GXP). Esses produtos, mais o licenciamento (figurinhas e brinquedos) e um carro de corrida patrocinado pintado com imagens de Halo ajudou na divulgação das informações. A Microsoft também criou trailers para cinema, em que ela mostrava seus produtos eletrônicos, e em anúncios de televisão, como ESPN e Discovery Channel. Para completar a promoção de mídia física, os esforços da Microsoft e Bungie PR resultaram na cobertura de muitas outras mídias: 'O lançamento do *Halo 3* esta semana foi um evento que se estendeu muito além do nosso pequeno mundo dos jogos. Todos do *New York Times* até o *Mother Jones* queriam cobrir o evento', segundo a revista *Wired*.

A mídia digital foi envolvida nesta onda. O Bungie Studios foi liberando lentamente teasers do enredo e recursos do jogo utilizando documentários em vídeo on-line. Os documentários em vídeo criados explicando a estrutura e as ideias implícitas de alguns dos personagens estavam disponíveis para baixar e jogar no Xbox 360. Perto da data de lançamento, a Microsoft lançou o website 'Believe', onde os usuários podiam baixar as fotos da tela original em um formato de diorama (tridimensional) e utilizá-las como papel de parede com o logotipo do Halo 3. A história do website Believe gerou mais anúncios de televisão off-line. A Microsoft fez um beta teste de um mês por meio de um evento competitivo on-line. O Halo 3 convidou os primeiros 13.333 jogadores do Halo 2 a se inscrever no website <http://Halo3.com> para o beta teste. Havia outros requisitos para obter o privilégio do beta teste, e algumas propagandas foram colocadas em websites importantes da comunidade europeia para gerar essa onda. A blogosfera estava agitada com as discussões sobre os detalhes do jogo, imagens recém-reveladas e estratégias para ter o novo jogo em primeira mão.

Ligando os mundos físico e digital, as festas de lançamento foram realizadas em 24 de setembro em cidades selecionadas. A Microsoft convidou fãs, blogueiros e jornalistas para uma festa de lançamento em São Francisco, usando o website de convites on-line <http://Upcoming.com> (assim como o website de convites da própria Microsoft). Os felizes contemplados jogaram de forma entusiástica e, conforme o previsto, isso gerou uma onda on-line. Alguns tiraram fotos no evento e postaram-nas em seus blogs ou no <http://Tumblr.com> e em outros microssites de conteúdo da própria festa, mostrando como eles estavam se divertindo. O resultado de tudo isso? O primeiro dia de vendas do Halo 3 chegou a $ 170 milhões e as primeiras 24 horas de vendas superaram muitos filmes de sucesso. (Observação: a maior parte dessas informações é proveniente da Wikipedia e fontes relacionadas.)

13.1 Mídia para veiculação da comunicação de marketing

A Microsoft e a Bungie Studios utilizaram a mídia física (off-line) e a digital (on-line) de forma integrada para criar esse grande sucesso. **Mídias de comunicação** são ferramentas para a veiculação de informações, como vídeo on-line, jornal e e-mail. Para divulgar as informações, todas essas ferramentas podem ser pagas ou gratuitas. Exemplos: a mídia paga seria um anúncio em um jornal ou website, e a mídia livre inclui ganhos de mídia, como a publicidade obtida quando os blogueiros escrevem sobre a marca, ou mídia de propriedade, como quando a empresa possui seu próprio blog. Por 'livre', queremos dizer que os profissionais de marketing não têm de pagar pelo espaço para veicular a sua mensagem, mas têm custos relacionados com a produção da peça de comunicação ou com envio de comunicados de imprensa. **Mídias digitais** são ferramentas eletrônicas utilizadas para armazenar, transmitir e receber informações digitalizadas, de acordo com a Wikipedia. Elas surgem em duas variedades importantes na internet: websites, que são, em grande parte, uma comunicação bidirecional, e a mídia social. A mídia digital permite a difusão de informações e a recepção em uma conversa bilateral. No entanto, a programação da televisão também é considerada mídia digital em virtude da tecnologia para a criação e compressão — é apenas outro tipo de vídeo que pode ser visualizado em computadores e uma série de outros dispositivos. A Microsoft usou ambas como anúncios de televisão (pago) e o website Believe (livre) para postar os vídeos on-line e publicidade conseguida em outras mídias off-line.

Os limites entre as plataformas físicas (também denominadas tradicionais ou off-line) e as plataformas digitais (muitas vezes denominadas não tradicionais ou on-line) e o espaço de mídia paga e não paga está cada vez mais se fundindo. Por exemplo, a Current.com permite que os usuários enviem 'pods' de vídeo, com os vídeos mais votados sendo passados na programação de televisão a cabo da Current. Agora que a programação televisiva dos EUA é completamente digital e mais websites como iTunes, Hulu.com e Akimbo.com oferecem televisão on-line e visualização de filme em computadores e MP3 players, o significado dos termos ***off-line*** e ***on-line*** continuará a perder sua distinção — o mesmo destino está reservado para os termos ***mídia tradicional*** (jornais, revistas, TV, rádio, outdoors) e ***mídia não tradicional*** (tudo o mais, incluindo a mídia digital). Os anúncios de jornal e artigos são quase sempre acessíveis em qualquer localização. Lembre-se também de que o meio não é a ferramenta: a programação de TV pode conter anúncios que são vistos na televisão, no celular e no PC; a transmissão de áudio de rádio pode ser realizada por meio de muitos dispositivos e assim por diante. A Figura 13.1 exibe muitos meios, categorizados como pagos/não pagos/ganhos e físicos/digitais. Colocamos a programação da televisão na categoria digital e observamos que ela pode ser recebida em um aparelho de TV, PC, ou em outro lugar.

Nesse ambiente, as táticas mais eficazes serão aquelas que integram as ferramentas de CIM para alcançar seus mercados-alvo de forma eficaz e eficiente (custo mais baixo) — independentemente do canal de comunicação (assim como a introdução do Halo 3). Isso é especialmente importante e diferente em razão do alto nível de multitarefa dos atuais consumidores, conforme mencionado nos capítulos anteriores.

Para realizar isso, os profissionais de marketing devem conhecer as capacidades, pontos fortes e fracos de cada meio. Este capítulo foca a mídia digital utilizada para veicular as mensagens de comunicação de marketing na internet.

Características da mídia

Os profissionais de marketing precisam compreender as características da maioria das mídias físicas (muitas vezes

Figura 13.1 Classificação da mídia.

	Mídia proprietária	**Mídia paga**	**Mídia ganha**
Mídia física	Atividades externas Folhetos, cartazes, brochuras e assim por diante Outros (por exemplo, anúncios em banheiros)	Impressão: jornais, revistas Outdoor (por exemplo, outdoors, ônibus, eventos esportivos) Outros (por exemplo, algumas promoções)	Artigos de jornal Cobertura de notícias na mídia tradicional Menções na mídia impressa ou de transmissão por outras pessoas Boca a boca
Mídia digital	Website Blog	Ads display on-line Listagem de websites de busca paga Anúncios em programas de televisão	Outro website/blog Busca natural
	Website móvel Conta no Twitter		Inclusão de busca vertical gratuita Rumor viral on-line
	E-mail para uma lista Páginas de rede social	Anúncios por e-mail Conteúdo patrocinado	Amigos/fãs na rede social Comunidade on-line
		Colocação de videogame	Mundo virtual (second life)

chamada mídia tradicional), bem como as características da mídia digital da internet para que eles possam fazer as escolhas adequadas na compra de espaço promocional para o plano de CIM — como fez a Microsoft para o Halo 3. O alcance da cobertura é um critério importante. Mídia eletrônica, como **rede** de televisão, rádio, televisão a cabo, internet, transmissão de fac-símile (fax) e telefones celulares, podem ser visualizadas de acordo com a sua capacidade de alcançar audiências (massa — broadcast, segmentada — narrowcast ou, individual — pointcast). A comunicação de marketing pode ser enviada para um indivíduo (por exemplo, via postal ou e-mail) ou para as massas (por exemplo, jornais) e pode variar de massa (por exemplo, televisão) para individual (por exemplo, e-mail) (Figura 13.2). Diferenças entre estes e outros meios permitem que os profissionais de marketing selecionem a melhor combinação para alcançar seus objetivos. Por exemplo, os profissionais de marketing digital podem selecionar e-mail se eles quiserem customizar uma oferta para um indivíduo e um pedido de resposta interativo por meio de clique em um hiperlink. A Figura 13.3 compara a mídia tradicional e física com a mídia digital on-line.

Mídia broadcast. A mídia de massa (TV e rádio) tem uma série de pontos fortes e fracos, conforme refletido na Figura 13.3. A penetração da TV é de 98 por cento nos lares dos EUA, com um terço possuindo três ou mais aparelhos. A TV continua sendo o único meio para os anunciantes que querem atingir um grande número de clientes de uma só vez, mas é caro ($ 100 mil a $ 550 mil por trinta segundos de horário nobre nos Estados Unidos). A penetração do rádio também é

Figura 13.2 Proporção de gastos com publicidade em vários meios de $ 159 bilhões em 2009.

Observação: o mercado total de publicidade dos EUA inclui outros segmentos nao descritos neste livro. A TV aberta inclui anúncios de estação de TV nacional e local, assim como anúncios de sistema multicanal.

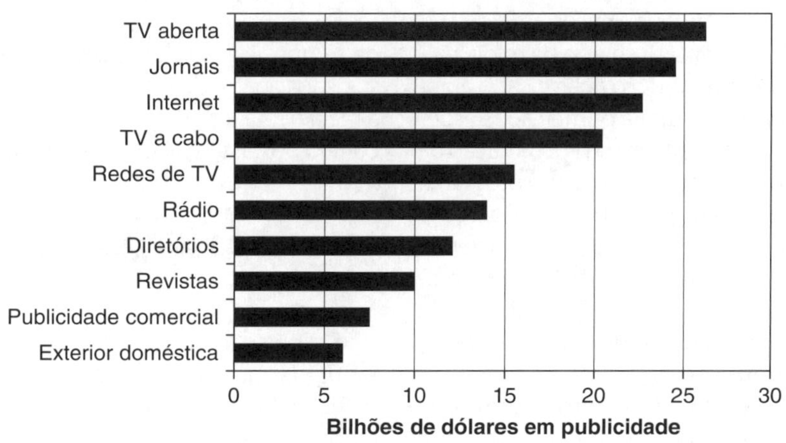

Fonte: dados de IAB Internet AD Revenue Report, Princewaterhousecoopers. Disponível em:<http://www.iab.net>.

Figura 13.3 Pontos fortes e fracos das principais mídias.

Critério	TV	Rádio	Revista	Jornal	Mala direta	Internet
Envolvimento	Passivo	Passivo	Ativo	Ativo	Ativo	Interativo
Riqueza da mídia	Multimídia	Áudio	Texto e gráfico	Texto e gráfico	Texto e gráfico	Multimídia
Cobertura geográfica	Global	Local	Global	Local	Varia	Global
CPM	Baixo	Mais baixo	Alto	Médio	Alto	Médio
Alcance	Alto	Médio	Baixo	Médio	Varia	Médio
Focalização	Bom	Bom	Excelente	Bom	Excelente	Excelente
Monitorar eficácia	Regular	Regular	Regular	Regular	Excelente	Excelente
Flexibilidade da mensagem	Ineficiente	Bom	Ineficiente	Bom	Excelente	Excelente

onipresente. Quase todas as casas e quase todos os carros têm um rádio e os consumidores dos EUA podem ouvir a rádio Pandora ou a Sirius digital, sem anúncios. O tempo de publicidade na rádio é barato ($ 20 a $ 200 para sessenta segundos) e tem uma cobertura excelente no mercado local.

Mídia impressa. A mídia impressa inclui jornais e revistas (locais e nacionais). A internet foi muitas vezes comparada à mídia impressa, pois seu conteúdo é de texto e grandes gráficos e porque muitas editoras tradicionais mantêm versões on-line. No entanto, o aumento do uso da banda larga e do conteúdo de vídeo on-line mudou essa imagem. Ao contrário da televisão e do rádio, mas como a internet, a mídia impressa permite a visualização ativa: os leitores podem parar e olhar para um anúncio que lhes interessa, por vezes gastando um pouco de tempo lendo os detalhes. Em geral, o espaço de publicidade em revistas é muito mais caro do que o espaço em jornal porque, como a internet, as revistas podem atingir um público muito especializado (por exemplo, jogadores de tênis ou de agentes de compra de produtos químicos).

Mídia narrowcast. A TV a cabo é um tipo de mídia narrowcast. É chamado **narrowcast**, pois os canais a cabo apresentam conteúdo focado e atraente para os mercados específicos, assim como a internet. No entanto, a programação da TV a cabo atinge um público maior que o mesmo programa transmitido pela internet. Por exemplo, canais a cabo, como a CNN ou a ESPN, são redes que alcançam públicos extremamente grandes em âmbito mundial, por meio de uma programação especializada. A propaganda na TV a cabo tende a ser mais barata que a propaganda na TV de sinal aberto, embora ocorram algumas exceções.

Mídia pointcast. O pessoal da *pointcast.com*, que trouxe o serviço individualizado de notícias para cada computador, criou o termo *pointcast*. **Mídia pointcast** são meios eletrônicos com a capacidade de transmitir para a audiência de apenas uma pessoa, como e-mail, webpages personalizadas na internet e redes de celulares/telefones. A mídia pointcast pode transmitir tanto mensagens personalizadas como padronizadas para toda uma audiência que tem o equipamento adequado para recebê-las, e estes indivíduos podem transmitir uma única mensagem de volta ao remetente utilizando o mesmo equipamento e o mesmo meio. Os dispositivos de recepção incluem pagers, telefones celulares, smartphones, computadores, TV, aparelhos de fax e muito mais. As comunicações de marketing não solicitadas são ilegais nos telefones (com algumas exceções), para aparelhos de fax e para e-mail — mas elas não param de ser enviadas, pois os EUA ainda não dispõem de recursos suficientes para impedir a ação dos criminosos.

Correio postal direto. Por fim, assim como o e-mail, o correio postal permite selecionar um público-alvo específico melhor que qualquer outra mídia de massa. Pode ser personalizado, propicia a extensão da mensagem e flexibilidade de tempo, e é excelente para medir a eficácia em razão de sua capacidade de resposta e de rastreamento. No entanto, a mala direta tem uma imagem ruim (lixo postal e spam) e o correio postal tem altos custos para produção e postagem.

13.2 Mídia digital

Da perspectiva de um comprador de mídia, os pontos fortes da internet incluem a focalização seletiva com e-mail, widgets interativos e conteúdo web utilizando banco de dados, a capacidade de avaliar a eficácia da propaganda, a flexibilidade quanto ao tamanho da mensagem e a pontualidade na entrega, a capacidade de alcance de mercados globais com uma mensagem e a capacidade de interação. A internet é o primeiro meio eletrônico a possibilitar a visualização ativa e com ritmo próprio (similar à mídia impressa) e é o primeiro e melhor meio para engajar os usuários em uma conversa (excetuando o telefone antigo). Os usuários podem criar seus próprios conteúdos de comunicação de marketing para fazer upload para a internet. Os pontos fracos da internet incluem: incapacidade de atingir grandes audiências (massa), impossibilidade de atingir os 25 por cento da população que não está on-line, entrega lenta de vídeos para os indivíduos sem uma conexão de banda larga e dificuldade com os sistemas de medição da audiência. Muitos desses pontos fracos da internet estão em processo de correção. A medição da audiência era inicialmente um ponto fraco, embora empresas como a comScore Media Metrix e a Nielsen//NetRatings tenham realizado grandes melhorias nessa área.

Muitas ferramentas de CIM podem ser utilizadas para se comunicar com os públicos-alvo para atingir os objetivos de marketing por meio de vários tipos de mídia digital. Neste capítulo, discutiremos três locais importantes em que os anunciantes ganham menções da mídia ou compram espaço publicitário on-line: mecanismos de busca, mídia social e telefones celulares. Em seguida, discutiremos a compra eficaz e eficiente da mídia on-line, e como ela se aplica a esses três locais e também em websites e blogs.

Mecanismos de busca como agregadores de reputação

Mecanismos de busca são **agregadores de reputação** — websites que classificam websites, produtos, varejistas, ou outro conteúdo de acordo com algum sistema de classificação. Um agregador reúne websites por categoria e popularidade e os apresenta de forma organizada. Esses websites classificam suas listas baseadas na reputação de cada website — elas dependem significativamente do tráfego dos usuários para definir suas classificações. Os mecanismos de busca são fundamentais para a imagem da marca e para as vendas da empresa, pois uma baixa reputação e/ou ausência nas listas de resultados não produzirá o tráfego necessário no seu website para atingir os objetivos definidos.

Os mecanismos de busca são os mais importantes agregadores de reputação em termos de tráfego. Entre os gigantes está o Google, que classifica os links de sua página de resultados principalmente pela popularidade — o número de websites de qualidade ligados a cada website. Por exemplo, se um usuário digitasse 'livros' no Google em maio de 2010, os quatro primeiros links eram <http://books.google.com>, <http://nytimes.com/pages/books>, <http://amazon.com> e Edward Tufte Books — os quatro websites com a mais alta reputação e relevância da palavra-chave 'livros'. É interessante notar que a empresa que é listada na quarta posição ultrapassou a famosa Barnes and Noble and Borders. Isso ocorre porque a Edward Tufte Books trabalha muito bem a otimização do mecanismo de busca (SEO), discutida neste capítulo. Muitos autores estão chamando o Google de 'mecanismo de reputação' em vez de mecanismo de busca em virtude da forma como ele determina esses rankings. Os usuários visitam o Google porque as suas páginas de resultados são extremamente relevantes, e não apenas uma lista desordenada de resultados com as palavras-chave contidas nelas, sem levar em conta a popularidade do website. O foco principal em atender às necessidades dos visitantes do website é o que impulsionou o Google a ser o mecanismo de busca número um.

Outros agregadores de reputação incluem websites de nicho de mídia social com capacidade de busca, como o YouTube para vídeos e o Tripadvisor para classificações de hotel. Discutimos esses agregadores na seção de busca vertical que se segue.

Os profissionais de marketing estão ansiosos para implantar as técnicas mais recentes de marketing de busca para pesquisa natural, paga e **vertical**. A última é uma área emergente que envolve agregadores de reputação sobre temas extremamente especializados, como a Amazon.com, que permite a pesquisa de livros avaliados pelos compradores/leitores no seu banco de dados. **Marketing de busca** é um termo genérico que se refere a atividade de marketing em um website por intermédio de mecanismos de busca, quer por meio da melhoria da classificação nas listas, compra de listagens pagas ou uma combinação destas e de outras atividades relacionadas ao mecanismo de busca. O marketing de busca como mídia social é uma forma importante de alcançar os mercados-alvo para as atividades de CIM, de desenvolvimento da marca e de vendas. De acordo com a empresa de marketing de busca iProspect, existem três componentes para o marketing de busca, conforme discutido nas seções seguintes:

> *Marketing de mecanismo de busca (SEM) é tanto uma arte como uma ciência que combina a complexidade do comportamento humano, as preferências linguísticas, técnicas de marketing, capacidades analíticas, utilização do website e tecnologia para direcionar visitantes qualificados para o seu website e convertê-los em clientes. Uma campanha de CIM que utiliza de forma plena e eficaz essas disciplinas obtém os melhores resultados. Isto envolve:*
> *Utilizar técnicas de otimização do mecanismo de busca para criar a estrutura da campanha.*
> *Incorporar as vantagens práticas da **inclusão paga**.*
> *Estabelecer a combinação adequada de **publicidade paga por clique**.*

Lembre-se do Capítulo 11, em que a busca paga representava 47 por cento de todos os gastos com publicidade on-line em 2009, tornando-a a mais importante no ambiente on-line.

Pesquisa natural. Também chamada busca orgânica, a **pesquisa natural** é uma estratégia de marketing de busca que envolve a otimização de um website para que ele apareça o mais próximo da primeira página de resultados do motor de pesquisa. **Otimização do mecanismo de busca (SEO)** é o ato de alterar um website e os links relacionados, para que ele produza um bom resultado nas listagens orgânicas e nos rastreadores dos mecanismos de busca. A busca natural é fundamental, pois, com mais de 2 bilhões de consultas diárias nos diversos motores de busca, 62 por cento dos pesquisadores clicam em um link que aparece na primeira página de resultados do mecanismo de busca (SERP) e 90 por cento clicam em links que aparecem nas três primeiras páginas ('iProspect Search Engine User...', 2006).

Há muitas maneiras de um website ou blog avançar gradativamente para a página um, mas primeiro é importante entender que cada agregador de reputação utiliza critérios diferentes para a classificação do conteúdo. Entre os principais mecanismos de busca, o Google é o elemento-chave, com 67 por cento do mercado, conforme mostrado na Figura 13.4. O Google utiliza um algoritmo em constante mudança, com mais de duzentas variáveis; um dos mais importantes é a popularidade, medida parcialmente por ligações relacionadas relevantes em um website (portanto, seu apelido como motor de reputação). As empresas que desejam otimizar seus websites para o Google buscarão o máximo de links relacionados relevantes e de alta qualidade (por exemplo, um link de um website .edu é visto como de maior qualidade do que um .com).

Outra tática importante envolve **palavras-chave** — as palavras que os usuários digitam na caixa de consulta para encontrar o que eles procuram. Quando os websites estão otimizados nos seus (1) conteúdos e (2) meta tags HTML que armazenam as palavras-chave, eles vão se tornarão mais fáceis para os mecanismos de busca categorizarem os websites e fornecer uma associação relevante cada vez que os usuários digitam aquelas palavras-chave. As meta tags não são vistas pelos visitantes, a menos que eles escolham visualizar o código fonte da página. Por exemplo, estas são as palavras-chave atuais utilizadas pelo eBay.com: 'ebay, produtos eletrônicos, carros, roupas, vestuário, coleções, artigos esportivos, câmeras digitais, antiguidades, bilhetes, joias, compras on-line, leilões, leilão on-line'. Quando alguém digita uma ou mais dessas palavras no Google, o mecanismo de busca vai considerar a associação como uma das duzentas variáveis. O Google encontra as palavras-chave tanto no texto do website como nos títulos e nas etiquetas ocultas. Meta tags incluem uma etiqueta de título, etiqueta de descrição e uma etiqueta de palavras-chave. Seguem-se as meta tags HTML atuais para o YouTube.com:

YouTube — Broadcast Yourself

- (aparece na parte superior da janela do navegador e no link SERP)
- <meta name = conteúdo da 'descrição' = 'Compartilhe seus vídeos com amigos e a família'> (aparece como uma descrição sob o título no link SERP do Google e em outros mecanismos de busca)
- <meta name = conteúdo das '**palavras-chave**' = 'compartilhamento de vídeo, câmera phone, video phone'>

Para descobrir as melhores palavras-chave, as empresas (1) utilizam os logs da web para ver quais palavras seus visitantes digitam nos mecanismos de busca antes de chegar em seus locais, (2) utilizam ferramentas da web, como as palavras-chave do AdSense do Google, para descobrir as palavras-chave utilizadas no seu setor para que possam encontrar palavras únicas para o seu website (por exemplo, *vintage jewlery* em vez de *vintage*), e (3) pesquisando clientes atuais e potenciais para ver quais palavras eles realmente usam ao buscar empresas do setor. As organizações também elaboram o texto em suas páginas para refletir esse conteúdo, incluindo até mesmo propositalmente o uso de diferentes grafias de palavras-chave que os pesquisadores podem usar (por exemplo, *email* e *e-mail*). De acordo com um estudo da SEOmoz.com com 3 mil profissionais de marketing de busca em 2008, as etiquetas de

Figura 13.4 Participação de mercado dos mecanismos de busca — dezembro de 2009.

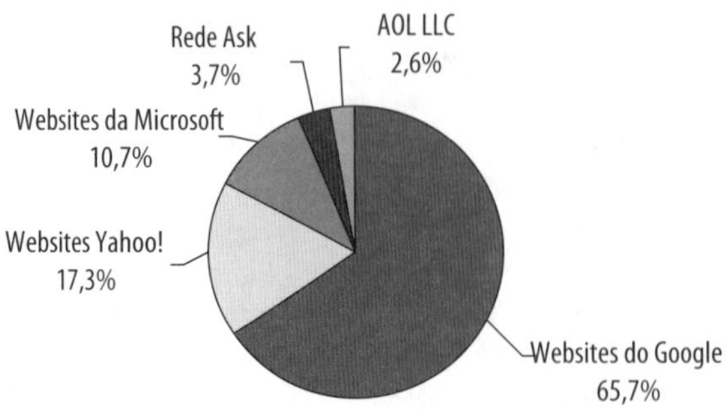

Fonte: dados do press release da comScore. Disponível em: <http://www.comscore.com>.

título (title tags) foram as mais frequentemente usadas; no entanto, cada uma dessas táticas de palavra-chave de etiqueta foi utilizada por mais de três quartos dos entrevistados (Figura 13.5). Muitas vezes, a experimentação é a melhor maneira de ver quais palavras realmente produzem as maiores intenções de clique em um website.

A Figura 13.6 mostra uma busca para 'e-mail marketing' no Google. No lado esquerdo, a Constant Comment conquistou a posição número um de resultado natural para essas palavras-chave — uma façanha considerando o número expressivo de fornecedores.

A seguir, são descritas algumas orientações importantes que o Google oferece aos webmasters. Visite as páginas webmaster do Google para obter mais informações (<http://www.google.com/support/webmasters>).

- **Design e conteúdo**. Crie um website para os usuários, e não para os mecanismos de busca. Ele deve conter informações úteis e ricas, e incluir conteúdo que descreva com precisão o local. Por exemplo, se o website é sobre grandes campos de golfe, esses termos devem aparecer no título da página (topo da janela do Internet Explorer), títulos e no conte-

Figura 13.5 Táticas de SEO utilizadas para ajudar a alcançar classificações mais elevadas.

Fonte: dados da pesquisa setorial SEOmoz.com 2008 (<http://www.seomoz.org>).

Figura 13.6 Busca natural e paga por palavras-chave 'e-mail marketing'.

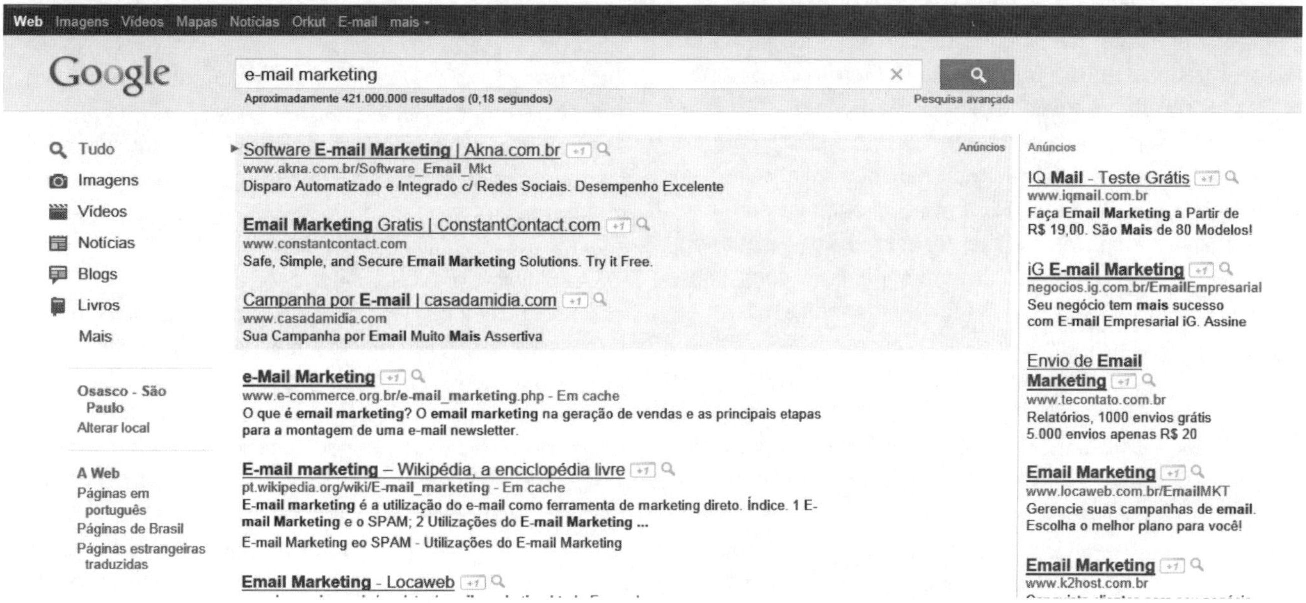

Fonte: cortesia de <http://www.google.com.br>.

údo. Isso torna mais fácil para os mecanismos de busca categorizar o website. Certifique-se de que as palavras selecionadas são as que os usuários poderiam digitar no mecanismo de busca para encontrar o website. Certifique-se de que não haja links quebrados e que o texto importante não seja incorporado em imagens que não possam ser lidas pelos mecanismos de busca.

- **Fatores técnicos**. Certifique-se de que o website esteja pronto para pesquisa. Robôs de busca, também chamados spiders, são programas automatizados que vasculham a web em busca de páginas novas e revisadas para a inclusão nos índices do mecanismo de busca. Muitos recursos técnicos que não podem ser lidos por robôs resultarão em rankings de busca ineficazes, como JavaScript engraçados, cookies, Flash e frames. Consulte o quadro 'Informações técnicas' para obter um exemplo de como os spiders de busca funcionam.
- **Registre o website.** Em vez de esperar que os robôs encontrem um website, as empresas podem se registrar on-line no próprio mecanismo de busca.
- **Qualidade do website**. Mantenha um website de alta qualidade, conteúdo rico e constantemente atualizado. Não use qualquer conteúdo para 'enganar' os mecanismos de busca, pois o Google é muito ágil na captação desses conteúdos e elimina tais websites do índice. Por exemplo, 'cloaking' ou 'páginas de entrada' são aqueles casos em que os websites criam conteúdos diferentes para os mecanismos de busca, na expectativa de obter classificações mais elevadas. Links ocultos, conteúdo

Informações técnicas

Mecanismos de busca

Você acabou de ser contratado como executivo júnior no departamento de marketing. Você gostaria de causar boa impressão. Sua gerente lhe entrega um estudo mostrando que a maioria dos visitantes dos websites da empresa o encontra utilizando um mecanismo de busca. Ela pede que você melhore o ranking do website nos mecanismos de busca. Você não tem ideia de por onde começar e está preocupado em ficar com uma imagem ruim. Felizmente, já ouviu falar sobre os serviços que ajudam a melhorar os rankings nos mecanismos de busca. Se pudesse pelo menos se lembrar como eles são chamados e como eles funcionam...

A web contém bilhões de páginas. Realisticamente, seria impossível para os mecanismos de busca pesquisarem toda a web cada vez que alguém digita um termo de pesquisa. A tarefa levaria dias para ser concluída. Portanto, o que os mecanismos de busca realmente fazem é a busca com até um mês de antecedência e armazenam os resultados em um enorme banco de dados. Eles enviam programas automáticos chamados **spiders** na internet, que vão de website em website, página por página, palavra por palavra, como mostra a Figura 13.7. Esses spiders formam um índice maciço ou banco de dados de todas as palavras encontradas, onde elas se encontram, quantas vezes elas aparecem em cada página e assim por diante.

Quando os usuários digitam um termo de busca, eles realmente consultam esse banco de dados. Como esse banco de dados é indexado, a consulta retorna os resultados quase instantaneamente. Os resultados geralmente são retornados em ordem de relevância com os websites mais relevantes aparecendo em primeiro lugar. Mas como o mecanismo de busca define relevância?

A função do mecanismo de busca é descobrir quais websites são mais suscetíveis de serem relevantes para o termo da busca. Nesse caso, o spider ajuda. O spider faz mais que apenas contar as palavras. Ele também procura a localização dessas palavras na página e a **frequência** com a qual elas aparecem. Por exemplo, se a palavra está no título de uma página, é dado um valor maior de relevância do que uma palavra que aparece no corpo do texto. Uma palavra que aparece várias vezes também ganha um ranking mais elevado.

Então, por que não combinar essas ideias e repetir a palavra-chave múltiplas vezes no topo da página para enganar o spider? Os spiders também são treinados para evitar que os websites tentem enganá-los, repetindo as palavras muitas vezes em uma fileira. Uma técnica é ignorar repetições que não são separadas por pelo menos, digamos, sete outras palavras. Isso evita que alguém carregue uma página com, por exemplo, 'Mazda, Mazda e Mazda'.

Os mecanismos de busca também levam em conta outras duas considerações que não estão na webpage — quantos websites se associam a um website específico e quantas vezes os usuários clicaram em um website. Os links e os cliques são indicadores de popularidade de um website.

Então, mais uma vez, por que não basta fazer um monte de websites simulados que apontam para o seu website? Por que não sinalizar milhares de vezes o mecanismo de busca e clicar no seu website para melhorar seu ranking? Os mecanismos de busca são treinados para detectar comportamentos e compensá-los de forma adequada. As técnicas atuais usadas estão se tornando segredos comerciais, porque produzir um mecanismo de busca que retorne resultados verdadeiramente úteis é realmente um ponto de diferenciação do produto e, portanto, proporciona uma vantagem competitiva. No entanto, um website, o SearchEngineWatch (<http://www.sear-

chenginewatch.com>), revela muitos segredos de cada um dos mecanismos de busca.

Os profissionais de marketing digital gostariam que seus websites aparecessem no topo dos rankings do mecanismo de busca — preferencialmente na primeira página — acima da marca — o que significa que eles são exibidos sem a necessidade de rolagem. Uma maneira de ganhar esse posicionamento é a compra de anúncios pagos geralmente desencadeados por palavras-chave no termo de busca. Outra maneira é contratar uma empresa que estuda os mecanismos de busca para determinar seus algoritmos para classificar as páginas. A análise fornece informações que podem ser utilizadas para redesenhar as páginas para que elas subam nos rankings. Algumas dessas empresas têm nomes bastante atraentes, como MoreVisibility e Spiderbait.

irrelevante e esquemas de spam de link diminuem a qualidade do website e serão descobertos.

Por fim, uma empresa, marca ou nome individual vai subir no SERP, se tiverem mais que um website. Algumas possibilidades incluem (1) subdomínios com lotes de conteúdo exclusivo e de qualidade, como o <http://support.dell.com>, (2) blogs atualizados com frequência e (3) conteúdo em websites altamente visitados, como Facebook, YouTube, Flickr e Amazon (por exemplo, muitas avaliações de livros). Todo esse conteúdo, ligados uns aos outros, apresenta um quadro altamente relevante especializado em um tópico particular. Este é um dos fatores fundamentais para o uso de mídia social para construir uma presença on-line que será notada pelos mecanismos de busca.

Pesquisa paga. A **pesquisa paga** ocorre quando um anunciante paga a um agregador de reputação uma taxa de assinatura do diretório, inclusão em um índice de mecanismo de busca, ou exibe seus anúncios quando os usuários digitam palavras-chave específicas. Usuários da internet clicam em anúncios de busca paga (também chamados 'links patrocinados') 25 por cento do tempo, de acordo com a HubSpot. Três táticas atualmente prevalecem quando se trata de marketing de busca pago: propaganda com palavra-chave, inclusão paga e listagens de diretórios.

Propaganda com palavra-chave nos locais do mecanismo de busca mostra o texto patrocinado ou ads display no SERP. Por exemplo, os anunciantes podem comprar a palavra ***automóvel***, e quando os usuários buscam essa palavra, o banner do anunciante ou a mensagem de texto aparecerá na página resultante. A Figura 13.6 mostra os anunciantes que compraram o termo ***e-mail marketing*** como links patrocinados no topo e à direita dos links naturais SERP. O Google.com classifica os anúncios por preço pago em um processo de licitação da palavra-chave, a URL da página de destino e a taxa de cliques. Assim, o anúncio mais relevante encabeça a lista de links patrocinados na página. O Google também envia anúncios contextuais para exposição em outros websites no programa AdSense (os proprietários do website pagam sempre que um usuário clica no anúncio).

Inclusão paga ocorre quando os websites recebem indexação garantida em um mecanismo de busca. Esse serviço é oferecido pela maioria dos mecanismos de busca, exceto pelo Google — que não oferece inclusão paga, preferindo manter os resultados de pesquisa natural puramente baseados em seu algoritmo. Os websites podem

Figura 13.7 Como funcionam os mecanismos de busca.

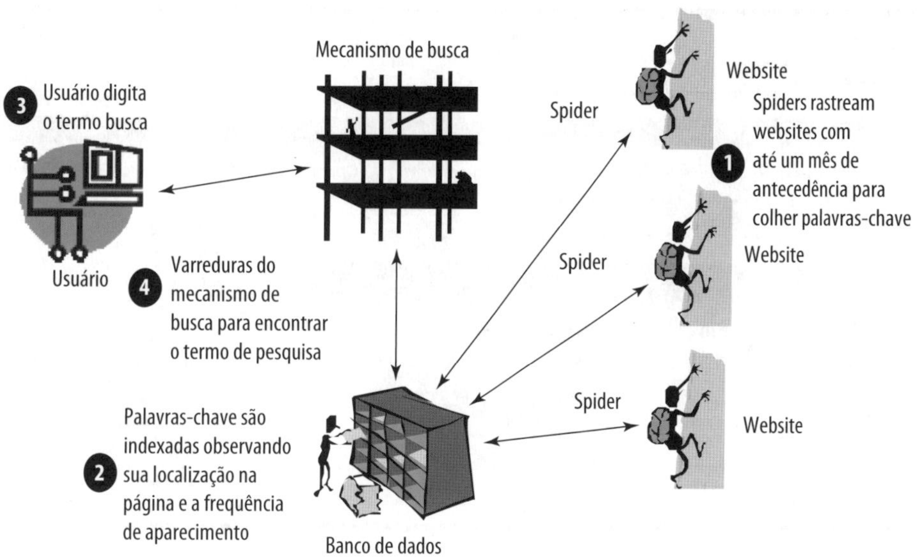

enviar as URLs ao Google e ao Yahoo! gratuitamente. Fazer isso acelera o tempo para entrar no índice, embora os indexadores de busca eventualmente encontrarem o website. A inclusão paga não garante posição no SERP — outros fatores utilizados para a classificação determinam a posição nesse caso. Às vezes, os mecanismos de busca informam a inclusão paga com o termo ***link patrocinado***.

Registro em um diretório é quando uma empresa paga para ser incluída em um diretório pesquisável. Por exemplo, o Yahoo! inclui produtos em suas páginas de compras a uma taxa de **custo por clique** e inclui listagens de empresas locais em seu diretório local ($ 299 para a maioria das empresas e $ 600 para websites de conteúdo adulto). Registro em diretório é importante para muitos outros agregadores de reputação em mercados verticais, como os anúncios de emprego do Craigslist ou listagens de negócios em Business.com. Note que algumas listagens de diretórios são gratuitas.

A pesquisa paga é comumente chamada pagamento-por-clique (PPC), porque os anunciantes pagam quando os usuários clicam nos anúncios. O Google cobra entre $ 0,15 e $ 15 por clique; no entanto, dependendo da popularidade da palavra-chave, a conta mensal pode variar de $ 100 a milhões de dólares. As taxas de clique podem variar de 0 a 50 por cento; portanto, a escolha das melhores palavras-chave é fundamental se os anunciantes não quiserem ser surpreendidos com uma conta enorme. O Google e outros mecanismos de busca aumentaram muito as receitas para os anunciantes e suas próprias empresas vendendo anúncios de palavras-chave, pois o usuário está mais aberto às mensagens que se relacionam com o contexto de sua atividade on-line.

Pesquisa vertical. A **pesquisa vertical** é uma busca em um website específico sobre temas muito especializados, como viagens, varejistas on-line, ou livros. Em comparação com os mecanismos de busca gerais, como Google e Yahoo!, os websites verticais são destinos para alguns usuários que buscam conteúdo muito específico. Por exemplo, em 2010, o Tripadvisor.com tinha 35 milhões de comentários e opiniões sobre vários hotéis em todo o mundo (Figura 13.8). Quem busca um hotel em Nova York ou Bangcoc pode buscar o website Tripadvisor e obter uma lista de hotéis classificados pela popularidade, com centenas de comentários e diversas fotos de hotéis feitas pelos turistas. Esse website de mídia social capitaliza o fato de que outras pessoas confiam mais em pessoas comuns do que nos websites da empresa.

Outros exemplos de website de busca vertical incluem ZoomInfo e LinkedIn (busca de pessoas), Guru.com (busca do fornecedor no mercado B2B), Autobytel (busca de automóvel), CareerBuilder (atividades), Retrevo (produtos eletrônicos do cliente), YouTube (vídeo) e iTunes (música). O mecanismo de moda Infomat B2B fornece acesso a mais de 350 mil designers de moda, showrooms, varejistas, fabricantes e muito mais, e o DPRWorld ajuda os dentistas a encontrar tudo, desde agentes branqueadores até anestesia. Como comparação, a ComScore mediu o número de pesquisas gerais e verticais em janeiro de 2008:

- Google (7,5 milhões).
- Websites do Yahoo! (2,5 milhões).
- YouTube e outras buscas no Google (1,6 milhão).
- Websites da Microsoft (1,1 milhão).
- eBay (0,5 milhão).
- MySpace (0,4 milhão).
- Craigslist (0,3 milhão).
- Websites da Amazon (0,2 milhão).
- Facebook (0,2 milhão).

Figura 13.8 Encontre hotéis que os viajantes confiam no Tripadvisor.com.

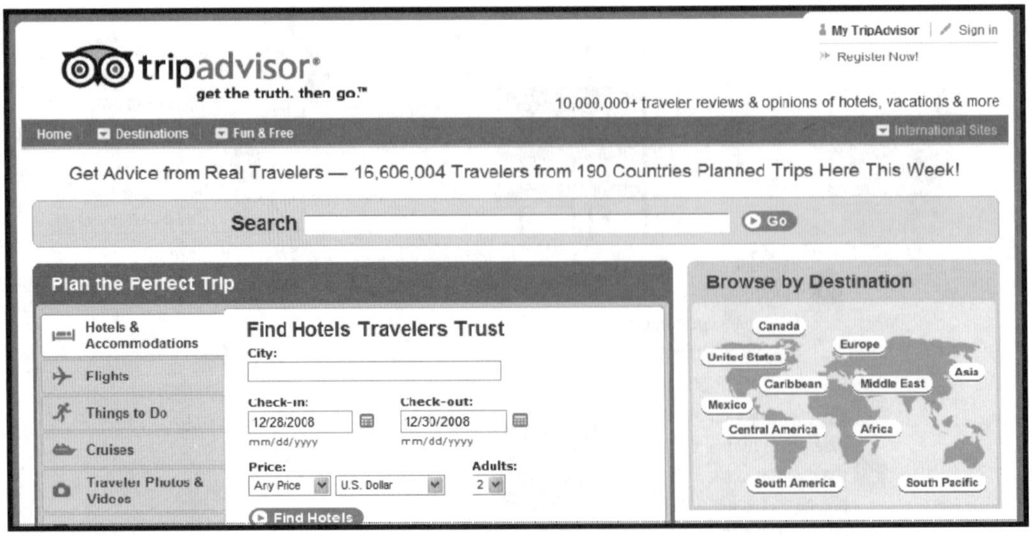

Fonte: cortesia de Tripadvisor.com.

As empresas precisam saber se existem ou não websites verticais para os seus setores, e, em seguida, ver se eles também estão indexados nos mecanismos de busca geral. Por exemplo, o MySpace e o Facebook também são páginas indexadas no Google, necessitando potencialmente das táticas de otimização do mecanismo de busca (SEO) para ambos os mecanismos de busca geral e vertical. A Marmite, distribuidora de alimentos, tem uma página no Facebook com mais de 360 mil pessoas que gostam do website — o link do Facebook aparece em quarto lugar na pesquisa do Google. Por outro lado, o website Marmite Hate Party tem mais de 156 mil pessoas que gostam dele — é o que nós amamos sobre a mídia social, como clientes e como empresas. Começamos a entender o que os clientes não gostam em nossos produtos, e economizamos muito dinheiro em pesquisas de mercado.

A pesquisa vertical é uma área em crescimento, pois ajuda os usuários a encontrar o que estão procurando rapidamente — 20 por cento das buscas on-line são feitas em websites verticais, de acordo com a iProspect. Um cliente que busca uma pizzaria local pode obter melhor resultado em um website de busca vertical ou aplicativo móvel do que em um mecanismo de busca geral, onde as entradas locais ficarão perdidas entre milhares de empresas semelhantes em todo o país. De acordo com a pesquisa da iProspect, os usuários buscam em websites verticais marcas e websites de comércio eletrônico. Os entrevistados buscam entretenimento no YouTube (72 por cento buscam por essa razão) e se conectar com outras pessoas no Facebook (49 por cento) e MySpace (35 por cento). Os visitantes buscam pesquisar um produto em Tripadvisor (56 por cento buscam por esse motivo), Yahoo! Answers (39 por cento), Craigslist (39 por cento) e iVillage (32 por cento). Na Amazon, 41 por cento buscam informações sobre o produto (marca) e 46 por cento buscam comprar algo (comércio eletrônico).

Os modelos de precificação em websites de busca vertical incluem taxa de registro em diretório, custo por clique e custo por ação, assim como o custo tradicional por mil impressões (CPM). Quando o conteúdo do diretório é gerado pelo usuário, como com Tripadvisor.com, os anunciantes podem pagar para exibir anúncios no website ou podem inserir comentários em resposta aos comentários de forma gratuita.

Anúncio na mídia social

Mídia social é um tipo de mídia digital. O Capítulo 12 discutiu as propriedades da mídia social das empresas (referindo-se a 'mídia proprietária' na Figura 13.1). Os profissionais de marketing também podem ganhar espaço na mídia quando os blogueiros fora da empresa propagam notícias sobre marcas, campanhas ou eventos. Na página da Marmite, mencionada anteriormente, os fãs escrevem sobre suas maneiras favoritas de usar Marmite (por exemplo, em queijo cheddar, barras de cereais e beterraba). Naturalmente, nesse ambiente, os usuários também escrevem mensagens negativas (por exemplo, 'meu namorado não vai me beijar depois de eu ter comido Marmite'). Há muitas maneiras incríveis para persuadir os usuários de mídia social a escrever sobre uma empresa.

Agora, retornemos à mídia paga, o assunto deste capítulo. Os gastos com propaganda na mídia social preveem um crescimento entre 15 e 34 por cento mais rápido do que a propaganda de busca ao longo dos próximos cinco anos, de acordo com a Forrester Research. Parte desse crescimento é para o espaço de ads display em blogs e outras mídias sociais. No entanto, ads display não aproveitam as propriedades únicas das redes sociais, como Facebook, ou seja, alta interatividade do usuário e compartilhamento livre de perfis individuais e fotos. As redes sociais têm três aspectos singulares:

- **Perfil pessoal.** As redes sociais contêm dados de perfis pessoais, incluindo o nome do participante, fotos e outras imagens, informações demográficas (por exemplo, idade, sexo e localização de residência), interesses, carreira/*status* do estudante e grupos de associação. Esses dados são livremente compartilhados e utilizados pelos profissionais de marketing para customizar a propaganda.
- **Gráfico dos dados sociais.** As empresas podem fazer um mapa ou uma lista de todas as conexões entre os indivíduos para descobrir o tamanho da rede de pessoas com comportamentos similares.
- **Dados de interação interpessoal.** Os profissionais de marketing podem capturar informações sobre a quantidade e a data das interações entre os amigos da rede.

O Interactive Advertising Bureau (IAB) define propaganda social como: 'Um anúncio on-line que incorpora as interações do usuário que o consumidor concordou em exibir e ser compartilhado. O anúncio resultante exibe essas interações, juntamente com as informações do usuário (imagem e/ou nome) dentro do conteúdo do anúncio ('IAB Melhores Práticas da Publicidade Social', 2009).' Portanto, os anúncios da mídia social incorporam dados pessoais publicados e as interações em redes para direcionar mensagens comerciais relevantes. Por outro lado, a seleção de públicos-alvo, discutida no Capítulo 11, permite enviar ***ads displays*** apropriados, links de webpages ou e-mail com base no comportamento do usuário ao visualizar os websites.

Muitas empresas criaram plataformas de propaganda que maximizam os recursos únicos da mídia social. Os anúncios da mídia social utilizam esses dados para a seleção dos públicos-alvo e para o engajamento do usuário.

Públicos-alvo individuais. Os profissionais de marketing podem criar anúncios e, em seguida, selecionar quais os participantes da rede social vão visualizá-los, com base nas informações sobre os seus perfis. O Facebook permite que os anunciantes focalizem os 400 milhões de usuários por qualquer combinação dessas características do perfil: localização, idade, sexo, palavras-chave, educação, local de trabalho, *status* de relacionamento, interesses de relacionamento ou idiomas. Por exemplo, Colin Loretz, ex-gerente de Projetos na Twelve Horses, atribui mais da metade da audiência de seu seminário 'WordCamp' ao seu blog na WordPress. Loretz criou uma página do evento no Facebook e um anúncio de barra lateral para promover seu software WordCamp, direcionando seu anúncio apenas para os membros do Facebook que residem em até 80 km do seu local de trabalho, que tenham blogs, escrevam ou projetem webpages. Esse anúncio totalmente focado custa apenas $ 0,65 para cada pessoa que clica nele. Em outro exemplo, a CM Photographic focou mulheres entre 24 e 30 anos cujo *status* de relacionamento no Facebook indicava que elas eram comprometidas. Dentro de 12 meses, a CM Photographic gerou $ 40 mil em receita para fotos e muito mais negócios com apenas $ 600 em propaganda.

Engajamento do usuário. Os profissionais de marketing utilizam widgets e aplicativos sociais para engajar os usuários da mídia social. 'Widgets são miniaplicativos da web que são utilizados para distribuir ou compartilhar conteúdo baixado em um dispositivo móvel ou desktop, ou acessado em um website ou blog', de acordo com o IAB. O conteúdo de widget pode incluir informações sobre a marca em competições ou jogos, sejam patrocínios ou promoções, ou geradas pelos usuários. Se uma empresa sabe, por exemplo, que um membro do MySpace mora em Los Angeles, tem 28 anos e surfa, uma loja de surf pode enviar um widget relacionado a surf para essa pessoa que quer compartilhar com amigos — que provavelmente também surfam. Por exemplo, veja o widget de filmes criado pelo autor para simular um widget de rede social (Figura 13.9). Note que o nome do membro do Facebook e a foto do perfil são automaticamente colocados no widget, que pode então ser passado para os amigos na rede. A Godiva Chocolate queria se engajar com clientes potenciais mais jovens e construir uma imagem de marca de qualidade e excelência. Ela criou um widget 'eu amo chocolate', e os amigos do Facebook enviaram mais de 1 milhão de presentes de chocolate virtual entre si dentro de duas semanas — alguns eram de marca Godiva e alguns eram genéricos. Como resultado, a página de fãs do Facebook da Godiva aumentou para 15 mil membros. Empresas como a Friend2Friend e a Product Pulse criam widgets para anunciantes que permitem votação, jogos, brindes, conteúdo criado pelo usuário e muito mais.

Modelos de precificação e métricas. O tradicional custo por mil (**CPM**), taxa fixa (especialmente para patrocínios, jogos e anúncios de vídeo) e modelos de custo por clique (CPC) também são utilizados para propaganda na mídia social. Além disso, as redes sociais, webpages e blogs cobram dos anunciantes um custo por instalação (CPI) para um widget ou aplicativo e custo por ação (CPA), como para o número de presentes de chocolates enviados aos amigos, número de postagens em um perfil, número de comentários, ou o número de fãs, como resultado do anúncio. Os websites também podem cobrar um custo por engajamento (CPE) para ações, como número de votos, opiniões, **avaliações**, ou apresentação de conteúdo gerado pelo usuário relacionado à marca.

Existem centenas de indicadores de desempenho para escolher; no entanto, os melhores serão aqueles que melhor correspondem aos objetivos da campanha. Se for a compra, meça o número e a quantidade monetária e o ROI proveniente do anúncio social. Se for marca, as medidas podem incluir o aumento percentual em conversas positivas ou comentários no blog sobre a marca, número de visualizações de vídeo, aumento do número de fãs e amigos, número de compartilhamentos de widget e assim por diante. Consulte o artigo de Mídia Social da IAB para obter uma análise mais profunda sobre esse assunto (disponível em: <http://www.iab.net>).

Figura 13.9 Widget: rede social de filmes.

Propaganda em dispositivos móveis

As receitas das operadoras de telefonia celular norte-americanas com propaganda estão crescendo rapidamente — de $169 milhões em 2008 para $ 229 milhões em 2009. Essa trajetória deverá continuar, de acordo com a Magna, uma divisão da Mediabrands. Na sequência desse crescimento, o Interactive Advertising Bureau e a Mobile Marketing Association (MMA) estão rapidamente tentando definir formatos de publicidade e modelos de precificação. É difícil para os anunciantes, pois os telefones celulares têm muitos tamanhos diversificados de tela e resoluções. Por exemplo, a MMA especificou quatro tamanhos de banners diferentes com base em vários 'formatos' de uma tela — a relação de aspecto refere-se à largura da tela pela altura (por exemplo, o iPhone tem uma relação de aspecto 2 por 3 e uma tela de televisão, 4 por 3). Para uma tela de telefone de aspecto 6 por 1, um banner extra grande seria 300 por 50 pixels, mas para uma tela de aspecto 4 por 1, seria 300 por 75 pixels. Sua cabeça está girando ainda? Isso é o que os profissionais publicitários passam quando tentam enviar banners publicitários para telefones celulares.

Enviar uma mensagem é mais fácil, pois envolve apenas texto. O Capítulo 11 discutiu alguns usos do texto para a propaganda em telefones celulares. Muitas empresas enviam alertas sensíveis ao tempo para clientes, como notícias, esportes, ou clima, e estes geralmente incluem um link para uma página de destino móvel ou uma promoção com um código curto (como 'nome da marca' +1234). Outro formato em desenvolvimento é o código de barras em 2D, que trabalha com câmeras em 80 por cento dos novos telefones celulares. Os clientes podem 'escanear' um código de barras em um produto usando a função de câmera, e depois podem usá-la para salvar um evento em um calendário ou discar para o serviço de atendimento ao cliente.

Esses recursos, assim como os aplicativos móveis e muitos outros formatos, estão disponíveis para os anunciantes. Os preços variam muito; no entanto, a maioria do espaço é vendido utilizando modelos comuns de CPM ou CPC. A eficácia da campanha segue objetivos — os profissionais de marketing medem o número de cliques, **conversões** de compras em um website móvel, autorizações para mais mensagens, e os métodos de pesquisa mais tradicionais para ver se a conscientização ou consideração da marca foram intensificadas.

13.3 Metas de mídia para marca e resposta direta

Todas as mídias tradicionais off-line e digitais on-line são úteis para o engajamento e comunicação com os clientes.

Informações técnicas

Receptor de foto digital Ceiva

É dia de Natal. Sua avó não pode ir à ceia de Natal deste ano, pois não está se sentindo muito bem. Você liga para a sua avó e tenta descrever a linda cena familiar que está acontecendo. Você gostaria de poder lhe enviar uma foto, mas ela não entende nada de tecnologia. Você e sua avó ficam um pouco tristes por ela não estar ali participando. Se pelo menos pudesse colocar uma fotografia nova na moldura da casa dela... agora você pode.

Imagine uma tela de computador que parece um porta-retrato cuja única função é receber e exibir uma apresentação de slides, sem *qualquer* intervenção por parte do usuário. Esta é a Ceiva, receptora de fotos digitais. Um uso popular do serviço é para os avós não tecnológicos. Os filhos ou netos podem enviar fotos para o serviço Ceiva — mesmo a partir de uma câmera de celular. As fotos são exibidas para os avós em um slide show.

A Ceiva representa a convergência de três tecnologias: displays de tela plana, modems e servidores de arquivo. O display de tela plana é o que ajuda a Ceiva parecer um porta-retrato. Essa capacidade permite colocação fácil e discreta em qualquer lugar da casa. O modem embutido da Ceiva se conecta à internet e ao servidor da Ceiva e baixa as imagens diariamente. O modem funciona com um temporizador para se conectar uma vez por dia, sem qualquer intervenção do usuário.

O servidor de arquivos contém o repositório das imagens. As imagens são carregadas para o servidor de arquivos (por exemplo, pelos filhos e netos) e depois baixadas na moldura Ceiva. Milhares de imagens podem ser colocadas no servidor de arquivos, e até trinta fotos são baixadas diariamente.

Os modelos dos porta-retratos digitais da Ceiva surgem em tamanhos diferentes e possuem recursos adicionais embutidos. O usuário pode congelar a apresentação de slides em determinada foto, apagar uma foto com o toque de um botão e até mesmo ter um botão de impressão (a impressão é entregue pelo correio). Quando novas imagens são transferidas para a unidade, a luz 'Você tem novos sorrisos' acende. Um slide da apresentação pode até ser definido para mostrar o boletim meteorológico local.

Extensões de linha de produtos incluem a capacidade de ignorar o modem e usar a rede Wi-Fi doméstica. Outra extensão da linha de produtos em parceria com Whirlpool tem uma moldura da Ceiva montada na porta de uma geladeira. Isso certamente eliminaria todos os ímãs de geladeira.

Do ponto de vista tecnológico, a solução da Ceiva não é particularmente complexa. No entanto, o que está sendo vendido é muito simples — e para muitos usuários, a taxa de assinatura anual vale a pena.

Cabe aos profissionais de marketing identificar seus objetivos e fazer parte das comunidades relacionadas. Muitas mídias vão desenvolver com êxito a consciência, criar marcas positivas e motivar compras — o melhor depende de uma série de fatores, como mercado-alvo, produto, objetivos da campanha, concorrência e conhecimento tecnológico da empresa. Se os profissionais de marketing selecionarem bem a partir das ferramentas mencionadas nos capítulos 11 e 12 e usarem efetivamente a mídia descrita neste capítulo, eles vão ser bem-sucedidos ao motivar os clientes on-line e as empresas. O Interactive Advertising Bureau sugere um processo de quatro etapas para qualquer campanha de comunicação de marketing:

1. Estabelecer objetivos e estratégias claras e mensuráveis.
2. Compreender as motivações e comportamento de seu público, especialmente na mídia social.
3. Desenvolver uma abordagem criativa adequada para a marca em uma ou mais plataformas (publicidade ganha, paga, ou na mídia própria).
4. Definir métricas de sucesso.

Uma dificuldade enfrentada pelos profissionais de marketing atualmente é manter o controle sobre as imagens de marca em função da mídia social, volume de controle on-line do usuário e grau de confiança que os clientes tem entre si (e não têm nas empresas). A resposta é que eles não podem. Em vez disso, as empresas podem utilizar o website da marca, blogs e outras mídias sociais para contar a história da empresa; então, eles devem monitorar na internet as conversas sobre as suas marcas, respondendo quando apropriado. Consulte a Figura 13.10 para obter os diferentes graus de controle que os profissionais de marketing possuem sobre as mensagens em diferentes mídias. Com a mídia social, os profissionais de marketing não apenas escutam as conversas, mas também se juntam a elas — como o que a Dell Computer fez com seu blog IdeaStorm (mencionado anteriormente neste livro).

13.4 Qual mídia comprar?

Os anunciantes pagam por espaço na web e websites de mídia social, telefones celulares e em e-mail, conforme mencionado anteriormente. Nesta seção, nos concentramos na mídia paga e como determinar quais são as melhores compras. Os profissionais de marketing gastaram mais em seus orçamentos de mídia de 2009 na internet do que em qualquer outro meio, exceto na televisão e nos jornais (consulte a Figura 13.3). Essa generalização é interessante, mas não especialmente útil para os compradores de mídia que precisam planejar uma combinação de diferentes mídias para atingir os objetivos de comunicação de marketing para uma campanha e uma marca específicas.

Além do público-alvo, do produto e da campanha, os profissionais de marketing consideram as características da mídia, sua eficácia e sua eficiência. Cada meio tem características únicas para atingir as metas — muitas das quais já foram discutidas. Por exemplo, a televisão é melhor para desenvolvimento da conscientização e da marca, pois atinge as massas, e a internet é melhor para resposta

Figura 13.10 Controle dos profissionais de marketing sobre as mensagens da mídia.

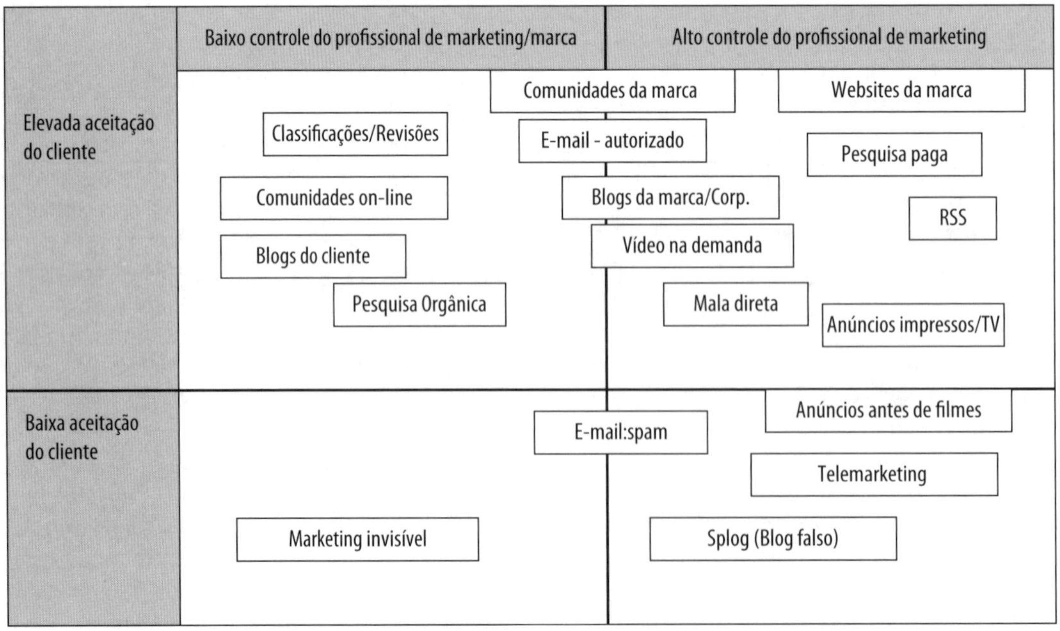

Fonte: adaptado de Nielsen On-line. 'A Internet em Transição'. Disponível em: <http://www.nielsen-netratings.com>.

direta, como registro, compras e assim por diante. Um último aspecto importante ainda não discutido é o nível de confiança que os clientes têm em cada meio (Figura 13.11). Mais uma vez, vemos que os clientes confiam uns nos outros mais que nas mensagens da empresa, no entanto, é interessante notar que eles confiam em mais websites da marca e e-mail que na mídia tradicional, e muito mais que na publicidade on-line.

Os planejadores de mídia querem compras de mídia eficazes e eficientes. ***Eficácia*** significa alcançar e ganhar a atenção do mercado-alvo, e ***eficiência*** significa fazê-lo com o menor custo.

Compras eficazes na internet

Quando uma empresa decide comprar publicidade on-line (meio), ela enfrenta a questão de qual veículo (Website individual) utilizar. Conforme observado anteriormente, planejadores de mídia procuram a mídia que dará mais audiência junto aos seus públicos-alvo específicos. Além desse princípio importante, os profissionais de marketing utilizam muitas estratégias digitais inovadoras para atingir mercados bem focalizados, incluindo mídias sociais e e-mail enviado utilizando seus próprios bancos de dados.

Os anunciantes que tentam atingir o maior número de usuários vão comprar espaço em agregadores de reputação (mecanismos de busca), como os três grandes — Google, Yahoo! e Microsoft. Independentemente desses grandes websites, a web é menos eficaz para alcançar as massas do que algumas redes de televisão, mas é melhor para atingir nichos de mercados. Essa razão explica o enorme crescimento no marketing de busca vertical e propaganda por meio de palavras-chave.

É difícil generalizar sobre os meios de comunicação mais eficazes, pois isso varia muito com base em vários fatores. Em um estudo com 297 empresas de marketing e relações públicas — 'poder de uso da mídia social' — , os blogs e os vídeos on-line encabeçaram a lista de mídia mais eficaz; no entanto, todas as outras ferramentas foram muito eficazes em atingir os objetivos da campanha (Figura 13.12). Note que todos estes são mídias sociais, e não espaço publicitário comprado.

A Weather.com utilizou o marketing de busca efetivamente em 2006 para direcionar o tráfego para suas páginas de conteúdo sobre estilo de vida (informações sobre o clima para esquiar, golfe, casamentos, alergias e assim por diante). Seus objetivos eram aumentar as visualizações de sua página em 45 por cento ao ano, manter a liderança na categoria de clima (com 30 por cento de todos os cliques de busca de categoria de clima orientados para Weather.com) e conduzir visitas às páginas de estilo de vida, pois elas têm o maior valor de vendas. Para fazer isso, eles planejaram uma campanha publicitária por meio de palavras-chave. Os profissionais de marketing da Weather.com testaram duas frases-chave para as páginas de casamento — para pessoas que planejam casamentos ao ar livre. A frase 'planejador de casamento' trouxe 1,5 visita ao Weather.com por visitante único, 3,6 webpages por visita e 5,2 páginas por visitante único. O termo 'casamento ao ar livre' se saiu melhor, com 1,8 visita por visitante único, 6,6 páginas por visita e 12,0 páginas por visitante único. Portanto, eles definiram 'casamento ao ar livre' como a palavra-chave para compra do anúncio. 'Nossa análise de dados orienta

Figura 13.11 Confiança do cliente na mídia.

Média	Porcentagem	Média	Porcentagem
Recomendações de pessoas que eu conheço	92	Anúncios na TV	61
Opiniões do cliente postadas on-line	72	Anúncios na rádio	61
Conteúdo editorial (por exemplos, artigo de jornal)	70	Anúncios antes de filmes	53
Websites da marca	69	Rádio e publicidade em outdoor	53
E-mails que eu me inscrevi para	67	Anúncios veiculados em websites de busca	37
Anúncios em jornais	66	Anúncios em vídeo on-line	33
Patrocinadores da marca	62	Anúncios em banner on-line	24
Anúncios em revistas	62	Anúncios de texto em telefones celulares	18

Fonte: pesquisa de mil adultos: dados da Opinion Research Corporation. Disponíveis em: <http://www.emarketer.com>.

Figura 13.12 Eficácia de cada ferramenta de mídia social para alcançar as metas da campanha.

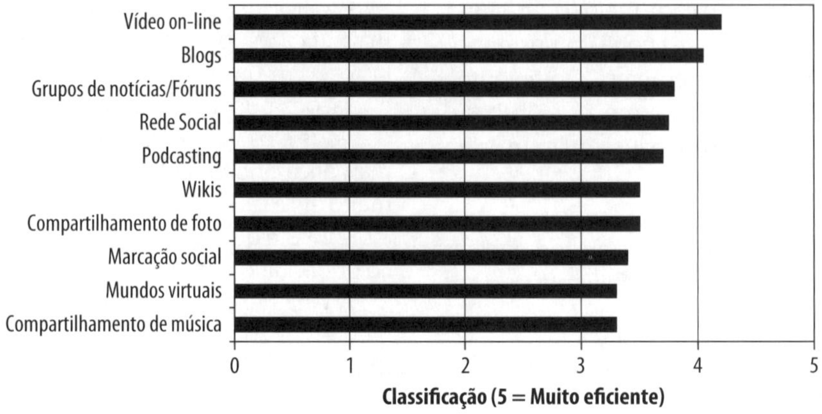

Fonte: Gillin (2008).

95 por cento de nossas decisões. Queremos ter certeza de que nossas mudanças estão certas e que temos dados para rever as nossas decisões', segundo o Diretor de Marketing Derek Van Nostran.

Compras eficientes na internet

Se a empresa consegue a audiência certa (compra ***efetiva***), os anunciantes analisam métricas especiais para determinar a compra mais eficiente. Para medir a eficiência antes de comprar o espaço publicitário, os compradores de mídia usam uma métrica chamada CPM (custo por mil). Essa métrica é calculada considerando o custo do anúncio, dividindo-o pelo tamanho da audiência, e depois multiplicando por mil (custo/audiência x 1.000). O tamanho do público da internet é contado utilizando **impressões**: o número de vezes que um anúncio foi acessado por **visitantes únicos** no website, independentemente dos visitantes terem ou não observado o anúncio. Por exemplo, em junho de 2002, um banner completo em <http://MediaPost.com>, um portal de publicidade e mídia na internet, recebeu 2,4 milhões de impressões e custou $ 168 mil por mês para um CPM de $ 70. O CPM é utilizado porque permite comparações de eficiência entre as várias mídias e ***veículos*** dentro da mídia (por exemplo, revista específica ou website). As revistas são geralmente a mídia mais cara para **alcançar** mil leitores; o rádio é muitas vezes o mais barato.

Típicos preços web CPM são $ 7 a $ 15 ou $ 0,15 a $ 15,00 no Google. O CPM da MediaPost é maior porque atinge um alvo selecionado no mercado B2B.

É interessante notar que, em 2009, apenas 37 por cento da propaganda nos websites era comprada usando o modelo CPM — abaixo dos 48 por cento em 2007 (ver <http://www.iab.net>). Diferentemente da maioria das mídias tradicionais, 59 por cento dos anunciantes on-line pagam com base no desempenho (quase o dobro dos dois anos anteriores), e o restante usa uma combinação dos dois modelos. O pagamento com base no desempenho, muitas vezes chamado pagamento-por-clique (PPC) ou custo por ação (CPA), inclui sistemas como pagamento por clique no anúncio, pagamento para cada conversão (venda), ou pagamento para cada proposta de vendas gerada ou por registros de novos usuários. Esse tipo de precificação é vantajoso para os anunciantes, mas arriscado para os websites, que dependerão parcialmente do poder do anúncio do cliente e do produto para gerar suas receitas. Como exemplo, seguem-se os custos médios CPC de vários anunciantes, de acordo com a SearchEngineWatch.com (dados da Efficient Frontier):

- Setor financeiro $ 2,43
- Crédito $ 2,65
- Hipoteca $ 2,05
- Financiamento de veículo $ 1,47
- Viagens $ 0,72
- Automotivo (11 por cento) $ 0,50
- Seguro $ 7,87
- Varejo $ 0,37
- Relacionamento $ 0,37

O custo por mil, PPC, CPA e outros modelos de precificação de propaganda on-line são apenas uma parte do quadro de medidas. Os profissionais de marketing utilizam muitas outras métricas para avaliar a eficiência de sua propaganda, conforme mencionado no Capítulo 11. Adicionando as métricas usadas na mídia social nesse contexto, a Figura 13.13 exibe as medidas mais importantes utilizadas por usuários de mídia social no Estudo de Gillin. Obviamente, tudo depende de qual tática o profissional de marketing utiliza. Por exemplo, a Weather.com avaliou visitantes que clicaram em suas páginas de casamento com base nas compras de palavras-chave. As empresas farmacêuticas vão avaliar o sentido dos comentários em seus blogs (porcentagem positiva e negativa). Se as empresas estiverem trabalhando com iniciativas de SEO, elas vão avaliar os links

Figura 13.13 Medidas mais importantes de eficiência da mídia social.

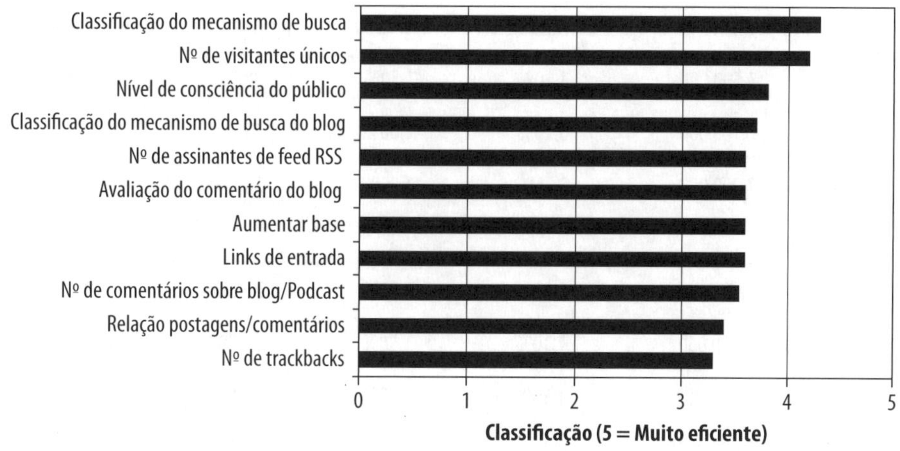

Fonte: Gillin (2008).

acessados em seus websites, porque isso aumenta seus rankings nas páginas SERP. Os blogueiros também querem saber quantos assinantes RSS eles têm, pois isso indica o número após sua redação. Consulte também o Capítulo 2, onde discutimos as métricas de engajamento de tempo gasto em uma página, marcação social, upload de conteúdo e assim por diante.

Exemplo de métricas

Para ver como uma empresa avalia a eficácia da sua compra de propaganda na internet, considere a compra feita pela iGo, uma loja on-line de venda de baterias e pequenos dispositivos eletrônicos por catálogo e on-line (Figura 13.14). Muitas formas diferentes de propaganda on-line estão representadas nesta compra, a partir de um link de texto simples para botões, banners, patrocínios e conteúdo em portais maiores (nomes removidos para proteger a confidencialidade). Essa planilha mostra a porcentagem estimada de cliques, conversão de pessoas que poderiam formular um pedido, número de **visitantes** que podem visitar o website iGo a partir do anúncio, número de pedidos previstos e custo do anúncio. A Figura 13.15 exibe várias medidas de eficácia: valor médio de pedidos e mais. Com base na estimativa dessa campanha, ela parece gerar mais de meio milhão de dólares em lucros, e também atrair quase 3,5 milhões de visitantes para a iGo.com — visitantes que podem se tornar clientes em longo prazo.

Figura 13.14 Compra de publicidade de $ 3 milhões da iGo.

Tipo	Impressões anuais	Est. clique%	Est. conv.	Nº Visitantes	Nº Pedidos	Custo $ 4,64 CPM
Comércio eletrônico Link de texto	400.000.000	0,20%	0,60%	800.000	4.800	$ 1.856.000
Canal de Compra						
Computação — âncora	8.500.000	3,00%	2,00%	255.000	5.100	39.440
Computação — patrocinador	1.700.000	3,00%	2,00%	51.000	1.020	7.888
Página inicial	10.000.000	1,10%	1,50%	110.000	1.650	46.400
Canal de Computação						
ROS	40.000.000	1,10%	1,50%	440.000	6.600	185.600

Continua

Continuação

Tipo	Impressões anuais	Est. clique%	Est. conv.	Nº visitantes	Nº pedidos	Custo $ 4,64 CPM
Páginas iniciais da seção	3.500.000	1,10%	1,50%	38.500	578	16.240
Página inicial	2.100.000	0,75%	1,00%	15.750	158	9.744
Link de texto da homepage	7.200.000	0,75%	1,00%	54.000	540	33.408
Portal de notícias						
Seções selecionadas	10.000.000	1,10%	1,50%	110.000	1.650	46.400
Tecnologia	5.000.000	1,10%	1,50%	55.000	825	23.200
Seção de compra	200.000	1,10%	1,50%	2.200	33	928
Anúncios sticky ROS	5.000.000	0,75%	1,00%	37.500	375	23.200
Banners ROS	11.000.000	0,75%	1,00%	82.500	825	51.040
Portal (6,5 meses)						
Página inicial — botão	6.000.000	0,75%	1,00%	45.000	450	27.840
Página inicial — link de texto	6.000.000	0,75%	1,00%	45.000	450	27.840
Computação de escritório	50.000	0,75%	1,00%	375	4	232
Computação de escritório	300.000	0,75%	1,00%	2.250	23	1.392
BCentral ROS	6.000.000	0,75%	1,00%	45.000	450	27.840
Intercâmbio do link	20.000.000	0,75%	1,00%	150.000	1.500	92.800
Portal Copromoção						
Página principal Promo	75.000.000	1,10%	1,50%	825.000	12.375	348.000
Sorteios						
Banners linkedsweeps	4.000.000	1,10%	1,50%	44.000	660	18.560
Botão Promo	6.000.000	1,10%	1,50%	66.000	990	27.840
Botão no website de sorteios	1.000.000	1,10%	1,50%	11.000	165	4.640
Pacote do Portal						
Anúncios de transição-1	2.000.000	1,10%	1,50%	22.000	330	9.280
Anúncios de meia página -2	1.000.000	1,10%	1,50%	11.000	165	4.640
Anúncios de meia página -3	5.000.000	1,10%	1,50%	55.000	825	23.200
Anúncios de meia página -4	5.000.000	1,10%	1,50%	55.000	825	23.200
Anúncios da coluna A -5	5.400.000	1,10%	1,50%	59.400	891	25.056
	646.950.000	**0,54%**	**1,27%**	**3.487.475**	**44.255**	**3.001.848**

Fonte: adaptado a partir de informações fornecidas por Brian Casey, iGo.

Figura 13.15 Avaliações da eficácia da iGo.

Variáveis	
AOV	$140
Pedido incremental (anual)	0,60
Margem bruta	0,36
Taxa de clique	0,54%
Conversão	1,27%
P&L anual	
Receita	$ 6.195.735
Receita incremental	3.717.441
Total das receitas	**$ 9.913.176**
COGS	(6.344.433)
Custo de publicidade	(3.001.848)
Total	**$ 566.895**
CPM	**$ 4,24**
Custo por pedido (CPP)	**67,83**
Custo por clique (CPC)	**0,86**
Total de visitantes	**3.487.475**

Fonte: adaptado de informações fornecidas por Brian Casey, iGo.

Resumo do capítulo

Como a internet é muitas vezes comparada à mídia tradicional, os profissionais de marketing precisam entender as características das principais mídias de comunicação, assim como as características de mídia digital para que eles possam fazer escolhas adequadas ao comprar ou usar livremente o espaço promocional. A mídia eletrônica inclui rede de televisão, rádio, televisão a cabo, internet, fax, telefone celular e muito mais. É útil visualizar essa mídia como transmissão de mensagens em massa (broadcast), segmentada (narrowcast) ou individual (pointcast), com base na habilidade de alcançar audiências de massa, pequenas ou individuais, e as informações poderem ser enviadas a um indivíduo ou a massas. A internet é muitas vezes comparada à mídia impressa devido ao conteúdo gráfico e de texto; a mídia impressa permite a visualização ativa. A mala direta possibilita a focalização seletiva, pode ser personalizada, oferece bom tamanho para as mensagens e boa flexibilidade quanto ao tempo, e é excelente para avaliar a eficácia; no entanto, tem uma imagem pobre e é cara (embora o e-mail tenha custo baixo, ainda que possa ser considerado spam).

A mídia digital inclui websites, e-mail e as mídias sociais mais recentes. Agregadores de reputação obtêm conteúdo pesquisável da web e são importantes para os profissionais de marketing para a publicidade e a comunicação com os usuários. Mecanismos gerais de busca como o Google, o Yahoo! e a Microsoft são os maiores agregadores de reputação, ordenando os resultados da pesquisa parcialmente pela sua popularidade e relevância.

Esses mecanismos de busca oferecem táticas de busca naturais e pagas para atingir as metas de marketing. A pesquisa vertical ocorre em agregadores de reputação de nicho, como Tripadvisor.com.

Os profissionais de marketing utilizam o rápido crescimento da mídia social para gerir suas imagens de marca e aumentar as vendas. Anúncios na mídia social capitalizam os perfis individuais, dados sociais e interações interpessoais, utilizando esses dados para desenvolver o conteúdo de suas propagandas. Os profissionais de marketing identificam os indivíduos nas redes sociais com base nos dados de cada perfil para engajar esses indivíduos por meio de anúncios relevantes de acordo com seus interesses. O mercado de publicidade móvel em rápido crescimento possui muitos formatos publicitários e muitos desafios. Os profissionais de marketing compram ads display, espaço de mensagens de texto e códigos de barras em 2D.

Ao selecionar a mídia e os veículos, os compradores de mídia avaliam a mídia usando o modelo CPM (custo por mil) e o desempenho após a execução usando métodos como PPC (pago por clique) ou CPA (custo por ação). Os planejadores de mídia observam os websites, a mídia social e listas de e-mail que correspondem aos mercados-alvo da marca; eles também utilizam técnicas de focalização, como publicidade por meio de palavras-chave. Os profissionais de marketing utilizam uma série de métricas para monitorar a eficácia e a eficiência da campanha, também mencionadas nos capítulos 11 e 12 (por exemplo, taxa de clique) e no Capítulo 2 (métrica de engajamento).

Exercícios

Questões para revisão

13.1 Liste exemplos de broadcast, impressão, narrowcast e mídia pointcast.

13.2 Quais são as vantagens e desvantagens da mídia digital para as mensagens de comunicação de marketing?

13.3 Compare a mídia digital e a física.

13.4 Como o e-mail é diferente do correio postal como mídia?

13.5 Compare e discuta as diferenças da busca natural e da paga.

13.6 Nomeie duas formas que os websites podem utilizar os mecanismos de busca gerais para aumento do tráfego.

13.7 Por que o Google é chamado de mecanismo de reputação?

13.8 Por que as palavras-chave são importantes?

13.9 O que são meta tags? Nomeie três tipos importantes.

13.10 Compare e contraste mídia proprietária, ganha e paga.

13.11 Por que os três aspectos únicos da mídia social são importantes para os anunciantes?

13.12 Como os anunciantes podem engajar os membros da mídia social?

13.13 Por que a propaganda no telefone celular é desafiadora?

13.14 Qual é a diferença entre uma compra de mídia efetiva e uma compra de mídia eficiente?

Questões para discussão

13.15 Você acha que as mídias off-line e on-line se tornarão uma distinção sem sentido em um futuro próximo? Por quê?

13.16 Você acha que a internet nunca vai superar a publicidade televisiva em termos monetários gastos pelos profissionais de marketing? Por quê?

13.17 Você acha que os profissionais de marketing estão perdendo o controle das imagens de marca por causa da mídia social? O que eles devem fazer para obter mais controle?

13.18 O que é melhor para uma universidade privada que quer colocar anúncios em websites: propaganda CPM ou PPC? Justifique sua resposta.

13.19 O que seria mais importante para uma empresa hoteleira: um mecanismo de busca geral ou um mecanismo vertical? Explique sua resposta.

13.20 Você acha que a focalização individual e o engajamento do usuário na mídia social resultam em vendas de produtos? Explique sua resposta.

CAPÍTULO

1 2 3 4 5 6 7 8 9 10 11 12 13 **14**

Gestão do relacionamento com o cliente

Ouça agora ou amanhã será tarde.
— Don Peppers, *Peppers & Rogers Group*

Se você tiver um cliente insatisfeito na internet, ele não vai contar a seus seis amigos; ele vai contar a seus 6 mil amigos.
— Jeff Bezos, *presidente da Amazon.com*

O objetivo principal deste capítulo é fornecer uma visão geral da finalidade e o processo de construção de capital de relacionamento da empresa por meio da gestão do relacionamento com o cliente (CRM). Você vai aprender sobre os três pilares do marketing de relacionamento, as vantagens do CRM, e os nove blocos necessários para a implantação de um CRM integrado com as estratégias de e-marketing de forma eficaz e eficiente.

Após a leitura deste capítulo, você estará apto a:

- Definir gestão do relacionamento com o cliente e identificar os principais benefícios para os profissionais de marketing digital.
- Delinear os três pilares do marketing de relacionamento para o e-marketing.
- Discutir os nove principais componentes necessários para a implantação do CRM eficaz e eficiente no plano de e-marketing.
- Ressaltar algumas das ferramentas auxiliares da empresa e do cliente que os profissionais de marketing digital usam para aperfeiçoar seus processos de CRM.
- Diferenciar métricas do CRM no estágio do ciclo de vida do cliente.

A história da Cisco

A Cisco Systems, Inc. é uma empresa que pratica aquilo que prega. A Cisco fornece principalmente sistemas de rede de internet para clientes corporativos, governamentais e da educação em âmbito mundial, atingindo $ 36,1 bilhões em receitas no ano fiscal de 2009. De acordo com seu relatório anual, a Cisco tem cinco objetivos para os seus negócios: '1) desenvolver uma empresa de última geração capaz de forjar relações com a próxima geração de clientes; 2) focar na colaboração e nas ferramentas de web 2.0, tanto interna como externamente, para maximizar a produtividade e a agilidade na tomada de decisão; 3) capacitar a virtualização do centro de dados para atingir níveis de escala e de eficiência anteriormente desconhecidos; 4) disponibilizar todos os nossos produtos e todas as nossas soluções para o uso crescente de vídeo; e 5) expandir nosso alcance pela globalização da nossa empresa'. Atuando no mercado B2B, a Cisco alcançou $ 7 bilhões de lucro líquido em 2009 em decorrência da resolução dos seus problemas de rede, e transformando essas soluções em produtos para clientes — um contexto nada ruim para uma época de recessão mundial. A Cisco se vangloria por suas soluções que aumentam a receita dos clientes, diminuem seus custos, aumentam sua produtividade, capacitam seus funcionários, transformam suas culturas organizacionais e integram seus processos essenciais. Qual a melhor maneira de provar isso do que utilizar seus produtos para construir relacionamentos com os próprios clientes? Na Cisco, a internet desempenha um papel importante na aquisição, retenção e desenvolvimento dos negócios com os clientes. Com mais de 3 milhões de usuários se conectando no website da Cisco todo mês, a empresa tornou-se totalmente adepta da gestão do relacionamento com os clientes on-line (CRM). A tabela a seguir demonstra o sucesso da Cisco, utilizando as métricas do CRM.

A Cisco estabeleceu uma meta para migrar os clientes para o canal on-line: no início de 1996, apenas 5 por cento faziam pedidos pelo website. Além disso, a Cisco conseguiu au-

Tarefa de relacionamento	Métrica
Adquirir/crescer	Aumento de pedidos 20 a 50 por cento (12 países para o trimestre que terminou em 1º de maio de 2010 depois de uma queda de 12 por cento em 2009). 60 por cento dos negócios foram realizados fora dos Estados Unidos (2007).
Clientes	92,2 por cento dos pedidos chegam pela internet (2008). Tres milhões e meio de usuários registrados no website da Cisco (2008).
Reter clientes	81 por cento de todos os problemas técnicos do cliente resolvidos on-line (2007). Mais de 250 mil problemas resolvidos on-line todo mês. Os usuários dos Estados Unidos registraram a sua satisfação com o website em 4,6 em uma escala de pontuação de 5,0 pontos (2009).

mentar a satisfação do cliente de 3,4 em 1996 para 4,3 (2001) e 4,6 (2003), 4,7 (2008) e 4,6 (2009). Tais ganhos não ocorreram sem uma visão geral e um planejamento criterioso, foco e execução em toda a empresa. A atenção da Cisco orientada para o atendimento ao cliente inclui um centro de contato on-line e um painel de colaboração para que os clientes e funcionários da Cisco possam trabalhar juntos nos problemas que são detalhadamente exibidos em seus computadores. Os agentes de atendimento ao cliente operam chats ao vivo com o cliente para ajudá-los a encontrar o que eles precisam na web. Além disso, os clientes podem contatar a empresa via e-mail ou mesmo por telefone para obter ajuda.

A atenção da Cisco para o CRM e o monitoramento por meio de indicadores de desempenho valeram a pena. A empresa economizou $ 340 milhões em 2001 em custos com atendimento ao cliente devido à automação. Mais importante, a Cisco consegue índices consideráveis de recompras em seus negócios e vende produtos para clientes que querem seguir a liderança da Cisco, utilizando a tecnologia para resolver seus problemas.

14.1 Construindo relacionamentos, 1:1

A Cisco desenvolve relacionamentos de longo prazo com os clientes individualmente (1:1), da mesma forma que os desenvolvidos pelas lojas de bairros no início dos anos 1900 — exceto que a tecnologia da informação possibilita que a Cisco lide com milhões de relacionamentos individuais. Um cliente da Cisco com um investimento em software e alto índice de satisfação é leal à marca e não vai ser facilmente seduzido pela concorrência. Esse cliente vai lentamente gastar um volume crescente de dinheiro em produtos e serviços adicionais e também indicar outras pessoas. De acordo com os autores Thomas Jones e Sasser Earl da *Harvard Business Review*, 'O aumento da lealdade do cliente é o mais importante fator no desempenho de longo prazo.' A *Business 2.0* afirma que o **capital de relacionamento** é o ativo mais importante que uma empresa pode ter ('Regra para Relacionamentos' 2000). Em um ambiente onde o cliente detém o poder e o controle, onde a atenção é um fator bem escasso, a capacidade de uma empresa para construir e manter relacionamentos com clientes, fornecedores e parceiros pode ser mais importante que a fábrica, a propriedade e ativos financeiros da empresa. É esse capital de relacionamento que propicia a futura base de negócios.

Essa abordagem representa uma mudança importante na prática do marketing: do **marketing de massa** para o marketing individualizado, e da foco na aquisição de novos clientes até a retenção e desenvolvimento de mais negócios a partir de uma base menor de clientes leais de valor elevado. Além das empresas industriais que praticam a gestão do relacionamento com os clientes por um longo tempo, agora as empresas de prestação de serviços ao consumidor (por exemplo, o Google.com) e até mesmo os profissionais de marketing de bens de consumo se empenham para construir relacionamentos de longo prazo com os clientes, 1:1. Como um fabricante de alimento enlatado pode construir relacionamentos rentáveis com cada cliente? As tecnologias da internet podem facilitar o marketing de relacionamento de muitas maneiras novas; no entanto, muitas empresas que compram e instalam tecnologias de gestão do relacionamento estão perdendo dinheiro com essas tecnologias. Este capítulo explica o processo, identifica as ferramentas-chave da internet, e apresenta um caso de uma empresa focada no cliente ao longo da cadeia de suprimentos.

14.2 Definição de marketing de relacionamento

Os profissionais de marketing denominaram o foco no cliente de ***marketing de relacionamento*** (também de marketing 1:1). Conforme originalmente definido, o **marketing de relacionamento** consiste em estabelecer, manter, aperfeiçoar e se relacionar com o cliente por meio do cumprimento total da promessa feita pela empresa aos seus clientes (Grönroos, 1990). Normalmente, as empresas tentam construir relacionamentos rentáveis e mutuamente benéficos no longo prazo (***versus*** o curto prazo). Cumprimento total da promessa significa que quando as empresas fazem suas ofertas em seus programas de comunicações de marketing, as expectativas dos clientes serão satisfeitas por meio de experiências reais com a marca. Por exemplo, uma oferta na página inicial do website Stash Tea promete uma caixa grátis na compra de três caixas, mas a página de pedidos não confirma essa oferta, e a quantidade total mostrada no pedido final é de apenas três. Se não chegarem as quatro caixas, o cliente provavelmente vai considerar a compra de chá da concorrente Twinings na próxima vez. Mesmo quando as quatro caixas chegam, o suspense pode corroer a confiança do cliente na empresa. Da mesma forma, bons relacionamentos são construídos quando os funcionários da empresa cumprem as promessas feitas por vendedores e pelas suas mensagens promocionais.

Uma organização que utiliza o marketing de relacionamento se concentra mais na sua participação nos gastos do cliente (share of wallet ou customer share) do que na sua participação de mercado (market share). **Participação nos gastos do cliente** é o volume de vendas que uma empresa pode gerar a partir de um cliente e, portanto, reflete um foco na retenção e no crescimento, em vez de um foco na obtenção de novos clientes (participação de mercado). Por exemplo, a Amazon quer vender livros, música, eletrodomésticos e muito mais para o cliente. O marketing de relacionamento diferencia clientes individuais com base nas suas necessidades e valor, em vez de diferenciar os produtos por grupos-alvo, como compradores de romances de um autor específico. Será mais rentável para a Cisco identificar seus melhores clientes, conhecê-los individualmente, e sugerir produtos adicionais com base em suas necessidades do que empreender todos os seus esforços na aquisição de novos clientes. Se a Cisco for bem-sucedida, os clientes acabarão por adquirir todos os seus produtos e serviços de rede (maior participação nos gastos). A Cisco economiza em despesas com promoção e descontos de preço dedicando tempo à retenção do cliente *versus* a aquisição de novos clientes. A Figura 14.1 exibe um resumo dessas ideias, comparando o marketing de massa com o marketing de relacionamento.

Poucas empresas incorrem em usar apenas o marketing de relacionamento, ao contrário, utilizam estratégias diversificadas para diferentes produtos e mercados. Por exemplo, a Procter & Gamble deve diferenciar suas marcas de sabão em pó para vender para o grande público, no entanto, ela tenta construir relacionamentos com as mães que vão comprar um número crescente de produtos da P&G ao longo dos anos, desde sabão em pó Ivory para lavar roupas de bebê e as fraldas Pampers, até a pasta de dente Crest para a família, e os cosméticos Olay para elas próprias.

14.3 As partes interessadas na empresa (stakeholders)

A maioria das empresas também utiliza técnicas de marketing de relacionamento para construir laços de apoio mútuo com todos os interessados, além dos clientes, como os seus funcionários e seus fornecedores. As organizações podem estabelecer e manter relacionamentos com muitos grupos diferentes de interessados. Os quatro grupos mais afetados pelas tecnologias da internet são os seguintes:

1. **Funcionários.** É difícil para uma empresa persuadir os compradores quando os funcionários não estão satisfeitos (lembre da história da Zappos no Capítulo 10). Quando o Yahoo! introduziu seu novo posicionamento, 'O Mecanismo de Vida', ela deu uma motocicleta Harley-Davidson para um dos 800 funcionários que escreveram a melhor razão pela qual o Yahoo! era sua motivação de vida. Esse prêmio gerou entusiasmo entre os funcionários para a nova estratégia de posicionamento. Como muitos funcionários são fundamentais na construção de relacionamentos com os clientes, é essencial que eles tenham treinamento e acesso a dados e sistemas utilizados para a gestão do relacionamento. De

Figura 14.1 Do marketing de massa para o marketing de relacionamento.

Marketing de massa	←——→	Marketing de relacionamento
Transações discretas		Transações contínuas
Ênfase de curto prazo		Ênfase de longo prazo
Comunicação unilateral		Comunicação e colaboração bilateral
Foco de aquisição		Foco de retenção
Cota de mercado		Participação nos gastos
Diferenciação do produto		Diferenciação de clientes

fato, alguns observadores dizem que muitos programas de gestão do relacionamento falham devido à falta de treinamento e comprometimento dos funcionários.

2. **Parceiros da cadeia de suprimentos.** Com a gestão do relacionamento com o parceiro (PRM) as empresas criam e mantêm relacionamentos com outras empresas com a finalidade de compra e venda em sentido ascendente e descendente. Primeiro estão os canais: o mercado B2B. A Procter & Gamble trabalha com inúmeros intermediários de atacado e varejo, utilizando tecnologias da internet para facilitar esses relacionamentos. Segundo estão os fornecedores da empresa. A General Electric utiliza a internet para receber propostas de seus fornecedores, um sistema que não só reduz os custos de transação como também aumenta a concorrência e a agilidade do atendimento de pedidos.
3. **Parceiros laterais.** Outras empresas, organizações filantrópicas, ou governos se unem à empresa para algum objetivo comum, mas não para as transações entre si. A CargoNet Transportation Community Network, um consórcio de 200 mil transportadores, manipulou 250 milhões de documentos comerciais por ano junto aos transportadores de Hong Kong, o porto mais movimentado do mundo. A internet facilita a PRM por meio do monitoramento de documentos e atendimento ao cliente para fabricantes, navios, caminhões e transportadoras aéreas, assim como bancos, seguradoras e governos associados à CargoNet (<http://www.eds.com>).
4. **Consumidores.** Esses indivíduos são os usuários finais de produtos e serviços. Os profissionais de marketing devem diferenciar entre clientes corporativos e consumidores finais, pois diferentes táticas geralmente são empregadas nos mercados B2C e B2B.

14.4 Os três pilares de marketing de relacionamento

Atualmente, o marketing de relacionamento envolve muito mais que o cumprimento da promessa. Isso significa uma comunicação bilateral com os interessados de forma individual (1:1). Como uma empresa pode compreender as necessidades individuais de cada cliente ou parceiro sem perguntar quais são essas necessidades e ouvir suas respostas? Felizmente, a mídia social na internet possibilita que as empresas escutem melhor do que nunca (lembre-se da história da Dell no Capítulo 12).

Bob Thompson, um presidente executivo com visão futurista, acredita que o marketing de relacionamento tem três pilares que apoiam as relações do cliente com os produtos e os serviços da empresa (Figura 14.2). A primeira é a **gestão do relacionamento com o cliente (CRM)** — processo de foco no cliente, aquisição, transação, atendimento, retenção e construção de relacionamentos de longo prazo com os clientes. O CRM está baseado em dados, informações, sugestões e conhecimento dos clientes, conforme será discutido neste capítulo. A empresa precisa de muitos dados para avaliar como suas táticas funcionam para adquirir, reter e construir relacionamentos com os clientes. O segundo pilar é a **gestão da experiência com o cliente (CEM)**. Conforme definido por Bernd Schmitt em 2003, a CEM 'representa a metodologia, disciplina e/ou processo utilizados de forma abrangente para administrar a exposição dos multicanais a um cliente, interação e transações com uma empresa, produto, marca ou serviço'. A diferença entre o CRM e o CEM é muito sutil, pois ambas têm o objetivo final de construir uma base de clientes fiéis. O CRM foca mais os processos in-

Figura 14.2 Relacionamentos com o cliente.

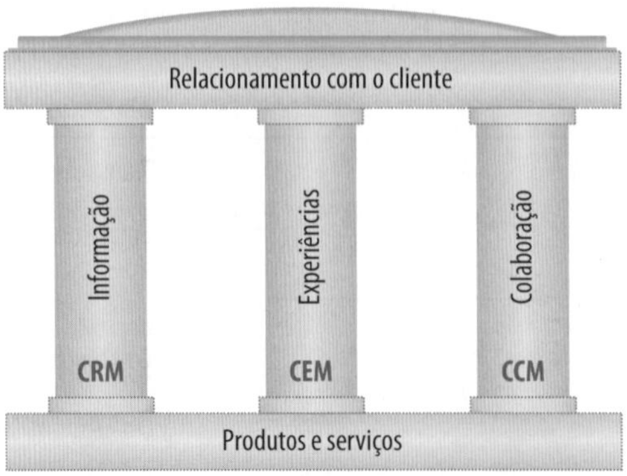

ternos para maximizar o valor do cliente no longo prazo, e o CEM foca mais as expectativas do cliente e a satisfação/insatisfação do ponto de contato (valor para o cliente). O CEM pode se referir a uma experiência de transação ou à soma de todas as transações ao longo do relacionamento. O CRM e o CEM são controlados pelo profissional de marketing, que desenvolve estratégias para o mix de marketing de forma a construir e manter o valor do relacionamento com o cliente.

Por outro lado, o último pilar é controlado pelos clientes, embora seja monitorado e dirigido pela empresa, sempre que possível, e cresceu a partir da explosão da mídia social: **gestão da colaboração com o cliente (CCM)**, também chamada de CRM 2.0 ou de CRM Social. De acordo com Paul Greenberg do CRM 2 Wiki, 'CRM 2.0 é uma filosofia e uma estratégia de negócios, apoiada por uma plataforma de tecnologia, regras de negócios, processos e características sociais, projetadas para engajar o cliente em uma conversa colaborativa, a fim de fornecer um valor de benefício mútuo em um ambiente de negócios confiável e transparente. É a resposta da empresa à posse da conversa do cliente.'

Os três pilares afetam a imagem da marca da empresa e o crescimento de suas receitas. O CEM é utilizada por quase todos os produtos no mundo off-line, como a forma que a Disney projeta a experiência dos clientes em seus parques temáticos, ou como um restaurante local cria um ambiente e treina os garçons sobre como tratar os clientes. O CEM é importante no ambiente on-line no que se refere ao website, a comunicação de marketing da empresa, ou a experiência de atendimento ao cliente. A CCM é um conceito tão novo que ainda não temos certeza de qual termo sobreviverá (CCM, CRM Social ou CRM 2.0). Até que tudo se ajuste, queremos conscientizá-lo desses três pilares e a crescente área de CRM, e integrar a discussão com base na terminologia de CRM mais utilizada. Esse pensamento segue os especialistas em mídia social da Forrester Research: 'O CRM Social aumenta a rede social para servir como um novo canal dentro dos atuais processos e investimentos em CRM.' Se você quiser ver como isso se desenrola, analise a sétima edição deste livro daqui a alguns anos e observe se reorganizamos todo o capítulo em torno desses três pilares.

14.5 Gestão do relacionamento com o cliente (CRM)

CRM é um termo muitas vezes mal empregado, que muitas empresas utilizam para se referir ao software e a outras tecnologias utilizadas para implantar soluções de CRM. Como você verá, CRM é muito mais — é uma filosofia, uma estratégia e um processo. Ela inclui os três pilares e outros princípios do marketing de relacionamento, e se baseia em dados e conversas de clientes, e é facilitada pela tecnologia. Cada vez mais, as organizações reconhecem que se não mantiverem seus clientes felizes, alguém o fará.

Benefícios do CRM

Os benefícios em implantar CRM incluem o aumento das receitas a partir do melhor foco nos clientes potenciais, aumento na participação nos gastos dos clientes atuais, e retenção de clientes por períodos mais longos. Essas vantagens são quantificadas por meio de bancos de dados que ajudam as empresas a compreender melhor seus clientes e a utilizar esse conhecimento para promover a lealdade e otimizar o valor do cliente no tempo. As táticas de CRM também podem reduzir custos, resultando em maior rentabilidade. Por fim, as táticas de CCM/CRM Social ajudam as empresas a gerir suas reputações importantes na mídia social.

Em um estudo com 45 empresas, 68 por cento utilizaram dados de clientes atuais e potenciais para elaborar modelos matemáticos que os ajudaram a realizar uma segmentação mais eficaz de clientes ('Gestão de Dados do Cliente', 2003). A eficaz segmentação lhes permitiu definir os perfis dos atuais e potenciais clientes que apresentaram maior probabilidade de responder favoravelmente a determinadas ofertas promocionais, ou simplesmente identificar o melhor segmento de futuros clientes para os atuais produtos ou novos. A maioria das empresas gasta mais dinheiro na aquisição de novos clientes do que na manutenção dos clientes atuais — embora essa abordagem geralmente seja um erro. O custo de aquisição de um novo cliente é tipicamente cinco vezes maior que o custo de retenção de um cliente atual, conforme mostrado na Figura 14.3. Nesse exemplo, se uma empresa orça $ 3 mil para adquirir seis clientes, o custo de aquisição de cada um será de $ 500. Como reter os clientes custa um quinto a menos (em média), os mesmos 500 dólares poderiam ser gastos persuadindo cinco clientes a permanecer a um custo de $ 100 individualmente. Se, em vez de gastar $ 3 mil para ganhar seis clientes, a empresa gasta $1.500 em três novos clientes e $ 1.500 na retenção de clientes, teria 12 clientes.

Uma das razões pelas quais a retenção é menos onerosa que a aquisição é o menor custo de promoção, de propaganda e de descontos. Além disso, taxas de resposta mais elevadas aos investimentos promocionais geram mais lucros. Equipes de vendas podem ser mais eficazes quando elas conhecem bem cada cliente individualmente. Outra razão pela qual o CRM faz sentido é que os clientes leais são clientes experientes. Eles conhecem bem os produtos, e sabem para quem ligar na empresa quando têm dúvidas. Clientes leais custam menos para o atendimento ao cliente.

Ter mais clientes leva a mais vendas. No entanto, a aquisição e a retenção de clientes são apenas parte da equação. A empresa deve também tentar suas vendas para cada um dos seus clientes. Por exemplo, a Southwest Airlines e a maioria dos agentes de viagens on-line enviam e-mails para os clientes quando a passagem aérea para um destino de interesse para eles está com preço reduzido.

Além de comprar mais, os clientes satisfeitos recomendam websites, lojas e produtos para seus amigos por e-mail,

Figura 14.3 Maximização do número de clientes.

Ênfase em aquisição		**Ênfase em retenção**	
Ganhar seis novos clientes ($ 500 cada)	$ 3.000	Ganhar três novos clientes ($ 500 cada)	$ 1.500
Reter cinco clientes atuais ($ 100 cada)	$ 500	Reter 20 clientes atuais ($ 100 cada)	$ 2.000
Custo total	$ 3.500	Custo total	$ 3.500
Número total de clientes	11	Número total de clientes	23

Fonte: adaptado de Don Peppers e Martha Rogers. *The One to One Future*. Nova York: Doubleday, 1996.

redes sociais e outras mídias sociais. A comunicação boca a boca entre os clientes tem sido chamada de coração do CRM. O boca a boca positivo pode atrair muitos clientes novos; no entanto, o boca a boca negativo pode afastá-los. Um estudo relatou que cada cliente insatisfeito diz a dez pessoas sobre a sua péssima experiência; de 13 por cento dos clientes insatisfeitos, cada qual conta a vinte pessoas quão ruim a empresa e seus produtos se mostraram (Sonnenberg, 1993). A internet atualiza essa estatística off-line, porque atualmente cada cliente insatisfeito pode dizer a milhares com apenas um toque na tecla. Por exemplo, Leroy Stick criou uma conta no Twitter, @BPGlobalPR, 'porque o derramamento de óleo vinha acontecendo há quase um mês, e tudo o que a British Petroleum tinha a oferecer eram declarações de sua assessoria de imprensa [palavrão suprimido]. Nenhuma solução, nenhuma urgência, nenhuma sinceridade, nada (consulte <http://streetgiant.com>)'. Leroy resolveu se tornar o assessor de imprensa e escrever tweets humorísticos que 'arrasavam' a BP, reunindo 100 mil seguidores em seu twitter. Esse tipo de boca a boca extensivo é realizado por e-mail, grupos de interesses especiais, blogs, microblogs, redes sociais, páginas pessoais da web, e muitas outras mídias on-line.

Uma vantagem fundamental do CRM é a vantagem de redução de custos, conforme observado no exemplo da Cisco. Considere o seguinte:

- Um estudo estimou que as empresas dos EUA economizaram $ 155 bilhões entre 1998 e 2000, utilizando a internet tanto com o CRM e com o SCM (gestão da cadeia de suprimentos) (<http://interactive.wsj.com>). Em um exemplo mais atual em 2010, um presidente executivo postou no blog CRMAdvocate que sua empresa economizou 10 por cento dos custos de pessoal com o software de CRM o que permitiu a racionalização do fluxo de informações e automação do processo de trabalho.
- Um aumento de 5 por cento na retenção de clientes se traduz em 25 por cento a 125 por cento de lucratividade no mercado organizacional.

14.6 Blocos de construção do CRM

Embora as empresas compreendam as vantagens do CRM e estejam investindo pesadamente em software de CRM, 70 por cento perdem dinheiro com esse investimento. Portanto, as empresas estão tentando determinar o que funciona e o que não funciona, sabendo que elas têm de acertar para ganhar, principalmente quando a mídia social cria ameaças de perda de controle do mix de marketing. Esta seção foca os nove importantes componentes do CRM utilizados para o e-marketing, baseados em um modelo de CRM do Gartner Group (consulte a Figura 14.4).

1. Visão do CRM

Muitas organizações compram caros softwares de CRM só porque ele está se tornando um componente necessário para poder competir de forma bem-sucedida. Não é de admirar que tantos projetos falhem. A Figura 14.5 mostra algumas diferenças nos investimentos bem-sucedidos e malsucedidos de CRM no setor de seguros. Mostra que as empresas que tiveram estratégias de CRM bem-sucedidas investiram o dobro de tempo trabalhando com os funcionários antes e durante a implantação dos sistemas de CRM.

A gestão deve começar com uma visão que se encaixe na cultura da empresa e que faça sentido para as marcas e a proposta de valor da empresa. Alguns dizem que a principal razão do fracasso dos projetos de CRM é porque as empresas não percebem as profundidades das mudanças, e subestimam os custos. Por exemplo, quando uma empresa instala um software de CRM para integrar dados das operações do website e do varejista físico, os operadores de atendimento ao cliente precisam de treinamento e devem estar comprometidos com a iniciativa. Alguns operadores de atendimento ao cliente ignoram o software de CRM por-

Figura 14.4 Os nove blocos de construção para um CRM bem-sucedido.

1. Visão CRM: Liderança, proposição de valor
2. Estratégia do CRM: Objetivos, mercados-alvo

3. Gestão da Experiência com o Cliente (CEM): Exigências, expectativas, satisfação, *feedback*, interação
4. Marketing de colaboração com o cliente (CCM): Criação e monitoramento de conteúdo, atenção, avaliação e integração na tecnologia de CRM

5. Colaboração organizacional
Cultura e estrutura
Compreensão do cliente
Pessoas, habilidades, competências
Incentivos e compensação
Comunicação do funcionário
Parceiros e fornecedores

6. Processos de CRM: Ciclo de vida do cliente, gestão do conhecimento
7. Informações do CRM: Dados, análise, uma visão em todos os canais
8. Tecnologia de CRM: Aplicativos, arquitetura, infraestrutura
9. Métrica do CRM: Valor, retenção, satisfação, lealdade, custo para servir

Fonte: adaptado do Gartner Group. Disponível em: <http://www.gartner.com>.

Figura 14.5 Companhias de seguros: o sucesso do CRM é mais que software.

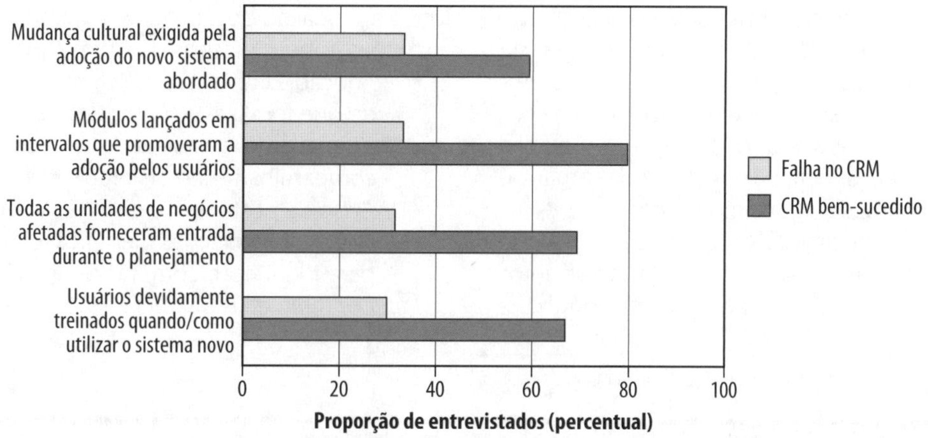

Fonte: adaptado do Gartner Group. Disponível em <http://www.gartner.com>.

que é mais fácil fazê-lo no estilo antigo. Para ser bem-sucedida, a visão do CRM deve começar no topo e penetrar em toda a empresa para manter a empresa totalmente focada no cliente. A política de privacidade também precisa de uma visão apoiada por executivos-chave. Os profissionais de marketing têm acesso a muitas informações sobre cada cliente atual e futuro, e essas informações são armazenadas em banco de dados e utilizadas para comunicações de marketing direto. Um aspecto-chave dessa visão é a forma de proteger a privacidade do cliente.

Proteção da privacidade do cliente. O uso dos dados dos clientes é muito importante para os profissionais de marketing, embora a tentação ao uso excessivo deva ser equilibrada pela necessidade de satisfazer os clientes, e não para irritá-los. A função dos profissionais de marketing é utilizar as informações dos clientes atuais e futuros de forma responsável, tanto para o sucesso do seu próprio negócio como para a imagem da profissão. Em um estudo de 2009, 30 por cento afirmaram que estavam preocupados com a quantidade de informações disponíveis sobre eles na web (Pew Internet & American Life Project). Isso está abaixo dos 92 por cento há dez anos, mas ainda é um número substancial. Ações adotadas pelos usuários da rede social para limitar o acesso às informações pessoais incluem alterar as configurações de privacidade para limitar o acesso (65 por cento), excluindo pessoas de listas de amigos da rede social (56 por cento), bloqueio de determinadas atualizações de algumas pessoas (52 por cento), filtragem de atualizações enviadas por amigos (41 por cento), exclusão de comentários postados por outras pessoas em uma página de perfil (36 por cento), a remoção de nomes de etiquetas de fotos (30 por cento), e desconsiderar postagens anteriores, fotos ou vídeos (12 por cento). No entanto, os consumidores desconhecem a extensão na qual o perfil em tempo real e outras técnicas monitoram seu comportamento on-line — e os profissionais de marketing devem abordar essa questão antes que os reguladores os induzam a fazê-lo. Por exemplo, o Facebook cometeu um grande erro no final de 2007, quando publicou o comportamento de compra dos clientes nas páginas do perfil. Um usuário do Facebook comprou um item em Overstock.com usando seu e-mail pessoal, e depois viu o seguinte comentário no Perfil do Facebook: 'Charlene comprou uma mesa quadrada e outro item na Overstock.com' (consulte o Blog da Charlene em blogs.forrester.com).

O CRM é baseado na confiança. Os clientes devem acreditar que as informações que eles dão às empresas quando compram on-line, por e-mail ou de outras formas serão usadas de forma responsável. Isso significa utilizar as informações para melhorar o relacionamento, adequando bens, serviços e comunicações de marketing para atender às necessidades individuais. Isso significa permitir que os consumidores solicitem a remoção de suas informações do banco de dados, que sejam excluídos das listas de e-mail e não compartilhem informações com outras empresas, a menos que permissão seja concedida.

Outra questão importante da privacidade diz respeito às intrusões na vida das pessoas. Junk mail, spam, telefonemas repetidos solicitando novas compras por empresas de TV a cabo ou provedor de serviços de internet são exemplos de mensagens de marketing que podem irritar os consumidores. Mesmo as malas diretas que chegam à sua caixa de correspondência ou na porta da sua casa toda semana é um ataque à privacidade de alguns moradores.

O que um profissional de marketing deve fazer? A resposta pode ser de duas formas: construir relacionamentos por meio do diálogo e melhorar os perfis de seus públicos-alvo. As empresas devem ouvir os atuais e futuros clientes e dar-lhes o que querem. Se o consumidor quer receber e-mail da American Airlines, ótimo. Se não, a empresa deve remover o cliente da lista, talvez verificando uma vez por ano para ver se o *status* mudou. Por quê? As organizações sabem que a retenção e desenvolvimento de relacionamentos com os clientes são mais rentáveis que as transações únicas do cliente, e que o capital de relacionamento é um dos ativos mais fortes da empresa. Em segundo lugar, os profissionais de marketing podem usar informações do consumidor para construir perfis mais precisos. Em vez de enviar e-mails em massa para todos os que visitam o website, que tal enviar e-mails individuais ou para grupos pequenos para pessoas que realmente precisam alugar um carro para o voo que elas acabaram de reservar no website? Os indivíduos não ficam aborrecidos com empresas que enviam informações valiosas e oportunas para eles.

TRUSTe. Para ajudar os websites a conquistar a confiança de seus usuários, uma iniciativa independente, filantrópica, denominada TRUSTe, foi criada. A TRUSTe fornece selo e logotipo para qualquer website que concorde com as filosofias, conforme indicado no website (Figura 14.6). Note a adequação destes e dos seguintes requisitos de informações às boas práticas do CRM.

- Adoção e implantação de uma política de privacidade que focalize as metas do seu website individual, assim como a ansiedade do consumidor sobre o compartilhamento de informações pessoais on-line.
- Aviso de postagem e divulgação de práticas em relação a informações identificáveis (dados utilizados para identificar, contatar ou localizar uma pessoa) por meio de uma declaração de privacidade.

Figura 14.6 TRUSTe constrói a confiança do usuário.

Fonte: <http://www.truste.org>.

- Propiciar aos usuários a opção e o consentimento sobre como suas informações pessoais são utilizadas e compartilhadas.
- Inserir dados de segurança e qualidade, e as medidas de acesso no local para proteger, atualizar e corrigir informações pessoalmente identificáveis.

Além disso, os websites devem publicar as seguintes informações em seus websites para ganhar o selo TRUSTe (<http://www.truste.org>):

1. Qual informação pessoal está sendo recolhida pelo seu website?
2. Quem está coletando as informações?
3. Como a informação será usada?
4. Com quem a informação será compartilhada?
5. Quais são as opções disponíveis para os usuários com relação a coleta, uso e distribuição de suas informações? (Você deve oferecer aos usuários a oportunidade de exclusão de usos secundários internos, assim como a distribuição terceirizada para usos secundários.)
6. Quais são os procedimentos de segurança para proteger as informações colhidas dos usuários com relação a perda, mau uso ou alteração? (Se o seu website coleta, usa ou distribui informações pessoais identificáveis, como cartão de crédito ou números da previdência social, os protocolos de transmissão aceitos, incluindo criptografia, devem estar inclusos.)
7. Como os usuários podem atualizar ou corrigir imprecisões em suas informações pertinentes? (Medidas adequadas devem ser tomadas para garantir que as informações pessoais coletadas on-line sejam precisas, completas e oportunas, e que mecanismos práticos estejam disponíveis aos usuários para verificar se as imprecisões foram corrigidas.)

Outras organizações também oferecem diretrizes para a privacidade na internet. A American Marketing Association tem um código de ética para o marketing na internet, lidando principalmente com a privacidade e propriedade intelectual.

2. Estratégia para o CRM

Os profissionais de marketing digital devem determinar seus objetivos e suas estratégias para iniciar programas de CRM e adquirir tecnologia. Esses objetivos podem envolver quaisquer partes interessadas (funcionários, clientes empresariais, parceiros ou consumidores) e provavelmente impliquem em focar o cliente, a aquisição, a retenção e o crescimento de relacionamentos específicos. O mercado B2B é diferente do mercado B2C pelo foco do CRM ser a geração de propostas e acompanhamento dos vendedores (muitas vezes utilizando o software de Automação de Vendas posteriormente discutido).

Muitos desses objetivos de CRM referem-se à lealdade do cliente. A maioria das empresas ficaria encantada se tivesse clientes que orgulhosamente utilizassem sua marca nas roupas, e tentasse falar com outras pessoas para comprar a marca — como os clientes da Harley-Davidson e da Apple Computer. O Capítulo 8 discutiu cinco níveis de intensidade de relacionamento (consciência, identidade, conexão, comunidade e defesa). Portanto, uma estratégia de CRM importante é tentar elevar os clientes nesta pirâmide.

Outra meta de CRM envolve a construção de laços com os clientes que transcendem a experiência com o produto em si. Alguns especialistas sugerem que o marketing de relacionamento seja praticado em três níveis (consulte a Figura 14.7). Os relacionamentos mais fortes são formados se todos os três níveis forem utilizados e se o próprio produto realmente satisfaz os compradores. No nível um, os profissionais de marketing criam um vínculo financeiro com os clientes por meio de estratégias de precificação. Nesse nível mais baixo de relacionamento, promoções de preços são facilmente imitadas. A Southwest Airlines envia notificação periódica por e-mail sobre descontos de preços aos usuários individuais. Esses descontos podem ser ajustados e precificados para gerar maior participação nos gastos dos clientes.

No nível dois, os profissionais de marketing estimulam a interação social entre os clientes e a empresa, e entre os próprios clientes. De acordo com a eMarketer, 9 em cada

Figura 14.7 Três níveis de marketing de relacionamento.

Nível	Ligação primária	Potencial de vantagem competitiva sustentada	Elemento principal do mix de marketing	Exemplo web
Um	Financeiro	Baixo	Preço	<http://www.southwest.com>
Dois	Social Desenvolver relacionamentos 1:1 Construir a comunidade	Médio	Comunicações pessoais	<http://www.MySpace.com>
Três	Estrutural	Alto	Prestação de serviços	<http://my.yahoo.com>

Fonte: adaptado de Berry e Parasuraman (1991).

10 interações com os clientes são a comunicação não transacional, demonstrando essa estratégia. A participação na mídia social é uma forma importante para forjar relacionamentos do nível dois e fortalecer a lealdade (consulte o Capítulo 12).

No nível três, o marketing de relacionamento se baseia na criação de soluções estruturais para os problemas dos clientes. Ligações estruturais são formadas quando as empresas agregam valor realizando mudanças estruturais que facilitam o relacionamento. Por exemplo, a barra de ferramentas do Google do Internet Explorer garante o uso da pesquisa no Google por parte dos clientes que a instalam (Figura 14.8). Todos os portais importantes da web trabalham para criar laços estruturais com os seus usuários. Serviços como My Yahoo! permitem aos consumidores personalizar sua interface para Yahoo! para que ela relacione clima e filmes, carteiras de ações pessoais e notícias de interesse para eles. Uma vez que os consumidores investem tempo e esforço para personalizar essa interface, eles serão relutantes em mudar para outro portal.

As redes sociais combinam os níveis dois e três: elas criam laços comunitários e estruturais. Quando os clientes criam perfis no MySpace ou LinkedIn, eles investem tempo aprendendo a usar os websites e investem fazendo upload de conteúdo. Portanto, os clientes tendem a ficar com os poucos websites de redes sociais que utilizam. Mesmo a TripAdvisor tem esse vínculo estrutural, pois os clientes precisam se registrar para fazer o login e classificar os hotéis.

3. Gestão da experiência com o cliente

O relatório anual de 2009 da Amazon.com demonstra seu compromisso com a experiência do cliente: uma avaliação dos nossos objetivos atuais revela algumas estatísticas interessantes:

- 360 das 452 metas terão um impacto direto na experiência do cliente.
- A palavra ***receita*** é utilizada oito vezes e ***fluxo de caixa livre*** é utilizado apenas quatro vezes.
- Nas 452 metas, os termos ***lucro líquido***, ***lucro bruto*** ou ***margem*** e ***lucro operacional*** não serão usados.

A maioria dos clientes quer uma boa experiência, resultando em lealdade à marca, tanto quanto as empresas que as patrocinam. Ser um consumidor leal pode ser difícil por causa do bombardeio constante de comunicações de marketing e opções ilimitadas de produtos. Jagdish Sheth (1995) escreveu que a partir da perspectiva do consumidor, o princípio básico do CRM é a redução da escolha. Essa noção sugere que os consumidores querem patrocinar o mesmo website, rede social, e livrarias on-line porque esse procedimento é eficiente. Ou seja, os consumidores não querem passar seus dias contemplando qual marca de creme dental comprar ou como encontrar um bom mecanismo de busca. Muitos consumidores são 'propensos à lealdade', buscando o produto ou serviço certo e depois ficam com ele, contanto que as promessas sejam mais ou menos cumpridas. Muitos clientes compram da Amazon.com graças às boas experiências anteriores, a conveniência de ter preferências pessoais em arquivo, pedido de um clique e a interface familiar, independentemente do preço.

Os clientes geralmente gostam de patrocinar lojas, serviços e websites onde eles são tratados como indivíduos com necessidades importantes e onde eles sabem que essas necessidades serão atendidas, 'satisfação garantida'. Os usuários acreditam que a empresa se preocupa quando eles recebem um e-mail sobre atualizações para seu smartphone, que lhes são dirigidas pelo nome que se refere ao exato produto com-

Figura 14.8 Barra de ferramentas para download do Google.

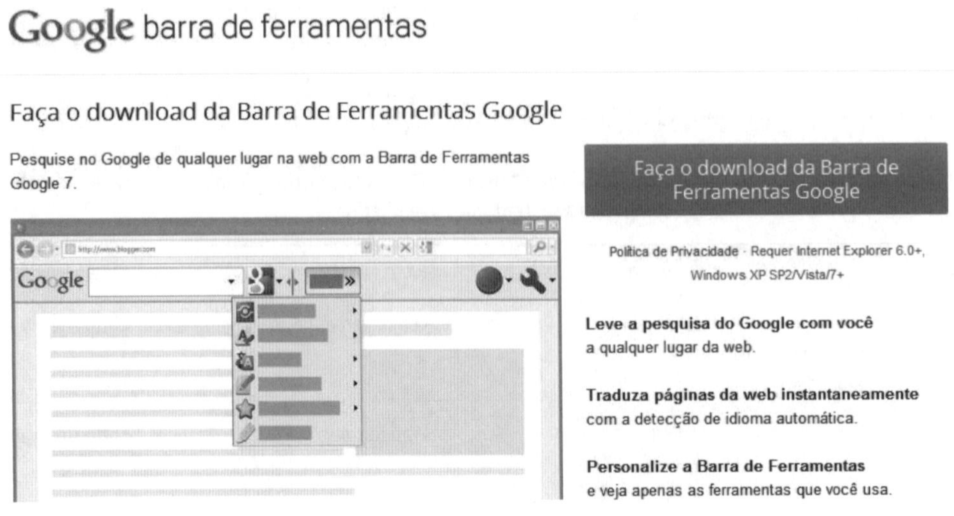

Fonte: <http://www.google.com.br>.

prado. Eles sentem mais a lealdade de marca quando a Amazon envia um e-mail anunciando um novo livro de um autor que eles gostam. Obviamente, as empresas também devem aprender a responder e-mails enviados pelos clientes. Ouvir centenas de milhares de clientes individualmente pode ser difícil e caro, mas satisfaz os clientes.

As preferências dos clientes para se comunicar com cada empresa variam de acordo com o indivíduo, com a situação e com o tipo de produto. Os clientes podem querer ligar e falar com um operador ao vivo sobre um problema na conta, ir para um website para pesquisar informações sobre o produto, utilizar e-mail para reclamar sobre um problema com o serviço de atendimento ao cliente e assim por diante. A Figura 14.9 exibe essas opções, abrangendo muitas tecnologias, utilizando a intervenção automatizada e humana para a comunicação síncrona (simultânea) e assíncrona. Essa figura reforça a importância da internet na criação de experiências valorizadas pelo cliente e a ideia de que as empresas devem ser adeptas de muitas tecnologias diferentes e processos, colocando o foco nos clientes e em suas preferências, e não nas capacidades da empresa.

Atendimento ao cliente. O atendimento ao cliente permeia todas as fases de aquisição de clientes, retenção e práticas de desenvolvimento, embora a maioria dos serviços pós-compra ocorra quando os clientes têm dúvidas ou reclamações. O atendimento ao cliente é uma parte importante da experiência do cliente e um componente estratégico fundamental para 91 por cento das empresas, de acordo com a Forrester Research. No entanto, na pesquisa da Forrester, mais de metade (57 por cento) disseram que sua função de atendimento ao cliente está na média ou abaixo da média, e apenas 4 por cento acompanham de perto a qualidade das interações com os clientes. Não é surpreendente que os clientes estejam falando mal de empresas na mídia social.

As ferramentas-chave de tecnologia da experiência do cliente incluem e-mail, chat ao vivo on-line ou por meio de operadores de atendimento ao cliente, ou bots de loja animados e autoatendimento na web por meio de perguntas e respostas frequentes (FAQs), e muito mais. A Mercedes-Benz levou o atendimento ao cliente para um novo nível com a sua tecnologia 'teleweb'. O consumidor digita uma pergunta no formulário no website e recebe um telefonema imediato de um representante da Mercedes. O consumidor e o representante podem, então, discutir a questão durante a visualização das mesmas webpages. Na verdade, o software agora permite que os operadores de atendimento ao cliente que estejam com um cliente via telefone controlem o mouse do usuário e orientem o cliente em todo o website da empresa. E-mail, webpages customizadas, chat ao vivo na web e rastreamento de encomendas usando smartphones são apenas algumas das técnicas de atendimento ao cliente descritas ao longo deste capítulo. Independentemente da técnica, on-line ou off-line, o atendimento ao cliente é crucial para construir relações de longo prazo com os clientes.

4. Gestão da colaboração do cliente (CCM)

Conforme mencionado anteriormente, esse pilar da gestão do relacionamento tem sido chamado de CRM Social, CRM 2.0 e gestão da colaboração com o cliente. A CCM reconhece a mudança de um foco de transações on-line para um foco de interação. 'Passamos da transação para a interação com os clientes, embora não tenhamos eliminado a transação — ou os dados associados a ela... O CRM Social focaliza o engajamento com o cliente em uma conversa colaborativa, a fim de promover um valor mutuamente benéfico em um ambiente de negócios confiável e transparente', de acordo com o especialista em CRM, Paul Greenberg.

A interação com os clientes permite que as empresas recolham os dados necessários para a CCM e avaliem a eficácia da estratégia em uma base contínua. Peppers e Rogers (1997, p. 15) chamam essa interação de 'relação de aprendizagem'.

> *A **relação de aprendizagem** entre um cliente e uma empresa fica cada vez mais inteligente com cada interação individual, definindo detalhadamente as necessidades e gostos individuais do cliente.*

Figura 14.9 Relacionamentos em múltiplos canais de comunicação.

	Automatizado	Humano
Síncrono	Autosserviço web 1:1 Transações on-line Bots de loja (assistentes virtuais)	Telefone Bate-papo de mensagens instantâneas on-line Ferramentas de colaboração
Assíncrono	E-mail automatizado Serviços de mensagens curtas (SMS) Formulários web Fax sob demanda	E-mail de resposta correio postal Postagens/comentários no blog Websites de microblog (por exemplo, twitter.com)

A ideia aqui é que tanto a empresa quanto o cliente aprendem com cada experiência e interação. Em um relacionamento perfeito, essa experiência contínua equivale a maior confiança, lealdade e uma cota crescente dos negócios para a empresa, com paz de espírito para o cliente. A internet está singularmente posicionada para cumprir essa promessa. Quando uma empresa adota essa filosofia, é uma organização de aprendizagem.

A gestão da colaboração com o cliente é orientada pelo conteúdo, pelas pessoas e pela interação, enquanto que o CRM tradicional é orientado para dados. As pessoas criam e fazem upload de conteúdo sobre marcas e empresas, na tentativa de engajar os usuários da internet em seu conteúdo relacionado à marca. Por exemplo, ao longo deste livro você já viu exemplos de vídeos no YouTube sobre marcas, carregados por consumidores (Greenpeace sobre a Nestlé) e empresas (Will it Blend?), todos orientados ao objetivo final da empresa/colaboração com o cliente. Mesmo os detratores, como Leroy Stick @BPGlobalPR, são motivados a ajudar a empresa a tomar a atitude correta.

Portanto, a CCM está relacionada a gerenciar relacionamentos com clientes e experiências por meio da criação e monitoramento de conteúdo on-line. Isso significa que ouvir a conversa on-line utilizando tecnologia como o Google Alerts e os painéis de mídia social discutidos no Capítulo 12 auxilia nessa tarefa difícil. Isso significa responder a cartazes com conteúdo legítimo, com o objetivo de melhorar a sua experiência com a marca. Isso envolve em colocar conteúdo que os consumidores e os compradores organizacionais consideram valioso, interessante ou divertido — conforme evidenciado pelo sucesso dos principais blogs. Isso traz à mente um velho ditado: 'Temos dois ouvidos e uma boca por uma razão.' Ouvir é mais importante que falar quando uma empresa está vendendo. O Grupo Altimeter resume os requisitos da CCM (Wang e Owyang, 2010) em:

1. **Monitoramento.** Prove as capacidades de ouvir para filtrar o ruído da esfera social, incorporando métricas e a avaliação, e extrair informações úteis que tornam a avaliação mais eficaz.
2. **Mapeamento.** Identifica os relacionamentos de mídia social, ligando perfis sociais aos registros de clientes para proporcionar uma experiência holística.
3. **Gestão.** Sistemas que dão vida aos processos de CRM. Sem um propósito, os dados sociais não são utilizáveis; portanto, as regras de negócio e os processos são necessários para a triagem das informações corretas para as equipes corretas em tempo real.
4. **Middleware.** Estas são tecnologias que associam o mundo social à empresa. O CRM Social se conecta a praticamente todos os clientes que se conectam ao sistema. Os dados terão de fluir perfeitamente entre os sistemas e os painéis que fornecem inteligência.
5. **Medição.** O que você não pode avaliar você não pode aperfeiçoar; portanto, as organizações devem ser capazes de avaliar comparativamente as melhores práticas o que foi feito.

5. Colaboração organizacional

Dentro da empresa, equipes multifuncionais unem forças para focar a satisfação do cliente para criar uma cultura de CRM. Fora da organização, quando duas ou mais empresas unem forças, os resultados muitas vezes excedem o que cada empresa poderia ter feito sozinha — quer seja no canal de distribuição ou em uma colaboração não transacional. Na verdade, alguns profissionais de marketing acreditam que o mercado de hoje consiste na concorrência da cadeia de suprimentos, e não na concorrência individual da empresa. Por exemplo, a Amazon e a Toys 'R' Us se uniram para formar o website de varejo de bebê on-line Babies 'R' Us (em <http://www.toysrus.com>). O expertise de varejo on-line da Amazon, associada à expertise de comercialização de brinquedos da Toys 'R' Us, favorece ambos os parceiros, assim como os clientes do website.

Nas seções seguintes, discutiremos duas técnicas importantes de colaboração que capitalizam as propriedades da internet: integração do CRM-SCM e extranets.

Integração CRM e SCM. O CRM geralmente se refere a operações de front-end, o que significa que as empresas trabalham para criar experiências satisfatórias em todos os pontos de contato do cliente: chamadas telefônicas para os operadores de atendimento ao cliente, compras no comércio eletrônico em lojas on-line, e-mail de contato e assim por diante. Esse desafio é substancial porque diferentes funcionários e sistemas computacionais coletam diversas informações, que de alguma forma devem estar integradas aos devidos registros de clientes. Em um estudo patrocinado pela Jupiter Communications, três telefonemas foram feitos para a revista ***Forbes***, perguntando a razão pela qual duas ofertas de renovação eram diferentes. Os entrevistados forneceram três explicações diferentes. Felizmente, várias empresas atualmente oferecem software para resolver esse problema. Por exemplo, o Portal de Relacionamento Aspect auxilia a equipe de CRM integrando toda a mídia de contato do cliente — por telefone, fax, e-mail e web — com operações front e back (<http://www.aspect.com>).

No ambiente on-line onde o cliente detém o controle, no entanto, mesmo o atendimento ao cliente consistentemente bom não é suficiente. Com os avanços tecnológicos e a interoperabilidade, os varejistas on-line podem facilmente ligar o back-end (por exemplo, estoques e pagamento) com o sistema de CRM front-end e todo o sistema de gestão da cadeia de abastecimento (SCM). Toda a cadeia de suprimentos pode trabalhar em conjunto para focar única e exclusivamente o atendimento das necessidades do consumidor e obter lucros mais elevados no processo. Obviamente, tudo fica centrado nas informações (Figura 14.10).

Figura 14.10 Integração CRM-SCM.

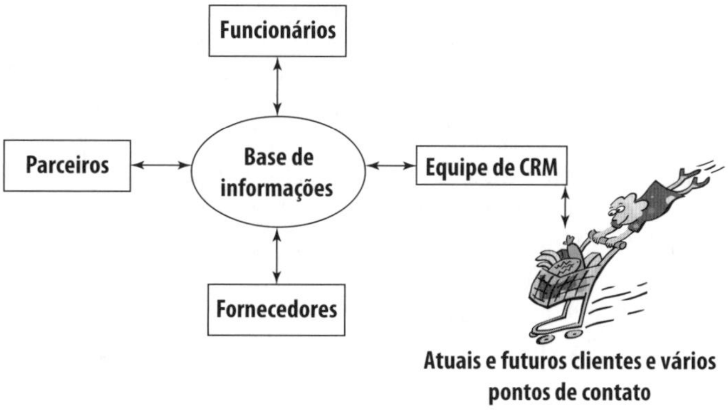

Imagine que um cliente faça um pedido de uma camisa específica no website de uma loja de roupas. No passado, se a camisa estivesse fora de estoque, o cliente poderia ver uma tela web com essa mensagem ou uma notificação por e-mail. Com um sistema integrado de CRM-SCM, no entanto, o sistema pode verificar os níveis de estoque em todas as outras lojas e notificar o cliente quando e onde estará disponível — geralmente essa informação aparece à direita na página do produto. A próxima geração da integração CRM-SCM permitirá a verificação imediata do estoque do atacadista ou do fabricante para determinar a disponibilidade. Então, o sistema pode notificar o cliente durante o processo de pedido e as opções de oferta: esperar duas semanas para a entrega do fabricante ou considerar uma camisa semelhante atualmente em estoque, por exemplo. Essa mensagem de opção promoveria melhoria no serviço de atendimento ao cliente e a experiência do cliente, se feita com uma janela popup exibindo um operador de atendimento ao cliente ao vivo ajudando o cliente. Lands' End, Toyota e Intuit são três dos muitos websites que utilizam o software LivePerson, que oferece integração do website com operadores de atendimento ao cliente ao vivo em tempo real (<http://www.liveperson.com>).

Conectar os clientes com as empresas da cadeia de suprimentos promove várias vantagens. Primeiro, todas as empresas vão compartilhar dados de transação de modo que os estoques possam ser mantidos baixos. Se os produtores e atacadistas receberem constantemente dados sobre pedidos de clientes, eles podem fabricar os produtos em tempo hábil. Segundo, as empresas do nível superior podem utilizar os dados para projetar produtos que atendam mais adequadamente às necessidades do cliente (consulte a discussão de cocriação no Capítulo 8). Terceiro, se os operadores de atendimento ao cliente possuem informações atualizadas sobre estoques de produtos, eles serão capazes de ajudar com mais eficiência os clientes imediatamente. As empresas de catálogos já realizaram essa tarefa, mas o processo é interrompido quando as empresas fornecedoras estão situadas a vários níveis acima do varejista.

Quanto mais empresas integram as atividades de CRM e SCM, mais elas vão se tornar suscetíveis às necessidades do cliente. Por exemplo, o programa Personal Pair da Levi's utilizou scanners eletrônicos para enviar medições precisas e individualizadas diretamente para a sua fábrica de jeans, e a Dell produz e envia computadores customizados em poucos dias. Por outro lado, esse tipo de integração é bastante difícil quando uma empresa tem muitos canais diferentes para suas marcas e, quando cada empresa utiliza software e hardware diferentes para gerenciar seus sistemas internos. No entanto, os sistemas de integração estão atualmente disponíveis e estão ajudando as empresas a se tornar vencedoras de mercado.

Extranet. Extranets são duas ou mais redes de intranet que estão conectadas com o propósito de compartilhar informações. Se duas empresas conectam suas intranets, elas têm uma extranet. Por definição, extranets são de propriedade das organizações envolvidas. Empresas participantes de uma extranet formaram uma ligação estrutural, o terceiro nível e o mais forte de marketing de relacionamento. É o uso de extranets que permite a integração CRM-SCM.

A Electronic Data Systems (EDS), hoje propriedade da HP, é uma empresa com sede em Dallas, que fornece serviços de tecnologia da informação, desde a aquisição até o gerenciamento de rede para clientes de grande porte. A palavra ***empresa*** significa que a EDS foca todos os serviços de TI de uma companhia inteira, reunindo-os em uma rede. Em 1998, a empresa conseguiu integrar mais de 736 mil computadores, tanto interna como externamente, em 19 países. A EDS criou uma extranet inovadora chamada Renascence Channel, que liga os computadores de seus fornecedores, clientes e funcionários em um mercado eletrônico. Quarenta fornecedores vendem mais de 2 mil produtos de software financiando a rede privada, pagando entre \$ 25 mil e \$ 100 mil cada um para exibir seus produtos e serviços em um formato de catálogo. Os fornecedores se beneficiam, pois eles têm acesso e podem construir relacionamentos com muitos compradores potenciais. Os compradores confiam nos fornecedores, pois a EDS os selecionou, e eles pagam preços mais baixos porque os custos dos fornecedores são mais baixos neste canal: um vendedor informou uma queda nos gastos com processamento de pedidos de $ 150 a $ 250 por item. Os compradores se beneficiam por ter acesso a rede para obter informações convenientes sobre o produto, compram com um clique de um mouse, monitoram a entrega do produto, tem treinamento on-line e entrega acelerada. O Renascence Channel cria uma barreira para a entrada de fornecedores que não fazem parte da rede e apresenta mudança nos custos para as empresas que utilizam os serviços do canal. O Renascence Channel é um bom exemplo de construção de relacionamento no mercado B2B utilizando a tecnologia da internet.

6. Processos de CRM

A gestão do relacionamento com o cliente envolve uma compreensão do ciclo de vida do cliente, conforme apresentado na Figura 14.11. As empresas monitoram e atraem clientes, tanto on-line como off-line, à medida que progridem pelos estágios: alvo, aquisição, transação, serviços, retenção e desenvolvimento. Esse processo começa com o plano de e-marketing quando as empresas selecionam os públicos-alvo. No entanto, as oportunidades surgem frequentemente quando um novo grupo-alvo aparece no website — como quando a Brooks Brothers observou um grande número de usuários japoneses no website. Assim, o ciclo é circular por natureza: por exemplo, enquanto os clientes estão sendo atendidos, pode surgir uma nova meta. Esse ciclo importante é baseado em um princípio central do CRM — que é melhor atrair, reter e desenvolver clientes do que se concentrar apenas na aquisição de novos clientes. Naturalmente, nem todos os clientes passam por esse processo — alguns fazem menos negócios com a empresa ou deixam para realizar a transação com um concorrente. Às vezes, as empresas tentam reconquistar esses clientes, como quando a Netflix envia e-mails para os clientes que cancelaram suas contas, com o texto 'Queremos você de volta' e uma oferta de filmes grátis por determinado período.

Existem muitos processos de CRM. Nesta seção, apresentaremos o ciclo de rotatividade de clientes que funciona para a retenção e para o aumento do valor do cliente. Em seguida, discutiremos dois processos de CRM importantes utilizando as tecnologias da internet: automação da força de vendas e automação de marketing.

Ouça agora ou amanhã será tarde. Este é o nome de um relatório, criado pela Nice e Peppers & Rogers Group para descrever a importância de ouvir os clientes e colher dados de interação em todos os canais de marketing. Esses dados ajudam as organizações a prever quem provavelmente vai sair, como manter essas pessoas e como fazer alterações no programa de marketing para impedir a saída dos outros clientes. As empresas utilizam esse processo de seis etapas para focar a redução da taxa de deserção dos clientes por meio do ciclo de vida de atendimento ao cliente (mostrado na Figura 14.12).

1. As empresas obtêm dados transacionais, comportamentais e de interação sobre potenciais clientes, empresas e consumidores finais, por meio da divulgação pessoal, rastreamento automatizado por meio da força de vendas, encontros do atendimento ao cliente, scanners de código de barras nos varejistas e atividade da mídia social/Website.
2. Cada informação do usuário entra em um banco de dados que ajuda as empresas a identificarem quem está em risco de deserção. Esta etapa envolve a modelagem estatística.
3. Segmentar os clientes utilizando análise de valor com base no comportamento, demografia, e assim por diante, para determinar quais os indivíduos que podem sair.
4. Identificar a causa raiz da possível deserção por meio da avaliação de produto/falhas no serviço, ofertas competitivas ou promoções que não estão funcionando.
5. Corrigir isso com um programa de retenção que possa envolver ofertas promocionais e recomendações em tempo real, enquanto os clientes estão on-line.

Figura 14.11 Ciclo de vida do atendimento ao cliente.

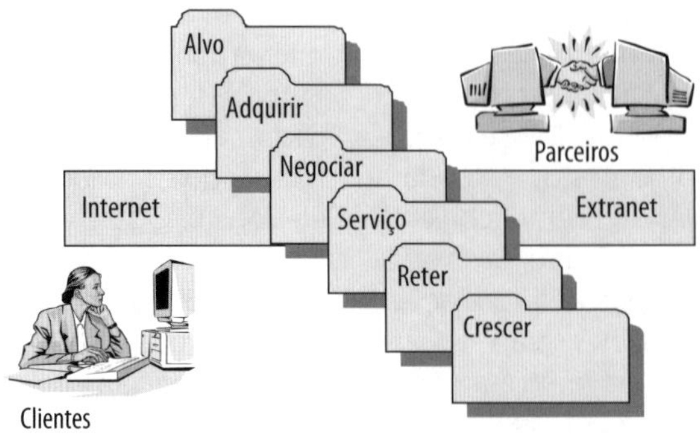

Fonte: adaptado de um discurso de Tod Famous, Cisco Systems.

Figura 14.12 Ciclo de redução de abandono (churn) CRM.

Fonte: formulado a partir das ideias de Nice e Peppers & Rogers Group (2010). Disponível em: <http://1to1.com>.

6. Avaliar a eficácia do programa em termos de retenção de clientes.

Apresentamos esse modelo, porque ele também funciona no processo de CRM para identificar os melhores clientes da empresa. ***Melhor*** é descrito de muitas maneiras diferentes, como o valor mais alto, maior lealdade, maior frequência de compra e assim por diante. O CRM permite que os profissionais de marketing alavanquem seus recursos, investindo mais nos clientes mais lucrativos. A ideia não é nova, mas o que é novo é que a tecnologia permite que as empresas identifiquem clientes de alto valor e respondam com ofertas em tempo real pela internet. A diferenciação de valor compensa: quando uma empresa de plásticos focou nos seus clientes mais lucrativos, ela cortou sua base de clientes de 800 para 90 e aumentou suas receitas em 400 por cento (Renner, 2000). No entanto, nem todas as empresas possuem clientes de alto e baixo valor. De acordo com a Peppers & Rogers Group, a diferenciação por valor não é rentável, a menos que uma empresa possa afirmar que pelo menos metade de seus lucros vem de 20 por cento ou menos dos seus clientes (os clientes A e A+ no Capítulo 9).

Alguns clientes não são claramente rentáveis e, portanto, devem ser 'demitidos' para que a empresa possa alocar seus recursos de forma lucrativa. Por exemplo, a Continental Airlines identificou 35 mil clientes nível A+ e 400 mil clientes de nível A. Esses clientes recebem serviços extras, como ser encaixado imediatamente no voo de um concorrente quando o voo Continental do cliente é cancelado (Kupper, 2004). Essa atenção resultou em um extra de $ 200 em receita anual de cada cliente A e $ 800 de cada cliente dos clientes A+. A Continental não exatamente demite os clientes de baixo valor, mas simplesmente não lhes dá o mesmo serviço de alto nível, como faz com os clientes de alto valor. Os cassinos funcionam da mesma forma — altos apostadores obtêm tudo o que querem, os pequenos investidores podem obter apenas um desconto no bufê. A gestão do cassino sabe a diferença, pois os clientes utilizam cartões de jogador em máquinas caça-níqueis que estão em rede e sempre recolhem dados sobre padrões de gastos.

A Tripadvisor.com tem 5 milhões de usuários cadastrados em seu website de viagens. Em 2007, a empresa promoveu uma recompensa especial para aqueles que haviam postado comentários sobre hotéis, diferenciando e recompensando os clientes que se envolvem com upload de conteúdo (Figura 14.13).

Uma vez que uma empresa identifica clientes potenciais e diferencia clientes de acordo com as características, comportamento, necessidades, ou valor, ela pode considerar a customização de ofertas para diversos segmentos ou indivíduos, quer como uma campanha de retenção ou para aumentar o valor do cliente atual. A **customização** ocorre quando as empresas adaptam seus mix de marketing para atender às necessidades de pequenos segmentos-alvo, mesmo em nível individual, utilizando ferramentas de marketing eletrônico. Produtos, mensagens de comunicação de marketing e precificação dinâmica podem ser adaptados aos indivíduos e desenvolvidos na internet de forma apropriada. Essas abordagens não eram possíveis antes da internet, exceto com produtos muito caros, como equipamentos industriais. Por meio da customização, as empresas podem focar as necessidades específicas de cada cliente atual e futuro e construir relacionamentos rentáveis em longo prazo. A declaração de missão da MatchLogic, Inc., coloca o objetivo da customização da comunicação de forma muito sucinta:

Enviar a mensagem de marketing correta, para a pessoa certa, com a oferta certa, no momento certo, e saber em segundos, se a mensagem foi eficaz.

Alguns autores utilizam o termo ***personalizar*** ao se referirem à customização. A **personalização** envolve maneiras nas quais os profissionais de marketing individualizam em um ambiente impessoal de computadores em rede. Por exemplo, websites podem cumprimentar os usuários

Figura 14.13 Tripadvisor.com recompensa clientes que adicionam conteúdo ao website.

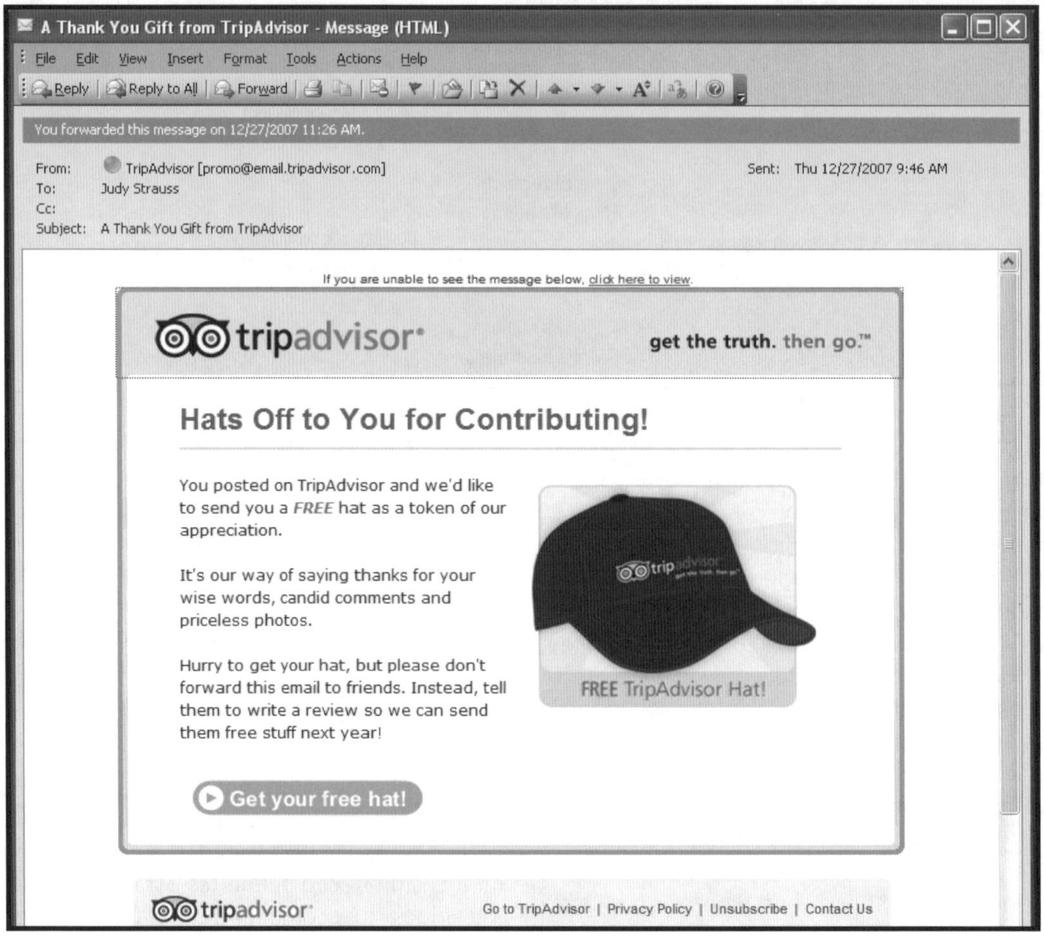

Fonte: e-mail do autor (utilizado com permissão de Tripadvisor.com).

por nome ou enviar automaticamente um e-mail para os indivíduos com as informações da conta pessoal. Usamos o termo ***customização***, pois ele se refere a muito mais que a personalização automatizada.

Automação da força de vendas (SFA). 'Aumente suas vendas, e não sua força de vendas', proclama o software de SFA. Utilizada principalmente no mercado B2B, o SFA permite aos vendedores construir, manter e acessar os registros do cliente; gerenciar propostas e contas; gerenciar suas agendas e muito mais. Em relação ao e-marketing, o SFA ajuda a força de vendas a adquirir, reter e aumentar clientes acessando os dados do cliente e dos produtos contidos no data warehouse da empresa, no escritório ou quando estão na estrada. Os vendedores também podem enviar os resultados das chamadas de vendas e relatórios de atividades para o data warehouse para o acesso por outras pessoas. Registros atualizados dos atuais e futuros clientes ajudam os operadores de atendimento ao cliente e outras pessoas a construir relacionamentos com os clientes. Como exemplo, o software líder em SFA da Salesforce.com oferece os seguintes benefícios:

- **Vendas.** Salesforce SFA permite às empresas intensificar a produtividade de vendas, aumentar a visibilidade e expandir a receita com um serviço acessível e fácil de implantar que proporciona sucesso para empresas de todos os portes.
- **Serviço e Suporte.** A solução da Salesforce para o atendimento ao cliente promove a intensificação da eficiência nas empresas em questão de semanas com um aplicativo de Call Center que é amado pelos agentes, e um aplicativo de atendimento ao cliente promovido pela web 2.0 — que gera novos níveis de lealdade do cliente.
- **Gestão do relacionamento com os parceiros.** O Salesforce Partners facilita aos parceiros acessar propostas, colaborar nos negócios e localizar todas as informações que eles precisam para ser bem-sucedidos. O Salesforce Partners está perfeitamente integrados ao SFA para proporcionar visibilidade incomparável ao funil de vendas da empresa para os canais diretos e indiretos de marketing.
- **Marketing.** O módulo de Marketing da Salesforce permite um circuito fechado de marketing para executar, gerenciar e analisar os resultados das campanhas multicanal. Os executivos de marketing podem

avaliar o ROI de seus orçamentos, vincular a receita a programas de marketing específicos e fazer ajustes em tempo real.

- **Conteúdo.** O módulo de conteúdo da Salesforce traz as funcionalidades da web 2.0 para que o conteúdo da empresa possa ser compartilhado de forma mais eficaz e melhorar a colaboração em sua organização. Capacitar os funcionários para encontrar os documentos exatos que eles precisam, a partir das aplicações de negócios que eles utilizam regularmente.
- **Análises.** O Salesforce Analytics permite que usuários de negócios em todos os níveis obtenham informações úteis e análise relevantes. Com relatórios em tempo real, cálculos e painéis, as empresas podem maximizar o desempenho, tomada de decisão e a alocação de recursos (<http://www.salesforce.com>).

Notavelmente, a Salesforce.com também tem ferramentas para monitorar conversas sobre a marca na mídia social, ajudando as empresas a reagir rapidamente: gestão da colaboração com o cliente integrada no software de CRM.

Automação de marketing. As atividades da **automação de marketing** ajudam os profissionais de marketing na seleção de públicos-alvo eficaz, comunicação de marketing eficiente e monitoramento em tempo real do cliente e das tendências de mercado. É 'uma abordagem estruturada para a captura, integração e análise de dados de clientes [que] é necessária para identificar e alavancar ao máximo os relacionamentos com o cliente e as oportunidades. Esse espaço emergente, chamado de automação de marketing, constitui a essência do mecanismo de conhecimento que promove a gestão do relacionamento com o cliente (CRM)' (Distefano, 2000). O software de automação de marketing geralmente colhe dados de websites e bancos de dados e transforma-os em relatórios para adequar os investimentos de CRM. Soluções de software incluem gerenciamento de campanha por e-mail, marketing com banco de dados, segmentação de mercado, análise de logs dos websites, e muito mais.

Automação de marketing é uma poderosa solução de marketing para o CRM. A SAS, inteligência de negócios (BI) e provedor de software para análises preditivas, oferece os seguintes benefícios de automação de marketing com seu software (<http://www.sas.com>):

- **Manter uma visão integrada do cliente.** A SAS oferece uma visão unificada de clientes em toda a empresa, que incorpora informações de todos os pontos de contato e canais, garantindo que as informações dos clientes sejam consistentes, seguras, precisas e compreensíveis para os usuários.
- **Gerir os ciclos de vida do cliente.** Capacidades de segmentação de clientes e de perfil consolidam as informações dos clientes para construir e monitorar segmentos estratégicos essenciais ao longo do tempo.
- **Melhorar a eficácia por meio de melhor segmentação, avaliações e análises.** Por meio de avançadas técnicas analíticas, como mineração de dados, análise de cestas de compras, análise de links, previsão e otimização, bem como a segmentação, perfil e análise do comportamento, a Automação de Marketing da SAS ajuda você a entender o comportamento passado dos clientes e prever oportunidades futuras.
- **Promover estratégias complexas de comunicação.** Por meio de uma interface gráfica intuitiva e profundas funções de gerenciamento de campanha, os usuários de negócios podem facilmente implantar os resultados das avançadas análises e promover a comunicação multicanal e de múltiplos estágios utilizando dados confiáveis sobre o cliente.
- **Compreender os resultados das atividades de marketing.** A Automação de Marketing da SAS permite que os usuários entendam completamente as respostas, quer estas envolvam a comunicação direta ou mudanças sutis no comportamento. Relatórios sobre a eficácia da campanha combinam essa análise de resposta com as expectativas do orçamento para fornecer uma visão geral do retorno financeiro obtido por iniciativa de marketing.
- **Fornecer apoio integrado para todas as unidades de negócios.** Automação de Marketing da SAS apoia plenamente as atividades de seus participantes-chave na campanha de marketing, incluindo os usuários de negócios, profissionais de banco de dados, estatísticos e de TI.
- **Gerir sua infraestrutura de TI.** Permitir que as empresas aproveitem a infraestrutura de TI existente, a Automação de Marketing da SAS é desenvolvida sobre uma tecnologia que pode ser implantada em toda a empresa numa arquitetura escalável de múltiplas camadas.

7. Informações do CRM

A informação é o elemento facilitador do CRM. Quanto mais informações uma empresa tem, melhor o valor que ela pode proporcionar a cada atual e futuro cliente em termos de ofertas mais precisas, oportunas e relevantes. Muitas empresas atraem os clientes para que estes forneçam informações adicionais ao longo do tempo, engajando-os em blogs, análises de produtos, ou por meio de transações de comércio eletrônico. Por exemplo, a Orbitz.com requer um simples endereço de e-mail das pessoas que querem informações sobre ofertas de desconto e, posteriormente, pergunta sobre as preferências de férias, de modo a fornecer e-mailings mais relevantes. Um cliente que fornece informações cada vez mais pessoais mostra confiança suficiente na empresa para investir no relacionamento.

Às vezes, as empresas colhem esse tipo de informações sob o pretexto de entretenimento. Por exemplo, o fabricante do automóvel Mini Cooper obtém informações valiosas sobre as preferências dos visitantes do website, permitindo-lhes configurar o carro perfeito on-line, usando 10 milhões de combinações de opções possíveis (<http://www.miniusa.com>).

As empresas obtêm muitas informações de clientes de forma menos intrusiva monitorando eletronicamente seu comportamento. A tecnologia da informação permite que as empresas atuem além do tradicional processo de segmentação (como a Geração X) para perfis mais detalhados dos indivíduos. Por exemplo, quando os dados do scanner do código de barra colhidos no ponto de venda são combinados com um cartão de compras da loja, a empresa pode identificar as compras de clientes individuais ao longo do tempo. Na internet, o software monitora o movimento de um usuário página por página, indicando quanto tempo foi gasto em cada página, se o usuário fez uma compra, o tipo de computador e o sistema operacional, e muito mais. As empresas podem monitorar quais websites os usuários visitaram antes e depois dos deles, e utilizar essas informações para supor quais produtos da concorrência estão sendo considerados, e aprender sobre os interesses dos usuários. O monitoramento do comportamento do usuário é valioso para os usuários e para as empresas, embora tenha seu ponto crítico devido às considerações de privacidade, conforme mencionado anteriormente.

Atualmente, um cliente pode telefonar para o operador de atendimento ao cliente para discutir um produto comprado na loja física na semana passada, mencionar um e-mail enviado ontem, e postar sobre isso em sua conta no Facebook — com todos os dados desse cliente armazenados no banco de dados. Essa abordagem é conhecida como visão 360° do cliente, ou uma única visão de todos os pontos de contato. Em seu livro, *Customers.com*, Patricia Seybold (1998) identificou oito fatores cruciais de sucesso para a construção de relacionamentos com os clientes bem-sucedidos em negócios e-business. Mesmo uma década depois, esses fatores continuam a ser um bom meio para compreender como as tecnologias da internet facilitam a gestão do relacionamento com os clientes usando o e-marketing.

1. **Focar os clientes certos.** Identificar os melhores clientes atuais e futuros e aprender ao máximo sobre eles sempre que possível.
2. **Reconhecer a experiência total do cliente.** Esse fator se refere ao **share of mind** do cliente ou participação nos gastos do cliente, como discutido anteriormente.
3. **Simplificar os processos de negócios que impactam o cliente.** Essa tarefa pode ser realizada pela integração e do foco obsessivo no cliente.
4. **Fornecer uma visão de 360º do relacionamento com o cliente.** Todos na empresa que interagem com o cliente devem compreender todos os aspectos do relacionamento desse cliente com a empresa. Por exemplo, os operadores de atendimento ao cliente devem conhecer todas as atividades do cliente ao longo do tempo e entender quais produtos e serviços podem beneficiar esse cliente específico.
5. **Permitir que os clientes se ajudem.** Fornecer websites e outros meios eletrônicos para que os clientes encontrem o que eles precisam de maneira rápida e convenientemente, 24 horas por dia, sete dias por semana.
6. **Ajudar os clientes a realizar seus trabalhos.** Especialmente no mercado B2B, se uma empresa fornece produtos e serviços para ajudar os clientes a ter um bom desempenho em seus negócios, eles serão leais e pagarão um prêmio pela ajuda. Muitos processos eletrônicos de gestão da cadeia de suprimentos facilitam esse fator.
7. **Oferecer serviço personalizado.** Perfil do cliente, proteção da privacidade e customização do mix de marketing ajudam no fornecimento de serviços personalizados eletronicamente.
8. **Promover a comunidade.** Persuadir os clientes a se juntar em comunidades de interesse que se relacionam com os produtos de uma empresa é uma forma importante de construir lealdade.

8. Tecnologia do CRM

A tecnologia melhora em muito os processos do CRM. Números gratuitos, quiosques eletrônicos, **fax-on-demand**, correio de voz e roteamento automatizado de telefone são exemplos de tecnologias que auxiliam no movimento dos clientes pelo ciclo de vida. Entretanto, a internet é o primeiro canal de multimídia totalmente interativo e individualmente endereçável de baixo custo — esse canal constitui a peça central das habilidades de uma empresa que usa o CRM. Cookies, logs de website, scanners de código de barras, monitoramento automatizado na web (como o Google Alerts), mídia social e outras ferramentas ajudam a coletar informações sobre o comportamento, conversas e características do cliente. Bancos de dados e data warehouses armazenam e distribuem esses dados a partir de pontos de contato on-line e off-line, permitindo assim que os funcionários desenvolvam o mix de marketing para melhor atender às necessidades individuais.

Descrevemos os software de CRM em uma seção subsequente — aqui discutiremos as ferramentas já disponíveis na empresa que ajudam as organizações na customização de produtos para grupos de clientes ou indivíduos. Essas ferramentas incluem estratégias 'push' que residem na web da empresa e servidores de e-mail, e estratégias 'pull' que são iniciadas por usuários da internet. A diferença é importante, pois as empresas têm mais controle sobre as técnicas push.

Ferramentas da empresa. A Figura 14.14 exibe importantes ferramentas utilizadas para enviar informações customizadas para os usuários. Os visitantes geralmente desconhecem que os profissionais de marketing estão coletando dados e utilizando essas tecnologias para customizar suas ofertas.

Cookies. Arquivos cookies são a razão pela qual os clientes que retornam à Amazon.com obtêm uma saudação pelo nome, e que os usuários não precisam se lembrar de senhas para cada website no qual estão inscritos. Os arquivos cookies permitem que as empresas ad Server visualizem o caminho que os usuários percorrem de website para website e, portanto, ofereçam ads display relevantes aos interesses dos usuários. Por fim, os cookies monitoram as cestas de compras e outras tarefas para que os usuários possam abandonar no meio e voltar para a tarefa mais tarde.

Web Analytics. Ao realizar as **análises web**, as empresas podem fazer muitas coisas, e o mínimo é personalizar as webpages com base no comportamento do visitante. web Analytics consiste em ferramentas que coletam e exibem informações sobre o comportamento do usuário em um website (consulte o Capítulo 2). Softwares como o webTrends também informam quais websites os usuários visitaram imediatamente antes de chegar, quais palavras-chave eles digitaram nos mecanismos de busca para encontrar o website, os domínios do usuário, e muito mais.

A AutoTrader.com utiliza as análises web para transformar 25 milhões de linhas de dados de log diário na web em conhecimento de marketing. Essa empresa é um mercado automotivo, oferecendo mais de 2 milhões de veículos novos e usados com comparações de preços, análises de desempenho e recursos de financiamento e seguros. Mais de 6 milhões de visitantes mensais visualizam mais de 200 milhões de páginas, incluindo páginas onde os anunciantes vendem carros. Para que tudo isso faça sentido, a AutoTrader criou o ***Painel de Gerenciamento***, uma ferramenta de marketing ativada pelo software da SAS de análise estatística de dados. O painel descreve o seguinte:

- Demografia do visitante e o comportamento do cliente on-line — analisados por região dos EUA.
- Análises sobre os anúncios fornecidos nas páginas do website.
- Indicadores-chave do website, como número de visitantes e as marcas e modelos de carros visualizados.

Como exemplo, o software da SAS avalia 30 milhões de pesquisas mensais de veículos, classificando-os por cidade, Estado e código postal, bem como a marca, o modelo, o ano e o preço. A força de vendas de cada região pode, então, responder rapidamente a perguntas sobre o tráfego da web em diferentes localidades. A empresa também utiliza um banco de dados Oracle, extraindo e-mails, propostas e outras informações para gerar mais de cem relatórios mensais aos gerentes de marketing. A AutoTrader aprende muitas coisas com essas análises. Primeiro, ela sabe quais os veículos que estão sendo procurados em cada região, o que contribui para a participação de concessionárias de automóveis e vendedores individuais. Segundo, ele pode adequar o website com base nos padrões de tráfego. Terceiro, e mais importante, a AutoTrader pode demonstrar o

Figura 14.14 Ferramentas de e-marketing de customização 'Push'.

Ferramentas da empresa (push)	Descrição
Cookies	Cookies são pequenos arquivos gravados no disco rígido do usuário depois de visitar um website. Quando o usuário retorna a ele, o servidor da empresa busca o arquivo de cookie e o utiliza para personalizar o website.
Análise do log da web	Cada vez que um usuário acessa um website, a visita é registrada no arquivo do log do servidor da web. Esse arquivo monitora as páginas que o usuário visita, quanto tempo ele permanece e se compra.
Mineração de dados	Mineração de dados envolve a extração de informações preditivas ocultas em grandes bancos de dados pela análise estatística.
Seleção comportamental	Seleção comportamental ocorre quando o software monitora os movimentos de um usuário por meio de um website e, em seguida, envia o conteúdo apropriado da web a qualquer momento.
Filtragem colaborativa.	Software de filtragem colaborativa reúne as opiniões similares dos usuários e retorna essas opiniões para o indivíduo em tempo real.
E-mail enviado/e-mail distribuído	Os profissionais de marketing utilizam banco de dados de e-mail para construir relacionamentos, mantendo contato com informações úteis e oportunas. O e-mail pode ser enviado para cada indivíduo ou enviado em massa utilizando uma lista de distribuição de e-mail.
Mídia social	Uma empresa pode ouvir os usuários em blogs ou redes sociais, e construir a comunidade, proporcionando um espaço para a conversa com o usuário no website.
Terminais iPOS	Terminais interativos de ponto de vendas estão localizados no balcão de um varejista e são utilizados para capturar dados e apresentar uma comunicação específica.

valor da publicidade em seu website. Os anunciantes recebem relatórios gerados automaticamente sobre quantas vezes seus carros foram vistos, quantos visitantes pediram um mapa para a localização da loja física, e quantas consultas por e-mail foram recebidas sobre os carros. Por último, esses relatórios ajudam a AutoTrader a notificar seus parceiros de comércio eletrônico.

Mineração de dados. Os profissionais de marketing não precisam definir hipóteses para encontrar valor em um banco de dados, mas sim utilizar softwares para identificar padrões de interesse. Por exemplo, a Nissan utilizou o software da E.piphany para aumentar sua sofisticação com a venda verticalizada e a venda cruzada. Antes de utilizar o software, a Nissan simplesmente tentava vender o mesmo modelo de automóvel para um cliente fiel. Ao utilizar o software de mineração de dados da E.piphany, a Nissan identificou um grupo de clientes ricos e leais com filhos na faixa etária entre 19 e 24 anos que vivem em casa que compraram o modelo Sentra. A Nissan utilizou essas informações para venda cruzada de Sentras a outros clientes que se adéquam ao mesmo perfil. Mesmo que a Nissan não utilize a web, é um importante aplicativo de e-marketing.

Seleção comportamental. A seleção do público-alvo baseada no comportamento ocorre quando o software monitora os movimentos de um usuário pelo website e, em seguida, envia o conteúdo apropriado da web a qualquer momento. A Amazon utiliza a seleção comportamental ao apresentar produtos recentemente visualizados em sua página inicial quando um cliente leal visita o website. O DoubleClick do Google utiliza a seleção comportamental ao enviar anúncios, visto que os usuários clicam em diversos websites diferentes. Essa seleção utiliza informações do data warehouse para ajudar os profissionais de marketing a compreender as características e o comportamento de grupos-alvo específicos.

A American Express utilizou a seleção comportamental durante anos: ela envia inserções nos extratos de conta para grupos de clientes com base em seu comportamento de compra anterior. A novidade é que esse tipo de seleção pode ser feita on-line com baixo custo via e-mail e nas páginas customizadas da web. Por exemplo, o software pode ser configurado para utilizar a seguinte regra: se um cliente encomenda um CD da Banda Dave Matthews, exibe uma webpage que oferece uma camiseta do show. O TokyoPop.com, um website orientado para a Geração Y, carrega a seleção comportamental em todos os seus websites afiliados. Cada vez que um membro registrado da TokyoPop visita um website afiliado, ele fornece conteúdo baseado nas regras, publicidade, ou ofertas. Essa seleção constrói relacionamentos, pois são apresentadas ofertas relevantes e oportunas a todos os membros, o que aumenta seus negócios com a TokyoPop.

Os clientes que visitam a Greatcoffee.com recebem conteúdo personalizado em sua ***primeira visita***! O website não sabe quem são os usuários porque eles nunca inseriram informações no website e nem geraram um arquivo de cookie no GreatCoffee (Peppers, 2000). Então, como isto é feito? O website usa perfis comportamentais similares que estão em um banco de dados de arquivos cookies anônimos da Angara. Esse website de comércio eletrônico de seleção de perfis comportamentais comprou mais de 20 milhões de arquivos cookie anônimos com dados demográficos e geográficos de empresas como a Dell (primeiro, todas as informações pessoais são removidas). Quando os usuários navegam para os websites de clientes da Angara, como o Greatcoffee.com, esse banco de dados é acessado, e é fornecido conteúdo relevante na webpage. Por exemplo, se a Angara encontra o endereço IP de um usuário novo e outras informações facilmente obtidas, e o banco de dados mostra que o usuário mora na Califórnia, o website pode exibir a saudação, 'Beba nosso café e ganhe ingressos para o San Francisco Giants.' Esse anúncio direcionado acontece em menos de meio segundo e aumentou a conversão navegador-comprador para o dobro do volume normal em alguns segmentos. Além disso, a taxa de novos pedidos na Greatcoffee.com é de 60 por cento ***versus*** 5 por cento antes de utilizar o serviço da Angara.

Filtragem colaborativa. Os indivíduos muitas vezes procuram os conselhos dos outras pessoas antes de tomar decisões. Da mesma forma, o software de filtragem colaborativa reúne as recomendações de um grupo inteiro de pessoas e apresenta os resultados para um indivíduo com opinião similar.

A BOL.com, empresa internacional de mídia e loja de entretenimento (de propriedade da DirectGroup Bertelsmann da Alemanha), utiliza o software de filtragem colaborativa da Net Perceptions para observar como os usuários navegam e compram música, software, jogos e muito mais em seu website. Quanto mais tempo um usuário passa no website, mais a BOL.com vai aprender sobre o comportamento e as preferências do usuário, e estará mais apta a apresentar produtos relevantes ('relacionamento de aprendizagem'). A BOL.com relata que percebeu o aumento nas vendas ao utilizar esse software, e obteve um ROI positivo nos meses subsequentes. Em sua apresentação, a Net Perceptions faz as seguintes afirmações sobre seus 'mecanismos de recomendação'.

> *Aproveite o conhecimento coletivo de todos os seus clientes para fazer previsões para um indivíduo. Isso se baseia na tecnologia de filtragem colaborativa, que automatiza as recomendações boca a boca... O mecanismo de recomendação permite gerar recomendações on-line em tempo real, e adaptar dinamicamente o conteúdo e a publicidade às preferências do usuário. A cada visita, o mecanismo de recomendação aprende mais e fica mais esperto.*

E-mail enviado. Conforme discutido nos capítulos anteriores, o e-mail enviado da empresa para o cliente é o fator determinante da internet. O e-mail é utilizado para se comunicar com indivíduos ou listas de indivíduos em um esforço para aumentar suas compras, sua satisfação e sua lealdade. O e-mail enviado às listas de distribuição é redistribuído para toda a lista de subscrição. Muitas empresas mantêm listas de distribuição de e-mail para os clientes e outros interessados. O e-mail automatizado que confirma atividades de compra ou de envio assegura aos clientes que a empresa está cuidando deles.

O marketing de permissão determina que os clientes receberão e-mails autorizados por eles. A MyPoints recompensa os clientes com pontos e certificados de ofertas, todos direcionados para a leitura de anúncios por e-mail e compras em locais selecionados (Figura 14.15). Clientes da MyPoints pagam uma taxa por esses e-mails, e parte dessa receita vai diretamente para os clientes como pontos. A MyPoints envia as mensagens por e-mail de forma 'responsável', o que significa que os clientes concordam em receber essas mensagens comerciais em seus e-mails. Por outro lado, o spam não constrói relacionamentos, concentrando-se exclusivamente na aquisição de clientes. A internet fornece a tecnologia para que os profissionais de marketing enviem 500 mil ou mais e-mails com o clique de um mouse, e tudo por menos do que o custo de um selo postal. E-mail de construção de relacionamento requer o envio de e-mails que são valiosos para os usuários, enviando-os sempre que os usuários necessitam, e oferecendo aos usuários a opção de serem retirados da lista a qualquer momento. Isso significa falar e ouvir os clientes como se fossem amigos.

Mídia social. As empresas constroem comunidades e aprendem sobre clientes e produtos por meio de blogs, redes sociais e postagens de boletins informativos/grupos de notícias por toda a web e em seu website (para obter exemplos de governos, consulte a Figura 14.16). A análise desses intercâmbios é utilizada para criar mixes de marketing que atendam às necessidades do usuário. Por exemplo, se muitos clientes se conectam em bate-papo do Caribe no Expedia, ele pode oferecer tours especiais nas ilhas do Caribe durante a semana seguinte (<http://www.expedia.com>). O Expedia envia ofertas por e-mail aos usuários que participam da conversa.

Terminais iPOS. Os **terminais iPOS** são pequenas máquinas próximas da caixa registradora da loja, utilizadas para registrar a assinatura de um comprador que utiliza o cartão de crédito. Eles são importantes porque podem reunir pesquisa e outros dados, bem como apresentar publicidade e promoções individualmente. O Federated Department Stores instalou 34 mil dessas máquinas com acesso à internet em 2001. O varejista utilizou os dados para ver se as mulheres estão comprando as próprias roupas, bem como as roupas para os membros masculinos da família, e planejou utilizar os terminais para enviar imagens e mensagens personalizadas — tudo gerado a partir de um banco de dados e enviado pela internet.

Ferramentas do cliente. As ferramentas do cliente entram em ação com base na ação de um usuário em um computador ou dispositivo portátil. Embora as ferramentas geralmente residam em um servidor web, é a 'iniciativa' do cliente que ativa a resposta personalizada. Veja a Figura 14.17.

Agentes. Agentes de software, como agentes de compras e mecanismos de busca, associam a entrada do usuário ao banco de dados e retornam as informações customizadas. Agente de software, como os produtos da Inference's k-Commerce, geralmente trabalham com mais de uma interação. Por exemplo, um usuário pode digitar 'computador' no website da Dell e depois ser apresentado com um laptop ou opções de desktop. Esse processo continua até que a pesquisa seja refinada. Da mesma forma, quando os visitantes do Google utilizam uma busca de palavra-chave, eles recebem um anúncio de texto, baseado na palavra que eles digitaram, juntamente com uma webpage customizada com links do website. Por

Figura 14.15 MyPoints recompensa os membros pelo tempo dedicado on-line.

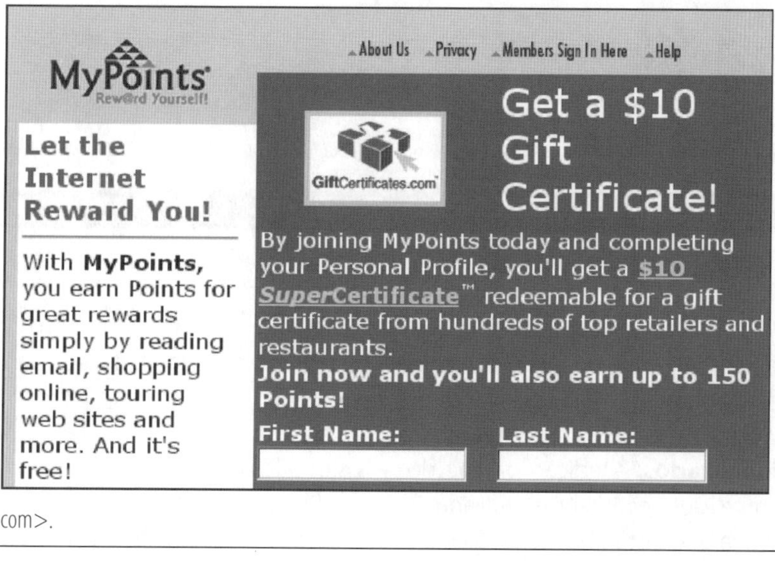

Fonte: <http://www.mypoints.com>.

Figura 14.16 Oportunidades de bate-papo com o governo dos EUA e seus cidadãos.

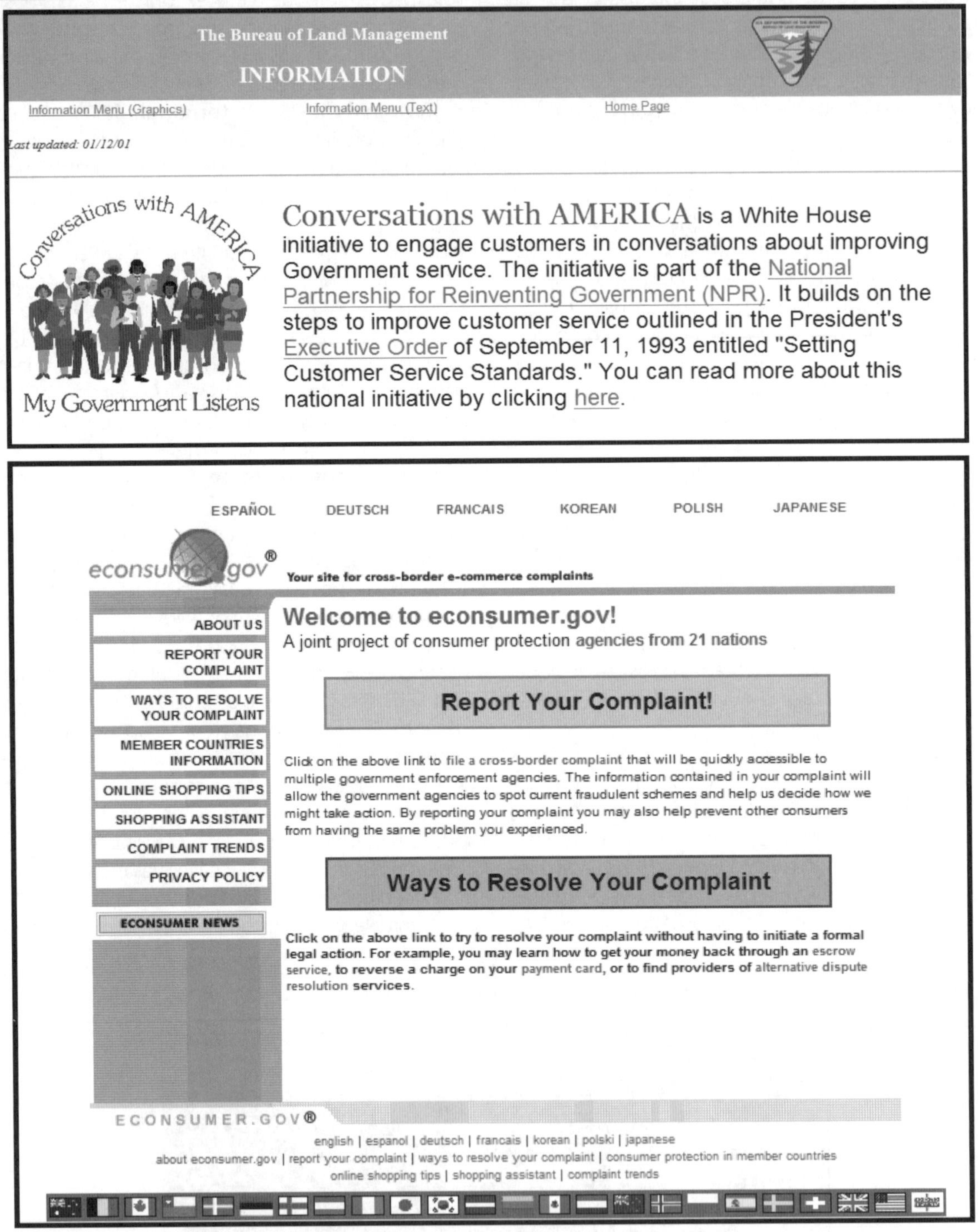

Fontes: <http://www.blm.gov> e <http://econsumer.gov>.

exemplo, se um usuário digitar 'automóvel' na caixa de busca, um anúncio da Toyota pode ser exibido juntamente com a lista de websites relevantes. Agentes são a base de todos os websites de comparação de compras, como o BizRate.com.

Portais web individualizados. A edição on-line do *Wall Street Journal* permite que os clientes individuais criem uma webpage personalizada, com base em palavras-chave de interesse. Esse recurso é particularmente útil para os leitores de negócios que desejam monitorar notícias sobre seus concorrentes. O *Wall Street Journal* cria uma ligação estrutural com os clientes individuais, aumentando assim a lealdade, algo que era impensável antes da internet. Portais web individualizados são mais frequentemente utilizados para construir relacionamentos no mercado B2B

Figura 14.17 Ferramentas de e-marketing de customização 'Pull'.

Lado do cliente Ferramentas (pull)	Descrição
Agentes	Agentes são programas que executam funções em nome do usuário, como mecanismos de busca e agentes de compras.
Portais web individualizados	Webpages personalizadas que os usuários podem configurar facilmente em websites como o MyYahoo! e muitos outros.
Serviços de dados sem fio	Portais web sem fio enviam dados para os telefones celulares do cliente, pagers e PDAs, como o Blackberry.
Formulários web	Formulário web (ou formulário HTML) é o termo técnico para um formulário em uma webpage que designou lugares para que o usuário digite as informações para a apresentação.
Fax-on-demand	Fax sob pedido.
E-mail recebido	Consultas por e-mail, reclamações ou elogios promovidos por clientes atuais ou futuros incluem e-mails recebidos, e é a base para o atendimento ao cliente.
Feeds RSS	Feeds são um formato XML projetado para compartilhamento de notícias e outros conteúdos na web.

do que no mercado B2C. É por meio desses portais que as cadeias de suprimentos acessam informações sobre estoques e contas e monitoram várias operações. A webridge vende software de gestão do relacionamento com parceiro e cliente (PRM/CRM) que permite às empresas acessar todos os dados que elas precisam sobre a demanda de seus produtos. Esse recurso representa uma grande melhoria com relação ao método anterior, no qual os compradores buscavam pilhas de brochuras, catálogos e listas de preços, que incluíam muitos produtos não estocados por parceiros do canal e que estavam constantemente desatualizados. A InFocus Systems utilizou o software da webridge para enviar ofertas interessantes via e-mail para seus parceiros e, em seguida, forneceu webpages personalizadas para exibir os produtos em destaque e os preços quando os parceiros visitavam o website. A Primedia, uma empresa de treinamento do setor de saúde, utilizou o software da webridge para criar um website para hospitais, médicos e outros par-

Informações técnicas

Tendências móveis

Ao passear pelo supermercado na tarde de domingo, de repente você percebe que se esqueceu de comprar manteiga de amendoim. Em qual corredor eles armazenam as 20 variedades diferentes de manteiga de amendoim? E como você vai saber qual tamanho tem o melhor preço? Então você se lembra... o supermercado está agora oferecendo um acesso sem fio na loja para pesquisar a localização de produtos, promoções semanais e calculadora do preço unitário para cada item. Mais uma vez, você está distraído ao tirar seu iPhone.

Seus websites estão prontos?

Muitas estratégias clássicas de marketing articuladas no conceito de oferecer aos clientes potenciais informações sobre certo produto ou serviço quando eles estão propensos a precisar dele, como uma publicidade outdoor dizendo 'McDonald, saída 11, vire à esquerda' ou distribuidores de cupom automático ligados às prateleiras na mercearia. A parte interessante dessas estratégias é que as informações se apresentaram de tal forma que os potenciais clientes puderam utilizar um grande cartaz legível na estrada e um cupom de bolso para uso no checkout.

Atualmente, os clientes potenciais estão ávidos por informações sobre seus dispositivos inteligentes, que incluem iPhones, PDAs, PCs de bolso, PCs de mesa, iPads e qualquer combinação destes produtos. Os clientes de hoje querem que seus dispositivos inteligentes sejam apenas isso — inteligentes. Assim como as estratégias clássicas de marketing, os profissionais de marketing de hoje também fornecem informações para clientes potenciais de forma fácil de ser utilizada pelo cliente. Em outras palavras, os websites e serviços on-line devem ser desenvolvidos especialmente para dispositivos inteligentes, usando os padrões da indústria. websites especialmente projetados e serviços on-line também devem ser testados antes da distribuição ao público. Por exemplo, webpages congeladas (altura e largura fixa) são de difícil visualização para os usuários do PC de bolso. Para visualizar as informações, eles devem rolar para baixo e para a direita. Uma solução melhor são as páginas fluidas da web, que permitem que as informações sejam constantemente redimensionadas para a largura da tela do dispositivo.

A terceira tela

Visionários da tecnologia da informação estão apelidando a tela de dispositivos móveis de 'terceira tela'. A primeira foi a televisão, a segunda foi o computador pessoal, e a terceira inclui uma variedade de dispositivos móveis. O único aspecto dessas telas é que os usuários as levam para quase todos os lugares, especialmente o iPhone. O iPhone funciona fora das redes de telefone regular e das redes mais rápidas 3G e 4G. Ele é um dispositivo de internet em pleno funcionamento com uma interface muito intuitiva e fácil de usar. Curiosamente, o iPhone também canibaliza o mercado do iPod da Apple, pois o iPhone duplica a funcionalidade do iPod e depois de outros.

Embora os dispositivos móveis sejam convenientes para os usuários devido ao tamanho, portabilidade e funções do organizador, eles são ainda mais convenientes quando são capazes de acessar redes sem fio. Os dispositivos móveis populares podem acessar uma ou mais das redes sem fio disponíveis: sinais de telefone sem fio, hotspots da internet Wi-Fi, e redes sem fio Bluetooth. O tipo de rede que o dispositivo móvel pode acessar depende do hardware que ela possui.

Como a capacidade de acessar redes sem fio e a velocidade de transferência de dados na rede aumentam, os serviços para dispositivos móveis estão se tornando mais prevalentes. MobiTV converte o conteúdo de estações como a MSNBC, Fox, ABC e o Discovery Channel. A velocidade necessária para transmissão de conteúdo deve ser de pelo menos dez frames por segundo e, idealmente, 24 ou trinta.

Os anunciantes têm utilizado por muito tempo a 'primeira tela' para atingir seu mercado-alvo, e ainda existe a dúvida se o investimento da publicidade vai apoiar a 'terceira tela'. Os conversores de conteúdo mais atuais não incluem anúncios, exceto para MobiTV. A empresa acredita que deve fornecer programação da televisão genuína aos seus clientes, e isso inclui os comerciais. A MobiTV vende anúncios nos mesmos espaços onde os operadores a cabo inserem seus anúncios. E pela natureza do telefone celular, os telespectadores têm recursos interativos, como clicar em um botão para obter mais informações sobre um produto.

ceiros utilizando seus serviços. Ao diferenciar os clientes, a empresa oferece quatro níveis de entrada para o website: visitante, usuário registrado, membro e sócio premier. Portais web B2B utilizam extranets para acessar informações sobre os seus parceiros.

Feeds RSS. Really simple syndication (RSS) é uma tecnologia que permite que os usuários se inscrevam em blogs e websites. Os assinantes receberão notificação logo após as novas informações postadas, tanto no e-mail como no leitor de feed RSS — por exemplo, o Google iReader ou os diversos painéis de mídia social atualmente disponíveis. Essa tecnologia cria um laço estrutural que liga o usuário ao criador do conteúdo de tal forma que aprimora o relacionamento. Por exemplo, os assinantes dos feeds do CNN no e-mail e no Twitter receberão as manchetes, o que aumenta a lealdade à CNN.

Serviços de dados sem fio. Serviços de dados sem fio são incluídos como uma ferramenta separada em razão de seu rápido crescimento e de suas características distintivas. Esses portais são notáveis, porque muitos usuários sem fio querem somente as páginas otimizadas em virtude do tamanho da tela dos dispositivos sem fio e o tempo de download para gráficos. Serviços como o AvantGo.com oferecem aos usuários manchetes patrocinadas, resultados esportivos, cotações da bolsa, previsão do tempo em algumas cidades, e mais conteúdo aos usuários em pagers, e os aplicativos para smartphones sem fio como o iPhone. Os serviços sem fio da Microsoft ainda notificam os usuários quando eles recebem um novo e-mail em sua conta do Hotmail (<http://mobile.msn.com>). Como os usuários customizam essas informações, as empresas sugerem uma ideia melhor sobre como melhor atendê-los e, portanto, constroem o relacionamento. No futuro, observe os agregadores de dados móveis. Consulte o quadro 'Informações técnicas' sobre essas 'terceiras telas'.

Formulários web. Muitos websites corporativos exibem **formulários web**, utilizando-os para uma infinidade de finalidades, desde o registro no website, comunicação e pesquisa de opinião até a compra do produto. De fato, muitos websites se esforçam para obter um número expressivo de usuários cadastrados como o início para as futuras transações. Por exemplo, a Federal Trade Commission (FTC) dos EUA permite que os clientes reclamem de práticas comerciais e publicidade questionáveis por meio de seu formulário no website. Independentemente da finalidade, as informações colhidas servem para ajudar a empresa a construir relacionamentos e movimentar os usuários ao longo do ciclo de vida do cliente.

Fax-on-demand. No mercado B2B, as empresas às vezes querem informações enviadas via fax. Serviços como eFax.com permitem que os usuários de internet enviem e recebam transmissões de fax no website da eFax. Por que um usuário utiliza esse serviço em vez de um anexo de e-mail? Esse serviço é apropriado quando o documento não está no formato digital, uma assinatura é necessária, ou o acesso à internet não está disponível, de modo que o documento não pode ser enviado como anexo de e-mail. Além disso, o eFax é útil para usuários que não querem deixar suas máquinas de fax on-line.

O eFax notificará os usuários por e-mail se um fax está aguardando, e eles podem baixá-lo quando conveniente. O Adobe Acrobat tornou-se muito sofisticado, com recursos de assinatura digital, talvez sinalizando a eventual extinção da máquina de fax.

E-mail recebido. Atendimento ao cliente após a transação é uma parte importante do ciclo de vida do atendimento ao cliente. Normalmente os websites incluem uma tecla para o cliente postar sua opinião ou um formulário para que o cliente mande sua mensagem por e-mail para a empresa. Muitas vezes, um programa automatizado de atendimento ao cliente reconhece a mensagem via e-mail e indica que um operador responderá em breve. Pesquisas mostram que as empresas estão ficando muito melhores ao responder e-mails recebidos. Em um estudo, 100 por cento dos departamentos do atendimento ao cliente responderam às consultas por e-mail no prazo de uma semana: 26 por cento responderam dentro de um dia, e 51 por cento respondeu no mesmo dia ('Vast Improvements', 2001). As empresas devem incluir opções de *feedback* on-line se tiverem uma equipe no local para responder: endereços de e-mail em um website implicam uma promessa de resposta. Algumas empresas, como a Apple Computer, optam por não fornecer respostas dos e-mails em seus websites, optando pelo roteamento automatizado de telefone.

Software CRM. Conforme mencionado anteriormente, o sucesso do CRM, CEM e SCM dependem da implantação correta dos nove blocos, e não simplesmente da tecnologia. No entanto, a tecnologia e o software são os fatores que impulsionam o CRM, permitindo às empresas reunir, interpretar e utilizar uma enorme quantidade de dados dos atuais e futuros clientes. Existem empresas de software para todos os aspectos do CRM. Por exemplo, a Business Software.com apresenta uma lista das dez melhores em cada área relacionada ao CRM (Figura 14.18).

Líderes de mercado em software de CRM incluem: SAP, Oracle, Salesforce.com, Amdocs e Microsoft. É um grupo complexo de produtos, que é outra razão pela qual os profissionais de marketing devem prestar atenção a todos os nove blocos de construção, definindo objetivos e estratégias em primeiro lugar, e assegurando que o CRM se torne a filosofia da gestão empresarial e que seja definida de cima para baixo. Lembre-se de que a maioria das implantações de software de CRM falha porque a empresa não adota as medidas para corrigir seus objetivos e obter a aceitação e sugestões de seus funcionários em cada etapa. As oportunidades para gastar dinheiro com a aplicação errada são infinitas.

9. Métricas no CRM

Os profissionais de marketing digital utilizam indicadores de desempenho para avaliar o valor da internet para evidenciar o desempenho do CRM — entre eles estão o ROI, economia de custos, receitas, satisfação do cliente e, especialmente, a contribuição de cada tática de CRM para essas medidas. Lembre-se de que todas as avaliações de desempenho do e-marketing avaliam táticas específicas a partir de perspectivas diferentes, e que as métricas de escolha dependem das metas e estratégias da empresa. Consulte o Balanced Scorecard no Capítulo 2 e observe o painel de

Figura 14.18 Tipos principais de software relacionado ao CRM.

Vendas	**Serviço**
Automação da Força de Vendas	Help desk Atendimento ao cliente
ERP	**CRM**
Software ERP Indústria Gestão da cadeia de suprimento Gestão do varejo Gerenciamento de centros de distribuição/armazéns	CRM como serviço CRM proprietário CRM para empresas de pequeno porte CRM para grandes empresas
Gestão do ciclo de vida do aplicativo	**Call Center**
Gestão do ciclo de vida do aplicativo Ferramenta de software de monitoramento de defeito Software de teste QA	Call Center Call Center virtual
Inteligência nos negócios	**Marketing**
Inteligência nos negócios Gestão de desempenho nos negócios	Automação de marketing E-mail marketing Software de gestão de PPC Gestão de propostas/oportunidades Otimização de página inicial
Gestão do conteúdo	
Software de gestão do conteúdo Gestão do conteúdo da web Gestão de documentos	

Nota: cada entrada conduz a uma lista dos cinco a quinze principais softwares em sua categoria.
Fontes: Business Software. Disponível em: <http://www.business-software.com>.

indicadores gerado para os clientes da Salesforce.com (Figura 14.19). Aqui, apresentamos alguns indicadores comuns utilizados para acompanhar o progresso dos clientes no ciclo de vida do cliente na Figura 14.20. Um estudo definiu os três indicadores mais importantes: taxas de retenção dos clientes mais importantes (89 por cento usando a métrica), ROI (89 por cento utilizando) e **clientes potenciais** — aumento das taxas de resposta ou de transação (93 por cento).

Dispondo destas e de outras informações sobre o que faz os clientes valorizarem os produtos da empresa, as organizações tentam aumentar as taxas de conversão e de retenção, reduzir as taxas de deserção, determinar o valor médio por pedido (AOV) e lucros por cliente ao longo do tempo (adquirir, manter, desenvolver). Por exemplo, a cars.com apresenta mais de 1,8 milhão de carros novos e usados para venda por meio de 12 mil revendedores, anúncios classificados e solicitações individuais. Em 2005, ela utilizou o software da Salesforce.com para facilitar as centenas de milhares de transações anuais e as 25 mil consultas diariamente manipuladas por 180 agentes em muitos locais. Como resultado, o aumento da produtividade do agente passou de seis atendimentos para nove por hora, de 600 para 800 revendedores por agente, e de 8.500 para 14 mil consultas por agente (consulte <http://www.modelmetrics.com>).

Além das melhorias de desempenho, muitas empresas utilizam alguns desses métodos para identificar os clientes menos rentáveis e minimizar as interações com eles. A questão não é tratar mal alguns clientes, mas tentar minimizar o tempo investido na manutenção de clientes que geram pouco lucro. Uma métrica importante do CRM que merece mais discussão — **valor** do cliente **no tempo** (LTV), mostrado na Figura 14.21, é uma adaptação da Peppers & Rogers Group. Este cálculo pressupõe que a empresa tenha mil clientes no primeiro ano, cada um gastando uma média de $ 35,90. No segundo ano, 60 por cento dos clientes são mantidos, e em virtude da venda cruzada e vertical inteligente, eles gastam $ 75,90 nesse ano e nos anos seguintes. A segunda coluna até a última coluna inclui o valor presente líquido dos lucros líquido de cada ano, calculados em 15 por cento. Por fim, o LTV de dez anos de cada cliente é exibido. Os números podem parecer menores que o esperado, porque esse cálculo desconta realisticamente a receita para o seu valor presente. Note que o LTV aumenta após o quinto ano em razão de maior taxa de retenção nos anos posteriores. Mesmo com esse pressuposto de taxa de alta retenção (60 a 80 por cento), observe como poucos clientes são deixados no ano 10. Esse cálculo demonstra os benefícios da retenção de clientes ao longo do tempo e a necessidade de aumentar a participação da empresa nos gastos totais dos clientes. Da mesma forma, mostra também que não importa quão boa seja uma empresa na retenção de clientes; a aquisição de novos clientes ainda é uma atividade importante.

14.7 Dez regras para o sucesso do CRM

Muitas organizações perdem dinheiro com seus investimentos em CRM. Isso levou Chris Selland, sócio-diretor da Partners Reservoir, a escrever um relatório sobre como obter sucesso com os aplicativos de CRM no e-marketing.

Figura 14.19 Painel de indicadores de desempenho gerado pelo software da Salesforce.com.

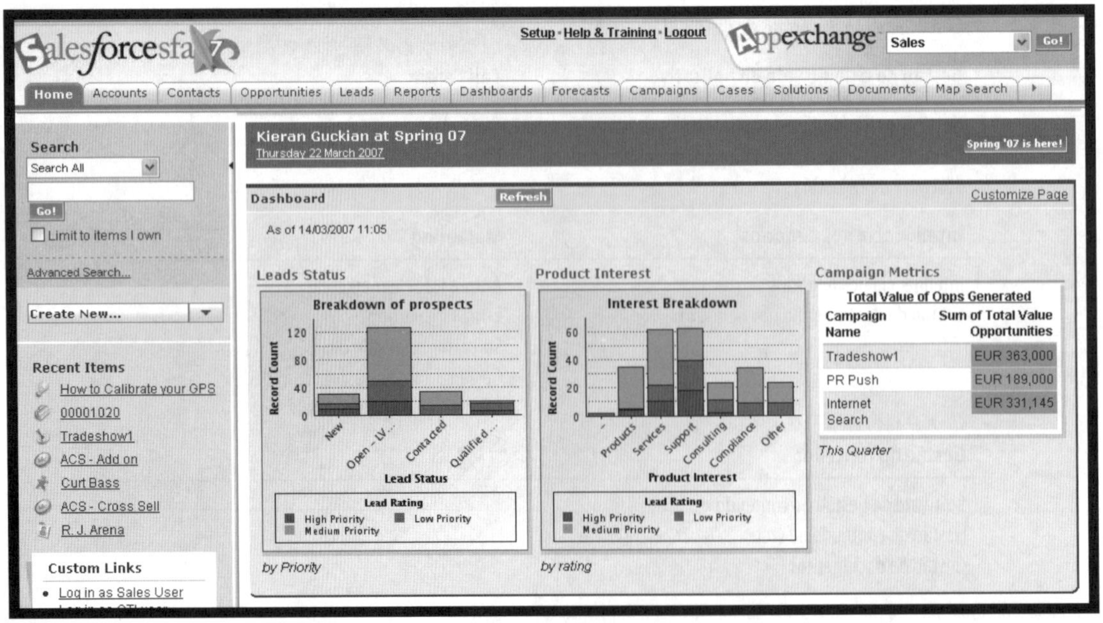

Fontes: <http://www.salesforce.com>.

Figura 14.20 Métricas de CRM no estágio do ciclo de vida do cliente.

Focar

- Recência, frequência, a análise monetária (RFM), identifica clientes de alto valor.
- Taxa de gastos do cliente — proporção de vendas dos clientes de alto valor, em comparação com clientes de baixo valor.

Adquirir

- Custo de aquisição de um novo cliente (CAC).
- Número de novos clientes encaminhados dos websites dos parceiros.
- Resposta da campanha — cliques, conversões e mais nos capítulos 11 e 13.
- Taxa de recuperação de clientes — proporção de clientes que abandonam a empresa que poderão ser atraídos de volta utilizando várias ofertas.
- Número de recomendações de produtos na mídia social.

Transacionar

- Taxa de conversão de clientes potenciais — porcentagem de visitantes do website que compraram.
- Taxa de venda cruzada do cliente on-line para off-line, e vice-versa.
- Serviços vendidos para parceiros.
- Vendas de produtos de uma empresa em websites parceiros.
- Valor médio do pedido (AOV) — valor monetário das vendas dividido pelo número de pedidos em determinado período.
- Vendas por referenciamento — valor monetário em vendas de clientes encaminhados à empresa pelos atuais clientes.
- Taxa de fechamento de propostas de vendas obtidas na internet.

Serviço

- Índices de satisfação do cliente ao longo do tempo (consulte a história de abertura da Cisco).
- Tempo para responder os e-mails recebidos de clientes.
- Número de reclamações.

Reter

- Taxa de atrito com cliente — proporção de clientes que não recompram em determinado período.
- Porcentagem de retenção de clientes — proporção de clientes que repetem a compra.
- Opiniões em blogs e outras conversas na mídia social (discussão positiva/negativa).

Desenvolver

- Valor do cliente no tempo (LTV) — valor presente do fluxo de vendas de qualquer cliente ao longo do tempo.
- AOV ao longo do tempo — aumento ou diminuição.
- Crescimento médio anual de vendas para clientes regulares ao longo do tempo.
- Eficácia do programa de lealdade — aumento nas vendas ao longo do tempo.
- Número de clientes de baixo valor que passaram para alto valor.

A seguir, as dez regras de Chris Selland são descritas, juntamente com explicações do material neste capítulo (consulte <http://www.frontrange.com> para obter mais informações).

1. **Reconhecer o papel do cliente.** Refere-se a tudo sobre o cliente, conforme evidenciado pelo aumento na mídia social e pelo aumento do poder do cliente em relação à empresa. A gestão do relacionamento com o cliente pode ser um equívoco, porque as empresas de sucesso não 'gerenciam clientes', mas fornecem tecnologia para que os clientes possam gerenciar seus relacionamentos com a empresa.
2. **Desenvolver o plano de implantação.** Antes de investir em tecnologia ou processos de CRM, é importante examinar o custo *versus* os benefícios previstos. Não se esqueça de que custos como treinamento de funcionários e equipe causam impacto. Ajuste as métricas, conforme discutido no bloco de construção 9.
3. **Obter o compromisso dos usuários finais e dos executivos.** Muitas implantações de CRM falham porque ninguém as utiliza. O SFA da Salesforce.com oferece enormes benefícios, mas somente se a força de vendas estiver treinada e pronta.
4. **Fazer valer cada ponto de contato.** CRM significa a integração de dados de todos os pontos de contato com o cliente, e é provável que a integração de muitos desses dados já existam em bancos de dados. Antes de começar, uma empresa deve determinar como ela pode integrar todos os dados dos clientes ou dos parceiros no sistema.
5. **Orientar para a eficácia nas vendas.** Se o aplicativo de CRM envolve uma força de vendas, as empresas devem garantir que o sistema ajude os vendedores a fechar mais negócios, e que não seja

Figura 14.21 Valor do cliente no tempo (LTV).

Ano	Total de clientes	Taxa de retenção (porcentagem)	Total das receitas	Lucro líquido	VPL em 15%	LTV 10 Anos
1	1.000	60	$ 35.900	$ 5.900	$ 5.900	$ 66,94
2	600	65	45.540	27.540	23.948	118,12
3	390	70	29.601	17.901	13.536	129,15
4	273	75	20.721	12.531	8.239	138,35
5	205	78	15.541	9.398	5.373	143,45
6	160	79	12.122	7.330	3.645	145,55
7	126	80	9.576	5.791	2.504	146,81
8	101	80	7.661	4.633	1.742	146,81
9	81	80	6.129	3.706	1.212	146,81
10	65	80	4.903	2.965	843	146,81

Fonte: adaptado de Peppers & Rogers Group. Disponível em: <http://www.1to1.com>.

utilizado simplesmente para gerenciar métricas como custos de vendas e taxas de fechamento de propostas.

6. **Avaliar e gerenciar o retorno de marketing.** O marketing é diferente de vendas, e muitas vezes são responsáveis pela geração de propostas de vendas. Boas soluções em CRM vão monitorar os gastos com marketing e sua função nas vendas — itens como gestão de lista de mailing e como as propostas fluem através da organização.
7. **Estimular o efeito da lealdade.** O atendimento ao cliente é uma das três facetas do CRM e embora a maioria das empresas o considere como um gerador de custos, ele desempenha um papel importante na retenção de clientes e no aumento na participação dos gastos dos clientes. As iniciativas de CRM podem monitorar os investimentos de atendimento ao cliente para ver como eles ajudam a aumentar a lealdade do cliente e, portanto, agregar rentabilidade.
8. **Selecionar as ferramentas e a abordagem corretas.** Este capítulo abordou vários tipos de soluções de tecnologia de CRM, desde ferramentas para toda a empresa até táticas menores focando aspectos individuais do CRM. É importante que os profissionais de marketing avaliem essas ferramentas e não as deixem para o pessoal de tecnologia da informação. Da mesma forma, o aplicativo de CRM pode ser comprado e instalado nos servidores da empresa ou 'alugado' com contrato, como com a solução da Salesforce.com. Qual se ajusta mais adequadamente ao seu problema?
9. **Criar a equipe.** Embora uma solução eficaz de CRM comece com a visão do topo, é fundamental criar a equipe certa antes de comprar o software e começar o treinamento. A equipe pode incluir membros de marketing, TI, vendas e finanças.
10. **Buscar ajuda de fora.** Muitas vezes, vale à pena contratar um consultor para ajudar, especialmente se a empresa tem pouca experiência com CRM.

Resumo do capítulo

Os profissionais de marketing praticaram marketing de relacionamento por algum tempo; no entanto, as tecnologias da internet viabilizaram o gerenciamento de muitos relacionamentos de forma individual. Na mudança do marketing de massa para o marketing de relacionamento, a ênfase passou a ser a retenção do cliente em longo prazo, em vez de muitas transações discretas com novos clientes.

Os três pilares da gestão do relacionamento são a gestão do relacionamento com os clientes (CRM), gestão da experiência com os clientes (CEM) e gestão da colaboração com os clientes (CCM), também chamada CRM 2.0 ou CRM Social.

A gestão do relacionamento com o cliente é utilizada para criar e manter relacionamentos com funcionários, clientes empresariais na cadeia de suprimentos, parceiros laterais e consumidores finais. As vantagens do CRM incluem a aquisição, a retenção e o desenvolvimento de clientes atuais com custo reduzido, assim como as indicações boca a boca. O modelo do Gartner Group para o CRM abrange nove blocos de construção: visão do CRM, estratégia para o CRM, gestão da experiência com o cliente, gestão da colaboração com o cliente, colaboração organizacional, processos de CRM, informações do CRM, tecnologia do CRM e métricas.

A visão do CRM deve incluir a proteção da privacidade do cliente e o desenvolvimento da confiança do usuário. A estratégia de CRM começa por definir o que a empresa quer realizar com a tecnologia de CRM. A intensidade do relacionamento varia desde a consciência (a menor intensidade) até a defesa (a mais alta intensidade). Três níveis de relacionamento marcam os laços que os profissionais de marketing digital desenvolvem com os clientes. O maior nível de CRM envolve a criação de **laços estruturais** que aumentam os custos de mudança e desenvolvem lealdade. Os profissionais de marketing digital precisam refletir sobre a experiência de seus clientes valiosos, como os clientes preferem interagir com as empresas, e como eles podem forjar laços pela construção de comunidades.

Uma tendência importante no CRM é a integração com a gestão da cadeia de suprimentos (SCM). Quando a empresa dá suporte, e a cadeia de suprimentos foca o cliente, o valor é promovido, a satisfação é intensificada e a empresa tem uma vantagem competitiva. O ciclo de vida do cliente abrange as etapas de seleção, aquisição, transação, manutenção, retenção e desenvolvimento de clientes, por meio da identificação dos clientes, da diferenciação e pela customização do mix de marketing para segmentos especifícos ou indivíduos. O CRM depende de informações e da tecnologia que utiliza as ferramentas auxiliares da empresa (incluindo cookies, logs de website, mineração de dados, seleção comportamental, filtragem colaborativa, e-mail enviado, mídias sociais e terminais iPOs) e ferramentas auxiliares do cliente (incluindo agentes, marketing experiencial, portais web de indivíduos, serviços de dados sem fio, formulários web, fax-on-demand, e-mails recebidos e feeds RSS). Então, os profissionais de marketing digital utilizam uma variedade de software para a implantação e de indicadores para avaliar o desempenho e o valor do uso da internet no CRM. O capítulo conclui com as dez regras para uma implantação de CRM bem-sucedida.

Exercícios

Questões para revisão

14.1 Explique por que o capital de relacionamento é a base dos futuros negócios.

14.2 Defina o marketing de relacionamento e compare com o marketing de massa.

14.3 Compare e defina as diferenças entre CRM, CEM e CCM.

14.4 Quais são os principais benefícios do CRM?

14.5 Por que as empresas utilizam a automação da força de vendas e a automação de marketing?

14.6 Quais são os nove blocos de construção do CRM?

14.7 Quais são os cinco níveis de intensidade de relacionamento, e por que os profissionais de marketing digital se empenham em mover os clientes para o nível superior?

14.8 Por que os profissionais de marketing digital visualizam a mídia social como um aspecto importante do CRM?

14.9 Quais são as vantagens da integração CRM-SCM? Dê um exemplo.

14.10 Quais são os seis estágios do ciclo de vida do cliente?

14.11 Explique como a mineração de dados, perfis em tempo real, filtragem colaborativa, e e-mail enviado ajudam as empresas a customizar suas ofertas.

14.12 Quais são as diferenças entre as ferramentas de customização da empresa e do cliente? Explique sua resposta.

14.13 Quais são as dez regras de sucesso do CRM, de acordo com a Reservoir Partners?

Questões para discussão

14.14 Explique a diferença entre a participação nos gastos do cliente (share of wallet) e participação de mercado (market share).

14.15 Descreva as diferenças dos três pilares do marketing de relacionamento.

14.16 Se o marketing de relacionamento prega a desistir dos clientes menos rentáveis ou mais custosos da empresa, sugira como isso pode ser realizado sem que eles critiquem a empresa para seus amigos.

14.17 Explique como o cliente se beneficia da integração CRM-SCM.

14.18 Você concorda com a afirmação de que o objetivo do cliente no marketing de relacionamento é a redução das suas escolhas? Os clientes realmente são criaturas de hábito? Por quê?

14.19 Quais as ferramentas que você acha que são mais poderosas para a construção de relacionamentos — ferramentas da empresa ou do cliente? Por quê?

14.20 Discuta os conceitos de diferenciação por cliente e diferenciação de produto.

14.21 Como consumidor, você seria mais propenso a comprar de um website que exibe o logotipo TRUSTe do que de um website concorrente, sem a filiação TRUSTe? Explique sua resposta.

APÊNDICE A

Questões éticas e legais

A contrafação[1] e outros abusos na era digital

Alguma vez você já cometeu um ato ilegal sentado na frente de um computador? A maioria diria que não... Mesmo sem invadir websites em busca de informações sigilosas ou fazer transferências criminosas de valores via internet ou até mesmo criar vírus, você pode já ter cometido alguma ilicitude, como usar cópias piratas de programas ou utilizar programas legais em mais máquinas do que a licença permite.

Porém, há mais de uma década, o Brasil inclui-se entre os países, ao lado dos EUA, do Japão e dos integrantes da União Europeia, que possuem legislação específica e firme de proteção à indústria do software e engloba os programas de computador no âmbito dos direitos autorais, proibindo a reprodução, a cópia, o aluguel e a utilização de cópias de programas de computador feitas sem a devida autorização do titular dos direitos autorais.

A legislação brasileira prevê, ainda, que, se for praticada a pirataria, o Poder Fiscalizador do Estado passa a investigar a sonegação fiscal relacionada à atividade da reprodução ilegal do software, seja para fins comerciais ou não. O infrator responde não apenas pelo uso ilícito da propriedade intelectual, como também, se for o caso, em relação aos impostos que deixou de recolher em razão dessa produção ilícita.

Mas por que é tão importante assim proteger a produção de software? Ora, no exemplo da produção literária, imagine se você gastasse tempo e dinheiro na produção de um livro e acabasse vendo o resultado de anos de pesquisas na produção desse texto sendo copiado inúmeras vezes sem o menor repasse financeiro para recompensar seu trabalho. Evidentemente, a consequência imediata seria um desincentivo para a criação, seja de textos literários ou científicos.

Da mesma maneira, é inaceitável para uma indústria que investe pesado na produção de programas de computador que, em geral, torna a vida a atividade humana mais fácil, ver o produto de seu investimento sendo copiado indiscriminadamente sem o respectivo retorno financeiro.

A estimativa é de que cerca de 40 por cento dos softwares efetivamente utilizados no mundo são piratas propriamente ditos ou cópias autênticas utilizadas inúmeras vezes. Não por acaso, em países em que há pouca produção de software, como China, Índia, Cingapura e Vietnã, as leis de proteção são muito frágeis. Em contrate, nos países nos quais os programas são largamente produzidos, a legislação protege com firmeza os direitos autorais de produção de software. O problema está longe de ser resolvido.

Uma das corporações internacionais que mais têm prejuízos com a contrafação em programas de computador é a Microsoft, que, inclusive, já criou mecanismos inseridos nos CDs de software que dificultam a cópia de programas, mas apresentam pouca eficácia contra delinquentes sofisticados. Há alguns anos, tentou-se até mesmo a prática de se fazer verificações aleatórias em computadores on-line na busca por programas ilegalmente utilizados. Evidentemente, a prática foi rechaçada como quebra de privacidade e, portanto, taxada de antiética.

Diante de uma famosa e malfadada morosidade da justiça brasileira na resolução judicial dos conflitos, justamente para resolver demandas em um setor no qual a rapidez da evolução tecnológica é marcante, a única forma viável de prestação jurisdicional para coibir a disseminação da cópia pirata é aquela via decisões de urgência, que

1 **CONTRAFAÇÃO**. Derivado de contrafazer, do baixo latim *contrafacere* (reproduzir por imitação), possui o vocábulo de imitação fraudulenta, reprodução fraudulenta ou falsificação de qualquer ato ou coisa. SILVA, De Plácido e, *Vocabulário Jurídico*. Editora Forense: Rio de Janeiro: 2004. p 371.

extrapolam o trâmite forense comum. Nesse sentido e em decisão histórica de 3 de novembro de 1998, apenas alguns meses da entrada em vigor da legislação pertinente, o desembargador Ênio Santarelli Zuliani da Terceira Câmara de Direito Privado do Tribunal de Justiça de São Paulo decidiu que:

> *A Lei 9609/98 protege a originalidade de programa de computador e depende, para tornar efetivo o ideal de justiça financeira compensatória pelo uso irregular, de tutelas de urgência para a averiguação do ilícito — Liminar mantida — Agravo improvido.*

Se coibir a contrafação nas empresas médias e grandes se torna cada vez mais factível mesmo por meio da árdua via judicial; o mesmo não se pode dizer do consumidor comum, que tem disponível a um custo baixíssimo, cópias ilegais de variada gama de tipos de software que são abertamente oferecidos nas ruas dos grandes centros urbanos brasileiros.

Mas não é apenas o usuário de software que pode cometer ilicitudes neste ainda novíssimo campo da atividade humana. A iniciativa privada, desde pequenos empreendimentos a grandes corporações, que explora a mídia digital, seja com o intuito de proteger a propriedade intelectual ou no afã de buscar novas e mais eficazes maneiras de fazer propaganda, tem cometido abusos, uma vez que novas tecnologias permitem cada vez mais o acesso a informações do usuário de computador, pondo em risco a privacidade, que, no Brasil, é protegida, inclusive, pela Constituição Federal.

No caso da propaganda, o início foi o spam, vocábulo forjado a partir de uma marca de presunto enlatado norte-americano, ao mesmo tempo famosa por campanhas publicitárias que 'empurravam' o enlatado para os consumidores e também alvo de muitas piadas que classificam o produto como 'carne misteriosa', o que já é uma dica a cerca do duvidoso conteúdo do e-mail enviado sem consentimento, que, na maioria das vezes, causa desagradável surpresa.

Grandes corporações evitam o uso do spam que pode comprometer sua imagem. No entanto, é cada vez mais comum a utilização de ferramentas chamadas *cookies*, que literalmente vasculham os hábitos de consumo dos usuários de computador para fornecer perfis específicos para as agências de propaganda.

Nesse aspecto, assim como ocorre com o combate à lavagem de dinheiro, a legislação nacional encontra sérios obstáculos à sua real eficácia diante da possibilidade de os pontos de ignição do sistema poderem se encontrar fora do alcance dos países com regulação jurídica da matéria, além dos altos custos envolvidos em disputas jurídicas internacionais.

A solução para os problemas não é apenas tarefa para o Judiciário e esbarra na questão ética que, por sua vez, é também uma questão de educação. Uma sociedade que quer ser ética é composta por cidadãos com alto nível de educação, talvez a única chance para a mudança de valores culturais arraigados.

A mesma gigantesca Microsoft, que antes teve arranhões em sua imagem por bisbilhotar computadores alheios (a busca de cópias ilegais de seus produtos), além de inúmeras acusações de monopólio, passou a doar milhões para organizações sem fins lucrativos e a investir em programas de desenvolvimento econômico, além de reforçar a comunicação interna. Iniciativas que parecem ter sido suficientes para que a empresa entrasse na lista de empresas éticas elaborada pelo instituto Ethisfere, uma organização que promove estudos para identificar e classificar empresas que têm uma atitude ética.

A regulamentação da internet

Muitas organizações abordam o tema da regulamentação da rede mundial, e as instituições internacionais, reconhecidas, tradicionais, de direito e de fato, mais representativas, que tratam da normatização da internet, são as seguintes: Organização das Nações Unidas (ONU), representada pela Organização Mundial da Propriedade Intelectual (World *Intellectual Property Organization*); MPI/WIPO, com sede em Genebra, na Suíça; e UNCITRAL (*United Nations Commission on International Trade Law* — Comissão das Nações Unidas para o Direito Comercial Internacional). Outras organizações que se preocupam com a regulamentação da internet são: ICC, *International Chamber of Commerce* (Câmara de Comércio Internacional) e OECD, *Organization for Economic Cooperation and Development* (Organização para o Desenvolvimento e Cooperação Econômica).

Recentemente, surgiu uma iniciativa independente, a *Internet Corporation for Assigned Names and Numbers*. A ICANN, uma instituição sem fins lucrativos, formado para assumir responsabilidades e estabelecer normas acerca de aspectos técnicos da internet, como endereços de IP (*Internet Protocol*), administração de *DNS-Domain Name System* e outros, anteriormente executados pelo governo dos Estados Unidos, por meio de empresas contratadas como a IANA (*Internet Assigned Numbers Authority*) e outras entidades. Na internet, as normas técnicas atingem diretamente os aspectos jurídicos. O Brasil possui representante na ICANN: atualmente é o Dr. Ivan de Moura Campos, também coordenador do CG, Comitê Gestor da internet, que representa não só o Brasil, mas toda a América Latina.

Ética & Lei

> *A lei não basta, os lírios não nascem da lei.*
>
> Carlos Drummond de Andrade

Para alguns estudiosos, a ética deve ser tratada separadamente da lei, mas, na verdade, estas estão integradas, uma vez que a ética se reporta a valores da sociedade como um todo. Apesar de a lei ser também uma expressão de valores, a ética é direcionada ao indivíduo ou a certo grupo, ao passo que a lei se destina a uma esfera mais abrangente. Nesse aspecto, no ordenamento jurídico brasileiro a lei geralmente tem aplicação em todo o território nacional e é o caso da lei que trata a matéria.

O estudo da ética remonta mais de 2.500 anos, podendo-se condensar na análise e na descrição de conceitos básicos, como o certo e o errado e a maneira de identificar e julgar a diferença. Nesse aspecto, a observação do comportamento ético leva em consideração direitos, obrigações e responsabilidade.

Um relevante aspecto da ética é aquele que envolve a atividade profissional. Tradicionalmente, grupos de profissionais que detêm conhecimento específico (não raro hermético) desenvolvem códigos de conduta que estabelecem regras para a prática profissional ética. O exemplo clássico é o do Juramento de Hipócrates. No Brasil, os profissionais de marketing têm desde 1999 um código de ética, respaldado por uma associação de classe, Associação Brasileira de Marketing e Negócios (ABMN), e uma entidade acadêmica, a Escola Superior de Propaganda e Marketing (ESPM). A curiosidade fica por conta do código de ética e disciplina da Ordem dos Advogados do Brasil (OAB), que é mais que um simples compêndio de autorregulamentação, por ser objeto de Lei.

Esses códigos de conduta expressam a experiência dos profissionais envolvidos e os estudiosos da matéria, e geralmente são textos revisados e interpretados para responder às circunstâncias e aos costumes novos. No entanto, essa adaptação sempre foi lenta e gradual com modificações muitas vezes conservadoras.

Apesar de ética e lei apontarem para um objetivo comum, a regulamentação da internet por meio de lei e, especialmente, o *modus operandi* da produção de leis, que enfrenta um longo e árduo caminho desde a sua propositura até a promungação e entrada em vigor da norma, contrastam com a enorme rapidez com que as informações são transmitidas no meio eletrônico ou até mesmo a maneira como o usuário se utiliza da internet. Hoje já se fala no declínio da utilização do e-mail em contrapartida do crescimento das redes sociais, que também passam por tranformações muito rápidas.

Nos Estados Unidos, onde a nasceu a internet, o governo tem evitado a regulamentação do uso da rede mundial por meio de lei, deixando a questão para ser discutida via autorregulamentação.

A tecnologia moderna apresenta uma mudança radical na ética do marketing e dos outros ramos profissionais. A extenção dessa mudança tem um reflexo mais nítido na característica revolucionária do computador. Quando comparada com outras tecnologias, por exemplo, impressão, telefone ou automóvel, a mídia digital é única e se distingue na capacidade para rapidez, versatilidade e ubiquidade.

A questão da privacidade

Ninguém será sujeito a interferências na sua vida privada, na sua família, no seu lar ou na sua correspondência nem a ataques à sua honra e reputação. Toda pessoa tem direito à proteção da lei contra tais interferências ou ataques.

Artigo XII da Declaração Universal dos Direitos Humanos

Em termos históricos, a ideia de privacidade como hoje conhecemos é bem recente, consolidando-se apenas no século XX. No âmbito jurídico ocidental, a ideia de proteção legal da privacidade surgiu em 1890 nos EUA, com a publicação de um cérebre artigo por Samuel Warren e Louis Brandeis, fundando o chamado 'right to be left alone', em tradução livre, o direito de não ser incomodado.

Uma das maiores vitórias do homem contemporâneo foi a conquista de seus direitos individuais, que modificaram o caráter de sua inserção na sociedade: de submisso, anteriormente, para crítico, questionador, participativo, na atualidade. O espaço privativo do cidadão é muito valioso, a ponto de ser considerado direito fundamental e inalienável na Constituição Brasileira, que consagrou a privacidade como direito da personalidade.

A rapidez com que a tecnologia da informação adquire, administra e utiliza e até aliena dados pessoais é surpreendente e imprime o desafio que é a manutenção da privacidade como um dos pilares do estado democrático de direito.

Mecanismos sofisticados de busca de informações chamados *cookies* são pacotes de dados criados no *hard drive* do usuário que recebem instruções de um website. Uma vez instalados, os *cookies* podem ajudar o consumidor sugerindo produtos ou avisando que eles já foram adquiridos recentemente, mas ao mesmo tempo podem identificar e coletar dados do usuário para depois transmiti-los ao website que os enviou.

A questão é preocupante, porque não há limite de idade para a atuação desses mecanismos e como o acesso à internet ocorre cada vez mais cedo entre as crianças, que a partir de então parecem estar monitoradas e passam, mesmo sem saber, informações sobre seus hábitos e suas preferências de consumo. Nos EUA já existe legislação específica de proteção às crianças, estabelecendo formas de controle dos pais. No Brasil, o direito ainda é incipiente nesse quesito, apesar de existir projetos para modificações no Estatuto da Criança e do Adolescente para abarcar a questão da privacidade digital do jovem usuário da internet.

A propriedade digital

A proteção à propriedade intelectual é mais antiga do que se pode imaginar. A primeira lei dos direitos autorais no mundo apareceu em 10 de abril de 1710 no Reino Unido, e marcou o início da era da propriedade intelectual, que garantiu aos criadores a devida remuneração pelas obras, desenvolveu a indústria do entretenimento e contribuiu para o progresso da arte e da ciência modernas.

A propriedade intelectual é baseada em três pilares: *a patente* que protege as invenções, *o copyright,* a produção literária ou artística e a *trademark,* que são a palavra, a frase, o símbolo ou o desenho, ou ainda a combinação destes, que identificam e distinguem determinada gama de produtos ou serviços.

A primeira menção ao programa de computador na legislação brasileira aparece na Lei nº7.232, de 29 de outubro de 1984, que regulou a Política Nacional de Informática, mas não definiu a natureza jurídica do programa nem determinou qualquer tipo de proteção.

Foi somente a Lei nº 7.646, de 18 de dezembro de 1987, que estabeleceu a proteção do programa de computador como direito autoral. O art. 2 descreveu que o regime de proteção à propriedade intelectual de programas de computador seria o disposto na Lei nº 5.988, de 14 de dezembro de 1973, com as modificações que a Lei estabeleceu para atender às peculiaridades inerentes a matéria.

A Lei nº 9.610, de 19 de fevereiro de 1998, que regula os direitos autorais e conexos, dispõe no art. 7, inciso XII, que os programas de computador são obras intelectuais regidas pelo direito autoral.

Uma nova legislação *sui generis,* Lei nº 9.609, de 19 de fevereiro de 1998, conhecida como Lei do Software, dispõe que o regime a proteção de programa de computador é conferido às obras literárias pela legislação de direitos autorais.

Hoje, no sistema legal brasileiro, nem sequer é necessária a patente para garantir proteção aos programas de computação, pois este não é requisito de procebilidade das ações em defesa dos direitos da informática. O prazo genérico de proteção à produção literária é de setenta anos, quando a obra cai em domínio público, podendo ser reproduzida sem licença. No caso de programas de computador, o prazo é de cinquenta anos.

— Este apêndice foi uma contribuição do Dr. **Adarcir Seidl Junior**, Advogado Civilista. Bacharel em Direito pela UNIP com especialização em Direito Contratual pela PUC/SP e Inglês no Central Piedmont Community College – Charlotte, NC EUA; membro da AASP e sócio fundador do escritório paulista Alves Oliveira & Seidl Advogados, com principal atuação em casos internacionais e ênfase na resolução extrajudicial de conflitos.

APÊNDICE B

Penetração da internet em âmbito mundial em 30 de abril de 2010

País	População	Usuários da internet	Penetração da internet (%)
Islândia	306.694	285.700	93,2
Noruega	4.660.539	4.235.800	90,9
Groenlândia	57.600	52.000	90,3
Suécia	9.059.651	8.085.500	89,2
Países Baixos	16.715.999	14.304.600	85,6
Dinamarca	5.500.510	4.629.600	84,2
Finlândia	5.250.275	4.382.700	83,5
Nova Zelândia	4.213.418	3.500.000	83,1
Austrália	21.262.641	17.033.826	80,1
Luxemburgo	491.775	387.000	78,7
Coreia do Sul	48.508.972	37.475.800	77,3
Ilhas Faroe	48.856	37.500	76,8
Reino Unido	61.113.205	46.683.900	76,4
Estados Unidos	307.212.123	234.372.000	76,3
Japão	127.078.679	95.979.000	75,5
Suíça	7.604.467	5.739.300	75,5
Alemanha	82.329.758	61.973.100	75,3
Bermudas	67.837	51.000	75,2
Canadá	33.487.208	25.086.000	74,9
Emirados Árabes Unidos	4.798.491	3.558.000	74,1
Israel	7.233.701	5.263.146	72,8
Cingapura	4.657.542	3.370.000	72,4
Áustria	8.210.281	5.936.700	72,3
Espanha	40.525.002	29.093.984	71,8
Andorra	83.888	59.100	70,5
Ilhas Britânicas Guernsey e Alderney	65.484	46.100	70,4
Bélgica	10.414.336	7.292.300	70
França	62.150.775	43.100.134	69,3
Hong Kong	7.055.071	4.878.713	69,2
Estônia	1.299.371	888.100	68,3

Continua

Continuação

País	População	Usuários da internet	Penetração da internet (%)
Irlanda	4.203.200	2.830.100	67,3
Mônaco	32.965	22.000	66,7
Liechtenstein	34.761	23.000	66,2
Taiwan	22.974.347	15.143.000	65,9
Malásia	25.715.819	16.902.600	65,7
Eslováquia	5.463.046	3.566.500	65,3
Eslovênia	2.005.692	1.300.000	64,8
Niue	1.598	1.000	62,6
Latvia	2.231.503	1.369.600	61,4
Hungria	9.905.596	5.873.100	59,3
Lituânia	3.555.179	2.103.471	59,2
República Checa	10.211.904	6.027.700	59
Polinésia-Tokelau	1.371	800	58,4
San Marino	30.167	17.000	56,4
Brunei Darussalam	388.190	217.000	55,9
Bahrein	728.709	402.900	55,3
Catar	833.285	436.000	52,3
Polônia	38.482.919	20.020.362	52
Itália	58.126.212	30.026.400	51,7
Chile	16.601.707	8.369.036	50,4
Croácia	4.489.409	2.244.400	50
Malta	405,165	200.200	49,4
Argentina	40.913.584	20.000.000	48,9
Irã	66.429.284	32.200.000	48,5
Colômbia	43.677.372	20.788.818	47,6
Ilha de Guam	178.430	85.000	47,6
Macau	559.846	259.000	46,3
Grécia	10.737.428	4.932.495	45,9
Sérvia	7.379.339	3.300.000	44,7
Macedônia	2.066.718	906.979	43,9
Montenegro	672.180	294.000	43,7
Ilhas Cook	11.870	5.000	42,1
Portugal	10.707.924	4.475.700	41,8
Ilhas Seychelles	87.476	33.900	38,8
Uruguai	3.494.382	1.340.000	38,3
Nova Caledônia	227.436	85.000	37,4
Kuwait	2.692.526	1.000.000	37,1
Bulgária	7.204.687	2.647.100	36,7
Brasil	198.739.269	72.027.700	36,2
Costa Rica	4.253.877	1.500.000	35,3
Turquia	76.805.524	26.500.000	34,5
Ilha Reunion (FR)	812.813	280.000	34,4
Gibraltar	28.796	9.853	34,2
Tuvalu	12.373	4.200	33,9

Continua

Continuação

País	População	Usuários da internet	Penetração da internet (%)
Marrocos	31.285.174	10.442.500	33,4
Romênia	22.215.421	7.430.000	33,4
Tunísia	10.486.339	3.500.000	33,4
Ilha Natal	1.402	464	33,1
Venezuela	26.814.843	8.846.535	33
Rússia	140.041.247	45.250.000	32,3
Bielorrúsia	9.648.533	3.106.900	32,2
Polinésia Francesa	287.032	90.000	31,4
Bósnia-Herzegovina	4.613.414	1.441.000	31,2
República Dominicana	9.650.054	3.000.000	31,1
Jersey	91.626	28.500	31,1
Chipre	1.084.748	335.000	30,9
Azerbaijão	8.238.672	2.444.600	29,7
Ilhas Maurício	1.284.264	380.000	29,6
China	1.338.612.968	384.000.000	28,7
Panamá	3.360.474	934.500	27,8
Ilha Norfolk	2.554	700	27,4
Arábia Saudita	28.686.633	7.761.800	27,1
Palau	20.796	5.400	26
Peru	29.546.963	7.636.400	25,8
Vietnã	88.576.758	22.779.887	25,7
Jordânia	6.269.285	1.595.200	25,4
Porto Rico	3.966.213	1.000.000	25,2
México	111.211.789	27.600.000	24,8
Filipinas	97.976.603	24.000.000	24,5
Tailândia	65.998.436	16.100.000	24,4
Cabo Verde	429.474	102.800	23,9
Líbano	4.017.095	945.000	23,5
Ucrânia	45.700.395	10.354.000	22,7
Geórgia	4.615.807	1.024.000	22,2
Egito	78.866.635	16.636.000	21,1
Kosovo	1.804.838	377.000	20,9
Albânia	3.639.453	750.000	20,6
Moldávia	4.320.748	850.000	19,7
Marianas do Norte	51.484	10.000	19,4
Maldivas	396.334	71.700	18,1
Vaticano	545	93	17,1
Síria	21.762.978	3.565.000	16,4
Omã	3.418.085	557.000	16,3
Nigéria	149.229.090	23.982.200	16,1
Quirguistão	5.431.747	850.000	15,6
Cazaquistão	15.399.437	2.300.000	14,9
Micronésia	107.434	16.000	14,9
Guatemala	13.276.517	1.960.000	14,8

Continua

Continuação

País	População	Usuários da internet	Penetração da internet (%)
Palestina (West Bk.)	2.461.267	355.500	14,4
El Salvador	7.185.218	975.000	13,6
Zimbábue	11.392.629	1.481.000	13
Paraguai	6.995.655	894.200	12,8
Cuba	11.451.652	1.450.000	12,7
Equador	14.573.101	1.840.678	12,6
Indonésia	240.271.522	30.000.000	12,5
Honduras	7.833.696	958.500	12,2
Argélia	34.178.188	4.100.000	12
São Tomé e Príncipe	212.679	24.800	11,7
Fiji	944.720	103.000	10,9
Mongólia	3.041.142	330.000	10,9
África do Sul	49.052.489	5.300.000	10,8
Bolívia	9.775.246	1.050.000	10,7
Paquistão	174.578.558	18.500.000	10,6
Santa Helena (RU)	7.637	800	10,5
Nicarágua	5.891.199	600.000	10,2
Sudão	41.087.825	4.200.000	10,2
Uzbequistão	27.606.007	2.469.000	8,9
Quênia	39.002.772	3.359.600	8,6
Tajiquistão	7.349.145	600.000	8,2
Vanuatu	218.519	17.000	7,8
Wallis e Futuna	15.289	1.200	7,8
Laos	6.834.345	527.400	7,7
Uganda	32.369.558	2.500.000	7,7
Senegal	13.711.597	1.020.000	7,4
Índia	1.156.897.766	81.000.000	7
Tonga	120.898	8.400	6,9
Butão	691.141	45.000	6,5
Armênia	2.967.004	191.000	6,4
Gâmbia	1.778.081	114.200	6,4
Botsuana	1.990.876	120.000	6
Suazilândia	1.337.186	80.000	6
Gabão	1.514.993	90.000	5,9
Zâmbia	11.862.740	700.000	5,9
Togo	6.031.808	350.000	5,8
Sri Lanka	21.324.791	1.163.500	5,5
Namíbia	2.108.665	113.500	5,4
Líbia	6.324.357	323.000	5,1
Angola	12.799.293	550.000	4,3
Gana	23.887.812	997.000	4,2
Samoa	219.998	9.000	4,1
Congo	4.012.809	155.000	3,9
Camarões	18.879.301	725.000	3,8

Continua

Continuação

País	População	Usuários da internet	Penetração da internet (%)
Eritreia	5.647.168	200.000	3,5
Lesoto	2.130.819	73.300	3,4
Ilhas Marshall	64.522	2.200	3,4
Costa do Marfim	20.617.068	660.000	3,2
Comores	752.438	23.000	3,1
Ruanda	10.746.311	300.000	2,8
Djibuti	724.622	19.200	2,6
Guiné-Bissau	1.533.964	37.100	2,4
Malavi	15.028.757	316.000	2,1
Nauru	14.019	300	2,1
Papua-Nova Guiné	5.940.775	120.000	2
Guiné Equatorial	633.441	12.000	1,9
Mauritânia	3.129.486	60.000	1,9
Afeganistão	28.395.716	500.000	1,8
Benin	8.791.832	160.000	1,8
Kiribati	112.850	2.000	1,8
Nepal	28.563.377	499.000	1,7
Ilhas Salomão	595.613	10.000	1,7
Moçambique	21.669.278	350.000	1,6
Iêmen	22.858.238	370.000	1,6
Madagascar	20.653.556	316.100	1,5
Mali	13.443.225	200.000	1,5
Turquemenistão	4.884.887	75.000	1,5
Chade	10.329.208	130.000	1,3
Tanzânia	41.048.532	520.000	1,3
Iraque	28.945.569	300.000	1
Somália	9.832.017	102.000	1
Burkina Faso	15.746.232	140.000	0,9
Guiné	10.057.975	90.000	0,9
Burundi	9.511.330	65.000	0,7
Libéria	3.441.790	20.000	0,6
Camboja	14.494.293	74.000	0,5
Nigéria	15.306.252	80.000	0,5
Bangladesh	156.050.883	556.000	0,4
Rep. África Central.	4.511.488	19.000	0,4
Congo. Rep. Dem.	68.692.542	290.000	0,4
Etiópia	85.237.338	360.000	0,4
Serra Leão	5.132.138	13.900	0,3
Mianmar	48.137.741	108.900	0,2
Timor-Leste	1.131.612	1.800	0,2

Fonte: *Internet World Stats:* Usage and Population Statistics. Disponível em: <http://www.internetworldstats.com/stats.htm>. Uso da internet e estatística da população mundial em 30 de abril de 2010.

APÊNDICE C

Glossário

Adotantes iniciais Os próximos 13,5 por cento a comprar o produto, depois dos inovadores, que compõem os primeiros 2,5 por cento. Os adotantes iniciais estão ansiosos para comprar novos produtos, mas eles possuem um espírito de comunidade que os inovadores não possuem, e tendem a se comunicar com outras pessoas sobre novos produtos.

Ads display (anúncios em display) Anúncios que contêm mais gráficos e espaços em branco do que o texto e incluem banners tradicionais e muitos tamanhos adicionais.

Ads display interativo O estágio mais avançado do banner, um anúncio que pode detectar a posição do mouse na webpage e começar a animar mais rápido à medida que o usuário se aproxima; têm jogos embutidos, ou menus suspensos, caixas de seleção e caixas de pesquisa para engajar e capacitar o usuário.

Advergame Uma combinação de publicidade e jogos on-line, na qual o usuário visualiza os produtos e serviços no próprio jogo.

Advertorial Uma publicidade impressa projetada para se assemelhar ao formato editorial e à fonte da publicação na qual ela é desenvolvida.

Agente de venda Uma entidade que representa uma única empresa para ajudá-la a movimentar o produto e que normalmente trabalha por uma comissão.

Agente Um intermediário que representa o comprador ou o vendedor, não é proprietário dos bens, e gera uma comissão pelo o trabalho concluído.

Agentes de compra de segunda geração Agentes de compras que avaliam o valor e não apenas o preço.

Agentes de compra Programas que permitem ao consumidor rapidamente comparar preços e características dentro de categorias de produtos. Os agentes de compras negociam implicitamente a redução de preços em nome do cliente, relacionando as empresas na ordem do melhor preço em primeiro lugar.

Agentes de compra Representam os compradores. No marketing tradicional, eles muitas vezes forjam relacionamentos de longo prazo com uma ou mais empresas; na internet, no entanto, eles representam qualquer número de compradores, muitas vezes anonimamente.

Agentes do fabricante (agregadores do vendedor) Uma entidade que representa mais de um vendedor, e no mundo virtual geralmente cria websites para ajudar uma indústria inteira a vender um produto.

Agentes on-line Representam o comprador ou o vendedor e ganham uma comissão pelo seu trabalho.

Agregação de rede social O processo de coleta de conteúdo de várias redes sociais ou promover consolidação do usuário de todos os seus perfis de rede, tudo em um só website.

Agregador Coleta de informações sobre produtos de vários fornecedores para que o consumidor possa ter mais opções em um só local.

Agregador de reputação Um website que classifica outros websites, produtos, varejistas, ou outro conteúdo de acordo com algum sistema de classificação.

AIO Atividades, interesses e opiniões dos clientes.

Alcance O número de lares/pessoas diferentes expostas pelo menos uma vez a uma impressão (exibição do anúncio, programa, comercial, página de impressão, etc.) por um período específico. Também chamado audiência cumulativa ou não duplicada.*

Amostra probabilística Uma amostra selecionada de tal forma que cada item ou pessoa na população estudada tenha uma probabilidade igual de ser incluída na amostra.

Amostras Um arranjo no qual os usuários estão autorizados a testar um produto digital antes da compra. Por exemplo, as empresas de software fornecem um teste gratuito de trinta a sessenta dias e as lojas de música on-line fornecem clips de trinta segundos de som para os clientes.

Análise ambiental Tarefa contínua de observar os fatores que afetam as operações de uma empresa; inclui a análise econômica, bem como as tendências sociais e demográficas.

Análise da situação Revisão do plano de marketing já existente e quaisquer outras informações que podem ser obtidas sobre a empresa e suas marcas, o exame de fatores ambientais relacionados com marketing on-line, e desenvolvimento de uma análise de oportunidade de mercado.

Análise das oportunidades de mercado (MOA) Análise conduzida por uma empresa após examinar o ambiente de marketing, com foco na busca e seleção entre oportunidades de mercado. Uma análise de oportunidades de mercado tradicional inclui análise da oferta e da demanda. A análise da demanda avalia os vários segmentos de mercado em termos de sua rentabilidade potencial. Por outro lado, a análise da oferta avalia a concorrência em segmentos selecionados que estão sob consideração.

Análise RFM Varredura do banco de dados para três critérios: recência, frequência e valor monetário. Esse processo permite que as empresas foquem ofertas aos clientes que são mais suscetíveis, poupando assim os custos promocionais e aumentando as vendas.

Anúncio intersticial Baseado em anúncios em Java que aparecem enquanto o conteúdo do editor está sendo carregado.

Aplicativo onipresente Um aplicativo que é capaz de funcionar no decorrer de quase qualquer sessão on-line sem o conhecimento ou controle do usuário.

Applets hostis Programas que podem ser usados para sub-repticiamente acessar e transmitir dados em discos rígidos, incluindo endereços de e-mail , registos de cartões de crédito e informações de outra conta.

Atacadistas Esses intermediários compram produtos do fabricante e os revendem aos varejistas.

Atmosfera O ambiente no interior da loja criado pelos varejistas.

Audiência A porcentagem de determinado grupo de população que consome uma média em um momento específico. Geralmente utilizada para meios de transmissão, mas pode ser aplicada a qualquer meio. Um ponto de audiência equivale a 1 por cento da população potencial de visualização.*

Autenticidade do entrevistado Uma desvantagem da pesquisa on-line na qual é difícil determinar se os entrevistados são quem dizem ser.

Automação de marketing Esta é 'uma abordagem estruturada para a captura, integração e análise de dados de clientes [que] é necessária para identificar e alavancar ao máximo os relacionamentos com o cliente e as oportunidades. Esse espaço emergente, chamado automação de marketing, forma o núcleo do mecanismo de conhecimento que impulsiona a gestão do relacionamento com os clientes (CRM)' (Distefano, 2000).

Autorregulação A habilidade do setor privado de rapidamente identificar e resolver problemas específicos às suas áreas de competência.

Balanced Scorecard Um sistema corporativo de gestão de desempenho que vincula a estratégia à execução, com as empresas definindo metas e subsequentes métricas de desempenho em quatro áreas: clientes, processos internos, inovação e aprendizagem e financeiro.

Banco de dados de marketing Coleta, análise e disseminação de informação eletrônica sobre clientes, prospectos, e produtos, a fim de aumentar os lucros.

Banner publicitário Um espaço retangular que aparece em um website, pago por um anunciante, que permite ao usuário clicar no anúncio e ir para o website do anunciante.

Base de segmentação Dividir o mercado pelas dimensões demográficas, localização geográfica, psicográficas e de comportamento, sendo que cada qual possui um número de variáveis.

Blogs Também conhecidos como Weblogs. Websites onde as entradas são listadas em ordem cronológica inversa e os leitores podem comentar sobre qualquer entrada.

Brand equity (equidade da marca) O valor intangível de uma marca, avaliado em valor monetário.

Busca natural Uma estratégia de SEO que envolve otimização de um website para que ele apareça o mais próximo da primeira página de resultados do mecanismo de busca.

Business Inteligence — BI A coleta de informações secundárias e primárias sobre concorrentes, mercados, clientes e mais.

Business-to-consumer (B2C) A comercialização dos produtos ao consumidor final.

Business-to-goverment (B2G) A comercialização dos produtos para instituições governamentais.

Busines-to-business (B2B) A comercialização de produtos para empresas, governos e instituições para uso na operação de negócios, como componentes nos produtos comerciais, ou para revenda.

Cabo básico Um contrato de serviço 'básico', em que um assinante paga uma taxa mensal para uma operadora de TV a cabo ou sistema. Isso não inclui 'pagar' serviços que possam ser oferecidos pela operadora a cabo.*

Cadeia de valor (logística integrada) A cadeia de suprimentos, o fabricante e o canal de distribuição visto como um sistema integrado.

canal de distribuição indireta Inclui fornecedores, fabricantes, atacadistas, varejistas e consumidores finais

canal de distribuição Um grupo de empresas interdependentes que trabalham em conjunto para a transferência do produto do fornecedor ao consumidor. A transferência pode ser direta ou empregar um número de intermediários.

Capital de relacionamento A capacidade de uma empresa para construir e manter relacionamentos com clientes, fornecedores e parceiros. O valor total desses relacionamentos para uma empresa em longo prazo é seu capital de relacionamento.

Casting ao vivo Permite o streaming de áudio ou vídeo ao vivo diretamente de um telefone celular, dispositivo de internet móvel, PC, Mac ou website para visualização por outras pessoas.

Cavalos de Troia Esses programas não se replicam e muitas vezes aparecem como software legítimo. O programa parecido com vírus pode causar danos ao computador e abrir portas para que hackers entrem no computador para causar danos.

CIM (comunicação integrada de marketing) Consulte comunicação integrada de marketing

Cliente potencial Aumentar as taxas de resposta de promoções; aumentar as taxas de transações.

Clique Determinado quando um usuário da web clica em um banner ou outro anúncio que é um hiperlink para o website do anunciante

Código de ética Uma declaração descrevendo comportamentos apropriados dos participantes, desenvolvidos por associações comerciais, grupos comerciais padrões e as profissões.

Código universal do produto (UPC) Também chamado de código de barras, um símbolo lido por varejistas, atacadistas e fabricantes com a finalidade de gestão de estoques.

Coleta de dados do cliente Informações sobre navegação do cliente são obtidas à direita no PC do usuário (por exemplo, o arquivo cookie).

Coleta de dados do servidor Informações sobre navegação do cliente, que são colhidas e registradas no servidor web.

Coleta de dados em espaço real Essa coleta de dados primários se refere às abordagens orientadas para a tecnologia para reunir informações off-line que são armazenadas e utilizadas posteriormente em bancos de dados de marketing, tais como scanners de código de barras em lojas de varejo.

Comércio eletrônico (e-commerce) O subconjunto de e-business focado em transações que inclui a compra/venda on-line, criação de valor digital, mercados virtuais e lojas, e novos intermediários do canal de distribuição. Este termo e e-business são muitas vezes usados alternadamente.

Compra aberta na internet (OBI) Transferência eletrônica de dados (EDI) que suporta o compartilhamento de informações internas com parceiros do canal de valor.

Comunicação da marca A publicidade e outras táticas de comunicação de marketing que criam uma imagem nitidamente favorável que os clientes associam a um produto ao considerar as decisões de compra.

Comunicação integrada de marketing (CIM) Um plano abrangente de comunicação que inclui publicidade, promoção de vendas, relações públicas, marketing direto, venda pessoal, e outros componentes do mix de marketing para fornecer o máximo impacto da comunicação com as partes interessadas.

Comunidades da diáspora Quando um grande número de pessoas deixam seu país de origem e vivem juntas em um bairro comum ou cidade no exterior, elas se tornam parte de uma comunidade da diáspora, muitas vezes querendo manter um relacionamento com sua terra natal.

Conceito de marketing A ideia de que uma organização existe para satisfazer desejos e necessidades dos clientes e atender os objetivos organizacionais.

Consentimento Quando os usuários podem escolher participar ou excluir.

Construção de comunidade Empresas constroem websites para atrair grupos de usuários com interesses especiais.

Consumer-to-consumer (C2C) Transações comerciais de um consumidor para outro. Uma vez limitado à publicidade classificada e vendas de garagem, C2C tem crescido atualmente devido à popularidade dos leilões on-line.

Conteúdo do website Texto, gráficos, vídeo e áudio que são exibidos em uma webpage, que também podem incluir recursos interativos, como ferramentas de busca, formulários, opções de compra e e-mail.

Controle de acesso Leis e normas que permitem as pessoas regular as informações que elas estão recebendo.

Conversão A proporção de visitantes do website que realmente compram na visita.

Cooperativa de compradores (agregador do comprador) Um tipo de agente de compras on-line que reúne compradores para o propósito de comprar em quantidades maiores e, assim, reduzir os preços.

COPPA (Lei de Proteção de Privacidade das Crianças On-line) Requer que websites e outras mídias on-line que intencionalmente colhem informações de crianças de 12 anos ou menos (1) forneçam um aviso aos pais, (2) obtenham o consentimento verificável dos pais antes da coleta, uso ou divulgação de mais informação; (3) que os pais possam ver e corrigir essas informações; (4) permitam que os pais evitem o uso ou coleta de dados; (5) limitem a coleta de informações pessoais para a participação de uma criança em jogos, oferta de prêmios ou atividades relacionadas, e (6) estabeleçam procedimentos que protegem a confidencialidade, segurança e integridade das informações pessoais coletadas.

Copyright A proteção do direito de publicar ou duplicar as expressões de ideias.

Corretor Um intermediário que reúne compradores e vendedores, mas não representa nenhum dos lados. Como os agentes, os corretores são pagos pelo comprador ou vendedor.

Corretores on-line Intermediários que ajudam nas negociações de compra sem realmente representar os compradores ou vendedores.

Custo por clique (CPC) Custo total da publicidade dividido pelo número de cliques em um anúncio ou hiperlink.

Custo por mil (CPM) O custo para entregar mil impressões (associado à geração de visualizações de anúncio na internet, e envio a pessoas ou casas na mídia tradicional).*

Custo por pedido Custo total do anúncio dividido pelo número de pedidos.

Customização A terceira etapa no processo de CRM (identificar, diferenciar e personalizar) no qual as empresas adequam seus mix de marketing para atender às necessidades de pequenos segmentos-alvo, mesmo em nível individual, utilizando ferramentas de marketing eletrônico; às vezes, refere-se a tecnologia que permite que os clientes acessem o website para atender suas próprias necessidades.

Customização em massa A capacidade exclusiva da internet de individualizar os mix de marketing de forma eletrônica e automática em nível individual.

Cybersquatting Um tipo de violação de marca registrada que envolve o registro de domínios que se assemelham ou duplicar os nomes das empresas existentes ou outras entidades.

Dados primários Informações reunidas pela primeira vez para resolver um problema específico. É geralmente mais caro e demorado do que reunir dados secundários, embora, por outro lado, os dados sejam atuais e geralmente mais relevantes para o problema específico do profissional de marketing. Além disso, os dados primários têm a vantagem de ser proprietários e, portanto, indisponíveis aos concorrentes.

Dados secundários Informações já existentes colhidas para algum outro propósito, que sejam úteis para o problema atual; podem ser coletadas de forma mais rápida e menos dispendiosa do que os dados primários.

Data warehouse Repositório para os dados históricos de uma organização inteira (e não apenas os dados de marketing), projetado especificamente para apoiar a análise necessária para a tomada de decisão.

Demografia As características demográficas da população.

Desintermediação O processo de eliminar intermediários tradicionais. Eliminar intermediários tem o potencial de reduzir os custos, porque cada intermediário deve adicionar ao preço do produto, a fim de produzir seu meio de vida.

Diferenças de mercado Meios nos quais dois mercados nacionais apresentam características diferentes, como línguas diferentes, comportamentos culturais, comportamentos de compra, e assim por diante.

Diferenciação 'O processo de adição de um conjunto de diferenças significativas e valorizadas para distinguir a oferta da empresa das ofertas concorrentes.'

Diluição A diminuição da capacidade de identificar ou distinguir um bem ou um serviço.

Dinheiro eletrônico Também chamado *e-money* ou *dinheiro digital*, um sistema que usa a internet e computadores para efetuar pagamentos eletronicamente.

Dispersão de preços A diferença observada entre o preço mais alto e mais baixo para determinado produto.

Distribuição direta Refere-se a um tipo de comércio eletrônico em que os fabricantes vendem diretamente ao consumidor, eliminando intermediários, como os varejistas (o modelo Dell). Também chamado *venda direta*.

DSL (digital subscriber line) Tecnologia que se refere a uma família de métodos (nove variações) para a transmissão a velocidades até 8 Mbps (8 milhões por segundo) ao longo de uma linha telefônica padrão.

E-business Consulte negócios eletrônicos.

E-commerce Uso de tecnologias digitais, como a internet e os scanners de código de barras para permitir o processo de compra e venda. E-commerce refere-se a transações por meio de canais de distribuição e lojas virtuais.

Economia de atenção A ideia de que informações infinitas estão disponíveis, mas a demanda por elas é limitada pela capacidade dos seres humanos.

Economias emergentes Aquelas com baixos níveis de produto interno bruto (PIB) *per capita* que estão experimentando um rápido crescimento.

Eficácia A medida na qual as escolhas feitas maximizam a vantagem competitiva de uma empresa.

Eficiência Em geral, refere-se aos custos relativos de promover audiências da mídia.* Consulte o custo por ponto percentual e custo por mil.

Elasticidade de preço A variabilidade do comportamento de compra com as mudanças no preço.

E-marketing estratégico A concepção de estratégia de marketing que capitaliza as capacidades da tecnologia da informação ou eletrônicas da organização para alcançar objetivos específicos.

Endereço IP (protocolo da internet) Consulte *URL* e *nome do domínio*. Todos os três termos são usados alternadamente.

Engajamento Envolve persuadir um prospecto para a ideia da marca, ressaltado pelo contexto circundante.

Entrevistas em profundidade (IDI) Uma conversa semiestruturada com um pequeno número de indivíduos.

Estratégia de e-business A implantação dos recursos da empresa para capitalizar tecnologias para alcançar os objetivos especificados e, finalmente, melhorar o desempenho e criar uma vantagem competitiva sustentável.

Estratégia de e-marketing Uma estratégia de marketing utilizando a tecnologia da informação.

Estratégia O meio para atingir um objetivo.

Ética Um esforço geral que leva em conta as preocupações e valores da sociedade como um todo.

Etiquetagem Envolve fixar palavras-chave em vídeo, fotos, textos ou ajudar os usuários a encontrar o conteúdo desejado.

Etiquetas de páginas Um pixel em uma página que é invisível para os usuários. (Um pixel é um ponto de luz na tela do computador.)

Exclusão digital A distinção entre países e entre diferentes grupos de pessoas dentro dos países entre os que têm um verdadeiro acesso às informações e tecnologia de comunicações e estão as utilizando de forma eficaz, e aqueles que não o fazem.

Extensões on-line Uma estratégia de baixo risco para os comerciantes introduzindo uma linha de novos produtos.

Extranet É uma intranet na qual as redes proprietárias são unidas com o propósito de compartilhar informações. Se duas empresas conectam suas intranets, elas têm uma extranet. Extranets são de propriedade das organizações envolvidas.

Fabricar sob pedido Um produto complexo que é criado e pedido, o que ajuda a eliminar estoques e reduzir custos.

Fatores macroambientais Os ambientes legais, políticos e tecnológicos on-line que podem influenciar fortemente as estratégias de marketing, alterar a composição da audiência da internet e afetar a qualidade do material que pode ser enviado a eles. Esses fatores também afetam as leis relacionadas à taxação, acesso, direito autoral e criptografia na internet.

Fax-on-demand Os clientes telefonam para uma empresa, ouvem um menu de voz automatizado e, através da seleção de opções, solicitam que um fax seja enviado sobre um tópico de interesse.

Filtragem colaborativa Esse software reúne opiniões semelhantes de usuários e retorna essas opiniões para o indivíduo em tempo real.

Filtragem de conteúdo Um processo pelo qual os usuários da web podem bloquear material indesejado.

Filtro de spam Um programa que tem a capacidade de bloquear e-mails não solicitados.

Fiscalização O processo por meio do qual os usuários dispõem de meios eficazes para manter os seus dados conforme seus critérios.

Fluxos de receitas Fluxos de caixa que podem vir de vendas de produtos no website, vendas de publicidade e comissões de agentes.

Foco individualizado Consulte micromarketing.

Formulário web Termo técnico para uma webpage que designa lugares para que o usuário digite informações. Muitos formulários são colocados em websites corporativos, utilizando-os para uma infinidade de propósitos de registro do website e pesquisa de opinião para compra do produto.

Framing Um processo em que um navegador web é instruído a se dividir em duas ou mais partições e carregar dentro de um material obtido de outro website por meio da execução de um link automático.

Fraude O uso de fraudes e falsas alegações para obter lucro.

Frequência O número de vezes em que as pessoas (ou casas) estão expostas a uma mensagem publicitária, uma campanha publicitária, ou um veículo de mídia específico. É também o período de emissão de uma ublicação (por exemplo, diária, mensal).*

FTC (Federal Trade Commission) Agência administrativa preocupada em fazer leis responsivas a situações particulares, promulgando regras e opiniões dentro dos setores das suas competências.

FTP (File Transfer Protocol) O procedimento pelo qual os arquivos são transferidos do computador do designer para o servidor web, usado na publicação de webpages.

Funções transacionais O processo de associar o produto às necessidades do comprador, negociação de preços, e realização de transações.

Geografia Separação dos grandes mercados em agrupamentos menores de acordo com país, região, estado, cidade, comunidade ou bairro.

Geração do milênio Um segmento de clientes nascidos entre 1974 e 1994 (também chamada *Geração Y*).

Gestão da cadeia de suprimentos (SCM) A coordenação nos bastidores do canal de distribuição para oferecer produtos com eficácia e eficiência aos clientes. Também chamado *logística integrada*.

Gestão da colaboração com o cliente (CCM) (também chamada *CRM 2.0* ou *CRM Social*) CCM 'é uma filosofia e uma estratégia de negócios, apoiadas por uma plataforma de tecnologia, regras de negócios, processos e características sociais, projetadas para engajar o cliente em uma conversa colaborativa, a fim de fornecer um valor de benefício mútuo em um ambiente de negócios confiável e transparente. É a resposta da empresa à posse de conversa do cliente (de acordo com Paul Greenberg da CRM 2.0 Wiki)'.

Gestão da experiência com o cliente (CEM) CEM 'representa a metodologia, disciplina e/ou processo utilizados de forma abrangente para administrar a exposição em multicanais de um cliente, interação e transações com uma empresa, produto, marca ou serviço (conforme afirmado por Bernd Schmitt em 2003)'.

Gestão de receitas Uma estratégia utilizada na maioria das vezes pela indústria de viagens para otimizar a gestão de inventário por meio de mudanças de preços frequentes.

Gestão do conhecimento (KM) O processo de gerenciar a criação, uso e disseminação do conhecimento.

Gestão do relacionamento com o cliente (CRM) O processo de seleção, aquisição, transação, manutenção, retenção e construção de relacionamentos de longo prazo com os clientes.

GPRS (General Packet Radio Service) Também conhecido como *tecnologia de telefonia celular 3G* (terceira geração), suportando ampla gama de larguras de banda para receber e enviar e-mails e grandes quantidades de dados, e para navegação web em muitos países diferentes.

Gravador de vídeo digital (DVR) Discos rígidos que permitem que o espectador faça pausas de shows ao vivo ou gravar até 160 horas de programação televisiva. Também conhecido como *gravador de vídeo pessoal* (*PVR*).

Grupo de foco (focus group) Metodologia qualitativa que tenta coletar informações detalhadas de um pequeno número de participantes.

Grupos de notícias Comunidades de interesse que postam e-mails em quadros de avisos eletrônicos (por exemplo, Usenet, que é organizada em torno de temas ou produtos).

HTML (hypertext markup language) Um sistema simples de codificação utilizado para formatar documentos para visualização por clientes da web. Webpages são escritas nesse padrão específico.*

Identificação por radiofrequência (RFID) Etiquetas utilizadas para transmitir um sinal para os scanners, que detectam a presença da etiqueta RFID em produtos, cartões de crédito, ou mesmo na pele de uma pessoa ou animal.

Impressões Soma total de todas as exposições de mídia (número de pessoas ou casas) sem levar em conta a duplicação.

Inclusão paga Ocorre paga quando os websites recebem indexação garantida em um mecanismo de busca.

Infomediário Uma organização on-line que agrega e distribui informações.

Inovações descontínuas Produtos inéditos nunca vistos anteriormente, como CDs de música e a televisão quando lançados.

Inteligência competitiva (IC) A análise dos setores nos quais uma empresa opera que permite o posicionamento estratégico da empresa e para compreender as vulnerabilidades concorrente.

Inteligência de mercado Procedimento no qual os profissionais de marketing monitoram continuamente o macroambiente da empresa para identificar ameaças e oportunidades.

Intercâmbio on-line Fórum eletrônico no qual compradores e vendedores se reúnem para fazer transações.

Intermediário Uma empresa que aparece no canal entre o fornecedor e o consumidor, e é especializada no exercício das funções de forma mais eficiente do que o fornecedor.

Internet Corporation for Assigned Names and Numbers (ICANN) A organização responsável pela administração do nome de internet e sistema de endereço e pela resolução de conflitos que envolvem a atribuição e posse de domínios.

Internet Relacionada à estratégia de marketing, a internet é uma rede global de redes interconectadas (tecnologia), um meio de comunicação com as partes interessadas, e um canal de distribuição para produtos digitais.

Intranet Uma rede desenvolvida internamente em uma corporação, mas que usa padrões de internet, como HTML e navegadores; pode ser considerada como uma mini-internet, mas apenas para o uso interno da corporação.

Jornalistas cidadãos Os usuários da internet que contribuem com suas perspectivas de postagem de conteúdo para blogs on-line, fóruns e websites, geralmente sem revisão editorial.

Jurisdição O termo legal que descreve a capacidade de um tribunal ou outra autoridade para ganhar controle sobre uma parte; tradicionalmente baseada na presença física, mas agora menos certo dentro da comunalidade do mundo on-line do que na localização física.

Laços estruturais Relacionamentos criados quando as empresas agregam valor, fazendo mudanças estruturais que facilitam o relacionamento com clientes e fornecedores.

Lado do cliente Refere-se a atividades que ocorrem no computador do usuário, como escrever e enviar e-mail.

Lan houses Pequenas lojas com três a dez computadores que oferecem conexões de internet para o público em geral em ambientes decorados com simplicidade.

Lei Uma expressão de valores, normalmente criada para fins mais amplos, com o objetivo de abordar as populações nacionais ou, por vezes, internacionais, elaborada por legislaturas como o Congresso ou o Parlamento, executada por executivos ou orgãos, e interpretada pelos tribunais.

Leilão reverso Um arranjo de troca no qual compradores individuais digitam o preço que vão pagar por itens específicos no website do agente de compras da web, e os vendedores podem concordar ou não em pagar esse preço.

Leilões on-line A venda no estilo de leilão de mercadorias pela internet.

Licença Acordo contratual feito entre consumidores e fornecedores de software que permite que o comprador utilize o produto, mas restringe a duplicação ou distribuição.

Liderança de preços A entrada do produto de com menor preço em uma categoria particular.

Linguagem de marcação extensível (XML) A próxima geração de HTML que permite que os navegadores da web obtenham informações de bancos de dados em tempo real e as exibam nas webpages.

Linhas de novos produtos Linhas introduzidas quando as empresas adotam uma marca existente e criam novos produtos em uma categoria completamente diferente. Por exemplo, a General Foods aplicou o nome da marca Jell-O ao pudim e outras delícias congeladas.

Log do website Dados sobre quanto tempo os usuários permanecem em cada página, quanto tempo eles permanecem no website, e que caminho eles tomam através do website, entre outras coisas.

Logística Isso inclui atividades de logística de distribuição física, como transporte e armazenamento de estoque, bem como a função de agregar produto.

Logística terceirizada A terceirização da logística de tal forma que um terceiro gerencie a cadeia de suprimentos da empresa e forneça serviços de valor agregado, como configuração do produto e submontagem.

Macro vírus São vírus que se ligam a arquivos de dados e infectam aplicativos comuns de desktop quando os usuários abrem o arquivo de dados infectados.

Macroambiente Todos as partes interessadas, organizações e forças externas à organização.

Magistrado virtual Um programa orientado à mediação desenvolvido para resolver disputas on-line.

Marca registrada Qualquer imagem, símbolo, palavra ou outro indicador associado positivamente com a identidade de um produto no mercado e registrado com o governo.

Marcação social 'Um método para usuários de internet para compartilhar, organizar, pesquisar e gerir marcações de recursos da web', segundo a Wikipedia.

Marketing baseado na localização Ofertas promocionais que são conduzidas para dispositivos móveis e customizadas com base na localização física do usuário.

Marketing de atenção Empresas web que são encontradas, em oposição a interromper os clientes para levá-los a prestar atenção ao website, produtos, e assim por diante.

Marketing de nicho Seleção de um segmento e o desenvolvimento de um ou mais mixes de marketing para atender às necessidades desse segmento.

Marketing de permissão Forma opt-in de marketing na qual os anunciantes apresentam mensagens de comunicação de marketing para consumidores que concordam em recebê-las.

Marketing de pesquisa O ato de divulgação de um website por meio dos mecanismos de busca, quer por meio da melhoria da classificação nas listas, da compra de anúncios pagos, ou da combinação destas e de outras atividades relacionadas aos mecanismos de busca.

Marketing de relacionamento O processo de estabelecer, manter, aperfeiçoar e aumentar as vendas por meio do relacionamento com o cliente; a orientação para o cliente em longo prazo envolve a comunicação interativa contínua entre a empresa e os as partes interessadas selecionadas, e se concentra em clientes individuais 1:1.

Marketing direto Qualquer comunicação direta para um cliente ou receptor comercial projetado para gerar uma resposta na forma de um pedido (pedido direto), uma solicitação de informação adicional (geração de proposta) ou uma visita a uma loja ou outro local de negócios para compra de produto ou serviço específico (geração de tráfego) (<http://www.the-dma.org>).

Marketing eletrônico (e-marketing) O uso da tecnologia da informação nos processos de criar, comunicar e promover valor aos clientes e para gerenciar relacionamentos com clientes de forma a beneficiar a organização e as suas partes interessadas.

Marketing em massa Consulte foco não diferenciado.

Marketing multicanal O uso de mais de um canal de vendas, como on-line, loja física e catálogo.

Marketing viral O equivalente on-line do boca a boca e mencionado como boca a mouse, que ocorre quando os indivíduos encaminham e-mail para amigos, colegas, familiares e outras pessoas em suas listas de e-mail.

Mecanismo de busca Um website que varre a web, buscando por associações para as palavras-chave do usuário, e retorna uma lista de websites que podem ter as informações desejadas.

Mensagens de texto Consulte serviços de mensagens curtas (SMS).

Mensagens instantâneas Mensagens curtas enviadas entre os usuários que estão on-line ao mesmo tempo.

Mercado eficiente Um mercado em que os clientes têm acesso igual à informações sobre produtos, preços e distribuição.

Metatags Declarações em HTML, que descrevem o conteúdo de um website, que permitem que os mecanismos de busca identifiquem websites relevantes aos tópicos de suas investigações.

Métricas ou indicadores de desempenho Medidas específicas destinadas a avaliar a eficácia e eficiência das operações de uma organização.

Microambiente Partes interessadas e forças internas para a organização.

Microblogs Um tipo de blog, mas com fragmentos de frases muito curtas, ou apenas uma imagem ou hiperlink.

Micromarketing Foco individualizado.

Microssite Uma webpage ou pequeno website com informações especializadas com a sua própria URL que é promovido separadamente do website principal.

Mídia de comunicação Ferramentas para divulgação de informações.

Mídia de pointcas Mídia eletrônica com a capacidade de transmitir para um público de apenas uma pessoa.

Mídia digital Ferramentas eletrônicas utilizadas para armazenar, transmitir e receber informações digitalizadas, de acordo com a Wikipedia.

Mídia social Termo utilizado para descrever o tipo de mídia baseado em conversação e interação entre as pessoas on-line.

Mineração de dados Extração de informações preditivas ocultas no data warehouse por meio de análise estatística, a fim de encontrar padrões e outras informações no banco de dados.

Modelo AIDA Significa consciência, interesse, desejo e ação, e é um dos modelos da hierarquia de efeitos.

Modelo de e-business Um método pelo qual a organização se sustenta no longo prazo utilizando a tecnologia da informação, que inclui a sua proposta de valor para parceiros e clientes, bem como seus fluxos de receita.

Modelo de hierarquia de efeitos Dispositivo que tenta explicar o impacto da comunicação de marketing. Pressupõe que os consumidores passem por uma série de etapas na tomada de decisão de produto e que as mensagens de comunicação são projetadas para ajudar nesse processo.

Modelo de negócios Um método pelo qual a organização se sustenta no longo prazo, que inclui a sua proposta de valor para parceiros e clientes, bem como seus fluxos de receita.

Modem a cabo Permite a transmissão de tráfego de internet sobre o fio da TV a cabo ligado para a casa, com uma velocidade de transmissão através de um modem a cabo que varia entre 500 Kbps e 2,5 Mbps.

Multimídia A experiência de áudio e vídeo que ainda não é predominante na internet, devido principalmente à falta de largura de banda suficiente para a sua transmissão.

Mundos virtuais Websites onde os usuários podem assumir a forma de avatares e socializar em um espaço on-line da sua própria criação.

Narrowcast Um termo de mídia eletrônica referindo-se principalmente aos canais a cabo, porque contêm conteúdo eletrônico focado que apela para mercados com interesses especiais.

Negociação de preço Uma empresa negocia preços com os clientes individuais, que podem incluir segmentos destes clientes on-line.

Negócios eletrônicos (e-business) A otimização contínua das atividades de uma empresa por meio da tecnologia digital. Este termo e comércio eletrônico são muitas vezes usados alternadamente.

No Electronic Theft (NET) Legislação que confere proteção aos direitos autorais do conteúdo do computador e impõe sanções quando a infração é cometida para fins comerciais ou privados, ganho financeiro ou pela reprodução ou distribuição de uma ou mais cópias de obras protegidas que possuem $ 1.000 ou mais em valor de vendas.

Nome de domínio O nome exclusivo que identifica um wensite na internet, como microsoft.com. Um nome de domínio tem sempre duas ou mais partes, separadas por pontos. Um determinado servidor pode ter mais de um nome de domínio, mas um nome dado a um domínio aponta para apenas uma máquina.*

Notícias sociais Websites em que os usuários enviam links para novas histórias on-line e os leitores votam ou comentam sobre quais são as melhores.

Notificação Um comunicado aos usuários para conscientizá-los da política de informações do website antes que os dados sejam coletados.

Observação on-line O monitoramento do comportamento das pessoas em situações relevantes, tais como bate-papo do consumidor e postagem por e-mail, por meio de chats, quadros de avisos ou listas de discussão.

Opt in Ocorre quando os usuários concordam voluntariamente em receber e-mails comerciais sobre assuntos que possam ser de interesse para eles, bastando assinalar uma caixa ou inserir um endereço de e-mail. Também chamado *marketing de permissão*.

Opt out Similar ao opt in; no entanto, os usuários têm a possibilidade de desmarcar a caixa em uma webpage para evitar o recebimento de informações ou e-mails.

Otimização do mecanismo de busca (SEO) O ato de alterar um website e os links acessados de modo a se adequar às listagens orgânicas dos mecanismos de busca.

Painel on-line Um painel de pessoas que são pagas para ser objeto de pesquisa de marketing. Também chamado *sistemas de dados de fonte única* ou *comunidades autorizadas*.

Países menos desenvolvidos (LDC´s) Estes são os países com economias mais pobres do mundo.

Palavras-chave As palavras que os usuários digitam na caixa de consulta para encontrar o que eles buscam.

Participação na carteira O volume de vendas que uma empresa pode gerar a partir de um cliente e, portanto, reflete um foco na retenção do cliente *versus* aquisição do cliente (cota de mercado).

Patente A proteção registrada de invenções e a capacidade de reproduzir ou fabricar um produto de um inventor.

Patrocínio de conteúdo Um modelo de negócios de comércio eletrônico que envolve empresas que vendem espaço on-line do website ou espaço de e-mail para anunciantes.

Patrocínio Integração de conteúdo editorial e publicidade em um website. O patrocinador paga pelo espaço e cria conteúdo que agrada ao público do editor.

Perfil do cliente Uso das informações de armazenamento de dados para ajudar os profissionais de marketing a compreender as características e o comportamento de grupos-alvo específicos.

Perfil em tempo real O uso de um software especial para monitorar os movimentos de um usuário por meio de um website, e depois compilar e relatar os dados a qualquer momento.

Permuta Troca de bens e serviços sem a utilização de dinheiro (ou seja, a aquisição de tempo ou espaço de mídia por uma empresa de mídia em troca de tempo/espaço similar em retorno).*

Personalização Métodos de individualização de um ambiente de rede de computador impessoal (por exemplo, websites que cumprimentam usuários por nome, fornecendo informações personalizadas).

Pesquisa paga Ocorre quando um anunciante paga ao agregador de reputação uma taxa para inscrição, submissão no diretório, a inclusão de um índice no mecanismo de busca, ou para exibir seus anúncios quando os usuários digitam palavras-chave específicas.

Pesquisa sindicalizada Dados coletados regularmente utilizando um processo sistemático, tais como os índices de audiência da televisão da Nielsen. São dados secundários que as empresas compram.

Pesquisa vertical Uma busca específica de website sobre temas extremamente especializados, como viagens, varejistas on-line ou livros.

PICS (plataform for internet content selection rules) Um aplicativo que possibilita a filtragem de websites considerados inapropriados para menores.

Pirataria de software de computador ou outros direitos autorais de propriedade intelectual (como música ou filmes) que o indivíduo não paga.

Pixel Um ponto de luz na tela do computador.

Planejamento estratégico O 'processo gerencial de desenvolver e manter um ajuste viável entre os objetivos da organização, habilidades e recursos e suas oportunidades de mercado em mutação' (Kotler, 2003, p. 64).

Plano de avaliação Sistema de monitoramento da eficácia, posto em prática antes que o website seja lançado, no qual ele é continuamente avaliado depois de ser criado e publicado.

Portal Um ponto de entrada para a internet, como Yahoo, Lycos, Excite.

Posicionamento Uma estratégia para criar a imagem desejada para uma empresa e seus produtos nas mentes de um segmento de usuário escolhido.

Precificação dinâmica A estratégia para oferecer preços diferentes para clientes diferentes.

Precificação fixa Um preço fixado pelos vendedores, que os compradores devem pegar ou largar. Também chamado *lista de preços*.

Precificação por segmento de valor O vendedor reconhece que nem todos os clientes atribuem o mesmo valor para a empresa, e segmenta por valor alto, médio e baixo — e define a precificação de forma correspondente.

Precificação por segmento geográfico Uma empresa estabelece preços diferenciados na venda de um produto em diferentes áreas geográficas.

Precificação promocional Negociações especiais de preço que os varejistas utilizam para encorajar uma primeira compra, para incentivar novos negócios, ou para fechar uma venda.

Precificação segmentada Definir o preço de um bem ou serviço em dois ou mais níveis, com base na diferenciação do segmento em vez do custo isolado.

Preço O volume de dinheiro cobrado por um produto ou serviço. Mais amplamente, o preço é a soma de todos os valores (como dinheiro, tempo, energia e custo físico) que os compradores trocam pelos benefícios de ter ou utilizar mercadoria ou serviço.

Princípio de Pareto A generalização que 80 por cento dos negócios de uma empresa geralmente vem de 20 por cento dos clientes.

Privacidade Tópico de muito debate, incluindo as questões do conceito de Warren e Brandeis quanto ao direito de ficar sozinho, muitas vezes referido como a teoria de reclusão; controle de acesso, que coloca sua ênfase em leis e normas que permitem que as pessoas regulem a informação que estão recebendo; e autonomia que identifica assuntos privados, como aqueles necessários para uma pessoa tomar decisões de vida.

Produtos de baixo custo Produtos lançados para competir com marcas já existentes, oferecendo uma vantagem de preço. A internet gerou uma série de produtos livres com a ideia de desenvolver uma cota de mercado para que a empresa tenha uma base de clientes para comercializar outros produtos de propriedade da empresa. Por exemplo, Eudora Light, o software leitor de e-mail, foi uma entrada inicial com essa estratégia.

Produtos reposicionados Produtos atuais que são ou direcionados para diferentes mercados ou promovidos para novos usos.

Programa de afiliados Links ou banners, inserido pelas empresas em websites de parceiros para promover seus produtos gerando uma comissão sobre todas as compras feitas pelos referidos clientes.

Psicografia A identificação de características de personalidade e atitudes que afetam a vida de uma pessoa e o comportamento de compra.*

Publicação de conteúdo (brochureware) Usado por empresa que tenha um website. Conteúdo se refere a qualquer texto, gráficos, áudio ou vídeo on-line que informe ou convença.

Publicidade Comunicação não pessoal de informações por meio de diversos meios, geralmente de natureza persuasiva sobre produtos (bens e serviços) ou ideias e normalmente paga por um patrocinador identificado.

Publicidade da palavras-chave Banner publicitário ou links em uma página de retorno de consulta de pesquisa baseado em palavras-chave digitadas pelo usuário em um mecanismo de busca.

Publicidade de resposta direta Busca criar ação, tais como consulta ou compra dos consumidores como resultado da visualização do anúncio.

Publicidade paga por clique Às vezes chamado *custo por ação* (*CPA*), este é um modelo de publicidade pelo qual o anunciante paga um valor predeterminado para o website para cada visitante que clica no anúncio. Os anunciantes também podem pagar por conversão (venda), cada líder de vendas, ou cada usuário recém-registrado.

Publicidade por e-mail O tipo mais barato de publicidade on-line, geralmente composto por algumas frases de texto incorporadas no conteúdo de e-mail da outra empresa.

Pure Play Um negócio que começou apenas na internet, mesmo que posteriormente adicionado a presença de loja física.

Receita por indicação Valor monetário em vendas de clientes encaminhados à empresa pelos atuais clientes.

Reclusão Teoria de Warren e Brandeis que descreve o direito de ficar sozinho.

Rede social A prática de expandir o número de negócios e contatos sociais, fazendo conexões por meio de indivíduos on-line.

Rede Uma entidade de difusão que fornece programação e vende horário comercial em programas ao ar a nível nacional por intermédio de estações afiliadas ou licenciadas (por exemplo, rede de televisão ABC, rede a cabo ESPN). Na internet, um agregador/corretor de espaços de publicidade de muitos websites.*

Redes sociais 'Estruturas sociais formadas por nós (que são geralmente indivíduos ou organizações) que estão ligados por um ou mais tipos específicos de interdependência, tais como valores, visões, ideias, trocas financeiras, amigos, famílias, opiniões, conflitos, comércio, web links... transmissão de doenças (epidemiologia), ou rotas aéreas', segundo a Wikipedia.

Relação de aprendizagem A relação de aprendizagem entre um cliente e uma empresa fica cada vez mais inteligente com cada interação individual, definindo detalhadamente as necessidades e os gostos individuais do cliente.

Relações públicas de marketing (MPR) Atividades relacionadas a marca e não pagas, cobertura da mídia por terceiros para influenciar positivamente os mercados-alvo.

Reposição contínua O conceito de 'vender, produzir e entregar rápido' ajuda a eliminar estoques e reduzir custos.

Reposicionamento O processo de criar uma marca nova ou modificada, empresa ou posição do produto.

Retardatários Os últimos 16 por cento de compradores de novos produtos, que são tradicionais, geralmente de menor nível socioeconômico, e que muitas vezes adotam um produto quando novos produtos já foram introduzidos.

Retorno sobre o investimento (ROI) Uma medida de sucesso do investimento. Ele é calculado dividindo o lucro líquido por ativos totais (fixos mais atuais).

Revisões de produtos existentes Produtos que são apresentados como 'novos e melhorados' e, portanto, substituem o produto antigo. Na internet, as empresas estão melhorando continuamente suas marcas para agregar valor e se manterem competitivas.

RSS (really simples syndication) Um formato XML fácil projetado para compartilhamento de notícias e outros conteúdos na web.

Safe Harbor Disposições para a protecção de dados dos cidadãos dos EUA.

Scanner de código de barras Uma técnica de coleta de dados primários no espaço real por meio da qual as informações são colhidas off-line nas lojas físicas e são posteriormente armazenadas e utilizadas em bancos de dados de marketing.

Segmentação de marketing O processo de agregação de indivíduos ou empresas ao longo de características similares pertinentes ao uso, consumo ou benefícios derivados de um produto ou serviço.

Segmentação por benefício Uma variável na segmentação comportamental, na qual os profissionais de marketing formam grupos de consumidores com base nos benefícios que eles desejam do produto.

Seleção comportamental Ocorre quando o software monitora os movimentos de um usuário por meio de um website e, em seguida, envia o conteúdo apropriado da web a qualquer momento.

Seleção de mercado O processo de seleção dos públicos-alvo que são mais atraentes para a empresa.

Sem fio A transmissão de comunicação que se baseia em torres para retransmitir os sinais em um modo semelhante ao dos telefones celulares.

Serviços de mensagens curtas (SMS) 160 caracteres de texto, usando uma tecnologia de armazenamento e entrega, enviado de um usuário para outro pela internet, geralmente com um telefone celular ou PDA. Também chamado *mensagens de texto*.

Servidor proxy Um sistema que armazena as informações mais frequentemente utilizadas para o usuário final para fornecer um acesso mais rápido ou para reduzir a carga em outro servidor; também atua como porta de entrada para a internet.

Share of mind Refere-se ao marketing de relacionamento com foco no desenvolvimento do cliente a longo prazo: manter e melhorar. Uma empresa com esse tipo de marketing de relacionamento diferencia clientes individuais com base na necessidade, em vez de diferenciar produtos para grupos-alvo.

Shopping virtual Um modelo similar a um shopping center no qual vários comerciantes on-line estão hospedados em um website.

Similaridade de mercado Meios nos quais dois mercados nacionais apresentam características similares, como línguas diferentes, comportamentos culturais, comportamento de compra, e assim por diante.

Sinergia Resultado que ocorre quando duas ou mais empresas se unem em uma relação comercial na qual os resultados muitas vezes excedem o que cada empresa poderia ter feito sozinha.

Sistema de Gestão Empresarial (ERP) Sistema de tecnologia de informação que permite integrar as Operações back office, como entrada de pedidos, compras, faturamento e controle de estoque que permitem às organizações otimizar seus processos de negócios, reduzindo custos.

Sistema de informações de marketing (SIM) O sistema de avaliação das necessidades de informação, coleta de informações, análise das informações e a disponibilização para as decisões de marketing. Em um contexto separado, o SIM também se refere a sistemas de gestão da informação, uma área de estudo em escolas de negócios.

Spam E-mail não solicitado, enviado aos usuários ou postado em um boletim eletrônico.

Spider Programas automáticos nos mecanismos de busca que pesquisam a web de website em website, página por página, e palavra por palavra, a fim de construir um imenso índice ou banco de dados de todas as palavras encontradas, onde foram encontrados, quantas vezes elas aparecem em cada página, e assim por diante. É este banco de dados que é consultado na verdade quando você digita um termo de pesquisa.

Spoofing A manipulação da falta de conhecimento de uma pessoa comum — e compreensão do modo exato pelo qual as informações são exibidas, transferidas ou armazenadas — o que oferece oportunidades para fraudes e é frequentemente utilizada para extrair informações sensíveis, levando o usuário a acreditar que um pedido provém de uma fonte respeitável, como um ISP ou empresa de cartão de crédito.

Streaming de vídeo Conteúdo enviado para o computador do usuário como ele é visualizado *versus* o envio de um arquivo inteiro antes que o usuário possa visualizá-lo. O áudio também é transmitido para o computador do usuário.

Switchers Clientes que não mostram nenhuma lealdade à marca específica, mas geralmente buscam o melhor preço.

SWOT Análise dos pontos fortes, pontos fracos, oportunidades e ameaças. A análise SWOT avalia objetivamente os pontos fortes e fracos da empresa com relação ao macro e microambientes e à concorrência.

Tecnografia Segmentos de compradores on-line, identificados pela Forrester Research. Os clientes incorrem em um dos dez grupos com base em sua atitude com relação à tecnologia, renda como um indicador do comportamento de compra, e motivação primordial para a busca on-line.

Telefonia pela internet Uso da internet para realizar a transmissão simultânea de voz digitalizada. Também chamada Voiceover Internet Protocol (VoIP).

Telemática Um sistema de comunicação em um automóvel que utiliza um sistema de posicionamento global (GPS) para comunicação interativa entre empresas e motoristas.

Terceirização Contratar serviços de empresas externas, a fim de realizar tarefas internas.

Terminais iPOS Pequenas máquinas próximas da caixa registradora da loja, utilizadas para registrar a assinatura de um comprador para uma transação de cartão de crédito.

Transação eletrônica segura (SET) Um veículo para legitimar o comerciante e o cliente, bem como proteger o número do cartão de crédito do cliente. Com a SET, o número do cartão nunca é enviado diretamente para o comerciante. Em vez da introdução de uma terceira parte na transação com quem o comerciante e o cliente se comunicam para validar um ao outro, assim como a transação.

Transferencia eletrônica de dados (EDI) A troca computadorizada de informações entre as organizações para evitar formulários de papel. O uso clássico de EDI é eliminar as requisições de compra entre as empresas.

Transparência de preço A ideia de que compradores e vendedores podem visualizar todos os preços competitivos para itens vendidos on-line.

TRIPs (Trade Related Intelectual Property Rights) Um acordo de 1995 que faz parte do programa da Organização Mundial do Comércio (OMC) de tratados internacionais.

Troca Um conceito básico de marketing que se refere ao ato de obter um objeto desejado de alguém oferecendo algo em troca.

TV a cabo Recepção de sinais de TV via cabo (fios) em vez da transmissão aérea (ou seja, através de uma antena de TV).*

UNCITRAL (Comissão das Nações Unidas de Direito do Comércio Internacional) O órgão que estabeleceu a Lei Modelo sobre Comércio Eletrônico para prever uniformidade global no comércio digital.

Uniform Computer Information Act Transações (UCITA) Um modelo que, se adotado pelos Estados, governaria todos os acordos jurídicos relativos às transações de software, incluindo as vendas.

URL (uniform [ou universal] resource locator) Informações sobre o protocolo, o sistema e o nome do arquivo que permite que o sistema do usuário encontre um determinado documento na internet. Um exemplo de URL é <http://www.sholink.com>, o que indica que 'hypertext transfer protocol' é o protocolo e que as informações estão localizadas em um sistema chamado <http://www.sholink.com>, que é o servidor da Web Sholink Corporation. Esse exemplo não mostra um nome de arquivo específico (como index.htm), porque a maioria dos servidores web está configurada para apontar para uma página se nenhum nome de arquivo for utilizado.*

Usenet Rede mundial de milhares de sistemas de computador com uma administração descentralizada. Os sistemas Usenet existem para transmitir postagens para grupos de notícias com interesses especiais.

Valor Benefícios menos custos.

Valor do cliente no tempo (LTV) O valor presente do fluxo de receitas para qualquer cliente em particular ao longo de vários anos.

Varejistas Compram produtos de fabricantes ou atacadistas e vendem aos consumidores. Os varejistas podem operar off-line ou on-line.

Variáveis de segmentação Variáveis utilizadas pelos profissionais de marketing para identificar e definir grupos de clientes.

Verificação eletrônica Autorização de um cliente para um website de terceiros para pagar uma quantia específica em uma transação e retirar fundos da conta corrente do usuário.

Vínculo social Interação social estimulada entre empresas e clientes, resultando em uma comunicação mais personalizada e lealdade à marca.

Vírus de boot Esses vírus residem em discos removíveis e destroem sistemas operacionais quando os usuários inicializam erroneamente o computador com um disco inserido.

Vírus Esses vírus reproduzem-se rapidamente pela memória de um computador, destruindo as informações armazenadas e comendo os recursos.

Visitante Um usuário que visita um website, mas não faz distinção entre os visitantes que visitam o website uma vez e os visitantes que retornam a ele.

Visitantes únicos O número de indivíduos — sem repetição — que visitam um website dentro de um período específico. Com tecnologia de hoje, esse número pode ser calculado apenas com alguma forma de registro ou identificação de usuário.*

Voice over internet protocol (VoIP) Termo utilizado para definir a telefonia via Internet que conta com a web para transmitir ligações telefônicas, eliminando tarifas de longa distância.

Voz do cliente Uma abordagem sistemática para incorporar as necessidades dos clientes no projeto de experiências com os clientes (Forrester Research).

Web Analytics Ferramentas que coletam e exibem informações sobre o comportamento do usuário em um website.

Web semântica Uma extensão da web atual na qual as informações são prestadas com um significado bem-definido.

Webpage Um documento HTML (Hypertext Markup Language) na web, geralmente um dos muitos que, conjuntamente, compõem um website.*

Website A localização virtual para a presença de uma organização na World Wide Web, geralmente composta por várias webpages e uma página única designada por uma única URL.*

Websites de eventos locais Permitem que os moradores postem um calendário dos eventos que é pesquisável por área local.

Websites de eventos pessoais Permite que os indivíduos criem eventos, como uma festa, e convidem uma lista de pessoas via e-mail.

Websites de grupos Permite que um indivíduo forme um grupo público, que pode ser acompanhado por qualquer pessoa que compartilha o interesse — e depois utilize o grupo para postar reuniões.

Wiki Um software que permite aos usuários criar, editar, link, e organizar o conteúdo de um website de forma colaborativa, geralmente para material de referência, de acordo com a Wikipedia.

World Wide Web O mecanismo originalmente desenvolvido por Tim Berners-Lee para que os físicos do CERN fossem capazes de compartilhar documentos pela internet. A web permite que usuários de computador acessem informações por meio de sistemas ao redor do mundo usando URLs (Uniform Resource Locator) para identificar arquivos, sistemas e links de hipertexto que se movem entre arquivos em sistemas iguais ou diferentes.*

* Reimpresso com permissão de Dean Witter Morgan Stanley.

† Kotler e Keller (2006).

APÊNDICE D

Referências bibliográficas

"25% of the Top 100 Retailers Have No Formal Facebook Presence, Says Study." (2009). Available at www.internetretailer.com.

Afuah, Allan, and Christopher Tucci. (2001). *Internet Business Models and Strategies.* New York: McGraw-Hill/Irwin.

Agarwal, Anupam, David Harding, and Jeffrey Schumacher. (2004). "Organizing for CRM." *The McKinsey Quarterly* (November 3). Available at www.mckinsey quarterly.com.

"Americans Watching More TV Than Ever: Web and Mobile Video Up Too." (2009). Available at http://blog.nielsen.com/nielsenwire/online_ mobile/americans-watching-more-tv-than-ever/.

Arnold, Catherine. (2004). "Marketers Discover Weblogs' Power to Sell—Minus the Pitch." *Marketing News* '(March 15).

Baker, Stephen. (2004). "Channeling the Future." *BusinessWeek* (July 12), pp. 70–72.

Barnako, Frank. (2004). "Internet Daily." (August 6). Available at CBS.MarketWatch.com.

Beal, Andy, and Judy Strauss. (2008). *Radically Transparent: Monitoring and Managing Reputations Online.* Indianapolis, Indiana: Wiley and Sons, Inc.

Berners-Lee, Tim, James Hendler, and Ora Lassila. (2001). "The Semantic Web." *Scientific American* (May). Available at www. scientificamerican.com.

Berry, Leonard, and A. L. Parasuraman. (1991). *Marketing Services—Competing Through Quality.* New York: Free Press.

"Bhutan—Telecoms, Mobile and Internet." (2008). Available at http://www.budde.com.au/Research/ Bhutan-Telecoms-Mobile-and-Internet.html.

Brown, Eryn. (2002). "Slow Road to Fast Data." *Fortune* (March 18), pp. 170–172.

Bruner, Rick, and Kathryn Koegel. (2005). "Target Demographics, Before and After." *DoubleClick Report.* Available at www.doubleclick.com.

Budis, Christian. (2004). "Recreational Equipment Inc. (REI)." Working paper.

Case, Karl, and Ray Fair. (2001). *Principles of Economics.* Upper Saddle River, NJ: Prentice Hall.

Cateora, Philip, and John Graham. (2007). *International Marketing.* 13th ed. Boston: McGraw Hill.

"Chinese Speaking Internet Users Stats." (2010). Available at http://www.internetworldstats.com/ stats17.htm.

CNNIC. (2010). "Statistical Survey Report on Internet Development in China." Available at http:// www.cnnic.net.cn/uploadfiles/pdf/2010/3/15/ 142705.pdf.

"CTIA–The Wireless Association Announces Semi-Annual Wireless Industry Survey Results." (2009). Available at www.businesswire.com.

Curioso, Walter et al. (2007). "Opportunities for Providing Web-Based Interventions to Prevent Sexually Transmitted Infections in Peru." *PloS Medicine Online Journal.* Available at http://medicine.plosjournals.org/perlserv/?request=get-document&doi=10.1371%2Fjournal.pmed.0040011&ct=1.

Davis, Eddie. (2009). "Wipe out Shopping Cart Abandonment." Available at www. entrepreneur.com.

Delaye, Fabrice. (2010). "Ten Years after the Bubble, Another Wave of Dotcoms." *Science Business* (May 6). Available at http://bulliten. sciencebusiness.net.

Distefano, John. (2000). "The Decisioning Frontier: Get Ready for Marketing Automation." *DM Review* (March). Available at www. dmreview.com.

"Double-Click Deal Means Google Controls 69% of the Online Ad Market." (2008). *Internet Marketing News* (April 1). Available at www. browswermedia.co.uk.

Duncan, Tom. (2002). *Using Advertising and Promotion to Build Brands.* New York: McGraw Hill-Irwin.

Duncan, Tom, and Frank Mulhern. (eds.) (2004). "A White Paper on the Status, Scope, and Future of IMC." The IMC Symposium (March).

"E-Biz Strikes Again!" (2004). *BusinessWeek Online* (May 10). Available at www.businessweek.com.

Economist. (2009). "The Power of Mobile Money." Available at http://people.ucsc.edu/~jmrtwo/ 120papers/mobile_money.pdf.

"Egyptians Flock to New Net Plan." (2002). *Wired* (June 25). Available at http://www.wired.com.

Elliott, Stuart. (2009). "Letting Consumers Control Marketing: Priceless." *The New York Times* (Oct 9). Available at www.nytimes.com.

Elkin, Noah (2010). "Looking Beyond the Staggering Mobile Stats in the BRIC Countries." Available at http://www.emarketer.com/blog/index.php/ staggering-mobile-stats-bric-countries.

"Emerging Countries Lead Broadband." (2009). Available at http://point-topic.com/content/ dslanalysis/ BBAfore100301.htm.

Esmat, Baher (n.d.). "Internet Evolution in Egypt: Success Stories and Lessons Learned." Available at http:// www.authorstream.com/ Presentation/Ming-29973-Baher-Esmat-EgyptInternet-Evolution-Success-Stories-Lessons-Learned-Egyptian-Information-Society-Initiat-as-Entertainment-ppt-powerpoint/.

"False Hopes on Fantasy Island." (2003). *Business 2.0* (December), p. 38.

Gallagher, James. (2010). "Duke Study: TiVo Doesn't Hurt TV Advertising." *Triangle Business Journal* (January 3). Available at www. bizjournals.com.

"From Survival to Success: Honing the Practice of Online Marketing Measurement in a Time of Change." (2010). *BusinessWeek Research Services Report*. Available at coremetricsbw.com.

Farivar, Cyrus. (2004). "New Ways to Pay." *Business 2.0* (August), p. 26.

Gartner, Inc. (2010). "Hype Cycle for E-Commerce, 2010, Gene Alvarez" (August 3).

Gemius, Vladimir. (2009). "E-commerce 2009: Trends and Attitudes Research into Czech Internet Users." Available at http://gemius.pl/pl/reports_ and_ presentations/2009-12/01.

Ghosh, Shikhar. (1998). "Making Business Sense of the Internet." *Harvard Business Review* (March– April), pp. 126–135.

Gillin, Paul. (2008). "New Media, New Influencers and Implications for the Public Relations Profession." *Journal of New Communications Research*, vol II, no. 2.

Godin, Seth. (1999). *Permission Marketing*. New York: Simon and Schuster.

Greenberg, Karl. (2001). "Automakers Rev Up Online Efforts, But Some Dealers Are Skeptical." *BrandWeek* (December 10), p. 10.

Grönroos, Christian. (1990). "Relationship Approach to Marketing in Service Contexts: The Marketing and Organizational Behavior Interface." *Journal of Business Research*, 20 (January), pp. 3–11.

Gruener, Jamie. (2001). "How to Measure Storage ROI." *Network Connections*, pp. 8–10.

"Haier's Purpose." (2004). *The Economist* (May 18). Available at www.economist.com/business/ displayStory. cfm?story_id=2524347.

Hally, Andrew. (2010). "Top 7 Tips for Boosting Online Conversion." Available at 1to1media.com.

Heatwole, Anne-Ryan. (2010). Nokia Life Tools. Available at http://mobileactive.org/case-studies/ nokia-life-tools.

"IAB Social Advertising Best Practices." (2009). Available at www.iab.net.

"IAB Social Media Buyer's Guide." (2010). Available at www. iab.net

Iansiti, Marco, and Alan MacCormack. (2001). "Developing Products on Internet Time." In *Internet Marketing*, J. Sheth, A. Eshghi, and B. Krishnan (eds.) Orlando, FL: Harcourt Inc., pp. 239–251.

"Influentials: An Online Study." (2004). RoperASW and WashingtonPost.com report.

"Internet Usage Statistics—The Big Picture." Available at www.internetworldstats.com/stats.htm.

"iProspect Search Engine User Behavior Study." (2006). Available at www.iprospect.com (accessed on January 5, 2008).

"Is the Click Still King?" (2010). Chief Marketer Survey. Available at www.emarketer.com.

ITU. (2000). "The Internet in the Andes: Bolivia Case Study." Available at www.itu.int/ITU-D/ict/ cs/bolivia/material/ bolivia.pdf.

ITU. (2002). "Kretek Internet: Indonesia Case Study." Available at www.itu.int/ITUD/ict/cs/ indonesia/index. html.

ITU. (2006a). "The World Telecommunication/ ICT Development Report 2006." Available at http://foss. org.my/projects/us-my-free-tradeagreement-issues/ resources/wtdr2006-e.pdf.

ITU. (2006b). "ITU Internet Report 2006: Digital. Life." Available at http://www.itu.int/.

Jeanette, Jean-Pierre, and H. David Hennessy. (2002). *Global Marketing Strategies*. Boston: Houghton Mifflin Company.

Johnson, Bradley. (2006). "Forget Phone and Mail: Online's the Best Place to Administer Surveys." *Advertising Age* (July 17).

Kalakota, Ravi, and Marcia Robinson. (1999). *E-Business: Roadmap for Success*. Reading, MA: Addison-Wesley.

King, Julia, and Thomas Hoffman. (1999). "Pace of Change Fuels Web Plans; Sites Must Shift Offering Every 60 Days to Thrive." *Computer World* (July 5), p. 1.

Koh, Damian (2009). "Case Study: Nokia Life Tools." Available at http://asia.cnet.com/ reviews/ mobilephones/0,39050603, 62058745,00.htm.

Kotler, Philip. (2003). *Marketing Management*. 11th ed. Upper Saddle River, NJ: Prentice Hall.

Kotler, Philip, and Kevin Keller. (2006). *Marketing Management*. 12th ed. Upper Saddle River, NJ: Prentice Hall.

Kotler, Philip, and Kevin Keller. (2008). *Marketing Management*. 13th ed. Upper Saddle River, NJ: Prentice Hall.

"Kraft's Mobile Branding Recipe." (2010). Available at www. emarketer.com.

Kupper, Phillip. (2004). "How Continental Airlines Interprets and Uses CRM." Working paper.

Laseter, Tim, David Torres, and Anne Chung. (2001). "Oasis in the Dot-Com Delivery Desert." *Strategy + Business*, no. 24, pp. 28–33.

Linkner, Josh. (2004). "Interactive Promos Engage Buyers." *Marketing News* (June 15), p. 13.

Long, Geoff. (2000). "Bhutan Goes Online: A Modern Folktale." *Reports from Developing Worlds.* Note: Accessed in 2002 but not currently available.

"Mailing List Brokers—Buyer's Guide." (2010). Report by BuyerZone.com. Available at http://smallbusiness.yahoo.com.

"Managing Customer Data for Strategic Advantage." (2003). Conference Board Report.

Maniewicz, Mario. (2009). "Information Society Statistical Profiles 2009: Africa." Available at http://www.itu.int/ITU-D/ict/material/ ISSP09-AFR_final-en.pdf.

"Marketers Buzz about ROI." (2010). Available at www.emarketer.com.

Melymuka, Kathleen. (2001). "The Balanced E Scorecard." *ITWorld* (March 12). Available at www.itworld.com.

"Mobile Metrics to Know Before You Make the Call." (2010). *Marketing News* (April 30). Available at www.marketingpower.com.

Modahl, Mary. (2000). *Now or Never*. New York: HarperBusiness.

"New eGlobal Report." (2000). *Business Wire.* Available at www.lexis-nexus.com/universe (March 28, 2000).

Nickols, Fred. (2000). "Strategies: Definitions and Meaning." (February 16). Available at home. att.net/~nickols/strategy_definition.htm.

Nielsen//NetRatings. (2009). Press release. Available at www.nielsen-netratings.com.

"Number of Cell Phones Worldwide Hits 4.6B." (2010). Available at http://www.cbsnews.com/stories/2010/02/15/business/main6209772.shtml.

"Olson Collects $30,000 in Wendy's Kick for a Million." (2009). Available at www.tsn.ca.

Orbitz. (2001). Press release. Available at 212.133. 71.16/hsmai/news (accessed on April 26, 2002).

Palacios, Ivan. (2002). "Transforming the Digital Divide into a Digital Opportunity." Workshop presentation at APEC Workshop on e-Business and Supply Chain Management, Bangkok, Thailand. Available at www.ecommerce.or.th

Pellegrino, Robert, Doug Amyx, and Kimberly Pellegrino. (2002). "A Methodology for Assessing Buyer Behavior: Price Sensitivity and Value Awareness in Internet Auctions." Working paper.

Pennings, Johannes, and Phanish Puranam. (2000). *Market Convergence & Firm Strategies: Towards a Systematic Analysis.* Paper presented at Organization Science Winter Conference.

Peppers, Don. (2000). "Getting to Know You Without Knowing You." *Peppers and Rodgers Newsletter* (Spring). Available at www.1to1.com.

Peppers, Don, and Martha Rogers. (1996). *The One to One Future.* New York: Doubleday.

Peppers, Don, and Martha Rogers. (1997). *Enterprise One to One.* New York: Doubleday.

Pitt, Leyland, Pierre Berthon, Richard Watson, and Michael Ewing. (2001). "Pricing Strategy and the Net." *Business Horizons* (March), p. 45.

Ponnaiya, Elzaurdia, and Sanjay Ponnaiya. (1999). "The Distribution of Survey Contact and Participation in the United States: Construction a Survey Based Estimate." *Journal of Marketing Research*, no. 36, pp. 286–294.

"Portals Vital for Users and Marketers." (2010). Available at www.emarketer.com.

"Print's Place in Multichannel Retailing." (2010). Available at www.emarketer.com.

Radding, Alan. (2001). "A Tale of Two Users." *Network Connections*, p. 20.

Ransdell, Eric. (1999). "Network Effects." *Fast Company* (September), pp. 210–216.

Ray, Michael L. (1973). "Communication and the Hierarchy of Effects." In *New Models for Mass Communication Research*, P. Clarke (ed.). Beverly Hills, CA: Sage Publications, pp. 147–175.

"Relationships Rule." (2000). *Business 2.0* (May), pp. 303–319.

Renner, Dale. (2000). "Closer to the Customer: Customer Relationship Management and the Supply Chain." *Andersen Consulting*. Available at renner.ascet.com.

Rhoads, Christopher. (2007). "What's the Hindi Word for dot.com?" *Wall Street Journal* (October 11).

Ridley, Kirstin. (2007). "Global Mobile Phone Use to Pass Record 3 Billion." (2007). *Reuters News* (June 27). Available at http://www.reuters.com/article/technologyNews/idUSL2712199720070627.

Sano, David. (2009). "Twitter creator Jack Dorsey illuminates the site's founding document." *Los Angeles Times*. Available at http:// latimesblogs.latimes.com/technology/2009/ 02/twitter-creator.html.

Schonfeld, Erick. (2004). "The Big Cheese of Online Grocers." *Business 2.0* (January–February), pp. 60–61.

Seybold, Patricia. (1998). *Customers.com*. New York: Random House.

Sheth, Jagdish N. (1995). "Relationship Marketing in Consumer Markets: Antecedents and Consequences." *Journal of the Academy of Marketing Science*, vol. 23, no. 4, pp. 255–271.

"IAB Social Advertising Best Practices." (2009). Available at www.iab.net.

"IAB Social Media Buyer's Guide." (2010). Available at www.iab.net.

"Social Media Examiner, 2010 Social Media Marketing Industry Report." (2010). Available at www.eMarketer.com.

"Social Networks & Blogs Now 4th Most Popular Online Activity, Ahead of Personal Email, Nielsen Reports." (2009). *Nielsen Blog* (March 9). Available at http://www. nielsen. com/us.

Sonnenberg, Frank. (1993). "If I Had Only One Client." *Sales and Marketing Management*, vol. 56 (November), p. 4.

Spector, Robert. (2000). *Amazon.com: Get Big Fast*. New York: HarperBusiness.

"Super Buzz or Super Blues?" (2008). *Nielsen Media Company webcast* (January 3). Available at http://www. netratings.com/emc/0801_buzzwebcast/Super_Bowl_ Webinar_1_08.pdf.

Sutter, J. (2010). "Why Internet Connections are Fastest in Korea." Available at http://www. cnn.com/2010/ TECH/03/31/broadband.south. korea/index.html.

Tang, Fang-Fang, and Xiaolin Xing. (2003). "Pricing Differences Between Dotcoms and Multi-Channel Retailers in the Online Video Market." *Journal of the Academy of Business and Economics* (March). Available at www.findarticles.com.

Taylor Nelson Sofres. (2001). "Global eCommerce Report." Available at www.tnsofres.com/ ger2001/download/ index.cfm.

Terdiman, Daniel. (2005). "Study: Wikipedia as Accurate as Britannica." *CNET News*. Available at www.news.com.

"The Future of the Internet Economy in Egypt." (2009). Available at http://www.mcit.gov.eg/ Publications. aspx?realName=The_Future_of_ Internet_Economy_ March0920093291554462 0095249540.pdf.

Thompson, Bob. (2009). "How to Use Social Media to Improve Customer Service and Cut Costs." CustomerThink Corp. Available at www.rightnow.com.

U.S. State Department. (1998). "The Global Landmine Crisis." *Hidden Killers*. Available at www. state.gov/www/ global/arms/rpt_9809_demine_ ch3h.html.

Valerius, Tina. (2004). "Success Factor Internet Big Sales with Low Budget." Working paper.

"Vast Improvements in Prompt Email Response." (2001). *1to1 Magazine* (November–December), p. 11.

Vos, E. (2007). "Broadband Prices per Megabit Around the World." Available at www. muniwireless.com.

Wang, R. Ray, and Jeremiah Owyang. (2010). "Social CRM: The New Rules of Relationship Management." (March 5).

Watson, Richard, Pierre Berthon, Leyland Pitt, and George Zinkhan. (2000). *Electronic Commerce*. Orlando, FL: The Dryden Press.

Weber, Larry. (2007). *Marketing to the Social Web*. Hoboken, NJ: John Wiley & Sons, Inc.

Wolfinbarger, Mary, and Mary Gilly. (2001). "Shopping Online for Freedom, Control and Fun." *California Management Review*, vol. 43, p. 39.

"Women and Mobile: A Global Opportunity." (2009). Available at www.gsmworld.com/.

"Women Take the Lead on Mobile Coupons." (2010). Available at www.emarketer.com.

Wood, Marian. (2001). *Prentice Hall's Guide to E-Commerce and E-Business*. Upper Saddle River, NJ: Prentice Hall.

World Bank. (2007). *World Development Report*. Washington, DC: World Bank. Available at http:// www-wds.worldbank.org/external/default/ WDSContentServer/WDSP/IB/2006/09/13/ 000112742_20060913111024/Rendered/PDF/ 359990WDR0complete.pdf.

World Internet Project. (2010). World Internet Project Press Release Report. Available at http://www. worldinternetproject.net/.

Índice remissivo

D

E

N

O

P

Q

R

S

T